热点　重点　难点　疑点　盲点

全面归纳　务实解答

个人所得税综合所得汇算清缴实务与纳税筹划

胡俊坤　胡东熠 ◎ 编著

一问一答，理论问题通俗化，复杂问题简单化

重实操求实效，用案例说话，用表格归纳

纳税人思维，财务人视角，征税人逻辑，解析多维化

图书在版编目(CIP)数据

个人所得税综合所得汇算清缴实务与纳税筹划/胡俊坤,胡东熠编著.—上海:立信会计出版社,2020.3
ISBN 978-7-5429-6435-9

Ⅰ.①个… Ⅱ.①胡… ②胡… Ⅲ.①个人所得税—税收管理—中国 Ⅳ.①F812.424

中国版本图书馆CIP数据核字(2020)第047508号

策划编辑　张巧玲
责任编辑　张巧玲

个人所得税综合所得汇算清缴实务与纳税筹划
Geren Suodeshui Zonghe Suode Huisuan Qingjiao Shiwu Yu Nashui Chouhua

出版发行	立信会计出版社
地　　址	上海市中山西路2230号　　邮政编码　200235
电　　话	(021)64411389　　传　　真　(021)64411325
网　　址	www.lixinaph.com　　电子邮箱　lixinaph2019@126.com
网上书店	http://lixin.jd.com　　http://lxkjcbs.tmall.com
经　　销	各地新华书店
印　　刷	涿州市新华印刷有限公司
开　　本	787毫米×1092毫米　　1/16
印　　张	25.5　　插　　页　1
字　　数	637千字
版　　次	2020年3月第1版
印　　次	2020年3月第1次
书　　号	ISBN 978-7-5429-6435-9/F
定　　价	89.00元

如有印订差错,请与本社联系调换

前　言

个人所得税综合所得汇算清缴的大幕已经开启！

不要以为这事跟您无关。有资料表明，需要办理2019年度个人所得税综合所得汇算清缴的人数接近1亿人，且以退税者居多，退税比例达到70%左右，退税金额超过补税金额。

如果说提高费用扣除标准、扩大中低档税率级距、增设专项附加扣除制度，为降低个人所得税税负提供了制度保障，那么综合所得的汇算清缴则为广大纳税人实实在在地享受降税改革红利提供了征管保障。

您如果还在抱怨单位的财务人员多么不为员工着想，预扣预缴个人所得税怎么那么多、那么狠，现在您很有必要对自己负责一回，认认真真地学习一下个人所得税法律政策，学习一下综合所得汇算清缴的流程，把单位不得不扣缴的税款通过汇算清缴退回来。

本书就是您办理汇算清缴并成功申请退税的好帮手！通过本书您可以获得下列收益：

1. 能够以最简单的标准进行判断：到底要不要办理汇算清缴。
2. 能够拥有坚实的基础有序推进：知道什么是年度汇算清缴。
3. 充分理解应税项目的不同特征：只就综合所得办理汇缴申报。
4. 以正确的口径算好年度收入账：努力实现应税收入的最小化。
5. 根据最新的政策进行费用归集：确保税前扣除费用的最大化。
6. 能够正确适用税率与计算公式：争取全年应纳税额的零误差。
7. 按照规范的流程实施精准操作：确保应补退的税款补退到位。
8. 以合法的手段规避汇缴风险：绝对不偷税但全力争取税负最低。
9. 以最安全的措施强化后续管理：全面收集保管各类证明材料。
10. 在最短的时间内提升个人能力：您已经成为汇算清缴专家！

针对综合所得的汇算清缴主体大多是个人的情况，本书在撰写过程中采用了有别于一般财税资料的体例：

1. 以问答的方式解答政策。以一问一答的体例，按照从一般到特殊的顺序，将复杂的政策问题尽量简单化，让读者能够快速查找到个人关心的问题，迅速找到解决问题的答案。

2. 通过案例解析政策难点。以问答方式可能不足以让读者全面掌握政策时，即通过案例解析政策的难点、疑点、重点、热点等，以便读者能更立体式地理解和把握政策。

3. 以可视化的方式总结要点。为确保读者能够全面把握政策，避免发生选择性遗漏，在可能的条件下以表格的形式，总结、概括政策的要点、难点与注意事项，增强政策"可视化"方便读者把握和理解政策。

4. 确保政策文件的全面性。与其他政策不同，个人所得税有很多地方性的政策口径，而且许多地方性的政策口径透明性不够。但为增强可操作性与指导性，本书尽可能收集地方性的补充性规定，以使读者能更多的了解本地的补充政策与口径。

5. 确保政策文件的有效性。个人所得税法自1980年颁布，其间经过七次修改，补充性文件众多。本书尽可能以最新的政策文件为依据进行政策解读，同时对于存在冲突的文件也提供一些可供参考的建议与意见。

虽然我们竭尽所能，力求内容的完整与准确，但由于时间、精力与水平的限制，其中难免存有错漏之处，还恳请广大读者，特别是企业财务、税务干部、纳税人等进行批评指正，与我们共同探讨、改进、完善。联系邮箱：3067224910@qq.com，或者通过微信二维码联络本人。

胡俊坤　胡东熠

2020年3月31日

目 录

第1章 基本判断：到底要不要办理汇算清缴 ··· 1
  1.1 什么是汇算清缴？汇算清缴中该做些什么？ ·· 1
    1.1.1 什么是综合所得的个人所得税汇算清缴？ ······································· 1
    1.1.2 为什么要办理综合所得的汇算清缴？ ··· 1
    1.1.3 如何办理2019年度综合所得的汇算清缴？ ····································· 2
    1.1.4 在综合所得汇算清缴中该做些什么？ ··· 2
    1.1.5 不按规定办理汇算清缴，需要承担哪些法律责任？ ························ 3
  1.2 如何判定个人是否需要办理综合所得汇算清缴？ ··································· 4
    1.2.1 如何从纳税人身份上判定是否需要汇算清缴？ ······························ 4
    1.2.2 如何从取得时间上判定是否需要汇算清缴？ ·································· 4
      【案例1-1】 居民收入取得年度的确认 ·· 4
    1.2.3 如何从所得项目上判定是否需要汇算清缴？ ·································· 4
    1.2.4 如何根据收入和退补税金额判定是否需要汇算清缴？ ·················· 5
  1.3 居民纳税人才需汇缴，那什么是居民纳税人呢？ ··································· 5
    1.3.1 只有居民纳税人才需办理综合所得汇算清缴吗？ ·························· 5
    1.3.2 什么是居民纳税人？如何进行简单判定？ ······································· 5
    1.3.3 如何判断居民与非居民纳税人？国籍能作为依据吗？ ·················· 5
      1.3.3.1 居民纳税人的判定标准该如何理解和把握？ ·························· 5
        【案例1-2】 居住时间标准与居民纳税人的身份判断 ···················· 5
        【案例1-3】 居住时间标准与居民纳税人的身份判定 ···················· 6
      1.3.3.2 判定居民纳税人时按怎样的顺序进行？ ·································· 6
    1.3.4 如何理解居民纳税人判断标准中的"住所"与"居住时间"？ ·········· 6
      1.3.4.1 什么是"有住所"？如何理解？ ··· 6
        【案例1-4】 住所标准与居民纳税人身份的判定 ···························· 7
        【案例1-5】 国籍标准并非居民纳税人身份的判定标准 ················ 7
      1.3.4.2 如何理解税法对居住时间的界定？ ··· 7
        【案例1-6】 在中国境内居住时间的计算 ·· 7
        【案例1-7】 国籍不能决定居民身份但具有影响作用 ···················· 8
    1.3.5 如何计算无住所个人境内居住时间以判定其纳税人身份？ ·········· 9
        【案例1-8】 在中国境内居住天数的计算 ·· 9
    1.3.6 能简单概括一下个人所得税居民纳税人的类型吗？ ······················ 9

1.4 哪些所得属于综合所得,需要办理汇算清缴? ... 10
  1.4.1 居民个人所有收入或所得都要并入综合所得汇算清缴吗? ... 10
  1.4.2 个体经营者是否需要办理个人所得税汇算清缴? ... 10
    1.4.2.1 只有经营所得的,只需办理经营所得的汇算清缴吗? ... 10
    1.4.2.2 既有经营所得又有综合所得的,则需同时办理两种汇算清缴吗? ... 11
    1.4.2.3 经营所得与综合所得的汇算清缴必须分别办理吗? ... 11
1.5 什么情况下个人可以免除汇算清缴义务? ... 11
  1.5.1 居民个人在什么情况下必须办理综合所得的汇算清缴? ... 11
  1.5.2 哪些情况下需要退税并须办理综合所得汇算清缴? ... 11
    【案例 1-9】 收入额低于 6 万元但预缴税款需汇缴退税的 ... 12
    【案例 1-10】 预扣税款时未扣除专项附加扣除需汇缴退税的 ... 12
    【案例 1-11】 年中就业、退职或部分月份无收入等导致需要汇缴退税的 ... 12
    【案例 1-12】 取得工资外综合所得,平时适用高税率需退税的 ... 13
  1.5.3 哪些情况下可以补税并须办理综合所得汇算清缴? ... 13
  1.5.4 年收入未超过 12 万元但需补税的,还需办理汇算清缴吗? ... 13
    1.5.4.1 收入未超 12 万元但多缴了税必须通过汇缴才能退税吗? ... 14
    【案例 1-13】 新入职员工多缴纳税款办理汇算清缴更有利 ... 14
    【案例 1-14】 劳务报酬被多预扣税款汇缴申请退税有利 ... 14
    1.5.4.2 收入未超 12 万元且需补税额极少,还需要办理汇算清缴吗? ... 15
  1.5.5 收入超过 12 万元,但需补缴税款极少,是否需要办理汇算清缴? ... 16
  1.5.6 收入不超过 12 万元不用汇算清缴,那么该如何理解"收入不超过 12 万元"? ... 16
    【案例 1-15】 准确并正确理解收入不超过 12 万元 ... 17
1.6 居民个人应当在什么时间办理综合所得的汇算清缴? ... 17
1.7 个人无法判定是否需要办理汇算清缴时该怎么办? ... 18

第 2 章 基础准备:行程从理解税制要素开始 ... 19
2.1 税法对纳税人和扣缴义务人是如何规定的? ... 19
  2.1.1 什么是个人所得税纳税人?个人所得税纳税人一定是自然人吗? ... 19
  2.1.2 什么是扣缴义务人?为什么要设置扣缴义务人? ... 19
  2.1.3 个人所得税纳税人有几类?各自承担什么纳税义务? ... 20
2.2 个人所得税征税范围有哪些?税法如何界定? ... 20
  2.2.1 税法对工资、薪金所得是如何界定的? ... 20
  2.2.2 税法对劳务报酬所得是如何界定的? ... 20
  2.2.3 税法对稿酬所得是如何界定的? ... 20
  2.2.4 税法对特许权使用费所得是如何界定的? ... 20
  2.2.5 税法对经营所得是如何界定的? ... 20
  2.2.6 税法对利息、股息、红利所得是如何界定的? ... 21
  2.2.7 税法对财产租赁所得是如何界定的? ... 21

   2.2.8 税法对财产转让所得是如何界定的？ ………………………………………… 21
   2.2.9 税法对偶然所得是如何界定的？ …………………………………………… 21
 2.3 税法对个人所得税的税率是如何规定的？ ………………………………………… 21
   2.3.1 综合所得适用什么税率？如何计算更快捷？ …………………………… 21
     2.3.1.1 如何理解全年应纳税所得额的含义？ …………………………… 22
     2.3.1.2 速算扣除数是什么概念？如何计算？ …………………………… 22
     【案例 2-1】 运用速算扣除数可简化应纳税额的计算 ……………………… 22
   2.3.2 非居民个人的综合所得的税率与居民个人一样吗？ …………………… 22
   2.3.3 个人从事生产经营活动，取得经营所得适用什么税率？ ……………… 23
   2.3.4 利息、股息、红利所得，财产租赁所得，财产转让所得和偶然所得适用什么税率？
     ………………………………………………………………………………………… 23
 2.4 如何计算确认个人所得税的应纳税所得额？ ……………………………………… 24
   2.4.1 什么是应纳税所得额？如何计算综合所得的应纳税所得额？ ………… 24
     【案例 2-2】 全年综合所得应纳税所得额的计算 ………………………… 24
   2.4.2 如何计算确认非居民个人的工资、薪金所得，劳务报酬所得，稿酬所得，特许权使用
     费所得等项目的应纳税所得额？ …………………………………………… 25
   2.4.3 如何计算确定经营所得项目的应纳税所得额？ ………………………… 25
   2.4.4 如何计算其他分类所得项目的应纳税所得额？ ………………………… 26
   2.4.5 能否归纳和总结个人所得税应纳税所得额计算？ ……………………… 26
 2.5 计算综合所得时允许扣除的费用有哪些？具体内涵是什么？ ………………… 27
   2.5.1 个人所得税法对税前扣除费用是如何规定的？ ………………………… 27
   2.5.2 什么是基本减除费用？标准是多少？ …………………………………… 27
   2.5.3 什么是专项扣除费用？包括哪些内容？ ………………………………… 27
   2.5.4 什么是专项附加扣除费用？都包括哪些内容？ ………………………… 27
   2.5.5 依法确定的其他扣除费用包括哪些内容？ ……………………………… 27
   2.5.6 公益慈善性捐赠能否扣除？如何扣除？ ………………………………… 27

第3章 收入汇总：算好综合所得的年度收入账 …………………………………… 29
 3.1 个人取得的哪些收入须归属为综合所得？ ………………………………………… 29
   3.1.1 个人取得的所有收入都要汇总到综合所得名下吗？ …………………… 29
   3.1.2 如何准确地将各项收入汇总到综合所得项目下？ …………………… 29
 3.2 如何计算确认综合所得项目的收入金额？ ………………………………………… 30
   3.2.1 收入、收入额以及所得（额），是一回事吗？ …………………………… 30
   3.2.2 未取得货币，是否意味着纳税人没有取得收入？ ……………………… 30
     【案例 3-1】 个人取得非货币性资产如何确认收入 ……………………… 31
   3.2.3 只获得财产一定时间的使用权也须确认收入吗？ ……………………… 32
   3.2.4 员工向公司借款是否需要确认工资、薪金收入？ ……………………… 32
   3.2.5 个人取得外国货币该如何确认收入或所得额？ ………………………… 33

3.2.6 多人共同取得一项所得时,如何确认各自的收入? ·············· 33
　　【案例3-2】　多人共同收入该如何计算个人所得税 ·············· 33
3.2.7 个人取得的收入中包含增值税吗? ·············· 33
　　3.2.7.1 可以从增值税的原理中寻找答案吗? ·············· 34
　　3.2.7.2 有没有可供参考的"营改增"政策? ·············· 34
　　3.2.7.3 个人所得税改革后有没有类似的政策? ·············· 34
　　3.2.7.4 税务机关是否作过类似的解答? ·············· 34
　　3.2.7.5 最终的结论又应该是什么呢? ·············· 35
3.2.8 个人取得的收入中是否包含城建税、教育费附加等? ·············· 35
　　3.2.8.1 能否从税法原则与会计原理中找到答案? ·············· 35
　　3.2.8.2 从依法治税原则出发能否找到新的线索? ·············· 35
　　3.2.8.3 纳税申报表的填报说明是否给出了答案? ·············· 35
　　3.2.8.4 税务机关是否给出可供参考的答案? ·············· 36
　　3.2.8.5 个人所得税法本身有没有给出答案? ·············· 36
　　3.2.8.6 最终的结论又是什么呢? ·············· 37
3.3 跨年度的劳务报酬、稿酬等如何进行收入确认? ·············· 37
　　【案例3-3】　本年到税局代开发票但次年才取得款项的劳务报酬该如何确认
　　　　　　　收入 ·············· 37
　　【案例3-4】　分期支付的跨年劳务报酬等该如何确认收入 ·············· 38
3.4 如何理解多次、多处取得所得时的"每次"? 汇缴时要考虑"每次"吗? ·············· 38

第4章　扣除项目: 如何实现费用的完美扣除 ·············· 40

4.1 税法对综合所得项目的扣除费用是如何规定的? ·············· 40
　4.1.1 综合所得汇算清缴时,允许扣除哪些项目? ·············· 40
　4.1.2 综合所得各扣除费用项目间有没有先后顺序? ·············· 41
4.2 基本减除费用6万元到底该如何扣除? ·············· 41
　4.2.1 为什么基本减除费用标准定为每年6万元? ·············· 41
　4.2.2 基本减除费用有地区差别吗? 为什么? ·············· 42
　4.2.3 基本减除费用标准以后还会调整提高吗? ·············· 43
　4.2.4 6万元的基本减除费用可以称为起征点吗? ·············· 43
　4.2.5 年度中间入职或退休,基本减除费用也是6万元吗? ·············· 43
　　【案例4-1】　年度中间退休的,基本费用如何扣除 ·············· 43
　　【案例4-2】　年度中间入职的,基本费用如何扣除 ·············· 44
　4.2.6 退休后取得收入且需汇缴时也可扣除6万元吗? ·············· 44
　　【案例4-3】　退休后取得综合所得的,如何计算应纳税所得 ·············· 44
　4.2.7 既有综合所得又有经营所得时可扣两次6万元吗? ·············· 45
　　【案例4-4】　综合所得不足以扣完6万元可否在经营所得中继续扣除 ·············· 45
　4.2.8 只有财产租赁等其他分类所得时可否扣除6万元? ·············· 46

4.3 专项扣除包括哪些内容？该如何进行扣除？ ······ 46
4.3.1 什么是专项扣除？具体包括哪些内容？ ······ 46
4.3.1.1 允许扣除的专项扣除包括哪几项内容？ ······ 46
4.3.1.2 专项扣除有标准和范围的限制吗？ ······ 47
4.3.1.3 超出规定标准和范围的部分仍须纳税吗？ ······ 47
4.3.1.4 只有实际缴付的部分才可以税前扣除吗？ ······ 47
4.3.2 为什么不让扣除"工伤保险"和"生育保险"？ ······ 47
4.3.3 个人领取"三险一金"是否需要缴纳个税？ ······ 47
4.3.4 个人缴纳社保费的具体标准是什么？ ······ 47
4.3.5 在 A 地任职在 B 地缴纳的社保费能否扣除？如何扣除？ ······ 48
4.3.6 单位不愿缴纳社保费，个人自己缴纳的社保费能否扣除？ ······ 49
4.3.7 个人自愿放弃社保，单位发放社保费补贴给员工，该社保费补助能否扣除？ ······ 49
4.3.8 个人缴纳公积金的具体标准是什么？ ······ 50
【案例 4-5】 超标准缴纳的公积金应当缴纳个人所得税 ······ 50

4.4 专项附加扣除包括哪些内容？如何进行扣除？ ······ 50
4.4.1 专项附加扣除包括哪些内容？具体标准如何？ ······ 50
4.4.2 享受专项附加扣除政策应遵循什么原则？ ······ 52
4.4.3 子女教育支出如何才能正确并充分扣除？ ······ 53
4.4.3.1 子女教育支出的扣除标准是多少？ ······ 53
4.4.3.2 子女教育支出的范围有何限定？ ······ 53
4.4.3.3 子女教育支出的扣除主体与方法是如何规定的？ ······ 53
4.4.3.4 享受子女教育支出扣除时需要提供哪些资料？ ······ 53
4.4.3.5 子女教育支出扣除中的疑点、难点问题有哪些？ ······ 54
【案例 4-6】 子女教育子女该如何扣除 ······ 57
4.4.3.6 如何归纳和总结子女教育专项附加扣除政策？ ······ 58
4.4.4 如何准确且无风险地扣除继续教育支出？ ······ 58
4.4.4.1 继续教育支出扣除的标准、范围与时间是如何规定的？ ······ 58
4.4.4.2 继续教育支出扣除的主体与方式是如何限定的？ ······ 58
4.4.4.3 享受继续教育支出扣除需提供或保留哪些资料？ ······ 58
4.4.4.4 继续教育支出扣除中有哪些疑、难点需要纳税人注意？ ······ 59
【案例 4-7】 读博期间取得司法考试证书资格如何扣除相关费用支出 ······ 63
4.4.4.5 如何归纳和总结继续教育支出专项附加扣除政策？ ······ 63
4.4.5 如何充分享受大病医疗支出专项附加扣除政策？ ······ 63
4.4.5.1 大病医疗专项附加扣除的范围与标准是什么？ ······ 63
4.4.5.2 大病医疗专项附加扣除主体与方式是如何规定的？ ······ 63
【案例 4-8】 一家人同时发生大病医疗支出，该如何扣除 ······ 64
4.4.5.3 大病医疗专项附加扣除需要提供哪些资料？ ······ 64

4.4.5.4　大病医疗专项附加扣除有哪些疑点、难点问题? …………………… 64
　　【案例4-9】　丈夫承担妻子及多名子女大病医疗费用支出时如何计算扣除 …… 66
4.4.5.5　如何归纳和总结大病医疗专项附加扣除政策? ……………………… 68
4.4.6　住房贷款利息专项附加扣除如何实现涉税低风险? …………………………… 68
4.4.6.1　住房贷款利息的范围及扣除标准、时间是如何规定的? …………… 68
4.4.6.2　住房贷款利息由谁扣除?如何扣除? ………………………………… 68
4.4.6.3　住房贷款利息扣除需要提供哪些资料? ……………………………… 68
4.4.6.4　住房贷款利息专项附加扣除有哪些疑点与难点问题? ……………… 69
　　【案例4-10】　婚前一方发生的首套住房贷款利息婚后该如何扣除 ………… 70
　　【案例4-11】　双方婚前都有房贷婚后该如何享受专项附加扣除政策 ……… 71
4.4.6.5　如何归纳和总结住房贷款利息专项附加扣除政策? ………………… 71
4.4.7　住房租金专项附加扣除政策如何才能应享尽享? ……………………………… 72
4.4.7.1　可享受专项附加扣除政策的住房租金范围是如何规定的? ………… 72
　　【案例4-12】　任职城市配偶有房时如何扣除房屋租金支出 ………………… 72
4.4.7.2　住房租金专项附加扣除政策规定的住房租金标准是多少? ………… 72
4.4.7.3　住房租金的扣除主体与扣除方式是如何规定的? …………………… 72
4.4.7.4　享受住房租金专项附加扣除需要提供哪些资料? …………………… 72
4.4.7.5　住房租金专项附加扣除有哪些疑点、难点问题? …………………… 73
　　【案例4-13】　夫妻双方同时发生房租时如何扣除 …………………………… 73
　　【案例4-14】　每月向公司支付200元的房租,能否按照规定标准扣除房租专项
　　　　　　　　　附加扣除 ………………………………………………………… 75
4.4.7.6　如何归纳和总结住房租金专项附加扣除政策? ……………………… 76
4.4.8　赡养老人支出如何才能充分而完美地实现扣除? ……………………………… 76
4.4.8.1　享受专项附加扣除的赡养老人支出是如何界定的? ………………… 76
4.4.8.2　赡养老人专项附加扣除的标准是多少? ……………………………… 76
4.4.8.3　赡养老人支出的扣除主体是如何规定的? …………………………… 77
4.4.8.4　赡养老人支出的扣除方式是如何规定的? …………………………… 77
　　【案例4-15】　兄弟姐妹之间如何约定扣除赡养老人支出 …………………… 77
4.4.8.5　赡养老人专项附加扣除有哪些疑难问题? …………………………… 78
4.4.8.6　如何归纳和总结赡养老人专项附加扣除政策? ……………………… 80
4.4.9　专项附加扣除从何时开始享受?到何时终止享受? …………………………… 80
　　【案例4-16】　全年专项附加扣除总额该如何计算并汇总 …………………… 81
4.4.10　专项附加扣除在预缴环节办理还是在汇缴环节办理? ………………………… 83
4.4.11　享受专项附加扣除政策时需提交哪些信息? …………………………………… 84
4.4.12　享受专项附加扣除政策,需提交或留存哪些资料? …………………………… 85
4.4.13　纳税人或扣缴义务人留存备查资料需要留存多长时间? ……………………… 86
4.4.14　纳税人对申报提交的专项附加扣除信息、资料承担什么法律责任?面临哪些涉

　　　　税风险？ ··· 86
　　4.4.15　外籍人员可否适用专项附加扣除政策？ ·· 87
4.5　依法确定的其他扣除有哪些项目？如何扣除？ ·· 87
　　4.5.1　按税法规定,哪些项目属于依法确定的其他扣除项目？ ··· 87
　　4.5.2　企业年金与职业年金能否扣除？如何扣除？ ·· 87
　　　　4.5.2.1　什么是企业年金？什么是职业年金？有何区别？ ··· 87
　　　　4.5.2.2　企业和个人缴纳的年金都能在计算个人所得税时扣除吗？ ······························ 88
　　　　4.5.2.3　企业与个人超标缴付的年金,该如何进行个人所得税处理？ ······························ 89
　　　　　　【案例4-17】　超标准缴纳的年金是否应并入工资、薪金所得计缴个人所得税 ····· 90
　　　　4.5.2.4　个人取得的年金基金投资运营收益需要缴纳个人所得税吗？ ···························· 90
　　　　4.5.2.5　个人领取年金时是否需要缴纳个人所得税？ ··· 90
　　　　　　【案例4-18】　退休后领取年金该如何计算缴纳个人所得税 ····································· 91
　　　　　　【案例4-19】　出国定居一次性领取年金如何计算缴纳个人所得税 ·························· 92
　　　　　　【案例4-20】　非出国定居原因一次性领取年金如何计算缴纳个人所得税 ··············· 92
　　4.5.3　购买的商业健康保险如何进行个人所得税处理？ ·· 92
　　　　4.5.3.1　购买的商业健康保险可在税前扣除多少？ ··· 92
　　　　　　【案例4-21】　商业健康保险在计算个人所得税时如何扣除 ···································· 93
　　　　　　【案例4-22】　单位为个人购买商业健康保险的,个人所得税如何计算 ···················· 93
　　　　4.5.3.2　允许扣除的商业健康保险产品有没有所得项目的限制？ ···································· 93
　　　　4.5.3.3　现行政策对可扣除的商业健康保险产品有没有范围与条件限制？ ···················· 94
　　　　4.5.3.4　个人需要扣除健康商业保险时需要提交哪些资料？如何申报操作？ ················ 94
　　4.5.4　税收递延型商业养老保险能否扣除？如何扣除？ ·· 95
　　　　4.5.4.1　在个人所得税上,税收递延型商业养老保险有何优惠？ ···································· 95
　　　　4.5.4.2　个人所得税法修订后,税收递延型商业养老保险的个人所得税优惠是否应当
　　　　　　　　作适当调整？ ··· 96
　　　　4.5.4.3　个人购买税收递延型商业养老保险并缴费时如何作个人所得税处理？ ·············· 97
　　　　　　【案例4-23】　购买税收递延型商业养老保险时如何计算缴纳个人所得税 ············· 97
　　　　4.5.4.4　个人税收递延型商业养老保险账户资金收益是否免征个人所得税？ ················ 97
　　　　4.5.4.5　个人按照约定领取税收递延型商业养老金时如何作个人所得税处理？ ············ 98
4.6　公益慈善事业捐赠如何在个人所得税前扣除？ ·· 98
　　4.6.1　公益慈善事业捐赠允许扣除的比例是多少？ ·· 98
　　　　　　【案例4-24】　允许全额扣除的公益性捐赠有限额限制吗 ······································· 98
　　4.6.2　税法对公益捐赠的途径或渠道有没有限制？ ·· 99
　　4.6.3　如何确认个人发生的公益性捐赠金额？ ·· 99
　　　　　　【案例4-25】　以股权、房产捐赠时,公益性捐赠额的计算与确认 ·························· 99
　　4.6.4　取得不同所得项目时,公益性捐赠有没有扣除项目的限制？ ······································ 100
　　　　　　【案例4-26】　公益捐赠在不同项目扣除导致税收负担差异 ································· 100

4.6.5 公益性捐赠在不同收入项目间扣除时,有没有顺序的限制? 101
4.6.6 公益性捐赠有没有扣除期间的限制?对纳税人影响如何? 101
【案例4-27】 期间限制对捐赠扣除的影响分析 101
4.6.7 取得综合所得时,公益捐赠是在预扣预缴环节扣除还是在汇缴环节扣除? 103
4.6.8 取得经营所得时,公益捐赠该如何扣除? 104
4.6.9 取得分类所得已经纳税,能否追补扣除公益捐赠进而要求退税? 104
4.6.10 扣除公益性捐赠需要提供什么票据与证明材料? 105
4.6.11 哪些公益性捐赠可以全额扣除? 105
4.6.11.1 对红十字事业的捐赠可以在税前全额扣除吗? 105
4.6.11.2 对公益性青少年活动场所的捐赠能在税前全额扣除吗? 106
4.6.11.3 向福利性、非营利性的老年服务机构的捐赠能在税前全额扣除吗? 106
4.6.11.4 向农村义务教育的捐赠能在税前全额扣除吗? 107
4.6.11.5 向教育事业的捐赠能在税前全额扣除吗? 107
4.6.11.6 向慈善机构、基金会等非营利机构的公益、救济性捐赠能全额扣除吗? 107
4.6.11.7 通过特定基金会实施的公益救济性捐赠可以全额扣除吗? 107
4.6.11.8 向特定灾区的捐赠可以在税前全额扣除吗? 108
4.6.11.9 对新型冠状病毒感染的肺炎疫情的捐赠可以在税前全额扣除吗? 108

第5章 项目分类:准确对综合所得项目归类 109
5.1 综合所得项目的内容与内涵是如何规定的? 109
5.1.1 个人所得税征税项目有哪些? 109
【案例5-1】 不在征税范围内的收入或所得不用纳税 109
5.1.2 综合所得包括哪些项目?税法如何界定其内涵? 110
5.1.2.1 税法对工资、薪金所得是如何界定的?如何理解? 110
5.1.2.2 税法对劳务报酬所得是如何界定的?如何理解? 110
5.1.2.3 税法对稿酬所得是如何界定的?如何理解? 111
5.1.2.4 税法对特许权使用费所得是如何界定的?如何理解? 111
【案例5-2】 个人所得税不同征税项目的适用与判定 112
5.2 不同征税项目之间有什么差异?又如何判定? 113
5.2.1 工资、薪金所得与劳务报酬所得有什么区别? 113
5.2.1.1 工资、薪金所得与劳务报酬所得必须加以区别吗? 113
【案例5-3】 工资、薪金所得与劳务报酬所得的个人所得税负担差异 113
5.2.1.2 工资、薪金所得与劳务报酬所得在概念与内涵上有何区别? 113
5.2.1.3 工资、薪金所得与劳务报酬所得在法律关系上有何区别? 114
5.2.1.4 工资、薪金所得与劳务报酬所得在适用法律上有何区别? 114
5.2.1.5 工资、薪金所得与劳务报酬所得在形式特征上有何区别? 114
5.2.1.6 工资、薪金所得与劳务报酬所得在条件待遇上有何区别? 114
5.2.1.7 工资、薪金所得与劳务报酬所得在法律责任上有何区别? 114

5.2.1.8 工资、薪金所得与劳务报酬所得在税收上有何区别? ………… 114
【案例5-4】 工资、薪金所得与劳务报酬所得的判定 ………… 115
5.2.2 工资、薪金所得与经营所得有什么区别? 如何判定? ………… 116
5.2.2.1 工资、薪金所得与经营所得必须加以区别吗? ………… 116
【案例5-5】 工资、薪金所得与经营所得的个人所得税税负差异 ………… 116
5.2.2.2 一般情况下从哪些方面区别工资、薪金所得与经营所得? ………… 118
5.2.2.3 特殊情况下从哪些方面区别工资、薪金所得与经营所得? ………… 119
5.2.3 劳务报酬所得与经营所得有何区别? 如何判定? ………… 120
5.2.3.1 必须对劳务报酬所得与经营所得加以区分吗? ………… 120
5.2.3.2 如何从概念与内涵上区分劳务报酬所得与经营所得? ………… 121
5.2.3.3 营业执照、许可证照以及承包承租或转包转租协议是区分劳务报酬所得与经营所得最基本的标志吗? ………… 121
5.2.3.4 除营业执照、许可证照及合同协议之外,还可以从哪些维度区别劳务报酬所得与经营所得? ………… 121
5.2.4 稿酬所得与特许权使用费所得有什么区别? ………… 125
5.2.5 特许权使用费所得与财产转让所得有何区别? ………… 125
5.2.6 特许权使用费所得与财产租赁所得有何区别? ………… 125

5.3 **如何准确对工资、薪金所得进行归类?** ………… 126
5.3.1 什么是工资、薪金所得? 有一般判定原则或标准吗? ………… 126
5.3.1.1 个人所得税法对工资、薪金所得是如何界定的? ………… 126
5.3.1.2 国家税务总局的规范性文件如何进行补充界定? ………… 126
5.3.1.3 从哪些维度可以判定个人收入可以适用工资、薪金所得税目? ………… 126
【案例5-6】 工资、薪金所得项目的适用与判断 ………… 128
5.3.2 是否缴纳社保费能作为工资、薪金所得与其他项目的判定标准吗? ………… 128
5.3.2.1 个人所得税法律、政策有明确的规定和要求吗? ………… 129
5.3.2.2 劳动合同法是否将社保费缴纳作为工资、薪金的标准? ………… 129
5.3.2.3 社会保险法是否将社保费缴纳作为工资、薪金的标准? ………… 130
5.3.2.4 是否缴纳社保还能作为适用工资、薪金所得税目的判定标志吗? ………… 130
5.3.3 个人取得的津贴、补贴如何进行个人所得税处理? ………… 130
5.3.3.1 津贴、补贴需要并入工资、薪金所得吗? ………… 130
5.3.3.2 津贴、补贴不是可以享受免税待遇吗? ………… 131
5.3.3.3 个人取得的生活补助费与救济金是否需要缴纳个人所得税? ………… 132
5.3.3.4 职工取得的误餐补助、午餐补贴要计缴个人所得税吗? ………… 132
5.3.3.5 职工在单位食堂获得的免费午餐是否需要缴纳个人所得税? ………… 133
5.3.3.6 远洋运输企业船员免费集体用餐是否需要计缴个人所得税? ………… 133
5.3.3.7 个人从单位获得的现金住房补贴应否并入工资、薪金所得纳税? ………… 134
5.3.4 取得的差旅费及其津补贴能否免征个人所得税? ………… 134

5.3.4.1 差旅费及其津补贴是免税收入还是不征税收入? …… 134
5.3.4.2 国家税务总局对差旅费及其津补贴是否征收个人所得税作过解答吗?如何解答的? …… 134
5.3.4.3 各地对于差旅费及其津补贴是否征收个人所得税都作了哪些补充? …… 135
5.3.5 个人取得的交通补贴如何计缴个人所得税? …… 137
5.3.5.1 国家税务总局对交通补贴的个人所得税问题是如何规定的? …… 137
5.3.5.2 各省及主要城市对交通补贴的个人所得税问题是如何规定的? …… 138
5.3.6 个人取得的通讯补贴能否免征个人所得税? …… 148
5.3.6.1 国家税务总局对通讯补贴的个人所得税问题是如何规定的? …… 148
5.3.6.2 各省及主要城市对通讯补贴的个人所得税问题是如何规定的? …… 148
5.3.7 夏季高温补贴是否需要缴纳个人所得税? …… 159
5.3.7.1 高温补贴的本质是什么? …… 159
5.3.7.2 高温补贴与防暑降温费有何不同? …… 160
5.3.7.3 高温补贴和防暑降温费能否免征个人所得税? …… 160
5.3.7.4 全国各地实际执行中都有哪些政策口径? …… 160
5.3.8 冬季取暖补贴是否需要缴纳个人所得税? …… 162
5.3.8.1 取暖补贴的本质属于工资、薪金所得吗? …… 162
5.3.8.2 取暖补贴是否应征个人所得税? …… 163
5.3.8.3 实际执行中各地都执行怎样的口径?(只列举免税或从收入中扣除地区) …… 163
5.3.9 高寒边境地区津贴需要缴纳个人所得税吗? …… 165
5.3.10 在西藏地区工作的人员取得的艰苦地区津贴是否需要缴纳个人所得税? …… 165
5.3.11 军队干部取得的津贴补贴是否需要缴纳个人所得税? …… 166
5.3.12 民航空地勤人员伙食费、飞行小时费等是否需要计缴个人所得税? …… 166
5.3.13 从任职单位取得的奖金如何进行个人所得税处理? …… 167
5.3.13.1 从任职单位取得的奖金都须作为工资、薪金所得纳税吗? …… 167
【案例 5-7】 从任职单位取得的奖金如何适用个人所得税税目 …… 167
5.3.13.2 从任职单位取得的奖金都须与工资、薪金所得合并纳税吗? …… 167
5.3.13.3 公司年会上员工抽奖的奖品如何计征个人所得税? …… 168
5.3.14 员工取得的全年一次性奖金如何计算缴纳个人所得税? …… 168
5.3.14.1 什么是个人所得税法上的全年一次性奖金?包括年薪制下兑现的年薪吗? …… 168
5.3.14.2 年终一次性奖金如何计算缴纳个人所得税? …… 168
【案例 5-8】 全年一次性奖金如何计算缴纳个人所得税 …… 169
5.3.14.3 年终一次性奖金单独纳税与合并纳税,该如何选择? …… 169
【案例 5-9】 如果合并纳税导致税率提升则视情况可能需要放弃合并 …… 170
【案例 5-10】 存在较多未扣除项目时,全年一次性奖金应选择合并纳税 …… 170

目录

- 5.3.14.4 年终一次性奖金单独纳税有没有次数限制? ... 171
- 5.3.14.5 单位发放全年一次性奖金时按规定单独纳税,汇缴时个人还可以选择合并纳税吗? ... 171
- 5.3.14.6 预扣时将年终一次性奖金并入工资、薪金所得,年终汇缴时还能够选择独立纳税吗? ... 173
- 5.3.15 央企负责人年度绩效薪金延期兑现收入和任期奖励如何缴纳个人所得税? ... 174
  - 5.3.15.1 央企负责人有什么特别的薪酬与奖励政策吗? ... 174
  - 5.3.15.2 央企负责人年度绩效薪金延期兑现收入和任期奖励的个人所得税如何处理? ... 174
  - 5.3.15.3 年度绩效薪金延期兑现收入和任期奖励参照全年一次性奖金纳税的央企负责人范围有限制吗? ... 174
  - 5.3.15.4 既有全年一次性奖金又有央企负责人年度绩效薪金延期兑现收入和任期奖励该如何处理? ... 175
- 5.3.16 员工获得的免费旅游奖励也要作为工资、薪金计缴个人所得税吗? ... 175
- 5.3.17 科技人员取得职务科技成果转化现金奖励如何计缴个人所得税? ... 175
  - 5.3.17.1 科技人员取得职务科技成果转化现金奖励可以享受个人所得税优惠吗? ... 175
  - 5.3.17.2 科技人员取得职务科技成果转化现金奖励享受减半纳税优惠需要什么条件? ... 175
  - 5.3.17.3 科技人员在取得职务科技成果转化现金奖励并享受减半纳税优惠时需要提交哪些资料? ... 176
- 5.3.18 员工的股权激励应当适用工资、薪金所得税目吗? ... 177
  - 5.3.18.1 员工股权激励的本质是什么?属于职工工资、薪金所得吗? ... 177
  - 5.3.18.2 为什么要构建股权激励个人所得税政策? ... 177
  - 5.3.18.3 我国股权激励个人所得税政策都包括哪些政策内容? ... 178
- 5.3.19 高新技术企业给予技术人员股权奖励如何计缴个人所得税? ... 178
  - 5.3.19.1 高新技术企业给予技术人员股权奖励属于工资、薪金所得吗? ... 178
  - 5.3.19.2 高新技术企业给予技术人员股权奖励可以递延纳税吗? ... 178
  - 5.3.19.3 高新技术企业给予技术人员股权奖励递延纳税需要什么条件? ... 179
  - 5.3.19.4 高新技术企业给予技术人员股权奖励应如何计算缴纳个人所得税? ... 179
  - 5.3.19.5 高新技术企业给予技术人员股权奖励递延纳税时该如何办理备案手续? ... 180
  - 5.3.19.6 技术人员转让奖励取得的股权时应如何进行个人所得税处理? ... 180
- 5.3.20 企业改制时员工取得用于购买企业股权的分红适用什么税目? ... 180
- 5.3.21 非销售人员利用业务时间推销任职公司产品取得的报酬并入工资、薪金所得吗? ... 181
- 5.3.22 出租车驾驶员从事出租车运营取得的收入按工资、薪金所得纳税吗? ... 182

5.3.23　员工取得的退休工资与退职费应并入工资、薪金所得吗？ 182
5.3.24　个人取得的超标准的"免税"补贴是否并入工资、薪金所得纳税？ 182
5.3.25　个人获得企业超标准缴纳的"五险一金"是否应当并入工资、薪金所得纳税？ 183
5.3.26　个人取得的商业性补充养老保险要并入工资、薪金所得纳税吗？ 183
5.3.27　个人因单位解除劳动合同而取得的一次性补偿金如何计征个人所得税？ 184
　　【案例5-11】解除劳动合同取得一次性补偿金的个人所得税计算 185
5.3.28　提前退休取得的一次性补偿金如何计缴个人所得税？ 186
　　【案例5-12】提前退休取得一次性补偿金的个人所得税计算 186
5.3.29　个人办理内部退养手续而取得的一次性补贴收入汇缴时需要并入综合所得吗？ 186
　　【案例5-13】内部退养一次性补贴收入个人所得税政策存在严重的问题，有待进一步完善 187
5.3.30　个人向单位低价购房时需要按工资、薪金所得纳税吗？ 188
5.3.31　企业为个人购买房屋或其他财产时，个人须将其作为工资、薪金所得汇缴吗？ 189
5.3.32　员工参加本公司庆典座谈会取得的礼品是按偶然所得还是并入工资、薪金纳税？ 190
5.3.33　个人因私车公用而从公司取得的补贴收入须并入工资、薪金所得纳税吗？ 190
5.3.34　离退休人员从单位取得离退休工资以外的奖金补贴作工资、薪金纳税吗？ 190

5.4　劳务报酬所得如何准确归类并适用政策？ 191
　5.4.1　什么是劳务报酬？有一般的判定原则或标准吗？ 191
　　5.4.1.1　个人所得税法对劳务报酬所得是如何界定的？ 191
　　5.4.1.2　国家税务总局的规范性文件如何对劳务报酬所得进行补充界定？ 191
　　5.4.1.3　从哪些维度可以判定个人收入可以适用劳务报酬所得项目？ 192
　　【案例5-14】劳务报务与工资、薪金所得差异的比较 192
　　【案例5-15】不同情况下不同人员取得收入的税目选择与适用 194
　5.4.2　个人兼职取得的收入适用工资、薪金所得还是劳务报酬所得？ 195
　5.4.3　兼职律师从律所取得的报酬适用劳务报酬所得纳税吗？ 195
　5.4.4　个人接受律师聘用取得的报酬适用何种税目纳税？ 195
　5.4.5　离退休人员再任职的，应按照工资、薪金所得还是按照劳务报酬所得纳税？ 195
　5.4.6　董事费、监事费适用劳务报酬所得还是工资、薪金所得征税？ 196
　5.4.7　非雇员获得的免费旅游奖励如何计缴个人所得税？雇员呢？ 196
　5.4.8　个人举办学习班取得的收入适用劳务报酬所得纳税吗？ 196
　5.4.9　个人提供非有形商品推销取得的佣金收入属于劳务报酬所得吗？ 196
　5.4.10　个人推销公司有形产品取得的报酬是劳务报酬所得还是工资、薪金所得？ 197
　5.4.11　个人包销商品房取得的包销补偿款如何计缴个人所得税？ 198
　5.4.12　个人从房地产公司取得的"老带新"客户奖励款按何种税目征税？ 198
　5.4.13　个人受医疗机构临时聘请坐堂门诊及售药取得收入如何纳税？ 198

5.4.14　任职单位受约组织人员撰稿,完成后再向个人支付报酬,个人取得收入按稿酬所得还是工资、薪金所得纳税? ……199

5.4.15　个人取得出版社的退稿费如何计算缴纳个人所得税? ……199

5.4.16　在校生勤工俭学取得的收入如何计算缴纳个人所得税? ……199

5.4.17　为广告设计制作发布提供形象适用何种税目计算缴纳个人所得税? ……199

5.4.18　境外个人在我国从事文体演出适用何种税目计缴个人所得税? ……200

5.4.19　国内演职员参加非任职单位的演出如何适用税目纳税? ……200

5.4.20　书画家现场撰写或绘画取得的报酬是稿酬所得吗? ……200

5.4.21　保险营销员、证券经纪人佣金收入如何适用劳务报酬所得征税? ……201

5.5　稿酬所得如何准确进行归类并适用税收政策? ……201

5.5.1　什么是稿酬所得? 判定的一般原则或标准是什么? ……201

5.5.1.1　税法对稿酬所得概念是如何界定的? ……201

5.5.1.2　新税法对稿酬所得作了哪些调整与修改? ……201

5.5.1.3　稿酬所得税目适用的判定原则有哪些? ……202

5.5.2　在网络上发表作品取得的报酬适用稿酬所得纳税吗? ……203

5.5.3　报刊、杂志、出版等单位员工在本单位刊物上发表作品、出版图书取得所得如何纳税? ……203

5.5.4　影视演职人员的剧本报酬所得适用稿酬所得项目征税吗? ……204

5.5.5　摄影作品被广告公司用于广告后取得的报酬适用何种税目纳税? ……204

5.6　特许权使用费所得如何准确进行归类并适用政策? ……205

5.6.1　什么是特许权使用费所得? 怎样才能准确进行判定? ……205

5.6.2　个人取得专利赔偿款适用特许权使用费所得征税吗? ……205

5.6.3　个人取得的剧本使用费按工资、薪金所得还是适用特许权使用费所得纳税? ……205

5.6.4　个人拍卖文稿所得适用特许权使用费所得纳税吗? ……206

5.6.5　书画家作品被印刷在景区门票上取得的报酬适用何种税目纳税? ……206

5.6.6　个人从电影制片厂取得买断已出版作品或征稿报酬所得如何计缴个人所得税? ……206

5.6.7　企业员工向本企业提供非专利技术取得收入按特许权使用费所得纳税吗? ……206

5.6.8　个人提供艺术照片所得适用特许权使用费所得纳税吗? ……206

5.6.9　个人转让采矿权取得的所得适用何种税目计缴个人所得税? ……206

5.6.10　以专利技术入股及通过转让专利技术所有权取得股权应适用何种税目纳税? ……207

5.7　员工的股权激励如何精准进行个人所得税处理? ……207

5.7.1　员工股权激励有哪些形式类型? 都属于个人所得税的规范范畴吗? ……207

5.7.2　员工取得的股权激励都应确认为工资、薪金所得吗? ……208

5.7.3　股权激励及其延伸环节涉及哪些个人所得税征税项目? ……209

5.7.4　上市公司员工股权激励应当如何进行个人所得税处理? ……210

5.7.4.1　如何理解股权激励政策中的上市公司范围? 包括新三板公司吗? ……210

5.7.4.2 上市公司的股权激励包括哪些形式？各自的内涵是什么？ ……………… 210
5.7.4.3 上市公司股票期权激励如何进行个人所得税处理？ ……………………… 211
【案例5-16】 上市公司股权激励个人所得税应纳税额的计算 ………………… 213
5.7.4.4 上市公司员工限制性股票激励收入如何进行个人所得税处理？ ………… 216
【案例5-17】 员工取得限制性股票激励如何计算应缴纳的个人所得税 ………… 217
5.7.4.5 上市公司员工获得股票增值权应如何作个人所得税处理？ ……………… 217
5.7.5 非上市公司的股权激励如何进行个人所得税处理？ ………………………………… 220
5.7.5.1 非上市公司的范围是什么？其股权激励形式与上市公司的股权激励有何差异？ …………………………………………………………………………… 220
5.7.5.2 员工取得非上市公司的股权激励如何缴纳个人所得税？ ………………… 220

第6章 税收减免：综合所得优惠须应享尽享 ……………………………………………… 226
6.1 税法规定的免税项目与内容有哪些？ …………………………………………………… 226
6.1.1 个人所得税税法规定的免税优惠有哪些？ ………………………………………… 226
6.1.2 免征个人所得税的奖金有什么条件限制？ ………………………………………… 226
6.1.3 国债或国家金融债券利息都可以免税吗？ ………………………………………… 227
6.1.4 税法对免税的津贴与补贴是如何界定的？ ………………………………………… 227
6.1.4.1 免税津贴、补贴有范围限制吗？ ……………………………………………… 227
6.1.4.2 免税津贴、补贴有金额限制吗？ ……………………………………………… 227
6.1.4.3 不享受免税优惠但也不用征税的津贴、补贴有哪些？ …………………… 227
6.1.4.4 出于反避税需要，国家有什么限制性规定？ ……………………………… 228
6.1.5 个人取得的福利费、抚恤金、救济金可以免税吗？ ……………………………… 228
6.1.5.1 免税的范围有什么限制性规定？ …………………………………………… 228
6.1.5.2 出于反避税的需要国家有什么补充与完善？ ……………………………… 228
6.1.6 个人取得的安家费能否享受免税优惠？ …………………………………………… 229
6.1.6.1 税法对免税的安家费是如何界定的？ ……………………………………… 229
6.1.6.2 引进高层次人才的安家费是否免个人所得税？ …………………………… 229
6.1.7 什么是退职费？能否免征个人所得税？ …………………………………………… 231
6.1.7.1 国务院对退职费是如何规定的？ …………………………………………… 231
6.1.7.2 税法对适用免税优惠的条件是如何规定的？ ……………………………… 231
6.1.8 离退休费以及离休生活补助费免税吗？ …………………………………………… 231
6.1.8.1 税法对离退休费及离休生活补助是如何规定的？ ………………………… 231
6.1.8.2 现行政策对退休与离休是如何界定的？ …………………………………… 231
6.1.8.3 现行政策对离休补助费的标准是如何规定的？ …………………………… 231
6.1.9 延长离退休期间的工资、薪金是否可以免税？ …………………………………… 232
6.1.9.1 按照税法的规定，离退休费及离休生活补助费可以免税吗？ …………… 232
6.1.9.2 高级专家延长离退休期间的工资视同离退休费免税吗？ ………………… 232
6.1.9.3 高级专家的范围是什么？有什么政策适用口径？ ………………………… 233

6.1.10 个人获得的保险赔款可以免税吗? ……………………………………… 233
6.1.11 军人的转业费、复员费、退役金免税吗? ……………………………… 233
6.1.12 各国驻华使馆、领事馆的外交代表、领事官员和其他人员的所得有何免税优惠? ……………………………………………………………………… 233
 6.1.12.1 驻华使馆、领事馆的外交代表、领事官员等可以免征个人所得税吗? …… 233
 6.1.12.2 外交代表享有的免税优惠的范围有限制吗? ………………………… 234
 6.1.12.3 领事官员或领馆行政技术人员可以享受免税优惠吗? …………………… 234
 6.1.12.4 驻华机构雇员可以享受免税优惠还是须按规定纳税? …………………… 234
6.1.13 取得中国政府参加的国际公约、签订的协议中规定免税的所得可以免税吗? … 235
6.1.14 目前国务院规定的其他免税所得有哪些? …………………………… 235

6.2 税法规定的减税项目与内容有哪些? …………………………………… 236
6.2.1 个人所得税法规定的减税项目有哪些? …………………………… 236
6.2.2 残疾、孤老人员和烈属减征所得有何限制? ……………………… 236
6.2.3 全国各省市对个人所得税减征优惠有哪些补充规定? …………… 236
 6.2.3.1 内蒙古自治区对个人所得税减征优惠有哪些补充规定? ……… 236
 6.2.3.2 安徽省对个人所得税减征优惠有哪些补充规定? ……………… 237
 6.2.3.3 黑龙江省对个人所得税减征优惠有哪些补充规定? …………… 237
 6.2.3.4 湖南省对个人所得税减征优惠有哪些补充规定? ……………… 237
 6.2.3.5 云南省对个人所得税减征优惠有哪些补充规定? ……………… 237
 6.2.3.6 福建省对个人所得税减征优惠有哪些补充规定? ……………… 240
 6.2.3.7 四川省对个人所得税减征优惠有哪些补充规定? ……………… 240
 6.2.3.8 山东省对个人所得税减征优惠有哪些补充规定? ……………… 241
 6.2.3.9 浙江省对个人所得税减征优惠有哪些补充规定? ……………… 241
 6.2.3.10 广西壮族自治区对个人所得税减征优惠有哪些补充规定? …… 242
 6.2.3.11 江苏省对个人所得税减征优惠有哪些补充规定? …………… 243
 6.2.3.12 江西省对个人所得税减征优惠有哪些补充规定? …………… 245
 6.2.3.13 海南省对个人所得税减征优惠有哪些补充规定? …………… 245
 6.2.3.14 贵州省对个人所得税减征优惠有哪些补充规定? …………… 246
 6.2.3.15 广东省对个人所得税减征优惠有哪些补充规定? …………… 246

6.3 个人取得的津贴、补贴可否免征个人所得税? ………………………… 247
6.3.1 个人取得的津贴、补贴必须并入工资、薪金所得纳税吗? ……… 247
6.3.2 现行政策有没有对津贴、补贴的免税政策及补充规定? ………… 248
6.3.3 引进海外高层次人才取得的一次性补助可以免征个税吗? ……… 249

6.4 个人取得的奖金需要什么条件才可以免税? …………………………… 249
6.4.1 获得的省部级和国际组织奖金都可以免税吗? …………………… 249
6.4.2 目前明确享受免税优惠的科技方面的奖金有哪些? ……………… 249
 6.4.2.1 曾宪梓载人航天基金奖金可以免征个人所得税吗? …………… 249

6.4.2.2	"明天小小科学家"奖金可以免征个人所得税吗？	250
6.4.2.3	促进科技成果转化获得股权奖励可以免征个人所得税吗？	250
6.4.2.4	"长江小小科学家"奖金可以免征个人所得税吗？	250
6.4.2.5	陈嘉庚科学奖奖金可以免征个人所得税吗？	250
6.4.2.6	全国职工职业技能大赛奖金可以免征个人所得税吗？	251
6.4.2.7	李四光地质科学奖奖金可以免征个人所得税吗？	251
6.4.2.8	黄汲清青年地质科学技术奖奖金可以免征个人所得税吗？	251
6.4.2.9	全国职工优秀技术创新成果奖奖金可以免征个人所得税吗？	251
6.4.3	目前明确享受免税优惠的教育方面的奖金有哪些？	252
6.4.3.1	曾宪梓教育基金会教师奖可以免征个人所得税吗？	252
6.4.3.2	"长江学者成就奖"奖金可以免征个人所得税吗？	252
6.4.3.3	"特聘教授奖金"可以免征个人所得税吗？	252
6.4.3.4	赴西部地区任课教师奖金可以免征个人所得税吗？	252
6.4.4	目前明确享受免税优惠的体育方面的奖金有哪些？	252
6.4.5	目前明确享受免税优惠的环保方面的奖金有哪些？	253
6.4.5.1	"母亲河（波司登）奖"奖金可以免征个人所得税吗？	253
6.4.5.2	"中华环境奖"奖金可以免征个人所得税吗？	253
6.4.6	其他方面的奖金能否享受免税优惠待遇？	253
6.4.6.1	购买福利彩票获得的奖金能否享受免税优惠？	253
6.4.6.2	见义勇为者的奖金可以免征个人所得税吗？	253
6.4.6.3	国际青少年消除贫困奖可以免征个人所得税吗？	254
6.4.6.4	孙平化日本学学术奖励基金奖金可以免征个人所得税吗？	254
6.5	远洋运输公司的船员有没有个人所得税减免优惠？	254
6.6	外籍及港澳台个人在综合所得方面享有哪些税收优惠？	254
6.6.1	外籍专家取得的工资、薪金所得可以免税吗？	254
6.6.2	外籍人员的住房补贴、伙食补贴、搬迁费、洗衣费、探亲费、语言训练费、子女教育费等可以免税？	255
6.6.2.1	外籍人员相关费用免税的一般性规定	255
6.6.2.2	相关免税费用的标准是如何规定的？如何判定其合理性？	255
6.6.2.3	外籍个人住房、伙食等补贴免税的审批与后续管理有什么要求？	256
6.6.3	外籍个人取得港澳地区住房等补贴能否免税？	256
6.6.4	对参与2022年冬奥会相关工作的外籍人员可否免征个人所得税？	257
6.6.5	专为无偿援助我国的建设项目服务的工作人员工资、薪金免税吗？	257
6.6.6	为外国来华文教专家提供住房、使用汽车、医疗等可享受免税待遇吗？	257
6.6.7	外国来华留学生领取的生活津贴费、奖学金征税吗？	257
6.6.8	外国来华人员取得的外国派出单位的包干款项如何纳税？	257
6.6.9	平潭与粤港澳大湾区工作的港澳台高端及紧缺人才有什么税收优惠？	258

####### 6.6.9.1 福建平潭工作的台湾居民有何减免税优惠? ······ 258
####### 6.6.9.2 粤港澳大湾区工作的港、澳居民有何减免税优惠? ······ 258
6.6.10 对亚洲开发银行雇员或执行项目专家薪金与津贴免税吗? ······ 259
6.7 有关方面补充的其他个人所得税优惠还有哪些? ······ 259
6.7.1 参加2022年冬奥测试取得的奖金及奖励收入有税收优惠吗? ······ 259
6.7.2 工伤职工取得的工伤保险待遇是否可以免税? ······ 259
6.7.3 生育妇女取得的生育津贴等可以享受免税待遇吗? ······ 259
6.7.4 个人获得的扣缴个人所得税手续费奖励是否可以免征个人所得税? ······ 260
6.7.5 参加新型冠状病毒感染的肺炎疫情防治工作取得的补助和奖金是否免征个人所得税? ······ 261
6.7.6 员工取得单位发放的预防新型冠状病毒感染的肺炎的物品是否征收个人所得税? ······ 261

第7章 税款清算:准确计算全年应补退税款 ······ 262
7.1 汇算清缴的目标是什么?需要哪些步骤? ······ 262
7.1.1 综合所得汇算清缴的最基本目标是什么? ······ 262
7.1.2 综合所得的税款清算一般需要经过哪些步骤? ······ 262
7.1.3 汇算清缴时为什么要首先对所得项目进行归类? ······ 263
【案例7-1】 汇算清缴中个人收入项目的正确归类 ······ 263
7.2 如何汇总综合所得项目的收入与收入额? ······ 264
7.2.1 综合所得的收入范围有哪些?如何把握收入期间? ······ 264
7.2.1.1 综合所得的收入范围只有四项吗? ······ 264
7.2.1.2 如何准确理解综合所得的收入期间? ······ 264
7.2.2 在汇总收入额时,在收入口径上需要注意哪些问题? ······ 264
7.2.2.1 收入中是否包含增值税?增值税减免呢? ······ 265
7.2.2.2 收入额与收入内涵是否相同?有何区别? ······ 265
7.2.2.3 免税收入与不征税收入是否也需要进行汇总? ······ 265
7.2.2.4 全年一次性奖金等特殊收入是否需要汇总? ······ 265
7.2.2.5 保险营销员等特殊人群中需要注意哪些特别事项? ······ 265
7.2.3 纳税人如何准确获得个人的收入或收入额数据呢? ······ 266
【案例7-2】 全年综合所得项目收入额的汇总与计算 ······ 268
7.3 如何对个人综合所得项目的扣除费用进行汇总? ······ 269
7.3.1 综合所得项目的费用扣除范围有哪些? ······ 269
7.3.2 综合所得不同扣除费用项目可以归纳为哪几个层级? ······ 269
7.3.3 准确进行扣除项目扣除,需要注意哪些原则? ······ 270
7.3.3.1 什么是真实扣除原则? ······ 270
7.3.3.2 什么是合法扣除原则? ······ 270
7.3.3.3 什么是一次扣除原则? ······ 270

7.3.3.4	什么是当年扣除原则?	271
7.3.3.5	什么是综合所得优先扣除原则?	271

【案例 7-3】 全年综合所得项目扣除费用的计算 ······ 271

7.4 如何正确地计算年度综合所得的应纳税所得额? 272

- 7.4.1 国家税务总局给的应纳税所得额计算公式是否需要完善? 272
- 7.4.2 存在公益捐赠时如何计算年度应纳税所得额? 273

【案例 7-4】 全年综合所得项目应纳税所得额的计算 ······ 273

【案例 7-5】 有公益性捐赠时应纳税所得额的计算 ······ 274

7.5 全年综合所得应补或应退税额该如何计算? 274

【案例 7-6】 全年应退税额或应补税额的计算 ······ 275

7.6 取得境外所得时如何计算全年应补或应退税款? 275

- 7.6.1 如何判定个人的所得来源于境内还是境外? 275
  - 7.6.1.1 税法对境内所得的是如何判定的? 275
  - 7.6.1.2 规范性文件对境外所得的判定标准是如何界定的? 275
  - 7.6.1.3 如何理解和把握境内与境外所得的判定标准? 276
- 7.6.2 居民个人从境外取得所得也须向中国税务机关申报纳税吗? 277
- 7.6.3 居民个人从境外取得所得如何消除重复纳税? 277
  - 7.6.3.1 什么是抵免法?有哪几种不同的类型? 277
  - 7.6.3.2 我国个人所得税法选择什么方法消除重复征税? 278
  - 7.6.3.3 如何理解在境外已经缴纳的个人所得税税额? 278
  - 7.6.3.4 如何理解抵免额不超过境外所得依照本法规定计算的应纳税额? 280
  - 7.6.3.5 如何计算个人所得税境外所得的可抵免限额? 281

【案例 7-7】 从境外取得综合所得时抵免限额的计算 ······ 281

- 7.6.4 有境外所得时如何计算全年的应补(退)税款? 283

【案例 7-8】 有境外所得时全年应补(退)税款的计算 ······ 284

第 8 章 汇缴申报:如何办理汇算清缴申报 286

8.1 什么时间办理综合所得年度汇算清缴申报? 286

- 8.1.1 一般情况下纳税人应在何时办理汇算清缴? 286
- 8.1.2 特殊情况下应在何时办理汇算清缴? 286
  - 8.1.2.1 居民纳税人注销中国户籍的应在何时办理汇算清缴? 286
  - 8.1.2.2 汇算清缴适用简易申报时应在何时办理汇算清缴? 286
  - 8.1.2.3 在中国境内无住所的居民个人离境的,何时办理汇算清缴? 287
- 8.1.3 委托任职单位办理汇缴申报有什么时间的特别规定? 287

8.2 在什么地方办理综合所得年度汇算清缴申报? 287

- 8.2.1 一般情况下纳税人应在何地办理汇算清缴申报? 287
- 8.2.2 如何确定特殊情况下汇算清缴申报的地点? 288
  - 8.2.2.1 纳税人注销中国户籍时在何地办理汇算清缴? 288

　　　　8.2.2.2　扣缴义务人代为办理时在何地办理汇算清缴？ ……………………… 288
　　　　8.2.2.3　非扣缴义务人代为办理时在何地办理汇算清缴？ …………………… 288
　　　　8.2.2.4　未在规定期间内申报应在何地办理汇缴的补报补报？ ………………… 288
　8.3　综合所得年度汇算清缴纳税申报方式有哪些？ ………………………………… 288
　　　8.3.1　税法对综合所得年度申报方式是如何规定的？ ………………………… 288
　　　8.3.2　扣缴义务人代为办理汇缴申报时应注意哪些事项？ …………………… 289
　　　8.3.3　扣缴义务人代为申报时仍可委托涉税代理机构申报吗？ ……………… 289
　8.4　综合所得项目年度汇算清缴申报渠道有哪些？ ………………………………… 289
　　　8.4.1　税收征管法对纳税申报路径是如何规定的？ …………………………… 289
　　　8.4.2　个人所得税汇缴申报方式作了哪些创新？ ……………………………… 290
　　　8.4.3　汇算清缴时该如何选择适合的纳税申报渠道？ ………………………… 290
　　　8.4.4　选择邮寄申报时需要注意什么问题？ …………………………………… 291
　8.5　年度汇缴申报时，需要填报哪些申报资料？ …………………………………… 292
　　　8.5.1　年度汇缴申报时需要提交哪些申报表？ ………………………………… 292
　　　8.5.2　年度汇缴申报表有不同类型吗？纳税人可以选择吗？ ………………… 293
　8.6　仅取得境内综合所得时如何填报年度纳税申报表？ …………………………… 293
　　　8.6.1　仅取得境内综合所得时可以选择哪几种申报表？ ……………………… 293
　　　8.6.2　如何准确填报《个人所得税年度自行纳税申报表》(A表)(仅取得境内综合所得
　　　　　　　年度汇算适用)？ …………………………………………………………… 294
　　　8.6.3　如何准确填报《个人所得税年度自行纳税申报表》(简易版)？ ………… 299
　　　8.6.4　如何填报《个人所得税年度自行纳税申报表》(问答版) ………………… 301
　8.7　同时取得境内外综合所得时如何填报年度纳税申报表？ ……………………… 307
　　　8.7.1　同时取得境内外综合所得时必须填报的申报表种类有哪些？ ………… 307
　　　8.7.2　如何准确填报《个人所得税年度自行纳税申报表》(B表)(居民个人取得境外
　　　　　　　所得适用)？ ………………………………………………………………… 307
　　　8.7.3　如何准确填报《境外所得个人所得税抵免明细表》？ …………………… 315
　8.8　特定人员如何填报《个人所得税减免税事项报告表》？ ………………………… 320
　　　8.8.1　哪些人员需要填报《个人所得税减免税事项报告表》？ ………………… 320
　　　8.8.2　如何填报《个人所得税减免税事项报告表》？ …………………………… 320
　8.9　汇缴时年度申报表填报错误后是否可以重新申报？ …………………………… 323
　8.10　如何填报《个人所得税专项附加扣除信息表》？ ……………………………… 323
　　　8.10.1　年终汇缴时需要填报《个人所得税专项附加扣除信息表》吗？ ……… 323
　　　8.10.2　如何准确填报《个人所得税专项附加扣除信息表》？ ………………… 323
　8.11　如何填报《个人所得税基础信息表》？ ………………………………………… 329
　　　8.11.1　年终汇缴时需要填报《个人所得税基础信息表》吗？ ………………… 329
　　　8.11.2　如何准确填报《个人所得税基础信息表(B表)》？ …………………… 330
　8.12　如不能按规定期限办理汇缴申报，是否可以延期办理？ ……………………… 332

- 8.13 汇缴申报时能隐瞒部分收入或者虚增部分扣除费用吗? ······ 333
  - 8.13.1 税法对纳税申报有哪些原则性要求? ······ 333
  - 8.13.2 不如实申报会承担怎样的不利法律后果呢? ······ 333
  - 8.13.3 税务机关能发现纳税人的不实申报吗? ······ 333
  - 【案例 8-1】 汇缴时应如实申报个人的收入信息 ······ 334

第 9 章 税款清缴:如何办理补税或退税 ······ 335

- 9.1 纳税人如何确定汇缴后是补税还是退税? ······ 335
  - 【案例 9-1】 年度中间退休人员如何计算确定应补退税款 ······ 335
- 9.2 纳税人如何办理综合所得的汇缴补税? ······ 336
  - 9.2.1 汇清需要补税的,应在何时补缴? ······ 336
  - 9.2.2 在规定的期限内未按照补税会有什么不利法律后果? ······ 337
  - 9.2.3 不能在规定期限内补缴,能否延期缴纳? ······ 337
  - 9.2.4 如果纳税人少(补)缴了税款须承担什么法律责任? ······ 338
  - 9.2.5 应补缴税额少于 400 元未补缴时是否承担法律责任? ······ 338
  - 9.2.6 汇清需要补税的,通过什么方式补税呢? ······ 339
- 9.3 纳税人如何办理综合所得的汇缴退税? ······ 339
  - 9.3.1 纳税人需要单独申请才能退税吗? ······ 339
  - 9.3.2 税款都退到哪儿了? 退到本人的银行账号上吗? 可以退到第三人账户上吗? ······ 339
  - 9.3.3 纳税人可否放弃汇缴退税? 需要明示吗? ······ 340
  - 9.3.4 纳税人放弃退税后还可以再次申请退税吗? ······ 340
  - 9.3.5 什么情况下,税务机关可能会不予退税? ······ 341
  - 9.3.6 不想申请退税,多缴税款可否顶抵下一年度税款? ······ 341
  - 9.3.7 纳税人可以委托单位、他人、涉税中介服务机构申请退税吗? ······ 342

第 10 章 汇缴资料:需要准备并留存哪些资料 ······ 343

- 10.1 年度汇算清缴时纳税人需准备并留存哪些资料? ······ 343
- 10.2 综合所得汇算清缴申报资料需要留存多少年? ······ 343
- 10.3 汇算清缴时,纳税人需要提交并留存哪些申报表? ······ 344
- 10.4 网络申报时,需要将申报表导出并打印留存吗? ······ 344
- 10.5 收入项目也需准备并留存证明材料吗? 有哪些资料可以作为证明材料? ······ 345
  - 【案例 10-1】 收入凭证资料提供与保存意义重大 ······ 346
- 10.6 基本减除费用 6 万元也需要提供证明材料吗? ······ 346
- 10.7 扣除"专项扣除"项目时需要提供哪些证明材料? ······ 346
- 10.8 扣除"专项附加扣除"项目时是否需要提供证明材料? ······ 347
- 10.9 提交或留存不实的专项附加扣除信息资料有何法律风险? ······ 348
- 10.10 扣除年金需要提交或者留存哪些资料? ······ 348
- 10.11 扣除商业健康保险需要留存的资料有哪些? ······ 349
- 10.12 试点地区纳税人扣除税收递延型商业养老保险时应当提供哪些凭证? ······ 349

10.13　扣除公益慈善事业捐赠时需要提供并留存哪些凭证资料？……349

第 11 章　筹划运作：合法前提下利益如何最大……351

11.1　全年一次性奖金如何才能实现个人利益最大？……351
　　11.1.1　全年一次性奖金该如何计算缴纳个人所得税？……351
　　11.1.2　全年一次性奖金是单独纳税还是合并纳税？……352
　　　　11.1.2.1　合并纳税与单独纳税，税负差异有多大？……352
　　　　　　【案例11-1】　全年一次性奖金单独纳税与合并纳税的选择……352
　　　　11.1.2.2　影响两种纳税方案税负差异的因素是什么？……353
　　　　　　【案例11-2】　费用扣除因素影响下的纳税方案选择……354
　　　　　　【案例11-3】　税率及其变化因素影响下的纳税方案选择……356
　　　　11.1.2.3　两种纳税方案存在税负差异的原因是什么？……358
　　　　　　【案例11-4】　全年一次性奖金计算方法直接增加纳税人税负……358
　　　　11.1.2.4　合并纳税还是单独纳税有无规律可循？……359
　　11.1.3　如何规避全年一次性奖金的临界点与临界区间？……361
　　　　11.1.3.1　为什么多拿一块钱却多缴几千元甚至几万元税？……361
　　　　　　【案例11-5】　多拿一元年终奖，税款多缴上千元或上万元……361
　　　　11.1.3.2　多拿一元、两元为何却要多缴税款上千元、上万元呢？……361
　　　　　　【案例11-6】　全年一次性奖金临界点原因分析……361
　　　　11.1.3.3　如何规避全年一次性奖金的临界点雷区？……362
　　　　11.1.3.4　全年一次性奖金恰好处于雷区该如何筹划？……363
　　　　　　【案例11-7】　全年一次性奖金"临界区间"的有效规避……363
　　11.1.4　日常薪资与年终奖金需注意协调分布比重吗？……365
　　　　11.1.4.1　全年一次性奖金能大幅度降低纳税人税收负担吗？……365
　　　　11.1.4.2　日常薪资与年终奖金的比重会影响税负吗？……365
　　　　　　【案例11-8】　日常薪资与年终奖配比对税负的影响……366
　　　　　　【案例11-9】　发现日常薪资与年终奖金的最佳比重……370
11.2　公益慈善捐赠，在让他人获利时能否让自己减负？……372
　　11.2.1　公益慈善性捐赠能否在个人所得税前扣除？……372
　　11.2.2　公益慈善性捐赠能大幅度减轻个人税负吗？……372
　　　　【案例11-10】　捐出两百元，少缴个税超万元……372
11.3　专项附加扣除的主体与时机不同，税收负担不同吗？……373
　　11.3.1　可以利用专项附加扣除的主体进行筹划吗？……373
　　　　【案例11-11】　不同的扣除主体税收负担不同……374
　　11.3.2　专项附加扣除选择在何时扣除更为有利？……374
　　　　【案例11-12】　专项附加扣除选择在平时扣除还是汇缴时扣除……375
11.4　把工资、薪金所得转换成劳务报酬所得能减轻税收负担吗？……375
　　11.4.1　将工资、薪金所得转换为劳务报酬所得筹划能给纳税人带来效益吗？……375

11.4.2　将工资、薪金所得转换为劳务报酬所得在法律政策上允许吗？ …………… 376
　　11.4.3　将工资、薪金所得转换为劳务报酬所得筹划让纳税人损失多少？ ………… 376
　　　【案例11-13】　工资、薪金所得转为劳务报酬所得，个人利益损失惨重 ………… 377
11.5　津贴、补贴可否从个人收入向企业费用转变？ ……………………………………… 379
　　11.5.1　津贴、补贴是否需要缴纳个人所得税？ ……………………………………… 379
　　11.5.2　如何既能享受津贴、补贴之实，又不用纳税？ ……………………………… 379
　　　【案例11-14】　交通补贴不再搞，个人收益却没少 ………………………………… 379
11.6　增加作者人数能降低稿酬所得的个人所得税吗？ ………………………………… 381
　　　【案例11-15】　一个虚假的涉嫌偷税的纳税筹划案例 ……………………………… 381

第1章

基本判断：到底要不要办理汇算清缴

1.1 什么是汇算清缴？汇算清缴中该做些什么？

1.1.1 什么是综合所得的个人所得税汇算清缴？

综合所得汇算清缴是指居民个人自行汇总一个纳税年度内取得的综合所得，依法计算本年度应纳税额，减除已预缴税额，确定该纳税年度应补税额或者应退税额，在法定期限内向税务机关办理纳税申报并结清税款的行为。

2019年1月1日，新修订的个人所得税法全面实施。这次个人所得税改革，除提高"起征点"和增加六项专项附加扣除外，还首次建立了综合与分类相结合的个人所得税制。这样有利于平衡不同所得税负，更好发挥个人所得税收入分配调节作用。

综合税制，通俗地讲，就是"合并全年收入，按年计算税款"，与我国原先一直实行的分类税制相比，个人所得税的计算方法发生了改变，即将纳税人取得的工资、薪金，劳务报酬，稿酬，特许权使用费四项所得合并为"综合所得"，以"年"为一个周期计算应缴纳的个人所得税。平时取得这四项收入时，先由支付方（即扣缴义务人）依税法规定按月或者按次预扣预缴税款。年度终了，纳税人需要将上述四项所得的全年收入和可以扣除的费用进行汇总，收入额减去费用、扣除后，适用3%～45%的综合所得年度税率表，计算全年应纳个人所得税，再减去年度内已经预缴的税款，向税务机关办理年度纳税申报并结清应退或应补税款，这个过程就是汇算清缴。简言之，就是在平时已预缴税款的基础上"查遗补漏，汇总收支，按年算账，多退少补"，这也是国际通行做法。

1.1.2 为什么要办理综合所得的汇算清缴？

主要有下列两个方面的原因：

其一，年度汇算可以更加精准、全面落实各项税前扣除和税收优惠政策，更好地保障纳税人的权益。例如，有的纳税人由于工作繁忙，可享受的税前扣除项目在平时没来得及申报享受；有的扣除项目，如专项附加扣除中的大病医疗支出，只有年度结束，才能确切地知道支出金额是多少，这些扣除都可以通过年度汇算来补充享受办理。《国家税务总局关于办理2019年度个人所得税综合所得汇算清缴事项的公告》（国家税务总局公告2019年第44号）第四条分三类情形，列出了年度汇算期间可以享受的税前扣除项目，既有平时可以扣除但纳税人未来得及申报扣除或没有足额扣除的，也有在年度汇算期间办理的扣除,提醒纳税人"查遗补漏",充分享受改革红利。

其二,通过年度汇算,准确计算纳税人综合所得全年应缴纳的个人所得税,如果预缴税额大于全年应纳税额,就要退还给纳税人。税法规定,纳税人平时取得综合所得时,仍需要依照一定的规则,先按月或按次计算并预扣预缴税款,这几乎是世界上所有开征个人所得税国家的普遍做法。但由于实践中的情形十分复杂,因此无论采取怎样的预扣预缴方法,都不可能使所有的纳税人平时已预缴税额与年度应纳税额完全一致,此时两者之间就会产生"差额"。例如,年度中间,纳税人取得综合所得的收入波动过大或时断时续,在收入较高或有收入的月份按规定预缴了税款,但全年综合所得的收入额总计还不到 6 万元,减去全年基本减除费用 6 万元后,按年计算则无需缴纳个人所得税。这时,已预缴税款就需要通过年度汇算退还给纳税人。

1.1.3　如何办理 2019 年度综合所得的汇算清缴?

如何办理 2019 年的综合所得的个人所得税汇算清缴?对此问题,《国家税务总局关于办理 2019 年度个人所得税综合所得汇算清缴事项的公告》(国家税务总局公告 2019 年第 44 号)给出了一个非常通俗的解释:2019 年度终了后,居民个人(以下称"纳税人")根据税法的规定,汇总 2019 年 1 月 1 日至 12 月 31 日取得的工资、薪金,劳务报酬,稿酬,特许权使用费等四项所得(即"综合所得")的收入额,减除费用 6 万元以及专项扣除、专项附加扣除、依法确定的其他扣除和符合条件的公益慈善事业捐赠后,适用综合所得个人所得税税率并减去速算扣除数,计算 2019 年度最终应纳税额,再减去 2019 年度已预缴税额,得出 2019 年度应退或应补税额,向税务机关申报并办理退税或补税。具体计算公式如下:

$$2019\text{ 年度汇算应退或应补税额} = [(\text{综合所得收入额} - 60\,000 - \text{"三险一金"等专项扣除} - \text{子女教育等专项附加扣除} - \text{依法确定的其他扣除} - \text{捐赠}) \times \text{适用税率} - \text{速算扣除数}] - 2019\text{ 年已预缴税额}$$

按照税法规定,2019 年度汇算仅计算并结清本年度综合所得的应退或应补税款,不涉及以前或往后年度,也不涉及财产租赁等分类所得,以及纳税人按规定选择不并入综合所得计算纳税的全年一次性奖金等所得。

1.1.4　在综合所得汇算清缴中该做些什么?

分析综合所得汇算清缴的概念,可以看出,在综合所得汇算清缴中,居民个人主要需要做好四件事情:

(1) 汇收支。居民个人自行汇总一个纳税年度内取得的全部综合所得项目收入及可扣除费用支出。

收入项目只包括四项:工资、薪金所得,劳务报酬所得,稿酬所得,特许权使用费所得;经营所得,利息、股息、红利所得,财产租赁所得,财产转让所得和偶然所得,依法均不需汇总并入综合所得。

扣除项目则必须是税法规定允许扣除的项目内容,具体包括:

① 6万元的基本减除费用。

② 按照国家规定的范围和标准缴纳的基本养老保险、基本医疗保险、失业保险等社会保险费和住房公积金等专项扣除。

③ 子女教育、继续教育、大病医疗、住房贷款利息或者住房租金、赡养老人等专项附加扣除。

④ 依法确定的其他扣除。

⑤ 个人对教育、扶贫、济困等公益慈善事业进行捐赠。

⑥ 税法规定的对劳务报酬、稿酬所得以及特许权使用费所得打折扣除,即劳务报酬所得、稿酬所得、特许权使用费所得以收入减除20%的费用后的余额为收入额。稿酬所得的收入额减按70%计算。

(2) 算总账。在归拢全年收入、支出情况的基础上,汇总确认并计算全年的应纳税所得额。具体而言,就是按照下列公式计算确认全年的应纳税所得额:

$$\begin{aligned}\text{全年应纳税所得额} =& \text{全部工资、薪金收入} + \text{全年劳务报酬收入} \times (1-20\%) + \text{全年特许权使用费收入} \times (1-20\%) \\ &+ \text{全年稿酬收入} \times (1-20\%) \times 70\% - 60\,000 - \text{"三险一金"等专项扣除} \\ &- \text{"子女教育支出"等专项附加扣除} - \text{依法确定的其他扣除} - \text{准予扣除的公益慈善捐赠}\end{aligned}$$

(3) 清税款。在算出全年应纳税所得额的基础上,适用综合所得年度税率表,结合全年已预扣预缴或被代扣代缴税款情况,计算确定全年应补(退)税的税款。用公式表示即为:

$$\text{应补(退)税款} = \text{全年应纳税所得额} \times \text{适用税率} - \text{速算扣除} - \text{已预扣预缴税款}$$

如果按照上述公式计算所得到的结果为正数,则表示需要补缴税款;如果计算结果为负数,则表示多缴税款,应当申请退税。

(4) 缴退税。按照法律政策等规定,填报年度纳税申报表,并缴纳应补缴税款,申请退还多缴的税款。

1.1.5 不按规定办理汇算清缴,需要承担哪些法律责任?

《中华人民共和国税收征收管理法》对纳税人不按规定履行纳税申报义务等的违法行为作了非常详细、明确的规定,如果自然人个人不按照规定办理综合所得的汇算清缴,那么将会面临以下一系列的涉税风险:

(1) 滞纳金风险。纳税人未按照规定期限缴纳税款的,税务机关除责令限期缴纳外,从滞纳税款之日起,按日加收滞纳税款0.5‰的滞纳金。

(2) 不申报处罚风险。纳税人未按照规定的期限办理纳税申报和报送纳税资料的,或者扣缴义务人未按照规定的期限向税务机关报送代扣代缴、代收代缴税款报告表和有关资料的,由税务机关责令限期改正,可以处2 000元以下的罚款;情节严重的,可以处

2 000元以上1万元以下的罚款。

（3）偷税处罚风险。纳税人伪造、变造、隐匿、擅自销毁账簿、记账凭证，或者在账簿上多列支出或者不列、少列收入，或者经税务机关通知申报而拒不申报或者进行虚假的纳税申报，不缴或者少缴应纳税款的，是偷税。对纳税人偷税的，由税务机关追缴其不缴或者少缴的税款、滞纳金，并处不缴或者少缴的税款50%以上5倍以下的罚款；构成犯罪的，依法追究刑事责任。

另外，纳税人在规定期限内不缴或者少缴应纳或者应解缴的税款，经税务机关责令限期缴纳，逾期仍未缴纳的，税务机关除依照规定采取强制执行措施追缴其不缴或者少缴的税款外，可以处不缴或者少缴的税款50%以上5倍以下的罚款。

1.2 如何判定个人是否需要办理综合所得汇算清缴？

综合现行的税收法律、法规和政策的规定，包括《中华人民共和国个人所得税法》（以下简称《个人所得税法》）及其实施条例等，必须同时具备下列四个问题规定的条件时才需要办理综合所得项目的个人所得税汇算清缴。如果其中一条不具备，则不用办理。

1.2.1 如何从纳税人身份上判定是否需要汇算清缴？

必须是居民纳税人。所谓居民纳税人，是指在中国境内有住所，或者无住所而一个纳税年度内在中国境内居住累计满183天的个人。对此，将在下文进行详细解答。

注：《个人所得税法》所称"中国境内"，是指中国大陆地区，不包括中国香港、中国澳门和中国台湾地区。

1.2.2 如何从取得时间上判定是否需要汇算清缴？

以一个纳税年度内，即公历1月1日到12月31日之间，居民个人实际取得综合所得的时间。

实际取得时间不一定就是个人实际收到款项的时间，更多的是其任职或者受雇单位实际支付的时间。

【案例1-1】　　　　　　　　居民收入取得年度的确认

张某在北京A单位任职，2019年12月30日，A单位以现金方式向所有员工支付午餐补贴，其中张某应得800元。但发放当日，张某到江苏南通出差，请同办公室李某代为领取。2020年1月10日，张某从南通出差归来，李某将800元午餐补贴交付给张某。

【解析】　尽管张某实际取得款项时间是2020年1月10日，但由于其任职单位实际支付时间是2019年12月30日，因此，该800元午餐补贴仍然归属于张某2019年度的综合所得。

1.2.3 如何从所得项目上判定是否需要汇算清缴？

所得项目必须是综合所得项目。所谓综合所得，是指工资、薪金所得，劳务报酬所得,稿酬所得,特许权使用费所得等四项所得。

1.2.4　如何根据收入和退补税金额判定是否需要汇算清缴?

必须属于规定的汇算清缴业务范围,其中主要包括收入金额条件、退税条件、补税条件等。对此,将在下文进行详细介绍。

1.3　居民纳税人才需汇缴,那什么是居民纳税人呢?

1.3.1　只有居民纳税人才需办理综合所得汇算清缴吗?

并不是所有的纳税人都需要办理综合所得的汇算清缴。根据《中华人民共和国个人所得税法》(以下简称《个人所得税法》)第十条以及《国家税务总局关于办理2019年度个人所得税综合所得汇算清缴事项的公告》(国家税务总局公告2019年第44号)等规定,只有居民纳税人才需要办理个人所得税综合所得的年度汇算清缴。非居民纳税人不需要办理汇算清缴。

1.3.2　什么是居民纳税人?如何进行简单判定?

《个人所得税法》第一条规定:"在中国境内有住所,或者无住所而一个纳税年度内在中国境内居住累计满一百八十三天的个人,为居民个人。居民个人从中国境内和境外取得的所得,依照本法规定缴纳个人所得税。"

该条同时也对非居民个人进行了界定,即"在中国境内无住所又不居住,或者无住所而一个纳税年度内在中国境内居住累计不满一百八十三天的个人,为非居民个人。非居民个人从中国境内取得的所得,依照本法规定缴纳个人所得税。"

另外,《个人所得税法》同时强调:"纳税年度,自公历一月一日起至十二月三十一日止。"

1.3.3　如何判断居民与非居民纳税人?国籍能作为依据吗?

《个人所得税法》第一条对个人所得税居民纳税人与非居民纳税人进行了明确的界定,根据其界定,可以得出居民与非居民纳税人的判断标准与顺序如下。

1.3.3.1　居民纳税人的判定标准该如何理解和把握?

从上述规定可以看出:个人所得税法对居民纳税人与非居民纳税人的划定,采取双重标准,即同时采用了住所与居住时间标准。凡在中国境内有住所或者虽无住所但居住满183天的,即为居民纳税人;反之,无住所又不居住或者无住所但居住不满183天的,即属非居民纳税人。

【案例1-2】　　　　居住时间标准与居民纳税人的身份判断

美国人迈克计划到中国9个月左右,计划是2019年6月10日到中国,2020年3月

20日回美国。

【解析】 2019年,迈克先生在中国居住超过了183天,满足个人所得税法规定的在一个纳税年度在中国境内居住满183天的条件,可以判定迈克为中国的居民纳税人,不仅要就来源于中国境内的所得在中国缴纳个人所得税,还需就来源于中国境外的所得在中国缴纳个人所得税。

2020年,迈克先生在中国居住未超过183天,未满足税法规定的在一个纳税年度在中国境内居住满183天的条件,可以判定迈克为中国的非居民纳税人。

【案例1-3】　　　　　　　居住时间标准与居民纳税人的身份判定

美国人约翰计划到中国9个月左右,计划是2019年7月10日到中国,2020年3月20日回美国。

【解析】 虽然约翰在中国境内累计居住超过了9个月,但是2019年和2020年两个纳税年度内均未居住满183天,因而,约翰为中国的非居民个人,仅需要就来源于中国境内的所得在中国缴纳个人所得税,而无需就来源于中国境外的所得在中国缴纳个人所得税。

1.3.3.2　判定居民纳税人时按怎样的顺序进行?

个人所得税法虽然规定了住所与居住时间两个标准,但这并不意味着两个标准是并列关系。事实上两个标准是有先后顺序的,即应当先住所后居住时间。具体而言,应当进行如下判定:

首先,分析相关自然人在中国境内有没有住所,如果有住所则无须适用居住时间标准,直接判定为居民纳税人。如果没有住所的,才选择适用另一标准,即居住时间标准。

其次,分析居住时间,如果相关自然人在中国境内没有住所又不居住,则可以直接判定为非居民纳税人;如果相关自然人在中国境内虽然没有住所但在中国境内居住,但居住时间未满183天,那么也应直接判定为非居民纳税人;如果相关自然人在中国境内虽然没有住所但在中国境内居住,并且居住时间满183天,则该自然人可以判定为居民纳税人。

必须注意的是,国籍并不是居民纳税人与非居民纳税人的判定标准。换言之,无论是外籍个人还是中国公民,在居民与非居民纳税人身份判定上,均适用上述标准。

1.3.4　如何理解居民纳税人判断标准中的"住所"与"居住时间"?

我国个人所得税法对居民纳税人与非居民纳税人的划定,采取的双重标准,即同时采用了"住所"与"居住时间"标准。那么,如何理解"有住所"呢?又如何理解"居住"呢?对此,《中华人民共和国个人所得税法实施条例》(以下简称《个人所得税法实施条例》)等相关法律与政策进行了比较细化的界定。

1.3.4.1　什么是"有住所"?如何理解?

所谓有住所,是指在中国境内习惯性居住。按照个人所得税法的规定,在中国境内有住所,是指因户籍、家庭、经济利益关系而在中国境内习惯性居住。因此,户籍、家庭、经济利益等相关情况,也就成为判定某个自然人是否在中国境内"习惯性居住"的要素。但是必须强调的是,这些要素只是"习惯性居住"的判定要素,而非判定居民个人条件。

【案例 1-4】　　　　　　　住所标准与居民纳税人身份的判定

中国人陈某到加拿大留学,计划留学时间为 4 年。其中 2019 进出境时间如下:1 月 3 日离境去加拿大;6 月 3 日入境回国;8 月 14 日再次出境去加拿大,12 月 20 日再次入境回国。留学期间,陈某的户籍仍在国内,父母、兄弟等也全在中国境内,并且其名下有一房产,也在中国境内。

【解析】　虽然陈某到加拿大留学,并且在中国境内累计居住的时间未满 183 天,但由于其户籍、家庭、经济利益等主要关系全部在中国境内,因而,仍然是其习惯性居住地。据此,仍应将陈某判定为居民纳税人,需要就来源于中国境内和境外的所得在中国缴纳个人所得税。

【案例 1-5】　　　　　国籍标准并非居民纳税人身份的判定标准

中国公民赵某,父母在其 8 岁时即已过世,因国内无亲无故,故投靠德国的叔叔,后在德国长大。去德国后,其父母留下的房产已由其叔叔处置掉。2019 年,赵某就职的德国某公司为拓展中国市场,将其派回国内工作。赵某于 2019 年 3 月 10 日入境,于 8 月 21 日出境。试问:2019 年李某是否是中国个人所得税的居民纳税人?

【解析】　李某虽然一直在德国生活,但未注销中国国籍,仍然是中国公民,但其并不能满足"因户籍、家庭、经济利益关系而在中国境内习惯性居住",即在中国"无住所",故不满足居民个人判定的住所标准。同时,2019 年,赵某虽然在中国境内居住超过 5 个月,但未满 183 天,因而也不满足居住时间标准,因此,2019 年,赵某是中国个人所得税的非居民纳税人。

1.3.4.2　如何理解税法对居住时间的界定?

所谓在中国居住,是指在中国境内停留。根据《财政部　税务总局关于在中国境内无住所的个人居住时间判定标准的公告》(财政部　税务总局公告 2019 年第 34 号,以下简称"2019 年第 34 号公告")的规定,无住所个人一个纳税年度内在中国境内累计居住天数,按照个人在中国境内累计停留的天数计算。在中国境内停留的当天满 24 小时的,计入中国境内居住天数,在中国境内停留的当天不足 24 小时的,不计入中国境内居住天数。

【案例 1-6】　　　　　　　　在中国境内居住时间的计算

中国香港居民刘某在中国香港居住,但在深圳工作,2019 年有 280 多个工作日都往返于深圳工作场所和中国香港住所之间,但每个工作日在深圳停留的时间均不足 24 小时。试问:2019 年,刘某是不是内地个人所得税居民纳税人?

【解析】　按照《中华人民共和国香港特别行政区基本法》第一百零八条规定,香港特别行政区参照原在香港实行的低税政策,自行立法规定税种、税率、税收宽免和其他税务事项。同时,根据《内地和香港特别行政区关于对所得避免双重征税和防止偷漏税的安排》,中国香港居民需要按照在中国内地停留时间,判定是不是中国内地的个人所得税居民纳税人。

案例中陈某,虽然在深圳停留天数在一个纳税年度内超过183天,但由于其在境内停留的时间,每天均不满24小时,按照现行规范性文件的规定,每天均不作为在中国境内的居住天数,因而,2019年,陈某不是中国内地个人所得税的居民纳税人。

【案例1-7】 国籍不能决定居民身份但具有影响作用

中国公民肖某,2019年,在中国境内无住所又不居住,或者无住所而一个纳税年度内在中国境内居住累计不满183天。请问:2019年度,肖某是中国个人所得税的居民纳税人还是非居民纳税人?如何判定?

【解析】 对于该案例中的肖某,可能有很多财税人士会简单地根据其中国公民的身份,即国籍身份直接将其判定为中国个人所得税的居民纳税人。其实不然,如上文所说,国籍并不是判定居民纳税人与非居民纳税人的标准。

实际上,案例中肖某是否构成中国个人所得税的居民纳税人,不仅涉及国内税法,需要按照上述两个标准进行判定,还涉及国际税法,需要按照国际税收协定的规定,进行判定。假如2019年肖某去到新加坡了,那么就可以适用《中华人民共和国政府和新加坡共和国政府关于对所得避免双重征税的防止偷漏税协定》(国税函〔2007〕790号印发,以下简称《中新避免双重征税协定》)等进行判定。

《中新避免双重征税协定》第四条"居民"规定:

(1) 在本协定中,"缔约国一方居民"一语是指按照该缔约国法律,由于住所、居所、管理机构所在地、总机构所在地、注册地或任何其他类似标准,在该缔约国负有纳税义务的人,也包括该缔约国、地方当局或法定机构。

(2) 由于上述的规定,同时为缔约国双方居民的个人,其身份应按以下规则确定:

① 应认为仅是其永久性住所所在缔约国的居民;如果在缔约国双方同时有永久性住所,应认为是与其个人和经济关系更密切(重要利益中心)所在缔约国的居民。

② 如果其重要利益中心所在国无法确定,或者在缔约国任何一方都没有永久性住所,应认为是其有习惯性居处所在国的居民。

③ 如果其在缔约国双方都有,或者都没有习惯性居处,应认为仅是其国民所属缔约国的居民。

④ 在其他任何情况下,缔约国双方主管当局应通过协商解决。

从其规定可以看出,判定居民与非居民纳税人的标准包括了住所、居所、管理机构所在地、总机构所在地、注册地或任何其他类似标准等相关标准。在具体的标准适用上,则遵循下列的判定顺序:

第一,看有没有永久性住所。如果只在一个国家内有永久性住所,那么就是这个住所所在国家的居民纳税人。

第二,看经济利益中心所在国。对在两个国家都有永久性住所的个人,则看个人与国家的经济关系,如果与某个国家的经济利益关系更为密切,则判定为该国的居民纳税人。

第三,看习惯性居处所在国。如果个人同时两个国家都没有永久性住所的,并且也无法判定其经济利益中心所在国的,以个人习惯在哪个国家居处进行判定,确定其是哪个国家的居民纳税人。

第四,看个人国籍所属国。如果个人在两个国家都有,或者都没有习惯性居处,无法判定时,就判定为个人的公民身份所属国家的居民个人。

第五,由双方协商确定。如果根据上述标准均无法判定时,则由缔约国双方主管当局协商确定。

因此,必须强调在任何时候都不能直接根据个人的国籍直接判定其是否是某国的居民纳税人。

1.3.5 如何计算无住所个人境内居住时间以判定其纳税人身份?

居住时间是判定居民与非居民纳税人的重要标准,那么如何计算确定居住时间呢?对此,2019年第34号公告进行了明确规定:"无住所个人一个纳税年度内在中国境内累计居住天数,按照个人在中国境内累计停留的天数计算。在中国境内停留的当天满24小时的,计入中国境内居住天数,在中国境内停留的当天不足24小时的,不计入中国境内居住天数。"

【案例1-8】 在中国境内居住天数的计算

姚某,系中国澳门居民,在中国澳门拥有住房并习惯性在中国澳门居住,2018年底,珠海某公司雇佣姚某为公司中层管理人员,从事某项技术的研发。2019年,姚某有320多个工作日都往返于珠海工作场所和中国澳门住所之间,但每个工作日在珠海停留的时间均不足24小时。试问:2019年姚某是不是中国内地个人所得税的居民纳税人?

【解析】 《中华人民共和国澳门特别行政区基本法》第一百零六条规定:"澳门特别行政区实行独立的税收制度。澳门特别行政区参照原在澳门实行的低税政策,自行立法规定税种、税率、税收宽免和其他税务事项。"另外,按照《内地和澳门特别行政区关于对所得避免双重征税和防止偷漏税的安排》的规定,对于澳门居民,通常按照在中国内地停留时间,判定其是否是中国内地的个人所得税居民纳税人。

案例中姚某,虽然在珠海停留天数在一个纳税年度内超过183天,但由于其在境内停留的时间,每天均不满24小时,按照2019年第34号公告的规定,每天均不作为在中国境内的居住天数,因而,2019年,姚某不是中国内地的个人所得税的居民纳税人。

1.3.6 能简单概括一下个人所得税居民纳税人的类型吗?

根据上文的分析,大体上可以得出一个结论,即个人所得税的居民纳税人包括了两大类型:

(1)在中国境内定居的中国公民和外国侨民,但不包括那些虽具有中国国籍却在中国大陆无习惯性住所,或是侨居海外的华侨和居住在中国香港、澳门、台湾的同胞。

(2)一年纳税年度内,即从公历1月1日起至12月31日止,在中国境内居住累计满183天的外国人、海外侨胞和中国香港、澳门、台湾同胞。

需要指出的是,个人所得税法上所称"中国境内",是指中国大陆地区,不包括中国香港、中国澳门和中国台湾地区。

1.4 哪些所得属于综合所得,需要办理汇算清缴?

1.4.1 居民个人所有收入或所得都要并入综合所得汇算清缴吗?

《个人所得税法》第二条规定,下列各项个人所得,应纳个人所得税:
(1) 工资、薪金所得。
(2) 劳务报酬所得。
(3) 稿酬所得。
(4) 特许权使用费所得。
(5) 经营所得。
(6) 利息、股息、红利所得。
(7) 财产租赁所得。
(8) 财产转让所得。
(9) 偶然所得。

《个人所得税法》特别强调的是,居民个人取得上述第(1)项至第(4)项所得(以下称综合所得),按纳税年度合并计算个人所得税;非居民个人取得上述第(1)项至第(4)项所得,按月或者按次分项计算个人所得税。纳税人取得上述第(5)项至第(9)项所得,依照《个人所得税法》规定分别计算个人所得税。

《个人所得税法》第十条第(一)项又进一步规定:"取得综合所得需要办理汇算清缴。"另外,《国家税务总局关于个人所得税自行纳税申报有关问题的公告》(国家税务总局公告2018年第62号,以下简称"2018年第62号公告")第一条又重申了上述的规定。

综合上述规定,综合所得项目只有四项,即工资、薪金所得;劳务报酬所得;稿酬所得;特许权使用费所得。居民只有取得这四项所得中的一项或多项时,才需要合并为综合所得并办理综合所得的年度汇算清缴。

1.4.2 个体经营者是否需要办理个人所得税汇算清缴?

《个人所得税法》第十一条规定:"居民个人取得综合所得,按年计算个人所得税……需要办理汇算清缴的,应当在取得所得的次年三月一日至六月三十日内办理汇算清缴。预扣预缴办法由国务院税务主管部门制定。"第十二条规定:"纳税人取得经营所得,按年计算个人所得税,由纳税人在月度或者季度终了后十五日内向税务机关报送纳税申报表,并预缴税款;在取得所得的次年三月三十一日前办理汇算清缴。"

综合上述规定,个体工商户业主、个人独资企业投资者、合伙企业的个人合伙人,年度终了后是必须办理汇算清缴的,并且需要视具体情况确定办理个人所得税的汇算清缴。

1.4.2.1 只有经营所得的,只需办理经营所得的汇算清缴吗?

如果相关自然人只有经营所得,并且除了经营所得之外,没有工资、薪金所得,劳务报酬所得,稿酬所得以及特许权使用费所得等四项所得中的任何一项或多项,那么相关自然人只需就其经营所得在次年3月31日前办理经营所得项目的汇算清缴。

1.4.2.2 既有经营所得又有综合所得的,则需同时办理两种汇算清缴吗?

如果相关自然人不仅拥有经营所得,而且还同时取得工资、薪金所得,劳务报酬所得,稿酬所得或特许权使用费所得等四项所得中的任何一项或至多项的,则相关自然人需要同时办理经营所得的汇算清缴和综合所得的汇算清缴,即在次年3月31日前就其经营所得办理经营所得项目的汇算清缴,次年3月1日至6月30日内就其综合所得办理综合所得项目的汇算清缴。

1.4.2.3 经营所得与综合所得的汇算清缴必须分别办理吗?

如果相关自然人既有经营所得,又取得四项综合所得中的任何一项甚至多项,须同时办理经营所得和综合所得的汇算清缴的,则需要分别办理经营所得的汇算清缴与综合所得的汇算清缴,绝对不能将综合所得的汇算清缴与经营所得的汇算清缴合并办理。

1.5 什么情况下个人可以免除汇算清缴义务?

1.5.1 居民个人在什么情况下必须办理综合所得的汇算清缴?

《国家税务总局关于个人所得税自行纳税申报有关问题的公告》(国家税务总局公告2018年第62号)第一条规定,取得综合所得且符合下列情形之一的纳税人,应当依法办理汇算清缴:

(1) 从两处以上取得综合所得,且综合所得年收入额减除专项扣除后的余额超过6万元。

(2) 取得劳务报酬所得、稿酬所得、特许权使用费所得中一项或者多项所得,且综合所得年收入额减除专项扣除的余额超过6万元。

(3) 纳税年度内预缴税额低于应纳税额。

(4) 纳税人申请退税。

《国家税务总局关于办理2019年度个人所得税综合所得汇算清缴事项的公告》(税务总局公告2019年第44号)规定,符合下列情形之一的,纳税人需要办理年度汇算:

(1) 2019年度已预缴税额大于年度应纳税额且申请退税的。包括2019年度综合所得收入额不超过6万元但已预缴个人所得税;年度中间劳务报酬、稿酬、特许权使用费适用的预扣率高于综合所得年适用税率;预缴税款时,未申报扣除或未足额扣除减除费用、专项扣除、专项附加扣除、依法确定的其他扣除或捐赠,以及未申报享受或未足额享受综合所得税收优惠等情形。

(2) 2019年度综合所得收入超过12万元且需要补税金额超过400元的。包括取得两处及以上综合所得,合并后适用税率提高导致已预缴税额小于年度应纳税额等情形。

1.5.2 哪些情况下需要退税并须办理综合所得汇算清缴?

《国家税务总局关于个人所得税自行纳税申报有关问题的公告》(国家税务总局公告

2018年第62号)第一条第(四)项规定,纳税人申请退税的,需要办理综合所得的汇算清缴。

依法申请退税是纳税人的权利。从充分保障纳税人权益的角度出发,只要纳税人因为平时扣除不足或未申报扣除等原因导致多预缴了税款,无论收入高低,无论退税额多少,纳税人都可以申请退税。

综合现行税制的规定并结合现实经济情况,纳税人可以申请退税的情形,主要包括下列几种情况:

(1) 全年综合所得年收入额不足6万元,但平时取得收入时已被支付单位按照规定预扣预缴了个人所得税的。

【案例1-9】　　　　　　　收入额低于6万元但预缴税款需汇缴退税的

2019年,自然人孙某于1月领取工资1万元、个人缴付"三险一金"2 000元,假设没有专项附加扣除,预缴个税90元;其他月份每月工资4 000元,无须预缴个税。

【解析】　从全年看,孙某年收入额不足6万元无须缴税,因此预缴的90元税款可以申请退还。孙某可以通过汇缴办理退税。

(2) 有符合规定扣除条件的专项附加扣除,但预缴税款时未申报扣除的。

【案例1-10】　　　　　预扣税款时未扣除专项附加扣除需汇缴退税的

2019年,居民纳税人陶某,每月工资1万元、个人实际缴付"三险一金"2 000元,有两个上小学的孩子,按规定可以每月享受2 000元(全年24 000元)的子女教育专项附加扣除。但因其在预缴环节未填报,任职单位计算扣缴个税时未减除子女教育专项附加扣除,全年预缴个税1 080元。

【解析】　很显然,2019年,对于陶某来说,其在年度汇算时填报相关信息后即可补扣24 000元专项附加扣除,扣除后全年应纳个税360元,按规定其可以申请退税720元。

(3) 年中就业、退职或者部分月份无收入等原因,减除费用6万元、"三险一金"等专项扣除、子女教育等专项附加扣除、企业(职业)年金以及商业健康保险、税收递延型养老保险等扣除不充分的,需要通过汇算清缴办理退税。

【案例1-11】　　　　年中就业、退职或部分月份无收入等导致需要汇缴退税的

居民纳税人宋某,2019年8月底退休,退休前每月工资1万元、个人缴付"三险一金"2 000元,退休后领取基本养老金。假设没有专项附加扣除,1~8月预缴个税720元;后4个月基本养老金按规定免征个税。

【解析】　从全年看,宋某仅扣除了4万元(8×5 000)减除费用,未充分扣除6万元减除费用。年度汇算时应当全额扣除,即补扣除,而一旦补扣后,宋某将可以申请退税600元,故应当办理汇算清缴。

(4) 没有任职受雇单位,仅取得劳务报酬、稿酬、特许权使用费所得,需要通过年度汇算办理各种税前扣除的。

(5) 纳税人取得劳务报酬、稿酬、特许权使用费所得,年度中间适用的预扣率高于全年综合所得年适用税率的。

【案例1-12】　　　　取得工资外综合所得，平时适用高税率需退税的

居民纳税人曹某，每月均取得劳务报酬1万元，适用20%预扣率后预缴个税1 600元，全年19 200元。

【解析】 从全年看，曹某全年取得劳务报酬12万元，减除6万元费用（不考虑其他扣除）后，应当适用3%的综合所得税率计算缴纳个人所得税，全年应纳税款1 080元。但全年却被扣缴19 200元税款，因此，应申请退税18 120元。这也就意味着曹某应当按照规定办理汇算清缴以便及时退税。

（6）预缴税款时，未申报享受或者未足额享受综合所得税收优惠的，如残疾人减征个人所得税优惠等。

（7）有符合条件的公益慈善事业捐赠支出，但预缴税款时未办理扣除的等等。

1.5.3　哪些情况下可以补税并须办理综合所得汇算清缴？

《国家税务总局关于个人所得税自行纳税申报有关问题的公告》（国家税务总局公告2018年第62号）第一条第（三）项规定，纳税年度内预缴税额低于应纳税额，应当办理综合所得的汇算清缴。

依法补税是纳税人的义务。因此，只要纳税人需要补税的，都应当按照规定履行综合所得的汇算清缴义务，并补缴税款。综合现行税制的规定并结合现实经济情况，申请补税的情况主要包括以下几种：

（1）因预扣预缴申报的收入额低于纳税人实际取得的收入额，或者扣缴义务人未按规定扣缴税款的其他情形，导致预缴税额低于应纳税额的。

（2）从两处以上取得综合所得合并后，适用税率提高；或者累计扣除的减除费用、专项扣除、专项附加扣除、依法确定的其他扣除，不符合税法规定条件或者超过规定标准，导致预缴税额低于应纳税额的。

（3）预扣预缴时享受的综合所得税收优惠，不符合税法规定条件或者超过规定标准，导致预缴税额低于应纳税额的。

（4）其他预缴税额低于应纳税额的情形。

1.5.4　年收入未超过12万元但需补税的，还需办理汇算清缴吗？

2019年11月20日，为进一步减轻纳税人特别是中低收入群体负担，国务院常务会议决定，暂定两年内对综合所得年收入不超过12万元或年度补税金额较低的纳税人，免除汇算清缴义务。国务院的决定，实际上是把不需要办理个税汇算清缴的人群在《国家税务总局关于个人所得税自行纳税申报有关问题的公告》（国家税务总局公告2018年第62号）规定的范围上进行了扩大。

《财政部　税务总局关于个人所得税综合所得汇算清缴涉及有关政策问题的公告》（财政部　税务总局公告2019年第94号）第一条进一步作了细化性的规定："2019年1月1日至2020年12月31日居民个人取得的综合所得，年度综合所得收入不超过12万元且需要汇算清缴补税的,或者年度汇算清缴补税金额不超过400元的,居民个人可免于办理个人所得税综合所得汇算清缴。居民个人取得综合所得时存在扣缴义务人未依法预扣预缴税款的情形除外。"

《国家税务总局关于办理2019年度个人所得税综合所得汇算清缴事项的公告》(国家税务总局公告2019年第44号)在上述规定基础上又作了进一步的细化,纳税人在2019年度已依法预缴个人所得税且符合下列情形之一的,无需办理年度汇算:

(1)纳税人年度汇算需补税但年度综合所得收入不超过12万元的。

(2)纳税人年度汇算需补税金额不超过400元的。

(3)纳税人已预缴税额与年度应纳税额一致或者不申请年度汇算退税的。

但是必须强调,在实践中,还需要纳税人认真把控上述"优惠"政策。

1.5.4.1 收入未超12万元但多缴了税必须通过汇缴才能退税吗?

纳税人各月取得综合所得时,虽然扣缴单位均按照规定代扣代缴税款,但由于某些方面的原因,纳税人实际多缴纳了税款,或者虽然并未多扣缴税款但由于出现新的扣除项目如捐赠等事项,而需要申请退税。那么即便纳税人的年度收入额未超过12万元,仍然建议纳税人按照规定办理汇算清缴,因为只有按照规定流程办理汇算清缴才可以申请退税。

【案例1-13】　　　　　　新入职员工多缴纳税款办理汇算清缴更有利

赵某,2019年7月从某大学毕业,并于同月入职到甲公司,扣除"三险一金"后的月薪18 000元。已知赵某没有专项附加扣除项目,甲公司采取次月发放工资、薪金模式,且按照政策规定全面如实履行个人所得税代扣代缴。

【解析】　按照《个人所得税扣缴申报管理办法(试行)》(国家税务总局公告2018年第61号)的规定,甲公司必须采取累计预扣法履行个人所得税代扣代缴义务。即2019年,甲公司在发放甲某工资、薪金时代扣代缴个人所得税为:

$(18\,000×5-5\,000×5)×10\%-2\,520=3\,980(元)$。

但按照《个人所得税法》第六条第(一)项规定:"居民个人的综合所得,以每一纳税年度的收入额减除费用六万元以及专项扣除、专项附加扣除和依法确定的其他扣除后的余额,为应纳税所得额。"即赵某的应纳税额为:

$(18\,000×5-60\,000)×3\%=900(元)$。

因此,对赵某来说实际上多缴纳税款3 080元(3 980-900)。

此时,虽然赵某2019年全年的收入额并未超过12万元,但如果按照规定办理综合所得的汇算清缴,那么就可以申请退还多缴纳的税款3 080元。综上,赵某自然应当选择办理综合所得的汇算清缴。

【案例1-14】　　　　　　劳务报酬被多预扣税款汇缴申请退税有利

刘某,自由职业者,2019年全年12个月中,先后为A、B、C、D等12家单位提供设计服务,12家单位先后支付的设计劳务均为10 000元。相关单位均按照规定履行个人所得税代扣代缴义务。已知:刘某承担两个读高中的子女的教育支出,并且其父母均超过

60周岁。另外刘某还到社保中心缴纳2019年基本养老与基本医疗保险计12 000元。

【解析】 按照《个人所得税扣缴申报管理办法（试行）》（国家税务总局公告2018年第61号印发）的规定，相关单位在向刘某支付劳务报酬时应当预扣预缴个人所得税，但是按照规定，预扣预缴劳务报酬项目的个人所得税时，每次收入不超过4 000元的，减除费用按800元计算；每次收入4 000元以上的，减除费用按收入的20%计算。另外，子女教育支出、养老支出等各项专项附加扣除均不得扣除。因而，12家单位合计预扣的个人所得税合计为（不考虑增值税、税费及附加等）：

$10\ 000\times(1-20\%)\times20\%\times12=19\ 200(元)$。

但按照《个人所得税法》第六条第（一）项的规定："居民个人的综合所得，以每一纳税年度的收入额减除费用六万元以及专项扣除、专项附加扣除和依法确定的其他扣除后的余额，为应纳税所得额。"同时明确："劳务报酬所得、稿酬所得、特许权使用费所得以收入减除百分之二十的费用后的余额为收入额。"因而，刘某2019年全年实际只需要缴纳个人所得税为：

$10\ 000\times12\times(1-20\%)-60\ 000-2\ 000\times12-1\ 000\times12-12\ 000=-12\ 000(元)<0$

简单对比即可发现，刘某全年只取得劳务报酬收入12万元，并不需要纳税，这就意味着刘某多缴个人所得税19 200元。如果不办理综合所得的汇算清缴，则就意味着刘某放弃了申请退税的权利，因而对刘某来说，选择办理汇算清缴更为有利，可以退税19 200元。

1.5.4.2 收入未超12万元且需补税额极少，还需要办理汇算清缴吗？

如果纳税人各月取得综合所得时，扣缴单位均都照规定代扣代缴税款，但由于某些方面的原因，比如说纳税人多处取得工资、薪金所得，纳税人实际少缴纳了税款。那么按照国务院的最新规定，只要纳税人全年的收入额未超过12万元，那么年度终了后仍然可以选择不办理综合所得的汇算清缴。

但为规避相关风险，包括涉税风险，自然人纳税人仍然有必要按照规定办理综合所得的汇算清缴。主要考虑因素如下：

（1）通过汇算清缴检查身份是否被冒用。目前，少数一些单位出于偷税逃税等的目的，利用他人身份证件，虚列工资、薪金，劳务费用等，甚至还有一些单位冒用他人身份，注册开办一些空壳公司，以进行资金转移等不法勾当。对自然人来说，很难发现并识别其个人身份是否被其他单位或者个人冒用。但在综合所得汇算清缴中，特别是通过个人所得税手机APP客户端，可以很容易检查个人身份是否被冒用。

（2）主动办理汇算清缴也可防范涉税风险。一个人一个纳税年度内到底取得了多少收入？相信绝大多数人是不会准确记得。这就意味着，对个人而言，年收入是否超过12万元是很难准确确定的。如果一个人认为其收入未超过12万元而没有办理汇算清缴，但实际却超过12万元应当办理汇算清缴并且还要补缴税款，那么按照现行税收法律法规的规定，是面临着较大涉税风险的，其中包括滞纳金、罚款。这也会对未来的个人信用特别是纳税信用产生不良影响。因此，对某些年收入在12万元左右的纳税人，仍然建议按照税法的规定，及时办理综合所得的汇算清缴。

1.5.5 收入超过12万元,但需补缴税款极少,是否需要办理汇算清缴?

《财政部 税务总局关于个人所得税综合所得汇算清缴涉及有关政策问题的公告》(财政部 税务总局公告2019年第94号)第一条规定:"2019年1月1日至2020年12月31日居民个人取得的综合所得,年度综合所得收入不超过12万元且需要汇算清缴补税的,或者年度汇算清缴补税金额不超过400元的,居民个人可免于办理个人所得税综合所得汇算清缴。居民个人取得综合所得时存在扣缴义务人未依法预扣预缴税款的情形除外。"

分析其规定可以发现,至少有下列两种人不需要汇算清缴:

第一,只要纳税人的收入未超过12万元,即便需要补缴税款,甚至需补缴的税额还比较大,比如超过了3000元,按照规定,也不需要办理汇算清缴。

第二,年收入超过了12万元,并且按照规定办理综合所得汇算清缴还需要补缴税款,但补税额比较小,不超过400元,那么该纳税人也可以不办理综合所得汇算清缴。

但是,必须强调的是,如果上述两类纳税人在取得相关综合所得时,相关支付对象未按照规定预扣预缴个人所得税款的,即便个人收入未超过12万元,或者需要补缴的税款未超过400元,仍然需要按规定办理汇算清缴。作出这样的规定,其根本目的就是在企业与个人之间建立一种相互制约的机制。

1.5.6 收入不超过12万元不用汇算清缴,那么该如何理解"收入不超过12万元"?

《财政部 税务总局关于个人所得税综合所得汇算清缴涉及有关政策问题的公告》(财政部 税务总局公告2019年第94号)第一条规定:"2019年1月1日至2020年12月31日居民个人取得的综合所得,年度综合所得收入不超过12万元且需要汇算清缴补税的,或者年度汇算清缴补税金额不超过400元的,居民个人可免于办理个人所得税综合所得汇算清缴。"那么该如何理解其中的"收入不超过12万元"呢?

综合现行规定,应当从以下几个维度进行理解:

第一,收入不超过12万元,是指一个纳税年度内的收入不超过12万元。一个纳税年度是指公历1月1日至12月31日。

第二,收入不超过12万元仅限于综合所得的收入不超过12万元,其中并不包括其他所得。综合所得只包括四项:工资、薪金所得;劳务报酬所得;稿酬所得;特许权使用费所得。

第三,收入不超过12万元是指收入金额不超过12万元。这里强调的是收入,不是收入额,更不是所得额。进一步讲是指一个纳税年度内,不论个人取得的工资、薪金所得,还是劳务报酬所得,亦或是稿酬所得等,均是指未扣除任何费用的金额(包括6万元基本费用以及专项扣除即"三险一金"、专项附加扣除和法定的其他扣除)。

第四,收入不超过12万元并不是指个人实际取得的现金,还包括了实物、有价证券以及其他经济利益。同时,还包括任职单位或者服务对象应当支付并且已经扣缴税款并申报纳税但实际尚未向个人支付的一些款项。

综合上述四点,如果不考虑增值税,那么"收入不超过12万元"其实就相当于个人一个纳税年度内应当取得的全部经济利益。

【案例1-15】　　　　　　　　准确并正确理解收入不超过12万元

2019年,赵某取得下列收入项目:

(1) 从A单位取得工资收入80 000元,扣除社保与公积金后,实际到手65 000元。因赵某每月有3 000元的专项附加扣除,故不用扣缴个人所得税。

(2) 从A单位取得2018年度的年度奖金12 000元,2019年的年终奖金18 000元,A单位一并于12月支付,但当时赵某外出,故由其同事李某代为领取,但直到2020年3月,李某一直未转交给赵某。

(3) 利用业余时间为B单位推销商品,取得佣金(不含增值税)11 000元,B单位按劳务报酬扣缴个人所得税,并于11月申报纳税。

(4) 将资金借给C公司,获得利息收入15 000元。C单位按规定扣缴个人所得税。

试问:赵某应不应该按照规定办理2019年度的综合所得个人所得税汇算清缴?

【解析】　赵某是否应该办理2019年度的综合所得个人所得税汇算清缴,最关键的判定标准指标是赵某2019年度的综合所得项目的收入是否超过12万元。

(1) 从A公司取得的工资、薪金80 000元全额确认为2019年的收入,因为在计算确认收入是否超过12万元时,不作任何的扣除,即社保、公积金及专项附加扣除等均不作扣除。

(2) 从A单位取得2018年度的奖金12 000元以及2019年度的奖金18 000元,虽然赵某仍然未实际取得货币资金,但实际已经获得一种新的债权——对李某的债权,特别是实际发放的时间是2019年12月,故须无条件确认为2019年度的收入。

(3) 从B单位取得的佣金,因B单位已经确认并申报扣缴个人所得税,应确认为赵某2019年度的收入。

(4) 从C公司获取的利息收入不属于综合所得的范围,与综合所得及其汇算清缴无关。

(5) 综上,赵某2019年度的综合所得项目的收入为:

80 000+12 000+18 000+11 000=121 000(元)。

由于赵某的实际收入超过12万元,故需要办理2019年度综合所得项目的个人所得税汇算清缴。当然,如果赵某需要补缴的税款少于400元,也可以不用办理汇算清缴。

1.6　居民个人应当在什么时间办理综合所得的汇算清缴?

《个人所得税法》第十一条规定:"居民个人取得综合所得,按年计算个人所得税;有扣缴义务人的,由扣缴义务人按月或者按次预扣预缴税款;需要办理汇算清缴的,应当在取得所得的次年三月一日至六月三十日内办理汇算清缴。预扣预缴办法由国务院税务主管部门制定。"

《国家税务总局关于办理2019年度个人所得税综合所得汇算清缴事项的公告》(国家税务总局公告2019年第44号)第五条规定,纳税人办理2019年度汇算的时间为2020年3月1日至6月30日。在中国境内无住所的纳税人在2020年3月1日前离境的,可以在离境前办理年度汇算。

1.7 个人无法判定是否需要办理汇算清缴时该怎么办?

个人如果不能自行判定自己是否需要办理综合所得的汇算清缴,可以通过下列途径解决:

(1) 拨打国家统一的纳税服务热线电话 12366 进行咨询。在咨询时,应当将个人的相关情况详细告知 12366 话务人员,由他们根据个人的情况并结合政策进行判断。采取这种方法时,个人与税务机关并不直接发生接触,可以在一定程度上保证个人的隐私,而且这种方法一般能够当场解决问题,效率较高。

(2) 携带个人相关资料到最近的税务机关进行咨询。这种咨询方式效率极高,而且正确率也较高。但个人将会与税务人员直接接触,个人的隐私可能得不到很好的保护。

(3) 通过各地税务机关网站进行咨询。目前,各地税务机关都在网上开设了专门的咨询服务平台或者栏目,如网上 12366 咨询专栏。当然,采取这一方法时,也需要纳税人将个人信息提交给税务机关。与 12366 热线电话咨询相同,这种咨询方式下,纳税人与税务机关之间也不会发生直接接触,对个人信息隐私具有较好的保护作用。但这种咨询所需时间一般相对较长。

(4) 向专家或者机构咨询。目前,社会上存在很多以赢利为目的的咨询机构,包括税务师事务所、会计师事务所等。这些机构拥有专业的财税人员,能够对某个自然人是否需要办理汇算清缴作出较专业的判断。但与前三种咨询方式不同,这种咨询方式往往需要付出一定的费用。

第 2 章
基础准备：行程从理解税制要素开始

2.1 税法对纳税人和扣缴义务人是如何规定的？

2.1.1 什么是个人所得税纳税人？个人所得税纳税人一定是自然人吗？

个人所得税纳税人，也称个人所得税纳税义务人，是指法律、行政法规规定负有个人所得税纳税义务的个人。它是个人所得税法的基本要素。

必须强调的是，个人所得税的纳税人只能是个人。

在现实生活中，个体工商户、个人独资企业、个人合伙企业也须缴纳个人所得税，但这并不意味着相关的经济实体就是个人所得税纳税人。上述的经济实体并不是个人所得税的纳税人，真正纳税人是个体工商户业主、个人独资企业的投资者、合伙企业的个人合伙人。《个体工商户个人所得税计税办法》(国家税务总局令第 35 号)第四条规定："个体工商户以业主为个人所得税纳税义务人。"《个人所得税法实施条例》第六条第(五)项在界定经营所得概念时也作了明确规定："个体工商户从事生产、经营活动取得的所得，个人独资企业投资人、合伙企业的个人合伙人来源于境内注册的个人独资企业、合伙企业生产、经营的所得……"其间强调的是"个人独资企业投资人、合伙企业的个人合伙人"，因此，个人所得税的纳税人只能是自然人个人。

2.1.2 什么是扣缴义务人？为什么要设置扣缴义务人？

个人所得税扣缴义务人，是指根据法律、行政法规的规定，负有代扣代缴(代收代缴)个人所得税义务的单位和个人。

《个人所得税法》第九条规定："个人所得税以所得人为纳税人，以支付所得的单位或者个人为扣缴义务人。"因此，但凡向自然人支付所得的单位或者个人，包括行政机关、事业单位等，都是个人所得税的扣缴义务人。必须强调的是，如果个体工商户雇佣其他个人，那么个体工商户也是个人所得税的扣缴义务人。

从理论上讲，个人所得税的纳税义务人只能是自然人个人，但要求税务机关在任何时候都直接向成千上万、数以万计，甚至数以亿计的自然人个人征税显然不很现实，至少在目前的征管手段下尚不现实。税务机关在任何时候都直接向自然人个人征税不仅会引发税收效率的低下，税收征管成本的居高不下等问题，还容易引发税收的大幅度流失问题。因此，有必要在纳税人与税务机关之间引入第三方即扣缴义务人，由他们在代税务机关行使部分税收征管权的同时,代纳税人履行部分纳税义务。从这个意义上讲,扣缴义务人实际上所起的就是一个中介的作用,在税务机关与纳税人之间架起了一道桥梁。

2.1.3 个人所得税纳税人有几类?各自承担什么纳税义务?

个人所得税法将个人所得税纳税人分为两类:居民纳税人与非居民纳税人。

居民纳税人在中国境内有住所,或者无住所而一个纳税年度内在中国境内居住累计满183天的个人为居民个人。居民个人承担无限纳税义务,须就来源于中国境内和境外取得的所得,即就全球所得履行个人所得税纳税义务。

在中国境内无住所又不居住,或者无住所而一个纳税年度内在中国境内居住累计不满183天的个人为非居民个人。非居民个人承担有限纳税义务,仅就来源于中国境内取得的所得履行个人所得税纳税义务。

有关居民纳税人的判定,已在第一章做过介绍,在此不再赘述。

2.2 个人所得税征税范围有哪些?税法如何界定?

根据《个人所得税法》第二条以及《个人所得税法实施条例》第六条的规定,个人所得税征税项目主要包括了下列九项。

2.2.1 税法对工资、薪金所得是如何界定的?

工资、薪金所得是指个人因任职或者受雇取得的工资、薪金、奖金、年终加薪、劳动分红、津贴、补贴以及与任职或者受雇有关的其他所得。

2.2.2 税法对劳务报酬所得是如何界定的?

劳务报酬所得是指个人从事劳务取得的所得,包括从事设计、装潢、安装、制图、化验、测试、医疗、法律、会计、咨询、讲学、翻译、审稿、书画、雕刻、影视、录音、录像、演出、表演、广告、展览、技术服务、介绍服务、经纪服务、代办服务以及其他劳务取得的所得。

2.2.3 税法对稿酬所得是如何界定的?

稿酬所得是指个人因其作品以图书、报刊等形式出版、发表而取得的所得。

2.2.4 税法对特许权使用费所得是如何界定的?

特许权使用费所得是指个人提供专利权、商标权、著作权、非专利技术以及其他特许权的使用权取得的所得;提供著作权的使用权取得的所得,不包括稿酬所得。

2.2.5 税法对经营所得是如何界定的?

经营所得是指:

（1）个体工商户从事生产、经营活动取得的所得，个人独资企业投资人、合伙企业的个人合伙人来源于境内注册的个人独资企业、合伙企业生产、经营的所得。

（2）个人依法从事办学、医疗、咨询以及其他有偿服务活动取得的所得。

（3）个人对企业、事业单位承包经营、承租经营以及转包、转租取得的所得。

（4）个人从事其他生产、经营活动取得的所得。

2.2.6 税法对利息、股息、红利所得是如何界定的？

利息、股息、红利所得是指个人拥有债权、股权等而取得的利息、股息、红利所得。

2.2.7 税法对财产租赁所得是如何界定的？

财产租赁所得是指个人出租不动产、机器设备、车船以及其他财产取得的所得。

2.2.8 税法对财产转让所得是如何界定的？

财产转让所得是指个人转让有价证券、股权、合伙企业中的财产份额、不动产、机器设备、车船以及其他财产取得的所得。

2.2.9 税法对偶然所得是如何界定的？

偶然所得是指个人得奖、中奖、中彩以及其他偶然性质的所得。

个人取得的所得，难以界定应纳税所得项目的，由国务院税务主管部门确定。

2.3 税法对个人所得税的税率是如何规定的？

2.3.1 综合所得适用什么税率？如何计算更快捷？

居民个人的综合所得，适用3%～45%的超额累进税率（见表2-1）。年度终了后，居民个人办理综合所得汇算清缴时可直接适用。

表2-1 个人所得税税率表一
（居民个人综合所得适用）

级数	全年应纳税所得额	税率(%)	速算扣除数
1	不超过36 000元的	3	0
2	超过36 000元至144 000元的部分	10	2 520
3	超过144 000元至300 000元的部分	20	16 920
4	超过300 000元至420 000元的部分	25	31 920
5	超过420 000元至660 000元的部分	30	52 920
6	超过660 000元至960 000元的部分	35	85 920
7	超过960 000元的部分	45	181 920

对于本税率表，需要说明以下两个问题。

2.3.1.1 如何理解全年应纳税所得额的含义?

表中所称全年应纳税所得额是指依据个人所得税法的规定,以居民个人每一纳税年度综合所得收入额减除费用 6 万元、专项扣除、专项附加扣除和依法确定的其他扣除后的余额。劳务报酬所得、稿酬所得、特许权使用费所得以收入减除 20% 的费用后的余额为收入额。其中,稿酬所得的收入额减按 70% 计算。

2.3.1.2 速算扣除数是什么概念?如何计算?

超额累进税率的计税特点是把全部应税金额分成若干等级部分,每个等级部分分别按相应的税率计征,因此,应纳税额的计算比较复杂。为简便计算,设计出一个速算扣除数,即先将全部应税金额按其适用的最高税率计税,然后再减去速算扣除数,其余额就为按超额累进税率计算的税额。速算扣除数是按全额累进税率计算的税额和按超额累进税率计算的税额相减后的一个差数。

速算扣除数的计算公式是:

$$\text{本级速算扣除额} = \text{上一级最高应纳税所得额} \times (\text{本级税率} - \text{上一级税率}) + \text{上一级速算扣除数}$$

【案例 2-1】 　　　　　　　　**运用速算扣除数可简化应纳税额的计算**

2019 年,居民个人李某先生取得工资、薪金等综合所得 20 万元(已扣除基本费用、专项扣除、专项附加扣除及其他扣除等)。试计算李某的应纳税额及速算扣除数。

【解析】 如果按照正常的分步计算,则:

应纳税额 = 36 000 × 3% + (144 000 − 36 000) × 10% + (200 000 − 144 000) × 20%
　　　　 = 1 080 + 10 800 + 11 200 = 23 080(元)。

如果运用速算扣除数直接计算,则:

应纳税额 = 200 000 × 20% − 16 920 = 23 080(元)。

虽然计算结果完全一样,但运用速算扣除数后,计算过程变得更为简单。

2.3.2 非居民个人的综合所得的税率与居民个人一样吗?

非居民个人不存在综合所得的概念。综合所得只适用于居民个人。

非居民个人取得工资、薪金所得,劳务报酬所得,稿酬所得,特许权使用费所得等四项所得时,均须单独适用税率,并不能合并汇总计算缴纳个人所得税。这四项所得项目适用的税率与居民个人综合所得的税率是基本相同的,只是从年度税率换算成了月度税率(见表 2-2)。

表 2-2　个人所得税税率表二

(非居民个人工资、薪金所得,劳务报酬所得,稿酬所得,特许权使用费所得适用)

级数	全月应纳税所得额	税率(%)	速算扣除数
1	不超过 3 000 元的	3	0
2	超过 3 000 元至 12 000 元的部分	10	210

(续表)

级数	全月应纳税所得额	税率(%)	速算扣除数
3	超过 12 000 元至 25 000 元的部分	20	1 410
4	超过 25 000 元至 35 000 元的部分	25	2 660
5	超过 35 000 元至 55 000 元的部分	30	4 410
6	超过 55 000 元至 80 000 元的部分	35	7 160
7	超过 80 000 元的部分	45	15 160

对于本税率表,需要特别注意两点:

第一,全月应纳税所得额的含义:全月应纳税所得额是指非居民个人取得工资、薪金所得,劳务报酬所得,稿酬所得和特许权使用费所得时,以每月收入额减除费用 5 000 元后的余额为应纳税所得额;劳务报酬所得、稿酬所得、特许权使用费所得,以每次收入额为应纳税所得额。劳务报酬所得、稿酬所得、特许权使用费所得以收入减除 20% 的费用后的余额为收入额。其中,稿酬所得的收入额减按 70% 计算。

第二,非居民个人每月取得工资、薪金所得,劳务报酬所得,稿酬所得,特许权使用费所得时不需进行合并汇总计算缴纳个人所得税。

2.3.3 个人从事生产经营活动,取得经营所得适用什么税率?

个体工商户从事生产、经营活动取得的所得,个人独资企业投资人、合伙企业的个人合伙人来源于境内注册的个人独资企业、合伙企业生产、经营的所得等情况时,适用 5%~35% 的超额累进税率(见表 2-3)。

表 2-3 个人所得税税率表三
(经营所得适用)

级数	应纳税所得额	税率(%)	速算扣除数
1	不超过 30 000 元的部分	5	0
2	超过 30 000 元到 90 000 元的部分	10	1 500
3	超过 90 000 元至 300 000 元的部分	20	10 500
4	超过 300 000 元至 500 000 元的部分	30	40 500
5	超过 500 000 元的部分	35	65 500

需要说明的是,本表中的应纳税所得额是指每一纳税年度的收入总额减除成本、费用以及损失后的余额。

2.3.4 利息、股息、红利所得,财产租赁所得,财产转让所得和偶然所得适用什么税率?

按照《个人所得税法》的规定,个人取得利息、股息、红利所得,财产租赁所得,财产转让所得和偶然所得,适用比例税率,税率为 20%。

2.4 如何计算确认个人所得税的应纳税所得额？

2.4.1 什么是应纳税所得额？如何计算综合所得的应纳税所得额？

应纳税所得额是计税依据。所谓计税依据，是指法律、行政法规规定的据以计算应征税款的依据或标准。

居民个人的综合所得，以每一纳税年度的收入额减除费用6万元以及专项扣除、专项附加扣除和依法确定的其他扣除后的余额，为应纳税所得额。

居民个人取得劳务报酬所得、稿酬所得、特许权使用费所得的，以收入减除20%的费用后的余额为收入额。稿酬所得的收入额减按70%计算。

个人将其所得对教育、扶贫、济困等公益慈善事业进行捐赠，捐赠额未超过纳税人申报的应纳税所得额30%的部分，可以从其应纳税所得额中扣除；国务院规定对公益慈善事业捐赠实行全额税前扣除的，从其规定。

因此，居民个人的综合所得的应纳税所得税额，用公式表示即为：

$$应纳税所得额 = 全部工资薪金收入 + 全年劳务报酬收入 \times (1-20\%) + 全年特许权使用费收入 \times (1-20\%) + 全年稿酬收入 \times (1-20\%) \times 70\% - 60\,000 - 专项扣除 - 专项附加扣除 - 依法确定的其他扣除 - 准予扣除的公益慈善捐赠$$

但是必须注意以下几个问题：

第一，专项扣除、专项附加扣除和依法确定的其他扣除，以居民个人一个纳税年度的应纳税所得额为限额；一个纳税年度扣除不完的，不结转以后年度扣除。

第二，个人将其所得对教育、扶贫、济困等公益慈善事业进行捐赠，捐赠额未超过纳税人申报的应纳税所得额30%的部分，可以从其应纳税所得额中扣除；国务院规定对公益慈善事业捐赠实行全额税前扣除的，从其规定。

【案例2-2】　　　　　　全年综合所得应纳税所得额的计算

居民纳税人贾某2019年，发生下列相关业务：

(1) 在甲单位任职，全年取得各类工资、奖金、津贴、补贴等220 000元。

(2) 利用业务时间，为乙、丙两单位提供技术讲座，分别取得劳务报酬15 000元和20 000元。

(3) 利用业务时间，撰写出版一本技术专著，取得稿酬60 000元。

(4) 贾某每月可扣除的专项扣除1 800元，每月可以扣除的专项附加扣除3 000元。

假设不考虑劳务报酬的增值税以及税金及附加，试计算贾某2019年度的综合所得。

【解析】根据上述公式可以直接计算确认贾某2019年度的综合所得项目的应纳税所得额：

应纳税所得额＝220 000＋(15 000＋20 000)×(1－20%)＋60 000×(1－20%)×70%－60 000－1 800×12－3 000×12＝164 000(元)。

2.4.2 如何计算确认非居民个人的工资、薪金所得，劳务报酬所得，稿酬所得，特许权使用费所得等项目的应纳税所得额？

非居民个人的工资、薪金所得，以每月收入额减除费用5 000元后的余额为应纳税所得额；劳务报酬所得、稿酬所得、特许权使用费所得，以每次收入额为应纳税所得额。

非居民个人取得劳务报酬所得、稿酬所得、特许权使用费所得的，以收入减除20%的费用后的余额为收入额，其中，稿酬所得的收入额减按70%计算。

另外，对于非居民个人也允许按照规定扣除公益慈善捐赠。

因此，非居民个人的应纳税所得额，用公式表示即为：

(1) 工资、薪金所得：

$$应纳税所得税额＝每次工资、薪金收入－5\,000－准予扣除的公益慈善捐赠$$

(2) 劳务报酬、特许权使用费所得：

$$应纳税所得税额＝每次劳务报酬收入\times(1－20\%)－准予扣除的公益慈善捐赠$$

(3) 稿酬所得：

$$应纳税所得税额＝每次稿酬收入\times(1－20\%)\times70\%－准予扣除的公益慈善捐赠$$

2.4.3 如何计算确定经营所得项目的应纳税所得额？

经营所得，以每一纳税年度的收入总额减除成本、费用以及损失后的余额，为应纳税所得额。取得经营所得的个人，没有综合所得的，计算其每一纳税年度的应纳税所得额时，应当减除费用6万元、专项扣除、专项附加扣除以及依法确定的其他扣除。

其应纳税所得额的计算用公式表示即为：

(1) 有综合所得时：

$$应纳税所得额＝\left(全年收入总额－成本－费用－损失\right)\times 分配比重－依法确定的其他扣除－准予扣除的公益慈善捐赠$$

(2) 没有综合所得时：

$$应纳税所得额＝\left(全年收入总额－成本－费用－损失\right)\times 分配比重－60\,000－专项扣除－专项附加扣除－依法确定的其他扣除－准予扣除的公益慈善捐赠$$

这里必须注意以下几个问题：

第一，在计算确认经营所得项目的应纳税所得额时，如果允许扣除专项扣除、专项附加扣除和依法确定的其他扣除，那么以居民个人一个纳税年度的应纳税所得额为限额；

一个纳税年度扣除不完的,不结转以后年度扣除。

第二,个人将其所得对教育、扶贫、济困等公益慈善事业进行捐赠,捐赠额未超过纳税人申报的应纳税所得额30%的部分,可以从其应纳税所得额中扣除;国务院规定对公益慈善事业捐赠实行全额税前扣除的,从其规定。

2.4.4 如何计算其他分类所得项目的应纳税所得额?

个人所得税其他分类项目所得,包括财产租赁所得,财产转让所得,利息、股息、红利所得和偶然所得项目等,其应纳税所得额应当采取如下方法计算确定:

(1) 财产租赁所得,每次收入不超过4 000元的,减除费用800元;4 000元以上的,减除20%的费用,其余额为应纳税所得额。

(2) 财产转让所得,以转让财产的收入额减除财产原值和合理费用后的余额,为应纳税所得额。

(3) 利息、股息、红利所得和偶然所得,以每次收入额为应纳税所得额。

2.4.5 能否归纳和总结个人所得税应纳税所得额计算?

表2-4 个人所得税分项目应纳税所得额计算表

所得类别		应纳税所得额的计算	
		居民纳税人	非居民纳税人
工资、薪金所得		全年工资、薪金收入＋全年劳务报酬收入×(1－20%)＋全年特许权使用费收入×(1－20%)＋全年稿酬收入×(1－20%)×70%－60 000－专项扣除－专项附加扣除－依法确定的其他扣除－准予扣除的公益慈善捐赠	每月工资、薪金收入－免税收入－5 000－允许扣除的捐赠
劳务报酬所得			每次收入×(1－20%)－免税收入－允许扣除的捐赠
特许权使用费所得			
稿酬所得			每次收入×(1－20%)×70%－免税收入－允许扣除的捐赠
经营所得	有综合所得	(全年收入总额－成本－费用－损失)×分配比重－依法确定的其他扣除－准予扣除的公益慈善捐赠	
	无综合所得	(全年收入总额－成本－费用－损失)×分配比重－60 000－专项扣除－专项附加扣除－依法确定的其他扣除－准予扣除的公益慈善捐赠	
财产租赁所得	每次收入≤4 000	每次收入－800－允许扣除的捐赠额	
	每次收入＞4 000	每次收入×(1－20%)－允许扣除的捐赠额	
财产转让所得		财产转让收入－财产原值－合理费用－允许扣除的捐赠额	
利息、股息、红利所得		每次收入－允许扣除的捐赠额	
偶然所得		每次收入－允许扣除的捐赠额	

2.5 计算综合所得时允许扣除的费用有哪些？具体内涵是什么？

这里只简单地介绍计算个人所得税时允许扣除的费用范围及其内涵，具体的内容则在专门章节进行介绍。

2.5.1 个人所得税法对税前扣除费用是如何规定的？

《个人所得税法》第六条规定："居民个人的综合所得，以每一纳税年度的收入额减除费用六万元以及专项扣除、专项附加扣除和依法确定的其他扣除后的余额，为应纳税所得额。"

根据其规定，可以看出，计算综合所得项目的应缴税款时，可以扣除四大类费用项目：基本减除费用、专项扣除费用、专项附加扣除费用以及依法确定的其他费用扣除项目。

2.5.2 什么是基本减除费用？标准是多少？

基本减除费用是指个人维系生活、生存所必要的费用，是最为基础的一项生计扣除，全员适用。考虑了目前个人基本生活支出情况，税法设定为定额扣除标准，全年 60 000 元，即每月 5 000 元。

2.5.3 什么是专项扣除费用？包括哪些内容？

专项扣除费用是税法对现行规定允许扣除的"三险一金"进行归纳后概括出的一个新概念，具体包括居民个人按照国家规定的范围和标准缴纳的基本养老保险、基本医疗保险、失业保险等社会保险费和住房公积金等。

2.5.4 什么是专项附加扣除费用？都包括哪些内容？

专项附加扣除费用是在基本减除费用的基础之上，以国家税收和个人共同分担的方式，适度缓解个人在教育、医疗、住房等方面的支出压力而设立的一项扣除项目。目前包括子女教育、继续教育、大病医疗、住房贷款利息或者住房租金、赡养老人等支出。

2.5.5 依法确定的其他扣除费用包括哪些内容？

依法确定的其他扣除费用是指除上述基本减除费用、专项扣除、专项附加扣除之外，由国务院决定以扣除方式减少纳税的优惠政策规定，如商业健康险、税收递延型养老保险等。

2.5.6 公益慈善性捐赠能否扣除？如何扣除？

公益慈善性捐赠是为鼓励个人从事慈善公益事业而规定的一项扣除，属于"应纳税所得额"的抵减项目范围，但税法作了特别规定和处理，《个人所得税法》规定："个人将其所得对教育、扶贫、济困等公益慈善事业进行捐赠,捐赠额未超过纳税人申报的应纳税所得额百分之三十的部分,可以从其应纳税所得额中扣除;国务院规定对公益慈善事业捐赠实行全额税前扣除的,从其规定。"

另外,还有一个收入折扣额(率)问题。考虑到个人独立劳动需要特定的成本费用,因而对劳务报酬所得、稿酬所得、特许权使用费所得项目规定了特别的折扣额(率),即劳务报酬所得、稿酬所得、特许权使用费所得以收入减除20%的费用后的余额为收入额。稿酬所得的收入额减按70%计算。这种"扣除"与企业所得税上的"收入减计"优惠相似,也可以在一定程度上降低个人的应纳税所得额。

第3章

收入汇总：算好综合所得的年度收入账

3.1 个人取得的哪些收入须归属为综合所得？

3.1.1 个人取得的所有收入都要汇总到综合所得名下吗？

《个人所得税法》第二条规定，下列各项个人所得，应纳个人所得税：

(1) 工资、薪金所得。
(2) 劳务报酬所得。
(3) 稿酬所得。
(4) 特许权使用费所得。
(5) 经营所得。
(6) 利息、股息、红利所得。
(7) 财产租赁所得。
(8) 财产转让所得。
(9) 偶然所得。

《个人所得税法》同时明确规定，居民个人取得第(1)项至第(4)项所得的为综合所得，按纳税年度合并计算个人所得税。

因此，对居民纳税人来说，并不是所有的收入都要汇总到综合所得项目中去，只有取得了工资、薪金所得，劳务报酬所得，特许权使用费所得以及稿酬所得等四项所得的，才需合并到综合所得项目总额中去。

3.1.2 如何准确地将各项收入汇总到综合所得项目下？

要准确地将个人的收入归入、汇总到综合所得项目下，最好的方法就是全面和正确理解、把握综合所得各项所得项目的内涵。

按照《个人所得税法实施条例》第六条的规定，综合所得的各项项目内涵为：

(1) 工资、薪金所得，是指个人因任职或者受雇取得的工资、薪金、奖金、年终加薪、劳动分红、津贴、补贴以及与任职或者受雇有关的其他所得。

(2) 劳务报酬所得，是指个人从事劳务取得的所得，包括从事设计、装潢、安装、制图、化验、测试、医疗、法律、会计、咨询、讲学、翻译、审稿、书画、雕刻、影视、录音、录像、演出、表演、广告、展览、技术服务、介绍服务、经纪服务、代办服务以及其他劳务取得的所得。

（3）稿酬所得，是指个人因其作品以图书、报刊等形式出版、发表而取得的所得。

（4）特许权使用费所得，是指个人提供专利权、商标权、著作权、非专利技术以及其他特许权的使用权取得的所得；提供著作权的使用权取得的所得，不包括稿酬所得。

除此之外，还要注意不同所得项目之间的区别，比如说工资、薪金所得与劳务报酬所得的区别，劳务报酬所得与经营所得项目的区别等。关于此问题，本书将专章介绍。

3.2 如何计算确认综合所得项目的收入金额？

3.2.1 收入、收入额以及所得（额），是一回事吗？

新《个人所得税法》频繁地使用收入、收入额、所得（额）等概念，如果不是专业人士，很容易被这三个概念搞混。在计算应纳个人所得税时，也极容易出错，并且有可能引发涉税风险。因此，在汇总全年收入时，必须将这三个基本概念加以辨析。

（1）收入，是指个人取得的未扣除任何费用情况下的数额。

按照个人所得税法的规定，在汇总综合所得项目的收入时，只有工资、薪金所得按照收入进行收入汇总。其他三项则是按照收入额汇总。

（2）收入额，是按照个人所得税法的规定对收入打折后的金额。

《个人所得税法》第六条规定："劳务报酬所得、稿酬所得、特许权使用费所得以收入减除百分之二十的费用后的余额为收入额。稿酬所得的收入额减按百分之七十计算。"

（3）所得（额），也称应纳税所得额，是指扣除税法允许扣除项目后的余额，它是个人所得税的计税依据。

《个人所得税法》第六条规定："居民个人的综合所得，以每一纳税年度的收入额减除费用六万元以及专项扣除、专项附加扣除和依法确定的其他扣除后的余额，为应纳税所得额。"

3.2.2 未取得货币，是否意味着纳税人没有取得收入？

未取得货币，并不意味着纳税人没有取得收入。《个人所得税法实施条例》第八条规定："个人所得的形式，包括现金、实物、有价证券和其他形式的经济利益；所得为实物的，应当按照取得的凭证上所注明的价格计算应纳税所得额，无凭证的实物或者凭证上所注明的价格明显偏低的，参照市场价格核定应纳税所得额；所得为有价证券的，根据票面价格和市场价格核定应纳税所得额；所得为其他形式的经济利益的，参照市场价格核定应纳税所得额。"

表 3-1　个人取得非货币性资产时的收入确认

所得形态		收入确认
实物	有凭证的	按照取得的凭证上所注明的价格计算应纳税所得额
	无凭证或凭证上所注明的价格明显偏低的	参照市场价格核定应纳税所得额
有价证券		根据票面价格和市场价格核定应纳税所得额
其他形式的经济利益		参照市场价格核定应纳税所得额

【案例 3-1】　　　　　个人取得非货币性资产如何确认收入

居民个人陈某为甲公司提供设计服务,2019 年 5 月,双方约定的服务费为不含税价 50 万元。9 月,陈某完成设计,经甲公司实际测试后确认陈某的设计方案可行。但由于多方面的原因,特别是因为陈某的朋友需要甲公司的某一产品,而甲公司的相关产品紧俏。于是,陈某与甲公司协商后确定:甲公司以 200 件产品抵陈某的设计费。该产品在甲公司账面反映为:不含税成本价每件 2 000 元,不含税出厂价每件 2 600 元,市场公允的不含税销售价每件 2 800 元。假设不考虑增值税等相关税费,试确认陈某为甲公司提供的设计服务的收入金额。

【解析】　本案例中,甲公司用于抵陈某设计劳务报酬的产品有三种价格:一是不含税成本价;二是不含税出厂价;三是不含税的市场公允销售价。那究竟以哪一个为准确认陈某的收入金额呢?

有一点是肯定的:甲公司不含税成本价是不能作为收入确认依据的,因为该价格不属于市场价格。

但"参照市场价格核定",是否意味着只能根据不含税的市场公允销售价确定呢?未必,因为甲公司不含税的出厂价也属于市场价格。

实际上,个人所得税法的规定是非常明确的,即不是按照市场价格确定,而是"参照市场价格核定"。其中用了两个关键性的词汇:"参照"与"核定"。对实物收入而言,并非严格地按照市场价格确定,而是以市场价格为基础,适当考虑自然人情况、收入情况、实物状况、市场情况等因素后核定。进一步讲,最终确定的收入金额可高于市场价格,也可以低于市场价格,只要适合于经济实际即可。

另外,本案例中陈某与甲公司原先约定了一个报酬标准即 50 万元,这也是核定时必须考虑的因素。鉴于陈某一次性"采购"200 件商品,数量也相对较多,考虑到商业折扣等,甲企业在公允的出厂价 2 600 元基础上给个折扣也应当是允许的。即如果按 2 500 元每件,是符合正常的市场交易习惯的。如果按照每件 2 500 元计算,那 200 件商品的总额与双方事先约定的设计劳务的报酬 50 万元也是一致的。

综合而言,本案中陈某的设计劳务收入金额应当按 50 万元确认。

本案例揭示了一个问题:对于非货币性收入的确认,不仅需要考虑非货币性资产本身的价格、价值因素,还需要考虑双方之间的约定,即当事人事先约定的报酬问题。这也是个人所得税法本身不完善的地方，即目前个人所得税法只考虑了非货币性资产本身的价格与价值问题，但却未考虑当事人的事先约定以及交易习惯等因素。

3.2.3　只获得财产一定时间的使用权也须确认收入吗？

《国家税务总局关于用使用权作奖项征收个人所得税问题的批复》（国税函〔1999〕549号）规定："你省外商投资企业福州元洪城举办购物有奖活动，规定特等奖为一套住房的10年免费使用权（10年内可以由中奖者自住，也可出租，10年后归还房子），一等奖为一部桑塔纳轿车的10年免费使用权。从以上情况可以看出，消费者取得了实物的使用权，可以运用该使用权获取收入或节省费用，使用权实质上是实物形态所得的表现形式。根据个人所得税法立法精神，个人取得的实物所得含取得所有权和使用权的所得。因此，可以认定消费者取得上述住房、汽车的免费使用权，不管是自用或出租，已经取得了实物形式的所得，应按照'偶然所得'应税项目缴纳个人所得税，税款由提供住房、汽车的企业代扣代缴。主管税务机关可根据个人所得税法实施条例第十条（注：新《个人所得税法实施条例》修改为第八条）规定的原则，结合当地实际情况和所获奖品合理确定应纳税所得额。"

3.2.4　员工向公司借款是否需要确认工资、薪金收入？

《财政部　国家税务总局关于企业为个人购买房屋或其他财产征收个人所得税问题的批复》（财税〔2008〕83号）规定如下：

（1）根据《中华人民共和国个人所得税法》和《财政部　国家税务总局关于规范个人投资者个人所得税征收管理的通知》（财税〔2003〕158号）的有关规定，符合以下情形的房屋或其他财产，不论所有权人是否将财产无偿或有偿交付企业使用，其实质均为企业对个人进行了实物性质的分配，应依法计征个人所得税：

① 企业出资购买房屋及其他财产，将所有权登记为投资者个人、投资者家庭成员或企业其他人员的。

② 企业投资者个人、投资者家庭成员或企业其他人员向企业借款用于购买房屋及其他财产，将所有权登记为投资者、投资者家庭成员或企业其他人员，且借款年度终了后未归还借款的。

（2）对个人独资企业、合伙企业的个人投资者或其家庭成员取得的上述所得，视为企业对个人投资者的利润分配，按照"个体工商户的生产、经营所得"项目计征个人所得税；对除个人独资企业、合伙企业以外其他企业的个人投资者或其家庭成员取得的上述所得，视为企业对个人投资者的红利分配，按照"利息、股息、红利所得"项目计征个人所得税；对企业其他人员取得的上述所得，按照"工资、薪金所得"项目计征个人所得税。

根据上述政策，如果企业的员工向公司借款用于购买房屋及其他财产，将所有权登记为员工个人的，且借款年度终了后未归还借款的，应当按照"工资、薪金所得"项目计征个人所得税。进一步讲，企业员工的相关借款须纳入综合所得的收入总额范围，并按照规定办理年度汇算清缴。

3.2.5 个人取得外国货币该如何确认收入或所得额?

《个人所得税法》第十六条规定:"各项所得的计算,以人民币为单位。所得为人民币以外的货币的,按照人民币汇率中间价折合成人民币缴纳税款。"

《个人所得税法实施条例》第三十二条规定:"所得为人民币以外货币的,按照办理纳税申报或者扣缴申报的上一月最后一日人民币汇率中间价,折合成人民币计算应纳税所得额。年度终了后办理汇算清缴的,对已经按月、按季或者按次预缴税款的人民币以外货币所得,不再重新折算;对应当补缴税款的所得部分,按照上一纳税年度最后一日人民币汇率中间价,折合成人民币计算应纳税所得额。"

3.2.6 多人共同取得一项所得时,如何确认各自的收入?

多人共同取得一项所得,通常是指两人或者两个以上的个人共同取得同一项目的所得,如多人合作,共同完成一项产品设计、共同编著一本教材、合作开展一场财税培训或讲座等等。

《个人所得税法实施条例》第十八条规定:"两个以上的个人共同取得同一项目收入的,应当对每个人取得的收入分别按照个人所得税法的规定计算纳税。"

如果再考虑个人所得税法及其实施条例的其他规定,如《个人所得税法》第六条规定的"居民个人的综合所得,以每一纳税年度的收入额减除费用六万元以及专项扣除、专项附加扣除和依法确定的其他扣除后的余额,为应纳税所得额。"等的规定,税法对多人共同取得一项所得采取的原则是"先分、后扣、再税",即共同取得的同一项目的所得,按照个人事先确定的分配方法进行分配,然后对每个人取得的收入进行汇总,再减除6万元基本费用以及专项扣除、专项附加扣除和依法确定的其他扣除后的余额,确定应纳税所得额,再依照适用税率,计算缴纳个人所得税税额。

【案例3-2】   多人共同收入该如何计算个人所得税

居民纳税人肖某、施某、毛某合作撰写一本财务数据分析教材,并于2019年5月出版,最终取得稿酬30万元。三方约定按各自撰写章节的字数进行分配,其中肖某分得15万元。已知肖某2019年取得工资、薪金所得20万元,有专项扣除4.5万元,专项附加扣除3.6万元。试问:假设肖某没有其他扣除项目,那么肖某2019年应当缴纳多少个人所得税?

【解析】 个人所得税法规定,个人取得的稿酬所得,以收入减除20%的费用后的余额为收入额。同时,个人所得税法规定,稿酬所得的收入额减按70%计算。所以,2019年肖某综合所得项目的应纳税所得总额为:

应纳税所得额=200 000+150 000×(1−20%)×70%−60 000−45 000−36 000
=143 000(元)。

应纳税额=143 000×10%−2 520=11 780(元)。

3.2.7 个人取得的收入中包含增值税吗?

关于此问题,目前暂没有明确的政策规定,但可以从以下几个方面分析并得到正确的结论。

3.2.7.1　可以从增值税的原理中寻找答案吗？

增值税是一种价外税，即对一般纳税人而言，其收入中是不含增值税的；而对小规模纳税人来说，虽然其收入中可能包含有增值税，但是在计算应缴纳增值税，或者是在会计核算确认收入时，仍须按不含税金额确认收入。因此，一般情况下，收入中是不含增值税的。

既然从会计与增值税的角度分析，纳税人的收入中是不含增值税的，那么在计算缴纳个人所得税时，收入不应有第二种概念，也只有以不含增值税的形态出现。当然，有一种情况是例外的，即如果增值税是享受免税待遇的话，那么收入中理当包含增值税。

在此，必须强调一个非常实际的问题，即许多财税人士会提这样的一个问题："在计算缴纳个人所得税时，增值税能不能从个人收入中扣除？"这种提法是具有误导性的，正确的提法应该是："个人收入或者所得中含不含增值税？"

3.2.7.2　有没有可供参考的"营改增"政策？

《财政部　国家税务总局关于营改增后契税、房产税、土地增值税、个人所得税计税依据问题的通知》（财税〔2016〕43号）规定，营业税改征增值税后，个人转让住房或者出租住房征收入个人所得税时，住房转让收入或房屋租金收入中均不含增值税。

虽然文件规定的只是转让住房与房产租金收入的个人所得税问题，但由于征收增值税的劳务报酬等在收入确认原则上与房产转让或房产出租收入并没有什么不同，因而从类推的角度分析，包括劳务报酬在内的综合所得项目，其收入中也应当不含增值税。同样必须强调的是，如果增值税享受免税政策，则另当别论。

3.2.7.3　个人所得税改革后有没有类似的政策？

《财政部　税务总局关于个人所得税法修改后有关优惠政策衔接问题的通知》（财税〔2018〕164号）第三条规定："保险营销员、证券经纪人取得的佣金收入，属于劳务报酬所得，以不含增值税的收入……并入当年综合所得，计算缴纳个人所得税。"

这是新个人所得税法施行前，总局直接针对劳务报酬项目的个人所得税计税依据是否包含增值税而出台的文件。从其规定，可以得出最直接的结论：劳务报酬收入中应当是不含增值税的。

3.2.7.4　税务机关是否作过类似的解答？

新个人所得税法施行后，有纳税人向12366北京中心咨询下列问题："您好，单位支付我10 000元劳务费，我去税务机关代开增值税发票，支付了增值税291元，城建税及附加17.5元，我的所得仅9 691.5元。请问支付单位按照《国家税务总局关于发布〈个人所得税扣缴申报管理办法（试行）〉的公告》（国家税务总局公告2018年第61号）规定预扣预缴个人所得税，是按照10 000元为基数，即10 000×（1－20%）×20%，还是按照9 691.5元为基数，即9 691.5×（1－20%）×20%？"12366北京中心答复称："您好，个人所得税劳务报酬所得项目计税依据为不含增值税收入。肯定明确的：支付单位应当按照以下公式预扣预缴劳务报酬个人所得税税款：（10 000－291）×（1－20%）×20%＝1 553.44（元）。有待于明确：个人所得税劳务报酬所得项目计税依据要不要扣除城建税及附加。"①

12366北京中心答复得斩钉截铁：个人所得税劳务报酬所得项目计税依据为不含增值税收入。

3.2.7.5 最终的结论又应该是什么呢？

综合上述分析，结论应当是相当明确的，即个人所得税上的收入应当不含增值税收入，但纳税人享受增值税免税的除外。

当然，纳税人更加期待总局，甚至更高层次部门作出权威的解释或规定，最好是修改完善个人所得税法或者个人所得税法实施条例。

3.2.8 个人取得的收入中是否包含城建税、教育费附加等？

可能有人会简单地认为这个问题跟上文分析的"个人取得的收入中包含增值税吗？"是一样的问题。其实不然。因为增值税是价外税，不属于收入的组成部分的。而城建税、教育费附加以及地方教育费附加则完全不同，它们都是价内税，都是收入的构成内容。因此，对于此问题仍然有必要加以分析。

3.2.8.1 能否从税法原则与会计原理中找到答案？

就税法原则与会计原理而言，城市维护建设税、教育费附加以及地方教育费附加等都是价内税，即这些税费首先构成纳税人货款或者说销售（营业）收入的组成部分。最终在纳税人实际缴纳这些税费后，再作为成本费用项目进行税前扣除，以抵减原先确认的收入额。

3.2.8.2 从依法治税原则出发能否找到新的线索？

课税法定是税收法治的基本原则。虽然其中包括了一系列的子原则，如税种法定、税收要素法定、程序法定等，而且其中的法也只是指法律，而不包含法规。但其核心思想却是非常明确的，即如何征税，包括如何确认收入；如何扣除成本费用；如何计算应税所得等都应当有明确的法律依据。但在现行的个人所得税法及其实施条例中，甚至是财政部或者国家税务总局的文件中，都找不到明确的政策依据。

有人可能会提出反对意见，因为《财政部 税务总局关于个人所得税法修改后有关优惠政策衔接问题的通知》（财税〔2018〕164号，以下简称财税〔2018〕164号文件）就有明确规定："保险营销员、证券经纪人取得的佣金收入，属于劳务报酬所得，以不含增值税的收入减除20%的费用后的余额为收入额，收入额减去展业成本以及附加税费后，并入当年综合所得，计算缴纳个人所得税。"请注意，该观点未必正确，原因有以下几点：一是财税〔2018〕164号文件只针对特定的对象，即只适用于保险营销员、证券经纪人取得的佣金收入；二是财税〔2018〕164号文件说的"附加税费"而非"税金及附加"，更未说是城市维护建设税、教育费附加及地方教育费附加。

3.2.8.3 纳税申报表的填报说明是否给出了答案？

《国家税务总局关于修订个人所得税申报表的公告国家税务总局公告》（国家税务总

---

① 转引自税屋，http://www.shui5.cn/article/7f/127500.html，最后访问日期：2019年12月16日。

局公告2019年第7号)所附的《个人所得税自行纳税申报表(A表)》填表说明中明确说明:"第12列'允许扣除的税费':填写按规定可以在税前扣除的税费。①纳税人取得劳务报酬所得时,填写劳务发生过程中实际缴纳的可依法扣除的税费。②纳税人取得特许权使用费所得时,填写提供特许权过程中发生的中介费和实际缴纳的可依法扣除的税费……"。

有人依据上述规定得出结论:由于填表说明强调不论是对劳务报酬,还是对特许权使用费,都是允许扣除"实际缴纳的可依法扣除的税费"。而纳税人为取得劳务报酬或者特许权使用费时所缴纳的城建税、教育费附加以及地方教育费附加等就是"依法扣除的税费",所以纳税人为取得收入而发生的城建税、教育费附加以及地方教育费附加应当是可以扣除的。

这种观点具有一定的合理性,但未必符合税法的本意,甚至不符合填表说明的本意。填报说明说使用的是"可依法扣除的税费",其中无疑强调了要有法律依据,要有政策依据。事实上,填表说明也作了明确的说明:"第12列'允许扣除的税费':填写按规定可以在税前扣除的税费。"其间给出了一个大前提——按规定可以在税前扣除的税费。什么规定?自然应当是个人所得税法的规定。如果个人所得税法没有明确的规定,那就不能扣除。

3.2.8.4 税务机关是否给出可供参考的答案?

新个人所得税法施行后,有纳税人向12366北京中心咨询下列问题:"您好,单位支付我10 000元劳务费,我去税务机关代开增值税发票,支付了增值税291元,城建税及附加17.5元,我的所得仅9 691.5元。请问支付单位按照《国家税务总局关于发布〈个人所得税扣缴申报管理办法(试行)〉的公告》(国家税务总局公告2018年第61号)规定预扣预缴个人所得税,是按照10 000元为基数,即10 000×(1-20%)×20%,还是按照9 691.5元为基数,即9 691.5×(1-20%)×20%?"12366北京中心答复称:"您好,个人所得税劳务报酬所得项目计税依据为不含增值税收入。肯定明确的:支付单位应当按照以下公式预扣预缴劳务报酬个人所得税税款:(10 000-291)×(1-20%)×20%=1 553.44(元)。有待于明确:个人所得税劳务报酬所得项目计税依据要不要扣除城建税及附加。"①

对收入中是否包含增值税,12366北京中心答复得斩钉截铁:个人所得税劳务报酬所得项目计税依据为不含增值税收入。但对是否可以扣除城建税及附加则表示出不确定。这也从一个侧面说明,税务机关并不主张将城建税、教育费附加等从收入中扣除。

3.2.8.5 个人所得税法本身有没有给出答案?

税法永远是最好的判定依据。关于劳务报酬、特许权使用费以及稿酬所得项目的费用扣除范围,包括能否扣除城建税、教育费附加以及地方教育费附加,其实税法已经给出了标准答案。

《个人所得税法》第六条规定:"劳务报酬所得、稿酬所得、特许权使用费所得以收入

---

① 转引自税屋,http://www.shui5.cn/article/7f/127500.html,最后访问日期:2019年12月16日。

减除百分之二十的费用后的余额为收入额。稿酬所得的收入额减按百分之七十计算。"分析其规定,可以看出,在确认劳务报酬、特许权使用费等项目的收入或者所得时,一律按照收入额的20%进行扣除,这20%的扣除是其实就包括了城建税、教育费附加以及地方教育费附加了。

3.2.8.6 最终的结论又是什么呢?

综合而言,城建税、教育费附加以及地方教育费附加应当包含在综合所得收入中。

当然,该结论只是综合分析后得到的结论。如果当地有明确的政策中口径,则按照当地或口径执行。如果总局出台了新政策,则按照总局的新政策执行。

3.3 跨年度的劳务报酬、稿酬等如何进行收入确认?

《个人所得税法》第六条规定:"居民个人的综合所得,以每一纳税年度的收入额减除费用六万元以及专项扣除、专项附加扣除和依法确定的其他扣除后的余额,为应纳税所得额。"

很显然,综合所得是按年度纳税的。那么何谓"纳税年度"呢?《个人所得税法》第一条规定:"纳税年度,自公历一月一日起至十二月三十一日止。"

税法的规定好像并没有毛病,因为时间在日期上是非常容易加以划分的。但问题是,劳务报酬所得,稿酬所得,工资、薪金所得等可能是跨年度的。那么,对于跨年度的劳务报酬所得、稿酬所得等该如何确认收入或所得呢?

对于此问题,虽然税法上没有明确的规定,但通过分析,仍然可以得出正确的结论:

《个人所得税法》第一条规定,居民个人取得综合所得,按纳税年度合并计算个人所得税。其间实际上明确了需要汇缴的是年度内取得的综合所得。

那么何谓取得呢?《个人所得税法》及其实施条例没有明确,但根据《财政部 税务总局关于2018年第四季度个人所得税减除费用和税率适用问题的通知》(财税〔2018〕98号)的规定,取得是指单位实际发放时间。

另外,《个人所得税扣缴申报管理办法(试行)》(国家税务总局公告2018年第61号印发)规定,扣缴义务人在向个人支付工资、薪金所得,劳务报酬所得,稿酬所得以及特许权使用费所得时代扣代缴(预扣预缴)个人所得税。这实际上也是强调了个人所得税的纳税义务以扣缴义务人实际支付时间为标准。

【案例3-3】 本年到税局代开发票但次年才取得款项的劳务报酬该如何确认收入

2019年,自然人赵某与甲单位签订了一项设计劳务,双方约定的服务时间为2019年3~10月,交易价格为50万元。同年10月初,赵某完成设计后按照甲公司要求到税务机关申请代开发票。税务机关为赵某开发票,并按照规定缴纳了3%的增值税,但在发票备注栏内注明:个人所得税由支付单位按照个人所得税法的规定代扣代缴。但直到2020年1月20日前,赵某才到甲公司,要求甲公司支付。甲公司按照合同约定付款,并按照个人所得税法的规定履行个人代扣代缴义务。试问:假设赵某2019年没有其他收入,是否需要办理2019年度综合所得的汇算清缴?

【解析】 赵某不需要办理2019年度综合所得的汇算清缴。

个人所得税税法规定，个人应以某一纳税年度内取得的综合所得合并纳税，办理汇算清缴。但赵某2019年度虽然为甲单位提供了设计劳务，并且也向当地税务机关申请代开了有关发票，但2019年赵某并未能实际取得该项劳务报酬，而是到2020年才取得相关报酬的，即2019年度赵某的设计劳务报酬为0。赵某不需要办理2019年度综合所得的汇算清缴。

【案例 3-4】 **分期支付的跨年劳务报酬等该如何确认收入**

2019年，居民个人肖某与A公司约定：肖某为A公司提供财税咨询服务，服务时间为2019年7月至2020年6月，报酬为60万元。同时约定报酬分四次支付：即分别于2019年9月底前、2019年12月底前、2020年3月底前及2020年6月底前各支付15万元。2019年12月18日，A公司实际一次性支付40万元。试问2019年度，肖某在办理汇算清缴时，应当确认A公司劳务报酬收入是多少？

【解析】 按照个人所得税法的规定，个人应以某一纳税年度内取得的综合所得合并纳税，办理汇算清缴。结合《财政部 税务总局关于2018年第四季度个人所得税减除费用和税率适用问题的通知》（财税〔2018〕98号）、《个人所得税扣缴申报管理办法（试行）》（国家税务总局公告2018年第61号印发）等的规定，所谓取得是指个人实际取得，或者说是扣缴义务人实际支付。

本案例中，个人与企业间的合同，虽然约定2019年应支付30万元，但最终实际支付额却是40万元，对肖某来说，2019年从A公司取得的劳务报酬就是40万元，而不是30万元。在办理综合所得的汇算清缴时，应申报的来源于A公司劳务报酬应为40万元。

3.4 如何理解多次、多处取得所得时的"每次"？汇缴时要考虑"每次"吗？

《个人所得税法》第六条第一款第（二）项规定："非居民个人的工资、薪金所得，以每月收入额减除费用五千元后的余额为应纳税所得额；劳务报酬所得、稿酬所得、特许权使用费所得，以每次收入额为应纳税所得额。"《个人所得税法》第六条第一款第（四）项规定："财产租赁所得，每次收入不超过四千元的，减除费用八百元；四千元以上的，减除百分之二十的费用，其余额为应纳税所得额。"《个人所得税法》第六条第一款第（六）项规定："利息、股息、红利所得和偶然所得，以每次收入额为应纳税所得额。"

《个人所得税法实施条例》第十四条规定，个人所得税法第六条第一款第二项、第四项、第六项所称每次，分别按照下列方法确定：

（1）劳务报酬所得、稿酬所得、特许权使用费所得，属于一次性收入的，以取得该项收入为一次；属于同一项目连续性收入的，以一个月内取得的收入为一次。

（2）财产租赁所得，以一个月内取得的收入为一次。

（3）利息、股息、红利所得，以支付利息、股息、红利时取得的收入为一次。

（4）偶然所得，以每次取得该项收入为一次。

《国家税务总局关于发布〈个人所得税扣缴申报管理办法（试行）〉的公告》（国家税务总局公告2018年第61号）第八条规定："扣缴义务人向居民个人支付劳务报酬所得、稿酬所得、特许权使用费所得时，应当按照以下方法按次或者按月预扣预缴税款……预扣预缴税款时，劳务报酬所得、稿酬所得、特许权使用费所得每次收入不超过四千元的，减除费用按八百元计算；每次收入四千元以上的，减除费用按收入的百分之二十计算……"

综合上述规定可以看出：对于非居民个人来说，无论是取得劳务报酬所得、稿酬所得、特许权使用费所得，还是取得财产租赁所得，偶然所得，利息、股息、红利所得，都需要严格区分"每次"的收入金额。而对于居民个人而言，如果取得的是财产租赁所得，偶然所得，利息、股息、红利所得，也需要严格区分"每次"的收入金额；如果取得的是劳务报酬所得、稿酬所得、特许权使用费所得，又处于预扣预缴税款环节，那也须严格区分"每次"的收入金额，因为此时直接关系到扣除金额以及适用税率。但由于非居民个人不需要办理汇算清缴，居民个人的财产租赁所得，偶然所得以及利息、股息、红利所得也不需要办理汇算清缴，而居民个人取得的劳务报酬所得、稿酬所得、特许权使用费所得等在汇算清缴时又是按年度汇总纳税的，因而就居民个人的综合所得汇缴而言，区分"每次"收入金额已经没有任何的意义了。

综合而言，居民个人汇算清缴时不用考虑劳务报酬所得、稿酬所得、特许权使用费所得等项目的"每次"及收入金额。

第4章

扣除项目：如何实现费用的完美扣除

4.1 税法对综合所得项目的扣除费用是如何规定的？

4.1.1 综合所得汇算清缴时,允许扣除哪些项目？

《个人所得税法》第六条第一款第(一)项明确规定:"居民个人的综合所得,以每一纳税年度的收入额减除费用六万元以及专项扣除、专项附加扣除和依法确定的其他扣除后的余额,为应纳税所得额。"

因此,居民个人年度终了后办理综合所得的汇算清缴时,可以税前扣除的费用项目主要包括以下几项：

(1) 基本减除费用。居民个人维系基本的正常的生活、生存所必要的费用,是最为基础的一项生计扣除,全民适用且一律平等,不管在年度中间何月就业,一律按每年6万元的标准执行。

(2) 专项扣除费用。这并不是新个人所得税法的创新,但却是新个人所得税法创造发明的一个新词汇,其实质内容就是通常所说的"三险一金",具体包括居民个人按照国家规定的范围和标准缴纳的基本养老保险、基本医疗保险、失业保险等社会保险费和住房公积金等。

(3) 专项附加扣除费用。这是新个人所得税法借鉴和学习国外的税收制度,在基本减除费用的基础之上,以国家税收和个人共同分担的方式,适度缓解个人在教育、医疗、住房等方面的支出压力而设计创造的一项费用扣除制度。目前,允许扣除的费用范围主要包括子女教育、继续教育、大病医疗、住房贷款利息或者住房租金、赡养老人等支出。

(4) 依法确定的其他扣除费用。这相当于兜底性的条款,是指除上述基本减除费用、专项扣除费用、专项附加扣除费用之外,增加纳税人的费用扣除,用以减少纳税的政策规定,如商业健康险、税收递延型养老保险等。不过,必须强调的是,这种扣除应当有法律、法规的明文规定,或者由相关部门授权,国家财政部或国家税务总局发布规范性文件的方式明确规定。由省、市人民政府发布的规定是无效的。

(5) 公益慈善性捐赠。为鼓励个人更多地从事慈善公益事业,税法特别规定了一项对公益慈善性捐赠的税前扣除。该项扣除实质上属于应纳所得额的抵减项目范围,但与扣除项目具有同等效应。《个人所得税法》第六条第三款规定:"个人将其所得对教育、扶贫、济困等公益慈善事业进行捐赠,捐赠额未超过纳税人申报的应纳税所得额百分之三十的部分,可以从其应纳税所得额中扣除;国务院规定对公益慈善事业捐赠实行全额税前扣除的,从其规定。"

另外,还有一个收入折扣问题。考虑到个人独立劳动需要特定的成本费用,因而对劳务报酬所得、稿酬所得、特许权使用费所得项目规定了特别的折扣额(率)。《个人所得税法》第六条第二款规定:"劳务报酬所得、稿酬所得、特许权使用费所得以收入减除百分之二十的费用后的余额为收入额。稿酬所得的收入额减按百分之七十计算。"对于个人来说,这实际上也是一种费用扣除,它通过收入折扣的形式表现,而不是通过设置费用项目体现。

4.1.2 综合所得各扣除费用项目间有没有先后顺序?

《个人所得税法》第六条第一款第(一)项明确规定:"居民个人的综合所得,以每一纳税年度的收入额减除费用六万元以及专项扣除、专项附加扣除和依法确定的其他扣除后的余额,为应纳税所得额。"

如果将其转换为公式表示则为:

$$\text{应纳税所得额} = \text{综合所得收入额} - 60\,000 - \text{专项扣除} - \text{专项附加扣除} - \text{依法确定的其他扣除}$$

需要注意的是,在上述公式中,从前到后全部是减法运算。按照减法运算规则,其间是有顺序的,即只能从左往右进行先后计算。但假设某个居民个人的年度收入额刚好是60 000元,其刚好可以扣除基本的减除费用60 000元。那么该自然人是否还需要缴纳社保费?或者说,该自然人个人是先缴纳社保费还是先扣除基本减除费用60 000元?

按照正常的逻辑,自然人个人只有先满足温饱,维持基本的生存,包括养老生存之后,才去考虑纳税问题,这也是个人所得税法设置基本减除费用的初衷。从这方面来说,基本减除费用应当优先于社保费("三险一金")扣除。但在现实生活中,无论是自然人是自己缴纳社保费,还是企业扣缴社保费,都优先于基本减除费用考虑的。

因此,尽管个人所得税法有关费用项目的扣除顺序虽然与现实不一致,但却是非常有道理的。

居民个人在办理2019年度的综合所得汇算清缴时,可以不用考虑那么多复杂的问题,只需把握一个基本的判断标准,即直接根据上述的公式进行计算,确定是否需要补退税款,然后再根据汇算清缴的规定情形,确定自己是否可以适用免予汇算清缴优惠。

4.2 基本减除费用6万元到底该如何扣除?

4.2.1 为什么基本减除费用标准定为每年6万元?

综合分析全国人大常委会办公厅2018年8月31日新闻发布会、全国人民代表大会宪法和法律委员会关于《全国人民代表大会常务委员会关于修改〈中华人民共和国个人所得税法〉的决定(草案)》修改意见的报告、全国人民代表大会宪法和法律委员会关于

《中华人民共和国个人所得税法修正案(草案)》审议结果的报告、全国人民代表大会常务委员会关于修改《中华人民共和国个人所得税法》的决定等相关内容,可以知道,设定每年 6 万元的基本减除费用标准,主要是基于以下三个方面的考虑:

(1) 统筹考虑了城镇居民人均基本消费支出、每个就业者平均负担的人数、居民消费价格指数等因素后综合确定的。

根据国家统计局抽样调查数据测算,2017 年我国城镇就业者人均负担的消费支出约为每月 3 900 元,按照近三年城镇居民消费支出年均增长率推算,2018 年人均负担的消费支出约为每月 4 200 元。

基本减除费用标准确定为每年 6 万元(每月 5 000 元),不仅覆盖了人均消费支出,而且体现了一定的前瞻性。

(2) 这次修法除基本减除费用标准外,还新增了多项专项附加扣除,扩大了低档税率级距。广大纳税人都能不同程度地享受到减税的红利,特别是中等以下收入群体获益更大。

仅以基本减除费用标准提高到每年 6 万元(每月 5 000 元)这一项因素来测算,修法后个人所得税的纳税人占城镇就业人员的比例将由现在的 44% 降至 15%。

(3) 在税法审议过程中,根据各方面的意见,又增加了两项扣除,一是赡养老人专项附加扣除,二是允许劳务报酬、稿酬、特许权使用费等三类收入在扣除 20% 的费用后计算纳税,这样使得相当一部分纳税人的费用扣除额进一步提高。月收入在 2 万元以下的纳税人税负可降低 50% 以上。

4.2.2 基本减除费用有地区差别吗?为什么?

《个人所得税法》第六条第一款第(一)项明确规定:"居民个人的综合所得,以每一纳税年度的收入额减除费用六万元以及专项扣除、专项附加扣除和依法确定的其他扣除后的余额,为应纳税所得额。"

从其规定可以看出,基本费用减除费用实行的是全国统一标准,没有地区差别。综合分析全国人大常委会办公厅 2018 年 8 月 31 日新闻发布会、全国人民代表大会宪法和法律委员会关于《全国人民代表大会常务委员会关于修改〈中华人民共和国个人所得税法〉的决定(草案)》修改意见的报告、全国人民代表大会宪法和法律委员会关于《中华人民共和国个人所得税法修正案(草案)》审议结果的报告、全国人民代表大会常务委员会关于修改《中华人民共和国个人所得税法》的决定等相关内容,其中原因大概有以下几点:

(1) 实行全国统一的费用减除标准是税收法制统一的重要体现。我国是一个法制统一的国家,一直实施"统一税权、统一税制、统一税政"。从国际上看,法制统一的国家基本都采用全国统一的基本减除费用标准。

(2) 实行统一的减除费用标准,有利于体现税收量能负担原则。基本减除费用标准是参照城镇居民社会平均消费支出情况确定的,反映了全国各类地区经济发展状况和居民收支水平,总体上兼顾了富裕地区和欠发达地区的情况。

（3）实行统一的费用减除标准，可以避免人为干扰市场运行，有助于人员的良性有序流动。如果对各地区分别实行不同的费用减除标准，势必造成发达地区收入高、扣除多，欠发达地区收入低、扣除少，造成人员的非正常流动。

4.2.3 基本减除费用标准以后还会调整提高吗？

基本减除费用标准每年6万元（每月5 000元）不是固定不变的，今后还将结合深化个人所得税改革，城镇居民基本消费支出水平的变化情况进行动态调整。从个人所得税法实施以来的几次基本减除费用标准调整就能充分地说明这一点。

个人所得税法实施以来，基本减除费用标准一共经历了四次调整：第一次是在2005年，由每月800元标准提高到每月1 600元；第二次调整是2007年，由每月1 600元标准提高到每月2 000元；第三次调整是在2011年，由每月2 000元标准提高到每月3 500元；此为第四次，由每月3 500元标准提高到了每月5 000元（即每年60 000元）。

4.2.4 6万元的基本减除费用可以称为起征点吗？

《个人所得税法》第六条第一款第（一）项规定："居民个人的综合所得，以每一纳税年度的收入额减除费用六万元以及专项扣除、专项附加扣除和依法确定的其他扣除后的余额，为应纳税所得额。"

这里的6万元是法定的"减除费用标准"，是每个取得综合所得的居民纳税人都能够享受的，因而也可以称为"基本减除费用"。

"基本减除费用"也可以称为"免征额"，但绝对不能称为"起征点"，因为"起征点"与"免征额"是两个完全不同的概念。"起征点"是指税法规定的对课税对象开始征税的最低界限。当课税对象数额低于起征点时，无须纳税；当课税对象数额高于起征点时，就要对课税对象的全部收入征税。"基本减除费用"或者说"免征额"是对个人收入征税时允许扣除的费用限额。当个人收入低于基本减除费用时，无须纳税；当个人收入高于基本减除费用时，则对减去基本减除费用后的个人收入征税。所以，"基本减除费用"或"免征额"与"起征点"完全不同。

4.2.5 年度中间入职或退休，基本减除费用也是6万元吗？

年度中间入职或退休，基本减除费用也是6万元。《个人所得税法》第六条第一款第（一）项明确规定："居民个人的综合所得，以每一纳税年度的收入额减除费用六万元以及专项扣除、专项附加扣除和依法确定的其他扣除后的余额，为应纳税所得额。"

法律并没有规定基本减除费用与个人入职或者收入月份数相联系，而是用了一个固定的标准：6万元。这也就意味着，只要是居民纳税人，不论年度中间取得收入月份多少，一律按每年6万元的标准执行。

【案例4-1】　　　　　　　年度中间退休的，基本费用如何扣除

居民个人徐某于2019年7月从甲公司退休，1～7月，每月取得工资、薪金收入12 000元。其中，每月缴纳"三险一金"2 000元。退休后，徐某除每月取得退休工资9 800

元外,没有其他任何收入。2019年,徐某没有任何专项附加扣除项目。试计算确定徐某2019年的应纳税所得额。

【解析】 2019年,尽管徐某只工作了7个月,但按照税法的规定,基本减除费用仍然按6万元扣除。另外,按照税法规定,其退休后取得的退休工资、薪金免税。因而,徐某当年的应纳税所得额为:

12 000×7+9 800×5－9 800×5－60 000－2 000×7＝10 000(元)。

说明:公式中是否需要反映徐某每月9 800元的退休工资呢?有不少人认为既然是免税的,那就不用考虑,一加一减的,非常麻烦。其实不然。按照申报表的填报要求,个人取得的免税所得必须在申报表上全面、如实填报和反映,否则就有虚假纳税申报之嫌,就有可能被认定为违法,所以,从全面如实反映个人收入角度考量,应当在公式中列示。

【案例4-2】　　　　　　　　年度中间入职的,基本费用如何扣除

居民个人郝某于2019年7月硕士毕业,于10月入职某软件开发公司,月薪20 000元。其中,每月按照当地标准缴纳"三险一金"4 000元。无任何专项附加扣除,也没有其他任何收入。试计算确定郝某2019年度的应纳税所得额。

【解析】 2019年,尽管郝某10月才入职,但按照税法的规定,基本减除费用仍然按6万元扣除。故郝某当年的应纳税所得额为:

20 000×3－60 000＝0。

4.2.6　退休后取得收入且需汇缴时也可扣除6万元吗?

《个人所得税法》第六条第一款第(一)项明确规定:"居民个人的综合所得,以每一纳税年度的收入额减除费用六万元以及专项扣除、专项附加扣除和依法确定的其他扣除后的余额,为应纳税所得额。"

从上述规定可以看出,只要是居民纳税人取得的是综合所得,即可享受按年扣除60 000元基本减除费用的待遇。即便该居民个人享受减税、免税优惠,也不例外。

因此,退休人员按照《个人所得税法》及其实施条例的规定,其退休工资、薪金可以享受免税待遇,但如果其取得的综合所得,需要缴纳个人所得税,仍然可以享受基本减除费用扣除、专项附加扣除等待遇。

【案例4-3】　　　　　　　　退休后取得综合所得的,如何计算应纳税所得

居民个人邵某于2016年12月退休,2018年12月,月退休金为9 200元,经人介绍到某公司任职,参与公司的技术开发,签订3年劳动合同,除了不缴纳社保之外,其他待遇均与正常员工相同,月报酬金额8 000元。身为独生子的邵某上有一个98岁的母亲,且需承担还在读博士的儿子的子女教育支出,按规定每月可以享受2 000元的专项附加扣除。试问:邵某当年的综合所得的应纳税所得额为多少?

【解析】 《个人所得税法》第四条规定,个人退休金免征个人所得税。

按照《国家税务总局关于离退休人员再任职界定问题的批复》(国税函〔2006〕526号)等的规定,退休人员被返聘了,如果同时符合下列条件的可以按工资、薪金缴纳个人

所得税：

（1）受雇人员与用人单位签订1年以上（含1年）劳动合同（协议），存在长期或连续的雇用与被雇用关系。

（2）受雇人员因事假、病假、休假等原因不能正常出勤时，仍享受固定或基本工资收入。

（3）受雇人员的职务晋升、职称评定等工作由用人单位负责组织。

《个人所得税法》第六条第一款第（一）项规定："居民个人的综合所得，以每一纳税年度的收入额减除费用六万元以及专项扣除、专项附加扣除和依法确定的其他扣除后的余额，为应纳税所得额。"

综合上述规定，邵某应当适用"工资、薪金所得"税目计算年度综合所得。并且，在计算年度应纳税所得额时允许扣除60 000元的基本减除费用以及专项附加扣除费用。因此，邵某的应纳税所得额为：

9 200×12＋8 000×12－9 200×12 － 60 000 － 2 000×12＝12 000（元）。

4.2.7 既有综合所得又有经营所得时可扣两次6万元吗？

《个人所得税法》第六条第一款第（一）项规定："居民个人的综合所得，以每一纳税年度的收入额减除费用六万元以及专项扣除、专项附加扣除和依法确定的其他扣除后的余额，为应纳税所得额。"

《个人所得税法实施条例》第十五条第二款规定："取得经营所得的个人，没有综合所得的，计算其每一纳税年度的应纳税所得额时，应当减除费用6万元、专项扣除、专项附加扣除以及依法确定的其他扣除。专项附加扣除在办理汇算清缴时减除。"

从上述两项规定可以看出，对于综合所得项目而言，60 000元的基本减除费用属于无条件扣除，即只要有收入，都可以扣除。而对于经营所得项目而言，60 000元的基本减除费用属于有条件扣除，即只有经营所得，没有综合所得的情况下，才能够享受60 000元基本减除费用的扣除。

因此，如果某个自然人既有综合所得（包括工资、薪金所得，劳务报酬所得，稿酬所得以及特许权使用费所得中的任何一项），又有经营所得，那么只能在综合所得中扣除，而不能同时在综合所得与经营所得中扣除。即一个居民纳税人一年纳税年度内，最多只能扣除一次基本减除费用，不能扣两次。

【案例4-4】　　综合所得不足以扣完6万元可否在经营所得中继续扣除

2019年，居民个人薛某在某单位任职，全年只取得工资、薪金收入50 000元，由于工资、薪金收入太低，因而薛某又与他人投资设立一家合伙企业，年度终了后，薛某从合伙企业分得经营所得200 000元。另外薛某有两个读小学的子女，父母均超过70岁。试问：薛某如何进行基本减除费用与专项附加扣除费用的扣除？

【解析】 根据现行个人所得税法及其实施条例的规定，薛某2019年的基本减除费用及专项附加扣除费用，只能选择在综合所得项目中扣除。但2019年，薛某只取得了50 000元的工资、薪金收入，不足以扣除60 000元的基本减除费用。子女教育支出与赡养老人支出费用更是无法实现扣除。但是,薛某有经营所得,并且数额还很大,足够扣除基本减除费用与专项附加扣除费用支出。那就有两个问题了:第一,综合所得项目不足以扣除基本减除费用时,能不能选择在经营所得中扣除?第二,如果自然人取得的综合所得项目不足以扣完基本减除费用以及专项附加扣除费用等扣除项目的,那么尚未扣除完毕的基本减除费用、专项附加扣除费用等扣除项目的余额可否在经营所得等所得中继续扣除呢?

《个人所得税法实施条例》第十五条第二款规定:"取得经营所得的个人,没有综合所得的,计算其每一纳税年度的应纳税所得额时,应当减除费用6万元、专项扣除、专项附加扣除以及依法确定的其他扣除。专项附加扣除在办理汇算清缴时减除。"

分析其规定,可以得出结论:纳税人只能在综合所得中进行扣除,扣除不完的,也不能再在经营所得项目中扣除。

该案例说明一个问题:个人所得税有关基本减除费用的规定,还有待进一步完善。即如果综合所得不足以扣除基本费用的,应当允许纳税人在其他应税项目中扣除。只有确保每个人都能扣除基本的减除费用等,才有利于低收入者,有利于税收公平。

4.2.8 只有财产租赁等其他分类所得时可否扣除6万元?

只有财产租赁等其他分类所得时不能扣除6万元基本减除费用。

《个人所得税法》第六条第一款第(一)项规定:"居民个人的综合所得,以每一纳税年度的收入额减除费用六万元以及专项扣除、专项附加扣除和依法确定的其他扣除后的余额,为应纳税所得额。"

《个人所得税法实施条例》第十五条第二款规定:"取得经营所得的个人,没有综合所得的,计算其每一纳税年度的应纳税所得额时,应当减除费用6万元、专项扣除、专项附加扣除以及依法确定的其他扣除。专项附加扣除在办理汇算清缴时减除。"

综合上述规定,个人的基本减除费用只能优先在综合所得中扣除;如果没有综合所得但取得经营所得的,那么可以在经营所得中扣除。至于其他所得项目,均不得扣除任何的基本减除费用与专项附加扣除费用。

4.3 专项扣除包括哪些内容?该如何进行扣除?

4.3.1 什么是专项扣除?具体包括哪些内容?

《个人所得税法》第六条规定,专项扣除包括居民个人按照国家规定的范围和标准缴纳的基本养老保险、基本医疗保险、失业保险等社会保险费和住房公积金等。

4.3.1.1 允许扣除的专项扣除包括哪几项内容?

允许扣除的专项扣除只有四项内容:基本养老保险、基本医疗保险、失业保险等社会保险费和住房公积金,即通常所说的"三险一金"。

4.3.1.2 专项扣除有标准和范围的限制吗？

税法强调，允许扣除的专项扣除必须是按照国家规定的范围与标准缴纳的"三险一金"。那么什么是"按照国家规定的范围与标准"呢？《财政部 国家税务总局关于基本养老保险费 基本医疗保险费 失业保险费 住房公积金有关个人所得税政策的通知》（财税〔2006〕10号，以下简称财税〔2006〕10号文件）规定，企事业单位按照国家或省（自治区、直辖市）人民政府规定的缴费比例或办法实际缴付的基本养老保险费、基本医疗保险费和失业保险费，免征个人所得税；个人按照国家或省（自治区、直辖市）人民政府规定的缴费比例或办法实际缴付的基本养老保险费、基本医疗保险费和失业保险费，允许在个人应纳税所得额中扣除。

4.3.1.3 超出规定标准和范围的部分仍须纳税吗？

财税〔2006〕10号文件规定："企事业单位和个人超过规定的比例和标准缴付的基本养老保险费、基本医疗保险费和失业保险费，应将超过部分并入个人当期的工资、薪金收入，计征个人所得税。"

4.3.1.4 只有实际缴付的部分才可以税前扣除吗？

个人所得税法强调允许扣除的"三险一金"必须是"缴纳"的，财税〔2006〕10号文件也强调允许扣除的是"实际缴付"的。

4.3.2 为什么不让扣除"工伤保险"和"生育保险"？

按照《个人所得税法》第六条的规定，目前允许税前扣除的"专项扣除"，只有居民个人按照规定标准与范围实际缴纳的"三险一金"。

那么为什么不让扣除"工伤保险"和"生育保险"？其实理由很简单，因为按照《社会保险法》等规定，居民个人实际缴纳并负担的基本保险只有"三险一金"。个人并不负担和缴纳"工伤保险"和"生育保险"。既然相关的保险并不是由个人负担的，那么又怎么能让个人扣除呢？

4.3.3 个人领取"三险一金"是否需要缴纳个税？

《财政部 国家税务总局关于基本养老保险费 基本医疗保险费 失业保险费 住房公积金有关个人所得税政策的通知》（财税〔2006〕10号）第三条规定："个人实际领（支）取原提存的基本养老保险金、基本医疗保险金、失业保险金和住房公积金时，免征个人所得税。"

4.3.4 个人缴纳社保费的具体标准是什么？

《个人所得税法》第六条规定："专项扣除，包括居民个人按照国家规定的范围和标准缴纳的基本养老保险、基本医疗保险、失业保险等社会保险费和住房公积金等"。

《财政部 国家税务总局关于基本养老保险费 基本医疗保险费 失业保险费 住房公积金有关个人所得税政策的通知》（财税〔2006〕10号）规定："企事业单位按照国家或省（自治区、直辖市）人民政府规定的缴费比例或办法实际缴付的基本养老保险费、基本医疗保险费和失业保险费，免征个人所得税；个人按照国家或省（自治区、直辖市）人民政府规定的缴费比例或办法实际缴付的基本养老保险费、基本医疗保险费和失业保险费，允许在个人应纳税所得额中扣除。"同时，财税〔2006〕10号文件规定："企事业单位和个人超过规定的比例和标准缴付的基本养老保险费、基本医疗保险费和失业保险费，应将超过部分并入个人当期的工资、薪金收入，计征个人所得税。"

《关于规范社会保险缴费基数有关问题的通知》（劳社险中心函〔2006〕60号，以下简称为劳社险中心函〔2006〕60号文件）第五条第（一）项规定，参保单位缴纳基本养老保险费的基数可以为职工工资总额，也可以为本单位职工个人缴费工资基数之和，但在全省区市范围内应统一为一种核定办法。单位职工本人缴纳基本养老保险费的基数原则上以上一年度本人月平均工资为基础，在当地职工平均工资的60%～300%的范围内进行核定。特殊情况下个人缴费基数的确定，按原劳动部办公厅关于印发《职工基本养老保险个人账户管理暂行办法》的通知（劳办发〔1997〕116号）的有关规定核定。以个人身份参保缴费基数的核定，根据各地贯彻《国务院关于完善职工基本养老保险制度的决定》（国发〔2005〕38号）的有关规定核定。

劳社险中心函〔2006〕60号文件第五条第（二）项进一步规定，参保单位缴纳基本医疗保险、失业保险、工伤保险、生育保险费的基数为职工工资总额，基本医疗保险、失业保险职工个人缴费基数为本人工资，为便于征缴可以上一年度个人月平均为缴费基数。目前，一些地方为整合经办资源，实行社会保险费的统一征收和统一稽核，并将各险种单位和个人的缴费基数统一为单位和个人缴纳基本养老保险费的基数，这种做法方便了参保企业和参保人员，有利于提高稽核效率。

因为各地的标准都不统一，并且各地还会根据经济发展状况，社会平均工资水平不断调整当地的社保缴纳基数。因此，对纳税人来说，只要是按照当地的标准实际缴纳的社保，那么就可以在计算个人所得税时扣除。

4.3.5 在A地任职在B地缴纳的社保费能否扣除？如何扣除？

《个人所得税法》第六条规定，专项扣除包括居民个人按照国家规定的范围和标准缴纳的基本养老保险、基本医疗保险、失业保险等社会保险费和住房公积金等。分析其规定可以看出，只要是按照国家规定的标准与范围缴纳的社保都可以扣除。

那么单位应当在哪儿为员工缴纳社保呢？个人又应当在哪儿缴纳社保呢？对此问题，《社会保险法》（2018年版）第五十八条规定："用人单位应当自用工之日起三十日内为其职工向社会保险经办机构申请办理社会保险登记。未办理社会保险登记的，由社会保险经办机构核定其应当缴纳的社会保险费。自愿参加社会保险的无雇工的个体工商户、未在用人单位参加社会保险的非全日制从业人员以及其他灵活就业人员，应当向社会保险经办机构申请办理社会保险登记。国家建立全国统一的个人社会保障号码。个人社会保障号码为公民身份号码。"《社会保险法》（2018年版）第六十条进一步规定："用人单位应当自行申报、按时足额缴纳社会保险费，非因不可抗力等法定事由不得缓缴、减免。职工应当缴纳的社会保险费由用人单位代扣代缴，用人单位应当按月将缴纳社会保险费的明细情况告知本人。无雇工的个体工商户、未在用人单位参加社会保险的非全日制从业人员以及其他灵活就业人员,可以直接向社会保险费征收机构缴纳社会保险费。"综合这两条规定,就一般情况而言,单位应当按照单位所在地标准为员工缴纳社保并扣缴员工个人的社保;无任职单位的人员,即所谓的自由职业者或者灵活就业人员则在登记地缴纳社保。

综合而言,如果一个居民个人在 A 地任职,那么只能按照 A 地的标准缴纳社保,而不能按照 B 地的标准缴纳社保。当然,当地有政策的除外。

4.3.6　单位不愿缴纳社保费,个人自己缴纳的社保费能否扣除?

虽然《劳动合同法》《社会保险法》等都明确要求用人单位必须为员工购买缴纳基本社会保险,但现实中总有一些单位不愿意承担这项社会义务,不给员工缴纳基本的社会保险。员工为了享受社会保险,不得不自行到社保中心等缴纳基本社会保险,那么,个人自己缴纳的社会保险能在个人所得税前扣除吗?

实际上,关于该问题,《个人所得税法》规定得非常明确。《个人所得税法》第六条规定,专项扣除包括居民个人按照国家规定的范围和标准缴纳的基本养老保险、基本医疗保险、失业保险等社会保险费和住房公积金等。也就是说,只要居民个人自己按照国家规定的范围和标准实际缴纳的"三险一金",就应当允许在计算个人所得税时进行扣除。

但《财政部　国家税务总局关于基本养老保险费　基本医疗保险费　失业保险费　住房公积金有关个人所得税政策的通知》(财税〔2006〕10 号)也规定:"企事业单位按照国家或省(自治区、直辖市)人民政府规定的缴费比例或办法实际缴付的基本养老保险费、基本医疗保险费和失业保险费,免征个人所得税;个人按照国家或省(自治区、直辖市)人民政府规定的缴费比例或办法实际缴付的基本养老保险费、基本医疗保险费和失业保险费,允许在个人应纳税所得额中扣除。"虽然根据该规定,可以认为个人按照规定标准实际缴纳的"三险一金"是允许在个人所得税前扣除的。但其间更强调一个要求,即企业承担企业的义务,个人承担个人的责任。进一步讲,个人与企业应当承担各自的缴费比例。如果个人承担了企业的比例,那么从标准上讲,明显超过了国家规定的个人应当缴费的比例,可以认定为超过国家规定的标准,不让税前扣除的可能性极大。所以,正确的做法仍然是企业承担企业的缴费比例,个人缴纳个人应当缴纳的比例。

4.3.7　个人自愿放弃社保,单位发放社保费补贴给员工,该社保费补助能否扣除?

个人自愿放弃社保,单位发放社保补贴给员工,该社保补助不能扣除。

《个人所得税法》第六条规定,专项扣除包括居民个人按照国家规定的范围和标准缴纳的基本养老保险、基本医疗保险、失业保险等社会保险费和住房公积金等。其间强调可以扣除的社保必须是缴纳的。也就是说,如果未实际缴纳,那么即便任职单位按照国家规定的范围与标准发放给个人社保补助,也不符合税前扣除的条件。自然,不能在计算个人所得税时扣除。

4.3.8 个人缴纳公积金的具体标准是什么？

《个人所得税法》第六条规定，专项扣除包括居民个人按照国家规定的范围和标准缴纳的基本养老保险、基本医疗保险、失业保险等社会保险费和住房公积金等。

《财政部 国家税务总局关于基本养老保险费 基本医疗保险费 失业保险费 住房公积金有关个人所得税政策的通知》(财税〔2006〕10号)第二条规定："根据《住房公积金管理条例》《建设部 财政部 中国人民银行关于住房公积金管理若干具体问题的指导意见》(建金管〔2005〕5号)等规定精神，单位和个人分别在不超过职工本人上一年度月平均工资12%的幅度内，其实际缴存的住房公积金，允许在个人应纳税所得额中扣除。单位和职工个人缴存住房公积金的月平均工资不得超过职工工作地所在设区城市上一年度职工月平均工资的3倍，具体标准按照各地有关规定执行。单位和个人超过上述规定比例和标准缴付的住房公积金，应将超过部分并入个人当期的工资、薪金收入，计征个人所得税。"

【案例4-5】　　　　　超标准缴纳的公积金应当缴纳个人所得税

自然人夏某，受雇于某房地产公司，2019年每月取得工资、薪金45 000元，单位和个人每月各缴纳公积金3 200元。2018年，当地职工的年平均工资为60 000元。试计算夏某2019年可税前扣除的公积金限额以及应当计入综合所得申报缴纳个人所得税的公积金金额。

【解析】　按照政策规定，单位和个人分别在不超过职工本人上一年度月平均工资12%的幅度内，其实际缴存的住房公积金，允许在个人应纳税所得额中扣除。即允许扣除的限额为：

60 000×3×12%×2＝43 200(元)。

但单位与夏某每月实际各缴纳的公积金3 200元，全年实际缴纳的公积金为76 800元(3 200×12×2)。

现行税收政策还明确："单位和个人超过上述规定比例和标准缴付的住房公积金，应将超过部分并入个人当期的工资、薪金收入，计征个人所得税。"

实际缴纳76 800元，而最高限额只为43 200元，意味着夏某应当将超标缴纳的公积金33 600元(76 800－43 200)计入综合所得，一并汇算清缴计算缴纳个人所得税。

4.4 专项附加扣除包括哪些内容？如何进行扣除？

4.4.1 专项附加扣除包括哪些内容？具体标准如何？

《个人所得税法》第六条规定，专项附加扣除包括子女教育、继续教育、大病医疗、住房贷款利息或者住房租金、赡养老人等支出，具体范围、标准和实施步骤由国务院确定，并报全国人民代表大会常务委员会备案。

《国务院关于印发个人所得税专项附加扣除暂行办法的通知》(国发〔2018〕41号，以下简称"《专项附加扣除暂行办法》")根据税法的授权,对专项附加扣除的范围、标准等进行了全面规定,其中明确规定,个人所得税专项附加扣除是指个人所得税法规定的子女教育、继续教育、大病医疗、住房贷款利息或者住房租金、赡养老人等 6 项专项附加扣除。具体的标准、对象、时间等如表 4-1 所示。

表 4-1 专项附加扣除内容、范围、标准、方式、时间以及注意事项等一览表

扣除项目	内容与范围		扣除标准	扣除主体及方式	扣除时间	注意事项
子女教育	学前教育	学前教育阶段(年满 3 岁至小学入学前)	每个子女每月 1 000 元定额扣除	父母其中一方扣除(100%)或父母平均扣除(各 50%);一经确定,年内不变	按月	
	学历教育	义务教育(小学、初中教育)				
		高中阶段教育(普通高中、中等职业、技工教育)				
		高等教育(大学专科、大学本科、硕士研究生、博士研究生教育)				
继续教育	学历教育	在中国境内接受学历(学位)继续教育	每月 400 元定额扣除;同一学历(学位)扣除期限不超过 48 个月	本人扣除,但本科以下可选择由本人或父母扣除	按月	由父母扣除时按子女教育支出标准扣除
	职业资格继续教育	接受技能人员职业资格继续教育、专业技术人员职业资格继续教育	获证书当年按 3 600 元定额扣除	本人	取得证书当年	
大病医疗	与基本医保相关的医药费用	扣除医保报销后个人负担(指医保目录范围内的自付部分)累计超过 15 000 元的部分	据实扣除,每年在 80 000 元限额内	本人或者其配偶;未成年子女可由其父母一方扣除	办理年度汇算清缴时	纳税人及其配偶、未成年子女的费用应分别计算扣除额
住房贷款利息	首套住房贷款利息支出	本人或者配偶单独或者共同使用商业银行或者住房公积金个人住房贷款(首套住房贷款利率)为本人或者其配偶购买中国境内住房	按每月 1 000 元定额扣除,扣除期限最长不超过 240 个月	夫妻双方约定一方扣除	实际发生贷款利息的年度	纳税人只能享受一次首套住房贷款的利息扣除;婚前各自房贷作特别规定

(续表)

扣除项目	内容与范围	扣除标准	扣除主体及方式	扣除时间	注意事项
住房租金	住房租金支出	主要工作城市没有自有住房而发生的住房租金支出	承租住房直辖市、省会（首府）城市、计划单列市以及国务院确定的其他城市住房的，每月1 500元	签订租赁住房合同的承租人扣除；夫妻双方主要工作城市相同的，只能由一方扣除	按月	纳税人及其配偶在一个纳税年度内不能同时分别享受住房贷款利息和住房租金专项附加扣除
		承租市辖区户籍人口超过100万城市住房的，每月1 100元			
		承租市辖区户籍人口不超过100万城市住房的，每月800元			
赡养老人	赡养一位及以上被赡养人的赡养支出	年满60岁的父母，以及子女均已去世的年满60岁的祖父母、外祖父母。	独生子女：按每月2 000元的标准定额扣除	独生子女本人	按月	每人分摊的额度不能超过每月1 000元；约定或者指定分摊的须签订书面分摊协议，指定分摊优先于约定分摊
			非独生子女：均摊或约定分摊，可由被赡养人指定分摊	非独生子女兄弟姐妹	按月	

4.4.2　享受专项附加扣除政策应遵循什么原则？

《专项附加扣除暂行办法》第三条规定："个人所得税专项附加扣除遵循公平合理、利于民生、简便易行的原则。"

不过，这个原则更多的是专项附加扣除政策在制度设计上的原则，对于纳税人来说，可能不太实用，特别是不便于理解和把握专项附加扣除政策。对纳税人来说，下列原则可能更有用：

（1）扣除范围、标准、对象条件等限定原则。

现行政策对允许在计算个人所得税综合所得时扣除的专项附加扣除的范围、标准、对象、时间等诸多条件进行了严格的限制，只有同时满足规定条件时，才可以扣除，如果存在瑕疵，则不允许扣除。

（2）不得结转以后年度扣除原则。

所谓不得结转扣除原则是税法允许扣除的专项附加扣除只能在其对应纳税年度内进行扣除,当年扣除不完的不得结转到以后年度扣除。

《专项附加扣除暂行办法》第三十条规定:"个人所得税专项附加扣除额一个纳税年度扣除不完的,不能结转以后年度扣除。"

（3）除特别限定外同时扣除原则。

允许扣除的六项专项附加扣除中,除特别限定外,包括子女教育、继续教育、大病医疗、赡养老人等专项附加扣除支出等均可同时扣除。所谓的特别规定是指《专项附加扣除暂行办法》第二十条的规定,即纳税人及其配偶在一个纳税年度内不能同时分别享受住房贷款利息和住房租金专项附加扣除。

（4）方便纳税人扣除原则。

方便纳税人扣除原则表现在扣除资料、证明材料的提供与留存备查上。按照规定,纳税人享受专项附加扣除时可以直接填报,基本上不需要提供证明材料,而由税务部门采取与相关部门信息共享的办法实现。当然,纳税人必须将相关的资料留存备查。这样极大地方便了纳税人。

（5）不得重复扣除原则。

纳税人在享受专项附加扣除待遇时,必须遵循不得重复扣除的原则。重复扣除,既包括同一支出由同一纳税人在不同期间扣除,也包括同一支出由不同纳税人扣除。

（6）范围与标准适时调整原则。

《专项附加扣除暂行办法》第四条明确规定:"根据教育、医疗、住房、养老等民生支出变化情况,适时调整专项附加扣除范围和标准。"

4.4.3 子女教育支出如何才能正确并充分扣除？

4.4.3.1 子女教育支出的扣除标准是多少？

《专项附加扣除暂行办法》第五条规定:"纳税人的子女接受全日制学历教育的相关支出,按照每个子女每月1 000元的标准定额扣除。"

4.4.3.2 子女教育支出的范围有何限定？

《专项附加扣除暂行办法》第五条对可扣除的子女教育支出设置了范围,即必须是全日制学历教育的相关支出。所谓全日制学历教育包括义务教育（小学、初中教育）、高中阶段教育（普通高中、中等职业、技工教育）、高等教育（大学专科、大学本科、硕士研究生、博士研究生教育）。对于年满3岁至小学入学前处于学前教育阶段的子女,也按子女教育支出的标准执行。

4.4.3.3 子女教育支出的扣除主体与方法是如何规定的？

《专项附加扣除暂行办法》第六条规定,父母可以选择由其中一方按扣除标准的100%扣除,也可以选择由双方分别按扣除标准的50%扣除,具体扣除方式在一个纳税年度内不能变更。

4.4.3.4 享受子女教育支出扣除时需要提供哪些资料？

如果子女教育支出发生在国内的,暂时不需要提供特别的资料;但如果子女在中国境外接受教育的,应按照《专项附加扣除暂行办法》第七条的规定,纳税人应当留存境外学校录取通知书、留学签证等相关教育的证明资料备查。

4.4.3.5　子女教育支出扣除中的疑点、难点问题有哪些?

一、可扣除子女教育支出的"父母"范围有哪些?

按照《专项附加扣除暂行办法》的规定,父母是扣除子女教育的扣除主体。那么父母是否包括养父母、继父母呢?对此,总局根据个人所得税法等的政策精神,结合纳税人的提问,于2019年1月6日对外发布的《个人所得税专项附加扣除200问》(以下简称《专扣200问》)中补充规定:"子女教育的扣除主体是子女的法定监护人,包括生父母、继父母、养父母,父母之外的其他人担任未成年人的法定监护人的,比照执行。"因此,允许扣除子女教育支出的父母其实应当作广义理解,即不仅包括了与受教育子女具有血缘关系的亲生父母,而且还包括了没有血缘关系但承担父母义务的养父母、继父母,还包括其他的法定监护人。

二、指定监护人能否享受子女教育支出扣除?

父母是子女教育支出的扣除主体。但现实情况极为复杂,因而总局考虑到现实问题,在《专扣200问》中补充规定:"子女教育的扣除主体是子女的法定监护人,包括生父母、继父母、养父母,父母之外的其他人担任未成年人的法定监护人的,比照执行。"但总局在问答中强调的是"法定监护人",那么如果孩子的父母双亡,又没有法定监护人,只有法院或者其他相关机构指定的监护人,监护人难道就不能享受子女教育支出扣除政策?显然不是。对此问题,总局也在《专扣200问》中给了答案:"监护人不是父母可以扣除吗?""答:可以,前提是确实担任未成年人的监护人。"

所以,只要监护人确实承担着未成年人的监护责任,那么相关未成年人的教育支出就可以由监护人按照政策的规定进行扣除。

三、实际承担扶(抚)养义务的爷爷、奶奶、姥爷、姥姥能否扣除子女教育支出?

在现实生活中,父母双亡或者离婚后不管孩子,而由爷爷、奶奶、姥爷、姥姥实际承担扶养、抚养义务的情况并不少见。那么,在这种情况下,爷爷、奶奶、姥爷、姥姥等能否扣除子女教育支出呢?按照总局《专扣200问》中针对"监护人不是父母可以扣除吗?"的问题而作出的"可以,前提是确实担任未成年人的监护人"的解答,答案应当是肯定的。

不过,必须强调的是,对孩子不承担任何扶(抚)养义务的亲生父母,不能再享受子女教育支出扣除政策。

四、父母能否扣除非婚生子女(如私生子)的教育支出?

《专项附加扣除暂行办法》第六条规定,父母可以选择由其中一方按扣除标准的100%扣除,也可以选择由双方分别按扣除标准的50%扣除,具体扣除方式在一个纳税年度内不能变更。

总局《专扣200问》补充解释:"子女教育的扣除主体是子女的法定监护人,包括生父母、继父母、养父母,父母之外的其他人担任未成年人的法定监护人的,比照执行。""子女包括婚生子女、非婚生子女、养子女、继子女。也包括未成年但受到本人监护的非子女。"

因此,父母可以扣除非婚生子女,包括私生子女的教育支出。

五、父母扣除子女教育支出有没有子女人数限制?

《专项附加扣除暂行办法》第五条规定:"纳税人的子女接受全日制学历教育的相关支出,按照每个子女每月1 000元的标准定额扣除。"其间,对子女人数并没有作出限制。

六、子女的教育支出可以由多个父母扣除吗?

现代社会是一个相对开放的社会,父母结婚生子后可能离婚,离婚后又可能再婚,再婚后又可能再生孩子,然后又可以再离婚……这就意味着,某一个小孩可能会有多个父母,如亲生父母、继父母、养父母,那么在此情况下,是不是所有的父母都可以扣除子女教育支出呢?答案不是。《专项附加扣除暂行办法》第六条规定:"父母可以选择由其中一方按扣除标准的100%扣除,也可以选择由双方分别按扣除标准的50%扣除,具体扣除方式在一个纳税年度内不能变更。"其中的方式只有两种:第一种是由一个按100%扣除;第二种是由两人各扣除50%。这就意味着,不可能出现第三者扣除的可能性。事实上,总局《专扣200问》也明确规定,对于存在离异重组等情况的家庭子女而言,子女教育支出的具体扣除方法由父母双方协商决定,一个孩子扣除总额不能超过1 000元/月,扣除人不能超过2个。

七、多个子女时可对不同子女选择不同的扣除方式吗?

多个子女时可以对不同子女选择不同的扣除方式。因为《专项附加扣除暂行办法》并没有作出任何的限制。并且总局《专扣200问》也明确规定:"有多子女的父母,可以对不同的子女选择不同的扣除方式,即对子女甲可以选择由一方按照每月1 000元的标准扣除,对子女乙可以选择由双方分别按照每月500元的标准扣除。"

八、残障儿童的特殊教育支出可由其父母扣除吗?

残障儿童的特殊教育支出可以由其父母扣除。因为《专项附加扣除暂行办法》规定:"纳税人的子女接受全日制学历教育的相关支出,按照每个子女每月1 000元的标准定额扣除。"而特殊教育属于九年制义务教育,其学校学生拥有学籍,国家承认学历,因此其教育支出可由其父母按照子女教育扣除政策扣除。

九、孩子寒暑假及因病休学期间,父母如何扣除子女教育支出?

《专项附加扣除暂行办法》规定,纳税人的子女接受全日制学历教育的相关支出,按照每个子女每月1 000元的标准定额扣除。并对学历教育进行了进一步解释:学历教育包括义务教育(小学、初中教育)、高中阶段教育(普通高中、中等职业、技工教育)、高等教育(大学专科、大学本科、硕士研究生、博士研究生教育)。

《中华人民共和国教育法》第十九条规定:"国家实行九年制义务教育制度。各级人民政府采取各种措施保障适龄儿童、少年就学。适龄儿童、少年的父母或者其他监护人以及有关社会组织和个人有义务使适龄儿童、少年接受并完成规定年限的义务教育。"《中华人民共和国教育法》第十七条规定:"国家实行学前教育、初等教育、中等教育、高等教育的学校教育制度。"

《教育部关于印发〈义务教育课程设置实验方案〉的通知》(教基〔2001〕28号)第四条第二项规定:"每学年上课时间35周……寒暑假、国家法定节假日共13周。"也就是说,学生的寒暑假,仍然属于学历教育期间。

《国家税务总局关于发布〈个人所得税专项附加扣除操作办法(试行)〉的公告》(国家税务总局公告2018年第60号,以下简称《专项附加扣除操作办法》)第三条明确规定,对于子女教育支出以及学历继续教育支出,在时间上"包含因病或其他非主观原因休学但学籍继续保留的休学期间,以及施教机构按规定组织实施的寒暑假等假期。"

综合上述规定,孩子在接受学历教育期间的寒暑假期间,其父母仍然可以按照规定扣除子女教育支出。而如果孩子因病休学,只要处于学历教育期间,那么其父母也可以按照规定扣除子女教育支出。

十、孩子6月高中毕业9月才读大学,那么7~8月,父母能否扣除子女教育支出?

关于此问题其实与上述问题相似。结论自然是相似,即暑假期间,父母仍然可以按照规定适用子女教育支出扣除政策。

总局《专扣200问》针对"子女6月高中毕业,9月上大学,7~8月能不能享受子女教育扣除?"的提问,也给出了下列答复:"可以扣除。对于连续性的学历(学位)教育,升学衔接期间属于子女教育期间,可以申报扣除子女教育专项附加扣除。"

十一、子女本科毕业后、考研之前,父母是否可以扣除子女教育支出?

根据上文的分析,如果子女大学本科毕业之后读研究生之前在假期内,其父母是可以按照规定享受子女教育支出扣除的。但如果是子女在读本科教育期间报考研究生,但未能考取,然后大学毕业之后未及时就业,而选择继续复习,备考研究生,那么这一期间,不属于任何的教育期间,其父母是不能享受子女教育支出扣除政策的。事实上,总局《专扣200问》针对"本科毕业之后,准备考研究生的期间,父母是否可以扣除子女教育?"的问题,也给出了下列解答:"不可以,该生已经本科毕业,未实际参与全日制学历教育,尚未取得研究生学籍,不符合《专项附加扣除暂行办法》相关规定。研究生考试通过入学后,可以享受高等教育阶段子女教育。"

十二、大学期间参军,学校保留学籍,是否可以按子女教育扣除?

关于此问题,总局《专扣200问》明确规定:"服兵役是公民的义务,大学期间参军是积极响应国家的号召,休学保留学籍期间,属于高等教育阶段,可以申报扣除子女教育专项附加扣除。"

十三、子女在民办或境外学校就读,父母是否可以扣除子女教育支出?

总局《专扣200问》明确规定,无论子女在公办学校或民办学校接受教育,还是在境内学校或境外学校接受教育,只要符合规定条件的,都可以按规定扣除子女教育支出。

十四、享受子女教育专项附加扣除需提供或保存哪些资料?

《专项附加扣除暂行办法》第七条规定:"纳税人子女在中国境外接受教育的,纳税人应当留存境外学校录取通知书、留学签证等相关教育的证明资料备查。"

总局《专扣200问》明确规定:"纳税人子女在境内接受教育的,享受子女教育专项扣除不需留存任何资料。纳税人子女在境外接受教育的,应当留存境外学校录取通知书、留学签证等相关教育的证明资料备查。"

《国家税务总局关于发布〈个人所得税专项附加扣除操作办法(试行)〉的公告》(国家税务总局公告2018年第60号,以下简称《专项附加扣除操作办法》)第十二条规定:"纳税人享受子女教育专项附加扣除,应当填报配偶及子女的姓名、身份证件类型及号码、子女当前受教育阶段及起止时间、子女就读学校以及本人与配偶之间扣除分配比例等信息。纳税人需要留存备查资料包括:子女在境外接受教育的,应当留存境外学校录取通知书、留学签证等境外教育佐证资料。"

《国家税务总局关于办理2019年度个人所得税综合所得汇算清缴事项的公告》(国家税务总局公告2019年第44号)规定,纳税人需将年度汇算申报表以及与纳税人综合所得收入、扣除、已缴税额或税收优惠等相关资料,自年度汇算期结束之日起留存5年。

【案例4-6】 　　　　　　　　**子女教育子女该如何扣除**

居民个人刘建良有四个子女,两个儿子和两个女儿。大儿子、大女儿系其与前妻陈燕所生,陈燕病故后,与现任妻子张玲组成新家庭,并生下龙凤胎,即小儿子与小女儿。大儿子、大女儿均就读于某高中,小儿子和小女儿就读于某私立小学。

【解析】 刘建良与张玲夫妻俩有四个子女,并且高中教育与小学教育都属于学历教育范围,即便小儿子与小女儿就读的学校是私立学校,按规定也是可以由其父母扣除子女教育支出的。

另外,按照规定,女子的教育支出可以由父母选择由一方按100%扣除,也可以由父母双方约定各扣除50%。因而,针对上述情况,夫妻俩可以有下列多种选择:

(1) 由老公刘建良一人扣除:每月扣除4 000元,全年扣除48 000元。

(2) 由老婆张玲一人扣除:每月扣除4 000元,全年扣除48 000元。

(3) 老公刘建良与老婆张玲均摊扣除:老公刘建良每月扣除2 000元,全年扣除24 000元;老婆张玲每月扣除2 000元,全年扣除24 000元。

(4) 老公刘建良扣除其中三个子女的,老婆张玲扣除其中一个子女的:老公刘建良每月扣除3 000元,全年扣除36 000元;老婆张玲每月扣除1 000元,全年扣除12 000元。

(5) 老公刘建良扣除其中一个子女的,老婆张玲扣除其中三个子女的:老公刘建良每月扣除1 000元,全年扣除12 000元;老婆张玲每月扣除3 000元,全年扣除36 000元。

(6) 老公刘建良首先负责三个子女,并与老婆张玲共同负担第四个子女的教育支出:老公刘建良每月扣除3 500元,全年扣除42 000元;老婆张玲每月扣除500元,全年扣除6 000元。

(7) 老婆张玲首先负责三个子女,并与老公刘建良共同负担第四个子女的教育支出:老公刘建良每月扣除500元,全年扣除6 000元;老婆张玲每月扣除3 500元,全年扣除

42 000元。

4.4.3.6 如何归纳和总结子女教育专项附加扣除政策？

表4-2 子女教育支出专项附加扣除政策总结表

项目		政 策 内 容
扣除标准		按照每个子女每月1 000元的标准定额扣除
扣除范围	学前教育	年满3岁至小学入学前教育
	学历教育	义务教育（小学和初中教育）
		高中阶段教育（普通高中、中等职业、技工教育）
		高等教育（大学专科、大学本科、硕士研究生、博士研究生教育）
扣除主体与方式		由父母其中一方按扣除标准的100%扣除
		由父母分别按扣除标准的50%扣除
扣除时间		学前教育阶段，为子女年满3周岁当月至小学入学前一月。学历教育，为子女接受全日制教育入学当月至全日制学历教育结束的当月
资料要求		子女在中国境外接受教育的，纳税人应当留存境外学校录取通知书、留学签证等相关教育的证明资料备查
注意事项		具体扣除方式在一个纳税年度内不能变更

4.4.4 如何准确且无风险地扣除继续教育支出？

4.4.4.1 继续教育支出扣除的标准、范围与时间是如何规定的？

按照《专项附加扣除暂行办法》第八条的规定，继续教育专项附加扣除的扣除范围、标准及时间有两个类型：

（1）纳税人在中国境内接受学历（学位）继续教育的支出，在学历（学位）教育期间按照每月400元定额扣除。扣除时间从继续教育入学的当月至学历（学位）继续教育结束的当月，但同一学历（学位）继续教育的扣除期限不能超过48个月。

（2）纳税人接受技能人员职业资格继续教育、专业技术人员职业资格继续教育支出，在取得相关证书的当年，按照3 600元定额扣除。

4.4.4.2 继续教育支出扣除的主体与方式是如何限定的？

对于学历（学位）继续教育通常由接受学历（学位）教育的本人扣除。但对于接受本科及以下学历（学位）继续教育支出，按照《专项附加扣除暂行办法》第九条的规定，只要符合规定扣除条件的，既可以选择由其父母扣除，也可以选择由本人扣除。但必须注意的是，继续学历（学位）教育不得重复扣除。

对于职业资格继续教育，只能由本人扣除，并且只能在获得证书当年扣除。

4.4.4.3 享受继续教育支出扣除需提供或保留哪些资料？

按照《专项附加扣除暂行办法》第十条的规定，纳税人接受技能人员职业资格继续教育、专业技术人员职业资格继续教育的，应当留存相关证书等资料备查。

4.4.4.4 继续教育支出扣除中有哪些疑、难点需要纳税人注意？

一、继续学历教育最长不超过48个月，那因病休学等期间是否中断计算？

《专项附加扣除暂行办法》第八条规定："纳税人在中国境内接受学历（学位）继续教育的支出，在学历（学位）教育期间按照每月400元定额扣除。同一学历（学位）继续教育的扣除期限不能超过48个月。"

那么，如果纳税人因病、因故等原因休学且学籍继续保留的休学期间，以及施教机构按规定组织实施的寒暑假是否连续计算呢？

总局《专扣200问》对此问题进行了解答，即学历（学位）继续教育的扣除期限最长不得超过48个月。48个月包括纳税人因病、因故等原因休学且学籍继续保留的休学期间，以及施教机构按规定组织实施的寒暑假期连续计算。

但必须强调的是，如果纳税人退学或者其他原因不再保留学籍，则意味着纳税人不存在任何的符合扣除条件的继续学历（学位）教育支出。

二、学历（学位）继续教育支出选择由父母扣除时，扣除标准是多少？

《专项附加扣除暂行办法》第九条规定："个人接受本科及以下学历（学位）继续教育，符合本办法规定扣除条件的，可以选择由其父母扣除，也可以选择由本人扣除。"但问题是，如果选择由父母扣除，那么是按照学历（学位）继续教育支出扣除标准即每月400元（每年4 800元）执行呢，还是按照子女教育支出扣除标准即每月1 000元（每年12 000元）执行呢？

基于政策不明等原因，一些财税人士也提出了自己的看法：

一些财税专业人士提出，从政策章节、政策条款的内存逻辑分析，如果选择由父母扣除的，也应当适用学历（学位）继续教育支出标准即每月400元扣除，因为允许选择由父母扣除的规定出现在《专项附加扣除暂行办法》第三章"继续教育"专章中，并且这种支出也是继续教育支出，自然也应当按照继续教育支出的标准执行。但也有一些人士提出，既然选择由父母扣除了，并且相关的教育又是学历教育，那么只要满足子女教育支出扣除的条件，就应当作为子女教育支出标准即每月1 000元（全年12 000元）扣除。《专项附加扣除暂行办法》赋予纳税人选择权，不仅是一种扣除主体的选择，也应当包括对政策适用、标准适用、条件适用等诸多的选择权。

应当说两种观点都具有相当的合理性。但并不能代替政策。好在总局从侧面给我们一些答复：

（1）有文章称，国家税务总局在内部视频培训时，曾明确说明，如果选择由父母扣除时，按子女教育支出的扣除标准即每月1 000元（每年12 000元）执行。但培训过程中老师（哪怕老师是领导）的讲解是不能作为政策依据的。

（2）国家税务总局网站针对纳税人"继续教育专项附加扣除的扣除主体是谁？"的提问，作如下解答："技能人员职业资格继续教育、专业技术人员职业资格继续教育支出由接受教育的纳税人本人扣除。大学本科及以下的学历继续教育可以由接受教育的本人扣除，也可以由其父母按照子女教育扣除，但对于同一教育事项，不得重复扣除。"其中明确：对大学本科及以下的学历继续教育，选择由父母扣除时，"由其父母按照子女教扣除"。

（3）总局《专扣 200 问》针对"继续教育专项附加扣除的扣除主体是谁？"的问题，明确规定："继续教育的扣除主体以纳税人本人为主。大学本科及以下的学历继续教育可以由接受教育的本人扣除，暂可以由其父母按照子女教育扣除，但对于同一教育事项，不得重复扣除。"这一解答与总局网站的解答基本相似，只是加了几个字，即对于大学本科及以下的学历继续教育，选择由父母扣除时，"暂可以由其父母按照子女教育扣除"。

所以，综合上述几个方面的因素，并且从有利于纳税人的角度分析，在政策未明确之前，对于大学本科及以下的学历继续教育，选择由父母扣除时，应由其父母按照子女教育扣除，即按每月 1 000 元或每年 12 000 元的标准扣除。

三、参加自学考试能否享受继续学历教育扣除？是从报名之日起享受？

按照《中华人民共和国高等教育法》和《国务院高等教育自学考试暂行条例》等的规定，自学考试属于学历教育范围，这意味着个人参加自学考试的，可以按照《专项附加扣除暂行办法》的规定，享受学历（学位）继续教育专项附加扣除政策，即在自学考试期间（最长不超过 48 个月）按照每月 400 元的标准定额扣除。

但这是否意味着个人从报名参加自学考试之日起就可以享受继续教育扣除政策呢？答案是：不是的。因为按照《高等教育自学考试暂行条例》等的规定，高等教育自学考试的应考者须取得一门课程的单科合格证书后，省考委才为其建立考籍管理档案，应考者才取得考籍。也就是说，参加自学考试人员，须取得一门课程的合格证书，具有考籍管理档案后，才可以按照《专项附加扣除暂行办法》的规定，享受继续教育专项附加扣除。

四、接受学历（学位）继续教育，但未取得学历（学位）证书，是否可以享受继续教育扣除？

《专项附加扣除暂行办法》第八条规定："纳税人在中国境内接受学历（学位）继续教育的支出，在学历（学位）教育期间按照每月 400 元定额扣除。"按照其规定，只要纳税人接受学历（学位）教育，那么就可以按照规定进行教育支出的扣除，其间并没有强调要求取得学历证书。而且更重要的是，在现实生活中，接受学历（学位）教育但最终未能取得学历（学位）也是有可能的。但对个人或其父母来说，仍然发生了必要的支出。从公平的原则考虑，限制其扣除显然是不公平的。

事实上，总局《专扣 200 问》针对"我参加了学历（学位）教育，最后没有取得学历（学位）证书，是否可以享受继续教育扣除？"的问题，也明确作出解答："参加学历（学位）继续教育，按照实际受教育时间，享受每月 400 元的扣除。不考察最终是否取得证书，最多扣除 48 个月。"

五、参加夜大、函授、远程教育时，能否扣除继续学历教育？

按照《专项附加扣除暂行办法》第八条的规定，只要纳税人在中国境内接受学历（学位）继续教育，那么在学历（学位）教育期间就可以按照每月 400 元定额扣除学历（学位）继续教育支出。

因此，按照上述规定，纳税人参加夜大、函授、现代远程教育、广播电视大学等教育，所读学校为其建立学籍档案的，并且符合规定条件的，那么可以享受学历（学位）继续教育扣除。

六、允许扣除的职业资格继续教育有没有范围的限制？

《专项附加扣除暂行办法》第八条规定："纳税人接受技能人员职业资格继续教育、专业技术人员职业资格继续教育的支出，在取得相关证书的当年，按照3 600元定额扣除。"

虽然文件本身并没有对职业资格继续教育的范围作出严格的限制，但相关部门的其他规范性文件对"职业资格"的范围却是有规范的。《人力资源社会保障部关于公布国家职业资格目录的通知》（人社部发〔2017〕68号）公布了140项"国家职业资格目录"，包括59项"专业技术人员职业资格"和81项"技能人员职业资格"。[①]

这也就意味着，纳税人必须取得有文件依据的社会认可职业资格继续教育支出，在取得证书年度才可以按照规定扣除。对于纳税人参加社会上的烘焙、花艺、厨艺等的兴趣班的培训支出等，则不属于可扣除范围。

七、学历继续教育支出与职业资格继续教育支出可以同时扣除吗？

《专项附加扣除暂行办法》第八条规定："纳税人在中国境内接受学历（学位）继续教育的支出，在学历（学位）教育期间按照每月400元定额扣除。同一学历（学位）继续教育的扣除期限不能超过48个月。纳税人接受技能人员职业资格继续教育、专业技术人员职业资格继续教育的支出，在取得相关证书的当年，按照3 600元定额扣除。"

分析其规定可以看出，继续教育支出专项扣除政策其实包括了两项扣除内容：即学历（学位）继续教育支出与职业资格继续教育的支出。这两种支出是一种并列关系，即可以同时享受。

总局《专扣200问》针对类似问题，也给出参考解答：纳税人接受学历继续教育，可以按照每月400元的标准扣除，全年共计4 800元；在同年又取得技能人员职业资格证书或者专业技术人员职业资格证书的，且符合扣除条件的，可按照3 600元的标准定额扣除。但是，只能同时享受一个学历（学位）继续教育和一个职业资格继续教育。因此，对同时符合此类情形的纳税人，该年度可叠加享受两个扣除，当年其继续教育共计可扣除8 400元（4 800＋3 600）。

八、同时接受多个学历教育或职业资格教育如何扣除继续教育专项附加扣除？

《专项附加扣除暂行办法》第八条规定："纳税人在中国境内接受学历（学位）继续教育的支出，在学历（学位）教育期间按照每月400元定额扣除。同一学历（学位）继续教育的扣除期限不能超过48个月。纳税人接受技能人员职业资格继续教育、专业技术人员职业资格继续教育的支出，在取得相关证书的当年，按照3 600元定额扣除。"

从其规定可以看出，对于继续教育支出，包括学历（学位）继续教育支出与职业资格继续教育支出，实行定额扣除政策，不论参加几个学历（学位）继续教育，取得几个职业资格继续教育证书，都按照规定标准进行扣除。因此，对同时接受多个学历继续教育每年也只能扣除4 800元；同时取得多个职业资格证书的，每年也只能扣除3 600元。

---

① 具体内容可到人力资源社会保障部网站查询，网址：http://www.mohrss.gov.cn/SYrlzyhshbzb/rencaiduiwujianshe/zcwj/201709/t20170915_277385.html，最后访问日期：2020年1月3日。

九、接受国外学历（学位）继续教育或取得国外的职业资格证书能否享适用继续教育支出扣除政策？

《专项附加扣除暂行办法》第八条规定："纳税人在中国境内接受学历（学位）继续教育的支出，在学历（学位）教育期间按照每月400元定额扣除。同一学历（学位）继续教育的扣除期限不能超过48个月。纳税人接受技能人员职业资格继续教育、专业技术人员职业资格继续教育的支出，在取得相关证书的当年，按照3 600元定额扣除。"

其中特别强调了，对于学历（学位）继续教育，必须是"中国境内"的，这也就意味着纳税人如果接受的是境外（注意是境外，不是国外）的学历（学位）继续教育，是不能享受继续教育专项附加扣除政策待遇的。

不过，对于职业资格继续教育，却并未强调要求是"在中国境内"。那是否意味着，纳税人接受境外的职业资格继续教育就可以享受继续教育支出专项附加扣除政策待遇呢？答案是：不是。因为我国其他相关部门规范性文件对"职业资格"的范围是有规范的。《人力资源社会保障部关于公布国家职业资格目录的通知》（人社部发〔2017〕68号）公布了140项"国家职业资格目录"，包括59项"专业技术人员职业资格"和81项"技能人员职业资格"。① 所以，纳税人取得境外的职业资格继续教育证书，是不能享受继续教育支出专项附加扣除政策待遇的。

实际上对于该问题，总局《专扣200问》也有类似答复，即纳税人在中国境内接受的学历（学位）继续教育支出，以及接受技能人员职业资格继续教育、专业技术人员职业资格继续教育支出可以扣除。在国外接受的学历继续教育和国外颁发的技能证书，不符合"中国境内"的规定，不能享受专项附加扣除政策。只是总局的解答有些偏颇，因为对于职业资格继续教育，《专项附加扣除暂行办法》并没有直接设定"中国境内"的条件限制，特别是《专项附加扣除暂行办法》在学历（学位）继续教育与职业资格继续教育之间用的是句号。

十、享受继续教育专项附加扣除需提供哪些资料？

根据《专项附加扣除暂行办法》的第三章的规定，特别是第十条的规定，纳税人接受学历继续教育，不需保存相关资料。但纳税人接受技能人员职业资格继续教育、专业技术人员职业资格继续教育的，应当留存相关证书等资料备查。

《专项附加扣除操作办法》第十三条规定："纳税人享受继续教育专项附加扣除，接受学历（学位）继续教育的，应当填报教育起止时间、教育阶段等信息；接受技能人员或者专业技术人员职业资格继续教育的，应当填报证书名称、证书编号、发证机关、发证（批准）时间等信息。纳税人需要留存备查资料包括：纳税人接受技能人员职业资格继续教育、专业技术人员职业资格继续教育的，应当留存职业资格相关证书等资料。"

《国家税务总局关于办理2019年度个人所得税综合所得汇算清缴事项的公告》（国家税务总局公告2019年第44号）规定，纳税人需将年度汇算申报表以及与纳税人综合

---

① 具体内容可到人力资源社会保障部网站查询，网址：http://www.mohrss.gov.cn/SYrlzyhshbzb/rencaiduiwujianshe/zcwj/201709/t20170915_277385.html，最后访问日期：2020年1月3日。

所得收入、扣除、已缴税额或税收优惠等相关资料,自年度汇算期结束之日起留存5年。

【案例4-7】　　　读博期间取得司法考试证书资格如何扣除相关费用支出

居民个人余某,2019年6月硕士研究生毕业,9月开始攻读博士研究生。10月,又参加了某职业资格考试(属于国家职业资格目录范围)并于12月中旬取得证书。

【解析】　研究生教育与博士生教育都属于学历教育范畴,完全符合子女教育专项附加扣除的条件,因而完全可以由余某的父母按照子女教育支出进行扣除,即每月1 000元扣除。

而职业资格考试则是典型的继续教育专项附加扣除的范围,按照规定,只能由余某本人扣除,标准为取得证书当年一次扣除3 600元。

4.4.4.5　如何归纳和总结继续教育支出专项附加扣除政策?

表4-3　继续教育支出专项附加扣除政策总结表

项目	政策内容	
	学历(学位)继续教育	职业资格继续教育
扣除标准	400元/月	3 600元
扣除范围	在中国境内接受学历(学位)继续教育的支出	接受技能人员职业资格继续教育、专业技术人员职业资格继续教育的支出
		人社部发〔2017〕68号文公布了140项"国家职业资格目录"
扣除主体与方式	本人扣除	本人扣除
	个人接受本科及以下学历(学位)继续教育,符合规定扣除条件的,可以选择由其父母按子女教育支出扣除,也可以选择由本人扣除	
扣除时间	录取通知书注明的入学时间的当月	取得相关职业资格证书的当年
资料要求	无资料要求	应当留存相关证书等资料备查
注意事项	同一学历(学位)继续教育的扣除期限不能超过48个月(包括休学期间)	一个纳税年度内只能扣除一次

4.4.5　如何充分享受大病医疗支出专项附加扣除政策?

4.4.5.1　大病医疗专项附加扣除的范围与标准是什么?

《专项附加扣除暂行办法》第十一条规定:"在一个纳税年度内,纳税人发生的与基本医保相关的医药费用支出,扣除医保报销后个人负担(指医保目录范围内的自付部分)累计超过15 000元的部分,由纳税人在办理年度汇算清缴时,在80 000元限额内据实扣除。"

4.4.5.2　大病医疗专项附加扣除主体与方式是如何规定的?

《专项附加扣除暂行办法》第十二条规定:"纳税人发生的医药费用支出可以选择由

本人或者其配偶扣除;未成年子女发生的医药费用支出可以选择由其父母一方扣除。"

需要强调的是,按照《专项附加扣除暂行办法》的规定,纳税人及其配偶、未成年子女发生的医药费用支出,应当按照规定的标准分别计算扣除额。

【案例 4-8】　　　　　　一家人同时发生大病医疗支出,该如何扣除

居民个人刘洪和陈珍是夫妻,有一儿一女两个读初中。2019 年刘洪生了一场大病,医保目录范围内的自付部分为 12.5 万元;女儿也生了一场大病,医保目录范围内的自付部分为 8.7 万元。另外,刘洪的父亲也生了一场大病,医保目录范围内的自付部分为 6 万元。试问:2019 年,刘洪与其妻全年可扣除的大病医疗专项附加扣除总额是多少?

【解析】 (1)刘洪在医保目录范围内的自付部分为 12.5 万元,超过个人负担的起扣点 1.5 万元部分为 11 万元(12.5-1.5),但是 11 万元超过了每年 8 万元的扣除限额,因而,实际可扣除额为 8 万元,可以由刘洪本人扣除或者由其妻子陈珍扣除。

(2)女儿在医保目录范围内的自付部分为 8.7 万元,超过个人负担的起扣点 1.5 万元的部分为 7.2 万元(8.7-1.5),而 7.2 万元并未超过每年 8 万元的扣除限额,因而,实际可扣除额为 7.2 万元,可以选择由父亲刘洪扣除,也可以由母亲陈珍扣除。

(3)刘洪的父亲在医保目录范围内的自付部分为 6 万元,超过个人负担的起扣点 1.5 万元的部分为 4.5 万元(6-1.5),而 4.5 万元并未超过每年 8 万元的扣除限额,因而,实际可扣除额为 4.5 万元。该项费用只能由刘洪的父亲本人或者刘洪的母亲扣除,不得由刘洪或其妻子陈珍扣除。

因此,2019 年,刘洪与其妻全年可扣除的大病医疗专项附加扣除总额为 15.2 万元(8+7.2)。

4.4.5.3　大病医疗专项附加扣除需要提供哪些资料?

《专项附加扣除暂行办法》第十三条规定:"纳税人应当留存医药服务收费及医保报销相关票据原件(或者复印件)等资料备查。医疗保障部门应当向患者提供在医疗保障信息系统记录的本人年度医药费用信息查询服务。"

4.4.5.4　大病医疗专项附加扣除有哪些疑点、难点问题?

一、如何理解大病医疗支出专项附加扣除的标准?

《专项附加扣除暂行办法》第十一条规定:"在一个纳税年度内,纳税人发生的与基本医保相关的医药费用支出,扣除医保报销后个人负担(指医保目录范围内的自付部分)累计超过 15 000 元的部分,由纳税人在办理年度汇算清缴时,在 80 000 元限额内据实扣除。"

这一简单的规定,其实设置了多项标准,这几个标准也是准确把握和理解大病医疗支出专项附加扣除的重要红线:

(1)支出范围标准。必须是与基本医保相关的医药费用支出,如果与医保不相关,则一律不得扣除。

(2)报销自负标准。必须是扣除医保报销后个人负担的费用支出,即指医保目录范围内的自付部分。这里充分体现了专项附加扣除不重复享受的原则,医保报销意味着国家为个人分担了一部分,不可能再让个人扣除。

(3) 超过起扣点标准。即便是自负的部分也未必能免扣除,还必须满足超过 15 000 元的标准,即自负的部分必须超过 15 000 元。这标准也被称为"起扣点""起付线"。

(4) 最高限额标准。允许纳税人扣除的不是实际发生的全额,而是有限制的,即最高不得超过 8 万元。8 万元以内的据实扣除;超过 8 万元的,以 8 万元为限,超过部分只能纳税人自己买单。

二、大病医疗专项附加扣除中的大病有没有范围?

如何定义大病医疗专项附加扣除政策中的"大病"?或者说"大病"有没有范围(如病种、治疗金额)限制呢?《专项附加扣除暂行办法》并没有给出明确的界定。也许正是由于这个原因,一度引起大家对"大病"定义的讨论和争议。

这个问题直到《财政部 国家卫生健康委 国家医疗保障局关于全面推行医疗收费电子票据管理改革的通知》(财综〔2019〕29 号)的发布才得以解决。按照其规定,只要个人发生了医保范围内的自付费用,即可进行扣除,而不论病情病种,也不区分门诊支出和住院支出,只要属于医保范围内且个人承担的支出,在医疗电子票据其他信息的"个人自付"列明的金额,均可按规定进行扣除。

三、配偶和子女大病医疗支出可以由纳税人扣除吗?如何确定扣除限额?

《专项附加扣除暂行办法》第十二条规定:"纳税人发生的医药费用支出可以选择由本人或者其配偶扣除;未成年子女发生的医药费用支出可以选择由其父母一方扣除。"

因此,配偶的医药费用支出(大病医疗支出)由纳税人扣除是没有任何的问题的。但子女发生的医药费用支出能否由纳税人扣除,是有限制条件的,即子女必须是未成年子女,只有未成年子女的医药费用支出才可以由纳税人或者其配偶扣除。

必须强调的是,无论是承担纳税人自己的医药费用支出,还是同时承担配偶或者未成年子女的医药费用支出,其可扣除的医药费用支出都必须按照下列规则进行扣除:

第一,按规定标准扣除原则。所谓规定标准是指《专项附加扣除暂行办法》第十一条的规定,即在一个纳税年度内,纳税人发生的与基本医保相关的医药费用支出,扣除医保报销后个人负担(指医保目录范围内的自付部分)累计超过 15 000 元的部分,由纳税人在办理年度汇算清缴时,在 80 000 元限额内据实扣除。

第二,分别计算扣除限额原则。所谓分别计算扣除限额是指纳税人及其配偶、未成年子女发生的医药费用支出,按《专项附加扣除暂行办法》第十一条规定分别计算扣除额。

通俗地讲,如果某人同时承担自己、配偶以及多名未成年子女的符合条件的大病医疗支出,则合计最高扣除限额为:$8 \times N$ 万元,其中 N 为符合扣除条件的人数。

总局《专扣 200 问》针对"夫妻同时有大病医疗支出,想全部都在男方扣除,扣除限额是 16 万元吗?"的问题,作出解答:"夫妻两人同时有符合条件的大病医疗支出,可以选择都在男方扣除,扣除限额分别计算,每人最高扣除限额为 8 万元,合计最高扣除限额为 16 万元。"

【案例 4-9】　丈夫承担妻子及多名子女大病医疗费用支出时如何计算扣除

居民纳税人覃某 2019 年发生大病医疗支出,扣除医保报销后个人负担额为 14.5 万元;其妻子以及两名子女也同时发生大病医疗支出,扣除医保报销后个人负担额分别为 10.5 万元、11.5 万元和 11.5 万元。因覃某个人收入较高,故协商确定所有费用均为覃某一个扣除。

【解析】（1）覃某自付部分为 14.5 万元,超过起扣点 1.5 万元部分为 13 万元（14.5－1.5）,但 13 万元超过了 8 万元的扣除限额,因而实际可扣除额为 8 万元。

（2）妻子自付部分为 10.5 万元,超过起扣点 1.5 万元部分为 9 万元（10.5－1.5）,但 9 万元超过了 8 万元的扣除限额,因而,实际可由覃某扣除的限额也是 8 万元。

（3）两个未成年子女自付部分均为 11.5 万元,超过起扣点 1.5 万元部分为 10 万元（11.5－1.5）,但 10 万元超过了 8 万元的扣除限额,因而,实际可由覃某扣除的限额也都是 8 万元。

综合而言,2019 年覃某可以扣除的大病医疗支出限额为＝8×4＝32（万元）。

四、父母及已成年子女的大病医疗费用能否扣除？

《专项附加扣除暂行办法》第十二条规定:"纳税人发生的医药费用支出可以选择由本人或者其配偶扣除;未成年子女发生的医药费用支出可以选择由其父母一方扣除。"

因此,纳税人能够扣除的大病医疗支出,仅限于三个对象:一是本人的大病医疗支出;二是配偶的大病医疗支出;三是未成年的大病医疗支出。其中并不包括成年子女及父母的大病医疗支出。

但其规定存在一定的瑕疵。比如,对于成年子女的医药费用支出,因为就目前而言,很多超过 18 周岁的成年子女还在学历教育阶段,并没有什么收入。而且也没有人能够保证这些成年子女不生病。因此,比较合理的规定应当是:对于未就业或者未结束学历教育的子女,其产生的医药费用支出可以选择由其父母一方扣除。

相信随着个人所得税改革的深入,专项附加扣除政策也会逐渐地趋于完善。

五、在私立医院就诊是否可以享受大病医疗扣除？

总局《专扣 200 问》给出了标准答案,即对于纳入医疗保障结算系统的私立医院,只要纳税人看病的支出在医保系统可以体现和归集,则纳税人发生的与基本医保相关的支出,可以按照规定享受大病医疗扣除。

六、父母双亡情况下,实际抚养人能否扣除未成年孩子的大病医疗支出？

关于该问题,无论是《专项附加扣除暂行办法》,还是总局《专扣 200 问》都没有给出答案,但结合相关的规定或者解答,仍然可以分析得出最终的结论。

（1）《专项附加扣除暂行办法》第十二条规定:"纳税人发生的医药费用支出可以选择由本人或者其配偶扣除;未成年子女发生的医药费用支出可以选择由其父母一方扣除。"也就是说,未成年子女的医药费支出可以选择由其父母一方扣除。

（2）《专项附加扣除暂行办法》第二十九条规定:"本办法所称父母,是指生父母、继父母、养父母。本办法所称子女,是指婚生子女、非婚生子女、继子女、养子女。父母之外的其他人担任未成年人的监护人的,比照本办法规定执行。"

(3)总局《专扣200问》针对:"子女教育的扣除主体是谁?"的问题,作出解答:"子女教育的扣除主体是子女的法定监护人,包括生父母、继父母、养父母,父母之外的其他人担任未成年人的法定监护人的,比照执行。"虽然该解答只是针对子女教育支出的,但该解答实际上解决了父母的范围问题,即父母不仅包括了生父母、继父母、养父母,而且还包括父母之外的其他人担任未成年人的法定监护人。

(4)总局《专扣200问》针对:"监护人不是父母可以扣除吗?"的问题,作出解答:"可以,前提是确实担任未成年人的监护人。"同样,虽然该解答只是针对子女教育支出的扣除问题,但实际上也是给《专项附加扣除暂行办法》作了补充性解释,即确实担任未成年人的监护人也可以作为父母对待。

因此,从这几个维度分析,如果未成年子女的父母双亡,那么法定监护人或者确实担任未成年人的监护人的其他个人,应当是可以扣除相关未成年人员的符合扣除条件在大病医疗支出的。

七、大病医疗支出只能在汇算清缴时扣除吗?

《专项附加扣除暂行办法》第十一条规定,大病医疗支出只能由纳税人在办理年度汇算清缴时按照规定进行扣除。

《专项附加扣除操作办法》第三条第(三)项规定:"为医疗保障信息系统记录的医药费用实际支出的当年。"

总局《专扣200问》则直接给出一个时间段,即大病医疗支出应当在次年3月1日至6月30日汇算清缴时扣除。

八、年末住院,次年初出院,那么跨年费用如何扣除?

总局《专扣200问》解答,纳税人年末住院,第二年年初出院,一般是在出院时才进行医疗费用的结算。纳税人申报享受大病医疗扣除,以医疗费用结算单上的结算时间为准。因此,该医疗支出属于是第二年的医疗费用,到第二年结束时,如果达到大病医疗扣除的"起付线",可以在第二年汇算清缴时享受扣除。

九、扣除大病医疗支出需要提供哪些资料?

《专项附加扣除暂行办法》第十三条规定:"纳税人应当留存医药服务收费及医保报销相关票据原件(或者复印件)等资料备查。医疗保障部门应当向患者提供在医疗保障信息系统记录的本人年度医药费用信息查询服务。"

《专项附加扣除操作办法》第十七条规定:"纳税人享受大病医疗专项附加扣除,应当填报患者姓名、身份证件类型及号码、与纳税人关系、与基本医保相关的医药费用总金额、医保目录范围内个人负担的自付金额等信息。纳税人需要留存备查资料包括:大病患者医药服务收费及医保报销相关票据原件或复印件,或者医疗保障部门出具的纳税年度医药费用清单等资料。"

《国家税务总局关于办理2019年度个人所得税综合所得汇算清缴事项的公告》

(国家税务总局公告 2019 年第 44 号)规定,纳税人需将年度汇算申报表以及与纳税人综合所得收入、扣除、已缴税额或税收优惠等相关资料,自年度汇算期结束之日起留存 5 年。

4.4.5.5 如何归纳和总结大病医疗专项附加扣除政策?

表 4-4 大病医疗专项附加扣除政策总结表

项目	具 体 内 容
扣除范围	在一个纳税年度内,纳税人发生的与基本医保相关的医药费用支出,扣除医保报销后个人负担(指医保目录范围内的自付部分)累计超过 15 000 元的部分
扣除标准	在 80 000 元限额内据实扣除
扣除主体与方式	由纳税人本人办理汇算清缴时扣除
	纳税人发生的医药费用支出可以选择由本人或者其配偶扣除;未成年子女发生的医药费用支出可以选择由其父母一方扣除
扣除时间	取得大病医疗服务收费票据年度的次年 3 月 1 日至 6 月 30 日办理汇算清缴时扣除
资料要求	纳税人应当留存医药服务收费及医保报销相关票据原件(或者复印件)等资料备查。医疗保障部门应当向患者提供在医疗保障信息系统记录的本人年度医药费用信息查询服务
注意事项	纳税人及其配偶、未成年子女发生的医药费用支出,按规定分别计算扣除额

4.4.6 住房贷款利息专项附加扣除如何实现涉税低风险?

4.4.6.1 住房贷款利息的范围及扣除标准、时间是如何规定的?

《专项附加扣除暂行办法》第十四条规定:"纳税人本人或者配偶单独或者共同使用商业银行或者住房公积金个人住房贷款为本人或者其配偶购买中国境内住房,发生的首套住房贷款利息支出,在实际发生贷款利息的年度,按照每月 1 000 元的标准定额扣除,扣除期限最长不超过 240 个月。纳税人只能享受一次首套住房贷款的利息扣除。"

首套住房贷款是指购买住房享受首套住房贷款利率的住房贷款。

4.4.6.2 住房贷款利息由谁扣除? 如何扣除?

《专项附加扣除暂行办法》第十五条规定:"经夫妻双方约定,可以选择由其中一方扣除,具体扣除方式在一个纳税年度内不能变更。"同时明确规定:"夫妻双方婚前分别购买住房发生的首套住房贷款,其贷款利息支出,婚后可以选择其中一套购买的住房,由购买方按扣除标准的 100% 扣除,也可以由夫妻双方对各自购买的住房分别按扣除标准的 50% 扣除,具体扣除方式在一个纳税年度内不能变更。"

4.4.6.3 住房贷款利息扣除需要提供哪些资料?

《专项附加扣除暂行办法》第十六条规定,纳税人应当留存住房贷款合同、贷款还款支出凭证备查。

《专项附加扣除操作办法》第十四条进一步细化了上述规定,即纳税人享受住房贷款利息专项附加扣除,应当填报住房权属信息、住房坐落地址、贷款方式、贷款银行、贷款合同编号、贷款期限、首次还款日期等信息;纳税人有配偶的,填写配偶姓名、身份证件类型及号码。纳税人需要留存备查资料包括住房贷款合同、贷款还款支出凭证等资料。

4.4.6.4　住房贷款利息专项附加扣除有哪些疑点与难点问题?

一、如何理解住房贷款利息专项附加扣除的适用范围?

《专项附加扣除暂行办法》第十四条规定,纳税人本人或者配偶单独或者共同使用商业银行或者住房公积金个人住房贷款为本人或者其配偶购买中国境内住房,发生的首套住房贷款利息支出可以在实际发生贷款利息的年度按照规定标准进行扣除。

分析其规定,可以看出,住房贷款利息扣除政策的适用范围是有条件的:

(1) 贷款主体限制。包括三类:一是纳税人自己贷款;二是纳税人配偶贷款;三是纳税人与其配偶共同贷款。

(2) 贷款渠道限制。包括三类:一是商业银行个人住房贷款;二是住房公积金个人住房贷款;三是商业银行与住房公积金个人住房贷款的结合。

(3) 购房主体限制。包括三类:一是为纳税人自己买房;二是为纳税人配偶买房;三是为纳税人和其配偶共同买房。

(4) 住房贷款限制。只有一个条件,那就是必须是首套住房贷款利息。何谓首套住房贷款呢?很简单,那就是"购买住房享受首套住房贷款利率的住房贷款"。

因此,理解住房贷款专项附加扣除政策的适用范畴,其实就是从上述四个条件的限制进行理解和把握。只有同时具备上述四个条件的住房贷款利息支出才可以享受专项附加扣除政策,否则,只要有其中的一个条件不能满足,即不能享受住房贷款利息扣除。

二、什么是首套住房贷款利息?如何判定?

关于此问题,可以从以下几个维度进行分析:

(1) 首套住房贷款。《专项附加扣除暂行办法》第十四条规定:"首套住房贷款是指购买住房享受首套住房贷款利率的住房贷款。"

(2) 是否享受过住房贷款专项附加扣除政策。总局《专扣200问》针对纳税人提出的"首套房的贷款还清后,贷款购买第二套房屋时,银行仍旧按照首房贷款利率发放贷款,首套房没有享受过扣除,第二套房屋是否可以享受住房贷款利息扣除?"的问题,作出如下解答:"根据《专项附加扣除暂行办法》相关规定,如纳税人此前未享受过住房贷款利息扣除,那么其按照首套住房贷款利率贷款购买的第二套住房,可以享受住房贷款利息扣除。"也就是说,即便不是首套住房贷款,但只要是首套住房贷款利率,并且以前没有享受过住房贷款利息支出专项附加扣除政策,那么现在仍然可以按照规定享受。

(3) 直接向贷款银行咨询。纳税人如果根据上述两个维度分析后仍然不能得到正确答案,那么不妨向贷款银行进行咨询。《中国人民银行办公厅　财政部办公厅　税务总局办公厅关于做好个人所得税住房贷款利息专项附加扣除相关信息归集工作的通知》(银办发〔2019〕71号)第四条规定:"商业银行应向借款人提供关于'是否为首套住房贷款'和'贷款合同编号'信息的咨询服务。"

三、如何理解纳税人只能享受一次首套住房贷款的利息扣除规定?

《专项附加扣除暂行办法》第十四条规定:"纳税人只能享受一次首套住房贷款的利

息扣除。"那么如何理解这一规定呢？

总局《专扣200问》给了一个解答可供参考："只要纳税人申报扣除过一套住房贷款利息，在个人所得税专项附加扣除的信息系统里存有扣除住房贷款利息的记录，无论扣除时间长短，也无论该住房的产权归属情况，纳税人就不得再就其他房屋享受住房贷款利息扣除。"

四、父母和子女共同购房，房屋产权证明、贷款合同均登记为父母和子女，住房贷款利息专项附加扣除如何享受？

关于该问题，总局《专扣200问》作出解答："父母和子女共同购买一套房子，不能既由父母扣除，又由子女扣除，应该由主贷款人扣除。如果主贷款人为子女的，由子女享受贷款利息专项附加扣除；主贷款人为父母中一方的，由父母任一方享受贷款利息扣除。"

五、父母为子女买房，房屋产权证明登记为子女，贷款合同的贷款人为父母，住房贷款利息支出的扣除如何享受？

总局《专扣200问》对该问题作出解答：从实际看，房屋产权证明登记主体与贷款合同主体完全没有交叉的情况很少发生。如确有此类情况，按照《专项附加扣除暂行办法》的规定，只有纳税人本人或者配偶使用住房贷款为本人或者其配偶购买中国境内住房，发生的首套住房贷款利息支出可以扣除。本问题中，父母所购房屋是为子女购买的，不符合上述规定，父母和子女均不可以享受住房贷款利息扣除。

六、只有丈夫婚前有首套住房贷款购房利息，婚后能否由妻子扣除？

如果只有丈夫婚前首套住房贷款购买的住房，那么结婚后，不论由丈夫还贷还是由妻子还贷（一般而言，仍然由丈夫按照贷款合同的约定履行还款义务），都已经满足《专项附加扣除暂行办法》第十四条的规定，即"纳税人本人或者配偶单独或者共同使用商业银行或者住房公积金个人住房贷款为本人或者其配偶购买中国境内住房，发生的首套住房贷款利息支出"条件，自然可以由夫妻双方约定，选择由其中一方扣除。既可以由丈夫扣除，也可以由妻子扣除。选择之后，在一个纳税年度内不能变更。

【案例4-10】　　　婚前一方发生的首套住房贷款利息婚后该如何扣除

居民个人董礼鑫和金菁菁于2018年12月结婚，两人结婚之前，董礼鑫向某商业银行贷款为自己购买了一套200平方米的住房，经咨询银行，确认其贷款符合首套住房贷款利率条件。金菁菁不存在用住房公积金或商业银行贷款购房的情况。试问：婚后如何扣除住房贷款利息支出？

【解析】　董礼鑫购买了一套住房，发生的首套住房贷款利息，符合《专项附加扣除暂行办法》第十五条所规定的"纳税人本人或者配偶单独或者共同使用商业银行或者住房公积金个人住房贷款为本人或者其配偶购买中国境内住房，发生的首套住房贷款利息支出"的情形，可以按照规定享受住房贷款利息专项附加扣除政策，即每月可以按照规定扣除1 000元贷款利息支出。

按照规定，贷款利息可以选择由董礼鑫本人扣除，也可以选择由其配偶金菁菁扣除。

七、婚前双方都有贷款购房情形下如何享受住房贷款利息专项附加扣除政策？

《专项附加扣除暂行办法》第十五条规定："夫妻双方婚前分别购买住房发生的首套

住房贷款,其贷款利息支出,婚后可以选择其中一套购买的住房,由购买方按扣除标准的100%扣除,也可以由夫妻双方对各自购买的住房分别按扣除标准的50%扣除,具体扣除方式在一个纳税年度内不能变更。"

【案例 4-11】 双方婚前都有房贷婚后该如何享受专项附加扣除政策

朱森和胡琴于2018年12月结婚,结婚前,两人已分别于2015年3月和2016年9月,分别利用首套住房贷款购买了住房,并发生了首套住房贷款利息支出。试问:结婚后,两人的首套住房贷款利息如何享受住房贷款利息支出专项附加扣除政策?

【解析】 按照《专项附加扣除暂行办法》的规定,朱森和胡琴的住房贷款利息支出只要符合首套住房贷款利率等的条件,那么可以选择按照下列方式享受住房贷款利息支出专项附加扣除政策:

(1)约定并选择由朱森一人扣除朱森贷款购买的房产,那么,2019年朱森可扣除的住房贷款利息支出为12 000元(1 000×12)。但胡琴不得扣除任何的住房贷款利息支出。

(2)约定并选择由胡琴一人扣除胡琴贷款购买的房产,那么,2019年胡琴可扣除的住房贷款利息支出为12 000元(1 000×12)。但朱森不得扣除任何的住房贷款利息支出。

(3)约定双方对各自购买的住房分别按扣除标准的50%扣除,那么,2019年,朱森与胡琴两人可扣除的住房贷款利息支出均为6 000元(500×12)。

4.4.6.5 如何归纳和总结住房贷款利息专项附加扣除政策?

表 4-5 住房贷款利息专项附加扣除政策总结表

项目	具 体 内 容
扣除范围	纳税人本人或者配偶单独或者共同使用商业银行或者住房公积金个人住房贷款为本人或者其配偶购买中国境内住房,发生的首套住房贷款利息支出
	首套住房贷款是指购买住房享受首套住房贷款利率的住房贷款
扣除标准	按照每月1 000元的标准定额扣除,扣除期限最长不超过240个月
扣除主体与方式	经夫妻双方约定,可以选择由其中一方扣除,具体扣除方式在一个纳税年度内不能变更
	夫妻双方婚前分别购买住房发生的首套住房贷款,其贷款利息支出,婚后可以选择其中一套购买的住房,由购买方按扣除标准的100%扣除,也可以由夫妻双方对各自购买的住房分别按扣除标准的50%扣除,具体扣除方式在一个纳税年度内不能变更
扣除时间	贷款合同约定开始还款的当月至贷款全部归还或贷款合同终止的当月
资料要求	纳税人应当留存住房贷款合同、贷款还款支出凭证
注意事项	非首套住房贷款利息支出,纳税人不得扣除
	纳税人只能享受一次首套住房贷款的利息扣除

4.4.7 住房租金专项附加扣除政策如何才能应享尽享？

4.4.7.1 可享受专项附加扣除政策的住房租金范围是如何规定的？

按照《专项附加扣除暂行办法》第十七条的规定，可享受专项附加扣除政策的住房租金支出仅限于纳税人在主要工作城市没有自有住房而发生的住房租金支出。

这里必须注意两个概念：

一是关于主要工作城市的界定。主要工作城市是指纳税人任职受雇的直辖市、计划单列市、副省级城市、地级市（地区、州、盟）全部行政区域范围；纳税人无任职受雇单位的，为受理其综合所得汇算清缴的税务机关所在城市。

二是视同拥有自有住房的规定。纳税人的配偶在纳税人的主要工作城市有自有住房的，视同纳税人在主要工作城市有自有住房。

【案例4-12】　　　　　　任职城市配偶有房时如何扣除房屋租金支出

居民个人蔡某，2017年受雇于南京某机床公司，因在南京无房，承租一套58平方米的住房，月租金4 000元。2018年12月，与妻子一道在南京购得一房产，2019年1月取得房产证，房产证只有妻子一人姓名，未署名蔡某姓名。蔡某考虑房产装修，故与妻子仍然租住在所承租的58平方米的房产中，仍然按照合同向房东缴纳房租。试问：蔡某如何扣除房屋租金专项附加扣除？

【解析】　按照规定，纳税人在主要工作城市没有自有住房而发生的住房租金支出，那么可以按照规定标准即每月1 000元扣除房屋租金支出。如果纳税人的配偶在纳税人的主要工作城市有自有住房的，则视同纳税人在主要工作城市有自有住房。

本案例中，蔡某虽然在南京没有住房，但2019年起，其妻子名下拥有一套住房，按照规定，此时应当视蔡某在主要工作城市南京拥有自有住房。所以，蔡某2019年能够扣除的房屋租金支出为0，即不得扣除房屋租金支出。

4.4.7.2　住房租金专项附加扣除政策规定的住房租金标准是多少？

《专项附加扣除暂行办法》第十七条规定了住房租金支出扣除标准：

（1）直辖市、省会（首府）城市、计划单列市以及国务院确定的其他城市，扣除标准为每月1 500元。

（2）除第（1）项所列城市以外，市辖区户籍人口超过100万的城市，扣除标准为每月1 100元；市辖区户籍人口不超过100万的城市，扣除标准为每月800元。

市辖区户籍人口，以国家统计局公布的数据为准。

4.4.7.3　住房租金的扣除主体与扣除方式是如何规定的？

住房租金支出由签订租赁住房合同的承租人扣除。

夫妻双方主要工作城市相同的，只能由一方扣除住房租金支出。

纳税人及其配偶在一个纳税年度内不能同时分别享受住房贷款利息和住房租金专项附加扣除。

4.4.7.4　享受住房租金专项附加扣除需要提供哪些资料？

《专项附加扣除暂行办法》规定："纳税人应当留存住房租赁合同、协议等有关资料备查。"

《专项附加扣除操作办法》规定:"纳税人享受住房租金专项附加扣除,应当填报主要工作城市、租赁住房坐落地址、出租人姓名及身份证件类型和号码或者出租方单位名称及纳税人识别号(社会统一信用代码)、租赁起止时间等信息;纳税人有配偶的,填写配偶姓名、身份证件类型及号码。纳税人需要留存备查资料包括:住房租赁合同或协议等资料。"

4.4.7.5　住房租金专项附加扣除有哪些疑点、难点问题?

一、国内有住房但工作城市无房时如何扣除房租支出?

按照《专项附加扣除暂行办法》的规定,住房租金支出由签订租赁住房合同的承租人扣除。夫妻双方主要工作城市相同的,只能由一方(即承租人)扣除住房租金支出。夫妻双方主要工作城市不相同的,且各自在其主要工作城市都没有住房的,可以分别扣除住房租金支出。夫妻双方不得同时分别享受住房贷款利息扣除和住房租金扣除。

【案例 4-13】　　　　　　夫妻双方同时发生房租时如何扣除

薛正与乔玲为夫妻俩。2019 年 1~7 月,薛正受雇于江苏扬州某公司,8~12 月受雇于江苏南通某公司。乔玲则全年受雇于南通某公司。薛正在扬州工作时租房居住,月房租 2 200 元;在南通工作时也单独租房居住,月房租 3 000 元。乔玲则全年在南通租房居住,月房租 2 200 元。薛正与乔玲夫妻俩在江苏无房,只在山东有房。试问:2019 年,薛正与乔玲夫妻俩如何扣除房租支出?已知南通、扬州人口均超过 100 万。

【解析】　按照规定,纳税人在主要工作城市没有自有住房而发生的房租支出允许按每月 1 100 元的标准定额扣除,但如果夫妻双方的主要工作城市相同的,则只能由一方(即承租人)扣除住房租金支出,即便夫妻双方均发生房租支出。

因此,根据上述的规定,2019 年 1~7 月,薛正与乔玲夫妻俩主要工作城市不相同,可以分别扣除每月 1 100 元的住房租金支出。但 8~12 月,由于夫妻双方主要的工作城市相同,因而只能选择由一方按每月 1 100 元标准扣除房租支出。全年夫妻双方房租支出总扣除支出额为:

$1\,100 \times 2 \times 7 + 1\,100 \times 5 = 20\,900(元)$。

二、工作变动较大,一年换几个城市,如何申报住房租金专项附加扣除?

按照《专项附加扣除暂行办法》第十七条、第十八条等的规定,纳税人享受住房租金专项附加扣除政策的范围是在其主要工作城市没有自有住房而发生房屋租金支出的。其中主要工作城市则是指纳税人任职、受雇单位所在的地级以上城市。

上述规定对于单位固定的纳税人来说,没有什么问题。但现实生活中,不少纳税人是流动的,同一个纳税年度内可以在不同的城市任职或者受雇,或者虽然任职单位固定,但因工作需要,经常外派到各地去,并且也需要在外地租房。此时,该如何享受住房租金专项附加扣除政策呢?

对此问题,总局《专扣 200 问》遵循实质重于形式的原则进行了解答,对于为外派员工解决住宿问题的,不应扣除住房租金。对于外派员工自行解决租房问题的,且一年内多次变换工作地点的,个人应及时向扣缴义务人或者税务机关更新专项附加扣除相关信息,允许一年内按照更换工作地点的情况分别进行扣除。

因此,如果个人流动性比较大,一个纳税年度内在不同的城市任职,并且在不同城市租房,那么只要在工作城市没有自有住房,相关的住房租金就可以享受专项附加扣除政策。

三、工作城市与实际租赁房屋不一致,如何享受住房租金专项附加扣除?

《专项附加扣除暂行办法》第十七条规定,纳税人在主要工作城市没有自有住房而发生的住房租金支出,可以按照规定标准申报享受住房租金专项附加扣除。《专项附加扣除暂行办法》第十八条规定,主要工作城市是指纳税人任职受雇的直辖市、计划单列市、副省级城市、地级市(地区、州、盟)全部行政区域范围;纳税人无任职受雇单位的,为受理其综合所得汇算清缴的税务机关所在城市。

从上述规定可以看出,纳税人应当按照任职或受雇单位所在地的标准申报享受住房租金专项附加扣除政策。

但现实中情况非常特殊,特别一些企业经常外派员工,而且还长期外派,那么对于该情况该如何处理呢?总局《专扣200问》作出了解答:"纳税人在主要工作城市没有自有住房而实际租房发生的住房租金支出,可以按照实际工作地城市的标准定额扣除住房租金。"也就是说,从实质重于形式的原则出发,纳税人也可以按照实际工作地城市的标准定额扣除住房租金。

基于这一原则,总局《专扣200问》针对:"我是铁路职工,主要工作地在上海和杭州,上海公司提供住宿,杭州自己租房且无自有住房,杭州的房租是否可以专项附加扣除?"的问题,作出解答:"纳税人及其配偶在纳税人主要工作城市没有自有住房的,纳税人发生的住房租金支出可以扣除。如果您和您配偶均在杭州没有自有住房,而杭州又是您主要工作城市的,杭州的房租可以扣除。"

四、员工租用公司房产每月租金600元,是否也可以享受住房租金专项附加扣除?

按照《专项附加扣除暂行办法》第十七条的规定,纳税人在主要工作城市没有自有住房而发生的住房租金支出,就可以按照规定标准申报享受住房租金专项附加扣除。至于纳税人租赁的是个人的房产还是公司的房产,以及住房租金的多少、大小等都不影响住房租金专项附加扣除政策的适用。

事实上,总局《专扣200问》也多次表达了这种意思。比如,针对"员工宿舍可以扣除租金支出吗?"的问题,作出的解答是:"如果个人不付租金,不得扣除。如果本人支付租金,可以扣除。"再如,针对"租房是公司与保障房公司签的协议,但员工是需要付房租的,这种情况下员工是否可以享受专项附加扣除,这种需要保留什么资料留存备查呢?"的问题,作出解答:"纳税人在主要工作城市没有自有住房而发生的住房租金支出,可以按照标准定额扣除。员工租用公司与保障房公司签订的保障房,并支付租金的,可以申报扣除住房租金专项附加扣除。纳税人应当留存与公司签订的公租房合同或协议等相关资料备查。"

所以，员工租用公司房产每月租金600元时，是可以享受住房租金专项附加扣除政策的。

【案例4-14】 每月向公司支付200元的房租，能否按照规定标准扣除房租专项附加扣除

2019年，四川人管某受雇于江苏盐城某砖瓦厂，由于厂址偏僻，因而只能租住于砖瓦厂的简易职工宿舍中，每月房租200元。管某在江苏没有任何住房。试问：管某在每月只支付200元房租的情况下能否扣除盐城市适用标准每月1 100元的房租专项附加扣除？

【解析】《专项附加扣除暂行办法》第十七条规定：纳税人在主要工作城市没有自有住房而发生的住房租金支出，可以按照以下标准定额扣除：

（1）直辖市、省会（首府）城市、计划单列市以及国务院确定的其他城市，扣除标准为每月1 500元。

（2）除第（1）项所列城市以外，市辖区户籍人口超过100万的城市，扣除标准为每月1 100元；市辖区户籍人口不超过100万的城市，扣除标准为每月800元。

很显然，按照上述规定，只要纳税人发生了房租支出，那么就可以按照规定的现行政策，并不需要考虑纳税人实际支付房租的多与少。因此，2019年，管某在计算个人所得税时仍然可以扣除房屋租金支出，且每个月都适用盐城所在的标准：每月1 100元，全年13 200元。

五、在省会城市工作，但在县城工作并租用县城房产可否按照省城标准享受住房租金扣除？

《专项附加扣除暂行办法》第十七条规定，纳税人在主要工作城市没有自有住房而发生的住房租金支出，可以按照以下标准定额扣除：

（1）直辖市、省会（首府）城市、计划单列市以及国务院确定的其他城市，扣除标准为每月1 500元。

（2）除第（1）项所列城市以外，市辖区户籍人口超过100万的城市，扣除标准为每月1 100元；市辖区户籍人口不超过100万的城市，扣除标准为每月800元。

分析其规定可以看出，目前，住房租金专项扣除政策标准主要有三类：一是直辖市、省会（首府）城市、计划单列市等，每月按1 500元标准定额扣除；二是上述城市外的市辖区户籍人口超过100万的其他城市，每月按1 100元标准定额扣除；三是上述城市外的市辖区户籍人口不超过100万的其他城市，每月按800元标准定额扣除。因此，适用省会城市，还是适用其他城市的标准，对纳税人的税收负担影响较大。那么究竟按照哪一个标准执行呢？关于此问题，就是看适用范围问题。按照规定，住房租金专项附加扣除的适用范围是"纳税人在主要工作城市没有自有住房而发生的住房租金支出"。那么何谓"主要工作城市"？《专项附加扣除暂行办法》规定："纳税人任职受雇的直辖市、计划单列市、副省级城市、地级市（地区、州、盟）全部行政区域范围；纳税人无任职受雇单位的，为受理其综合所得汇算清缴的税务机关所在城市。"也就是说适用什么标准主要是根据纳

税人任职单位所在城市确定。如果纳税人的任职单位在省会城市的,那么就按照省会城市的标准即每月1 500元标准进行扣除。

这一结论并不是简单的推论。在总局《专扣200问》中也可以找到类似的解答。总局《专扣200问》针对"主要工作地在北京,在燕郊租房居住,应当按北京还是燕郊的标准享受住房租金扣除?"的问题,作出解答:"如北京是纳税人当前的主要工作地,应当按北京的标准享受住房租金扣除。"

这样的解答贯彻了税法不明确或存在争议时,应当作有利于纳税人解释的原则。

4.4.7.6 如何归纳和总结住房租金专项附加扣除政策?

表4-6 住房租金专项附加扣除政策归纳表

项目	具 体 内 容
扣除范围	纳税人在主要工作城市没有自有住房而发生的住房租金支出。
	主要工作城市是指纳税人任职受雇的直辖市、计划单列市、副省级城市、地级市(地区、州、盟)全部行政区域范围;纳税人无任职受雇单位的,为受理其综合所得汇算清缴的税务机关所在城市。
	纳税人的配偶在纳税人的主要工作城市有自有住房的,视同纳税人在主要工作城市有自有住房。
扣除标准	直辖市、省会(首府)城市、计划单列市以及国务院确定的其他城市,扣除标准为每月1 500元。
	除上述所列城市以外,市辖区户籍人口超过100万的城市,扣除标准为每月1 100元;市辖区户籍人口不超过100万的城市,扣除标准为每月800元。
	市辖区户籍人口,以国家统计局公布的数据为准。
扣除主体与方式	住房租金支出由签订租赁住房合同的承租人扣除。
	夫妻双方主要工作城市相同的,只能由一方扣除住房租金支出。
扣除时间	为租赁合同(协议)约定的房屋租赁期开始的当月至租赁期结束的当月。
资料要求	纳税人享受住房租金专项附加扣除,应当填报主要工作城市、租赁住房坐落地址、出租人姓名及身份证件类型和号码或者出租方单位名称及纳税人识别号(社会统一信用代码)、租赁起止时间等信息;纳税人有配偶的,填写配偶姓名、身份证件类型及号码。纳税人需要留存备查资料包括住房租赁合同或协议等资料。
注意事项	纳税人及其配偶在一个纳税年度内不能同时分别享受住房贷款利息和住房租金专项附加扣除。

4.4.8 赡养老人支出如何才能充分而完美地实现扣除?

4.4.8.1 享受专项附加扣除的赡养老人支出是如何界定的?

按照《专项附加扣除暂行办法》第二十二条、第二十三条的规定,能够享受专项附加扣除政策的赡养老人支出,是指纳税人赡养一位及以上被赡养人的赡养支出,其中所称的被赡养人是指年满60岁的父母,以及子女均已去世的年满60岁的祖父母、外祖父母。

4.4.8.2 赡养老人专项附加扣除的标准是多少?

按照《专项附加扣除暂行办法》第二十二条的规定,赡养老人专项附加扣除的标准有两类：

(1) 纳税人为独生子女的，按照每月 2 000 元的标准定额扣除。

(2) 纳税人为非独生子女的，由其与兄弟姐妹分摊每月 2 000 元的扣除额度，每人分摊的额度不能超过每月 1 000 元。

4.4.8.3 赡养老人支出的扣除主体是如何规定的？

按照《专项附加扣除暂行办法》第二十二条、第二十三条等的规定，赡养老人专项附加扣除的扣除主体包括两类：

(1) 负有赡养义务的所有子女。按照《婚姻法》以及《专项附加扣除暂行办法》第二十九条的规定，婚生子女、非婚生子女、养子女、继子女等均有赡养、扶助父母的义务。

(2) 祖父母、外祖父母的子女均已经去世，负有赡养义务的孙子女、外孙子女。按照《专项附加扣除暂行办法》第二十三条的规定，祖父母、外祖父母的子女如果全部去世，那么负有赡养义务的孙子女、外孙子女可以作为"子女"对待，成为赡养老人专项附加扣除的扣除主体。

4.4.8.4 赡养老人支出的扣除方式是如何规定的？

按照《专项附加扣除暂行办法》第二十二条的规定，赡养老人专项附加扣除的扣除方式包括两类：

(1) 单独扣除。纳税人是独生子女的，由纳税人个人单独按照每月 2 000 元的标准定额扣除。

(2) 共同扣除。纳税人为非独生子女的，由其与兄弟姐妹分摊每月 2 000 元的扣除额度，但每人分摊的额度不能超过每月 1 000 元。具体又有三种方式：

① 均摊扣除。即由纳税人与其兄弟姐妹平均分摊扣除每月 2 000 元的扣除额度。

② 约定分摊扣除。即由纳税人与其兄弟姐妹协约确定分摊比例或者额度分摊扣除每月 2 000 元的扣除额度，但最高分摊扣除的额度不能超过每月 1 000 元。

③ 指定分摊扣除。即由被赡养人指定在纳税人与其兄弟姐妹之间进行扣除。每月的扣除额度 2 000 元，并且最高分摊扣除的额度不能超过每月 1 000 元。

另外，约定或者指定分摊的须签订书面分摊协议，指定分摊优先于约定分摊。具体分摊方式和额度在一个纳税年度内不能变更。

【案例 4-15】　　　　　兄弟姐妹之间如何约定扣除赡养老人支出

居民个人刘恒和李玲是夫妻，同在江苏任职。刘恒有一个姐姐、一个妹妹、一个弟弟，父母均在河南老家，日常由姐姐、妹妹负责照料，刘恒固定每月给父母 1 500 元生活费，其他子女每月给父母 800 元生活费，父母均已超过 65 周岁。试问：下列六种扣除方案是否可行？

(1) 刘恒每月扣除 1 500 元，其姐弟等三人合计扣除 500 元。

(2) 刘恒每月扣除 1 000 元，李玲扣除 1 000 元。

(3) 刘恒跟其姐弟等每人每月均摊扣除 500 元。

(4) 据实扣除，即刘恒扣除 1 500 元，其姐弟等各扣 800 元。

(5) 刘恒一人扣除 2 000 元，其姐弟等不扣。

(6) 父母指定刘恒每月扣除 1 000 元,其姐弟等每月分摊其余 1 000 元额度。

【解析】 (1) 刘恒的父母已经超过 65 周岁了,满足赡养老人支出专项附加扣除的适用条件。

(2) 被赡养人是指年满 60 岁的父母,以及子女均已去世的年满 60 岁的祖父母、外祖父母。

(3) 刘恒有姐姐、妹妹,还有弟弟,因而不属于独生子女。按照规定,纳税人为非独生子女的,由其与兄弟姐妹分摊每月 2 000 元的扣除额度,每人分摊的额度不能超过每月 1 000 元。可以由赡养人均摊或者约定分摊,也可以由被赡养人指定分摊。约定或者指定分摊的须签订书面分摊协议,指定分摊优先于约定分摊。

基于上述的规定,分析就比较简单了:

方案(1)不可行。因为刘恒的分摊额度超过了每月 1 000 元的限额。

方案(2)不可行。第一,被赡养人必须是自己的父母或者自己的祖父母、外祖父母;第二,赡养老人支出只能由纳税人与其兄弟姐妹进行分摊,不能与妻子进行分摊。

方案(3)可行。第一,扣除主体符合规定;第二,扣除限额符合规定。

方案(4)不可行。第一,刘恒的分摊额度超过了每月 1 000 元的限额;第二,目前对赡养老人支出并不是据实扣除,而是在限额内定额扣除。

方案(5)不可行。因为刘恒的分摊额度超过了应分摊的限额。

方案(6)可行。所有的分摊主体符合规定且承担的限额都没有超过规定。

4.4.8.5 赡养老人专项附加扣除有哪些疑难问题?

一、赡养老人支出可以按赡养老人人数和标准计算扣除吗?

赡养老人支出不可以按赡养老人人数和标准计算扣除。

《专项附加扣除暂行办法》第二十二条对赡养老人专项附加扣除的标准作了严格的限制:

(1) 纳税人为独生子女的,按照每月 2 000 元的标准定额扣除。

(2) 纳税人为非独生子女的,由其与兄弟姐妹分摊每月 2 000 元的扣除额度,每人分摊的额度不能超过每月 1 000 元。

也就是说,不论纳税人赡养多少老人,只能按照每月 2 000 元的标准限额内扣除。如果是独生子女的,则一人独享每月 2 000 元的扣除额度;如果是非独生子女的,则与兄弟姐妹分享每月 2 000 元的扣除额度。

二、父母过世,叔叔伯伯也无子女,纳税人实际承担叔叔伯伯的赡养义务时,是否可以扣除赡养老人支出?

父母过世,叔叔伯伯也无子女,纳税人实际承担叔叔伯伯的赡养义务时,不可以扣除赡养老人支出。原因如下:

(1) 不符合赡养老人支出专项附加扣除的范围限制。按照《专项附加扣除暂行办法》第二十二条、第二十三条的规定,能够享受专项附加扣除政策的赡养老人支出,是指纳税人赡养一位及以上被赡养人的赡养支出。其中所称的被赡养人是指年满 60 岁的父母,以及子女均已去世的年满 60 岁的祖父母、外祖父母。

（2）不符合赡养老人支出专项附加扣除主体的规定。按照《专项附加扣除暂行办法》第二十二条、第二十三条等的规定，赡养老人专项附加扣除的扣除主体只有两类：一是负有赡养义务的所有子女；二是祖父母、外祖父母的子女均已经去世，负有赡养义务的孙子女、外孙子女。

基于上述两个原因，即便纳税人自己的父母已经过世，叔叔伯伯没有子女，且纳税人实际承担叔叔伯伯的赡养义务，也不能适用赡养老人支出专项附加扣除政策。

三、独生子女家庭，父母离异后再婚的，如何享受赡养老人专项附加扣除？

总局《专扣200问》规定："对于独生子女家庭，父母离异后重新组建家庭，在新组建的两个家庭中，只要父母中一方没有纳税人以外的其他子女进行赡养，则纳税人可以按照独生子女标准享受每月2 000元赡养老人专项附加扣除。除上述情形外，不能按照独生子女享受扣除。在填写专项附加扣除信息表时，纳税人需注明与被赡养人的关系。"

四、赡养岳父岳母或公婆的费用是否可以享受个人所得税附加扣除？

针对此问题，总局《专扣200问》作出解答："不可以。被赡养人是指年满60岁的父母，以及子女均已去世的年满60岁的祖父母、外祖父母。"

实际上，按照《专项附加扣除暂行办法》的规定，岳父岳母应当由其子女（包括纳税人的妻子）享受赡养老人专项附加扣除政策；而公公或婆婆也应当由其子女（包括纳税人的丈夫）享受赡养老人专项附加扣除政策。

五、双胞胎是否可以按照独生子女享受赡养老人扣除？

总局《专扣200问》规定："双胞胎不可以按照独生子女享受赡养老人扣除。双胞胎兄弟姐妹需要共同赡养父母，双胞胎中任何一方都不是父母的唯一赡养人。因此，每个子女不能独自享受2 000元的扣除额度。"

六、生父母有两个子女，将其中一个过继给养父母，养父母家没有其他子女，被过继的子女属于独生子女吗？留在原家庭的孩子，属于独生子女吗？

总局《专扣200问》规定："被过继的子女，在新家庭中属于独生子女。留在原家庭的孩子，如没有兄弟姐妹与其一起承担赡养生父母的义务，也可以按照独生子女标准享受扣除。"

七、非独生子女的兄弟姐妹都已去世，是否可以按独生子女赡养老人扣除2 000元/月？

总局《专扣200问》规定："一个纳税年度内，如纳税人的其他兄弟姐妹均已去世，其可在第二年按照独生子女赡养老人标准2 000元/月扣除。如纳税人的兄弟姐妹在2019年1月1日以前均已去世，则选择按'独生子女'身份享受赡养老人扣除标准；如纳税人已按'非独生子女'身份填报，可修改已申报信息，1月按非独生子女身份扣除少享受的部分，可以在下月领工资时补扣除。"

八、子女均已去世的年满60岁的祖父母、外祖父母，孙子女、外孙子女能否按照独生子女扣除，如何判断？

总局《专扣200问》规定："只要祖父母、外祖父母中的任何一方，没有纳税人以外的其他孙子女、外孙子女共同赡养，则纳税人可以按照独生子女扣除。如果还有其他的孙子女、外孙子女与纳税人共同赡养祖父母、外祖父母，则纳税人不能按照独生子女扣除。"

九、两个子女中的一个无赡养父母的能力,是否可以由余下那名子女享受2 000元扣除标准?

总局《专扣200问》规定:"不可以。按照《专项附加扣除暂行办法》的规定,纳税人为非独生子女的,在兄弟姐妹之间分摊2 000元/月的扣除额度,每人分摊的额度不能超过每月1 000元,不能由其中一人单独享受全部扣除。"

4.4.8.6 如何归纳和总结赡养老人专项附加扣除政策?

表4-7 赡养老人专项附加扣除政策总结表

项目			具 体 内 容
扣除范围			纳税人赡养一位及以上被赡养人的赡养支出
			被赡养人是指年满60岁的父母,以及子女均已去世的年满60岁的祖父母、外祖父母
扣除标准	独生子女		按照每月2 000元的标准定额扣除
	非独生子女		由其与兄弟姐妹分摊每月2 000元的扣除额度,每人分摊的额度不能超过每月1 000元
扣除主体			负有赡养义务的所有子女,包括婚生子女、非婚生子女、养子女、继子女
			祖父母、外祖父母的子女均已经去世,负有赡养义务的孙子女、外孙子女
扣除方式	独生子女	单独扣除	独生子女单独按照每月2 000元的标准定额扣除
	非独生子女	均摊扣除	兄弟姐妹平均分摊扣除每月2 000元的扣除额度
		约定分摊扣除	兄弟姐妹协约确定分摊比例或者额度分摊扣除每月2 000元的扣除额度,但最高分摊扣除的额度不能超过每月1 000元
		指定分摊扣除	被赡养人指定在兄弟姐妹之间按每月2 000元扣除额度扣除,最高分摊扣除的额度不能超过每月1 000元
扣除时间			被赡养人年满60周岁的当月至赡养义务终止的年末
资料提供			纳税人享受赡养老人专项附加扣除,应当填报纳税人是否为独生子女、月扣除金额、被赡养人姓名及身份证件类型和号码、与纳税人关系;有共同赡养人的,需填报分摊方式、共同赡养人姓名及身份证件类型和号码等信息
			纳税人需要留存备查资料包括约定或指定分摊的书面分摊协议等资料
注意事项			约定或者指定分摊的须签订书面分摊协议,指定分摊优先于约定分摊
			具体分摊方式和额度在一个纳税年度内不能变更

4.4.9 专项附加扣除从何时开始享受?到何时终止享受?

按照《专项附加扣除操作办法》第三条的规定,纳税人享受符合规定的专项附加扣除的计算时间分别为:

(1)子女教育。学前教育阶段,为子女年满3周岁当月至小学入学前一月。学历教育,为子女接受全日制学历教育入学的当月至全日制学历教育结束的当月。

(2)继续教育。学历(学位)继续教育,为在中国境内接受学历(学位)继续教育入学的当月至学历(学位)继续教育结束的当月,同一学历(学位)继续教育的扣除期限最长不得超过 48 个月。技能人员职业资格继续教育、专业技术人员职业资格继续教育,为取得相关证书的当年。

(3) 大病医疗。为医疗保障信息系统记录的医药费用实际支出的当年。

(4) 住房贷款利息。为贷款合同约定开始还款的当月至贷款全部归还或贷款合同终止的当月,扣除期限最长不得超过 240 个月。

(5) 住房租金。为租赁合同(协议)约定的房屋租赁期开始的当月至租赁期结束的当月。提前终止合同(协议)的,以实际租赁期限为准。

(6) 赡养老人。为被赡养人年满 60 周岁的当月至赡养义务终止的年末。

第(1)项、第(2)项规定的学历教育和学历(学位)继续教育的期间,包含因病或其他非主观原因休学但学籍继续保留的休学期间,以及施教机构按规定组织实施的寒暑假等假期。

表 4-8 各项专项附加扣除起止时间表

大项	子项	起始时间	终止时间	特别事项
子女教育	学前教育阶段	子女年满 3 周岁当月	小学入学前一月	包含因病或其他非主观原因休学但学籍继续保留的休学期间,以及施教机构按规定组织实施的寒暑假等假期。
	学历教育	子女接受全日制学历教育入学的当月	全日制学历教育结束的当月	
继续教育	学历(学位)继续教育	仅限中国境内接受学历(学位)继续教育入学的当月	学历(学位)继续教育结束的当月。同一学历(学位)继续教育的扣除期限最长不得超过 48 个月	
	职业资格继续	取得相关证书的当年		
大病医疗		医疗保障信息系统记录的医药费用实际支出的当年		
住房贷款利息		贷款合同约定开始还款的当月	贷款全部归还或贷款合同终止的当月	扣除期限最长不得超过 240 个月
住房租金		租赁合同(协议)约定的房屋租赁期开始的当月	租赁期结束的当月	提前终止合同(协议)的,以实际租赁期限为准
赡养老人		被赡养人年满 60 周岁的当月	赡养义务终止的年末	

【案例 4-16】　全年专项附加扣除总额该如何计算并汇总

居民个人姚必成有如下事项:

(1) 有两个儿子,大儿子 2019 年 9 月开始读小学;小儿子于 2019 年 10 月满 3 岁。妻子因病经常住院,收入较低,故约定全部由姚必成扣除。

(2) 2018 年参加司法资格考试,2019 年 1 月取得合格证书。

(3) 2017年参加南京大学自学考试,2019年7月底取得毕业证书。

(4) 为方便妻子看病,在附近租房居住,月租金2 200元。2019年3月起开始支付房租。同时将自家住房对外出租,每月可取得租金收入3 800元。当地城市人口200万。

(5) 2019年5月,超过62岁的父亲因车祸去世。

(6) 2019年11月,母亲年满60周岁。已知姚必成无其他兄弟姐妹。

(7) 2019年全年妻子发生医疗费用总支出28万元,医保报销后个人负担的部分为4.7万元。

试列表计算确认姚必成2019年各月及全年的专项附加扣除额。

【解析】 首先分析2019年,姚必成可以扣除的各项专项附加扣除:

(1) 子女教育支出。大儿子开始到小学就读,那么全年12月均可按每月1 000元标准扣除女子教育(义务教育)支出;小儿子10月满3周岁,那么从10月开始可按每月1 000元标准扣除子女教育(学前教育)支出。

(2) 取得司法考试证书,那么在当年可一次性扣除3 600元的职业资格继续教育支出。

(3) 7月底取得南京大学自学考试毕业证书,那么1~7就可以每月扣除400元的学历继续教育支出。但自8月开始停止扣除。

(4) 尽管本案例中的纳税人发生了房租支出,但由于其在当地有自有住房,因而不能扣除房租支出。

(5) 父亲是超过60周岁的,可以享受赡养老人专项附加扣除政策。虽然父亲在5月已经过世,但按照规定仍然可以扣除到12月底。

(6) 母亲虽然自11月满60周岁,符合赡养老人专项附加扣除的条件,但在2019年,姚必成已经因其父亲满60周岁享受到了赡养老人专项附加扣除政策,而赡养老人支出并不会因赡养的老人人数增加而增加。

(7) 妻子大病,且自负的金额达到4.7万元,扣除起扣点1.5万元,那么实际可扣除的金额为3.2万元,未超过8万元的限额,故可以全额扣除。但必须强调,大病医疗支出只能在汇算清缴时扣除,平时不能扣除。

2019年,姚必成各项专项附加扣除的享受情况如表4-9所示。

表4-9 姚必成各项专项附加扣除的享受情况表

月份	子女教育		继续教育		房屋租金	赡养老人	大病医疗
	大儿子	小儿子	司法考试	自学考试			
1	1 000	/	3 600	400	/	2 000	/
2	1 000	/		400	/	2 000	/
3	1 000	/		400	/	2 000	/
4	1 000	/		400	/	2 000	/
5	1 000	/		400	/	2 000	/
6	1 000	/		400	/	2 000	/

(续表)

月份	子女教育		继续教育		房屋租金	赡养老人	大病医疗
	大儿子	小儿子	司法考试	自学考试			
7	1 000	/	/	400	/	2 000	/
8	1 000	/	/	/	/	2 000	/
9	1 000	/	/	/	/	2 000	/
10	1 000	1 000	/	/	/	2 000	/
11	1 000	1 000	/	/	/	2 000	/
12	1 000	1 000	/	/	/	2 000	/
全年	12 000	3 000	3 600	2 800	/	24 000	32 000

4.4.10 专项附加扣除在预缴环节办理还是在汇缴环节办理？

《个人所得税法》第十一条第二款规定："居民个人向扣缴义务人提供专项附加扣除信息的，扣缴义务人按月预扣预缴税款时应当按照规定予以扣除，不得拒绝。"

《个人所得税法实施条例》第二十八条规定："居民个人取得工资、薪金所得时，可以向扣缴义务人提供专项附加扣除有关信息，由扣缴义务人扣缴税款时减除专项附加扣除。纳税人同时从两处以上取得工资、薪金所得，并由扣缴义务人减除专项附加扣除的，对同一专项附加扣除项目，在一个纳税年度内只能选择从一处取得的所得中减除。居民个人取得劳务报酬所得、稿酬所得、特许权使用费所得，应当在汇算清缴时向税务机关提供有关信息，减除专项附加扣除。"

《专项附加扣除暂行办法》第十一条规定，纳税人发生的可扣除的大病医疗支出，应在办理年度汇算清缴时，在限额内据实扣除。

《专项附加扣除操作办法》第四条规定："享受子女教育、继续教育、住房贷款利息或者住房租金、赡养老人专项附加扣除的纳税人，自符合条件开始，可以向支付工资、薪金所得的扣缴义务人提供上述专项附加扣除有关信息，由扣缴义务人在预扣预缴税款时，按其在本单位本年可享受的累计扣除额办理扣除；也可以在次年3月1日至6月30日内，向汇缴地主管税务机关办理汇算清缴申报时扣除。

"纳税人同时从两处以上取得工资、薪金所得，并由扣缴义务人办理上述专项附加扣除的，对同一专项附加扣除项目，一个纳税年度内，纳税人只能选择从其中一处扣除。

"享受大病医疗专项附加扣除的纳税人，由其在次年3月1日至6月30日内，自行向汇缴地主管税务机关办理汇算清缴申报时扣除。"

《专项附加扣除操作办法》第五条规定，扣缴义务人办理工资、薪金所得预扣预缴税款时，应当根据纳税人报送的《个人所得税专项附加扣除信息表》（以下简称《扣除信息表》）为纳税人办理专项附加扣除。

纳税人年度中间更换工作单位的,在原单位任职、受雇期间已享受的专项附加扣除金额,不得在新任职、受雇单位扣除。原扣缴义务人应当自纳税人离职不再发放工资、薪金所得的当月起,停止为其办理专项附加扣除。

《专项附加扣除操作办法》第六条规定:"纳税人未取得工资、薪金所得,仅取得劳务报酬所得、稿酬所得、特许权使用费所得需要享受专项附加扣除的,应当在次年3月1日至6月30日内,自行向汇缴地主管税务机关报送《扣除信息表》,并在办理汇算清缴申报时扣除。"

《专项附加扣除操作办法》第七条规定:"一个纳税年度内,纳税人在扣缴义务人预扣预缴税款环节未享受或未足额享受专项附加扣除的,可以在当年内向支付工资、薪金的扣缴义务人申请在剩余月份发放工资、薪金时补充扣除,也可以在次年3月1日至6月30日内,向汇缴地主管税务机关办理汇算清缴时申报扣除。"

《个人所得税法实施条例》第十五条第二款规定:"取得经营所得的个人,没有综合所得的,计算其每一纳税年度的应纳税所得额时,应当减除费用6万元、专项扣除、专项附加扣除以及依法确定的其他扣除。专项附加扣除在办理汇算清缴时减除。"

因此,根据上述的规定可以得到的基本结论如表4-10所示。

表4-10 各项专项附加申报扣除环节归纳

预扣预缴环节扣除	汇算清缴环节扣除
取得工资、薪金所得,可以在预扣预缴环节选择由扣缴义务人扣除除大病医疗外的其他各项专项附加扣除	即便取得工资、薪金所得,并且也选择由扣缴义务人扣除专项附加扣除,但有大病医疗支出的,只能在汇算清缴时扣除
	取得工资、薪金所得也选择由扣缴义务人扣除的但由于多方面原因未足够扣除专项附加扣除的,在汇算清缴时再进行补充扣除
	仅取得劳务报酬、稿酬、特许权使用费所得中的一项或多项,但未取得工资、薪金所得的,所有专项附加扣除都只能在汇算清缴时扣除
	取得经营所得且没有综合所得的,只能在进行经营所得汇算清缴时扣除(次年1月1日于3月31日)

4.4.11 享受专项附加扣除政策时需提交哪些信息?

《专项附加扣除暂行办法》第二十五条规定,纳税人首次享受专项附加扣除,应当将专项附加扣除相关信息提交扣缴义务人或者税务机关,扣缴义务人应当及时将相关信息报送税务机关,纳税人对所提交信息的真实性、准确性、完整性负责。专项附加扣除信息发生变化的,纳税人应当及时向扣缴义务人或者税务机关提供相关信息。

上述所称专项附加扣除相关信息,包括纳税人本人、配偶、子女、被赡养人等个人身份信息,以及国务院税务主管部门规定的其他与专项附加扣除相关的信息。

《专项附加扣除操作办法》第三章《报送信息及留存备查资料》则对报送的信息进行

了详细的规定。具体要求如表 4-11 所示。

表 4-11 专项附加扣除填报信息明细表

项目		填 报 信 息
子女教育		填报配偶及子女的姓名、身份证件类型及号码、子女当前受教育阶段及起止时间、子女就读学校以及本人与配偶之间扣除分配比例等信息
继续教育	学历（学位）继续教育	填报教育起止时间、教育阶段等信息
	职业资格继续教育	填报证书名称、证书编号、发证机关、发证（批准）时间等信息
房贷款利息		填报住房权属信息、住房坐落地址、贷款方式、贷款银行、贷款合同编号、贷款期限、首次还款日期等信息；纳税人有配偶的，填写配偶姓名、身份证件类型及号码
住房租金		填报主要工作城市、租赁住房坐落地址、出租人姓名及身份证件类型和号码或者出租方单位名称及纳税人识别号（社会统一信用代码）、租赁起止时间等信息；纳税人有配偶的，填写配偶姓名、身份证件类型及号码
赡养老人		填报纳税人是否为独生子女、月扣除金额、被赡养人姓名及身份证件类型和号码、与纳税人关系；有共同赡养人的，需填报分摊方式、共同赡养人姓名及身份证件类型和号码等信息

4.4.12 享受专项附加扣除政策，需提交或留存哪些资料？

综合《专项附加扣除暂行办法》《专项附加扣除操作办法》等的规定，特别是《专项附加扣除操作办法》第三章《报送信息及留存备查资料》的规定，纳税人受专项附加扣除政策，需提交或留存下列资料：

（1）子女教育专项附加扣除：子女在境外接受教育的，应当留存境外学校录取通知书、留学签证等境外教育佐证资料。

（2）继续教育专项附加扣除：纳税人学历（学位）继续教育的不需要提交资料，但纳税人接受技能人员职业资格继续教育、专业技术人员职业资格继续教育的，应当留存职业资格相关证书等资料。

（3）住房贷款利息专项附加扣除，需要留存备查资料包括住房贷款合同、贷款还款支出凭证等资料。

（4）住房租金专项附加扣除，需要留存备查资料包括住房租赁合同或协议等资料。

（5）赡养老人专项附加扣除，需要留存备查资料包括约定或指定分摊的书面分摊协议等资料。

（6）大病医疗专项附加扣除，需要留存备查资料包括大病患者医药服务收费及医保报销相关票据原件或复印件，或者医疗保障部门出具的纳税年度医药费用清单等资料。

另外，纳税人选择在汇算清缴申报时享受专项附加扣除的，应当填写并向汇缴地主管税务机关报送《扣除信息表》。

4.4.13 纳税人或扣缴义务人留存备查资料需要留存多长时间？

《专项附加扣除操作办法》第二十三条规定，纳税人应当将《扣除信息表》及相关留存备查资料，自法定汇算清缴期结束后保存5年。纳税人报送给扣缴义务人的《扣除信息表》，扣缴义务人应当自预扣预缴年度的次年起留存5年。

《国家税务总局关于办理2019年度个人所得税综合所得汇算清缴事项的公告》（国家税务总局公告2019年第44号）进一步规定，纳税人需将年度汇算申报表以及与纳税人综合所得收入、扣除、已缴税额或税收优惠等相关资料，自年度汇算期结束之日起留存5年。

4.4.14 纳税人对申报提交的专项附加扣除信息、资料承担什么法律责任？面临哪些涉税风险？

《专项附加扣除暂行办法》第二十五条及《专项附加扣除操作办法》第十八条规定，纳税人对所提交信息的真实性、准确性、完整性负责。

《个人所得税法实施条例》第三十条第三款规定，纳税人、扣缴义务人应当按照规定保存与专项附加扣除相关的资料。税务机关可以对纳税人提供的专项附加扣除信息进行抽查。税务机关发现纳税人提供虚假信息的，应当责令改正并通知扣缴义务人；情节严重的，有关部门应当依法予以处理，纳入信用信息系统并实施联合惩戒。

《专项附加扣除操作办法》规定："税务机关定期对纳税人提供的专项附加扣除信息开展抽查。""税务机关核查时，纳税人无法提供留存备查资料，或者留存备查资料不能支持相关情况的，税务机关可以要求纳税人提供其他佐证；不能提供其他佐证材料，或者佐证材料仍不足以支持的，不得享受相关专项附加扣除。"

《专项附加扣除操作办法》第二十九条规定，纳税人有下列情形之一的，主管税务机关应当责令其改正；情形严重的，应当纳入有关信用信息系统，并按照国家有关规定实施联合惩戒；涉及违反税收征管法等法律法规的，税务机关依法进行处理：

（1）报送虚假专项附加扣除信息。
（2）重复享受专项附加扣除。
（3）超范围或标准享受专项附加扣除。
（4）拒不提供留存备查资料。
（5）税务总局规定的其他情形。

《财政部 税务总局关于个人所得税综合所得汇算清缴涉及有关政策问题的公告》（财政部 税务总局公告2019年第94号）第三条规定："居民个人填报专项附加扣除信息存在明显错误，经税务机关通知，居民个人拒不更正或者不说明情况的，税务机关可暂停纳税人享受专项附加扣除。居民个人按规定更正相关信息或者说明情况后，经税务机关确认，居民个人可继续享受专项附加扣除，以前月份未享受扣除的，可按规定追补扣除。"

4.4.15 外籍人员可否适用专项附加扣除政策？

《财政部 国家税务总局关于个人所得税法修改后有关优惠政策衔接问题的通知》（财税〔2018〕164号）第七条规定如下：

（1）2019年1月1日至2021年12月31日，外籍个人符合居民个人条件的，可以选择享受个人所得税专项附加扣除，也可以选择按照《财政部 国家税务总局关于个人所得税若干政策问题的通知》（财税〔1994〕20号）、《国家税务总局关于外籍个人取得有关补贴征免个人所得税执行问题的通知》（国税发〔1997〕54号）和《财政部 国家税务总局关于外籍个人取得港澳地区住房等补贴征免个人所得税的通知》（财税〔2004〕29号）的规定，享受住房补贴、语言训练费、子女教育费等津补贴免税优惠政策，但不得同时享受。外籍个人一经选择，在一个纳税年度内不得变更。

（2）自2022年1月1日起，外籍个人不再享受住房补贴、语言训练费、子女教育费津补贴免税优惠政策，应按规定享受专项附加扣除。

4.5 依法确定的其他扣除有哪些项目？如何扣除？

4.5.1 按税法规定，哪些项目属于依法确定的其他扣除项目？

《个人所得税法》第六条规定："居民个人的综合所得，以每一纳税年度的收入额减除费用六万元以及专项扣除、专项附加扣除和依法确定的其他扣除后的余额，为应纳税所得额。"

上述"依法确定的其他扣除"到底包括哪些项目和内容呢？《个人所得税法实施条例》第十三条进行了明确规定："个人所得税法第六条第一款第一项所称依法确定的其他扣除，包括个人缴付符合国家规定的企业年金、职业年金，个人购买符合国家规定的商业健康保险、税收递延型商业养老保险的支出，以及国务院规定可以扣除的其他项目。"

因此，"依法确定的其他扣除"主要包括了四大类项目：一是企业年金、职业年金；二是个人购买符合国家规定的商业健康保险；三是个人购买符合国家规定的税收递延型商业养老保险；四是国务院规定可以扣除的其他项目。其中，第四项其实是一个兜底性条款，但这个兜底性条款只能由国务院规定，其他部门的规定应当定为无效。

4.5.2 企业年金与职业年金能否扣除？如何扣除？

4.5.2.1 什么是企业年金？什么是职业年金？有何区别？

（1）企业年金概念。

按照《企业年金试行办法》（中华人民共和国劳动和社会保障部令第20号）的规定，所谓企业年金是指符合条件的企业及其职工在依法参加基本养老保险的基础上，自愿建立的补充养老保险制度。

上述所称符合条件的企业，是指同时具备下列三个条件的企业：

① 依法参加基本养老保险并履行缴费义务。

② 具有相应的经济负担能力。

③ 已建立集体协商机制。

(2) 职业年金概念。

根据《事业单位职业年金试行办法》(国办发〔2011〕37号)的规定,职业年金是指符合条件的事业单位及其工作人员在依法参加事业单位工作人员基本养老保险的基础上,建立的补充养老保险制度。

上述所称建立职业年金的事业单位应符合下列三个条件:

① 依法参加事业单位基本养老保险并履行缴费义务。

② 具有相应的经济负担能力。

③ 已建立民主协商机制。

(3) 企业年金与职业年金的差异。

企业年金与职业年金在本质上都属于补充养老保险的范畴,这一点是完全相同的。但两者之间存在不小的差异:

① 适用对象不同。企业年金只适用于符合条件建立年金制度企业的职工;而职业年金则适用于符合条件建立年金制度事业单位的工作人员。

② 缴费比例额度不同。按照《企业年金试行办法》第八条的规定,对于企业年金,企业缴费每年不超过本企业上年度职工工资总额的1/12。企业和职工个人缴费合计一般不超过本企业上年度职工工资总额的1/6。而按照《事业单位职业年金试行办法》第八条的规定,对于职业年金,单位缴纳职业年金费用的比例最高不超过本单位上年度缴费工资基数的8%。个人缴费比例不超过上年度本人缴费工资基数的4%。

4.5.2.2 企业和个人缴纳的年金都能在计算个人所得税时扣除吗?

企业和个人缴纳的年金不是全部都能在计算个人所得税时扣除的,只有符合国家规定,包括规定的范围与标准的,才可以在计算个人所得税时扣除。

按照《个人所得税法》第六条、《个人所得税法实施条例》第十三条的规定,个人缴付的符合国家规定的企业年金、职业年金可以扣除。

那么,国家的规定是什么呢?那自然是《企业年金试行办法》(中华人民共和国劳动和社会保障部令第20号)和《事业单位职业年金试行办法》(国办发〔2011〕37号)的规定。

(1)《企业年金试行办法》第七条规定:"企业年金所需费用由企业和职工个人共同缴纳。企业缴费的列支渠道按国家有关规定执行;职工个人缴费可以由企业从职工个人工资中代扣。"第八条又规定:"企业缴费每年不超过本企业上年度职工工资总额的十二分之一。企业和职工个人缴费合计一般不超过本企业上年度职工工资总额的六分之一。"

虽然《企业年金试行办法》并未明确规定个人缴纳的比例,但考虑到"企业和职工个人缴费合计一般不超过本企业上年度职工工资总额的六分之一",并且"企业缴费每年不超过本企业上年度职工工资总额的十二分之一",因而个人缴费的比例还是大致可以明确的。

（2）《事业单位职业年金试行办法》第八条规定："职业年金所需费用由单位和工作人员个人共同负担。单位缴纳职业年金费用的比例最高不超过本单位上年度缴费工资基数的8%。职业年金单位缴费的列支渠道按照国家有关规定执行。个人缴费比例不超过上年度本人缴费工资基数的4%。职业年金单位缴费工资基数为单位工作人员岗位工资和薪级工资之和，个人缴费工资基数为工作人员本人岗位工资和薪级工资之和。"与企业年金相比较，职业年金的缴纳比例，特别是个人缴纳的比例更明确、肯定。

表4-12 企业年金与职业年金缴纳比例与基数

项目	企业缴费		个人缴费		说明
	基数	比例	基数	比例	
企业年金	本企业上年度职工工资总额	≤1/12			企业缴费＋个人缴费≤本企业上年度职工工资总额×1/6
职业年金	本单位上年度工作人员岗位工资和薪级工资之和	≤8%	上年度本人岗位工资和薪级工资之和	≤4%	

4.5.2.3 企业与个人超标缴付的年金，该如何进行个人所得税处理？

《财政部 人力资源社会保障部 国家税务总局关于企业年金 职业年金个人所得税有关问题的通知》(财税〔2013〕103号，以下简称为财税〔2013〕103号文件)第一条明确规定了企业年金和职业年金缴费的个人所得税处理：

（1）企业和事业单位（以下统称单位）根据国家有关政策规定的办法和标准，为在本单位任职或者受雇的全体职工缴付的企业年金或职业年金（以下统称年金）单位缴费部分，在计入个人账户时，个人暂不缴纳个人所得税。

（2）个人根据国家有关政策规定缴付的年金个人缴费部分，在不超过本人缴费工资计税基数的4%标准内的部分，暂从个人当期的应纳税所得额中扣除。

（3）超过上述规定标准缴付的年金单位缴费和个人缴费部分，应并入个人当期的工资、薪金所得，依法计征个人所得税。税款由建立年金的单位代扣代缴，并向主管税务机关申报解缴。

（4）企业年金个人缴费工资计税基数为本人上一年度月平均工资。月平均工资按国家统计局规定列入工资总额统计的项目计算。月平均工资超过职工工作地所在设区城市上一年度职工月平均工资300%以上的部分，不计入个人缴费工资计税基数。

职业年金个人缴费工资计税基数为职工岗位工资和薪级工资之和。职工岗位工资和薪级工资之和超过职工工作地所在设区城市上一年度职工月平均工资300%以上的部分，不计入个人缴费工资计税基数。

值得注意的是，对于年金中的个人缴费基数与比例，财税〔2013〕103号文件作了明确的规定，即"不超过本人缴费工资计税基数的4%"，并且明确企业年金的个人缴费基数为"本人上一年度月平均工资"，而职业年金的个人缴费基数则是"岗位工资和薪级工资之和"。

因此，结合《企业年金试行办法》和《事业单位职业年金试行办法》规定的标准，在个人所得税上允许扣除的年金标准（基数与比例）如表 4-13 所示。

表 4-13　计缴个人所得税允许扣除的年金基数与比例

项目	企业缴费		个人缴费		个人缴费基数限制
	基数	比例	基数	比例	
企业年金	本企业上年度职工工资总额	≤1/12	本人上一年度月平均工资	≤4%	计算基数最高不超过工作地所在设区城市上一年度职工月平均工资的300%；超过部分不得扣除
职业年金	上年度单位工作人员岗位工资和薪级工资之和	≤8%	上年度本人岗位工资和薪级工资之和	≤4%	

【案例 4-17】　超标准缴纳的年金是否应并入工资、薪金所得计缴个人所得税

居民个人任某，担任 A 公司的副总经理，2019 年取得工资、薪金收入 600 000 元（月均 50 000 元）。A 公司自 2012 年起，公司就建立了年金制度。2019 年，公司按照上年度工资总额的 8% 为任某缴纳年金，同时任某 2018 年月平均工资（48 000 元）按 6% 扣缴个人年金。已知当地 2018 年月平均工资为 5 000 元。

【解析】（1）公司为任某缴纳年金，比例为公司上年度工资总额的 8%，因而未超出国家规定的基数标准与比例标准。因此，该部分年金不作个人收入（因未确认为个人收入，自然也不存在扣除问题）。

（2）任某自己缴纳的年金，即单位扣缴个人的年金，其缴费基数是按照任某上年度的月均工资 48 000 元确认的，但当地上年年平均工资仅为 5 000 元，而税法规定其最高计算基数不得超过 15 000 元（5 000×300%）。因此，存在基数超标问题。同时，任某的缴费比例是 6%，而税法允许的比例却是 4%，即意味着缴费比例也超标 2%。按税法的规定，超标的部分不得从个人收入中扣除。即能够扣除的个人缴费年金为：

5 000×3×12×4%=7 200（元）。

而任某缴费额则是：

48 000×12×6%=34 560（元）。

这也就意味着，2019 年，任某需要调增全年综合所得项目的应纳税所得额为 27 360 元（34 560－7 200）。

4.5.2.4　个人取得的年金基金投资运营收益需要缴纳个人所得税吗？

《财政部　人力资源社会保障部　国家税务总局关于企业年金　职业年金个人所得税有关问题的通知》（财税〔2013〕103 号）第二条规定："年金基金投资运营收益分配计入个人账户时，个人暂不缴纳个人所得税。"

值得注意的是，财税〔2013〕103 号文件规定是必须记入到个人的年金账户才不需要缴纳个人所得税，如果直接分配给个人的，则不属于免税或者不征个人所得税的范围。

4.5.2.5　个人领取年金时是否需要缴纳个人所得税？

个人领取年金时是否需要缴纳个人所得税？对于该问题，《财政部　人力资源社会保

障部　国家税务总局关于企业年金　职业年金个人所得税有关问题的通知》(财税〔2013〕103号)作出了明确规定。但个人所得税法修订后,又印发《财政部　税务总局关于个人所得税法修改后有关优惠政策衔接问题的通知》(财税〔2018〕164号)对相关内容进行了比较大的调整。具体而言,个人领取年金的个人所得税,应当区分下列情况进行。

一、退休时一次性领取年金的个人所得税如何处理?

按照现行政策规定,事业单位的工作人员在达到国家规定的退休条件并依法办理退休手续后,由本人选择按月领取职业年金待遇方式:可一次性用于购买商业养老保险产品,依据保险契约领取待遇并享受相应的继承权;也可选择按照本人退休时对应的计发月数计发职业年金月待遇标准,发完为止。同时职业年金个人账户余额享有继承权。企业职工在达到国家规定的退休年龄或者完全丧失劳动能力时,可以从本人企业年金个人账户中按月、分次或者一次性领取企业年金,也可以将本人企业年金个人账户资金全部或者部分购买商业养老保险产品,依据保险合同领取待遇并享受相应的继承权。

按照《财政部　税务总局关于个人所得税法修改后有关优惠政策衔接问题的通知》(财税〔2018〕164号)的规定,个人达到国家规定的退休年龄,领取的企业年金、职业年金,符合《财政部　人力资源社会保障部　国家税务总局关于企业年金　职业年金个人所得税有关问题的通知》(财税〔2013〕103号)规定的,不并入综合所得,全额单独计算应纳税款。其中按月领取的,适用月度税率表计算纳税;按季领取的,平均分摊计入各月,按每月领取额适用月度税率表计算纳税;按年领取的,适用综合所得税率表计算纳税。

但必须注意的是,个人在领取年金时,如果其中的年金已经缴纳过个人所得税(如上例中任某缴费比例与基数超标部分),那么已缴税年金应当从征税年金中扣除,不再重复缴纳个人所得税。

【案例4-18】　　退休后领取年金该如何计算缴纳个人所得税

假设2029年12月,任某从A公司退休,任某可以选择下列方案:

(1) 自2030年1月至2035年12月31日,每月领取年金9 200元,其中7 100元在缴费时已经缴纳过个人所得税。

(2) 自2030年1月至2035年12月31日,每季领取27 600元,其中21 300元在缴费时已经缴纳过个人所得税。

(3) 自2030年1月至2035年12月31日,每年领取110 400元,其中85 200元在缴费时已经缴纳过个人所得税。

【解析】　(1) 按月领取时,适用综合所得月度税率表计算缴纳个人所得税。但已经缴纳过个人所得税的部分必须剔除:

每月应纳税额=(9 200-7 100)×3%=63(元)。

全年合计缴纳个人所得税756元。2030年1月至2035年12月31日例证缴纳个人所得税4 536元。

(2) 按季领取的,应当将季度年金平均分摊计入各月,按每月领取额适用综合所得月度税率表计算纳税。已经缴纳过个人所得税的部分仍须剔除:

每月应纳税额=(9 200-7 100)×3%=63(元)。

全年合计缴纳个人所得税 756 元。2030 年 1 月至 2035 年 12 月 31 日例证缴纳个人所得税 4 536 元。

（3）按年领取的，则直接适用综合所得税率表计算纳税。已经缴纳过个人所得税的部分应剔除不再重复征税：

全年应纳税=(110 400-85 200)×3%=756（元）。

2030 年 1 月至 2035 年 12 月 31 日例证缴纳个人所得税 4 536 元。

综上所述，三种情况下，个人的整体税负水平是相同的。

二、出国（境）定居前按照规定提前领取年金如何进行个人所得税处理？

按照《财政部 税务总局关于个人所得税法修改后有关优惠政策衔接问题的通知》（财税〔2018〕164 号）的规定，个人因出境定居而一次性领取的年金个人账户资金，或个人死亡后，其指定的受益人或法定继承人一次性领取的年金个人账户余额，适用综合所得税率表计算纳税。

但必须强调的是，个人在领取年金时，如果其中的年金已经缴纳过个人所得税，应当将已纳税部分剔除，不用再重复缴纳个人所得税。

【案例 4-19】　　　　出国定居一次性领取年金如何计算缴纳个人所得税

假设上例中的任某退休后拟到美国定居，2030 年一次性领取年金 662 400 元。但其中 511 200 元已缴纳过个人所得税。则：

应纳税额=(662 400-511 200)×20%-16 920=13 320（元）。

此时，税收负担远超正常情况下按月、按季以及按年领取年金的税负。

三、其他情形下一次性领取年金如何进行个人所得税处理？

按照《财政部 国家税务总局关于个人所得税法修改后有关优惠政策衔接问题的通知》（财税〔2018〕164 号）的规定，对个人除因出境定居外一次性领取年金个人账户资金或余额的，适用月度税率表计算纳税。

【案例 4-20】　　　非出国定居原因一次性领取年金如何计算缴纳个人所得税

假设上例中的任某退休因急需资金购买房屋，于 2030 年一次性领取年金 662 400 元。但其中 511 200 元已缴纳过个人所得税。则：

应纳税额=(662 400-511 200)×45%-15 160=52 880（元）。

与前三种情况相比，此时的个人所得税税收负担是最重的。

4.5.3　购买的商业健康保险如何进行个人所得税处理？

4.5.3.1　购买的商业健康保险可在税前扣除多少？

《财政部 国家税务总局 保监会关于将商业健康保险个人所得税试点政策推广到全国范围实施的通知》（财税〔2017〕39 号，以下简称为财税〔2017〕39 号文件）第一条规定："对个人购买符合规定的商业健康保险产品的支出，允许在当年（月）计算应纳税所得额时予以税前扣除，扣除限额为 2 400 元/年（200 元/月）。单位统一为员工购买符合规定的商业健康保险产品的支出，应分别计入员工个人工资薪金，视同个人购买，按上述限额予以扣除。"

必须说明的是,财税〔2017〕39号文件发布于个人所得税法修改之前。但考虑到个人所得税法的修改,其中包括居民个人取得综合所得实行按年计税、分期预扣预缴,个人取得经营所得,实行按年计算、按月或按季预缴申报,因而对于商业健康保险的扣除,纳税人既可以选择按月限额200元据实累计扣除,也可以选择在汇算清缴时按年限额2 400元据实扣除。

【案例4-21】 商业健康保险在计算个人所得税时如何扣除

居民个人康某为某公司的职员,2019年取得公司发放的工资薪金200 000元,2019年1月开始购买符合规定的商业健康保险产品,每月支出320元。

【解析】 按照财税〔2017〕39号文件的规定,允许在当年(月)计算应纳税所得额时予以税前扣除,扣除限额为2 400元/年(200元/月)。因而康某每月可税前扣除的符合规定的商业健康保险产品支出为200元,全年可扣除的限额为24 000元,超过部分不得税前扣除。康某实际每月支付320元,因而每月有120元是不能扣除的,全年不得扣除金额为1 440元。

【案例4-22】 单位为个人购买商业健康保险的,个人所得税如何计算

居民个人熊某任职于甲公司。2019年1月,甲公司为其购买符合规定的商业健康保险,保险期2019年1月1日至2019年12月31日,全年保险费3 600元(每月300元),全部由单位负担。已知熊某每个月工资均为10 000元(不含保险费用),全年工资、薪金所得120 000元,不考虑专项扣除、专项附加扣除以及除商业健康保险以外的其他扣除。甲公司按累计预扣法预扣熊某个人所得税,熊某选择按月200元限额扣除商业健康保险。试计算熊某的个人所得税。

【解析】 (1) 1月,甲公司应预扣预缴熊某的个人所得税为:
(10 000+300-5 000-200)×3%=153(元)。

(2) 2月,甲公司应预扣预缴熊某的个人所得税为:
(10 000×2+300×2-5 000×2-200×2)×3%-153=153(元)。

……

(3) 全年,熊某应当缴纳的个人所得税为:
(10 000×12+300×12-60 000-200×12)×10%-2 520=3 600(元)。

4.5.3.2 允许扣除的商业健康保险产品有没有所得项目的限制?

允许扣除的商业健康保险产品有所得项目的限制。《财政部 国家税务总局 保监会关于将商业健康保险个人所得税试点政策推广到全国范围实施的通知》(财税〔2017〕39号)第二条规定,适用商业健康保险税收优惠政策的纳税人,是指取得工资、薪金所得、连续性劳务报酬所得的个人,以及取得个体工商户生产经营所得、对企事业单位的承包承租经营所得的个体工商户业主、个人独资企业投资者、合伙企业合伙人和承包承租经营者。

这实际上是对商业健康保险产品扣除的适用项目进行了限制,即仅限于两类所得

项目：

一是综合所得项目中的工资、薪金所得，劳务报酬所得。财税〔2017〕39号文件对劳务报酬还设置了一个前提，即必须是连续性劳务报酬。但考虑个人所得税法做了较大修改，因而对于连续性的限制实质上应当已经取消了。

二是经营所得，包括个体工商户生产经营所得、对企事业单位的承包承租经营所得的个体工商户业主、个人独资企业投资者、合伙企业合伙人和承包承租经营者。

4.5.3.3 现行政策对可扣除的商业健康保险产品有没有范围与条件限制？

按照《财政部 国家税务总局 保监会关于将商业健康保险个人所得税试点政策推广到全国范围实施的通知》（财税〔2017〕39号）的规定，符合规定的商业健康保险产品，是指保险公司参照个人税收优惠型健康保险产品指引框架及示范条款开发的、符合下列条件的健康保险产品：

（1）健康保险产品采取具有保障功能并设立有最低保证收益账户的万能险方式，包含医疗保险和个人账户积累两项责任。被保险人个人账户由其所投保的保险公司负责管理维护。

（2）被保险人为16周岁以上、未满法定退休年龄的纳税人群。保险公司不得因被保险人既往病史拒保，并保证续保。

（3）医疗保险保障责任范围包括被保险人医保所在地基本医疗保险基金支付范围内的自付费用及部分基本医疗保险基金支付范围外的费用，费用的报销范围、比例和额度由各保险公司根据具体产品特点自行确定。

（4）同一款健康保险产品，可依据被保险人的不同情况，设置不同的保险金额，具体保险金额下限由保监会规定。

（5）健康保险产品坚持"保本微利"原则，对医疗保险部分的简单赔付率低于规定比例的，保险公司要将实际赔付率与规定比例之间的差额部分返还到被保险人的个人账户。

根据目标人群已有保障项目和保障需求的不同，符合规定的健康保险产品共有三类，分别适用于：

① 对公费医疗或基本医疗保险报销后个人负担的医疗费用有报销意愿的人群。

② 对公费医疗或基本医疗保险报销后个人负担的特定大额医疗费用有报销意愿的人群。

③ 未参加公费医疗或基本医疗保险，对个人负担的医疗费用有报销意愿的人群。

符合上述条件的个人税收优惠型健康保险产品，保险公司应按《保险法》规定程序上报保监会审批。

4.5.3.4 个人需要扣除健康商业保险时需要提交哪些资料？如何申报操作？

综合《个人所得税法》及其实施条例、《财政部 国家税务总局 保监会关于将商业健康保险个人所得税试点政策推广到全国范围实施的通知》（财税〔2017〕39号）以及《国家税务总局关于推广实施商业健康保险个人所得税政策有关征管问题的公告》（国家税务总局公告2017年第17号）等文件的规定，个人如果需要扣除其购买的健康商业保险，需要进行如下操作：

（1）有扣缴义务人的个人自行购买、单位统一组织为员工购买或者单位和个人共同负担购买符合规定的商业健康保险产品，扣缴义务人在填报《扣缴个人所得税报告表》或《特定行业个人所得税年度申报表》时，应将当期扣除的个人购买商业健康保险支出金额填至申报表"税前扣除项目"的"其他"列中（需注明商业健康保险扣除金额），并同时填报《商业健康保险税前扣除情况明细表》。

其中，个人自行购买符合规定的商业健康保险产品的，应及时向扣缴义务人提供保单凭证，扣缴义务人应当依法为其税前扣除，不得拒绝。个人从中国境内两处或者两处以上取得工资、薪金所得，且自行购买商业健康保险的，只能选择在其中一处扣除。

个人未续保或退保的，应于未续保或退保当月告知扣缴义务人终止商业健康保险税前扣除。

（2）个体工商户业主、个人独资企业投资者、合伙企业个人合伙人和企事业单位承包承租经营者购买符合规定的商业健康保险产品支出，在年度申报填报《个人所得税生产经营所得纳税申报表（B表）》、享受商业健康保险税前扣除政策时，应将商业健康保险税前扣除金额填至"允许扣除的其他费用"行（需注明商业健康保险扣除金额），并同时填报《商业健康保险税前扣除情况明细表》。

实行核定征收的纳税人，应向主管税务机关报送《商业健康保险税前扣除情况明细表》，主管税务机关按程序相应调减其应纳税所得额或应纳税额。纳税人未续保或退保的，应当及时告知主管税务机关，终止商业健康保险税前扣除。

（3）保险公司销售符合规定的商业健康保险产品，及时为购买保险的个人开具发票和保单凭证，并在保单凭证上注明税优识别码。

个人购买商业健康保险未获得税优识别码的，其支出金额不得税前扣除。

（4）税优识别码是指为确保税收优惠商业健康保险保单的唯一性、真实性和有效性，由商业健康保险信息平台按照"一人一单一码"的原则对投保人进行校验后，下发给保险公司，并在保单凭证上打印的数字识别码。

4.5.4 税收递延型商业养老保险能否扣除？如何扣除？

4.5.4.1 在个人所得税上，税收递延型商业养老保险有何优惠？

《财政部　税务总局　人力资源社会保障部　中国银行保险监督管理委员会　证监会关于开展个人税收递延型商业养老保险试点的通知》（财税〔2018〕22号）规定：

（1）自2018年5月1日起，在上海市、福建省（含厦门市）和苏州工业园区实施个人税收递延型商业养老保险试点。试点期限暂定一年。

（2）对试点地区个人通过个人商业养老资金账户购买符合规定的商业养老保险产品的支出，允许在一定标准内税前扣除；计入个人商业养老资金账户的投资收益，暂不征收个人所得税；个人领取商业养老金时再征收个人所得税。具体规定如下：

① 个人缴费税前扣除标准。取得工资、薪金，连续性劳务报酬所得的个人，其缴纳的保费准予在申报扣除当月计算应纳税所得额时予以限额据实扣除，扣除限额按照当月工

资、薪金,连续性劳务报酬收入的6%和1 000元孰低办法确定。取得个体工商户生产经营所得、对企事业单位的承包承租经营所得的个体工商户业主、个人独资企业投资者、合伙企业自然人合伙人和承包承租经营者,其缴纳的保费准予在申报扣除当年计算应纳税所得额时予以限额据实扣除,扣除限额按照不超过当年应税收入的6%和12 000元孰低办法确定。

② 账户资金收益暂不征税。计入个人商业养老资金账户的投资收益,在缴费期间暂不征收个人所得税。

③ 个人领取商业养老金征税。个人达到国家规定的退休年龄时,可按月或按年领取商业养老金,领取期限原则上为终身或不少于15年。个人身故、发生保险合同约定的全残或罹患重大疾病的,可以一次性领取商业养老金。

4.5.4.2 个人所得税法修订后,税收递延型商业养老保险的个人所得税优惠是否应当作适当调整?

目前没有明确的政策对税收递延型商业养老保险的个人所得税优惠政策进行调整,但结合个人所得税法的相关规定,其政策应必须做相应的调整,否则无法执行政策。

(1) 适用范围的调整。

《财政部 税务总局 人力资源社会保障部 中国银行保险监督管理委员会 证监会关于开展个人税收递延型商业养老保险试点的通知》(财税〔2018〕22号,以下简称为财税〔2018〕22号文件)规定,适用试点税收政策的纳税人,是指在试点地区取得工资、薪金,连续性劳务报酬所得的个人,以及取得个体工商户生产经营所得、对企事业单位的承包承租经营所得的个体工商户业主、个人独资企业投资者、合伙企业自然人合伙人和承包承租经营者,其工资、薪金,连续性劳务报酬的个人所得税扣缴单位,或者个体工商户、承包承租单位、个人独资企业、合伙企业的实际经营地均位于试点地区内。取得连续性劳务报酬所得,是指纳税人连续6个月以上(含6个月)为同一单位提供劳务而取得的所得。但个人所得税法修改之后,工资、薪金所得,劳务报酬所得等都合并为综合所得,并且是按年计征个人所得税。所以,原先所指的"连续性劳务报酬所得",且要求6个月以上的劳务才参与计算显然已经不再适用。进一步讲,新个人所得税法施行后,对于居民个人取得综合所得、经营所得的在计算缴纳个人所得税时对其通过个人商业养老资金账户购买符合规定的商业养老保险产品的支出,准予在一定标准内税前扣除。

(2) 计算方式的调整。

个人缴费税前扣除执行"比例扣除"和"限额扣除"孰低的方法,双标限额扣除。按照原财税〔2018〕22号文件的规定,税收递延型商业养老保险区别所得项目分别实行月扣、年扣两种方式。对于取得工资、薪金,劳务报酬的,实行按月计算限额并扣除。但是新个人所得税法施行后,居民个人取得综合所得和经营所得一样,实行按年综合征税,对于税收递延型商业养老保险支出,不需要按月计算限额并扣除,应当全部实行按年计算限额并扣除。即居民个人取得综合所得,个体工商户业主、个人独资企业投资者、合伙企业自然人合伙人和承包承租经营者,取得经营所得,其缴纳的保费准予在计算应纳税所得额时予以限额据实扣除,扣除限额按照不超过当年应税收入的6%和12 000元孰低办法确定。

(3) 征税项目的调整。

《财政部 税务总局 人力资源社会保障部 中国银行保险监督管理委员会 证监会关于开展个人税收递延型商业养老保险试点的通知》(财税〔2018〕22号)规定,对个人达到规定条件时领取的商业养老金收入,其中25%部分予以免税,其余75%部分按照10%的比例税率计算缴纳个人所得税,税款计入"其他所得"项目。但考虑到"其他所得"已经取消,因而《财政部 税务总局关于个人取得有关收入适用个人所得税应税所得项目的公告》(财政部 税务总局公告2019年第74号)明确规定,原规定作废。

4.5.4.3 个人购买税收递延型商业养老保险并缴费时如何作个人所得税处理?

《财政部 税务总局 人力资源社会保障部 中国银行保险监督管理委员会 证监会关于开展个人税收递延型商业养老保险试点的通知》(财税〔2018〕22号)规定,个人通过个人商业养老资金账户购买符合规定的商业养老保险产品的支出,允许在一定标准内税前扣除;计入个人商业养老资金账户的投资收益,暂不征收个人所得税。同时,财税〔2018〕22号文件规定,取得工资、薪金,连续性劳务报酬所得的个人,其缴纳的保费准予在申报扣除当月计算应纳税所得额时予以限额据实扣除,扣除限额按照当月工资薪金、连续性劳务报酬收入的6%和1 000元孰低办法确定。取得个体工商户生产经营所得、对企事业单位的承包承租经营所得的个体工商户业主、个人独资企业投资者、合伙企业自然人合伙人和承包承租经营者,其缴纳的保费准予在申报扣除当年计算应纳税所得额时予以限额据实扣除,扣除限额按照不超过当年应税收入的6%和12 000元孰低办法确定。

【案例4-23】 购买税收递延型商业养老保险时如何计算缴纳个人所得税

居民纳税人林某,任职于江苏南通B公司,2019年取得工资、薪金收入200 000元,取得兼职收入(劳务报酬)40 000元。林某于2019年1月起购买了一款符合规定的税收递延型商业养老保险产品,每月需缴纳保险金1 100元,不考虑专项扣除、专项附加扣除以及除税收递延型商业养老保险以外的其他扣除,试计算2019年林某应当缴纳的个人所得税。

【解析】 (1) 计算林某税收递延型商业养老保险支出可扣除限额。

林某年度综合所得应税收入=200 000+40 000×(1-20%)=232 000(元)。

如果6%的比例扣除,则其扣除限额=应税收入×6%=232 000×6%=13 920(元)。

因为13 920元明显大于12 000元,所以林某购买的税收递延型商业保险支出扣除限额只能选择按12 000元进行扣除。

(2) 计算林某每月或全年可扣除的税收递延型商业养老保险费。

林某每月实际支付保险金1 100元,全年实际支付13 200元,大于可扣除的额限12 000元,因而只能税前扣除12 000元。

因此,2019年林某应当缴纳的个人所得税:

应纳税额=[200 000+40 000×(1-20%)-12 000]×20%-16 920=27 080(元)。

4.5.4.4 个人税收递延型商业养老保险账户资金收益是否免征个人所得税?

《财政部 税务总局 人力资源社会保障部 中国银行保险监督管理委员会 证监会

关于开展个人税收递延型商业养老保险试点的通知》(财税〔2018〕22号)规定,计入个人商业养老资金账户的投资收益,在缴费期间暂不征收个人所得税。

4.5.4.5 个人按照约定领取税收递延型商业养老金时如何作个人所得税处理?

《财政部 税务总局 人力资源社会保障部 中国银行保险监督管理委员会 证监会关于开展个人税收递延型商业养老保险试点的通知》(财税〔2018〕22号)规定,个人达到国家规定的退休年龄时,可按月或按年领取商业养老金,领取期限原则上为终身或不少于15年。个人身故、发生保险合同约定的全残或罹患重大疾病的,可以一次性领取商业养老金。

《财政部 税务总局关于个人取得有关收入适用个人所得税应税所得项目的公告》(财政部 国家税务总局公告2019年第74号)规定,个人领取的税收递延型商业养老保险的养老金收入,其中25%部分予以免税,其余75%部分按照10%的比例税率计算缴纳个人所得税,税款计入"工资、薪金所得"项目,由保险机构代扣代缴后,在个人购买税延养老保险的机构所在地办理全员全额扣缴申报。

4.6 公益慈善事业捐赠如何在个人所得税前扣除?

4.6.1 公益慈善事业捐赠允许扣除的比例是多少?

按照《个人所得税法》第六条的规定,个人对教育、扶贫、济困等公益慈善事业进行捐赠的,其扣除比例有两种:

(1)按应纳税所得额30%的比例扣除。即捐赠额未超过纳税人申报的应纳税所得额30%的部分,允许从其应纳税所得额中扣除,超过部分不得税前扣除。

(2)全额扣除。国务院规定对公益慈善事业捐赠实行全额税前扣除的,以应纳税所得额为限全额进行税前扣除。

【案例4-24】　　　　　允许全额扣除的公益性捐赠有限额限制吗

居民个人赵汉清,2019年全年取得工资、薪金收入10万元。先后通过民政局、教育局等机构向当地农村小学捐赠5万元。试问:2019年,赵汉清能在税前扣除的捐赠额是多少?已知个人对农村义务教育的捐赠可以全额扣除。赵汉清当年缴纳社保等1万元,有一个上大学的子女,全年可扣除子女教育支出1.2万元。

【解析】 按照个人所得税法的规定,居民个人的综合所得,以每一纳税年度的收入额减除费用6万元以及专项扣除、专项附加扣除和依法确定的其他扣除后的余额,为应纳税所得额。所以,赵汉清的应纳税所得额＝100 000－60 000－10 000－12 000＝18 000(元)。

这就意味着,赵汉清虽然2019年实际对外捐赠了5万元,并且可以全额扣除,但由于他全年的应纳税所得额只有1.8万元,因而他只能扣除1.8万元捐赠额,剩下的未扣除的3.2万元(5－1.8)则不得扣除,即便以后年度也不得扣除。因此,从这个意义上讲,全额扣除其实也是有限额的,即以纳税人当年的应纳税所得额为限。

4.6.2 税法对公益捐赠的途径或渠道有没有限制？

个人所得税法本身对可税前扣除的公益性捐赠的方向进行了限制，即仅限于个人对教育、扶贫、济困等公益慈善事业进行的捐赠才允许税前扣除。对捐赠的途径与渠道并没有限制。

但《个人所得税法实施条例》第十九条进行了明确原则性和要求，即："个人所得税法第六条第三款所称个人将其所得对教育、扶贫、济困等公益慈善事业进行捐赠，是指个人将其所得通过中国境内的公益性社会组织、国家机关向教育、扶贫、济困等公益慈善事业的捐赠；所称应纳税所得额，是指计算扣除捐赠额之前的应纳税所得额。"

《财政部 税务总局关于公益慈善事业捐赠个人所得税政策的公告》（财政部 税务总局公告 2019 年第 99 号）则在上述规范基础上作了进一步规定，个人通过中华人民共和国境内公益性社会组织、县级以上人民政府及其部门等国家机关，向教育、扶贫、济困等公益慈善事业的捐赠（以下简称公益捐赠），发生的公益捐赠支出，可以按照个人所得税法有关规定在计算应纳税所得额时扣除。上述所称境内公益性社会组织，包括依法设立或登记并按规定条件和程序取得公益性捐赠税前扣除资格的慈善组织、其他社会组织和群众团体。

这里必须提醒纳税人的是，除特别规定外，纳税人直接向个人或单位捐钱捐物都是不能进行税前扣除的。上述所称的特别规定是《财政部 税务总局关于支持新型冠状病毒感染的肺炎疫情防控有关捐赠税收政策的公告》（财政部 税务总局公告 2020 年第 9 号）规定的个人直接向承担疫情防治任务的医院捐赠用于应对新型冠状病毒感染的肺炎疫情的物品，允许在计征个人所得税时全额扣除。

4.6.3 如何确认个人发生的公益性捐赠金额？

关于此问题，《财政部 税务总局关于公益慈善事业捐赠个人所得税政策的公告》（财政部 税务总局公告 2019 年第 99 号）第二条进行了明确的规定，即个人发生的公益捐赠支出金额，按照以下规定确定：

（1）捐赠货币性资产的，按照实际捐赠金额确定。

（2）捐赠股权、房产的，按照个人持有股权、房产的财产原值确定。

（3）捐赠除股权、房产以外的其他非货币性资产的，按照非货币性资产的市场价格确定。

【案例 4-25】　以股权、房产捐赠时，公益性捐赠额的计算与确认

2019 年，居民个人韩某每月取得工资、薪金收入 35 000 元，有两个读中学的子女，每月可扣除子女教育支出 2 000 元，按照当地规定缴纳社保，其中个人每月缴纳社保费 3 200 元。当年 10 月，韩某将其 2000 年以成本价 5 万元取得的店面房捐赠给旁边的小学用作学生活动室，该店面房公允价 25 万元。试问：2019 年汇算清缴时，韩某的应纳税所得额是多少？

【解析】 按照个人所得税法的规定，韩某的子女教育支出以及按规定缴纳的社保费都是可以扣除的。同时,按照规定,韩某对外捐赠的房产以其取得成本即 5 万元扣除,且由于是对小学的捐赠,是可以全额扣除的。因此,韩某 2019 年应当确认的应纳税所得额与应纳税额分别为:

应纳税所得额 = 35 000×12 − 60 000 − 3 200×12 − 2 000×12 − 50 000
= 247 600(元)。

应纳税额 = 247 600×20% − 16 920 = 32 600(元)。

但是如果按照店面房公允价 25 万元确认捐赠额,则情况明显不同:

应纳税所得额 = 35 000×12 − 60 000 − 3 200×12 − 2 000×12 − 250 000
= 47 600(元)。

应纳税额 = 47 600×10% − 2 520 = 2 240(元)。

比较两者可以发现,后一方案比前一方案少缴纳个税 30 360 元。因此,对纳税人来说,是应当考虑进行筹划操作的。

4.6.4　取得不同所得项目时,公益性捐赠有没有扣除项目的限制?

《财政部　税务总局关于公益慈善事业捐赠个人所得税政策的公告》(财政部　税务总局公告 2019 年第 99 号)第三条第(一)项规定:"居民个人发生的公益捐赠支出可以在财产租赁所得、财产转让所得、利息股息红利所得、偶然所得(以下统称分类所得)、综合所得或者经营所得中扣除。在当期一个所得项目扣除不完的公益捐赠支出,可以按规定在其他所得项目中继续扣除。"

因此,仅从政策规定看,对于居民个人发生的公益性捐赠,在扣除项目选择上确实没有任何的限制。不过,如果考虑到不同项目的适用税率的差异,对纳税人来说,仍然有必要进行选择。

【案例 4-26】　　　　　公益捐赠在不同项目扣除导致税收负担差异

2019 年,居民个人顾某在甲公司任职,月工资、薪金收入 15 000 元,有一个读初中的子女(子女教育支出由顾某一个扣除),每月按规定缴纳的社保费为 2 800 元。将资金借给公司使用,并于 11 月取得利息收入 3 万元。另外,顾某通过民政局向农村义务教育捐赠 3 万元(可全额扣除)。

【解析】　按照个人所得税法等的规定,顾某 2019 年取得两类收入:一类综合所得(工资、薪金所得),另一类为利息、股息、红利所得。其中综合所得的应纳税所得额(未剔除捐赠) = 15 000×12 − 60 000 − 2 800×12 − 1 000×12 = 74 400(元)。

利息、股息、红利所得就是其收入全额即 30 000 元。

不考虑捐赠时,顾某应当缴纳的个人所得税:

74 400×10% − 2 520 + 30 000×20% = 10 920(元)。

顾某实际对外捐赠 3 万元,按照相关规定,顾某可选择在综合所得或利息、股息、红利所得中同时扣除,但选择先在综合所得中扣除还是先在利息、股息、红利所得扣除,其影响是不同的:

(1)选择在工资、薪金即综合所得中扣除,则:

应纳税额＝(74 400－30 000)×10%－2 520＋30 000×20%＝7 920(元)。

(2) 选择在利息、股息、红利所得中扣除,则:

应纳税额＝74 400×10%－2 520＝4 920(元)。

比较两种情况可以发现,选择在利息、股息、红利所得中扣除比选择在综合所得(工资、薪金所得)中扣除要少缴纳个人所得税3 000元。为什么会出现这个问题呢?是因为本案例中,顾某的综合所得只适用10%的税率,而利息、股息、红利所得则适用20%的税率。因此,对纳税人来说,选择在哪个项目中优先扣除还是很有必要的。

4.6.5　公益性捐赠在不同收入项目间扣除时,有没有顺序的限制?

《财政部　税务总局关于公益慈善事业捐赠个人所得税政策的公告》(财政部　税务总局公告2019年第99号)第三条第(三)项规定:"居民个人根据各项所得的收入、公益捐赠支出、适用税率等情况,自行决定在综合所得、分类所得、经营所得中扣除的公益捐赠支出的顺序。"

从政策规定看,对于居民个人发生的公益性捐赠,在扣除项目的顺序上,政策也是没有任何的限制。但通过[案例4-26],实际也可以看出,不同项目的适用税率是不同的,因此不同的扣除顺序对纳税人的纳税负担影响很大。

4.6.6　公益性捐赠有没有扣除期间的限制?对纳税人影响如何?

《财政部　税务总局关于公益慈善事业捐赠个人所得税政策的公告》(财政部　税务总局公告2019年第99号)第三条第(二)项规定:"居民个人发生的公益捐赠支出,在综合所得、经营所得中扣除的,扣除限额分别为当年综合所得、当年经营所得应纳税所得额的百分之三十;在分类所得中扣除的,扣除限额为当月分类所得应纳税所得额的百分之三十。"

税收政策对捐赠的扣除期间有非常严格的限制:对于经营所得或者综合所得,应在取得经营所得或者综合所得的年扣除;对于其他分类所得,则须在取得分类所得的当月进行扣除。

这个规定对于只取得分类所得(财产租赁所得,财产转让所得,利息、股息、红利所得,偶然所得)特别是取得一项分类所得的纳税人来说,影响非常巨大。但对于既取得分类所得又取得综合所得的纳税人来说,影响并不明显,因为按照规定,在分类所得项目中的不能扣除的还可以继续在综合所得中及经营所得中扣除。

【案例4-27】　　　　　　　　期间限制对捐赠扣除的影响分析

居民个人朱某,2019年存在下列事项:

(1) 任职于A公司,每月取得工资、薪金收入12 000元,按照规定,个人缴纳社保费3 500元。

(2) 有两个孩子,一个读初中,一个读小学,夫妻双方约定各扣一个孩子的子女教育支出。

(3) 8月通过民政局向当地的非盈利养老机构捐赠现金20 000元(可全额税前扣

除)。

(4) 8月到民政局捐赠回家的路上,参加某广告公司的抽奖活动,取得偶然所得10 000元。

(5) 11月通过教育局捐赠20 000元,以支持当地农村某小学灾后重建(捐赠额可全额扣除)。

(6) 11月,取得借款利息收入10 000元。

【解析】 按照《个人所得税扣缴申报管理办法(试行)》(国家税务总局公告2018年第61号印发)的规定,A公司按月向朱某支付工资、薪金时,应当按照累计预扣法履行代扣代缴义务。

(1) 1月,单位代扣代缴朱某的个人所得税为:

应纳税额=(12 000−5 000−3 500−1 000)×3%=75(元)。

(2) 2月,单位继续按照规定履行个人所得税代扣代缴义务:

应纳税额=(12 000×2−5 000×2−3 500×2−1 000×2)×3%−75=75(元)。

(3) 3~7月,与1~2月基本类似,只是金额有所变化。期间,朱某合计缴纳个人所得税为:

(12 000×7−5 000×7−3 500×7−1 000×7)×3%=525(元)。

(4) 8月,朱某获得奖金时向相关部门出示捐赠收据,那么捐赠支出可以直接扣除,偶然所得也就不产生个人所得税税负。

同时,将捐赠票据提供给单位,单位也可以按照规定进行扣除:

应纳税所得额=12 000×8−5 000×8−3 500×8−1 000×8=20 000(元)。

其中1~7月的应纳税所得额为17 500元,已经按规定申报缴纳税款了。8月未申报缴纳个人所得税的所得只有2 500元。同时,当月还可以扣除的捐赠额为10 000元,故当月不用再扣缴个人所得税。

(5) 9月及10月进行相应的计算,仍然可以继续扣除8月发生的尚未扣除的剩余的7 500元捐赠额,但也只能扣除5 000元的所得,仍有2 500元尚不能扣除。9、10两个月不产生个人所得税。

(6) 11月,朱某取得利息收入,只要向支付利息的单位或者个人出示教育局的捐赠收据,相关捐赠可以全额扣除,也就意味着利息收入不用缴纳个人所得税。前次尚未扣除的捐赠可以继续扣除。但本次发生的捐赠则只能留待12月扣除。

(7) 12月,朱某只有应税所得2 500元,可以扣除11月发生的尚未扣除的捐赠,不用缴纳个人所得税。

(8) 年度汇算清缴的时候,进行统一的汇总,但需要注意的是,偶然所得、利息收入并不参加综合所得的汇算清缴。

全年综合所得的应税所得额=12 000×12−60 000−3 500×12−1 000×12=30 000(元)。

在综合所得中可以扣除的捐赠额为20 000元,其实际应税所得额为10 000元(30 000−20 000)。故2019年应纳税额为:

应纳税额＝10 000×3%＝300(元)。

但1～7月,朱某实际已经缴纳个人所得税总计525元,故应当申请退税225元(525－300)。

朱某2019年收入、所得以及捐赠的扣除情况如表4-13所示。

表4-13 朱某2019年收入、所得及捐赠扣除情况分析表

月份	全部收入			专项扣除与专项附加扣除		应纳税所得额		捐赠与扣除情况				预扣预缴税款
	月薪	偶然所得	利息收入	专项扣除	专项附加扣除	当月应税所得	累计应税所得	捐赠	可扣除捐赠额	先在分类所得中扣除	再在工资薪金所得中扣除	应纳税额
1	12 000	—	—	3 500	1 000	2 500	2 500					75
2	12 000	—	—	3 500	1 000	2 500	5 000					75
3	12 000	—	—	3 500	1 000	2 500	7 500					75
4	12 000	—	—	3 500	1 000	2 500	10 000					75
5	12 000	—	—	3 500	1 000	2 500	12 500					75
6	12 000	—	—	3 500	1 000	2 500	15 000					75
7	12 000	—	—	3 500	1 000	2 500	17 500					75
8	12 000	10 000	—	3 500	1 000	2 500	20 000	20 000	20 000	10 000	2 500	0
9	12 000	—	—	3 500	1 000	2 500	22 500				2 500	0
10	12 000	—	—	3 500	1 000	2 500	25 000				2 500	0
11	12 000	—	10 000	3 500	1 000	2 500	27 500	20 000	20 000	10 000	2 500	0
12	12 000	—	—	3 500	1 000	2 500	30 000				2 500	0
合计	144 000	10 000	10 000	42 000	12 000	30 000	195 000	40 000	40 000	20 000	12 500	525

从另外一个角度分析可能更容易理解:

(1) 朱某实际捐赠额有两项:8月、10月各20 000元,合计40 000元。

(2) 两项捐赠都可以全额扣除,可扣除限额为40 000元。

(3) 朱某有两项其他分类所得:偶然所得与捐赠所得各10 000元,合计20 000元。

(4) 按照规定捐赠应优先使用其他分类所得扣除,可扣除额20 000元,其他分类所得为0,不再缴纳个人所得税。另外20 000元捐赠只能在综合所得中扣除。

(5) 全年综合所得30 000元,可扣除捐赠20 000元,故只须就10 000元计算缴纳个人所得税计300元(10 000×3%)。但朱某已经缴纳525元,故可申请退税225元。

4.6.7 取得综合所得时,公益捐赠是在预扣预缴环节扣除还是在汇缴环节扣除?

《财政部 税务总局关于公益慈善事业捐赠个人所得税政策的公告》(财政部 税务

总局公告 2019 年第 99 号)第四条规定,居民个人在综合所得中扣除公益捐赠支出的,应按照以下规定处理:

(1) 居民个人取得工资、薪金所得的,可以选择在预扣预缴时扣除,也可以选择在年度汇算清缴时扣除。

居民个人选择在预扣预缴时扣除的,应按照累计预扣法计算扣除限额,其捐赠当月的扣除限额为截至当月累计应纳税所得额的 30%(全额扣除的从其规定,下同)。个人从两处以上取得工资、薪金所得,选择其中一处扣除,选择后当年不得变更。

(2) 居民个人取得劳务报酬所得、稿酬所得、特许权使用费所得的,预扣预缴时不扣除公益捐赠支出,统一在汇算清缴时扣除。

(3) 居民个人取得全年一次性奖金、股权激励等所得,且按规定采取不并入综合所得而单独计税方式处理的,公益捐赠支出扣除比照分类所得的扣除规定处理。

4.6.8　取得经营所得时,公益捐赠该如何扣除?

《财政部　税务总局关于公益慈善事业捐赠个人所得税政策的公告》(财政部　税务总局公告 2019 年第 99 号)第六条规定,在经营所得中扣除公益捐赠支出,应按以下规定处理:

(1) 个体工商户发生的公益捐赠支出,在其经营所得中扣除。

(2) 个人独资企业、合伙企业发生的公益捐赠支出,其个人投资者应当按照捐赠年度合伙企业的分配比例(个人独资企业分配比例为 100%),计算归属于每一个投资者的公益捐赠支出,个人投资者应将其归属的个人独资企业、合伙企业公益捐赠支出和本人需要在经营所得扣除的其他公益捐赠支出合并,在其经营所得中扣除。

(3) 在经营所得中扣除公益捐赠支出的,可以选择在预缴税款时扣除,也可以选择在汇算清缴时扣除。

(4) 经营所得采取核定征收方式的,不得扣除公益捐赠支出。

4.6.9　取得分类所得已经纳税,能否追补扣除公益捐赠进而要求退税?

《财政部　税务总局关于公益慈善事业捐赠个人所得税政策的公告》(财政部　税务总局公告 2019 年第 99 号)第五条规定,居民个人发生的公益捐赠支出,可在捐赠当月取得的分类所得中扣除。当月分类所得应扣除未扣除的公益捐赠支出,可以按照以下规定追补扣除:

(1) 扣缴义务人已经代扣但尚未解缴税款的,居民个人可以向扣缴义务人提出追补扣除申请,退还已扣税款。

(2) 扣缴义务人已经代扣且解缴税款的,居民个人可以在公益捐赠之日起 90 日内提请扣缴义务人向征收税款的税务机关办理更正申报追补扣除,税务机关和扣缴义务人应当予以办理。

(3) 居民个人自行申报纳税的,可以在公益捐赠之日起 90 日内向主管税务机关办理更正申报追补扣除。

居民个人捐赠当月有多项多次分类所得的,应先在其中一项一次分类所得中扣除。已经在分类所得中扣除的公益捐赠支出,不再调整到其他所得中扣除。

4.6.10 扣除公益性捐赠需要提供什么票据与证明材料?

《财政部 税务总局关于公益慈善事业捐赠个人所得税政策的公告》(财政部 税务总局公告2019年第99号)第九条规定,公益性社会组织、国家机关在接受个人捐赠时,应当按照规定开具捐赠票据;个人索取捐赠票据的,应予以开具。个人发生公益捐赠时不能及时取得捐赠票据的,可以暂时凭公益捐赠银行支付凭证扣除,并向扣缴义务人提供公益捐赠银行支付凭证复印件。个人应在捐赠之日起90日内向扣缴义务人补充提供捐赠票据,如果个人未按规定提供捐赠票据的,扣缴义务人应在30日内向主管税务机关报告。机关、企事业单位统一组织员工开展公益捐赠的,纳税人可以凭汇总开具的捐赠票据和员工明细单扣除。

4.6.11 哪些公益性捐赠可以全额扣除?

综合现行的个人所得税政策,个人发生的下列公益性捐赠,允许在计算个人所得税时全额扣除。

4.6.11.1 对红十字事业的捐赠可以在税前全额扣除吗?

按照《财政部 国家税务总局关于企业等社会力量向红十字事业捐赠有关所得税政策问题的通知》(财税〔2000〕30号)的规定,个人通过非营利性的社会团体和国家机关(包括中国红十字会)向红十字事业的捐赠,在计算缴纳个人所得税时准予全额扣除。

《财政部 国家税务总局关于企业等社会力量向红十字事业捐赠有关问题的通知》(财税〔2001〕28号)对上述政策进行了细化和补充。

(1) 关于"红十字事业"的认定。

县级以上(含县级)红十字会,按照《中华人民共和国红十字会法》和《中国红十字会章程》所赋予的职责开展的相关活动为"红十字事业"。具体有以下10项:

① 红十字会为开展救灾工作兴建和管理备灾救灾设施;自然灾害和突发事件中,红十字会开展的救护和救助活动。

② 红十字会开展的卫生救护和防病知识的宣传普及;对易发生意外伤害的行业和人群开展的初级卫生救护培训,以及意外伤害、自然灾害的现场救护。

③ 无偿献血的宣传、发动及表彰工作。

④ 中国造血干细胞捐赠者资料库(中华骨髓库)的建设与管理,以及其他有关人道主义服务工作。

⑤ 各级红十字会兴办的符合红十字会宗旨的社会福利事业;红十字会的人员培训、机关建设等。

⑥ 红十字青少年工作及其开展的活动。

⑦ 国际人道主义救援工作。

⑧ 依法开展的募捐活动。

⑨ 宣传国际人道主义法、红十字与红新月运动基本原则和《中华人民共和国红十字会法》。

⑩ 县级以上(含县级)人民政府委托红十字会办理的其他"红十字事业"。

(2) 对受赠者和转赠者资格的认定。

鉴于现阶段各级地方红十字会机构管理体制多元化的情况,为使接受的捐赠真正用于发展红十字事业,维护国家正常的税收秩序,对受赠者、转赠者的资格认定为:

① 完全具有受赠者、转赠者资格的红十字会。

县级以上(含县级)红十字会的管理体制及办事机构、编制经同级编制部门核定,由同级政府领导联系者为完全具有受赠者、转赠者资格的红十字会。捐赠给这些红十字会及其"红十字事业",捐赠者准予享受在计算缴纳个人所得税时全额扣除的优惠政策。

② 部分具有受赠和转赠资格的红十字会。

由政府某部门代管或挂靠在政府某一部门的县级以上(含县级)红十字会为部分具有受赠者、转赠者资格的红十字会。这些红十字会及其"红十字事业",只有在中国红十字会总会号召开展重大活动(以总会文件为准)时接受的捐赠和转赠,捐赠者方可享受在计算缴纳个人所得税时全额扣除的优惠政策。除此之外,接受定向捐赠或转赠,必须经中国红十字会总会认可,捐赠者方可接受在计算缴纳个人所得税时全额扣除的优惠政策。

(3) 接受捐赠的红十字会应按照财务隶属关系分别使用由中央或省级财政部门统一印(监)制的捐赠票据,并加盖接受捐赠或转赠的红十字会的财务专用印章。

(4) 为增强中国红十字会总会的协调及救助能力,县级以上(含县级)红十字会将接受的捐赠资金(不包括实物部分),按10%的比例逐笔上交中国红十字会总会,上交资金全部用于"红十字事业"。

(5) 任何组织和个人不得侵占和挪用向红十字事业的捐赠。对违反上述规定,骗取所得税税前扣除或伪造捐赠票据者,按国家有关法律法规处罚。

4.6.11.2 对公益性青少年活动场所的捐赠能在税前全额扣除吗?

按照《财政部 国家税务总局关于对青少年活动场所电子游戏厅有关所得税和营业税政策问题的通知》(财税〔2000〕21号)的规定,个人通过非营利性的社会团体和国家机关对公益性青少年活动场所(其中包括新建)的捐赠,在计算缴纳个人所得税前准予全额扣除。

公益性青少年活动场所是指专门为青少年学生提供科技、文化、德育、爱国主义教育、体育活动的青少年宫、青少年活动中心等校外活动的公益性场所。

4.6.11.3 向福利性、非营利性的老年服务机构的捐赠能在税前全额扣除吗?

根据《财政部 国家税务总局关于对老年服务机构有关税收政策问题的通知》(财税〔2000〕97号)的规定,个人通过非营利性的社会团体和政府部门向福利性、非营利性的老年服务机构的捐赠,在计算缴纳个人所得税时准予全额扣除。

老年服务机构是指专门为老年人提供生活照料、文化、护理、健身等多方面服务的福利性、非营利性的机构,主要包括老年社会福利院、敬老院(养老院)、老年服务中心、老年公寓(含老年护理院、康复中心、托老所)等。

4.6.11.4 向农村义务教育的捐赠能在税前全额扣除吗?

按照《财政部 国家税务总局关于纳税人向农村义务教育捐赠有关所得税政策的通知》(财税〔2001〕103号)的规定,个人通过非营利的社会团体和国家机关向农村义务教育的捐赠,准予在计算缴纳个人所得税时全额扣除。

农村义务教育的范围是指政府和社会力量举办的农村乡镇(不含县和县级市政府所在地的镇)、村的小学和初中以及属于这一阶段的特殊教育学校。纳税人对农村义务教育与高中在一起的学校的捐赠,也享受财税〔2001〕103号文件规定的所得税前扣除政策。

接受捐赠或办理转赠的非营利的社会团体和国家机关,应按照财务隶属关系分别使用由中央或省级财政部门统一印(监)制的捐赠票据,并加盖接受捐赠或转赠单位的财务专用印章。税务机关据此对捐赠单位和个人进行税前扣除。

4.6.11.5 向教育事业的捐赠能在税前全额扣除吗?

按照《财政部 国家税务总局关于教育税收政策的通知》(财税〔2004〕39号)的规定,个人通过中国境内非营利的社会团体、国家机关向教育事业的捐赠,准予在个人所得税前全额扣除。

4.6.11.6 向慈善机构、基金会等非营利机构的公益、救济性捐赠能全额扣除吗?

按照《财政部 国家税务总局关于完善城镇社会保障体系试点中有关所得税政策问题的通知》(财税〔2001〕9号)的规定,个人向慈善机构、基金会等非营利机构的公益、救济性捐赠,准予在缴纳个人所得税前全额扣除。慈善机构、基金会等非营利机构是指依照国务院《社会团体登记管理条例》及《民办非企业单位登记管理暂行条例》规定设立的公益性、非营利性组织。

4.6.11.7 通过特定基金会实施的公益救济性捐赠可以全额扣除吗?

(1)按照《财政部 国家税务总局关于向中华健康快车基金会等5家单位的捐赠所得税税前扣除问题的通知》(财税〔2003〕204号)的规定,个人向中华健康快车基金会和孙冶方经济科学基金会、中华慈善总会、中国法律援助基金会和中华见义勇为基金会的捐赠,准予在缴纳个人所得税前全额扣除。

(2)按照《财政部 国家税务总局关于向宋庆龄基金会等6家单位捐赠所得税政策问题的通知》(财税〔2004〕172号)的规定,个人通过宋庆龄基金会、中国福利会、中国残疾人福利基金会、中国扶贫基金会、中国煤矿尘肺病治疗基金会、中华环境保护基金会用于公益救济性的捐赠,准予在缴纳个人所得税前全额扣除。

(3)根据《财政部 国家税务总局关于中国老龄事业发展基金会等8家单位捐赠所得税政策问题的通知》(财税〔2006〕66号)的规定,个人通过中国老龄事业发展基金会、中国华文教育基金会、中国绿化基金会、中国妇女发展基金会、中国关心下一代健康体育基金会、中国生物多样性保护基金会、中国儿童少年基金会和中国光彩事业基金会用于公益救济性捐赠,准予在缴纳个人所得税前全额扣除。

(4)根据《财政部 国家税务总局关于中国医药卫生事业发展基金会捐赠所得税政策问题的通知》(财税〔2006〕67号)的规定,个人通过中国医药卫生事业发展基金会用于公益救济性捐赠,准予在缴纳个人所得税前全额扣除。

(5) 按照《财政部 国家税务总局关于中国教育发展基金会捐赠所得税政策问题的通知》(财税〔2006〕68号)的规定,个人通过中国教育发展基金会用于公益救济性捐赠,准予在缴纳个人所得税前全额扣除。

4.6.11.8 向特定灾区的捐赠可以在税前全额扣除吗?

(1) 按照《国家税务总局关于个人向地震灾区捐赠有关个人所得税征管问题的通知》(国税发〔2008〕55号)的规定,个人通过扣缴单位统一向"5.12"汶川地震灾区的捐赠,由扣缴单位凭政府机关或非营利组织开具的汇总捐赠凭据、扣缴单位记载的个人捐赠明细表等,由扣缴单位在代扣代缴税款时,依法据实扣除。

(2) 按照《财政部 海关总署 国家税务总局关于支持舟曲灾后恢复重建有关税收政策问题的通知》(财税〔2010〕107号)的规定,个人通过公益性社会团体、县级以上人民政府及其部门向灾区的捐赠,允许在当年个人所得税前全额扣除。

(3) 根据《财政部 海关总署 国家税务总局关于支持芦山地震灾后恢复重建有关税收政策问题的通知》(财税〔2013〕58号)的规定,个人通过公益性社会团体、县级以上人民政府及其部门向受灾地区的捐赠,允许在当年个人所得税前全额扣除。

(4) 按照《财政部 海关总署 国家税务总局关于支持鲁甸地震灾后恢复重建有关税收政策问题的通知》(财税〔2015〕27号)的规定,个人通过公益性社会团体、县级以上人民政府及其部门向受灾地区的捐赠,允许在当年个人所得税前全额扣除。

4.6.11.9 对新型冠状病毒感染的肺炎疫情的捐赠可以在税前全额扣除吗?

《财政部 税务总局关于支持新型冠状病毒感染的肺炎疫情防控有关捐赠税收政策的公告》(财政部 税务总局公告2020年第9号,以下简称"2020年第9号公告")第一条规定:"企业和个人通过公益性社会组织或者县级以上人民政府及其部门等国家机关,捐赠用于应对新型冠状病毒感染的肺炎疫情的现金和物品,允许在计算应纳税所得额时全额扣除。"

2020年第9号公告第二条:"企业和个人直接向承担疫情防治任务的医院捐赠用于应对新型冠状病毒感染的肺炎疫情的物品,允许在计算应纳税所得额时全额扣除。捐赠人凭承担疫情防治任务的医院开具的捐赠接收函办理税前扣除事宜。"

值得注意的是,2020年第9号公告第二条可以说是对过去既往政策,甚至是对个人所得税法的一大突破。按照《个人所得税法》以及既往的其他法律政策,包括《企业所得税法》等的规定,企业和个人直接进行的捐赠是不允许税前扣除的,而按照上述的最新政策,企业和个人直接向承担疫情防治任务的医院捐赠用于应对新型冠状病毒感染的肺炎疫情的物品,允许在计算应纳税所得额时全额扣除。

第 5 章
项目分类：准确对综合所得项目归类

5.1 综合所得项目的内容与内涵是如何规定的？

5.1.1 个人所得税征税项目有哪些？

个人所得税的征税项目，其实就是个人所得税的征税范围。个人取得的收入或者所得，只要属于个人所得税征税项目范围，那么就必须按照规定申报缴纳个人所得税。否则，收入或者所得再多，也不用缴纳个人所得税。

按照《个人所得税法》第二条的规定，下列各项个人所得，应纳个人所得税：

（1）工资、薪金所得。
（2）劳务报酬所得。
（3）稿酬所得。
（4）特许权使用费所得。
（5）经营所得。
（6）利息、股息、红利所得。
（7）财产租赁所得。
（8）财产转让所得。
（9）偶然所得。

【案例 5-1】　　　　　　不在征税范围内的收入或所得不用纳税

李某，50 岁生日。为表示祝贺，同事张某、夏某等若干人在其 50 周岁生日前，"集资" 20 000 元购买一只手表后赠送给了李某。试问：李某获得价值 20 000 元的手表是否需要缴纳个人所得税？

【解析】 根据《个人所得税法》确定的 9 项征收项目，结合《个人所得税法实施条例》对各征收项目的解释与界定，同时综合考察财政部与国家税务总局出台的相关个人所得税规范性文件，个人获得其他个人赠品，除特别规定外，不需要缴纳个人所得税。

所谓特别规定是指《财政部　国家税务总局关于个人无偿受赠房屋有关个人所得税问题的通知》（财税〔2009〕78 号）及《财政部　税务总局关于个人取得有关收入适用个人所得税应税所得项目的公告》（财政部　税务总局公告 2019 年第 74 号）等规范性文件的规定，即个人获赠房产的，应当按"偶然所得"项目计征个人所得税。但对以下情形的房屋产权无偿赠与，对当事双方不征收个人所得税：

（1）房屋产权所有人将房屋产权无偿赠与配偶、父母、子女、祖父母、外祖父母、孙子女、外孙子女、兄弟姐妹。

（2）房屋产权所有人将房屋产权无偿赠与对其承担直接抚养或者赡养义务的抚养人或者赡养人。

（3）房屋产权所有人死亡，依法取得房屋产权的法定继承人、遗嘱继承人或者受遗赠人。

5.1.2 综合所得包括哪些项目？税法如何界定其内涵？

按照《个人所得税法》第二条的规定，综合所得其实只有四项内容：一是工资、薪金所得；二是劳务报酬所得；三是稿酬所得；四是特许权使用费所得。

5.1.2.1 税法对工资、薪金所得是如何界定的？如何理解？

（1）税法规定。

《个人所得税法实施条例》第六条第（一）项对工资、薪金所得的内涵进行了规定，即工资、薪金所得是指个人因任职或者受雇取得的工资、薪金、奖金、年终加薪、劳动分红、津贴、补贴以及与任职或者受雇有关的其他所得。

（2）内涵诠释。

从其规定可以看出，工资、薪金所得是因自然人在单位任职或者受雇而取得的所得，即常言的非独立个人劳动所得——个人所从事的是由他人指定、安排并接受管理的劳动。进一步讲，单位与个人之间存在一种管理与被管理关系，如果双方之间因工资、薪金等发生分歧，一般不适用《合同法》，而是适用《劳动合同法》或者《公务员法》等法律规范。

虽然税法将工资与薪金归为一类，但这并不意味着两者完全相同。事实上，两者间还是有一些细微差异的。一般而言，把直接从事生产、经营或服务的劳动者（工人）的收入称为工资，即"蓝领阶层"所得；而将从事社会公职或管理活动的劳动者（公职人员）的收入称为薪金，即"白领阶层"所得。但在立法实践中，各国均从简便易行的角度考虑，将工资、薪金合并为一个项目计征个人所得税。

5.1.2.2 税法对劳务报酬所得是如何界定的？如何理解？

（1）税法规定。

《个人所得税法实施条例》第六条第（二）项规定："劳务报酬所得，是指个人从事劳务取得的所得，包括从事设计、装潢、安装、制图、化验、测试、医疗、法律、会计、咨询、讲学、翻译、审稿、书画、雕刻、影视、录音、录像、演出、表演、广告、展览、技术服务、介绍服务、经纪服务、代办服务以及其他劳务取得的所得。"

（2）新旧税法差异。

比较新旧税法可以发现，在劳务报酬范围的界定上，新税法少了两项，即"新闻"和"广播"。为什么会删减掉这两项所得，不得而知，但可以确定的是，在新个人所得税法施行后，不再存在所谓的"新闻"或"广播"之类的劳务报酬所得。

（3）内涵诠释。

劳务报酬是一种最典型的独立个人劳动所得——个人与服务对象之间不是直接的管

理与被管理关系,而是一种平等的合作关系、合同关系。进一步讲,提供劳务的个人与被提供者(单位或个人)之间如果发生纠纷,包括报酬分歧,一般不适用《劳动合同法》或者《公务员法》,而是适用《合同法》等法律规范。

5.1.2.3 税法对稿酬所得是如何界定的？如何理解？

（1）税法规定。

《个人所得税法实施条例》第六条第(三)项规定:"稿酬所得,是指个人因其作品以图书、报刊等形式出版、发表而取得的所得。"

（2）新旧税法比较。

对于稿酬所得,新税法的界定是"以图书、报刊等形式出版、发表",比旧税法多了一个"等"字,但这个"等"是什么含义,税法却未给予进一步的解释,有关争议如"在网络上发表作品取得报酬算不算稿酬所得"的分歧并未消除。

（3）内涵诠释。

必须强调的是,个人的作品必须以一定的形式如图书、报刊等形式发表,并且作品以图书或报刊等形式发表之后,通常是能够传播的,这是应当视同个人取得稿酬所得的形式要求。如果不能满足这一形式特征,除非有特殊规定,不能适用稿酬所得课征个人所得税。

5.1.2.4 税法对特许权使用费所得是如何界定的？如何理解？

（1）税法规定。

按照《个人所得税法实施条例》第六条第(四)项的规定:"特许权使用费所得,是指个人提供专利权、商标权、著作权、非专利技术以及其他特许权的使用权取得的所得；提供著作权的使用权取得的所得,不包括稿酬所得。"

（2）内涵诠释。

特许权使用费所得,通俗地讲,就是自然人个人将其拥有的专利权、商标权、著作权、非专利技术等无形资产,授权他人使用而取得的报酬。其间不包括所有权的让渡,也不包括机器、设备、船舶、飞机等有形财产的授权使用。无形资产所有权的让渡适用财产转让所得征税；有形资产的授权使用适用财产租赁所得征税。

表 5-1 个人所得税征税项目及具体范围明细表

项目	具体范围	典型特征
工资、薪金所得	个人因任职或者受雇取得的工资、薪金、奖金、年终加薪、劳动分红、津贴、补贴以及与任职或者受雇有关的其他所得	任职或受雇；劳动合同；属非独立劳动；具有连续性、固定性特征
劳务报酬所得	个人从事劳务取得的所得,包括从事设计、装潢、安装、制图、化验、测试、医疗、法律、会计、咨询、讲学、翻译、审稿、书画、雕刻、影视、录音、录像、演出、表演、广告、展览、技术服务、介绍服务、经纪服务、代办服务以及其他劳务取得的所得	劳务合同；聘用法律关系；属于个人独立劳动；具有间断性、偶然性特征

(续表)

项目	具体范围	典型特征
稿酬所得	个人因其作品以图书、报刊等形式出版、发表而取得的所得	以图书、报刊等形式出版或发表
特许权使用费	个人提供专利权、商标权、著作权、非专利技术以及其他特许权的使用权取得的所得;提供著作权的使用权取得的所得,不包括稿酬所得	提供无形资产使用权收益(相当于出租无形资产)
经营所得	个体工商户从事生产、经营活动取得的所得,个人独资企业投资人、合伙企业的个人合伙人来源于境内注册的个人独资企业、合伙企业生产、经营的所得	办理工商登记为典型特征
经营所得	个人依法从事办学、医疗、咨询以及其他有偿服务活动取得的所得	以获得行政许可为主要标志
经营所得	个人对企业、事业单位承包经营、承租经营以及转包、转租取得的所得	以承包承租或者转包转租协议为典型标识
经营所得	个人从事其他生产、经营活动取得的所得	没有典型标志,需要综合考量和分析
利息、股息、红利所得	个人拥有债权、股权等而取得的利息、股息、红利所得	债权或股权性投资收益
财产租赁所得	个人出租不动产、机器设备、车船以及其他财产取得的所得	出租动产与不动产取得的收益
财产转让所得	个人转让有价证券、股权、合伙企业中的财产份额、不动产、机器设备、车船以及其他财产取得的所得	转让财产所有权收益
偶然所得	个人得奖、中奖、中彩以及其他偶然性质的所得	偶然性;中奖、中彩收益

【案例 5-2】 　　　　　　　个人所得税不同征税项目的适用与判定

蒋某在宏鑫公司担任财务总监。2019 年 10 月取得下列收入:
(1) 取得工资收入 8 000 元。
(2) 取得月度奖 2 000 元。
(3) 取得季度奖金 9 000 元。
(4) 取得午餐补贴(不是误餐补贴)1 000 元。
(5) 将房产出租给公司取得收入 12 000 元。
(6) 购买体育彩票并中得二等奖 100 000 元。

【解析】　上述第(1)、(2)、(3)、(4)项等均是因为其在单位任职而获得,符合《个人所得税法》对工资、薪金所得的概念,属于工资、薪金所得。

第(5)项与任职没有直接关系,而是蒋某将其房产出租给公司获得的收入,符合《个人所得税法》对财产租赁所得的概念界定,属于典型的财产租赁所得。

第(6)项收入与任职单位没有任何的关系,是个人中奖收入,符合《个人所得税法》对偶然所得的界定,应当按偶然所得征税。

5.2 不同征税项目之间有什么差异?又如何判定?

5.2.1 工资、薪金所得与劳务报酬所得有什么区别?

5.2.1.1 工资、薪金所得与劳务报酬所得必须加以区别吗?

虽然工资、薪金所得与劳务报酬所得都属于综合所得的范围,但在个人所得税计算方面,两者之间仍然存在着一些差异,并影响到个人的所得税负担。按照个人所得税法的规定,个人取得工资、薪金所得时,必须按全额确认为收入额,计入年终的收入总额中;而如果取得的是劳务报酬所得,则以收入全额减除20%的费用后的余额确认为收入额,计入年终的收入总额中。因此,对于纳税人来说,必须将工资、薪金所得与劳务报酬所得加以严格区分。

【案例5-3】　　　　　　**工资、薪金所得与劳务报酬所得的个人所得税负担差异**

李某,受雇于A单位,2019年每个月均从A单位取得工资、薪金,全年取得工资、薪金所得合计120 000元(扣缴缴纳的社保费后的金额);蔡某,自由职业者,2019年先后从甲、乙、丙、丁等单位取得劳务报酬,按照规定缴纳社保后余额合计为120 000元。假设单位均未扣缴个人所得税,且两自然人没有其他扣除项目。试比较两人的个人所得税税收负担。

【解析】《个人所得税法》第六条第(一)项规定:"居民个人的综合所得,以每一纳税年度的收入额减除费用六万元以及专项扣除、专项附加扣除和依法确定的其他扣除后的余额,为应纳税所得额。"同时,《个人所得税法》第六条规定:"劳务报酬所得、稿酬所得、特许权使用费所得以收入减除百分之二十的费用后的余额为收入额。稿酬所得的收入额减按百分之七十计算。"

因此,对照个人所得税税率表,可以计算确定两自然的个人所得税负担水平:

(1) 李某按工资、薪金所得纳税:

应纳税额=(120 000-60 000)×10%-2 520=3 480(元)。

(2) 蔡某按劳务报酬所得纳税:

应纳税额=[120 000×(1-20%)-60 000]×3%=1 080(元)。

(3) 税负比较:

简单比较即可发现,尽管两人的年收入完全相同,但作为劳务报酬所得纳税的蔡某比作为工资、薪金所得纳税的李某少缴纳个人所得税2 400元(3 480-1 080)。

5.2.1.2 工资、薪金所得与劳务报酬所得在概念与内涵上有何区别?

从税法对工资、薪金所得以及劳务报酬所得概念界定上,也能够较好地将两者加区别。

按照税法的规定，工资、薪金所得是指个人因任职或者受雇取得的工资、薪金、奖金、年终加薪、劳动分红、津贴、补贴以及与任职或者受雇有关的其他所得。劳务报酬所得是指个人从事劳务取得的所得，包括从事设计、装潢、安装、制图、化验、测试、医疗、法律、会计、咨询、讲学、翻译、审稿、书画、雕刻、影视、录音、录像、演出、表演、广告、展览、技术服务、介绍服务、经纪服务、代办服务以及其他劳务取得的所得。

5.2.1.3 工资、薪金所得与劳务报酬所得在法律关系上有何区别？

这是官方给出的一个判断标准。《国家税务总局关于印发〈征收个人所得税若干问题的规定〉的通知》（国税发〔1994〕89号）第十九条对于工资、薪金所得与劳务报酬所得的区分问题进行了规定："工资、薪金所得是属于非独立个人劳务活动，即在机关、团体、学校、部队、企事业单位及其他组织中任职、受雇而得到的报酬；劳务报酬所得则是个人独立从事各种技艺、提供各项劳务取得的报酬。两者的主要区别在于，前者存在雇佣与被雇佣关系，后者则不存在这种关系。"

5.2.1.4 工资、薪金所得与劳务报酬所得在适用法律上有何区别？

这是由上述差异而引发的必然后果。由于两者的法律关系不同，因而在适用法律方面，两者间存在着较大差异。如果是工资、薪金所得，那么自然人个人与其受雇或者任职单位之间存在着一种管理与被管理的关系，发生相关争议时，通常不是适用《合同法》，而是适用《劳动合同法》；相反，如果是劳务报酬所得，那么自然人个人与被服务对象之间是平等的合同主体关系，发生争议时，通常不适用《劳动合同法》而是适用《合同法》。

5.2.1.5 工资、薪金所得与劳务报酬所得在形式特征上有何区别？

一般而言，工资、薪金所得具有明确的连续性、固定性特征，即可以在很长一段时间内（几个月、几年、几十年）在同一家单位获得报酬，并且相关报酬的支付单位、金额，甚至支付时间和地点等都是相对固定的。而劳务报酬所得通常不具有这些特征，它所具有的只是偶然性、间断性，即服务对象、服务地点、报酬金额等都是不同的。

5.2.1.6 工资、薪金所得与劳务报酬所得在条件待遇上有何区别？

一般而言，个人在单位任职获取工资、薪金的，那么相关单位必须提供必要的工作条件，并保障员工享受到必要的福利待遇，特别是按照国家相关规定，为员工缴纳基本的养老保险、医疗保险等。但在劳务报酬所得模式下，个人是独立从事各种服务活动，相关的工作条件，只能由个人自己去提供或者创造，被服务者（劳务的接受者）按照合同的约定给予协助或履行合同义务。就目前而言，被服务者一般不会为自然个人缴纳社会保险。

5.2.1.7 工资、薪金所得与劳务报酬所得在法律责任上有何区别？

在工资、薪金所得模式下，个人履行职务的所有活动，只要没有个人的违法行为，相关的法律责任均归属于任职或者受雇的单位。但是在劳务报酬所得模式下，个人是法律责任的承担主体，所有的法律责任均归属于自然人个人。

5.2.1.8 工资、薪金所得与劳务报酬所得在税收上有何区别？

除了上文所说的个人所得税差异之外，工资、薪金所得与劳务报酬所得在增值税与企业所得税上也存在较大差异。

一、工资、薪金所得与劳务报酬所得在增值税上有何差异？

按照现行的增值税制规定，个人向其任职或者受雇单位提供工资、薪金性劳务的，不需要缴纳增值税。相反，如果自然人个人独立对外提供劳务，除未超过增值税起征点之外均须按照规定申报缴纳增值税。当然，免税情况除外。但必须强调的是，免税时仍然需要按规定办理申报，只是实际不缴纳增值税而已。

二、工资、薪金所得与劳务报酬所得在企业所得税上有何差异？

工资、薪金所得通常可以在企业所得税前直接扣除，并且其税前扣除凭证类型相对简单，可以凭工资表、支付凭证等直接扣除，不需要发票。但如果是劳务报酬所得，情况就大不一样。除向自然人个人支付的小额零星支出可以不需要发票进行税前扣除外，通常都需要凭劳务发票等进行税前扣除。

表 5-2 工资、薪金所得与劳务报酬所得差别表

项目	工资、薪金所得	劳务报酬所得
法律关系	雇佣法律关系：劳动合同	聘用法律关系：劳务合同
适用法律	劳动合同法	合同法
形式特征	连续性、固定性	随机性、偶然性
工作条件	单位负担提供	个人自己提供
福利待遇	享受与其他员工同等的福利待遇，缴纳基本社保	完全由自己负担
法律责任	归属于任职单位	由个人自行承担
增值税差异	不用缴纳增值税	起征点以上的征收增值税；免税除外
企业所得税	凭工资单（清册）、付款凭证等税前扣除	起征点以上的凭发票扣除，起征点以下的凭收款收据等扣除
个人所得税	将收入全额确认为收入额	在收入的基础上扣除20%后的余额确认为收入额

【案例 5-4】　　　　　工资、薪金所得与劳务报酬所得的判定

居民个人姚某，任职于某职业学校，主要从事财务教育工作，每月可以从单位取得工资、薪金等 12 000 元。2019 年 10 月，学校受甲单位委托，对其员工进行职业教育培训，便安排姚某讲授纳税筹划课程。姚某因之获得报酬 3 000 元。当月，姚某还与乙单位约定为乙单位讲授《建筑房地产企业涉税风险防控》的课程，获得报酬 15 000 元。试问：对于姚某的讲课费适用税目，是按工资、薪金所得还是适用劳务报酬所得？

【解析】　姚某取得的讲课费有两项：一是根据任职单位的安排为甲单位讲授纳税筹划课程；二是根据个人与乙单位的约定为乙单位讲授涉税风险防控课程。

姚某为甲单位讲授纳税筹划课程系任职单位安排，而任职单位为什么安排姚某去讲课的理由也很简单，即姚某是学校的老师。如果姚某不是学校的老师的话，学校显然也不会安排其为甲单位讲授相关课程。另外，在获得报酬的过程中，姚某只与任职的学校

发生关系,而与甲单位并未发生直接的关系,其间不存在所谓的劳务关系。因此,姚某按学校安排为甲单位讲课获得的3 000元讲课费收入与其任职密切相关,属于工资、薪金的范围,按工资、薪金所得项目征收个人所得税。

而姚某与乙单位之间则是一种纯粹的劳务关系,姚某只负责讲课,不负责其他事项;乙单位至多只为姚某提供讲课的场所与条件,不需要为姚某提供所谓的办公场所;姚某也不能获得与乙公司员工同等的福利待遇。因此,姚某从乙单位获得的讲课费属于劳务报酬的范围,按劳务报酬所得项目征收个人所得税。

5.2.2　工资、薪金所得与经营所得有什么区别？如何判定？

5.2.2.1　工资、薪金所得与经营所得必须加以区别吗？

将工资、薪金所得与经营所得加以区别,其根本的原因在于两者的税收待遇完全不同。

一、工资、薪金所得与经营所得在个人所得税上有何差异？

在个人所得税上,工资、薪金所得与经营所得是两种完全不同且独立的征收项目。其中,工资、薪金所得适用3%～45%的七级超额累进税率;经营所得则适用5%～35%的五级超额累进税率。税率与所得的差异,将不可避免地导致税收负担的差异。

另外,在个人所得税征管上也存在较大差异。对于工资、薪金所得项目由扣缴义务人在支付环节履行代扣代缴,并且按照累计预扣法预扣预缴。而对于经营所得,则实行的是纳税人自主申报缴纳办法,并不实行代扣代缴。

【案例5-5】　　　　　　　工资、薪金所得与经营所得的个人所得税税负差异

肖某,任职于某公司,2019年全年取得工资、奖金、补贴等800 000元,可扣除的基本养老保险、医疗保险等"三险一金"计20 000元,全年可扣除的各类专项附加扣除合计4 080元。尤某,投资设立个人独资企业,为某上市公司提供市场管理服务,全年取得收入500万元,扣除各类税前可扣除的成本、费用、损失及税金后剩余800 000元,可扣除的基本养老保险、医疗保险等"三险一金"计20 000元,全年可扣除的各类专项附加扣除合计4 080元。另外当地允许个人独资企业根据全年销售收入的2‰核定征收个人所得税。假定两自然人没有其他事项,试计算比较两者的个人所得税税收负担。

【解析】《个人所得税法》第六条第(一)项规定:"居民个人的综合所得,以每一纳税年度的收入额减除费用六万元以及专项扣除、专项附加扣除和依法确定的其他扣除后的余额,为应纳税所得额。"《个人所得税法》第六条第(三)项规定:"经营所得,以每一纳税年度的收入总额减除成本、费用以及损失后的余额,为应纳税所得额。"

《个人所得税法实施条例》第十五条规定,成本、费用,是指生产、经营活动中发生的各项直接支出和分配计入成本的间接费用以及销售费用、管理费用、财务费用;所称损失,是指生产、经营活动中发生的固定资产和存货的盘亏、毁损、报废损失,转让财产损失,坏账损失,自然灾害等不可抗力因素造成的损失以及其他损失。取得经营所得的个人,没有综合所得的,计算其每一纳税年度的应纳税所得额时,应当减除费用6万元、专项扣除、专项附加扣除以及依法确定的其他扣除。专项附加扣除在办理汇算清缴时减除。从事生产、经营活动,未提供完整、准确的纳税资料,不能正确计算应纳税所得额的,由主管税务机关核定应纳税所得额或者应纳税额。

因此,按照上述规定,对照个人所得税税率表,可以计算确定两自然的个人所得税负担水平:

(1) 肖某按工资、薪金所得项目征收个人所得税:

应纳税额＝(800 000－60 000－20 000－4 080)×45％－181 920＝140 244(元)。

(2) 尤某按个体经营所得项目征收个人所得税,有两种情况。

① 如果选择了核定征收,则:

应纳税额＝5 000 000×2％＝100 000(元)。

说明:按照《国家税务总局关于修订部分个人所得税申报表的公告》(国家税务总局公告2019年第46号)所附的申报表及其填报说明的规定,经营所得在核定征收个人所得税时,个人的基本减除费用、专项扣除以及专项附加扣除等,是不能扣除的。

② 如果选择了查账征收,则:

应纳税额＝(800 000－60 000－20 000－4 080)×35％－65 500＝185 072(元)。

(3) 两者的税负比较:

简单比较后可以发现,尽管肖某的工资、薪金所得与尤某的经营所得几乎完全相同,并且可以扣除的项目也完全相同,但在税收负担上还是存在较大差异:如果经营所得实行据实征收(查账)征收,则工资、薪金所得的税负比经营所得低4万多;但如果经营所得实行核定征收,则工资、薪金所得的税负比经营所得高4万多。当然,经营所得核定征收与查账征收间的税负差异更为显著,竟然高达85 072元。这也是当前一部分收入者设立个体工商户并千方百计选择核定征收的原因之一。这也说明,在个人所得税征管方式上应当全面调整,要么取消核定征收,要么大幅度提升核定征收的比率,否则,将不可避免地造成大幅度的税收流失。

二、工资、薪金所得与经营所得在增值税上有何差异?

《财政部 国家税务总局关于全面推开营业税改征增值税试点的通知》(财税〔2016〕36号)附件1《营业税改征增值税试点实施办法》第十条第(二)项规定:"单位或者个体工商户聘用的员工为本单位或者雇主提供取得工资的服务。"而个人从事生产经营活动的,则应当按照规定计算缴纳个人所得税。当然,按照现行增值税制的规定,个人从事生产经营活动未超过增值税起征点的,也是不用缴纳增值税的。另外,按照《财政部 税务总局关于实施小微企业普惠性税收减免政策的通知》(财税〔2019〕13号)以及《国家税务总局关于增值税小规模纳税人地方税种和相关附加减征政策有关征管问题的公告》(国家税务总局公告2019年第5号)等的规定,对月销售额10万元以下(含本数)的增值税小规模纳税人,免征增值税。

三、工资、薪金所得与经营所得在进项抵扣与税前扣除上有何差异?

对企业来说,发生工资、薪金支出时,通常凭工资表、转账或者现金支付凭证等进行税前扣除,并不需要所谓的发票。由于工资、薪金所得项目前不属于增值税征税范围,对企业纳税人来说,自然也不存在取得增值进项税额抵扣问题。而对于经营所得而言,按照《企业所得税税前扣除凭证管理办法》(国家税务总局公告2018年第28号)第九条的规定,考虑到大多数个体户、个人独资企业与个人合伙企业等经济体都是需要办理相关证照的,在取得经营收入时,均须按照规定对外开具发票或者其他合法有效凭证,即便是享受免税政策,也应对外开具发票。这就意味着,凡与这些个体户等发生往来时,应当凭合法有效的凭证,特别是发票进行税前扣除。

5.2.2.2 一般情况下从哪些方面区别工资、薪金所得与经营所得?

一、如何从概念与内涵上对工资、薪金所得与经营所得进行区别?

《个人所得税法实施条例》第六条规定,对工资、薪金与经营所得进行了明确的界定,对纳税人来说,其界定就是最好的区别方式。

(1) 工资、薪金所得是指个人因任职或者受雇取得的工资、薪金、奖金、年终加薪、劳动分红、津贴、补贴以及与任职或者受雇有关的其他所得。

(2) 经营所得是指:

① 个体工商户从事生产、经营活动取得的所得,个人独资企业投资人、合伙企业的个人合伙人来源于境内注册的个人独资企业、合伙企业生产、经营的所得。

② 个人依法从事办学、医疗、咨询以及其他有偿服务活动取得的所得。

③ 个人对企业、事业单位承包经营、承租经营以及转包、转租取得的所得。

④ 个人从事其他生产、经营活动取得的所得。

二、如何从法律关系上区别工资、薪金所得与经营所得?

按照《国家税务总局关于印发〈征收个人所得税若干问题的规定〉的通知》(国税发〔1994〕89号)第十九条的规定,工资、薪金所得是属于非独立个人劳务活动,即在机关、团体、学校、部队、企事业单位及其他组织中任职、受雇而得到的报酬,单位与个人之间存在着雇佣与被雇佣关系。而经营所得则是个人从事生产、经营活动取得所得,相关的自然人与企事业单位之间并不存在雇佣与被雇佣关系,而是一种正常的经济或商品与劳务交易。

三、如何从适用法律上区别工资、薪金所得与经营所得?

两者之间的适用法律存在较大的差异。如果是工资、薪金所得模式,那么个人与其受雇或者任职的企事业之间存在着一种管理与被管理的关系,因报酬等发生相关争议时,通常适用《劳动合同法》,而不是《合同法》。而对于经营所得则完全不同。在经营所得模式下,相关的自然人往往需要履行登记或者取得许可后才可以从事生产经营活动,并且在经营活动中也往往以特定经济实体的名义对外活动。可以说,他们都是市场经济的活动主体,在法律地位上,与其他企事业单位是相同的。因此,在业务往来中如果有什么分歧,往往适用《合同法》而不是《劳动合同法》。

四、如何从条件待遇上区别工资、薪金所得与经营所得?

一般而言,个人在单位任职获取工资、薪金所得的,相关单位必须提供必要的工作条件,并保障员工享受到必要的福利待遇,特别是按照国家相关规定,为员工缴纳基本的养老保险、医疗保险等。但如果个人从事生产经营活动,那么所有的经营条件与待遇,只能由自己创造、提供,养老保险、医疗保险也都是由自己承担。

五、如何从所得成果上区别工资、薪金所得与经营所得？

通常情况下，个人在单位任职的，只要完成规定的工作量或工作任务，那么即可以获得约定的报酬，虽然对收入与经营成果没有处置权，但也并不承担生产经营的成本，更不需要承担经营亏损。但在生产经营模式下，情况则完全不同。自然人依法从事生产经营活动，必须对其生产经营活动承担全部的责任，虽然对收入以及经营成果拥有全部的控制权、处置权等完全的所有权，但也须承担全部经营的成本与费用，特别是要为亏损买单。

六、如何从法律责任上区别工资、薪金所得与经营所得？

在工资、薪金所得模式下，个人履行职务的所有活动，只要没有个人的违法行为，相关的法律责任均归属于任职或者受雇的单位。但在生产经营模式下，个人大多按照规定办理营业执照或获得行政许可后，独立地从事生产经营活动而获得的报酬，如果未办理营业执照或者获得行政许可，则属于非法经营，相关自然人须承担不利的法律后果。在经营活动中，相关自然人也须以特定经济实体的名义开展活动，为经营而发生的费用自然由相关经济实体承担，相应地，法律责任由其经济实体承担，相关自然人个人承担连带责任。

5.2.2.3　特殊情况下从哪些方面区别工资、薪金所得与经营所得？

应当说从上述的几个维度，还是比较容易将工资、薪金所得与经营所得加以区分的。不过，对纳税人来说，政策的特别规定可能更为重要。

一、投资者或合伙人从个人独资与合伙企业取得收入是工资、薪金所得吗？

个体工商户业主、个人独资企业投资者以及个人合伙企业的合伙人可能也会从个体工商户、个人独资企业以及个人合伙企业取得所谓的"工资、薪金"，而且也满足我们上文分析的工资、薪金所得的全部特征，但由于现行的政策规范，即《个体工商户个人所得税计税办法》（国家税务总局令第35号）等的规定，上述自然人个人的工资、薪金支出不得税前扣除。因而，必须在计算确认经营所得时调增应税所得，然后再按照规定减除基本扣除费用（个人生计费用）。进一步讲，个体工商户业主、个人独资企业投资者以及合伙企业的合伙人从个体工商户、个人独资企业以及个人合伙企业取得的工资、薪金，即便平时按照工资、薪金所得预扣预缴或代扣代缴了工资、薪金所得项目的个人所得税，年度终了后也必须并入到经营所得项目，重新计算应退补的个人所得税。

二、个人对企事业单位的承包、承租经营所得到底是经营所得还是工资、薪金所得？

个人对企业、事业单位承包经营、承租经营以及转包、转租取得的所得大多属于经营所得项目的课税范围，但在某些情况下，也可能适用工资、薪金所得项目计征个人所得税。《国家税务总局关于个人对企事业单位实行承包经营、承租经营取得所得征税问题的通知》（国税发〔1994〕179号）规定，承包经营、承租经营者按照承包、承用经营合同（协议）规定取得的所得，依照个人所得税法的有关规定缴纳个人所得税，具体如下：

（1）承包、承租人对企业经营成果不拥有所有权，仅是按合同（协议）规定取得一定所得的，其所得按工资、薪金所得项目计征个人所得税。

（2）承包、承租人按合同（协议）的规定只向发包、出租方交纳一定费用后，企业经营成果归其所有的,承包、承租人取得的所得,按经营所得项目计征个人所得税。

（3）企业实行个人承包、承租经营后,如工商登记改变为个体工商户的,应依照经营所得项目计征个人所得税。

表5-3 工资、薪金所得与经营所得项目的差异比较表

项目	工资薪金所得	经营所得
增值税差异	不征增值税	征收增值税,但小规模纳税人可享受免税优惠
企业所得税	凭内部凭证(包括工资单、清册)以及支付凭证税前扣除	凭发票或合法有效的外部往来凭证进行税前扣除
个人所得税	适用3%～45%的七级超额累进税率	适用5%～35%的五级超额累进税率
法律关系	雇佣法律关系,劳动合同	没有雇佣关系,只存在商事法律关系
适用法律	劳动合同法	合同法等商事法律
形式特征	个人非独立劳动,连续性、固定性;不用办理登记或获得行政许可	经济实体的经营活动;连续性、固定性、经营性;通常需要办理工商登记或者行政许可
工作条件	由任职单位负责提供	由自然人个人负责提供或者创造
福利待遇	由任职单位提供,并与其他员工同等待遇	由自然人个人自行负担
法律责任	相关法律责任,均由单位负责	由自然人个人承担
所得成果	对成果不拥有所有权、处置权	对经营成果拥有绝对的所有权、处置权等
政策的特别规定	个人独资企业的投资者或合伙企业的合伙人从其投资实体取得的所得未必就是工资、薪金所得;即便签订了承包承租协议等,如果对成果不拥有所有权,那么也可能按照工资、薪金所得征税	

5.2.3 劳务报酬所得与经营所得有何区别?如何判定?

5.2.3.1 必须对劳务报酬所得与经营所得加以区分吗?

劳务报酬所得属于综合所得的范畴,适用3%～45%的七级超额累进税率;而经营所得则适用5%～35%的五级超额累进税率,其间的税收负担差异是显而易见的。不仅如此,两者在征管方式上存在重大区别：

（1）对于劳务报酬,通常由支付人在支付时代扣代缴(预扣预缴),年终后再由纳税人自行办理汇算清缴;而对于经营所得,则全部由个人履行自主申报义务。

（2）新个人所得税法施行后,各地为了规范执法,特别是推进依法治税,都出台政策明确规定,对个人向税务机关申请代开发票时都不再代扣代缴个人所得税,而全部由支付单位依法履行代扣代缴(预扣预缴)义务;但对于经营所得向税务机关申请代开发票时,在代开发票环节仍然由税务机关征收个人所得税,并且对于经营所得还可以核定征收个人所得税。

因此,基于两者间的重大税收待遇差别,将两者加以严格区分显得非常必要。

5.2.3.2 如何从概念与内涵上区分劳务报酬所得与经营所得？

《个人所得税法实施条例》第六条规定，对劳务报酬所得与经营所得进行了明确的界定，对纳税人来说，其界定就是最好的区别方式。

（1）劳务报酬所得是指个人从事劳务取得的所得，包括从事设计、装潢、安装、制图、化验、测试、医疗、法律、会计、咨询、讲学、翻译、审稿、书画、雕刻、影视、录音、录像、演出、表演、广告、展览、技术服务、介绍服务、经纪服务、代办服务以及其他劳务取得的所得。

（2）经营所得是指：

① 个体工商户从事生产、经营活动取得的所得，个人独资企业投资人、合伙企业的个人合伙人来源于境内注册的个人独资企业、合伙企业生产、经营的所得。

② 个人依法从事办学、医疗、咨询以及其他有偿服务活动取得的所得。

③ 个人对企业、事业单位承包经营、承租经营以及转包、转租取得的所得。

④ 个人从事其他生产、经营活动取得的所得。

5.2.3.3 营业执照、许可证照以及承包承租或转包转租协议是区分劳务报酬所得与经营所得最基本的标志吗？

按照税法的规定，结合上文有关劳务报酬的内涵解析可以看出，在绝大多数情况下，区别劳务报酬所得与经营所得还是相当容易的。比如个人从事个体经营或者投资设立个人独资与个人合伙企业的，通常需要按照规定办理工商登记，从事办学、医疗等通常也需要依法取得相关许可证照，而从事承包经营、承租经营以及转包、转租经营的往往需要与相关方签订较长期限的承包、承租或转包、转租经营协议。因此，在这些情况下，有没有工商登记（营业执照）、有没有相关行政许可以及有没有较长期间的承包、承租或转包、转租协议等就成了区分经营所得与劳务报酬所得的一个重要判断依据。

5.2.3.4 除营业执照、许可证及合同协议之外，还可以从哪些维度区别劳务报酬所得与经营所得？

在少数情况下，区别劳务报酬所得与经营所得却不那么容易。按照个人所得税法的规定，个人"依法从事其他有偿服务活动"或者"从事其他生产、经营活动"取得的所得也是一种经营所得。这就意味着，个人在没有办理任何登记或者许可的情况下，独立从事活动取得的所得既可能是劳务报酬，也可能是经营所得。

那么到底该如何对两者进行区分呢？除了登记证照（包括营业执照、许可证照以及承包、承租协议外），笔者认为可以从以下几个维度共同加以判定。

一、如何从服务方式因素区别劳务报酬所得与经营所得？

生产资料是经营所得的必然条件。因此，服务的提供方式，或者说是否利用相关的生产资料对外提供服务，应当成为劳务报酬所得与经营所得的重要判断标准。如果提供劳务时使用了归属于自然人个人所有或者控制的生产资料，那么相关的劳务应当认定为经营所得类劳务；相反，如果在提供劳务过程中，自然人个人没有使用自己所有或者控制的生产资料，那么相关的劳务应当认定为劳务报酬类劳务。例如，自然人张某与工程队约定，张某利用自己购买或者租赁的汽车为工程队运输建筑材料并获取报酬，此时，由于张某拥有生产资料汽车，那么即便张某未取得交通运输管理部门的运输许可证，其所得仍应界定为经营所得。《国家税务总局关于印发〈机动出租车驾驶员个人所得税征收管理暂行办法〉的通知》（国税发〔1995〕50号，以下简称为国税发〔1995〕50号文件）规定："出租车属个人所有，但挂靠出租汽车经营单位或企事业单位，驾驶员向挂靠单位缴纳管理费的，或出租汽车经营单位将出租车所有权转移给驾驶员的，出租车驾驶员从事客货运营取得的收入，比照个体工商户的生产、经营所得项目征税。"

二、如何从组织管理因素区别劳务报酬所得与经营所得？

劳务报酬通常是独立个人提供劳务而取得的报酬。因此，有一些财税专业人士提出一种观点，即单个人员提供劳务获得的所得就是劳务报酬所得，团队提供的劳务所得则应归属于经营所得。这种观点是有失偏颇的，单个人员提供的服务也可能是经营所得。例如，李某个人购买了一辆汽车挂靠到运输公司，长期为其他单位或者个人提供运输服务，按照国税发〔1995〕50号文件的规定，就是典型的经营所得。但此观点也给我们一个启示，即组织管理因素：一是服务者内部组织管理因素，二是提供者与服务者组织管理关系。

（1）服务者内部组织管理因素。

服务的提供者是团队，如果团队内部各成员之间是平等的关系，不存在组织管理与被组织管理关系，那么其对外提供的劳务应认定为劳务报酬类劳务。反之，则应当被认为经营所得。例如，张某与工程队约定，由其带领李、赵、钱、陈、王等其他五人利用工程队的车辆为工程队运输建筑材料。张某与工程队进行劳务款项结算，同时对其他人进行管理。此时，张某的报酬应认定为经营所得，其他人的所得则应认定为劳务报酬所得。相反，如果张、李、赵、钱、陈、王等六人同与工程队签约，利用工程队的车辆为工程队运输建筑材料，并且工程队与六人各自结算劳务款项，这就意味着六人之间是平等的，不存在管理与被管理关系，那么此时张、李、赵、钱、陈、王等六人取得的所得均应认定为劳务报酬。"将组织管理作为经营所得与劳务报酬所得区分标准"的观点在《建筑安装业个人所得税征收管理暂行办法》（国税发〔1996〕127号）有充分的体现。

（2）提供者与服务者组织管理关系。

服务的提供者是个体，那么服务的提供者与被提供者之间存在一定的管理与被管理关系，则是劳务报酬（当然，这种管理与被管理关系远没有工资、薪金所得那么强烈）。相反，完全以独立的合同形态出现，则归属为经营所得。例如，某建筑公司因临时性工程的需要，与若干自然人签订劳务协议，那么在生产过程中必然会对相关的自然人进行考勤、考核等生产性管理。但如果建筑公司与某个体的工程队签订协议，那么建筑公司就不再对自然人进行考勤与考核了，但个体的工程队却会对自然人进行组织和管理活动。建筑公司与工程队之间不存在管理关系，只是合同关系，因而对个体工程队而言适用经营所得计征个人所得税。

三、如何从服务内容因素区分劳务报酬所得与经营所得？

劳务报酬是个人提供劳务取得的所得，自然劳务是其主要内容。所谓劳务，应当是指能够体现服务人员的思想和意识且与服务者密不可分，但能满足服务接受者特定需求的没有具体的形态的服务。虽然服务的接受者利用相关服务，最终可以形成产品、商品，但服务本身并不存在产品或者商品。如产品设计，对设计的提供人来说，设计文档并不是产品,而只是一种思路或者方法,很难说是产品,但服务对象使用其思路却可以生产出一定的产品来。

生产、经营,则是一系列活动的总称,其间包含有筹划、谋划、计划、规划、组织、治理、管理等含义。而且更为重要的是,对经营者来说,最终必须形成一种社会认可具有一定使用价值的产品。当然,这种产品既可以是商品,也可以是劳务。

即便同样都是劳务,作为经营所得的劳务与作为劳务报酬的劳务在服务属性上有着本质的区别,前者属于产品性劳务,而后者则属于定制性劳务。经营所得类劳务通常具有普遍性,即同样的事项可以同时为不同的服务对象提供,相关服务是可以重复进行的,而且几乎不需要进行任何的修改就可以重复进行。劳务报酬类劳务通常具有特定性,即根据特定对象的特定业务需要而提供服务,通常不能重复进行,即便可以重复进行,也须作有针对性的修改。

四、如何从主动与被动关系因素区分劳务报酬所得与经营所得?

进一步分析上述服务属性的差异,可以发现经营所得类劳务与劳务报酬类劳务还存在另外一个差异:主动性与被动性。由于经营性劳务具有较强的产品属性,容易被社会接受并知晓,服务者可以主动宣传其服务,向服务对象发出邀约,服务的接受者也可以根据服务者的产品属性结合自己的业务需求,主动向服务者发生邀请,可以说双方都具有较高的主动性。在服务的过程中,即便服务的内容会根据接受者的要求有所调整,但主体仍然是服务者原产品性服务的内容。而劳务报酬类劳务则相对被动,一方面对于服务的提供者来说,由于没有产品性的服务,只能根据服务对象的要求确定自己的服务及其内容,可以说完全处于被动地位。更为重要的是,在整个服务的提供过程中,服务的接受者对服务的内容处于决定地位、支配地位。

五、如何从报酬与风险因素区分劳务报酬所得与经营所得?

个人对外提供劳务的,大多情况下是按照劳务工作量、工作时长、服务频次等确定服务报酬,个人只要提供了符合条件的劳务,就可以获得报酬;只要不是劳务提供者原因,个人在停工期间仍能获得报酬。同样,如果个人没有责任,也不用承担劳务提供过程中发生的材料等损失。另外,鉴于个人获取劳务报酬时不需要拥有大额的生产资料,因而成本比重相对较小,发生亏损的概率较低。可以说,劳务报酬类劳务的提供者所承担的风险极小。

但经营所得则完全不同。经营性劳务的提供者不仅仅提供劳务,而且还涉及整个过程的规划、组织和管理,因而必须对全过程负责,不仅要承担中途停工的损失,还需要承担劳务提供过程中材料报废等的其他损失。不仅如此,由于经营类劳务往往需要拥有相当的生产资料,因而,在整个劳务的提供中,其成本比重也相对较大。因此,经营性劳务的提供者虽然对经营所得拥有所有权,包括控制权、处置权、收益权等,但却承担着极高的风险。事实上,收益永远是与风险相伴的,拥有所有权其实就意味着承担风险。在总局的一些文件中也能找到用报酬与风险对经营所得与劳务报酬所得区别的政策。如《国家税务总局关于个人对企事业单位实行承包经营、承租经营取得所得征税问题的通知》(国税发〔1994〕179号)中明确个人对经营成果拥有所有权的,按经营所得项目征收个人所得税。

六、如何从经营持续与否的角度区别劳务报酬所得与经营所得？

劳务报酬所得通常具有临时性、随机性、偶然性等特征，而经营所得通常具有相对的持续性特征。

《国家税务总局关于个人从事医疗服务活动征收个人所得税问题的通知》（国税发〔1997〕178号）以及《国家税务总局关于修改部分税收规范性文件的公告》（国家税务总局公告2018年第31号）等文件规定，个人未经政府有关部门批准，自行连续从事医疗服务活动，不管是否有经营场所，其取得与医疗服务活动相关的所得，按照"个体工商户的生产、经营所得"（现修改为"经营所得"）应税项目缴纳个人所得税。其中就强调"连续从事医疗服务活动"，可见，持续经营应当是经营所得的特征之一。

当然，对任何事物进行区别，其标准都是相对的，不可能绝对。因此，在劳务报酬与经营所得的判定上，肯定还有其他的一些分析与比较因素，比如说时间与地点。某些地方的税务机关即以持续时间达到一定程度，地点相对固定作为区分标准。但从总体讲，时间与地点的差异实际上并不是很明显。

综合而言，根据上述几个方面的差异，基本上能够较好地区分劳务报酬类劳务与经营性劳务。当然，在国家税务总局等相关部门出台政策明确规定前，无论是纳税人还是税务机关，都应当本着实质重于形式的原则进行判定，特别是要结合具体的实际情况进行判定。

表5-4 劳务报酬与经营所得的差异比较

项目	劳务报酬	经营所得
增值税差异	征收增值税但起征点以下的不征税	征收增值税，但小规模纳税人可享受免税优惠，另外未达起征点的也不征税
企业所得税	一般凭发票或者合法有效的外部凭证扣除，但起征点以下的可以凭收款收据税前扣除	凭发票或合法有效的外部往来凭证进行税前扣除
个人所得税	适用3%～45%的七级超额累进税率；在收入的基础上扣除20%的费用后确定为收入额	适用5%～35%的五级超额累进税率；所得确认上遵循收入减除成本、费用、损失的原则
法律关系	聘用法律关系，劳务合同	没有聘用关系，只存在商事法律关系
形式特征	个人独立劳动，随机性、偶然性	经济实体的经营活动，连续性、固定性、经营性
证照协议	可能会签订劳务合同	通常需要办理工商登记或者获得行政许可，或者与相关单位签订承包、承租协议等
服务方式	通常不拥有生产资料	通常会与生产资料结合，表现为持有一定的生产资料
组织管理	个人独立劳动，几乎没有组织管理关系	通常会在内部存在一定的组织管理关系
服务内容	税法列举的26项服务内容；并概括界定	经营活动，包含有筹划、谋划、计划、规划、组织、治理、管理一系列因素

(续表)

项目	劳务报酬	经营所得
主动与被动	一般具有被动性特征	经营活动具有相对主动性
报酬与风险	根据一定的劳动量确定报酬,不承担经营的风险;对成果不拥有所有权、处置权	根据活动效果确定收益,须承担整个经营活动中的损益;对经营成果拥有绝对的所有权、处置权等
其他方面	时间与地点均不固定	时间与地点相对固定

5.2.4 稿酬所得与特许权使用费所得有什么区别？

稿酬所得与特许权使用费所得虽然都属于综合所得的范围,但在应税所得的计量方面却存在较大的差异。稿酬所得、特许权使用费所得虽然均以收入减除20%的费用后的余额为收入额,但稿酬所得的收入额还可以减按70%计算。自然,对税收征纳双方而言,都需要对稿酬所得与特许权使用费所得加以区分。

为了找到两者的区别,有必要回顾一下税法对两者的概念界定。即稿酬所得是指个人因其作品以图书、报刊等形式出版、发表而取得的所得。特许权使用费所得是指个人提供专利权、商标权、著作权、非专利技术以及其他特许权的使用权取得的所得;提供著作权的使用权取得的所得,不包括稿酬所得。

从税法对两者的概念界定中很容易得到稿酬所得与特许权使用费的区分标准。即稿酬所得必须是以特定的形式,如以图书、报刊等形式出版、发表出来而取得的所得;而特许权使用费则是取得著作权(以一定形式表现出来)之后,再授权他人使用(如把小说改编成电影或者电视剧)而获得的所得。但如果授权他人以图书、报刊等形式发表(如修改后再版)而取得的所得仍然属于稿酬所得。

5.2.5 特许权使用费所得与财产转让所得有何区别？

特许权使用费所得是指个人提供专利权、商标权、著作权、非专利技术以及其他特许权的使用权取得的所得。财产转让所得是指个人转让有价证券、股权、合伙企业中的财产份额、不动产、机器设备、车船以及其他财产取得的所得。因此,两者的最大区别在于:特许权使用费是纳税人让渡无形资产的使用权而获得的所得,而财产转让所得则是个人转让各类财产,包括无形资产所有权而获得的所得。

5.2.6 特许权使用费所得与财产租赁所得有何区别？

特许权使用费所得是指个人提供专利权、商标权、著作权、非专利技术以及其他特许权的使用权取得的所得。财产租赁所得是指个人出租不动产、机器设备、车船以及其他财产取得的所得。因此,两者都不转让所有权,都只是允许他人使用自己的财产而取得收益,但特许权使用费是授权他人使用无形资产(相当于出租无形资产)而获得的所得,而财产租赁所得则是出租不动产与机器、设备等动产等财产而获得的所得。

5.3 如何准确对工资、薪金所得进行归类？

5.3.1 什么是工资、薪金所得？有一般判定原则或标准吗？

5.3.1.1 个人所得税法对工资、薪金所得是如何界定的？

《个人所得税法实施条例》第六条第（一）项规定："工资、薪金所得，是指个人因任职或者受雇取得的工资、薪金、奖金、年终加薪、劳动分红、津贴、补贴以及与任职或者受雇有关的其他所得。"

5.3.1.2 国家税务总局的规范性文件如何进行补充界定？

个人所得税法及其实施条例对工资、薪金所得的界定并不完善。基于这一原因，财政部和国家税务总局等先后出台了一系列文件，进一步明确工资、薪金所得的内涵与范围。

《国家税务总局关于印发〈征收个人所得税若干问题的规定〉的通知》（国税发〔1994〕089号）第十九条规定："工资、薪金所得是属于非独立个人劳务活动，即在机关、团体、学校、部队、企事业单位及其他组织中任职、受雇而得到的报酬。"

《国家税务总局关于个人兼职和退休人员再任职取得收入如何计算征收个人所得税问题的批复》（国税函〔2005〕382号）及《国家税务总局关于离退休人员再任职界定问题的批复》（国税函〔2006〕526号）等文件对工资、薪金判定的标准如下：

（1）受雇人员与用人单位签订1年以上（含1年）劳动合同（协议），存在长期或连续的雇用与被雇用关系。

（2）受雇人员因事假、病假、休假等原因不能正常出勤时，仍享受固定或基本工资收入。

（3）受雇人员与单位其他正式职工享受同等福利、社保、培训及其他待遇。

（4）受雇人员的职务晋升、职称评定等工作由用人单位负责组织。

5.3.1.3 从哪些维度可以判定个人收入可以适用工资、薪金所得税目？

虽然，财政部与国家税务总局并没有给出工资、薪金所得的判定的一般原则，但同时考察其他法律、法规的规定，特别是结合生活实际，大致可以概括出适用工资、薪金所得项目征收个人所得税的一般判定原则或判定标准。

（1）签订有1年以上劳动合同。

个人与其任职单位之间必须签订劳务合同，且劳务合同须在1年（含1年）以上。单位与个人之间存在长期或连续的雇用与被雇用关系。对此，税收政策上有明确的要求。《劳动合同法》也有强制性规定，第七条规定："用人单位自用工之日起即与劳动者建立劳动关系。"第十条规定："建立劳动关系，应当订立书面劳动合同。已建立劳动关系，未同时订立书面劳动合同的，应当自用工之日起一个月内订立书面劳动合同。"因此，有没有劳动合同应当成为个人所得税上适用工资、薪金所得项目的一个重要判定原则。

（2）具有连续性、固定性特征。

由于单位与个人之间须签订1年以上的劳动合同，因而作为工资、薪金所得应当具有连续性、固定性特征。即任职单位即支付报酬的单位相对固定、连续；只要没有特殊情况，个人获得的报酬在数量、金额方面也应当是相对固定的、连续的，甚至于发放时间都是相对固定的。《劳动合同法》第三十八条规定，如果用人单位未及时足额支付劳动报酬的，劳动者可以解除劳动合同，可以说是工资、薪金所得连续性特征的法律依据。

（3）正常生活得到基本保障。

个人的正常生活能够得到基本的保障，即便是在生病期间，不能正常出勤时，仍能够享受到固定或基本工资收入。对此，不仅国家税务总局的政策有明确规定，《劳动合同法》也有明确的规定。《劳动合同法》第二十条规定："劳动者在试用期的工资不得低于本单位相同岗位最低档工资或者劳动合同约定工资的百分之八十，并不得低于用人单位所在地的最低工资标准。"《劳动合同法》的这一规定是工资、薪金所得项目的一个重要标志。

（4）个人非独立地从事劳动活动。

工资、薪金所得是典型的非独立个人劳动所得。也就是说，在劳动活动中，个人并不拥有独立的人格或名分。个人不是以自己的名义而是以单位的名义对外，法律责任不由个人承担而由单位承担，个人对收入或成果不拥有所有权，所有权只能归属于单位。例如，企业的采购员在采购时，是以单位的名义签订采购合同，而不是以个人名义签订合同的，只要依职务签订合同，那么由此产生的一切责任也都由企业承担，而与个人无关。

（5）单位与个人之间存在管理与被管理关系。

个人是非独立地从事生产经营活动，必须接受组织的管理，服务单位安排。当然，单位在管理过程中不可避免地要考虑到个人能力等因素。《劳动合同法》第三十九条有关劳动者严重违反用人单位的规章制度时用人单位可以解除劳动合同的规定，足以表明单位与个人之间存在着管理与被管理关系。

（6）任职单位须提供必要的工作条件。

工资、薪金所得是典型的非独立个人劳务报酬。进一步讲，个人提供的只是劳务。基于此，其任职单位必须为个人提供最起码的工作条件，特别是提供足够的生产资料，生产工具、办公器具等。个人为完成规定劳务而发生的费用，自然也应当由单位承担，因为这也属于工作条件与保障的内容。《劳动合同法》第八条有关用人单位招用劳动者时，应当如实告知劳动者工作内容、工作条件、工作地点、职业危害、安全生产状况等情况的规定，以及《劳动合同法》第三十八条有关用人单位未按照劳动合同约定提供劳动保护或者劳动条件的劳动者可以解除劳动合同等的规定，其实就表明了用人单位必须提供必要的工作条件。

（7）员工享受基本的福利待遇。

公司所有员工均应当享受基本的福利待遇，包括享有基本的职工福利，享有平等的教育培训权利，享有平等的休息权利。从法律上讲，单位也应当为每一个受雇员工履行社保缴纳义务。《劳动合同法》第四条有关用人单位在制定、修改或者决定休息休假、劳动安全卫生、保险福利、职工培训等规章制度或者重大事项时，应当与工会或者职工代表平等协商确定的规定，实际上就体现了用人单位必须承担员工的基本福利待遇。

（8）表现形式表现具有多样性。

按照税法规定，个人取得的工资、薪金所得在形式上具有多样性，不仅包括了工资、薪金，而且还包括了奖金、年终加薪、劳动分红、津贴、补贴以及与任职或者受雇有关的其他所得。总之，凡与任职或者受雇直接相关的所得均属于工资、薪金所得。

必须强调的是，由于社会处于不断的变化与调整中，并且现实经济业务也非常复杂，因而在实际适用时需要税收征纳双方综合运用税收政策与法律原则进行全面、统筹分析与考量。

【案例5-6】　　　　　　　　工资、薪金所得项目的适用与判断

贾某与A公司签订3年劳动合同，合同约定：甲某担任A公司财务总监，全面负责公司的财务核算、财务管理以及涉税风险监控等工作，每月可获得报酬20 000元，A公司按规定为贾某缴纳社保、公积金。同时，根据贾某的工作业绩，给予贾某月度、季度与年度奖金。2019年12月，贾某取得正常的工资20 000元，月度奖2 800元，季度奖12 000元。同月，贾某给公司设计出一项纳税筹划方案，公司董事层研究后决定给贾某嘉奖，奖励20 000元。同月，贾某还利用自己精通书画，自费购买材料，利用业务时间，给公司设计了一项产品标识并被公司采纳，公司向其支付报酬50 000元。试问：贾某从A公司取得的报酬是否适用工资、薪金所得项目计征个人所得税？

【解析】 所谓工资、薪金所得，根据税法的规定，应当是个人因任职或者受雇而从任职单位或者受雇单位取得的全部所得。但必须强调的是，只有因与任职有关的所得才属于工资、薪金所得。如果个人取得的所得虽然来自其所任职的单位，但与个人任职无关，则仍然不属于工资、薪金所得。

本案例中，贾某与A单位签订了3年的劳动合同，并约定担任财务总监，那么就意味着，贾某从A单位取得的与财务核算、财务管理、涉税风险控制等财务总监职责范围内的工作相关的报酬，应当归属于工资、薪金所得，但如果相关报酬与合同约定无关，则不应作为工资、薪金所得项目。

2019年12月，贾某取得正常的工资20 000元、月度奖2 800元、季度奖12 000元以及设计纳税筹划方案奖励20 000元等均属于其财务总监的职责范围，单位也承担了相关的费用，提供必要的工作条件等，自然应当界定为工资、薪金所得。但贾某利用业务时间设计的产品标识，则应当归属于劳务报酬，一方面设计属于个人所得税劳务报酬征税范围，另外更为重要的是，为公司产品设计标识不属于贾某与A单位合同约定的职责范围，A单位不提供工作条件也不承担相关活动的费用，贾某在从事活动中与任职单位之间也没有管理与被管理关系等，这些都不满足工资、薪金所得的确认条件，因而50 000元的设计费虽从A公司取得，但必须按劳务报酬所得项目计缴个人所得税。

5.3.2　是否缴纳社保费能作为工资、薪金所得与其他项目的判定标准吗？

目前，相当一部分税务机关在判定个人的某项收入是属于工资、薪金所得还是属于其他所得项目时,选择将是否缴纳社保费作为一个判定标准。那么这种做法有没有法律或者政策依据呢?

5.3.2.1 个人所得税法律、政策有明确的规定和要求吗?

《个人所得税法》及其实施条例本身并没有明确的规定。但国家税务总局的文件却强调要求将缴纳社保作为工资、薪金的重要条件。

《国家税务总局关于个人兼职和退休人员再任职取得收入如何计算征收个人所得税问题的批复》(国税函〔2005〕382号)规定:"个人兼职取得的收入应按照'劳务报酬所得'应税项目缴纳个人所得税;退休人员再任职取得的收入……按'工资、薪金所得'应税项目缴纳个人所得税。"

但这个规定在实际执行过程中存在较多争议,因而其后不久的《国家税务总局关于离退休人员再任职界定问题的批复》(国税函〔2006〕526号)又作了进一步补充,明确上述文件中所称的"退休人员再任职",应同时符合下列条件:

(1)受雇人员与用人单位签订1年以上(含1年)劳动合同(协议),存在长期或连续的雇用与被雇用关系。

(2)受雇人员因事假、病假、休假等原因不能正常出勤时,仍享受固定或基本工资收入。

(3)受雇人员与单位其他正式职工享受同等福利、社保、培训及其他待遇。

(4)受雇人员的职务晋升、职称评定等工作由用人单位负责组织。

特别强调的是,用人单位缴纳社保是适用工资、薪金所得项目征收个人所得税的一个重要条件。

当然,考虑到离退休人员实际上是无法缴纳社保的,因而不久之后,《国家税务总局关于个人所得税有关问题的公告》(国家税务总局公告2011年第27号)又作了调整,明确规定:"单位是否为离退休人员缴纳社会保险费,不再作为离退休人员再任职的界定条件。"

从上面的几个规范性文件的规定可以看出,税收政策层面上是将单位缴纳社保作为适用"工资、薪金所得"项目征收个人所得税的重要标志的。但对于离退休人员而言,社保并非工资、薪金所得项目适用的判定标准。

5.3.2.2 劳动合同法是否将社保费缴纳作为工资、薪金的标准?

《劳动合同法》第十七条规定,劳动合同应当具备社会保险等条款。该条款只是说劳动合同中应当有社保费条款,但并没有明确社保费是由谁缴纳。

《劳动合同法》第三十八条规定,用人单位未依法为劳动者缴纳社会保险费的劳动者可以解除劳动合同。该条款也只是强调用人单位应当依法为劳动者缴纳社保,如果应缴纳社保而未缴纳社保的,那么劳动者可以解除劳动合同。但如果相关法律规定,单位可以不用缴纳社保的,则意味着劳动者不能以单位不缴纳社保为理由解除劳动合同。

《劳动合同法》第五十九条又规定:"劳务派遣协议应当约定派遣岗位和人员数量、派遣期限、劳动报酬和社会保险费的数额与支付方式以及违反协议的责任。"同样,条款也只是要求在合同中有约定,并未明确谁应当为劳务工缴纳社保的问题。

综合而言,《劳动合同法》实际上虽然对社保的合同约定有所规定,但总体上并不是很明确,特别是根本没有对单位作出强制性的要求,而是在相当大的程度上遵循了其他法律法规特别是《社会保险法》的规定。

5.3.2.3　社会保险法是否将社保费缴纳作为工资、薪金的标准?

《社会保险法》(2018年修订)第十条规定:"职工应当参加基本养老保险,由用人单位和职工共同缴纳基本养老保险费。无雇工的个体工商户、未在用人单位参加基本养老保险的非全日制从业人员以及其他灵活就业人员可以参加基本养老保险,由个人缴纳基本养老保险费。公务员和参照公务员法管理的工作人员养老保险的办法由国务院规定。"

《社会保险法》(2018年修订)第二十三条又规定:"职工应当参加职工基本医疗保险,由用人单位和职工按照国家规定共同缴纳基本医疗保险费。无雇工的个体工商户、未在用人单位参加职工基本医疗保险的非全日制从业人员以及其他灵活就业人员可以参加职工基本医疗保险,由个人按照国家规定缴纳基本医疗保险费。"

很显然,仅就上述两个条款而言,非全日制从业人员以及其他灵活就业人员可以由个人去缴纳社保,其社保缴纳义务并不是任职单位的强制性义务。而按照《劳动合同法》第五章第三节《非全日制用工》等的规定,非全日制员工与劳动者之间的合同也属于劳动合同的范围。

5.3.2.4　是否缴纳社保还能作为适用工资、薪金所得税目的判定标志吗?

除离退休人员外,税收政策要求将单位缴纳社保作为适用工资、薪金所得税目的条件。但《劳动合同法》并没有作出"用人单位必须为劳动者缴纳社保"的强制性规定。《社会保险法》又允许非全日制员工及其他自由职业者自行缴纳社保。

那么三者间的矛盾如何协调呢?在相关法律法规未进行修改之前,只有一种方法解决,即遵循可操作性原则。

由于《社会保险法》赋予单位与某些自然人协调和选择,也就意味着一旦选择由个人自行缴纳社保,那么单位不可能再为其缴纳社保了。进一步讲,将单位是否缴纳社保作为适用工资、薪金所得项目的标准是无法实现的。

所以,最终的结论只有一个,即单位是否为劳动者缴纳社保不能作为适用工资、薪金所得税目的判定标志。

5.3.3　个人取得的津贴、补贴如何进行个人所得税处理?

5.3.3.1　津贴、补贴需要并入工资、薪金所得吗?

对于个人取得的津贴、补贴,其个人所得税的总体处理原则是并入工资、薪金所得纳税。

《个人所得税法》第六条第(一)项规定:"工资、薪金所得,是指个人因任职或者受雇取得的工资、薪金、奖金、年终加薪、劳动分红、津贴、补贴以及与任职或者受雇有关的其他所得。"其中非常明确地将津贴、补贴纳入到了工资、薪金所得的项目范围。

5.3.3.2 津贴、补贴不是可以享受免税待遇吗？

虽然就一般的处理原则而言，个人取得的津贴、补贴须并入到工资、薪金所得项目计算缴纳个人所得税，但实际操作中还必须注意免税规定。《个人所得税法》第四条第三项规定，按照国家统一规定发给的补贴、津贴免征个人所得税。

何谓"按照国家统一规定发给的补贴、津贴"？《个人所得税法实施条例》第十条作了进一步的细化补充："所称按照国家统一规定发给的补贴、津贴，是指按照国务院规定发给的政府特殊津贴、院士津贴，以及国务院规定免予缴纳个人所得税的其他补贴、津贴。"

《国家税务总局关于印发〈征收个人所得税若干问题的规定〉的通知》（国税发〔1994〕89号）对补贴、津贴等一些具体收入项目应否计入工资、薪金所得项目征税问题做出了进一步的规定："对按照国务院规定发给的政府特殊津贴和国务院规定免纳个人所得税的补贴、津贴，免予征收个人所得税。其他各种补贴、津贴均应计入工资、薪金所得项目征税。"同时明确下列不属于工资、薪金性质的补贴、津贴或者不属于纳税人本人工资、薪金所得项目的收入，不征税：

（1）独生子女补贴。

（2）执行公务员工资制度未纳入基本工资总额的补贴、津贴差额和家属成员的副食品补贴。

（3）托儿补助费。

（4）差旅费津贴、误餐补助。

必须注意的是，按照《财政部 国家税务总局关于误餐补助范围确定问题的通知》（财税字〔1995〕82号）的规定，不征税的误餐补助是指按财政部门规定，个人因公在城区、郊区工作，不能在工作单位或返回就餐，确实需要在外就餐的，根据实际误餐顿数，按规定的标准领取的误餐费。一些单位以误餐补助名义发给职工的补贴、津贴，应当并入当月工资、薪金所得计征个人所得税。

《财政部 国家税务总局关于军队干部工资薪金收入征收个人所得税的通知》（财税字〔1996〕14号）又根据税收征管实践中遇到问题，作了更加明确和具体的补充，明确补贴、津贴按下列情况，分别处理：

（1）按照政策规定，属于免税项目或者不属于本人所得的补贴、津贴有八项，不计入工资、薪金所得项目征税。即：

① 政府特殊津贴。

② 福利补助。

③ 夫妻分居补助费。

④ 随军家属无工作生活困难补助。

⑤ 独生子女保健费。

⑥ 子女保教补助费。

⑦ 机关在职军以上干部公勤费（保姆费）。

⑧ 军粮差价补贴。

（2）对以下五项补贴、津贴，暂不征税：

① 军人职业津贴。
② 军队设立的艰苦地区补助。
③ 专业性补助。
④ 基层军官岗位津贴(营连排长岗位津贴)。
⑤ 伙食补贴。

5.3.3.3 个人取得的生活补助费与救济金是否需要缴纳个人所得税?

《个人所得税法》第四条第一款第四项规定,个人取得的福利费、抚恤金、救济金免征个人所得税。

《个人所得税法实施条例》第十一条规定:"个人所得税法第四条第一款第四项所称福利费,是指根据国家有关规定,从企业、事业单位、国家机关、社会组织提留的福利费或者工会经费中支付给个人的生活补助费;所称救济金,是指各级人民政府民政部门支付给个人的生活困难补助费。"

不过,上述文件中所说的从福利费或者工会经费中支付给个人的生活补助费,由于缺乏明确的范围,在实际执行中难以具体界定,各地掌握尺度不一。基于此原因,《国家税务总局关于生活补助费范围确定问题的通知》(国税发〔1998〕155号)又作了更进一步的补充并规定如下:

(1) 上述所称生活补助费,是指由于某些特定事件或原因而给纳税人本人或其家庭的正常生活造成一定困难,其任职单位按国家规定从提留的福利费或者工会经费中向其支付的临时性生活困难补助。

(2) 下列收入不属于免税的福利费范围,应当并入纳税人的工资、薪金收入计征个人所得税:

① 从超出国家规定的比例或基数计提的福利费、工会经费中支付给个人的各种补贴、补助。
② 从福利费和工会经费中支付给本单位职工的人人有份的补贴、补助。
③ 单位为个人购买汽车、住房、电子计算机等不属于临时性生活困难补助性质的支出。

5.3.3.4 职工取得的误餐补助、午餐补贴要计缴个人所得税吗?

《国家税务总局关于印发〈征收个人所得税若干问题的规定〉的通知》(国税发〔1994〕89号,以下简称为国税发〔1994〕89号文件)规定,个人取得的误餐补助不属于工资、薪金性质的补贴、津贴范围,不征收个人所得税。

国税发〔1994〕89号文件出台之后,一些单位即以"误餐补助"甚至是"午餐补贴"等为名,向职工发放工资、薪金以规避个人所得税。基于此情况,《财政部 国家税务总局关于误餐补助范围确定问题的通知》(财税字〔1995〕82号)又作了细化性的补充,规定:"不征税的误餐补助,是指按财政部门规定,个人因公在城区、郊区工作,不能在工作单位或返回就餐,确实需要在外就餐的,根据实际误餐顿数,按规定的标准领取的误餐费。一些单位以误餐补助名义发给职工的补贴、津贴,应当并入当月工资、薪金所得计征个人所得税。"

与个人所得税相对应,财政部有关企业会计核算的政策规范也明确要求企业将相关的补助与午餐补贴等纳入职工工资、薪金的管理范围。《财政部关于企业加强职工福利费财务管理的通知》(财企〔2009〕242号)规定:"企业给职工发放的节日补助、未统一供餐而按月发放的午餐费补贴,应当纳入工资总额管理。"

因此,综合上述规定,凡因工作需要员工确实不能回单位就餐而确实需要在外就餐而获得的误餐补贴不需要计算缴纳个人所得税。但以误餐补助名义发给职工的补贴、津贴,包括节日补助、午餐补贴等,则必须作为员工的工资、薪金所得项目计算缴纳个人所得税。

5.3.3.5 职工在单位食堂获得的免费午餐是否需要缴纳个人所得税?

综合《国家税务总局关于印发〈征收个人所得税若干问题的规定〉的通知》(国税发〔1994〕89号)、《财政部 国家税务总局关于误餐补助范围确定问题的通知》(财税字〔1995〕82号),以及《国家税务总局关于生活补助费范围确定问题的通知》(国税发〔1998〕155号)等文件的规定,员工在单位食堂获得的免费午餐,其实就相当于员工从任职单位获得了一定数量的午餐补贴,应当作为员工的工资、薪金所得项目计算缴纳个人所得税。

但按照《税务总局所得税司相关负责人解答个税热点问题》[①],即国家税务总局所得税司巡视员卢云在国家税务总局网站就个人所得税等问题接受在线提问时,作了如下的解答:"对于发给个人的福利,不论是现金还是实物,均应计征个税,但目前对于集体享受的、不可分割的、非现金方式的福利,原则上不计征个税。"

总局巡视员卢云的解答也是有一定政策依据的。《国家税务总局关于远洋运输船员工资薪金所得个人所得税费用扣除问题的通知》(国税发〔1999〕202号)第三条规定:"由于船员的伙食费统一用于集体用餐,不发给个人,故特案允许该项补贴不计入船员个人的应纳税工资、薪金收入。"

从政策的规定看,职工在单位食堂获得的免费午餐,原则上属于工资、薪金所得,应当计算缴纳个人所得税,特别是能够明细到职工个人时,更应当与工资、薪金所得合并纳税。但对于集体享受的、不可分割的、非现金方式获得的免费午餐,可以不用计算缴纳个人所得税。

5.3.3.6 远洋运输企业船员免费集体用餐是否需要计缴个人所得税?

远洋运输企业船员远洋运输期间的集体用餐,其实与一般企业员工获得的集体享受的、不可分割的、非现金方式的免费午餐有些相似,但鉴于其特殊性,总局专门发文对此明确规定。

《国家税务总局关于远洋运输船员工资薪金所得个人所得税费用扣除问题的通知》(国税发〔1999〕202号)第三条规定:"由于船员的伙食费统一用于集体用餐,不发给个人,故特案允许该项补贴不计入船员个人的应纳税工资、薪金收入。"

---

① 《税务总局所得税司相关负责人解答个税热点问题》,中国政府网,http://www.gov.cn/jrzg/2012-04/11/content_2110880.htm,访问日期:2019年12月8日。

5.3.3.7 个人从单位获得的现金住房补贴应否并入工资、薪金所得纳税？

《财政部 国家税务总局关于住房公积金、医疗保险金、养老保险金征收个人所得税问题的通知》(财税字〔1997〕144号)第三条规定："企业以现金形式发给个人的住房补贴、医疗补助费,应全额计入领取人的当期工资、薪金收入计征个人所得税。"但对外籍个人以实报实销形式取得的住房补贴,仍按照规定暂免征收个人所得税。

需要注意的是,文件中所规定的现金是广义现金,即不仅包括了现钞,而且还包括通过银行转账向个人发放补贴,甚至包括用直接为个人支付购房款等多种形式。

5.3.4 取得的差旅费及其津补贴能否免征个人所得税？

5.3.4.1 差旅费及其津补贴是免税收入还是不征税收入？

什么是差旅费？什么是差旅费津补贴？目前并没有统一的政策规定。《中央和国家机关差旅费管理办法》(财行〔2013〕531号)对中央和国家机关差旅费及其津补贴进行界定。目前各地也大多参照该规定执行。

《中央和国家机关差旅费管理办法》第三条规定："差旅费是指工作人员临时到常驻地以外地区公务出差所发生的城市间交通费、住宿费、伙食补助费和市内交通费。"其中：

(1) 城市间交通费是指工作人员因公到常驻地以外地区出差乘坐火车、轮船、飞机等交通工具所发生的费用。出差人员应当按规定等级乘坐交通工具,交通费用以及民航发展基金、燃油附加费以及交通意外保险等均凭凭据报销。未按规定等级乘坐交通工具的,超支部分由个人自理。

(2) 住宿费是指工作人员因公出差期间入住宾馆(包括饭店、招待所,下同)发生的房租费用。出差人员应当在职务级别对应的住宿费标准限额内凭凭据报销,超支部分自理。

(3) 伙食补助费是指对工作人员在因公出差期间给予的伙食补助费用。伙食补助费按出差自然(日历)天数计算,按规定标准包干使用。出差人员应当自行用餐。凡由接待单位统一安排用餐的,应当向接待单位交纳伙食费。

(4) 市内交通费是指工作人员因公出差期间发生的市内交通费用。市内交通费按出差自然(日历)天数计算,每人每天80元包干使用。市内交通费按规定标准报销。出差人员由接待单位或其他单位提供交通工具的,应向接待单位或其他单位交纳相关费用。

综合上述的规定,差旅费与个人的工作及其绩效没有任何的关系,将其纳入个人工资、薪金所得范围显然不妥。

5.3.4.2 国家税务总局对差旅费及其津补贴是否征收个人所得税作过解答吗？如何解答的？

1994年,《国家税务总局关于印发〈征收个人所得税若干问题的规定〉的通知》(国税发〔1994〕89号)规定,差旅费津贴、误餐补助等不属于工资、薪金性质的补贴、津贴,不征个人所得税。

实际上,此规定也进一步证明上述的观点,即差旅费问题不是免不免税、征不征税的问题,而是算不算工资、薪金所得的问题。总局也给出了一个明确的答案：差旅费及其津贴不算个人的工资、薪金收入。

《税务总局所得税司相关负责人解答个税热点问题》①,即国家税务总局所得税司巡视员卢云在国家税务总局网站就个人所得税等问题接受在线提问时,作了如下的解答:"单位以现金方式给出差人员发放交通费、餐费补贴应并入当月工资、薪金计征个税,但如果单位是根据国家有关标准,凭出差人员实际发生的交通费、餐费发票作为公司费用予以报销,可以不作为个人所得计征个税。"

5.3.4.3 各地对于差旅费及其津补贴是否征收个人所得税都作了哪些补充?

一、江苏对差旅费及其津补贴的个人所得税问题是如何规定的?

2009年7月,有网民向江苏地税咨询:"员工去外地出差,除了车票,住宿费按照发票据实报销,我公司还给员工每人每天50元的差旅补贴,用于一些没有发票的支出(如在路边餐馆吃饭等),这部分差旅费补贴需要不需要计算缴纳个税?",江苏地税给出下列答复:"《国家税务总局关于印发〈征收个人所得税若干问题的规定〉的通知》(国税发〔1994〕89号)规定,差旅费津贴不属于工资、薪金性质的补贴、津贴或者不属于纳税人本人工资、薪金所得项目的收入,不征税。但企业以差旅费津贴名义发放其他补贴、津贴的,应当并入工资、薪金所得中计征个人所得税。"②

二、浙江对差旅费及其津补贴的个人所得税问题是如何规定的?

《浙江省地方税务局 浙江省财政厅关于个人取得差旅费津贴、误餐补助收入征收个人所得税问题的通知》(浙地税发〔2004〕17号)规定,浙江省个人每月取得的不征收个人所得税的差旅费津贴、误餐补助统一规定为:差旅费津贴200元、误餐补助200元。超过部分并计入"工资、薪金所得"征收个人所得税。

三、福建对差旅费及其津补贴的个人所得税问题是如何规定的?

《关于个人所得税若干政策及管理问题的处理意见》(闽地税所便函〔2013〕1号)规定,根据现行个人所得税法和有关政策,企业参照国家机关规定标准发放的出差人员交通费、餐费补贴,不征收个税。驻村干部按规定取得的驻村补贴,应属于差旅费津贴、误餐补助,不属于工薪所得应税项目,不征收个税。

四、广东对差旅费及其津补贴的个人所得税问题是如何规定的?

《广东省地方税务局关于个人所得税若干政策问题的通知》(粤地税发〔2002〕1号)规定,个人因公务用车和通讯制度改革而取得的公务用车、通讯补贴收入,扣除一定标准的公务费用后,按照"工资、薪金"所得项目计征个人所得税。公务用车补贴收入的公务费用扣除范围和标准可按照当地政府规定的范围和标准执行。《广东省财政厅 中共广东省委机关事务管理局 广东省人民政府机关事务管理局关于规范差旅伙食费和市内交通费收交管理有关事项的通知》(粤财行〔2019〕141号)则对差旅伙食费和市内交通费标准等进行了明确的规定。

五、广西对差旅费及其津补贴的个人所得税问题是如何规定的?

《广西壮族自治区地方税务局关于差旅费个人所得税税前扣除限额的公告》(广西壮

---

① 《税务总局所得税司相关负责人解答个税热点问题》,中国政府网,http://www.gov.cn/jrzg/2012-04/11/content_2110880.htm,访问日期:2019年12月8日。

② 转引自秀财网。https://www.xiucai.com/quan/thread/1483713621/,访问日期:2019年12月8日。

族自治区地方税务局公告2014年第6号)规定,按照《国家税务总局关于印发〈征收个人所得税若干问题的规定〉的通知》(国税发〔1994〕89号)第二条第(二)款和自治区财政厅《关于印发广西壮族自治区本级党政机关差旅费管理办法的通知》(桂财行〔2014〕30号)的规定,对差旅费个人所得税税前扣除限额规定如下:

(1) 差旅费指工作人员临时到常驻地以外地区公务出差所发生的城市间交通费、住宿费、伙食补助费和市内交通费等费用。

(2) 对于按照财政部门有关差旅费规定执行的国家机关和事业单位的出差人员,按规定取得的伙食补助费、市内交通费等有关出差补助费用,免征个人所得税。

(3) 对于除上述国家机关和事业单位以外的其他单位的出差人员,其差旅费的税前扣除限额按以下规定办理:

① 差旅费实行实报实销办法的,出差人员取得的出差补助在以下限额内免征个人所得税:区内出差的每人每天100元、区外出差的每人每天120元。超出限额的部分,并入当月发放的工资、薪金所得计征个人所得税。

② 差旅费实行包干使用办法的,出差人员在凭合法票据扣除实际发生的城市间交通费和市内交通费后,取得的出差补助在以下限额内免征个人所得税:区内出差的每人每天430元、区外出差的每人每天470元。超出限额的部分,并入当月发放的工资、薪金所得计征个人所得税。

六、辽宁对差旅费及其津补贴的个人所得税问题是如何规定的?

《辽宁省地方税务局关于明确个人所得税若干政策问题的通知》(辽地税发〔2002〕4号)规定:"对实行差旅费包干办法的企业,其差旅费包干办法经各市地税局审核批准后,出差人员取得的差旅费包干收入,暂不征收个人所得税。"

七、厦门对差旅费及其津补贴的个人所得税问题是如何规定的?

根据厦门市税务局的解答①及相关的政策规定,只要按照或参照《厦门市财政局关于印发厦门市市直机关事业单位差旅费管理办法的通知》(厦财行〔2014〕25号)、《厦门市财政局关于印发市直机关工作人员赴全国各地差旅住宿费标准明细表的通知》(厦财行〔2016〕19号)和《因公临时出国经费管理办法》的通知(财行〔2013〕516号)规定的限额发放的伙食费、公杂费(含市内交通费、通讯费等)属于个税免税收入,不计征个人所得税。采取以有效凭证实报实销方式报销伙食费及公杂费的,其另外取得的差旅费津贴,以及超过上述文件规定限额发放的部分必须并入工资、薪金收入计征个人所得税。

八、青岛对差旅费及其津补贴的个人所得税问题是如何规定的?

《青岛市地方税务局2013年度所得税问题回答》(青地税二函〔2014〕2号)规定,差旅费是指单位工作人员暂时离开青岛市内七区(不包括青岛四市)到外地办理公务所必须的费用,其开支范围包括城市间交通费、住宿费、伙食补助费和公杂费。按照《征收个人所得税若干问题的规定》(国税发〔1994〕89号)的规定,差旅费津贴、误餐补助不属于工

---

① 国家税务总局12366纳税服务平台,https://12366.chinatax.gov.cn/nszx/onlinemessage/detail?id=a12809783d294db9aed67dd186f02444;访问日期:2019年12月8日。

资、薪金性质的补贴、津贴或者不属于纳税人本人工资、薪金所得项目的收入,不征税。

九、广州对差旅费及其津补贴的个人所得税问题是如何规定的？

《广州市地方税务局关于印发〈个人所得税若干征税业务指引（2009 年）〉的通知》（穗地税发〔2009〕148 号）规定,国家机关、企事业单位、社会团体、民办非企业单位按照广东省财政厅《关于印发省直党政机关和事业单位差旅费管理办法的通知》（粤财行〔2007〕229 号）规定,以出差自然（日历）天数和标准（每人每天 50 元）计算,为自行负担出差伙食费的员工发放或报销的出差伙食补助费,不计入员工个人工资、薪金所得项目收入。对超标准发放或报销的出差伙食费补助,则应将超标准的部分并入员工个人当月工资、薪金所得项目征收个人所得税；对出差期间个人未负担伙食费用的,应将出差伙食补助费全额并入个人当月工资、薪金所得项目征收个人所得税。

十、宁波对差旅费及其津补贴的个人所得税问题是如何规定的？

《宁波市地方税务局税政一处关于明确所得税有关问题解答口径的函》（甬地税一函〔2010〕20 号）规定,对企业按当地财政部门规定的标准、根据职工实际出差天数或误餐顿数发放给出差人员的差旅费津贴、误餐补助,不属于工资、薪金性质的津贴和补贴,不征收个人所得税；对一些单位超过财政部门规定标准发放给职工的差旅费津贴和误餐补助以及其他借差旅费津贴和误餐补助等名目发放给职工的补贴、津贴,均应并入当月工资、薪金所得项目计征个人所得税。

十一、大连对差旅费及其津补贴的个人所得税问题是如何规定的？

《大连市地方税务局关于明确个人所得税若干政策问题的通知》（大地税发〔2003〕222 号）规定,境内、外差旅费津贴标准,执行纳税人所在单位的董事会决议（或内部管理方案）规定的标准。没有董事会决议（或内部管理方案）的,比照《印发〈关于大连市国家机关、事业单位工作人员差旅费开支规定〉的通知》（大财文字〔1996〕250 号）和《财政部外交部关于印发〈临时出国人员费用开支标准和管理办法〉的通知》（财行〔2001〕73 号）规定的标准执行。标准内津贴不并入个人工资、薪金所得征收个人所得税。

5.3.5 个人取得的交通补贴如何计缴个人所得税？

5.3.5.1 国家税务总局对交通补贴的个人所得税问题是如何规定的？

《国家税务总局关于个人所得税有关政策问题的通知》（国税发〔1999〕58 号）及《国家税务总局关于修改部分税收规范性文件的公告》（国家税务总局公告 2018 年第 31 号）规定,个人因公务用车和通讯制度改革而取得的公务用车、通讯补贴收入,扣除一定标准的公务费用后,按照"工资、薪金所得"项目计征个人所得税。按月发放的,并入当月"工资、薪金所得"计征个人所得税；不按月发放的,分解到所属月份并与该月份"工资、薪金所得"合并后计征个人所得税。公务费用的扣除标准,由省税务局根据纳税人公务交通、通讯费用的实际发生情况调查测算,报经省级人民政府批准后确定,并报国家税务总局备案。

2006 年 3 月,国家税务总局又针对交通补贴的个人所得税问题,专门发布《关于个人因公务用车制度改革取得补贴收入征收个人所得税问题的通知》（国税函〔2006〕245 号）

对公务用车制度改革后各种形式的补贴收入征收个人所得税问题予以规定，即因公务用车制度改革而以现金、报销等形式向职工个人支付的收入，均应视为个人取得公务用车补贴收入，适用"工资、薪金所得"项目，按照《国家税务总局关于个人所得税有关政策问题的通知》（国税发〔1999〕58号）所规定的方法计征个人所得税。

5.3.5.2 各省及主要城市对交通补贴的个人所得税问题是如何规定的？

总局文件下发后，各地均根据自身的情况，明确了公务用车改革补贴收入的个人所得税处理政策，特别是制定明确了交通补贴税前扣除的标准。在此，笔者进行整理以供读者参考适用。对于未做列示的，则表明当地未制定标准，原则上应当并入工资、薪金所得计算缴纳个人所得税。

一、北京对交通补贴的个人所得税问题是如何规定的？

《北京市地方税务局关于个人所得税有关业务政策问题的通知》（京地税个〔2002〕568号）规定，对企业支付个人车辆的支出，均应视同企业向个人支付的所得，按工资、薪金所得计算纳税；但能够提供租赁合同的，可按财产租赁所得计算纳税。其他个人财产公用的，比照此规定执行。

二、天津对交通补贴的个人所得税问题是如何规定的？

天津市未下发公务用车改革中可以从个人收入中扣除的公务用车改革补贴标准。但天津市税务局网站于2018年7月20日①和7月23日②的对网民的咨询进行了两次解答如下：

（1）因公务用车制度改革而以现金、报销等形式向职工个人支付的收入，均应视为个人取得公务用车补贴收入，按照"工资、薪金所得"项目计征个人所得税。具体计征方法，按《国家税务总局关于个人所得税有关政策问题的通知》（国税发〔1999〕58号）第二条"关于个人取得公务交通、通讯补贴收入征税问题"及《国家税务总局关于修改部分税收规范性文件的公告》（国家税务总局公告2018年第31号）的有关规定执行。

（2）按照《国家税务总局关于个人所得税有关政策问题的通知》（国税发〔1999〕58号）第二条及《国家税务总局关于修改部分税收规范性文件的公告》（国家税务总局公告2018年第31号）的规定，个人因公务用车和通讯制度改革而取得的公务用车、通讯补贴收入，扣除一定标准的公务费用后，按照"工资、薪金"所得项目计征个人所得税。按月发放的，并入当月"工资、薪金"所得计征个人所得税；不按月发放的，分解到所属月份并与该月份"工资、薪金"所得合并后计征个人所得税。公务费用的扣除标准，由省税务局根据纳税人公务交通、通讯费用的实际发生情况调查测算，报经省级人民政府批准后确定，并报国家税务总局备案。

三、浙江对交通补贴的个人所得税问题是如何规定的？

《浙江省地方税务局转发国家税务总局关于个人所得税有关政策问题的通知》（浙地

---

① 国家税务总局天津市税务局网站，http://nsrxx.tjsat.gov.cn:8001/11200000000/0500/050017/20180720145920896.shtml，最后访问日期：2019年12月12日。

② 国家税务总局天津市税务局网站，http://nsrxx.tjsat.gov.cn:8001/11200000000/0500/050017/20180723150119294.shtml，最后访问日期：2019年12月12日。

税二〔1999〕188号)规定,对《国家税务总局关于个人所得税有关政策问题的通知》(国税发〔1999〕58号)第二条"关于个人取得公务交通、通讯补贴收征税问题",因浙江省对公务用车等改革尚未到位,对公务费用的扣除标准还需作进一步的调查测算。因此,这条规定暂缓执行。对有的地区公务用车等制度已开始改革的,主管税务机关可根据本地发生的实际情况,作一些调查研究,并将情况及时报告省局,以便统一作出规定。

四、安徽对交通补贴的个人所得税问题是如何规定的?

《安徽省地方税务局关于个人取得公务交通补贴收入个人所得税问题的公告》(安徽省地方税务局公告2016年第1号)规定,个人因实施公务用车制度改革取得的公务交通补贴收入,扣除一定标准的公务费用后,按照工资、薪金所得项目计征个人所得税。安徽省个人公务交通费用扣除标准,按照省直机关公务用车制度改革实施方案、省辖市公务用车制度改革实施方案明确的公车改革适用范围内相应职级人员对应的公务用车货币补贴标准确定。各主管地税机关应根据省直机关公务用车制度改革实施方案、市公务用车制度改革实施方案和本公告,公告管辖范围内个人所得税允许扣除公务交通费用的具体标准,并层报上级税务机关备案。个人取得超过扣除标准部分的公务交通补贴收入,或取得不属于公务用车改革实施方案适用范围的公务交通补贴收入,无论是直接计入月工资、薪金的,或是采用限额实报实销的,凡按月发放的,并入当月工资、薪金所得计征个人所得税;凡不按月发放的,分解到所属月份与该月份工资、薪金所得合并计征个人所得税。

五、福建对交通补贴的个人所得税问题是如何规定的?

《福建省地方税务局转发〈国家税务总局关于个人所得税有关政策问题的通知〉的通知》(闽地税政二〔1999〕38号)规定,关于个人取得的公务交通、通讯补贴收入征税问题,除按福建省通讯工具改革的有关规定配发并在规定额度内按实报支话费外,各地区各单位发放的现金或自行确定的其他通信补贴应并入个人工薪收入计征个人所得税。公务交通补贴扣除问题待福建省改革措施出台后另行规定。

六、山东对交通补贴的个人所得税问题是如何规定的?

《山东省地方税务局关于个人所得税若干政策问题的通知》(鲁地税二函〔2005〕15号)规定,关于机关车改补贴收入征免个人所得税问题按照《国家税务总局关于个人所得税有关政策问题的通知》(国税发〔1999〕58号)的有关规定,对于个人因公务用车制度改革而取得的公务用车补贴收入,可扣除一定标准的公务费用,费用扣除标准应经省级人民政府批准后确定。由于山东省目前尚未进行公务用车制度改革,对个别地区和单位发放给个人的公务用车补贴,应并入个人当月工资、薪金所得,计算征收个人所得税。

七、江西对交通补贴的个人所得税问题是如何规定的?

《江西省财政厅 江西省地方税务局关于公务用车制度改革取得补贴收入征收个人所得税有关问题的通知》(赣财法〔2016〕45号)规定如下:

(1)已进行公务用车制度改革的省直党政机关(包括党委、人大、政府、政协、审判、检察机关,各民主党派和工商联,参照公务员法管理的人民团体、群众团体、事业单位)的有关人员按规定取得的公务交通补贴征收个人所得税时,公务费用的扣除标准按照《江西省公务用车制度改革总体方案》(赣办字〔2015〕51号)确定的公务交通补贴实际发放标准执行。

(2) 各设区市公务交通补贴公务费用扣除标准按当地政府公布的公务交通补贴实际发放标准执行。

(3) 其他事业单位和国有企业的公务费用扣除标准,待其改革方案出台后,另行确定。

八、黑龙江对交通补贴的个人所得税问题是如何规定的?

《黑龙江省地方税务局关于个人取得公务交通、通讯费补贴有关公务费用个人所得税扣除标准的通知》(黑地税函〔2006〕11号)规定如下:

(1) 按照《关于个人所得税有关政策问题的通知》(国税发〔1999〕58号)的规定,个人因公务用车制度改革而取得的公务用车、通讯补贴收入,扣除一定标准的公务费用后,按照"工资、薪金"所得项目计征个人所得税。

(2) 实行公务用车改革的党政机关和企事业单位交通费用补贴每人每月扣除1 000元,超出部分计征个人所得税。其他形式的交通费补贴一律计征个人所得税。

九、辽宁对交通补贴的个人所得税问题是如何规定的?

《辽宁省地方税务局、辽宁省财政厅关于进一步明确公务用车制度改革后个人所得税政策的通知》(辽地税发〔2009〕76号)规定如下:

(1) 实行公务用车制度改革的单位应向当地主管地税机关报送公务用车改革方案,经当地主管地税机关核实后径报省局备案。公务用车改革方案应载明参加公务用车改革的人员范围、人数、月补贴额度、补贴资金来源、补贴发放及使用管理办法、已参改车辆及未参改车辆的用途等内容。

(2) 公务用车费用是指在省内因公务而实际发生的燃油、保险、租车库(位)、维修、停车、过路桥、折旧等与车辆使用有关的费用。单位公务用车制度改革后向个人支付的公务用车费用,原则上应在本单位公车改革前三年公车平均支出额的75%以下。

(3) 实行公务用车制度改革的单位,其职工以现金或实报实销方式取得的车改补贴收入,均扣除70%的公务费用后并入"工资、薪金所得"计征个人所得税。公务费用扣除最高限额为每月2 500元,超过的部分并入"工资、薪金所得"计征个人所得税。

未备案的公务用车改革单位,其向职工个人支付的现金补贴或限额内实报实销的公务用车费用,均应全额并入当月工资、薪金中征收个人所得税。

(4) 单位因租用个人车辆(含本单位职工)而支付的车辆租赁费,由于个人车辆的使用权已经归单位所有。因此,单位向个人支付的车辆租赁费应按照"财产租赁所得"征收个人所得税。

十、吉林对交通补贴的个人所得税问题是如何规定的?

《吉林省地方税务局关于个人取得的公车改革补贴收入征收个人所得税问题的通知》(吉地税发〔2007〕69号)规定如下:

(1) 实行公务用车制度改革的单位应向当地主管地税机关报送公务用车改革方案,经当地主管地税机关审核同意并报省局备案。公务用车改革方案应载明参加公务用车改革的人员范围、人数、月补贴额度、补贴资金来源、补贴发放及使用管理办法、已参改车辆及没参改车辆的用途等内容。

（2）公务用车费用是指单位因公务用车实际发生的燃油费、养路费、保险费、租车库费、维修费、人工费、折旧费等与车辆使用有关的费用。单位公务用车制度改革后向个人支付的公务用车费用，原则上应低于本单位公车改革前一年度车改车辆实际发生的费用。

（3）个人从本单位取得的符合前两项规定条件的公务用车制度改革补贴收入（以下简称补贴收入），公务费用扣除标准：长春、吉林市暂定每人每月 2 500 元；其他市（州）暂定 2 000 元、县（市）暂定 1 500 元。补贴收入低于上述扣除标准的，在计征个人所得税前予以扣除；超过扣除标准的，就超出部分并入当月工资收入征收个人所得税。

（4）集团性企业总机构与分支机构的坐落地不在省内同一城市，其总部享受车改补贴的人员确实经常到省内所属分支机构办理经营管理业务，且总部车改方案已明确在省内发生的公务用车费用由个人承担的，可适当提高公务费用扣除标准。所属分支机构在省内跨市州的，公务费用扣除标准暂定每人每月 3 000 元。补贴收入低于上述扣除标准的，在计征个人所得税前予以扣除；超过扣除标准的，就超出部分并入当月工资收入征收个人所得税。

十一、河北对交通补贴的个人所得税问题是如何规定的？

《河北省地方税务局关于个人所得税若干业务问题的通知》（冀地税发〔2009〕46号）规定，各单位向职工个人发放的交通补贴（包括报销、现金等形式），按交通补贴全额的30%作为个人收入并入当月工资、薪金所得征收个人所得税。

十二、河南对交通补贴的个人所得税问题是如何规定的？

《河南省财政厅河南省地方税务局关于公务用车制度改革取得补贴收入有关个人所得税扣除标准的通知》（豫财税政〔2015〕82号）规定，因公务用车制度改革，省级及以下各级党政机关（包括党委、人大、政府、政协、审判、检察机关，各民主党派和工商联，参照公务员法管理的人民团体、群众团体、事业单位）职工按规定取得的公务交通补贴收入，允许在计算个人所得税税前据实扣除。

十三、内蒙古对交通补贴的个人所得税问题是如何规定的？

《内蒙古自治区财政厅　地方税务局关于个人因公务用车制度改革取得的公务交通补贴收入有关个人所得税政策的通知》（内财税〔2016〕376号）规定，内蒙古自治区公务用车制度改革实施后，经自治区公务用车改革领导机构批准，各级党政机关（包括党委、人大、政府、政协、审判、检察机关，各民主党派和工商联，参照公务员法管理的人民团体、群众团体、事业单位）有关人员在补贴标准内取得的公务交通补贴收入，允许计征个人所得税时在税前扣除。

十四、山西对交通补贴的个人所得税问题是如何规定的？

《山西省人民政府办公厅关于个人因公务用车制度改革取得公务交通补贴征收个人所得税有关问题的通知》（晋政办发〔2015〕121号）规定，对已进行公务用车制度改革的各级党政机关（包括党委、人大、政府、政协、审判、检察机关，各民主党派和工商联，参照公务员法管理的人民团体、群众团体、事业单位)的有关人员按规定取得的公务交通补贴征收个人所得税时,公务费用的扣除标准依据《山西省公务用车制度改革总体方案》(晋办发〔2015〕45号)确定的公务交通补贴实际发放标准执行。

其他事业单位和企业开展公务用车制度改革后,对其单位高层、中层以及其他管理人员按规定取得的公务交通补贴征收个人所得税时,公务费用的扣除标准可参照上述标准执行。

十五、陕西对交通补贴的个人所得税问题是如何规定的?

《陕西省财政厅 陕西省地方税务局关于个人因公务用车制度改革取得的补贴收入有关个人所得税问题的通知》(陕财税〔2015〕10号)规定如下:

(1) 对党政机关及所属参公事业单位职工按规定取得的公车改革补贴收入,允许在计算个人所得税税前据实全额扣除。

(2) 对其他企业事业单位职工取得的公车补贴收入,暂按公务费用扣除标准据实扣除,超过公务费用扣除标准的按标准扣除,超出部分按照"工资、薪金"所得项目计征个人所得税。

(3) 公务费用扣除标准暂时比照《陕西省省级机关公务用车制度改革实施方案》规定的党政机关及所属参公事业单位职工扣除标准确定,扣除标准上限:企业董事、总经理、副总经理等企业高层管理者每人每月1 690元;企业各部门经理等中层管理者每人每月1 040元;其他人员每人每月650元。

十六、宁夏对交通补贴的个人所得税问题是如何规定的?

《宁夏回族自治区人民政府关于个人因公务用车制度改革取得补贴收入征免个人所得税有关问题的批复》(宁政函〔2006〕123号)规定如下:

(1) 因公务用车制度改革而以现金、报销等形式向职工个人支付的收入,均视为个人取得公务用车补贴收入,按照"工资、薪金所得"计征个人所得税。

(2) 实行公务用车制度改革单位向主管税务机关备案后,允许在个人所得额中扣除一定公务费用标准后征收个人所得税。

(3) 具体扣除标准:以现金支付的,每人每月扣除费用不超过1 200元;凭票报销的,每人每月扣除费用不超过1 800元。

(4) 凭票报销的费用:燃油(燃气)费、保险费(个险、车险)、过路过桥费、停车费、养路费。

十七、甘肃对交通补贴的个人所得税问题是如何规定的?

《甘肃省财政厅 甘肃省地方税务局关于公务交通补贴等个人所得税问题的通知》(甘财税法〔2018〕15号)规定如下:

(1) 经国务院、省政府及其授权部门批准实行公务用车改革的党政机关及其所属参公事业单位、企事业单位,职工个人按规定标准取得的公务交通补贴收入,在计算个人所得税时允许税前全额扣除。

(2) 对其他企事业单位实施公务用车改革发放的公务交通补贴,按以下原则确定扣

除标准:

① 比照本地区党政机关及其所属参公事业单位职工扣除标准确定。

② 扣除标准按照行政单位相应级别分三级确定:企业董事、总经理、副总经理等企业高层管理者每人每月不超过1 950元;企业各部门经理每人每月不超过1 200元;其他人员每人每月不超过600元。

③ 职工个人取得的公务交通补贴超过以上扣除标准的,按标准扣除;不足标准的,按发放金额据实扣除。

(3) 个人取得超过规定标准部分的公务交通补贴收入,或没有实行公务用车改革取得的公务交通补贴收入,均应并入当月工资、薪金所得计征个人所得税。

(4) 实行公务用车改革的单位应向当地主管税务机关报送公务用车改革方案。改革方案应载明参加公务用车改革的人员范围、人数、月补贴额度、补贴资金来源、补贴发放及使用管理办法、已参改车辆及未参改车辆的用途等内容。

十八、湖北对交通补贴的个人所得税问题是如何规定的?

《湖北省地方税务局关于在车改过程中单位以报销费用形式向个人支付的收入征收个人所得税问题的批复》(鄂地税函〔2006〕151号)规定如下:

(1) 凡纳税人取得公务用车补贴收入在计算个人所得税时必须按照"工资、薪金项目"所得计征个人所得税,符合以下条件的,可在公务用车制度改革确定的标准限额内据实扣除公务费用:

① 纳税人的雇佣单位必须实行了公务用车制度改革,制定了车改对象执行公务所需公务费用限额标准的相关办法,并经上级主管部门或董事会会议审核批准。

② 纳税人须提供执行公务活动或本人使用车辆过程中产生费用的真实、合法、有效的凭证。

(2) 单位实行了车改,并以现金或其他形式向个人支付收入的,如不能提供真实、合法、有效的费用凭证,在计算个人所得税时一律不得作任何费用扣除。

十九、湖南对交通补贴的个人所得税问题是如何规定的?

《湖南省地方税务局关于明确公务费用税前扣除标准的公告》(湖南省地方税务局公告2018年第2号)规定,根据公务用车制度改革精神,区分纳入改革范围的不同单位性质,明确相应的扣除标准:

(1) 省直党政机关扣除标准。

已进行公务用车制度改革的省直党政机关(包括党委、人大、政府、政协、审判、检察机关,各民主党派和工商联,参照公务员法管理的人民团体、群众团体、事业单位)的有关人员按规定取得的公务用车补贴征收个人所得税时,公务用车补贴的扣除标准按照《中共湖南省委办公厅 湖南省人民政府办公厅关于印发〈湖南省公务用车制度改革总体方案〉和〈湖南省省直党政机关公务用车制度改革实施方案〉的通知》(湘办发〔2015〕46号,以下简称为湘办发〔2015〕46号文件)确定的实际发放标准执行。

(2) 市县党政机关扣除标准。

各市县党政机关进行公务用车制度改革后,公务用车补贴的扣除标准按照当地公车改革方案确定的公务用车补贴实际发放标准扣除。

(3) 其他事业单位扣除标准。

非参照公务员法管理的事业单位按我省各级政府事业单位公车改革方案进行公务用车制度改革后,对其单位纳入批准范围的员工按规定取得的公务用车补贴征收个人所得税时,公务用车补贴的扣除标准按照实际发放标准执行。

(4) 国有企业扣除标准。

国有企业(指各级政府授权履行出资人职责的机构、部门依法履行出资人职责的国有独资企业、国有独资公司、国有全资公司以及国有资本控股公司等国家出资企业)经主管部门批准进行公务用车制度改革后,对其单位纳入批准范围的职工按规定取得的公务用车补贴征收个人所得税时,公务用车补贴的扣除标准按照每人每月不超过湘办发〔2015〕46号文件规定的最高标准据实扣除。

二十、广东对交通补贴的个人所得税问题是如何规定的?

《广东省地方税务局关于个人所得税若干政策问题的通知》(粤地税发〔2002〕1号)规定如下:

(1) 个人因公务用车和通讯制度改革而取得的公务用车、通讯补贴收入,扣除一定标准的公务费用后,按照"工资、薪金"所得项目计征个人所得税。按月发放的,并入当月"工资、薪金"所得计征个人所得税;不按月发放的,分解到所属月份并与该月份"工资、薪金"所得合并后计征个人所得税。

(2) 公务用车补贴收入的公务费用扣除范围和标准可按照当地政府规定的范围和标准执行,通讯补贴收入的公务费用扣除范围和标准可参照《关于印发行政事业单位通信费列支规定的通知》(粤财文〔1999〕49号)的有关规定执行。

二十一、广西对交通补贴的个人所得税问题是如何规定的?

《国家税务总局广西壮族自治区税务局关于公务交通补贴个人所得税有关问题的公告》(国家税务总局广西壮族自治区税务局公告2018年第12号)规定如下:

(1) 个人取得的公务交通补贴收入,扣除一定标准的费用后,按照《国家税务总局关于个人所得税有关政策问题的通知》(国税发〔1999〕58号)第二条规定计征个人所得税。

(2) 广西壮族自治区公务人员按公务交通补贴规定取得的公务用车制度改革补贴收入,即厅级每人每月1950元,处级每人每月1200元,科级每人每月750元,科员及以下每人每月650元的标准,允许在计算个人所得税税前全额扣除,超出规定标准部分按照"工资、薪金"所得项目计征个人所得税。

今后,若自治区党委、自治区人民政府调整公务交通补贴标准的,按调整后的标准扣除。

(3) 广西壮族自治区各级各类事业单位所有原符合公务用车配备相关规定的岗位和人员,按照《自治区本级事业单位公务用车制度改革实施方案》的规定取得的公务用车制度改革补贴收入,无论是以现金形式,还是以报销方式取得的公务交通补贴收入,参照公务人员的标准允许在计算个人所得税税前全额扣除,超出规定标准部分按照"工资、薪金"所得项目计征个人所得税。

(4) 对企业职工公务用车费用扣除标准划分为高级管理人员和其他人员两档处理,具体为:

① 高级管理人员每人每月 1 950 元。

② 其他人员每人每月 1 200 元。

企业在制定公务用车制度改革方案中,应明确本企业高级管理人员和其他人员的范围。

(5) 上述第四条所称"高级管理人员",是指根据《中华人民共和国公司法》或其他法律法规的相关规定,在本级企业或社会组织中担任高管职务的人员。具体包括公司的经理、副经理、财务负责人,上市公司董事会秘书和公司章程规定的其他人员。

上述第四条所称"其他人员",是指除高级管理人员外的所有人。

(6)《国家税务总局广西壮族自治区税务局关于公务交通补贴个人所得税有关问题的公告》适用于进行公务用车制度改革的单位及所制定的公务用车制度改革方案确定的人员。

(7) 各单位应将公务用车制度改革方案作为留存备查资料,以备税务机关审查。

二十二、海南对交通补贴的个人所得税问题是如何规定的?

《海南省地方税务局关于明确公务交通通讯补贴扣除标准的公告》(海南省地方税务局公告 2017 年第 2 号)规定如下:

(1) 企事业单位员工因公务用车制度改革取得的公务交通补贴收入,允许在以下公务费用扣除标准内,按实际取得数额予以扣除,超出标准部分按照"工资、薪金"所得项目计征个人所得税。

① 海口、三亚、三沙、儋州、洋浦的公务费用扣除标准。

高级管理人员 1 690 元/人/月,其他人员 1 040 元/人/月。

② 其他市县的公务费用扣除标准。

高级管理人员 1 000 元/人/月,其他人员 600 元/人/月。

企事业单位员工因通讯制度改革取得的通讯补贴收入,在 100 元/人/月的公务费用标准内按实际取得数额予以扣除,超出标准部分按"工资、薪金所得"项目计征个人所得税。

③ 适用的单位范围:进行公务用车改革,制定了公务用车制度改革方案的企事业单位。适用的人员范围:企事业单位公务用车改革方案所确定的人员。

④ 第①条所称"高级管理人员",是指根据《公司法》或其他法律法规的相关规定,在本级企业或社会组织中担任高管职务的人员。具体包括公司的经理、副经理和财务负责人,上市公司董事会秘书和公司章程规定的其他人员等;由省委、省委组织部以及履行出资人职责机构任命的党委班子成员。

第①条所称"其他人员",是指企业中除了高级管理人员之外的所有人。

二十三、云南对交通补贴的个人所得税问题是如何规定的？

《云南省地方税务局转发国家税务总局关于个人因公务用车制度改革取得补贴收入征收个人所得税问题的通知》（云地税二字〔2006〕37号）规定，云南省个人因公务用车和通讯制度改革而取得公务用车和通讯补贴收入的公务费用扣除标准问题，目前正做调查研究，待省政府批准确定后执行。在省政府尚未批准确定以前，暂不作公务费用的扣除。

二十四、四川对交通补贴的个人所得税问题是如何规定的？

《国家税务总局四川省税务局关于答复省十二届政协二次会议第0909号提案的函》①规定，在2018年个人所得税法修改以前，按照《国家税务总局关于个人所得税有关政策问题的通知》（国税发〔1999〕第58号）第二条的规定"公务费用的扣除标准，由税务局根据纳税人公务交通、通讯费用的实际发生情况调查测算，报经省级人民政府批准后确定，并报国家税务总局备案"，公务费用的扣除标准批准权限在省级人民政府。我局就该事项已向省政府报告，但因四川省公务用车改革尚未全面完成，故暂未出台公务费用的扣除标准。

二十五、青海对交通补贴的个人所得税问题是如何规定的？

《青海省财政厅青海省地方税务局关于个人因公务用车制度改革取得的补贴收入有关个人所得税问题的通知》（青财税字〔2016〕1150号）规定，对党政机关及所属参公事业单位职工按规定取得的公务用车改革补贴收入，允许在个人所得税税前据实全额扣除，从2016年4月1日起执行。事业单位、国有企业和国有金融企业相关税收政策，按照《中共中央办公厅　国务院办公厅关于印发〈全面推进公务用车制度改革指导意见〉的通知》中"统一部署、分步实施"的精神和具体改革事项的推进情况，另行下文通知。

二十六、新疆对交通补贴的个人所得税问题是如何规定的？

《转发国家税务总局关于个人所得税有关政策问题的通知》（新地税四字〔1999〕9号）规定，关于本通知中公务用车、通讯补贴公务费用扣除标准，经研究决定，通讯补贴公务费用扣除标准暂定为手机每月300元，住宅电话每月100元；公务用车的公务费用扣除标准待公务用车改革后再定。

二十七、西藏对交通补贴的个人所得税问题是如何规定的？

《西藏自治区国家税务局关于个人取得公务用车补贴和通讯费补贴征收个人所得税有关问题的通知》（藏国税发〔2006〕83号）规定如下：

（1）对个人因公务用车和通讯制度改革而取得的公务用车补贴收入，扣除一定标准的公务费用后，按照"工资、薪金"所得项目计征个人所得税。按月发放的，并入当月"工资、薪金"所得计征个人所得税；不按月发放的，分解到所属月份并与该月份"工资、薪金"所得合并后计征个人所得税。

---

① 国家税务总局四川省税务局网站，http://sichuan.chinatax.gov.cn/art/2019/8/22/art_731_11342.html，最后访问日期：2019年12月12日。

(2) 公务费用扣除标准。

为体现个人所得税调节高收入和税收公平原则,根据近年来全区实际发放公务用车补贴情况,现将公务费用扣除标准制定如下:公务用车补贴每人每月 600 元。

对个人取得公务用车补贴和通讯费补贴在上述标准之内的,在缴纳个人所得税时据实扣除;超过上述标准发放的,在扣除公务费用后超过部分并入当月工资、薪金所得计征个人所得税。

(3) 因公务用车制度改革而以现金、报销等形式向职工个人支付的收入,均应视为个人取得公务用车补贴收入,按照"工资、薪金所得"项目计征个人所得税。

二十八、深圳对交通补贴的个人所得税问题是如何规定的?

《深圳市地方税务局转发国家税务总局关于企事业单位公务用车制度改革后相关费用税前扣除问题的批复》(深地税发〔2007〕186 号)规定,公务用车改革后,单位为员工报销的相关费用,以及以现金或实物形式发放的交通补贴,在给予企业所得税税前扣除的同时应并入员工个人工资、薪金所得征收个人所得税。

二十九、广州对交通补贴的个人所得税问题是如何规定的?

广州并未下发文件明确公务用车改革的免税(扣除)标准。按照广州市税务机关的解答,个人获得的交通补贴须全额并入工资、薪金所得征收个人所得税。

据了解,目前广州并未进行公务用车制度改革,故并未执行《国家税务总局关于个人因公务用车制度改革取得补贴收入征收个人所得税问题的通知》,而是按照个人所得税法的有关规定,对个人从单位获得的交通补贴,均并入当月"工资、薪金"所得计征个税。[①]

三十、大连对交通补贴的个人所得税问题是如何规定的?

《大连市地方税务局关于个人因公务用车和通讯制度改革取得补贴收入征收个人所得税问题的通知》(大地税函〔2008〕251 号)及《大连市地方税务局关于调整公务用车费用及通讯公务费用个人所得税税前扣除标准的通知》(大地税函〔2010〕7 号)规定如下:

(1) 适用公务费用扣除的单位范围。

公务费用扣除适用于实行公务用车和通讯制度改革且制定改革方案的单位。其中,改革方案应明确记载参加公务用车和通讯制度改革的人员范围、具体人员的岗位职责、月补贴额度、参改车辆及未参改车辆的用途、补贴发放及使用管理办法等内容。

实行公务用车改革的单位须将参改车辆的行驶执照复印备查,车辆行驶执照登载的姓名为非本单位参改人员的,不视为参改车辆。

单位公务用车和通讯制度改革后,向个人支付的公务费用,原则上应低于本单位改革前一年度实际发生的同口径费用。未制定改革方案、改革方案不符合本通知要求以及借改革之名扩大税前费用扣除的单位,不得执行公务费用扣除规定。

(2) 公务费用包含的内容。

① 个人因公务用车实际发生的燃油费、车船税、保险费、停车费、保养费等与车辆使

---

① 《广州:交通补贴要全额缴个税》,新浪新闻,http://news.gd.sina.com.cn/news/2009/09/16/661276.html,最后访问日期:2019 年 12 月 12 日。

用有关的费用。

② 个人因公务发生的移动电话通话费、月租费和信息费。

(3) 公务费用的扣除标准。

个人因公务用车和通讯制度改革而以现金、报销形式取得的补贴收入、通讯费、大连市行政区域内的交通费等均应按照"工资、薪金所得"项目计征个人所得税,标准内的公务费用[仅指上述第(2)项列举的费用],可凭真实、合法的票据在应纳税所得额中扣除。

公务用车费用每人每月不得超过2 700元。实际发生额不超过2 700元的,按实际发生额在应纳税所得额中扣除;实际发生额超过2 700元的,其余额不得结转到以后月份的应纳税所得额中扣除。

通讯公务费用每人每月不得超过当月实际发生通讯费用的80%,且仅限一人一号。

5.3.6 个人取得的通讯补贴能否免征个人所得税?

5.3.6.1 国家税务总局对通讯补贴的个人所得税问题是如何规定的?

《国家税务总局关于个人所得税有关政策问题的通知》(国税发〔1999〕58号)及《国家税务总局关于修改部分税收规范性文件的公告》(国家税务总局公告2018年第31号)规定,个人因公务用车和通讯制度改革而取得的公务用车、通讯补贴收入,扣除一定标准的公务费用后,按照"工资、薪金所得"项目计征个人所得税。按月发放的,并入当月"工资、薪金所得"计征个人所得税;不按月发放的,分解到所属月份并与该月份"工资、薪金所得"合并后计征个人所得税。公务费用的扣除标准,由省税务局根据纳税人公务交通、通讯费用的实际发生情况调查测算,报经省级人民政府批准后确定,并报国家税务总局备案。

5.3.6.2 各省及主要城市对通讯补贴的个人所得税问题是如何规定的?

国税发〔1999〕58号文下发后,各地均根据自身的情况,明确了公务用车、通讯补贴收入的个人所得税处理政策,特别是制定明确了通讯补贴、交通补贴税前扣除的标准。在此,笔者进行整理以供读者参考适用。对于未做列示的,则表明当地未制定标准,原则上应当并入工资、薪金所得计算缴纳个人所得税。

一、北京对通讯补贴的个人所得税问题是如何规定的?

《北京市地方税务局关于对公司员工报销手机费征收个人所得税问题的批复》(京地税个〔2002〕116号)规定,对企事业单位未按市财政局京财行〔2000〕394号文件规定实行通讯制度改革,为个人手机(包括无线寻呼机)负担通讯费,应区分不同情况征收个人所得税:

(1) 单位为个人通讯工具(因公需要)负担通讯费采取全额实报实销或限额实报实销部分的,可不并入当月工资、薪金征收个人所得税。

(2) 单位为个人通讯工具负担通讯费采取发放补贴形式的,应并入当月工资、薪金计征个人所得税。

不过,按照《北京市财政局关于废止〈北京市财政局关于印发北京市市级党政机关工作人员日常通信工具安装、配备和管理的规定的通知〉(京财行〔2000〕394号)的通知》(京财党政〔2018〕2492号)的规定,京财行〔2000〕394号文件已经作废,可京地税个〔2002〕116号文件却未作废。所以,具体执行就有些尴尬了。

二、广州对通讯补贴的个人所得税问题是如何规定的？

《广州市地税局关于个人通讯补贴收入征收个人所得税问题的通知》（穗地税发〔2007〕201号）规定，为加强个人所得税的征收管理，规范个人通讯补贴收入的公务费用扣除标准，现就个人通讯补贴收入征收个人所得税有关问题明确如下：

（1）按照《国家税务总局关于个人所得税有关政策问题的通知》（国税发〔1999〕58号）第二条的规定，个人因通讯制度改革而取得的通讯补贴收入，扣除一定标准的公务费用后，按照"工资、薪金"所得项目计征个人所得税。按月发放的，并入当月"工资、薪金"所得计征个人所得税；不按月发放的，分解到所属月份并与该月份"工资、薪金"所得合并后计征个人所得税。

上述公务费用的扣除标准，在广东省地方税务局未有统一规定前，省直党政群机关、参照公务员管理的事业单位、省高级人民法院、省人民检察院在职人员，按照中共广东省纪律检查委员会、广东省人事厅、广东省财政厅、广东省监察厅《关于印发〈关于省直机关单位通讯费改革的实施意见〉的通知》（粤纪发〔2002〕31号）第二条规定的通讯费补贴标准执行；市（区）直党政群机关、参照公务员管理的事业单位、市（区）人民法院、市（区）人民检察院在职人员，按照广州市财政局、中共广州市纪律检查委员会、广州市人事局、广州市监察局《印发〈关于市直机关单位通讯费改革的实施意见〉的通知》（穗财行〔2006〕283号）第二条的有关规定执行。

（2）除上述第（1）点以外的其他扣缴义务人，参照广东省地方税务局《转发国家税务总局关于执行〈企业会计制度〉需要明确的有关所得税问题的通知》（粤地税函〔2004〕547号）第四点的规定，其单位高层管理人员（包括总经理、副总经理、总会计师以及在本单位受薪的董事会成员）在每人每月500元的标准额度内，其他人员在每人每月300元的标准额度内，凭发票在单位报销通讯费用的部分，准予在计征个人所得税前扣除。超过上述规定标准为职工报销的通讯费用以及发给职工的现金通讯补贴，应并入个人当月"工资、薪金"所得项目计征个人所得税。

三、江苏对通讯补贴的个人所得税问题是如何规定的？

江苏省并未下文件，而是以解答的方式明确通讯补贴扣除的标准与执行口径。按照《国家税务总局关于个人所得税有关政策问题的通知》（国税发〔1999〕58号）的规定，个人因公务用车和通讯制度改革而取得的公务用车、通讯补贴收入，扣除一定标准的公务费用后，按照"工资、薪金"所得项目计征个人所得税。按月发放的，并入当月"工资、薪金"所得计征个人所得税；不按月发放的，分解到所属月份并与该月份"工资、薪金"所得合并后计征个人所得税。公务费用的扣除标准，由省级地方税务局根据纳税人公务交通、通讯费用的实际发生情况调查测算，报经省级人民政府批准后确定，并报国家税务总局备案。但江苏省尚未确定扣除标准——言下之意是江苏不允许作任何扣除。[①]

四、浙江对通讯补贴的个人所得税问题是如何规定的？

《浙江省地方税务局关于个人取得通讯费补贴收入征收个人所得税问题的通知》（浙

---

① 从江苏省部分地市的掌握口径看，大多没有全额并入工资、薪金所得项目征收个人所得税。

地税发〔2001〕118号）规定如下：

（1）个人取得各种形式（包括现金补贴和凭票报销等）的通讯费补贴收入，扣除一定标准的公务费用后，按照"工资、薪金所得"项目计征个人所得税。按月取得的，并入当月"工资、薪金所得"计征个人所得税；不按月取得的，分解到所属月份并与该月份"工资、薪金所得"合并后计征个人所得税。

（2）公务费用的扣除标准规定如下：

① 根据《浙江省委办公厅、浙江省人民政府办公厅关于进一步加强党政机关工作人员通信工具管理的通知》（浙委办〔2000〕99号，以下简称为浙委办〔2000〕99号文件）规定享受通讯费补贴的党政机关工作人员，参照浙委办〔2000〕99号文件规定的标准予以扣除。

② 按照企事业单位规定取得通讯费补贴的工作人员，其单位主要负责人在每月500元额度内按实际取得数予以扣除，其他人员在每月300元额度内按实际取得数予以扣除。

③ 既按浙委办〔2000〕99号文件规定取得补贴，又按企事业单位规定取得通讯费补贴收入的个人，只能选择上述标准之一进行扣除；个人取得超过上述标准的通讯费补贴收入一律并入个人"工资、薪金所得"征收个人所得税。

五、宁波对通讯补贴的个人所得税问题是如何规定的？

《宁波市地方税务局关于个人取得通讯补贴收入征收个人所得税的通知》（甬地税一〔2003〕181号）规定，对实行通讯制度改革的单位，其个人从任职单位取得的通讯补贴收入，在按实扣除每人每月300元公务费用后，按照"工资、薪金"所得项目计征个人所得税。按月发放的，并入当月"工资、薪金"所得计征个人所得税；不按月发放的，分解到所属月份并与该月份"工资、薪金"所得合并后计征个人所得税。

六、安徽对通讯补贴的个人所得税问题是如何规定的？

《安徽省地方税务局关于明确个人所得税若干政策问题的通知》（皖地税函〔2004〕347号）规定，职工个人按规定从单位取得的通讯补贴，在并入工资、薪金所得应税项目计征个人所得税时，按每月300元的标准给予税前扣除；补贴收入不足300元的，按实际取得的补贴收入给予税前扣除。职工个人在单位报销通讯费用的，在计征个人所得税时，不得再扣除任何通讯费用。

七、天津对通讯补贴的个人所得税问题是如何规定的？

《天津市地方税务局关于个人取得通讯补贴收入有关个人所得税政策的公告》（天津市地方税务局公告2017年第7号）规定，个人取得的通讯补贴收入，扣除一定标准的费用后，按照《国家税务总局关于个人所得税有关政策问题的通知》（国税发〔1999〕58号）第二条规定计征个人所得税。费用扣除标准规定如下：以现金形式发放给个人的办公通讯补贴，或以报销方式支付给个人的办公通讯费用，费用扣除标准为每月不超过500元（含500元）。其中，机关、事业单位发放给个人的办公通讯补贴，费用扣除标准为天津市财政、人力社保部门规定的发放标准，但每月最高不得超过500元（含500元）。

八、河北对通讯补贴的个人所得税问题是如何规定的？

《河北省地方税务局关于个人所得税若干业务问题的通知》（冀地税发〔2009〕46号）

规定,各级行政事业单位按照当地政府(县以上)规定标准向职工个人发放的通讯补贴(包括报销、现金等形式)暂免征收个人所得税,超过标准部分并入当月工资、薪金所得计算征收个人所得税;各类企业单位,参照当地行政事业单位标准执行,但企业职工个人取得通讯补贴的标准最高不得超过每人每月500元,在标准内据实扣除,超过当地政府规定的标准或超过每人每月500元最高限额的,并入当月工资、薪金所得计算征收个人所得税;当地政府未规定具体标准的,按通讯补贴(包括报销、现金等形式)全额的20%并入当月工资、薪金所得计算征收个人所得税。

九、河南对通讯补贴的个人所得税问题是如何规定的?

《河南省国家税务局 河南省地方税务局关于转发〈国家税务总局关于执行《企业会计制度》需要明确的有关所得税问题的通知〉的通知》(豫国税发〔2003〕185号)规定,企业发给职工与取得应纳税收入相关的办公通讯费用,凡符合下列条件的,暂允许在所得税前扣除:

(1)允许税前扣除通讯费用的职工是指其工作业务与企业经营管理有直接关系的职工,其通讯费用是办公业务必需的。

(2)职工税前扣除的通讯费用不超过每人每月200元,且有真实的通讯费用发票;对职工的通讯费用凡超过上述规定标准的,必须依法进行纳税调整。

十、山东对通讯补贴的个人所得税问题是如何规定的?

《山东省地方税务局关于公务通讯补贴个人所得税费用扣除问题的通知》(鲁地税函〔2005〕33号)规定如下:

(1)因公务通讯制度改革而发放给个人的公务通讯补贴,扣除一定标准的公务费用后,按照工资、薪金所得项目计征个人所得税。按月发放的,并入当月工资、薪金所得计征个人所得税;不按月发放的,分解到所属月份并与该月工资、薪金所得合并后计征个人所得税。

(2)行政单位按照各级人民政府或同级财政部门统一规定的标准,发放给个人的公务通讯补贴,每月不超过500元(含500元)的部分可在个人所得税前据实扣除,超过部分并入当月工资、薪金所得计征个人所得税。

(3)企事业单位自行制定标准发放给个人的公务通讯补贴,其中法人代表、总经理每月不超过500元(含500元)、其他人员每月不超过300元(含300元)的部分,可在个人所得税前据实扣除。超过部分并入当月工资、薪金所得计征个人所得税。

取得公务通讯补贴,同时又在单位报销相同性质通讯费用的,其取得的公务通讯补贴不得在个人所得税前扣除。

(4)凡发放公务通讯补贴的单位,应将本单位发放标准及范围的文件或规定等材料报送主管税务机关备案。主管税务机关应加强对个人收入项目的管理,对于擅自改变工资构成,造成国家税款损失的,应按照《中华人民共和国税收征收管理法》及其实施细则的有关规定,进行处理。

十一、青岛对通讯补贴的个人所得税问题是如何规定的?

《青岛市地方税务局关于印发〈个人所得税业务问题解答〉的通知》(青地税函〔2006〕

140号)规定:"企业生产经营过程中发生的与其生产经营有关管理人员的通讯费用,实行实报实销的,不属于征税范围,但企业应合理确定报销通讯费人员的范围,并将报销通讯费的企业管理人员名册,报送主管税务机关备案。"

十二、山西对通讯补贴的个人所得税问题是如何规定的？

《山西省地方税务局转发国家税务总局关于个人所得税有关政策问题的通知》(晋地税所发〔1999〕27号)规定,个人因公务用车和通讯制度改革而取得的公务用车、通讯补贴收入,扣除一定标准的公务费用后,按照"工资、薪金"所得项目计征个人所得税。按月发放的,并入当月"工资、薪金"所得计征个人所得税;不按月发放的,分解到所属月份并与该月份"工资、薪金"所得合并后计征个人所得税。公务费用的扣除标准,由省级地方税务局根据纳税人公务交通、通讯费用的实际发生情况调查测算,报经省级人民政府批准后确定,并报国家税务总局备案。

《山西省人民政府办公厅关于个人因公务用车制度改革取得公务交通补贴征收个人所得税有关问题的通知》(晋政办发〔2015〕121号)规定,对已进行公务用车制度改革的各级党政机关(包括党委、人大、政府、政协、审判、检察机关,各民主党派和工商联,参照公务员法管理的人民团体、群众团体、事业单位)的有关人员按规定取得的公务交通补贴征收个人所得税时,公务费用的扣除标准依据《山西省公务用车制度改革总体方案》(晋办发〔2015〕45号)确定的公务交通补贴实际发放标准执行。

其他事业单位和企业开展公务用车制度改革后,对其单位高层、中层以及其他管理人员按规定取得的公务交通补贴征收个人所得税时,公务费用的扣除标准可参照上述标准执行。

十三、辽宁对通讯补贴的个人所得税问题是如何规定的？

《辽宁省地方税务局关于对公务移动通讯费用补贴免征个人所得税问题的通知》(辽地税发〔2004〕125号)规定,按照《辽宁省省直机关公务移动通讯费用补贴管理办法》(辽人发〔2004〕13号,以下简称为辽人发〔2004〕13号文件)规定的范围及标准发给个人的移动通讯费补贴,在计征个人所得税时给予全额扣除。个人因公务通讯制度改革而取得的公务移动通讯费补贴收入,可按照当地市级人民政府规定的补贴发放范围及标准,在计征个人所得税时给予全额扣除。按照政府规定的范围及标准向个人发放移动通讯费用补贴的单位,再以报销票据等各种形式向个人支付或为个人交纳的移动通讯费、固定电话通讯费、移动电话购置费,均应全额并入个人当月工资、薪金代扣代缴个人所得税。

但辽宁省地税局网站的解答,则可能对企业不利。辽宁省已下发了文件规定省直机关按照辽人发〔2004〕13号文件规定通讯费补贴可以全额扣除,免征个人所得税,但目前辽宁省地方税务局未对企业通讯补贴扣除标准作出明确规定,因此以现金形式支付的通讯补贴要并入支付当月的工资、薪金所得计算缴纳个人所得税,党政机关的通讯补贴标准企业不得比照执行。[①]

---

① 转引自中国会计网,http://bbs.canet.com.cn/thread-612635-1-1.html,访问日期:2019年12月10日。

另外,《辽宁省地方税务局关于辽宁联通公司员工通信费缴纳个人所得税有关问题的批复》(辽地税函〔2011〕123号)规定:"你公司采取限额内实报实销方式给员工报销的通信费,属于单位公务性支出,不征收个人所得税。"

十四、大连对通讯补贴的个人所得税问题是如何规定的?

《大连市地方税务局关于个人因公务用车和通讯制度改革取得补贴收入征收个人所得税问题的通知》(大地税函〔2008〕251号)及《大连市地方税务局关于调整公务用车费用及通讯公务费用个人所得税税前扣除标准的通知》(大地税函〔2010〕7号)规定,根据大连市公务用车和通讯制度改革实际情况,经报请市政府批准,现对大连市个人因公务用车和通讯制度改革而取得的补贴收入中公务费用的扣除标准等个人所得税问题明确如下:

(1) 适用公务费用扣除的单位范围。

公务费用扣除适用于实行公务用车和通讯制度改革且制定改革方案的单位。其中,改革方案应明确记载参加公务用车和通讯制度改革的人员范围、具体人员的岗位职责、月补贴额度、参改车辆及未参改车辆的用途、补贴发放及使用管理办法等内容。

实行公务用车改革的单位须将参改车辆的行驶执照复印备查,车辆行驶执照登载的姓名为非本单位参改人员的,不视为参改车辆。

单位公务用车和通讯制度改革后,向个人支付的公务费用,原则上应低于本单位改革前一年度实际发生的同口径费用。未制定改革方案、改革方案不符合《大连市地方税务局关于个人因公务用车和通讯制度改革取得补贴收入征收个人所得税问题的通知》要求以及借改革之名扩大税前费用扣除的单位,不得执行公务费用扣除规定。

(2) 公务费用包含的内容。

① 个人因公务用车实际发生的燃油费、车船税、保险费、停车费、保养费等与车辆使用有关的费用。

② 个人因公务发生的移动电话通话费、月租费和信息费。

(3) 公务费用的扣除标准。

个人因公务用车和通讯制度改革而以现金、报销形式取得的补贴收入、通讯费、大连市行政区域内的交通费等均应按照"工资、薪金所得"项目计征个人所得税,标准内的公务费用[仅指上述第(2)项列举的费用],可凭真实、合法的票据在应纳税所得额中扣除。

公务用车费用每人每月不得超过2 700元。实际发生额不超过2 700元的,按实际发生额在应纳税所得额中扣除;实际发生额超过2 700元的,其余额不得结转到以后月份的应纳税所得额中扣除。

通讯公务费用每人每月不得超过当月实际发生通讯费用的80%,且仅限一人一号。

十五、黑龙江对通讯补贴的个人所得税问题是如何规定的?

《黑龙江省地方税务局关于个人取得公务交通、通讯费补贴有关公务费用个人所得税扣除标准的通知》(黑地税函〔2006〕11号)规定,个人因公务用车和通讯制度改革而取得的公务用车、通讯补贴收入,扣除一定标准的公务费用后,按照"工资、薪金"所得项目计征个人所得税。经省政府同意,现将黑龙江省个人取得公务交通、通讯费补贴有关公务费用个人所得税扣除标准通知如下:

(1) 党政机关干部住宅电话和移动电话补贴,扣除按《中共黑龙江省委 黑龙江省人民政府办公厅关于印发〈黑龙江省党政机关公务住宅电话暂行管理办法〉和〈黑龙江省移动电话暂行管理办法〉的通知》(厅字〔1999〕6 号)和参照《中央和国家机关公务移动通讯费用补贴管理办法》规定标准发放的通讯费补贴额,超出部分计征个人所得税。

(2) 保留行政级别的企事业单位,其领导班子成员及特殊岗位人员住宅电话和移动电话补贴,扣除参照党政机关干部的相关规定标准发放的通讯费补贴额,超出部分计征个人所得税;没有行政级别的企事业单位,其领导班子成员住宅电话和移动电话补贴两项合计每人每月扣除 400 元,超出部分计征个人所得税;特殊岗位人员两项合计每人每月最高扣除 300 元,超出部分计征个人所得税。

十六、吉林对通讯补贴的个人所得税问题是如何规定的?

《吉林省地方税务局关于明确个人所得税有关政策问题的通知》(吉地税函〔2004〕107 号)规定,省直机关工作人员按《省直机关公务移动通讯费用补贴管理暂行办法》规定的标准取得的通讯费用补贴,市、县机关工作人员根据当地政府规定的标准取得的通讯费用补贴,在计税时应予以扣除;超出的部分,并入当月工资总额,按"工资、薪金所得"项目征收个人所得税。

十七、福建对通讯补贴的个人所得税问题是如何规定的?

《福建省地方税务局关于所得税若干政策及管理问题的处理意》(闽地税所便函〔2013〕16 号)[①]规定,省局已根据国家税务总局《关于个人所得税有关政策问题的通知》(国税发〔1999〕58 号)规定请示省政府,在省政府批复前,暂按每人每月 500(含)元以内,准予据实在计征个人所得税前扣除。超过上述规定标准为职工报销的通讯费用,或以通讯费名义发放给职工的现金补贴,应并入职工个人当月"工资、薪金所得"计征个人所得税。

十八、厦门对通讯补贴的个人所得税问题是如何规定的?

根据厦门地税局网站的解答[②],自 2013 年 11 月 1 日起,通讯费用暂按每人每月 500(含)元以内,准予据实在计征个人所得税前扣除。超过上述规定标准为职工报销的通讯费用,或以通讯费名义发放给职工的现金补贴,应并入职工个人当月"工资、薪金所得"计征个税。

十九、湖南对通讯补贴的个人所得税问题是如何规定的?

《湖南省地方税务局关于明确公务费用税前扣除标准的公告》(湖南省地方税务局公告 2018 年第 2 号)规定,单位为个人通讯工具(因公需要)负担通讯费采取实报实销的,可不并入"工资、薪金所得"征收个人所得税。采取发放补贴形式的,一律并入当月"工资、薪金所得"计征个人所得税。

二十、湖北对通讯补贴的个人所得税问题是如何规定的?

《湖北省地方税务局关于个人所得税有关政策规定的通知》(鄂地税发〔2005〕137 号)规定,对于省直机关人员按照《省人民政府机关事务管理局关于印发〈省直党政机关公务

[①] 转引自大力税手网,http://www.dlsstax.com/index.php?m=Index&c=Content&a=index&cid=69&aid=8773,访问日期:2019 年 12 月 10 日。

[②] 转引自中华会计网校,http://www.chinaacc.com/shuishou/nsfd/qi1709076703.shtml,最后访问日期:2019 年 12 月 11 日。

移动通讯费用包干管理办法〉的通知》(鄂管发〔2004〕84号)规定的发放范围和补贴标准所取得的移动通讯补贴收入,按照《国家税务总局关于个人所得税有关政策问题的通知》(国税发〔1999〕58号)的规定,可允许在税前扣除。

二十一、重庆对通讯补贴的个人所得税问题是如何规定的?

《重庆市地方税务局关于通讯补贴收入个人所得税前扣除问题的通知》(渝地税发〔2008〕3号)规定,按照《中华人民共和国个人所得税法》及其实施条例和国税发〔1999〕58号文件的有关规定,经请示市政府同意,现将通讯补贴收入个人所得税前扣除有关问题明确如下:

(1) 企事业单位、党政机关及社会团体因通讯制度改革,按照一定的标准发放给个人的通讯补贴收入,扣除一定标准的公务费用后,按照工资、薪金所得计征个人所得税。按月发放的,并入当月工资、薪金所得计征个人所得税;不按月发放的,分解到所属月份并与该月份工资、薪金所得合并后计征个人所得税。公务费用的税前扣除标准确定为每人每月400元(含400元),在此标准内据实扣除。

(2) 通讯补贴收入是指各单位以现金形式发放的个人通讯补贴,或以报销方式支付个人通讯费用,以及发放含通讯费用性质的工作性补贴。通讯补贴的范围:单位为个人发放或支付的座机电话、移动电话、上网等费用。

(3) 实行通讯制度改革的单位应将通讯制度改革方案,以及通讯补贴发放标准及范围的有关材料报送主管地税机关备案。

二十二、四川对通讯补贴的个人所得税问题是如何规定的?

目前,四川省未下文明确通讯补贴收入的个人所得税征免与标准问题。但《成都晚报》[①]却报道了四川省的相关口径:"近年来,某些企业和机关单位对公务用车和通讯进行改革,根据职务不同,按一定的标准用现金给予补助。根据国家税务总局有关规定,对个人因为该项改革而取得的公务用车、通讯补贴收入,扣除一定标准的公务费用后,按'工资、薪金所得'项目计征个人所得税;不按月发放的,分解到所属月份并与该月份'工资、薪金所得'合并后计征个人所得税。公务费用扣除标准,由各省级人民政府确定。

"昨日,省地税局所得税处有关负责人称,目前四川省暂未制定扣除标准,因此暂不作扣除。而根据国家税务总局近日出台的文件规定,当地政府未制定公务费扣除标准的,按交通补贴全额的30%、通讯补贴全额的20%作为个人收入扣缴个税。"

需要说明的是,上述国家税务总局的文件是指《国家税务总局大企业税收管理司关于2009年度税收自查有关政策问题的函》(企便函〔2009〕33号),但按照《国家税务总局大企业税收管理司关于停止执行企便函〔2009〕33号文件的通知》(企便函〔2011〕24号)的规定,企便函〔2009〕33号文件早已于2011年10月13日停止执行,这也就意味着,四川省范围内取得的通讯补贴是需要全额并入工资、薪金所得征收个人所得税的。

另外,根据2019年12月10日,有网民向四川省税务局咨询关于"单位为员工实报实

---

① 《成都晚报》,2009年9月18日,载引自新浪网,http://sc.sina.com.cn/news/social/2009-09-18/074643659.html,访问日期:2019年12月11日。

销或限额实报实销部分的因公产生的通讯费是否需要缴纳个人所得税?"的问题,四川省税务局给出了下列解答:"根据国税发〔1999〕58号文件第二条的规定,个人因公务用车和通讯制度改革而取得的公务用车、通讯补贴收入,扣除一定标准的公务费用后,按照'工资、薪金所得'项目计征个人所得税。公务费用的标准是由省级税务局根据纳税人公务交通、通讯费用的实际发生情况调查测算,报经省级人民政府批准后确定,并报国家税务总局备案。按照上述规定,企业发放的通讯补贴收入,符合国税发〔1999〕58号文件省税务局确定的标准,可以在税前扣除,超过标准的应并入工资、薪金所得计征个人所得税。对于所在省没有扣除标准的,应全额并入工资、薪金所得计征个人所得税。"

分析其解答,可以发现,四川省内个人获得了通讯补贴,由于没有明确的扣除标准,也应当全额并入工资、薪金所得项目征收个人所得税。

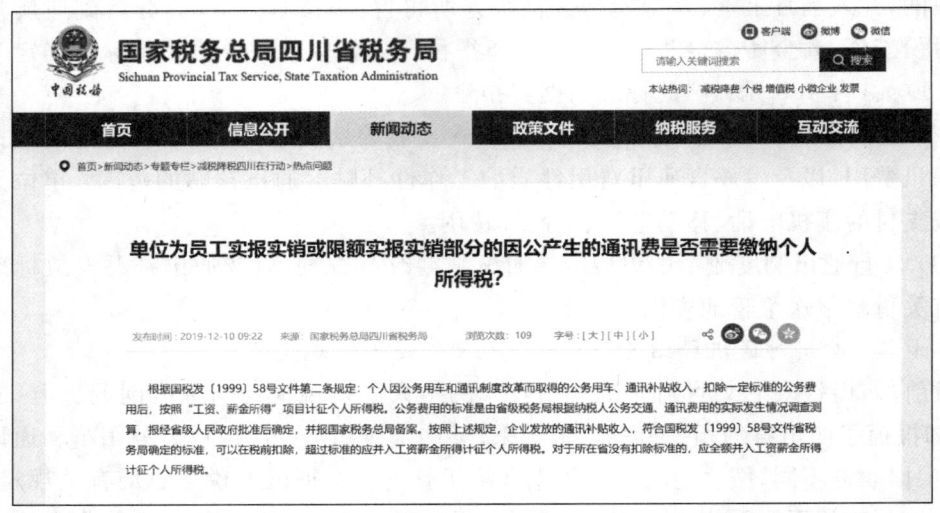

图 5-1　四川省税务局关于通讯费补贴征收个人所得税问题解答截图

二十三、云南对通讯补贴的个人所得税问题是如何规定的?

《云南省地方税务局关于工资、薪金所得征免个人所得税问题的通知》(云地税二字〔2003〕145号)规定如下:

(1) 云南省个人取得的工资、薪金所得,在减除200元的补贴、津贴扣除标准的基础上再提高200元,另增加200元的通讯补贴费用扣除。即个人取得的工资、薪金所得,以每月收入额减除费用800元(国家统一规定的减除费用标准)的基础上,再减除600元的补贴、津贴扣除标准后的余额,为应纳税所得额。

(2) 再减除600元的补贴、津贴扣除标准的范围包括云南省发放的"三项补贴"收入、独生子女补贴、家属成员的副食品补贴、托儿补助、交通补贴、误餐补贴、伙食补贴、取暖补贴、住房补贴、医疗补助费或医药费包干、边疆津贴等各项津贴、补贴收入以及通讯补贴收入。

(3) 通讯费用实行实报实销的,不得再扣除200元的通讯补贴。

二十四、广西对通讯补贴的个人所得税问题是如何规定的?

《国家税务总局广西壮族自治区税务局关于公务通讯补贴个人所得税有关问题的公

告》(国家税务总局广西壮族自治区税务局公告 2018 年第 13 号)规定如下:

(1) 个人取得的通讯补贴收入,扣除一定标准的费用后,按照《国家税务总局关于个人所得税有关政策问题的通知》(国税发〔1999〕58 号)第二条规定计征个人所得税。

(2) 对公务人员按规定标准取得的公务通讯补贴收入,即厅级每人每月 240 元,处级每人每月 180 元,科级每人每月 130 元,科员及以下每人每月 80 元的标准,允许在计算个人所得税税前全额扣除,超出规定标准部分按照"工资、薪金所得"项目计征个人所得税。

今后,若自治区党委、自治区人民政府调整公务通讯补贴标准的,按调整后的标准扣除。

(3) 对广西壮族自治区企业职工取得的通讯补贴收入,无论是以现金形式,还是以报销方式取得的通讯补贴收入,在计征个人所得税时,准予在每人每月不超过 240 元的标准内据实税前扣除,超出规定标准部分按照"工资、薪金所得"项目计征个人所得税。

二十五、贵州对通讯补贴的个人所得税问题是如何规定的?

《贵州省地方税务局关于个人取得通讯补贴有关个人所得税前扣除问题的公告》(贵州省地方税务局公告 2018 年第 4 号)规定,在贵州省取得工资、薪金所得的纳税人,每月从任职单位取得的通讯补贴收入,可在 300 元以内据实扣除,超过部分并入工资、薪金所得计算缴纳个人所得税。按月发放的,并入当月"工资、薪金所得"计缴个人所得税;不按月发放的,分解到所属月份并与该月份"工资、薪金所得"合并后计缴个人所得税。

二十六、海南对通讯补贴的个人所得税问题是如何规定的?

《海南省地方税务局关于明确公务交通通讯补贴扣除标准的公告》(海南省地方税务局公告 2017 年第 2 号)规定如下:

(1) 企事业单位员工因通讯制度改革取得的通讯补贴收入,允许在以下公务费用扣除标准内,按实际取得数额予以扣除,超出标准部分按照"工资、薪金所得"项目计征个人所得税。

① 海口、三亚、三沙、儋州、洋浦的公务费用扣除标准。

高级管理人员 1 690 元/人/月,其他人员 1 040 元/人/月。

② 其他市县的公务费用扣除标准。

高级管理人员 1 000 元/人/月,其他人员 600 元/人/月。

(2) 企事业单位员工因通讯补贴收入,在 100 元/人/月的公务费用标准内,按实际取得数额予以扣除,超出标准部分按照"工资、薪金所得"项目计征个人所得税。

(3) 适用的单位范围是进行通讯制度改革,制定了通讯制度改革方案的企事业单位。适用的人员范围是企事业单位通讯制度改革方案所确定的人员。

(4) 上述第(1)条所称"高级管理人员",是指根据《公司法》或其他法律法规的相关规定,在本级企业或社会组织中担任高管职务的人员。具体包括:公司的经理、副经理和财务负责人,上市公司董事会秘书和公司章程规定的其他人员等;由省委、省委组织部以及履行出资人职责机构任命的党委班子成员。

上述第(1)条所称"其他人员",是指企业中除了高级管理人员之外的所有人。

二十七、内蒙古对通讯补贴的个人所得税问题是如何规定的?

《内蒙古自治区地方税务局关于明确通讯补贴收入征免个人所得税问题的通知》(内

地税字〔2007〕355号)规定如下：

(1) 各行政机关、事业单位和人民团体因通讯制度改革而按《内蒙古自治区直属机关公务移动通讯费用管理办法》(厅发〔2004〕38号)规定的具体标准及按各盟市盟市委、行政公署、市政府参照自治区上述文件制定的公务通讯费用标准而实际发放或报销的通讯补贴收入，作为公务费用据实扣除，免予征收个人所得税。

以上单位按《中共内蒙古自治区委员会办公厅 内蒙古自治区人大常委会办公厅 内蒙古自治区人民政府办公厅 政协内蒙古自治区委员会办公厅 内蒙古自治区财政厅关于内蒙古自治区直属行政事业单位公费住宅电话管理办法》(厅发〔1995〕64号)规定的具体标准及按各盟市盟市委、行政公署、市政府参照自治区上述文件制定的住宅电话费标准而实际发放或报销的住宅电话费，免予征收个人所得税。

(2) 2004年以后按自治区财政厅口头通知，对各部门每人每月实际发放的150元通讯补贴，在征收个人所得税时可作为公务费用扣除。【该条款于2018年6月被《国家税务总局内蒙古自治区税务局关于修改部分税收规范性文件的公告》(国家税务总局内蒙古自治区税务局公告2018年第1号)废止】

(3) 企业因通讯制度改革而实际发放或报销的通讯补贴收入，每人每月在200元以内的，作为公务费用据实扣除，免予征收个人所得税。

企业实际发放或报销的住宅电话费用，每人每月50元以内的，免予征收个人所得税。

二十八、陕西对通讯补贴的个人所得税问题是如何规定的？

《陕西省地方税务局关于个人因通讯制度改革取得补贴收入征收个人所得税有关问题的公告》(陕西省地方税务局公告2017年第2号)规定，通讯补贴征收个人所得税公务费用税前扣除限额为每人每月300元。纳税人取得通讯补贴收入在限额内的，按实际收入全额扣除；超过限额的，按限额300元扣除。通讯补贴发放单位应及时将通讯制度改革方案报主管税务机关备案。

二十九、甘肃对通讯补贴的个人所得税问题是如何规定的？

《甘肃省财政厅 甘肃省地方税务局关于公务交通补贴等个人所得税问题的通知》(甘财税法〔2018〕15号)规定，企业实行通讯公务费补贴的，可凭真实、合法的票据在个人所得税应纳税所得额中扣除。每人每月不得超过300元，且仅限一人一号。

三十、宁夏对通讯补贴的个人所得税问题是如何规定的？

《宁夏回族自治区地方税务局关于执行新个人所得税法后征收工薪所得个人所得税时扣除项目有关问题的通知》(宁地税发〔2006〕85号)规定，按照国家统一规定发给的以下补贴、津贴免征个人所得税：

(1) 电话费补贴：省级领导干部每月110元；自治区、地(市)党政机关及事业单位厅级现职领导干部80元，厅级非领导职务干部60元，厅级离退休干部50元，现职处长40元；县(市、区)党政机关正副县级领导干部50元；自治区、地(市)、县(市、区)机关及事业单位因工作需要经单位领导集体研究批准的特殊岗位人员40元。

企业单位厂长、经理 80 元,其他因工作需要经单位领导集体研究批准的特殊岗位人员 50 元。

(2) 移动通讯费补贴:党政机关、事业单位按自治区人民政府规定标准发放的通讯补贴,即省级干部按实报销;厅级每人每月 240 元;处级每人每月 180 元;科级每人每月 130 元;科级以下每人每月 80 元;高级技师、技师每人每月 130 元;其他工勤人员每人每月 80 元;特殊工作岗位人员(是自治区领导秘书、工作流动性较大的工作人员等),报经自治区党委办公厅、政府办公厅和财政厅共同批准,可在规定的补贴标准之外另行增加 100 元补贴。

企业单位移动通讯费用包干给个人的,厂长、经理限额扣除标准为 300 元,其他因工作需要经单位领导集体研究批准的特殊岗位人员 200 元。

企业单位和自收自支企业化管理的事业单位因工作需要可以采取通讯费实报实销制度的,但另外发放的通讯费补贴不能在征个人所得税时扣除。

三十一、新疆对通讯补贴的个人所得税问题是如何规定的?

《转发国家税务总局关于个人所得税有关政策问题的通知》(新地税四字〔1999〕9 号)规定,通讯补贴公务费用扣除标准暂定为手机每月 300 元,住宅电话每月 100 元;公务用车的公务费用扣除标准待公务用车改革后再定。

三十二、西藏对通讯补贴的个人所得税问题是如何规定的?

《西藏自治区国家税务局关于个人取得公务用车补贴和通讯费补贴征收个人所得税有关问题的通知》(藏国税发〔2006〕83 号)规定如下:

(1) 对个人因公务用车和通讯制度改革而取得的公务用车、通讯费补贴收入,扣除一定标准的公务费用后,按照"工资、薪金所得"项目计征个人所得税。按月发放的,并入当月"工资、薪金所得"计征个人所得税;不按月发放的,分解到所属月份并与该月份"工资、薪金所得"合并后计征个人所得税。

(2) 公务费用扣除标准。

为体现个人所得税调节高收入和税收公平原则,根据近年来全区实际发放公务用车补贴和通讯费情况,现将公务费用扣除标准制定如下:公务用车补贴每人每月 600 元,通讯费补贴每人每月 400 元。

对个人取得公务用车补贴和通讯费补贴在上述标准之内的,在缴纳个人所得税时据实扣除;超过上述标准发放的,在扣除公务费用后超过部分并入当月工资薪金所得计征个人所得税。

5.3.7 夏季高温补贴是否需要缴纳个人所得税?

5.3.7.1 高温补贴的本质是什么?

《个人所得税法实施条例》第六条第(一)项规定:"工资、薪金所得,是指个人因任职或者受雇取得的工资、薪金、奖金、年终加薪、劳动分红、津贴、补贴以及与任职或者受雇有关的其他所得。"

《国家安全生产监督管理总局 卫生部 人力资源和社会保障部 中华全国总工会关于印发防暑降温措施管理办法的通知》(安监总安健〔2012〕89号,以下简称为安监总安健〔2012〕89号文件)第十七条规定:"劳动者从事高温作业的,依法享受岗位津贴。用人单位安排劳动者在35℃以上高温天气从事室外露天作业以及不能采取有效措施将工作场所温度降低到33℃以下的,应当向劳动者发放高温津贴,并纳入工资总额。"

因此,根据上述两项不同法律规范的规定,有理由将高温补贴归属为工资、薪金所得。更具体地讲,高温补贴属于工资、薪金所得中的岗位津贴。

5.3.7.2　高温补贴与防暑降温费有何不同?

按照上述安监总安健〔2012〕89号文件等的规定,高温津贴属于工资性质的岗位津贴,只有在35℃以上高温天气从事室外露天作业以及不能采取有效措施将工作场所温度降低到33℃以下的从事工作的劳动者才能享有,而且必须以现金支付,并纳入工资总额。

而按照《财政部关于企业加强职工福利费财务管理的通知》(财企〔2009〕242号)等规范性文件的规定,防暑降温费属于职工福利性质的补贴,是对暑期在岗的所有劳动者发放的人人有份的福利,可支付现金,也可发放物品。

5.3.7.3　高温补贴和防暑降温费能否免征个人所得税?

《个人所得税法》第四条规定,"按照国家统一规定发给的补贴、津贴"可以免征个人所得税。

《个人所得税法实施条例》第十条规定,个人所得税法第四条第一款第三项所称按照国家统一规定发给的补贴、津贴,是指按照国务院规定发给的政府特殊津贴、院士津贴,以及国务院规定免予缴纳个人所得税的其他补贴、津贴。

《国家税务总局关于生活补助费范围确定问题的通知》(国税发〔1998〕155号)第二条规定,从福利费和工会经费中支付给本单位职工的人人有份的补贴、补助,不属于免税的福利费范围,应当并入纳税人的工资、薪金收入计征个人所得税。

很显然,按照上述的规定,防暑降温费和高温补贴都不能享受免征个人所得税的优惠。

5.3.7.4　全国各地实际执行中都有哪些政策口径?

由于多种原因,一些地方在实际执行政策时也出台了一些地方性政策或者执行口径,对高温补贴规定一个幅度标准,可以从工资、薪金所得内扣除(即相当于免税)。不过,新个人所得税法施行后是否有效,可能需要打上一个问号。

一、河北在防暑降温费或高温补贴的个人所得税上按什么口径执行?

《河北省地方税务局关于个人所得税若干业务问题的通知》(冀地税发〔2009〕46号)规定,各单位按照当地政府(县以上)规定标准向职工个人发放的防暑降温费暂免征收个人所得税,超过当地政府规定标准部分并入当月工资、薪金所得计算征收个人所得税。

二、海南在防暑降温费或高温补贴的个人所得税上按什么口径执行？

《海南省关于用人单位实行高温津贴有关问题的通知》（琼人社发〔2013〕39号）第七条规定："高温津贴计入用人单位工资总额，所需资金按现行工资发放渠道解决。企业发放的高温津贴，作为职工福利费支出，按照企业所得税法规定的扣除标准，在企业所得税税前扣除。对个人按照省政府规定取得的高温津贴免征个人所得税，超过标准发放的部分并入'工资、薪金所得'项目计征个人所得税。"

三、全国各地高温补贴的个人所得税执行标准归纳都有哪些？

全国各地均根据本地情况制定高温补贴的标准。从目前看，标准主要有两种：第一种是按月发放标准（见表5-5），第二种是按日发放标准（见表5-6）。

表5-5　2019年度按月发放高温补贴省份及标准

（按月为主按日为辅）

省份	发放金额	发放时间	政策依据
北京	180元/月（室外高温作业人员）	6~8月	京安监〔2014〕44号
	120元/月（室内高温作业人员）		
浙江	300元/月（室外作业人员）	6~9月	浙人社发〔2018〕65号
	200元/月（室内作业人员）		
山西	240元/月	6~8月	晋人社厅发〔2013〕45号
上海	300元/月	6~9月	沪人社规〔2019〕19号
江苏	300元/月	6~9月	苏人社发〔2018〕113号
辽宁	200元/月	7~9月	辽人社发〔2014〕16号
福建	12元/日	5月	闽人社发〔2019〕3号
	260元/月或12元/日	6~9月	
内蒙古	180元/月（高温岗位津贴）	按时间表分地区确定	内人社发〔2013〕109号
	230元/月（高寒岗位津贴）		
广东	150元/月	6~10月	粤人社发〔2012〕118号
	6.9元/日（如需要按日折算）		
广西	100~200元/月，企业自行确定	6~10月	桂人社发〔2011〕114号
湖南	150元/月	7~9月	湘劳社政字〔2005〕20号
江西	不低于300元/月（室外、高温作业人员）	6~9月	赣人社发〔2018〕17号
	不低于200元/月（室内非高温作业人员）		
山东	200元/月（室外、高温作业人员）	6~9月	鲁人社字〔2018〕235号
	140元/月（非高温作业人员）		

表 5-6　2019 年度按日发放高温补贴省份及标准

（按日为主按月为辅）

省份	发放金额	发放时间	政策依据
甘肃	12 元/日（高温、露天作业人员） 8 元/日（其他作业人员）	6～9 月	甘人社明电〔2019〕45 号
天津	上年度全市职工平均工资 12%；2019 年为每日 21 元	6～9 月	津人社局发〔2013〕37 号
湖北	12 元/日	6～9 月	鄂人社发〔2013〕39 号
河南	10 元/日	未设定	豫劳社劳资〔2008〕6 号
陕西	25 元/日	6～9 月	陕人社函〔2019〕293 号
海南	10 元/日	4～10 月	琼人社发〔2013〕39 号
云南	10 元/日	未设定	云人社发〔2013〕98 号
吉林	10 元以上/日	未设定	吉安委办〔2015〕52 号
四川	10～18 元/日	未设定	川人社办发〔2018〕105 号
新疆	10～20 元/日	未明确	新人社发〔2012〕69 号
安徽	不低于 15 元/日	未明确	皖人社秘〔2018〕272 号
宁夏	12 元/日（高温、露天作业人员） 8 元/日（其他作业人员）	6～9 月	宁人社发〔2014〕45 号
重庆	露天作业：不低于 5 元/日（一般高温）；不低于 10 元/日（中度高温）；不低于 15 元/日（强度高温） 室内工作：不低于 5 元/日（33℃以上 35℃以下）；不低于 10 元/日（35℃以上 37℃以下）；不低于 15 元/日（37℃以上）	5～10 月	渝府办发〔2013〕166 号
贵州	8 元/日或 168 元/月	6～9 月	黔人社厅发〔2013〕21 号
河北	2 元/小时（室外作业） 1 元/小时（室外作业）	5 月 21 日至 8 月 31 日；或 6 月 11 日至 8 月 20 日	冀人社发〔2017〕20 号

5.3.8　冬季取暖补贴是否需要缴纳个人所得税？

5.3.8.1　取暖补贴的本质属于工资、薪金所得吗？

《财政部关于企业加强职工福利费财务管理的通知》（财企〔2009〕242 号）规定，企业为员工提供的符合国家有关财务规定的供暖费补贴、防暑降温费等均属于企业职工福利费。

《个人所得税法实施条例》第六条第（一）项规定："工资、薪金所得，是指个人因任职或者受雇取得的工资、薪金、奖金、年终加薪、劳动分红、津贴、补贴以及与任职或者受雇有关的其他所得。"

因此，结合上述的规定，企业发放给员工的取暖补贴，在本质上属于个人所得税法上的工资、薪金所得。

5.3.8.2 取暖补贴是否应征个人所得税？

《个人所得税法》第四条规定，"按照国家统一规定发给的补贴、津贴"可以免征个人所得税。

《个人所得税法实施条例》第十条规定："个人所得税法第四条第一款第三项所称按照国家统一规定发给的补贴、津贴，是指按照国务院规定发给的政府特殊津贴、院士津贴，以及国务院规定免予缴纳个人所得税的其他补贴、津贴。"

因此，就上述两项规定即可判定，员工获得的取暖补贴应当并入工资、薪金所得计算缴纳个人所得税。

5.3.8.3 实际执行中各地都执行怎样的口径？（只列举免税或从收入中扣除地区）

一、北京：按标准取得的取暖费补贴免税吗？

《北京市地方税务局关于个人所得税有关业务政策问题的通知》（京地税个〔2002〕568号）第六条规定，对个人在取暖季按标准取得煤炭取暖"煤火费补贴"免予征税，超过标准发放的部分应并入当月工资、薪金纳税。

而按照《北京市居民住宅清洁能源分户自采暖补贴暂行办法》（京政管字〔2006〕22号）第六条的规定，居民冬季取暖补贴即"煤火费"补贴。

二、天津：对采暖补贴和冬季取暖补贴暂免征税吗？

《天津市地方税务局关于提高我市机关企事业单位集中供热采暖补贴、冬季取暖补贴有关个人所得税问题的通知》（津地税所〔2014〕14号）规定："经市政府批准，从2004年起调整我市居民住宅供热价格，同时，相应提高供热采暖补贴和冬季取暖补贴。对提高后供热采暖补贴和冬季取暖补贴，暂免征收个人所得税。"

三、河北：明补不征税？暗补须并入工资征税？

《河北地方税务局关于取暖补贴征免个人所得税问题的通知》（冀地税函〔2008〕236号）规定如下：

（1）取暖补贴实行"明补"后，个人从单位取得的取暖补贴征免个人所得税问题按下列原则执行：

① 公务员工资改革已到位的驻石（石家庄市区，下同）省直行政事业单位的职工按照《河北省财政厅 河北省人事厅关于驻石省直行政事业单位职工住宅取暖补贴发放问题的通知》（冀财预〔2008〕86号）规定的标准（即一个取暖期的取暖补贴计发标准为本人10月份当月的职务工资、级别工资、生活补贴、工作津贴之和）取得的取暖补贴免征个人所得税，超过规定标准的部分分摊到取暖期所属月份计征个人所得税。

② 非驻石省直行政事业单位和其他各级行政事业单位。

职工按照当地政府规定的标准取得的取暖补贴免征个人所得税，超过部分分摊到取暖期所属月份计征个人所得税。

③ 各类企业职工取得的取暖补贴按以下原则执行：

A. 当地政府对企业的取暖补贴发放标准有具体规定的，按政府规定执行；没有具体标准的可参照当地政府对行政事业单位的取暖补贴标准执行，但企业职工取得取暖补贴的标准最高不得超过 3 500 元，在标准内据实扣除。

B. 企业职工取得的超过当地政府规定标准或超过 3 500 元最高限额的取暖补贴，分摊到取暖期所属月份计征个人所得税。

（2）对取暖补贴仍然实行"暗补"的企业或企业职工不需要负担取暖费的，企业职工取得的取暖补贴收入应在发放月并入其当月的工资、薪金收入计征个人所得税。

四、宁夏：标准内的不征税？超标的并入工资征税？

《宁夏回族自治区地方税务局关于调整我区企业职工取暖费有关个人所得税税前扣除标准的通知》（宁财〔税〕发〔2008〕1318 号）规定，对宁夏回族自治区企业实际发放给职工的取暖费补贴在 3 000 元以内的（不分级别），不征收个人所得税。超过部分应并入当月个人工资、薪金所得计征个人所得税；单位给职工住宅免费（或低于当地取暖费 50%）供暖，同时又发放取暖费补贴的，应并入当月个人工资、薪金所得计征个人所得税。

五、辽宁：不征个人所得税吗？

《辽宁省地方税务局关于明确个人所得税若干政策问题的通知》（辽地税发〔2002〕4 号）第一条规定："个人领取的采暖费不属于工资、薪金性质的补贴，不征收个人所得税。"

六、大连：按标准取得的免税？超标部分征税吗？

《大连市人民政府关于印发大连市职工采暖费补贴办法的通知》（大政发〔2019〕15 号）第五条第（四）项规定："职工按照本办法规定标准取得的采暖费补贴，不作为社会保险费缴费基数，免征个人所得税；超过本办法规定标准的部分，列入社会保险费缴费基数并征收个人所得税。"

七、吉林：按标准取得的采暖补贴就可以免税吗？

国家税务总局吉林省税务局网站发布的《纳税服务中心 12366 热线热点问题（一）》[①] 针对"个人按政府规定标准取得的采暖费补贴是否免征个人所得税？"的问题，给出下列解答："2006 年吉林省五厅三局一会印发的《吉林省机关企事业单位职工采暖费补贴发放方案》（吉建办〔2006〕65 号）第七条规定，职工按标准取得的采暖费补贴，依据有关规定不计入社会保险费缴费基数，免征个人所得税。"

八、青岛：按级别允许扣除一定限额吗？超限额须征税？

《青岛市地方税务局关于印发〈2007 年个人所得税业务问题解答〉的通知》（青地税函〔2007〕230 号）明确了个人所得税允许税前扣除的取暖补助标准。具体规定如下（机关事业单位）：

正市：1 130 元/人·年。

---

① 国家税务总局吉林省税务局网站，http://jilin.chinatax.gov.cn/art/2018/11/22/art_6200_62335.html，最后访问日期：2019 年 12 月 13 日。

副市、正局：900元/人·年。
副局：790元/人·年。
处级：680元/人·年。
科级：570元/人·年。
科员及以下：490元/人·年。
正高级专业技术职务：900元/人·年。
副高级专业技术职务：680元/人·年。
中级专业技术职务：570元/人·年。
初级专业技术职务：490元/人·年。
工人：490元/人·年。

由于取暖补助允许在计算缴纳个人所得税时扣除，实际上就相当于减免了这一部分的个人所得税。

九、鞍山：可以不计入个人所得税的计算基数吗？

《鞍山市采暖费收缴暂行办法》（鞍山市人民政府令第136号）第七条规定："在职职工、离退休人员的采暖费补贴仍按原来由单位统一支付采暖费的渠道列支，且采暖费补贴部分不纳入职工工资总额，另行发放，不计入个人所得税以及其他各项缴费的缴费基数。"

十、长春：只有按标准取得的才可免征个人所得税吗？

《长春市人民政府关于职工采暖费补贴有关事项的通知》（长府发〔2006〕26号）第六条规定："职工按标准取得的采暖费补贴，依据有关规定不计入社会保险费缴费基数，免征个人所得税。"

5.3.9　高寒边境地区津贴需要缴纳个人所得税吗？

《国家税务总局关于高寒边境地区津贴征收个人所得税问题的批复》（国税函发〔1996〕399号）规定，工作在高寒地区的职工，其工作、生活条件非常艰苦，为了解决他们的实际困难，国务院批准发放了高寒边境地区津贴。根据《中华人民共和国个人所得税法》及其实施条例的规定，职工个人取得的此项津贴不属于免税所得。因为《个人所得税法实施条例》第十条规定，个人所得税法所称按照国家统一规定发给的补贴、津贴，是指按照国务院规定发给的政府特殊津贴和国务院规定免纳个人所得税的补贴、津贴。因此，对职工个人取得的高寒边境地区津贴应全额计入工资、薪金所得计征个人所得税。

5.3.10　在西藏地区工作的人员取得的艰苦地区津贴是否需要缴纳个人所得税？

《财政部　国家税务总局关于西藏自治区贯彻施行〈中华人民共和国个人所得税法〉有关问题的批复》（财税字〔1994〕21号）规定，为了照顾西藏的实际情况，保持国家对西藏的特别优惠政策，对个人从西藏自治区内取得的下列所得，免征个人所得税：

（1）艰苦边远地区津贴。
（2）经国家批准或者同意，由自治区人民政府或者有关部门发给在藏长期工作的人员和大中专毕业生的浮动工资,增发的工龄工资,离退休人员的安家费和建房补贴费。

《财政部 国家税务总局关于西藏特殊津贴免征个人所得税的批复》(财税字〔1996〕91号)规定,对在西藏工作的机关、事业单位职工、按照国家统一规定取得的西藏特殊津贴,免征个人所得税。

5.3.11 军队干部取得的津贴补贴是否需要缴纳个人所得税?

《个人所得税法》第四条规定,"按照国家统一规定发给的补贴、津贴"可以免征个人所得税。

《个人所得税法实施条例》第十条规定:"个人所得税法第四条第一款第三项所称按照国家统一规定发给的补贴、津贴,是指按照国务院规定发给的政府特殊津贴、院士津贴,以及国务院规定免予缴纳个人所得税的其他补贴、津贴。"

因此,如果没有特殊规定。军队干部取得的津贴补贴应当纳入工资、薪金所得计算缴纳的个人所得税。

《财政部 国家税务总局关于军队干部工资薪金收入征收个人所得税的通知》(财税字〔1996〕14号)针对军队干部的特殊情况制定了特别的政策,其规定如下:

(1) 按照政策规定,属于免税项目或者不属于本人所得的补贴、津贴有八项,不计入工资、薪金所得项目征税。即:

① 政府特殊津贴。
② 福利补助。
③ 夫妻分居补助费。
④ 随军家属无工作生活困难补助。
⑤ 独生子女保健费。
⑥ 子女保教补助费。
⑦ 机关在职军以上干部公勤费(保姆费)。
⑧ 军粮差价补贴。

(2) 对以下五项补贴、津贴,暂不征税:

① 军人职业津贴。
② 军队设立的艰苦地区补助。
③ 专业性补助。
④ 基层军官岗位津贴(营连排长岗位津贴)。
⑤ 伙食补贴。

5.3.12 民航空地勤人员伙食费、飞行小时费等是否需要计缴个人所得税?

《财政部 国家税务总局关于民航空地勤人员的伙食费征收个人所得税的通知》(财税字〔1995〕77号)规定,经报国务院同意,民航空地勤人员的伙食费应当按照税法规定,并入工资、薪金所得,计算征收个人所得税,并由支付单位负责代扣代缴。

《国家税务总局关于新疆航空公司空勤人员飞行小时费和伙食费收入征收个人所得

税的批复》(国税函发〔1995〕554号)规定,按照《个人所得税法》的规定,空勤人员的飞行小时费和伙食费收入,应全额计入工资、薪金所得计征个人所得税,不能给予扣除。

5.3.13 从任职单位取得的奖金如何进行个人所得税处理?

5.3.13.1 从任职单位取得的奖金都须作为工资、薪金所得纳税吗?

《个人所得税法实施条例》第六条第一款第(一)项规定:"工资、薪金所得,是指个人因任职或者受雇取得的工资、薪金、奖金、年终加薪、劳动分红、津贴、补贴以及与任职或者受雇有关的其他所得。"《个人所得税法实施条例》第六条第一款第(三)项规定:"偶然所得,是指个人得奖、中奖、中彩以及其他偶然性质的所得。"

因此,从任职单位取得的奖金,应当区分两种情况确定适用个人所得税适用税目:

(1) 如果奖金是与任职、受雇以及工作绩效等相关的,应归属于工资、薪金所得范畴。

(2) 如果奖金与任职、受雇佣以及工作没有关联,特别是具有随机性、偶然性,则不作为工资、薪金所得,而是作为偶然所得。

【案例5-7】 **从任职单位取得的奖金如何适用个人所得税税目**

居民个人徐某,在某建筑公司任职。2019年12月,公司成立30周年。公司董事层举办了两项活动:一项是组织全体员工进行"我与公司30年"的演讲比赛,设置一、二、三等奖;另一项是对外举办公司庆典活动,邀请市民观摩公司宣传片,看完之后即可参与抽奖,也设置一、二、三等奖三个奖项。徐某参加了公司组织的"我与公司30年"的演讲比赛,获得一等奖,奖金10 000元。又与朋友(非本公司职员)一道观摩公司宣传片并参与抽奖,获得二等奖,奖金3 000元。试问:徐某的现金两笔奖金是否应并入工资、薪金所得征收个人所得税?

【解析】 (1) 徐某参加公司组织的"我与公司30年"的演讲比赛获得的10 000元的奖金应当并入工资、薪金所得征收个人所得税,因为公司在举办活动时就要求员工参加,这也就意味着非员工不能参加活动,也不可能获得任何的奖金,所以该奖金与个人任职相关。

(2) 观摩公司宣传片并参加抽奖而获得的奖金不属于工资、薪金所得,而是一种偶然所得,理由是该奖金没有员工身份限制,完全不满足税法对工资、薪金所得所要求的"任职""受雇"等条件限制。相反,任何人都可以参加相关抽奖活动并有可能获奖,即相关的奖金具有典型的偶然性与随机性,完全满足税法对偶然所得的概念界定。

5.3.13.2 从任职单位取得的奖金都须与工资、薪金所得合并纳税吗?

从任职单位取得的奖金并不都须与工资、薪金所得合并纳税。按照《国家税务总局关于调整个人取得全年一次性奖金等计算征收个人所得税方法问题的通知》(国税发〔2005〕9号)、《财政部 国家税务总局关于个人所得税法修改后有关优惠政策衔接问题的通知》(财税〔2018〕164号)的规定,居民个人取得全年一次性奖金,在2021年12月31日前,既可以选择并入综合所得纳税,也可以不并入当年综合所得,以全年一次性奖金收入除以12个月得到的数额,按照换算成月度后的综合所得税率表,确定适用税率和速算扣除数,单独计算纳税,但一旦选择,一个纳税年度内不得改变。

但员工取得的除全年一次性奖金以外的其他各种名目奖金,如半年奖、季度奖、加班奖、先进奖、考勤奖等,一律与当月工资、薪金收入合并,按税法规定缴纳个人所得税。

5.3.13.3 公司年会上员工抽奖的奖品如何计征个人所得税?

《个人所得税法实施条例》第六条第一款第(一)项规定:"工资、薪金所得,是指个人因任职或者受雇取得的工资、薪金、奖金、年终加薪、劳动分红、津贴、补贴以及与任职或者受雇有关的其他所得。"

《财政部 税务总局关于个人取得有关收入适用个人所得税应税所得项目的公告》(财政部 税务总局公告2019年第74号)规定:"企业在业务宣传、广告等活动中,随机向本单位以外的个人赠送礼品(包括网络红包,下同),以及企业在年会、座谈会、庆典以及其他活动中向本单位以外的个人赠送礼品,个人取得的礼品收入,按照'偶然所得'项目计算缴纳个人所得税,但企业赠送的具有价格折扣或折让性质的消费券、代金券、抵用券、优惠券等礼品除外。"

因此,综合上述两项的规定,对于个人在公司年会中抽奖而获取的奖品(包括奖金等)应当并入个人的工资、薪金所得征收个人所得税。

那么如何征收个人所得税呢?对此,《个人所得税法实施条例》第八条规定,个人所得的形式包括现金、实物、有价证券和其他形式的经济利益;所得为实物的,应当按照取得的凭证上所注明的价格计算应纳税所得额,无凭证的实物或者凭证上所注明的价格明显偏低的,参照市场价格核定应纳税所得额;所得为有价证券的,根据票面价格和市场价格核定应纳税所得额;所得为其他形式的经济利益的,参照市场价格核定应纳税所得额。

5.3.14 员工取得的全年一次性奖金如何计算缴纳个人所得税?

5.3.14.1 什么是个人所得税法上的全年一次性奖金?包括年薪制下兑现的年薪吗?

《国家税务总局关于调整个人取得全年一次性奖金等计算征收个人所得税方法问题的通知》(国税发〔2005〕9号)的规定,所谓全年一次性奖金是指行政机关、企事业单位等扣缴义务人根据其全年经济效益和对雇员全年工作业绩的综合考核情况,向雇员发放的一次性奖金。

年终加薪、实行年薪制和绩效工资办法的单位根据考核情况兑现的年薪和绩效工资也属于全年一次性奖金。

5.3.14.2 年终一次性奖金如何计算缴纳个人所得税?

按照《财政部 国家税务总局关于个人所得税法修改后有关优惠政策衔接问题的通知》(财税〔2018〕164号)的规定,居民个人取得全年一次性奖金,在2021年12月31日前,不并入当年综合所得,以全年一次性奖金收入除以12个月得到的数额,按照按月换算后的综合所得税率表(简称月度税率表),确定适用税率和速算扣除数,单独计算纳税。计算公式为:

$$应纳税额 = 全年一次性奖金收入 \times 适用税率 - 速算扣除数$$

居民个人取得全年一次性奖金,也可以选择并入当年综合所得计算纳税。

自2022年1月1日起,居民个人取得全年一次性奖金,应并入当年综合所得计算缴纳个人所得税。

表5-7 按月换算后的综合所得税率表

级数	全月应纳税所得额	税率(%)	速算扣除数
1	不超过3 000元的	3	0
2	超过3 000元至12 000元的部分	10	210
3	超过12 000元至25 000元的部分	20	1 410
4	超过25 000元至35 000元的部分	25	2 660
5	超过35 000元至55 000元的部分	30	4 410
6	超过55 000元至80 000元的部分	35	7 160
7	超过80 000元的部分	45	15 160

【案例5-8】　　　　全年一次性奖金如何计算缴纳个人所得税

居民个人顾某任职于某房地产公司,2019年全年除按月取得工资、薪金所得合计360 000元外,还于12月取得2019年度的全年一次性奖金240 000元。不考虑专项扣除及专项附加扣除,试问:2019年,顾某如何计算缴纳个人所得税?

【解析】 按照规定,此时顾某有两种选择:一是将年终一次性奖金单独纳税;二是年终一次性奖金与工资、薪金所得合并纳税。

(1) 选择年终一次性奖金单独纳税:

全年工资、薪金所得应纳税额=(360 000-60 000)×20%-16 920=43 080(元)。

全年一次性奖金应纳税额=240 000×20%-1 410=46 590(元)。

全年合计应纳税额=43 080+46 590=89 670(元)。

(2) 选择将年终一次性奖金与工资、薪金合并纳税:

全年合计应纳税额=(360 000+240 000-60 000)×30%-52 920=109 080(元)。

(3) 两种情况下的税收负担比较。

全年一次性奖金单独纳税时,顾某的总体税收负担为89 670元。而选择合并纳税时,顾某的税收负担则上涨到109 080元,后者比前者多纳税19 410元。因此,对于高收入者来说,从纳税筹划的考虑出发,全年一次性奖金通常可考虑选择单独纳税。

5.3.14.3　年终一次性奖金单独纳税与合并纳税,该如何选择?

对于全年一次性奖金,是单独纳税还是与工资、薪金所得合并纳税,其税收负担是完全不同的。那么对个人来说,究竟是合并纳税还是单独纳税呢?对此问题,需要从以下几个维度进行分析和考虑:

(1) 扣除项目的扣除情况。如果个人存在基本扣除费用、专项扣除费用、专项附加扣除费用、法定的其他扣除费用以及公益救济性捐赠在综合所得项目中未能实现全部扣除,并且将全年一次性奖金与综合所得合并还不会导致税率提升,那么通常可考虑选择将全年一次性奖金与工资、薪金所得等综合所得合并纳税。

(2) 其他情况下是选择合并还是选择单独纳税，需要根据具体情况确定。目前有关财税人士所主张的根据收入高低、税率是否提高以及综合所得与年终奖金的多少、大小等因素进行筹划选择的观点都是值得商榷的。

具体的理由和思路请阅读本书第十一章。

【案例 5-9】 如果合并纳税导致税率提升则视情况可能需要放弃合并

居民个人曹某，任职于某公司，2019 年全年除按月取得工资、薪金所得合计 400 000 元外，还于 12 月取得 2019 年度的全年一次性奖金 120 000 元。不考虑专项扣除及专项附加扣除，试问：2019 年，曹某的全年一次性奖金应当如何进行选择纳税？

【解析】 按照规定，此时顾某有两种选择：一是将年终一次性奖金单独纳税；二是年终一次性奖金与工资、薪金所得合并纳税。

(1) 选择年终一次性奖金单独纳税：

全年工资、薪金所得应纳税额 = (400 000 − 60 000) × 25% − 31 920 = 53 080(元)。

全年一次性奖金应纳税额 = 120 000 × 10% − 210 = 11 790(元)。

全年合计应纳税额 = 53 080 + 11 790 = 64 870(元)。

(2) 选择将年终一次性奖金与工资、薪金合并纳税：

全年合计应纳税额 = (400 000 + 120 000 − 60 000) × 30% − 52 920 = 85 080(元)。

(3) 两种情况下的税收负担比较。

全年一次性奖金单独纳税时，曹某只需要缴纳个人所得税 64 870 元，但如果选择与工资、薪金所得合并纳税，曹某需要缴纳个人所得税 85 080 元，合并纳税比单独纳税净多出 20 210 元。为什么会多纳税呢？根本的原因在于税率的提升，合并前，工资、薪金等综合所得只适用 25% 的税率，全年一次性奖金只适用 10% 的税率；合并后，则全部适用 30% 的税率。

因此，对纳税人来说，此时最好的选择就是将全年一次性奖金单独纳税。

【案例 5-10】 存在较多未扣除项目时，全年一次性奖金应选择合并纳税

居民个人杨某，任职于某公司，2019 年全年除按月取得工资、薪金所得合计 160 000 元外，还于 12 月取得 2019 年度的全年一次性奖金 120 000 元。另外，杨某全年缴纳社保计 30 000 元；有两个读初中的子女，因其妻子无工作，故全由杨某扣除，全年可享受子女教育支出扣除 24 000 元；杨某为独生子女且父母均已超过 60 周岁，故全年可扣除赡养老人支出 24 000 元。妻子 2019 年生了一场大病，自付部分为 120 000 元。试问：2019 年，杨某如何计算缴纳个人所得税？

【解析】 (1) 选择将全年一次性奖金单独纳税：

由于杨某实际收入为 160 000 元，扣除基本减除费用 60 000 元，社保 30 000 元，子女教育支出 24 000 元，赡养老人支出 24 000 元，同时还可以扣除妻子的大病医疗支出 80 000 元(个人自负部分为 120 000 元，超过 15 000 元的部分为 10 500 元，但最高不得超过 80 000 元，故只能按 80 000 元扣除)，应纳税所得额为：

160 000 − 60 000 − 30 000 − 24 000 − 24 000 − 80 000 = −58 000(元)。

即不包括全年一次性奖金时,杨某不要缴纳个人所得税。

但全年一次性奖金仍然需要单独纳税,应纳税额为:

应纳税额=120 000×10%-210=11 790(元)。

杨某全年应缴纳的个人所得税为11 790元。

(2) 选择将全年一次性奖金与其他综合所得合并纳税:

全年应纳税所得额=160 000+120 000-60 000-30 000-24 000-24 000-80 000=62 000(元)。

应纳税额=62 000×10%-2 520=3 680(元)。

(3) 两种情况下的税负对比。

如果选择单独纳税,那么杨某的税收负担为11 790元,而如果选择合并纳税,杨某的税收负担则只有3 680元,单独纳税比合并纳税多出8 110元。自然选择合并纳税更有利。

5.3.14.4 年终一次性奖金单独纳税有没有次数限制?

按照《国家税务总局关于调整个人取得全年一次性奖金等计算征收个人所得税方法问题的通知》(国税发〔2005〕9号)、《财政部 国家税务总局关于个人所得税法修改后有关优惠政策衔接问题的通知》(财税〔2018〕164号)的规定,在一个纳税年度内,比如说2019年1月1日到2019年12月31日,全年一次性奖金单独纳税的,每一个纳税人只能适用一次。

5.3.14.5 单位发放全年一次性奖金时按规定单独纳税,汇缴时个人还可以选择合并纳税吗?

根据《财政部 国家税务总局关于个人所得税法修改后有关优惠政策衔接问题的通知》(财税〔2018〕164号)的规定,如果扣缴义务人在向员工个人支付全年一次性奖金时已经按照规定,对全年一次性奖金单独计算纳税,即以全年一次性奖金收入除以12个月得到的数额,按照按月换算后的综合所得税率表(即月度税率表),确定适用税率和速算扣除数,单独计算纳税的,则年度终了后,纳税人可以自行选择将全年一次性奖金单独纳税或者与综合所得合并纳税。

事实上,目前已经有多个省份明确给出解答也明确全年一次性奖金在汇算清缴时可重新选择计税方式。

(1) 江苏省税务局解答:汇缴时可以重新选择。

有网民提出下列问题:"我的2018年的奖金是在2019年2月发放的,当时按照全年一次性奖金扣除办法计算缴纳了年终奖个人所得税500元。我的问题:(1)我的2019年奖金在2020年2月发放,这笔年终奖是否在2021年汇算清缴,而不是2020年;(2)如果我2019年全年的工资加奖金没有达到6万元,在汇算清缴时,能不能把2019年2月发放的奖金并入2019年综合所得,当时按照全年一次性奖金办法计算缴纳的个税500元能否退还?"

江苏省12366纳税服务中心答复:"按照《财政部 税务总局关于个人所得税法修改后有关优惠政策衔接问题的通知》(财税〔2018〕164号)规定,居民个人取得全年一次性奖金,符合《国家税务总局关于调整个人取得全年一次性奖金等计算征收个人所得税方法问题的通知》(国税发〔2005〕9号)规定的,在2021年12月31日前,不并入当年综合所得,以全年一次性奖金收入除以12个月得到的数额,按照《财政部 税务总局关于个人所得税法修改后有关优惠政策衔接问题的通知》所附按月换算后的综合所得税率表(以下简称月度税率表),确定适用税率和速算扣除数,单独计算纳税。计算公式为:"应纳税额=全年一次性奖金收入×适用税率-速算扣除数。居民个人取得全年一次性奖金,也可以选择并入当年综合所得计算纳税。自2022年1月1日起,居民个人取得全年一次性奖金,应并入当年综合所得计算缴纳个人所得税。

"个人取得全年一次性奖金并已按全年一次性奖金政策单独计税的,可以在汇算清缴时重新选择是否适用全年一次性奖金政策。"①

(2)安徽省税务局解答:汇缴时可以重新选择。

有纳税人向安徽省税务局咨询关于"纳税人发放的全年一次性奖金已按照全年一次性奖金单独计税,汇算清缴能否再调整为计入综合所得计税?"的问题。安徽省税务局给出解答:"在2019年1月1日至2021年12月31日期间,个人取得全年一次性奖金,可以选择不并入当年综合所得,单独计税。计算税款时,第一步,按照全年一次性奖金除以12的商数,对照综合所得的月度税率表,查找适用税率(月税率)和速算扣除数。第二步,全年一次性奖金的收入全额,乘以查找的适用税率,减去对应的一个速算扣除数,即为应纳税额。个人也可以选择不享受全年一次性奖金政策,将取得的全年一次性奖金并入综合所得征税。

"个人取得全年一次性奖金并已按全年一次性奖金政策单独计税的,可以在汇算清缴时重新选择是否适用全年一次性奖金政策。

"文件依据:《财政部 税务总局关于个人所得税法修改后有关优惠政策衔接问题的通知》(财税〔2018〕164号)。"②

(3)山东省税务局:汇缴时可以重新选择。

有纳税人向山东省税务局咨询关于"个人取得全年一次性奖金并已按全年一次性奖金政策单独计税的,能否在汇算清缴时重新选择是否适用全年一次性奖金政策。江苏和新疆税务局答复可以重新选择,请问一下山东能否重新选择?"的问题。山东省税务局作出答复:"您好!您提交的问题已收悉。根据《财政部 税务总局关于个人所得税法修改后有关优惠政策衔接问题的通知》(财税〔2018〕164号)第一条第(一)款的规定,居民个人取得全年一次性奖金,符合《国家税务总局关于调整个人取得全年一次性奖金等计算征收个人所得税方法问题的通知》(国税发〔2005〕9号)规定的,在2021年12月31日前,不并入当年综合所得,以全年一次性奖金收入除以12个月得到的数额,按照《财政部 税务总局关于个人所得税法修改后有关优惠政策衔接问题的通知》所附按月换算后的综合所

---

① 国家税务总局12366服务平台,转引自税屋:http://www.shui5.cn/article/76/130174.html,最后访问时间:2020年1月13日。

② 《安徽省税务局12366咨询热点问题解答(个税专题)》,http://anhui.chinatax.gov.cn/art/2019/11/5/art_9438_706548.html;最后访问日期:2020年1月13日。

得税率表(以下简称月度税率表),确定适用税率和速算扣除数,单独计算纳税。计算公式为:应纳税额=全年一次性奖金收入×适用税率-速算扣除数。

"在2019年1月1日至2021年12月31日期间,个人取得全年一次性奖金,可以选择不并入当年综合所得,单独计税。计算税款时,第一步,按照全年一次性奖金除以12的商数,对照综合所得的月度税率表,查找适用税率(月税率)和速算扣除数。第二步,全年一次性奖金的收入全额,乘以查找的适用税率,减去对应的一个速算扣除数,即为应纳税额。个人也可以选择不享受全年一次性奖金政策,将取得的全年一次性奖金并入综合所得征税。

"个人取得全年一次性奖金并已按全年一次性奖金政策单独计税的,可以在汇算清缴时重新选择是否适用全年一次性奖金政策。

"感谢您的咨询!上述回复仅供参考,若您对此仍有疑问,请联系12366纳税服务或主管税务机关。"[1]

5.3.14.6 预扣时将年终一次性奖金并入工资、薪金所得,年终汇缴时还能够选择独立纳税吗?

按照《国家税务总局关于调整个人取得全年一次性奖金等计算征收个人所得税方法问题的通知》(国税发〔2005〕9号)、《财政部 国家税务总局关于个人所得税法修改后有关优惠政策衔接问题的通知》(财税〔2018〕164号)的规定,可选择单独纳税,也可以与综合所得合并纳税的所谓年终一次性奖金包括下列三种情况:

(1) 企事业单位根据其全年经济效益和对雇员全年工作业绩的综合考核情况向雇员发放的一次性奖金。

(2) 企事业单位根据考核情况向员工兑现的年薪和绩效工资。

(3) 实行年薪制和绩效工资的单位,个人取得年终兑现的年薪和绩效工资。

这就要求纳税人有足够的证明材料证明纳税人所取得的相关收入属于上述的"年终一次性奖金"的范围。目前,税务机关上线运行的"自然人税收管理系统",通常根据扣缴义务人扣除申报情况判定纳税人取得的相关"奖金"是否属于"年终一次性奖金"。如果扣缴义务在平时扣缴税款时就已经将所谓的"全年一次性奖金"与工资、薪金所得合并了,那么税务机关特别是其自然人税收管理系统会将"全年一次性奖金"默认为一般的工资、薪金所得。此时,在税务机关方面根本没有自然人的全年一次性奖金的信息与数据,纳税人也就没有办法进行选择。

纳税人应当如何处理呢?目前并没有明确的政策规定,但结合现行的税收政策以及税收征管性规定,纳税人可以与扣缴义务人进行协调,由扣缴义务人对以前申报数据,特别是把全年一次性奖金合并到工资、薪金所得月份的数据作为错误申报数据,并对相关的错误数据进行更正申报。如此,税务机关的系统中就有了纳税人"全年一次性奖金"信息与数据,然后纳税人就可以进行选择了。

---

[1] 《全年一次性奖金在汇算清缴时可重新选择计税方式》,转引自税屋: http://www.shui5.cn/article/76/130174.html,最后访问时间:2020年1月13日。

必须强调的是,扣缴义务人的"更正申报"必须在纳税人办理汇算清缴之前完成,一旦过了汇算清缴期限,扣缴义务人就不能再行更正申报。

5.3.15 央企负责人年度绩效薪金延期兑现收入和任期奖励如何缴纳个人所得税?

5.3.15.1 央企负责人有什么特别的薪酬与奖励政策吗?

为建立中央企业负责人薪酬激励与约束的机制,按照《中央企业负责人经营业绩考核暂行办法》《中央企业负责人薪酬管理暂行办法》的规定,国务院国有资产监督管理委员会对中央企业负责人的薪酬发放采取按年度经营业绩和任期经营业绩考核的方式,具体办法是中央企业负责人薪酬由基薪、绩效薪金和任期奖励构成,其中基薪和绩效薪金的60%在当年度发放,绩效薪金的40%和任期奖励于任期结束后发放。

5.3.15.2 央企负责人年度绩效薪金延期兑现收入和任期奖励的个人所得税如何处理?

按照《财政部 国家税务总局关于个人所得税法修改后有关优惠政策衔接问题的通知》(财税〔2018〕164号)的规定,中央企业负责人取得年度绩效薪金延期兑现收入和任期奖励,符合规定条件的,在2021年12月31日前,参照全年一次性奖金的个人所得税办法执行,即在2021年12月31日前,不并入当年综合所得,以全年一次性奖金收入除以12个月得到的数额,按照按月换算后的综合所得税率表(即月度税率表),确定适用税率和速算扣除数,单独按照下列公式计算纳税,也可以选择并入当年综合所得计算纳税。其计算公式为:

$$应纳税额 = 全年一次性奖金收入 \times 适用税率 - 速算扣除数$$

与一般职工的年终一次性奖金政策不同,中央企业负责人取得年度绩效薪金延期兑现收入和任期奖励,在2022年1月1日之后不是直接并入综合所得计算纳税,而是由财政部及国家税务总局甚至更高层次的部门另行明确政策。

5.3.15.3 年度绩效薪金延期兑现收入和任期奖励参照全年一次性奖金纳税的央企负责人范围有限制吗?

按照《国家税务总局关于中央企业负责人年度绩效薪金延期兑现收入和任期奖励征收个人所得税问题的通知》(国税发〔2007〕118号,以下简称为国税发〔2007〕118号文件)、《财政部 国家税务总局关于个人所得税法修改后有关优惠政策衔接问题的通知》(财税〔2018〕164号)等的规定,年度绩效薪金延期兑现收入和任期奖励参照全年一次性奖金纳税的中央企业负责人的范围是国税发〔2007〕118号文件所附的《国资委管理的中央企业名单》中确定下列人员,其他人员不得比照执行:

(1)国有独资企业和未设董事会的国有独资公司的总经理(总裁)、副总经理(副总裁)、总会计师。

(2)设董事会的国有独资公司(国资委确定的董事会试点企业除外)的董事长、副董事长、董事、总经理(总裁)、副总经理(副总裁)、总会计师。

(3)国有控股公司国有股权代表出任的董事长、副董事长、董事、总经理(总裁),列入国资委党委管理的副总经理(副总裁)、总会计师。

(4) 国有独资企业、国有独资公司和国有控股公司党委(党组)书记、副书记、常委(党组成员)、纪委书记(纪检组长)。

5.3.15.4 既有全年一次性奖金又有央企负责人年度绩效薪金延期兑现收入和任期奖励该如何处理？

按照《国家税务总局关于调整个人取得全年一次性奖金等计算征收个人所得税方法问题的通知》(国税发〔2005〕9号,以下简称国税发〔2005〕9号文件)、《财政部 国家税务总局关于个人所得税法修改后有关优惠政策衔接问题的通知》(财税〔2018〕164号)的规定,在一个纳税年度内,比如说2019年1月1日到2019年12月31日,全年一次性奖金单独纳税的,每一个纳税人只能适用一次。

国税发〔2005〕9号文件还强调:年终加薪、实行年薪制和绩效工资办法的单位根据考核情况兑现的年薪和绩效工资也属于全年一次性奖金。

另外,"自然人税收管理系统"也将央企负责人年度绩效薪金延期兑现收入和任期奖励视同全年一次性奖金对待。

综上所述,如果纳税人既有全年一次性奖金,又有央企负责人年度绩效薪金延期兑现收入和任期奖励,则只能二选一,选择其中的一项单独纳税,而其他则与综合所得合并纳税。

5.3.16 员工获得的免费旅游奖励也要作为工资、薪金计缴个人所得税吗？

《财政部 国家税务总局关于企业以免费旅游方式提供对营销人员个人奖励有关个人所得税政策的通知》(财税〔2004〕11号)规定,按照我国现行个人所得税法律法规有关规定,对商品营销活动中,企业和单位对营销业绩突出人员以培训班、研讨会、工作考察等名义组织旅游活动,通过免收差旅费、旅游费对个人实行的营销业绩奖励(包括实物、有价证券等),应根据所发生费用全额计入营销人员应税所得,依法征收个人所得税,并由提供上述费用的企业和单位代扣代缴。其中,对企业雇员享受的此类奖励,应与当期的工资、薪金合并,按照"工资、薪金所得"项目征收个人所得税;对其他人员享受的此类奖励,应作为当期的劳务收入,按照"劳务报酬所得"项目征收个人所得税。

5.3.17 科技人员取得职务科技成果转化现金奖励如何计缴个人所得税？

5.3.17.1 科技人员取得职务科技成果转化现金奖励可以享受个人所得税优惠吗？

《财政部 税务总局 科技部关于科技人员取得职务科技成果转化现金奖励有关个人所得税政策的通知》(财税〔2018〕58号)第一条规定:"依法批准设立的非营利性研究开发机构和高等学校(以下简称非营利性科研机构和高校)根据《中华人民共和国促进科技成果转化法》规定,从职务科技成果转化收入中给予科技人员的现金奖励,可减按50%计入科技人员当月'工资、薪金所得',依法缴纳个人所得税。"

5.3.17.2 科技人员取得职务科技成果转化现金奖励享受减半纳税优惠需要什么条件？

按照《财政部 税务总局 科技部关于科技人员取得职务科技成果转化现金奖励有关个人所得税政策的通知》(财税〔2018〕58号)的规定,要享受科技人员取得职务科技成果

转化现金奖励减半征收个人所得税的优惠,需要同时具备两个方面的条件:

(1) 科研机构和高校的条件。按照规定,能够享受税收优惠的一大条件是科技人员所在的单位必须是依法批准设立的非营利性研究开发机构和高等学校,包括国家设立的科研机构和高校、民办非营利性科研机构和高校。

国家设立的科研机构和高校是指利用财政性资金设立的、取得《事业单位法人证书》的科研机构和公办高校,包括中央和地方所属科研机构和高校。

民办非营利性科研机构和高校,是指同时满足以下条件的科研机构和高校:

① 根据《民办非企业单位登记管理暂行条例》在民政部门登记,并取得《民办非企业单位登记证书》。

② 对于民办非营利性科研机构,其《民办非企业单位登记证书》记载的业务范围应属于"科学研究与技术开发、成果转让、科技咨询与服务、科技成果评估"范围。对业务范围存在争议的,由税务机关转请县级(含)以上科技行政主管部门确认。

对于民办非营利性高校,应取得教育主管部门颁发的《民办学校办学许可证》,《民办学校办学许可证》记载学校类型为"高等学校"。

③ 经认定取得企业所得税非营利组织免税资格。

(2) 科技人员条件。按照规定,可享受减半征收个税优惠的科技人员须同时符合以下条件:

① 科技人员是指非营利性科研机构和高校中对完成或转化职务科技成果作出重要贡献的人员。非营利性科研机构和高校应按规定公示有关科技人员名单及相关信息(国防专利转化除外),具体公示办法由科技部会同财政部、税务总局制定。

② 科技成果是指专利技术(含国防专利)、计算机软件著作权、集成电路布图设计专有权、植物新品种权、生物医药新品种,以及科技部、财政部、税务总局确定的其他技术成果。

③ 科技成果转化是指非营利性科研机构和高校向他人转让科技成果或者许可他人使用科技成果。现金奖励是指非营利性科研机构和高校在取得科技成果转化收入 3 年(36 个月)内奖励给科技人员的现金。3 年(36 个月)是指自非营利性科研机构和高校实际取得科技成果转化收入之日起 36 个月内。非营利性科研机构和高校分次取得科技成果转化收入的,以每次实际取得日期为准。

④ 非营利性科研机构和高校转化科技成果,应当签订技术合同,并根据《技术合同认定登记管理办法》,在技术合同登记机构进行审核登记,并取得技术合同认定登记证明。

非营利性科研机构和高校应健全科技成果转化的资金核算,不得将正常工资、奖金等收入列入科技人员职务科技成果转化现金奖励享受税收优惠。

5.3.17.3 科技人员在取得职务科技成果转化现金奖励并享受减半纳税优惠时需要提交哪些资料?

按照《国家税务总局关于科技人员取得职务科技成果转化现金奖励有关个人所得税征管问题的公告》(国家税务总局公告 2018 年第 30 号)的规定,非营利性科研机构和高校向科技人员发放职务科技成果转化现金奖励(以下简称"现金奖励"),应于发放之日的次月 15 日内，向主管税务机关报送《科技人员取得职务科技成果转化现金奖励个人所得税备案表》。单位资质材料（《事业单位法人证书》《民办学校办学许可证》《民办非企业单位登记证书》等）、科技成果转化技术合同、科技人员现金奖励公示材料、现金奖励公示结果文件等相关资料自行留存备查。

非营利性科研机构和高校向科技人员发放现金奖励，在填报《扣缴个人所得税报告表》时，应将当期现金奖励收入金额与当月工资、薪金合并，全额计入"收入额"列，同时将现金奖励的 50％填至《扣缴个人所得税报告表》"免税所得"列，并在备注栏注明"科技人员现金奖励免税部分"字样，据此以"收入额"减除"免税所得"以及相关扣除后的余额计算缴纳个人所得税。

5.3.18　员工的股权激励应当适用工资、薪金所得税目吗？

5.3.18.1　员工股权激励的本质是什么？属于职工工资、薪金所得吗？

股权激励，也叫期权激励，它是企业通过授予员工一定数量公司股权的形式，使其享有一定的经济权利，特别是能够以股东身份参与企业决策、利润分享，并承担公司风险，从而使员工更加尽心尽力地为公司的长期发展而提供服务的一种激励方法。

员工股权激励形式往往根据企业的组织架构以及管理需要确定，形式类型具有多样性，包括股票期权、股权期权、股票增值权、限制性股权奖励、股权奖励、员工持股、管理者或员工收购、收益共享、虚拟股权等。但不论是何种形式的股权激励，其本质是相同的，即都是对职工的激励、奖励或补偿，是一种以股权作为对价支付的职工薪酬。因此，不论是在会计上还是在税收上，股权激励均被确认为企业的职工薪酬。

5.3.18.2　为什么要构建股权激励个人所得税政策？

股权激励虽然在本质上属于企业的职工薪酬，但与一般的职工工资、薪金相比却具有一系列的特殊性：

（1）激励的对象特殊。按照《上市公司股权激励管理办法（试行）》（证监公司字〔2005〕151 号文件印发）及《关于修改〈上市公司股权激励管理办法〉的决定》（中国证券监督管理委员会令第 148 号印发）的规定，公司的董事、高级管理人员、核心技术人员或者核心业务人员，以及公司认为应当激励的对公司经营业绩和未来发展有直接影响的其他员工，都已经成为股权激励的对象。当然，独立董事和监事不在激励对象范围中。可以说，股权激励的对象非常特殊，大多是企业高管，收入水平较高。

（2）支付手段和方式特殊。股权激励中，作为支付对价的通常不是现金，而是股权或者股份，并且股权和股份的价值往往都相对较高，涉及的个人所得税税款较大。被激励者虽然大多是高收入者，但投资动机普遍强烈，通常也不会保有足够的现金，而且为及时行权，被激励者往往还需要筹措大量资金以便购买股权（股票），因此，在股权激励当期，被激励者往往没有足够的资金去缴纳税款。

（3）激励具有较大的不确定性。公司在实施股权激励时，都设置有比较规范和严格的激励条件，如果不能满足激励的条件，那么被激励者是获取不到股权（股票）的，因而被激励者能否取得股权（股票），或者说到底能不能获得报酬，具有很大的不确定性。

基于这些原因,客观上要求对股权激励实行有别于一般工资、薪金所得的个人所得税制度规范,一方面有利于个人所得税税收调节职能的发挥,特别是确保对高收入者征税;另一方面又兼顾股权激励中纳税人没有必要纳税资金的实际情况,更有利于税法遵从——保障纳税人能够履行纳税义务也是税法遵从的一个部分。

5.3.18.3 我国股权激励个人所得税政策都包括哪些政策内容?

为适应公司特别是上市公司薪酬制度改革和实施股权激励计划,财政部、国家税务总局先后下发了《财政部 国家税务总局关于个人股票期权所得征收个人所得税问题的通知》(财税〔2005〕35号)、《国家税务总局关于个人股票期权所得缴纳个人所得税有关问题的补充通知》(国税函〔2006〕902号)、《财政部 国家税务总局关于股票增值权所得和限制性股票所得征收个人所得税有关问题的通知》(财税〔2009〕5号)、《国家税务总局关于股权激励有关个人所得税问题的通知》(国税函〔2009〕461号)、《国家税务总局关于个人所得税有关问题的公告》(国家税务总局公告2011年第27号)、《财政部 国家税务总局关于完善股权激励和技术入股有关所得税政策的通知》(财税〔2016〕101号)、《国家税务总局关于股权激励和技术入股所得税征管问题的公告》(国家税务总局公告2016年第62号)和《国家税务总局关于我国居民企业实行股权激励计划有关企业所得税处理问题的公告》(国家税务总局公告2012年第18号)等一系列有关个人所得税的政策文件,就股权激励所得的个人所得税处理问题进行规范。

有关股权激励的个人所得税政策内容也非常全面,从股权激励的授予到实际行权,从持有股权再到转让股权等都进行了详细规定,并且考虑到被激励者没有必要纳税资金保障,还给予相对较高的递延纳税优惠,其递延不仅包括了纳税时间的延滞,还包括了税目与税率的调整与变通。

鉴于该部分内容专题性较强,涉及政策较多,内容较为庞杂,故专题进行介绍。有兴趣者请参阅本章5.7节内容。

5.3.19 高新技术企业给予技术人员股权奖励如何计缴个人所得税?

5.3.19.1 高新技术企业给予技术人员股权奖励属于工资、薪金所得吗?

《个人所得税法实施条例》第六条规定,工资、薪金所得是指个人因任职或者受雇取得的工资、薪金、奖金、年终加薪、劳动分红、津贴、补贴以及与任职或者受雇有关的其他所得。

《财政部 国家税务总局关于将国家自主创新示范区有关税收试点政策推广到全国范围实施的通知》(财税〔2015〕116号)也明确将高新技术企业转化科技成果,给予本企业相关技术人员的股权奖励,界定为工资、薪金所得。

5.3.19.2 高新技术企业给予技术人员股权奖励可以递延纳税吗?

按照《财政部 国家税务总局关于将国家自主创新示范区有关税收试点政策推广到全国范围实施的通知》(财税〔2015〕116号)的规定,高新技术企业转化科技成果,给予本企业相关技术人员的股权奖励,个人一次缴纳税款有困难的,可根据实际情况自行制定分期缴税计划,在不超过5个公历年度内(含)分期缴纳,并将有关资料报主管税务机关备案。

5.3.19.3 高新技术企业给予技术人员股权奖励递延纳税需要什么条件？

分析上述政策规定，可以看出，高新技术企业给予技术人员股权奖励递延纳税是有条件限制的，这些条件可以概括为以下几个方面：

（1）奖励者必须是高新技术企业。高新技术企业是指实行查账征收、经省级高新技术企业认定管理机构认定的高新技术企业。

（2）被奖励者必须是符合规定条件。被奖励者首先必须是高新技术企业的相关技术人员。并且相关技术人员，还必须是指经公司董事会和股东大会决议批准获得股权奖励的以下两类人员：

① 对企业科技成果研发和产业化作出突出贡献的技术人员，包括企业内关键职务科技成果的主要完成人、重大开发项目的负责人、对主导产品或者核心技术、工艺流程作出重大创新或者改进的主要技术人员。

② 对企业发展作出突出贡献的经营管理人员，包括主持企业全面生产经营工作的高级管理人员，负责企业主要产品（服务）生产经营合计占主营业务收入（或者主营业务利润）50%以上的中、高级经营管理人员。

需要强调的是，如果企业面向全体员工实施的股权奖励，则不得享受递延纳税政策。

（3）股权奖励必须是无偿的。企业须无偿授予相关技术人员一定份额的股权或一定数量的股份。这是股权奖励与股权激励的根本区别。

（4）必须有一次性纳税有困难的客观情况。如果员工获得股权奖励时有足够的现金缴纳税款，则不得适用递延纳税政策。

（5）必须履行备案手续。纳税人应根据自身的实际情况自行制定分期缴税计划，且计划不得超过5个公历年度，同时还须将有关资料报主管税务机关备案。

5.3.19.4 高新技术企业给予技术人员股权奖励应如何计算缴纳个人所得税？

按照《财政部 国家税务总局关于个人所得税法修改后有关优惠政策衔接问题的通知》（财税〔2018〕164号）的规定，满足《财政部 国家税务总局关于将国家自主创新示范区有关税收试点政策推广到全国范围实施的通知》（财税〔2015〕116号）规定条件的高新技术企业给予本企业相关技术人员股权奖励，在2021年12月31日前，不并入当年综合所得，全额单独适用综合所得税率表，计算纳税。计算公式为：

$$应纳税额 = 股权激励收入 \times 适用税率 - 速算扣除数$$

按照《财政部 国家税务总局关于个人股票期权所得征收个人所得税问题的通知》（财税〔2005〕35号）的规定，股权激励收入按照下列公式计算：

$$应纳税所得额 = 股权激励收入 = 奖励股权公平市场价格 \times 股票数量$$

按照《国家税务总局关于股权奖励和转增股本个人所得税征管问题的公告》（国家税务总局公告2015年第80号）的规定，股权奖励的计税价格参照获得股权时的公平市场价格确定，具体按以下方法确定：

（1）上市公司股票的公平市场价格，按照取得股票当日的收盘价确定。取得股票当日为非交易时间的,按照上一个交易日收盘价确定。

(2) 非上市公司股权的公平市场价格,依次按照净资产法、类比法和其他合理方法确定。

5.3.19.5 高新技术企业给予技术人员股权奖励递延纳税时该如何办理备案手续?

按照《国家税务总局关于股权奖励和转增股本个人所得税征管问题的公告》(国家税务总局公告2015年第80号)的规定,获得股权奖励的企业技术人员、企业转增股本涉及的股东需要分期缴纳个人所得税的,应自行制定分期缴税计划,由企业于发生股权奖励、转增股本的次月15日内,向主管税务机关办理分期缴税备案手续。

办理股权奖励分期缴税,企业应向主管税务机关报送高新技术企业认定证书、股东大会或董事会决议、《个人所得税分期缴纳备案表(股权奖励)》、相关技术人员参与技术活动的说明材料、企业股权奖励计划、能够证明股权或股票价格的有关材料、企业转化科技成果的说明、最近一期企业财务报表等。

高新技术企业认定证书、股东大会或董事会决议的原件,主管税务机关进行形式审核后退还企业,复印件及其他有关资料税务机关留存。

另外,纳税人分期缴税期间需要变更原分期缴税计划的,应重新制定分期缴税计划,由企业向主管税务机关重新报送《个人所得税分期缴纳备案表》。

5.3.19.6 技术人员转让奖励取得的股权时应如何进行个人所得税处理?

按照《国家税务总局关于股权奖励和转增股本个人所得税征管问题的公告》(国家税务总局公告2015年第80号)的规定,技术人员转让奖励的股权(含奖励股权孳生的送、转股)并取得现金收入的,该现金收入应优先用于缴纳尚未缴清的税款。

技术人员在转让奖励的股权之前企业依法宣告破产,技术人员进行相关权益处置后没有取得收益或资产,或取得的收益和资产不足以缴纳其取得股权尚未缴纳的应纳税款的部分,税务机关可不予追征。

5.3.20 企业改制时员工取得用于购买企业股权的分红适用什么税目?

《国家税务总局关于企业改组改制过程中个人取得的量化资产征收个人所得税问题的通知》(国税发〔2000〕60号,以下简称为国税发〔2000〕60号文件)为了支持企业改组改制的顺利进行,对企业在改制过程中,个人取得量化资产的个人所得税问题进行了明确规定:

(1) 个人以股份形式取得的仅作为分红依据,不拥有所有权的企业量化资产,不征收个人所得税。

(2) 个人以股份形式取得的拥有所有权的企业量化资产,暂缓征收个人所得税;待个人将股份转让时,就其转让收入额,减除个人取得该股份时实际支付的费用支出和合理转让费用后的余额,按"财产转让所得"项目计征个人所得税。

(3) 个人以股份形式取得的企业量化资产参与企业分配而获得的股息、红利,应按"利息、股息、红利"项目征收个人所得税。

但该文件下发之后,又出现了新的问题,即某些特殊公司如联想集团建立相关的产权激励机制,将多年留存在企业应分配给职工的劳动分红,划分给职工个人,用于购买企业的股权,再以职工持股会的形式持有公司的股份。那么对这种形式又如何处理呢？能参照适用国税发〔2000〕60号文件吗？北京市地税局向国家税务总局进行了请求,国家税务总局以《关于联想集团改制员工取得的用于购买企业国有股权的劳动分红征收个人所得税问题的批复》(国税函〔2001〕832号)给出答复：

(1) 相关公司职工取得的用于购买企业股权的劳动分红,不宜比照国税发〔2000〕60号文件的规定暂缓征收个人所得税。理由是：①两者的前提不同。国税发〔2000〕60号文件规定暂缓征税的前提,是集体所有制企业改制为股份合作制,而相关集团公司改制不符合这一前提。②两者的分配方式不同。国税发〔2000〕60号文件规定暂缓征税的分配方式,是在企业改制时将企业的所有资产一次量化给职工个人,而相关集团公司仅是分配历年留存的劳动分红。

(2) 相关集团控股公司的做法,实际上是将多年留存在企业应分未分的劳动分红在职工之间进行了分配,职工个人再将分得的部分用于购买企业的国有股权。

(3) 根据前述事实及个人所得税法有关规定,对相关集团控股公司职工取得的用于购买企业国有股权的劳动分红,应按"工资、薪金所得"项目计征个人所得税,税款由联想集团控股公司代扣代缴。

5.3.21 非销售人员利用业务时间推销任职公司产品取得的报酬并入工资、薪金所得吗？

《个人所得税法实施条例》第六条第一款第（一）项规定："工资、薪金所得,是指个人因任职或者受雇取得的工资、薪金、奖金、年终加薪、劳动分红、津贴、补贴以及与任职或者受雇有关的其他所得。"《个人所得税法实施条例》第六条第一款第（二）项规定："劳务报酬所得,是指个人从事劳务取得的所得,包括从事设计、装潢、安装、制图、化验、测试、医疗、法律、会计、咨询、讲学、翻译、审稿、书画、雕刻、影视、录音、录像、演出、表演、广告、展览、技术服务、介绍服务、经纪服务、代办服务以及其他劳务取得的所得。"

从概念界定上看,非销售人员利用业务时间推销公司的产品,并不是其职务份额内的事情,可以说其收入与任职没有直接关系。并且收入也具有偶然性,非持续性特征,不满足工资、薪金所得的特征。相反,倒满足劳务报酬所得的特征。因此,适用劳务报酬所得纳税远比适用工资、薪金所得纳税更合理。

但是,由于《财政部 国家税务总局关于个人提供非有形商品推销代理等服务活动取得收入征收营业税和个人所得税有关问题的通知》(财税字〔1997〕103号)规定："雇员为本企业提供非有形商品推销、代理等服务活动取得佣金、奖励和劳务费等名目的收入,无论该收入采用何种计取方法和支付方式,均应计入该雇员的当期工资、薪金所得,按照规定计算征收个人所得税。"虽然其中规定的是非有形商品,但由于雇员销售有形商品与推介非有形商品的差异并不非常明显,因而在现实中,绝大多数税务机关对于非销售人员利用业务时间推销公司的产品而取得的报酬,多是适用工资、薪金所得征税,即并入工资、薪金所得,而非适用劳务报酬所得项目征税。

5.3.22 出租车驾驶员从事出租车运营取得的收入按工资、薪金所得纳税吗？

不一定，需要根据具体情况进行判断。

《国家税务总局关于印发〈机动出租车驾驶员个人所得税征收管理暂行办法〉的通知》[国税发〔1995〕50号，该文件制定于1995年3月14日，且于2018年6月15日由《国家税务总局关于修改部分税务部门规章的决定》（国家税务总局令第44号）进行修改]规定如下：

（1）出租汽车经营单位对出租车驾驶员采取单车承包或承租方式运营，出租车驾驶员从事客货运营取得的收入，按工资、薪金所得项目征税。

（2）从事个体出租车运营的出租车驾驶员取得的收入，按经营所得项目缴纳个人所得税。

（3）出租车属个人所有，但挂靠出租汽车经营单位或企事业单位，驾驶员向挂靠单位缴纳管理费的，或出租汽车经营单位将出租车所有权转移给驾驶员的，出租车驾驶员从事客货运营取得的收入，比照经营所得项目征税。

5.3.23 员工取得的退休工资与退职费应并入工资、薪金所得吗？

《个人所得税法》第四条规定，按照国家统一规定发给干部、职工的安家费、退职费、基本养老金或者退休费、离休费、离休生活补助费免征个人所得税。

因此，干部、职工的退休费、离休费、离休生活补助费都是可以免征个人所得税的。但需要注意的是，享受免税待遇的离退休工资等必须是按照国家统一规定发放的。关于离休、退休标准等具体问题，请参阅第六章相关部分的内容。

5.3.24 个人取得的超标准的"免税"补贴是否并入工资、薪金所得纳税？

《个人所得税法》第四条规定，对个人按照国家统一规定发给的补贴、津贴以及福利费等免税。

但为了防止一些单位和纳税人利用这一税收优惠政策规避个人所得税纳税义务，个人所得税法律政策采用了两种办法：一是对纳入免税范围的补贴、津贴以及福利费的含义进行明确界定；二是明确列举不属于免税范围的补贴、津贴以及福利费。

《个人所得税法实施条例》第十条规定："个人所得税法第四条第一款第三项所称按照国家统一规定发给的补贴、津贴，是指按照国务院规定发给的政府特殊津贴、院士津贴，以及国务院规定免予缴纳个人所得税的其他补贴、津贴。"《个人所得税法实施条例》第十一条也规定："个人所得税法第四条第一款第四项所称福利费，是指根据国家有关规定，从企业、事业单位、国家机关、社会组织提留的福利费或者工会经费中支付给个人的生活补助费。"

《国家税务总局关于生活补助费范围确定问题的通知》（国税发〔1998〕155号）规定，《个人所得税法实施条例》第十四条所称的从福利费或者工会经费中支付给个人的生活补助费，是指由于某些特定事件或原因而给纳税人或其家庭的正常生活造成一定困难，其任职单位按国家规定从提留的福利费或者工会经费中向其支付的临时性生活困难补助。同时规定下列收入不属于免税的福利费范围,应当并入纳税人的工资、薪金收入计征个人所得税:

(1) 从超出国家规定的比例或基数计提的福利费、工会经费中支付给个人的各种补贴、补助。

(2) 从福利费和工会经费中支付给单位职工的人人有份的补贴、补助。

(3) 单位为个人购买汽车、住房、电子计算机等不属于临时性生活困难补助性质的支出。

因此,个人从任职单位取得的超标准发放的免税补贴,须就超标部分并入工资、薪金所得计算缴纳个人所得税。

5.3.25 个人获得企业超标准缴纳的"五险一金"是否应当并入工资、薪金所得纳税?

《个人所得税法》第六条规定:"居民个人的综合所得,以每一纳税年度的收入额减除费用六万元以及专项扣除、专项附加扣除和依法确定的其他扣除后的余额,为应纳税所得额。"同时还规定:"专项扣除,包括居民个人按照国家规定的范围和标准缴纳的基本养老保险、基本医疗保险、失业保险等社会保险费和住房公积金等。"

《财政部 国家税务总局关于基本养老保险费基本医疗保险费失业保险费住房公积金有关个人所得税政策的通知》(财税〔2006〕10号)为防止单位与纳税人利用政策漏洞规避个人所得税纳税义务,进一步补充规定,事业单位和个人超过规定的比例和标准缴付的基本养老保险费、基本医疗保险费和失业保险费以及住房公积金等,应将超过部分并入个人当期的工资、薪金收入,计征个人所得税。

5.3.26 个人取得的商业性补充养老保险要并入工资、薪金所得纳税吗?

《财政部 国家税务总局关于个人所得税有关问题的批复》(财税〔2005〕94号)规定:"关于单位为个人办理补充养老保险退保后个人所得税及企业所得税的处理问题。单位为职工个人购买商业性补充养老保险等,在办理投保手续时应作为个人所得税的'工资、薪金所得'项目,按税法规定缴纳个人所得税;因各种原因退保,个人未取得实际收入的,已缴纳的个人所得税应予以退回。"

《国家税务总局关于单位为员工支付有关保险缴纳个人所得税问题的批复》(国税函〔2005〕318号)规定,对企业为员工支付各项免税之外的保险金,应在企业向保险公司缴付时(即该保险落到被保险人的保险账户)并入员工当期的工资收入,按"工资、薪金所得"项目计征个人所得税,税款由企业负责代扣代缴。

不过,随着人民生活水平的提高,国家税务总局也根据新的形势出台了一系列的政策,对部分商业性补充养老保险等,规定可以限额扣除一部分。这些政策包括:

(1)《财政部 国家税务总局、保监会关于将商业健康保险个人所得税试点政策推广到全国范围实施的通知》(财税〔2017〕39号)规定,对取得工资、薪金所得,连续性劳务报酬所得的个人等,购买符合规定的商业健康保险产品的支出,允许在当年(月)计算应纳税所得额时予以税前扣除,扣除限额为 2 400 元/年(200 元/月)。单位统一为员工购买符合规定的商业健康保险产品的支出,应分别计入员工个人工资、薪金,视同个人购买,按上述限额予以扣除。2 400 元/年(200 元/月)的限额扣除为个人所得税法规定减除费用标准之外的扣除。

(2)《财政部 税务总局 人力资源社会保障部 中国银行保险监督管理委员会 证监会关于开展个人税收递延型商业养老保险试点的通知》(财税〔2018〕22号)规定,在上海市、福建省(含厦门市)和苏州工业园区等试点地区个人通过个人商业养老资金账户购买符合规定的商业养老保险产品的支出,允许在一定标准内税前扣除;计入个人商业养老资金账户的投资收益,暂不征收个人所得税;个人领取商业养老金时再征收个人所得税。具体规定如下:

① 个人缴费税前扣除标准。取得工资、薪金,连续性劳务报酬所得的个人,其缴纳的保费准予在申报扣除当月计算应纳税所得额时予以限额据实扣除,扣除限额按照当月工资、薪金,连续性劳务报酬收入的 6% 和 1 000 元孰低办法确定。取得个体工商户生产经营所得、对企事业单位的承包承租经营所得的个体工商户业主、个人独资企业投资者、合伙企业自然人合伙人和承包承租经营者,其缴纳的保费准予在申报扣除当年计算应纳税所得额时予以限额据实扣除,扣除限额按照不超过当年应税收入的 6% 和 12 000 元孰低办法确定。

② 账户资金收益暂不征税。计入个人商业养老资金账户的投资收益,在缴费期间暂不征收个人所得税。

③ 个人领取商业养老金征税。个人达到国家规定的退休年龄时,可按月或按年领取商业养老金,领取期限原则上为终身或不少于15年。个人身故、发生保险合同约定的全残或罹患重大疾病的,可以一次性领取商业养老金。

具体政策要求将在第六章税收减免相关章节进行介绍。

5.3.27 个人因单位解除劳动合同而取得的一次性补偿金如何计征个人所得税?

虽然《个人所得税法》第四条第一款第七项规定,个人按照国家统一规定取得的退职费等免征个人所得税。但因与任职单位解除劳动合同而从任职单位取得退职费、一次性补偿金等收入并不属于免征个人所得税的"退职费"范围。个人因被雇主辞退或自行辞职而取得的退职费或一次性补偿金在本质上,属于与其任职、受雇活动有关的工资、薪金性质的所得。理应在取得的当月与工资、薪金所得合并计算缴纳个人所得税。但考虑到作为雇主给予退职人员经济补偿的退职费,通常为一次性发给,且数额较大,以及退职人员有可能在一段时间内没有固定收入等实际情况,国家出台了一系列政策文件,规定相对特殊甚至于免税的优惠。这些文件包括《财政部 国家税务总局关于个人与用人单位解除劳动关系取得的一次性补偿收入征免个人所得税问题的通知》(财税〔2001〕157号)、《财政部 国家税务总局关于个人所得税法修改后有关优惠政策衔接问题的通知》(财税〔2018〕164号)等。

按照上述两个规范性文件的规定,个人因与任职单位解除劳动合同(包括主动解除

与被动解除)而从任职单位取得的一次性补偿金收入,视具体情况按照下列规定进行个人所得税处理:

(1) 个人与用人单位解除劳动关系取得一次性补偿收入(包括用人单位发放的经济补偿金、生活补助费和其他补助费),在当地上年职工平均工资 3 倍数额以内的部分,免征个人所得税;超过 3 倍数额的部分,不并入当年综合所得,单独适用综合所得税率表,计算纳税。

需要注意的是,文件规定的是"不并入当年的综合所得,单独适用综合所得税率表,计算纳税",这就意味着对自然人个人来说是没有什么选择权的。

(2) 个人领取一次性补偿收入时按照国家和地方政府规定的比例实际缴纳的住房公积金、医疗保险费、基本养老保险费、失业保险费,可以在计征其一次性补偿收入的个人所得税时予以扣除。

(3) 企业依照国家有关法律规定宣告破产,企业职工从该破产企业取得的一次性安置费收入,免征个人所得税。

但是,在现实中有一个问题,即"当地上年职工平均工资"中的当地指的是任职单位所在地县城还是设区市呢?政策并没有明确。考虑到有关的文件如果强调是设区市都是有明确规定的,如《财政部 国家税务总局关于基本养老保险费基本医疗保险费失业保险费住房公积金有关个人所得税政策的通知》(财税〔2006〕10 号)规定:"单位和职工个人缴存住房公积金的月平均工资不得超过职工工作地所在设区城市上一年度职工月平均工资的 3 倍"。再如《财政部 人力资源社会保障部 国家税务总局关于企业年金 职业年金个人所得税有关问题的通知》(财税〔2013〕103 号)规定:"企业年金个人缴费工资计税基数为本人上一年度月平均工资。月平均工资按国家统计局规定列入工资总额统计的项目计算。月平均工资超过职工工作地所在设区城市上一年度职工月平均工资 300%以上的部分,不计入个人缴费工资计税基数。"进一步讲,在有关解除劳动合同取得一次性补偿金个人所得税政策上,相关的文件并未强调"当地上年职工平均工资"中的当地是设区市,也就意味着,当地就是最基本的政府单位:县城、市区等。这一分析也看出我国个人所得税政策中的不规范性与随意性,在很多时候,同类问题,竟然会出现不同的口径。

【案例 5-11】 解除劳动合同取得一次性补偿金的个人所得税计算

2019 年 11 月,居民个人曹某由于多方面的原因与任职单位红星公司解除劳动合同(合同到期日为 2020 年 12 月)。公司给予曹某一次性补偿 350 000 元,同时还按照当地规定的标准补缴了 2019 年全年的"三险一金"计 42 000 元。红星公司所在地的县城(不设区)的上年职工年平均工资为 70 000 元,但当地地市(设区)的上年职工年平均工资为 80 000 元。试问:曹某应就解除合同取得的一次性补偿收入缴纳多少个人所得税?

【解析】 (1) 按照规定,个人与用人单位解除劳动关系取得一次性补偿收入,在当地上年职工平均工资 3 倍数额以内的部分,免征个人所得税。并且根据分析,当地就是指县城。因而可以扣除的免税数额为 210 000 元(70 000×3)。

(2) 按照规定,补缴的基本养老保险等"三险一金"42 000 元可以扣除。

(3) 按照规定,曹某取得的一次性补偿金扣除当地上年职工平均工资 3 倍数额以及补缴的"三险一金"后即为应纳税所得额,且不与工资、薪金合并,而是单独纳税。因此曹某的应纳税额即为:

应纳税所得额＝350 000－210 000－42 000＝98 000(元);

应纳税额＝98 000×10%－2 520＝7 280(元)。

5.3.28 提前退休取得的一次性补偿金如何计缴个人所得税?

《国家税务总局关于个人提前退休取得补贴收入个人所得税问题的公告》(国家税务总局公告 2011 年第 6 号)规定:"机关、企事业单位对未达到法定退休年龄、正式办理提前退休手续的个人,按照统一标准向提前退休工作人员支付一次性补贴,不属于免税的离退休工资收入,应按照'工资、薪金所得'项目征收个人所得税。"

《财政部 国家税务总局关于个人所得税法修改后有关优惠政策衔接问题的通知》(财税〔2018〕164 号)根据新修订的个人所得税法,对应纳税额的计算方法作了调整。即个人办理提前退休手续而取得的一次性补贴收入,应按照办理提前退休手续至法定离退休年龄之间实际年度数平均分摊,确定适用税率和速算扣除数,单独适用综合所得税率表,计算纳税。计算公式:

$$\text{应纳税额} = \left\{\left[\left(\text{一次性补贴收入} \div \text{办理提前退休手续至法定退休年龄的实际年度数}\right) - \text{费用扣除标准}\right] \times \text{适用税率} - \text{速算扣除数}\right\} \times \text{办理提前退休手续至法定退休年龄的实际年度数}$$

由于文件规定是单独计算纳税,因而汇算清缴时不需要并入到综合所得。

【案例 5-12】　　　　　　　　提前退休取得一次性补偿金的个人所得税计算

2019 年 11 月,居民个人薛某由于身体等多方面的原因与任职单位佳晶公司商定提前退休。公司给予薛某一次性补偿 360 000 元。薛某离正式退休尚有 3 年。试问:薛某应就提前退休取得的一性补偿收入缴纳多少个人所得税?

【解析】 直接套用公式即可:

应纳税额＝{[(一次性补贴收入÷办理提前退休手续至法定退休年龄的实际年度数)－费用扣除标准]×适用税率－速算扣除数}×办理提前退休手续至法定退休年龄的实际年度数＝{[360 000÷3－60 000]×10%－2 520}×3＝10 440(元)。

5.3.29 个人办理内部退养手续而取得的一次性补贴收入汇缴时需要并入综合所得吗?

《财政部 国家税务总局关于个人所得税法修改后有关优惠政策衔接问题的通知》(财税〔2018〕164 号)规定:"个人办理内部退养手续而取得的一次性补贴收入,按照《国家税务总局关于个人所得税有关政策问题的通知》(国税发〔1999〕58 号)规定计算纳税。"

《国家税务总局关于个人所得税有关政策问题的通知》(国税发〔1999〕58 号)规定:

"实行内部退养的个人在其办理内部退养手续后至法定离退休年龄之间从原任职单位取得的工资、薪金,不属于离退休工资,应按'工资、薪金所得'项目计征个人所得税。

"个人在办理内部退养手续后从原任职单位取得的一次性收入,应按办理内部退养手续后至法定离退休年龄之间的所属月份进行平均,并与领取当月的'工资、薪金'所得合并后减除当月费用扣除标准,以余额为基数确定适用税率,再将当月工资、薪金加上取得的一次性收入,减去费用扣除标准,按适用税率计征个人所得税。

"个人在办理内部退养手续后至法定离退休年龄之间重新就业取得的'工资、薪金'所得,应与其从原任职单位取得的同一月份的'工资、薪金'所得合并,并依法自行向主管税务机关申报缴纳个人所得税。"

不过,按照上述的政策处理,却存在一系列严重的问题。对此,用案例说明可能更为有效。

【案例 5-13】 内部退养一次性补贴收入个人所得税政策存在严重的问题,有待进一步完善

居民纳税人陈某系甲公司员工,累计工龄 32 年。2019 年 1~5 月间,每月均可取得工资 15 000 元左右(假设全是 15 000 元)。6 月,陈某生了一场大病,基本丧失工作能力,因而与单位协商,于 7 月办理内退手续,并从单位取得一次性补偿金 12 万元。已知陈某 6 月和 7 月从甲单位均取得基本工资 3 000 元。陈某离正式退休尚有 2.5 年(30 个月)。

【解析】 对于该案例,按照财税〔2018〕164 号文件和国税发〔1999〕58 号文件的规定,应首先将陈某取得的一次性补偿金收入在办理内部退养手续后至法定离退休年龄之间的所属月份进行平均。

月均内退补偿收入 = 120 000 ÷ 30 = 4 000(元)。

然后再与领取当月的"工资、薪金"所得合并后减除当月费用扣除标准,计算出内退当月的应纳税所得额。

内退当月的应纳税所得额 = 4 000 + 3 000 - 5 000 = 2 000(元)。

然后再根据内退当月的应纳税所得额确定适用税率,即 3%。

最后再将当月工资、薪金加上取得的一次性收入,减去费用扣除标准,按适用税率计征个人所得税应纳税额。

应纳税额 = (3 000 + 120 000 - 5 000) × 3% = 3 540(元)。

这个计算结果完全符合财税〔2018〕164 号文件和国税发〔1999〕58 号文件的规定,没有任何的差错。但是在现实中根本无法执行。

因为按照《个人所得税扣缴申报管理办法(试行)》(国家税务总局公告 2018 年第 61 号,以下简称"总局 61 号公告")的规定,陈某任职单位甲公司必须按照累计预扣法扣缴陈某的个人所得税税款。

所谓累计预扣法,是指扣缴义务人在一个纳税年度内预扣预缴税款时,以纳税人在本单位截至当前月份工资、薪金所得累计收入减除累计免税收入、累计减除费用、累计专项扣除、累计专项附加扣除和累计依法确定的其他扣除后的余额为累计预扣预缴应纳税所得额,适用个人所得税预扣税率表,计算累计应预扣预缴税额,再减除累计减免税额和累计已预扣预缴税额,其余额为本期应预扣预缴税额。具体计算公式如下:

本期应预扣预缴税额＝（累计预扣预缴应纳税所得额×预扣率－速算扣除数）－累计减免税额－累计已预扣预缴税额

累计预扣预缴应纳税所得额＝累计收入－累计免税收入－累计减除费用－累计专项扣除－累计专项附加扣除－累计依法确定的其他扣除

其中：累计减除费用，按照5 000元/月乘以纳税人当年截至本月在本单位的任职受雇月份数计算。

因此，即便不考虑陈某内退一次性补贴收入，7月，陈某应纳税所得额应当是：

15 000×5＋3 000×2－5 000×7＝46 000（元）。

对照税率表，此时应当适用10%的税率预扣预缴税款。

按照财税〔2018〕164号文件和国税发〔1999〕58号文件的规定，应当适用3%的税率，而按照总局61号公告的规定，必须适用10%的税率，请问：到底适用哪一个税率扣缴税款？想来扣缴义务人是无法进行选择的。即便向当地的税务机关咨询，估计也找不到答案。

上述案例说明，现行内部退养一次性补贴收入的个人所得税政策至少存在三个方面的问题：

（1）按月计算纳税与平时累计预扣、年终汇算清缴间的矛盾。财税〔2018〕164号文件和国税发〔1999〕58号文件都是以按月计算扣税为基础的，但新个人所得税法则是按年计算的，并且平时预扣时是采取的累计预扣法计算，那么这种按月计算与平时累计预扣、年终汇算清缴如何协调？从目前的分析看，无法协调。

（2）月度税率与年度税率的矛盾。上述案例分析已足以说明现行内部退养个人所得税政策存在一个最大的问题：按月计算与按年计算的税率协调问题。两者税率不同时该如何适用税率？不同的税率又该如何协调？答案是无法协调。

（3）年终汇算清缴时的合并与否问题。个人办理内部退养手续而取得的一次性补贴收入，在年度终了后办理综合所得汇算清缴时是否需要并入综合所得汇缴呢？如果需要合并，那么就有两个问题：一是将全部收入都合并还是只合并部分收入？二是合并后又该如何适用税率呢？

基于上述的分析，有理由认为，必须对现行的内部退养一次性补贴收入的个人所得税政策进行调整和完善：员工在办理内部退养手续后从原任职单位取得的一次性收入，不并入综合所得，单独计算缴纳个人所得税。进一步讲，内部退养的一次性补贴收入与因解除劳动合同而取得的一次性补偿金政策实行相同的政策。这样处理之后，现有政策的三个矛盾即告消失。因此，建议财政部或者国家税务总局尽快着手研究、修改、调整、完善相关政策。

5.3.30 个人向单位低价购房时需要按工资、薪金所得纳税吗？

《财政部 国家税务总局关于个人所得税法修改后有关优惠政策衔接问题的通知》（财税〔2018〕164号）第六条规定，单位按低于购置或建造成本价格出售住房给职工，职工因此而少支出的差价部分，符合《财政部 国家税务总局关于单位低价向职工售房有关个人所得税问题的通知》(财税〔2007〕13号)第二条规定的,不并入当年综合所得,以差价收入除以12个月得到的数额,按照月度税率表确定适用税率和速算扣除数,单独计算纳税。计算公式为:

$$应纳税额 = 职工实际支付的购房价款低于该房屋的购置或建造成本价格的差额 \times 适用税率 - 速算扣除数$$

《财政部 国家税务总局关于单位低价向职工售房有关个人所得税问题的通知》(财税〔2007〕13号,以下简称为财税〔2007〕13号文件)第二条规定,单位按低于购置或建造成本价格出售住房给职工,职工因此而少支出的差价部分,属于个人所得税应税所得,应按照"工资、薪金所得"项目缴纳个人所得税。上述所称差价部分,是指职工实际支付的购房价款低于该房屋的购置或建造成本价格的差额。

另外,按照财税〔2007〕13号文件的规定,国家机关、企事业单位及其他组织(以下简称单位)根据住房制度改革政策的有关规定,在住房制度改革期间,按照所在地县级以上人民政府规定的房改成本价格向职工出售公有住房,职工因支付的房改成本价格低于房屋建造成本价格或市场价格而取得的差价收益,免征个人所得税。

5.3.31 企业为个人购买房屋或其他财产时,个人须将其作为工资、薪金所得汇缴吗?

《财政部 国家税务总局关于企业为个人购买房屋或其他财产征收个人所得税问题的批复》(财税〔2008〕83号)规定如下:

(1) 根据《中华人民共和国个人所得税法》和《财政部 国家税务总局关于规范个人投资者个人所得税征收管理的通知》(财税〔2003〕158号)的有关规定,符合以下情形的房屋或其他财产,不论所有权人是否将财产无偿或有偿交付企业使用,其实质均为企业对个人进行了实物性质的分配,应依法计征个人所得税:

① 企业出资购买房屋及其他财产,将所有权登记为投资者个人、投资者家庭成员或企业其他人员的。

② 企业投资者个人、投资者家庭成员或企业其他人员向企业借款用于购买房屋及其他财产,将所有权登记为投资者、投资者家庭成员或企业其他人员,且借款年度终了后未归还借款的。

(2) 对个人独资企业、合伙企业的个人投资者或其家庭成员取得的上述所得,视为企业对个人投资者的利润分配,按照"经营所得"项目计征个人所得税;对除个人独资企业、合伙企业以外其他企业的个人投资者或其家庭成员取得的上述所得,视为企业对个人投资者的红利分配,按照"利息、股息、红利所得"项目计征个人所得税;对企业其他人员取得的上述所得,按照"工资、薪金所得"项目计征个人所得税。

分析上述规定可以得出下列结论:企业出资购买房屋及其他财产,将所有权登记为企业员工个人的。企业员工向企业借款用于购买房屋及其他财产,将所有权登记为员工个人,且借款年度终了后未归还借款的。

那么,对员工来说,就必须按照"工资、薪金所得"项目计征个人所得税。同时在年终办理综合所得汇算清缴时也必须将上述项目的"工资、薪金所得"合并汇缴申报纳税。

5.3.32 员工参加本公司庆典座谈会取得的礼品是按偶然所得还是并入工资、薪金所得纳税？

《财政部 税务总局关于个人取得有关收入适用个人所得税应税所得项目的公告》（财政部 税务总局公告2019年第74号）第三条规定："企业在业务宣传、广告等活动中，随机向本单位以外的个人赠送礼品（包括网络红包，下同），以及企业在年会、座谈会、庆典以及其他活动中向本单位以外的个人赠送礼品，个人取得的礼品收入，按照'偶然所得'项目计算缴纳个人所得税，但企业赠送的具有价格折扣或折让性质的消费券、代金券、抵用券、优惠券等礼品除外。"从文件的规定可以发现，只有本单位以外的个人获赠的礼品，才适用偶然所得项目纳税。这就意味着，对于本单位的员工取得的礼品，应当与工资、薪金所得合并。

5.3.33 个人因私车公用而从公司取得的补贴收入须并入工资、薪金所得纳税吗？

《国家税务总局关于个人因公务用车制度改革取得补贴收入征收个人所得税问题的通知》（国税函〔2006〕245号）规定，一些地区要求明确个人因公务用车制度改革取得各种形式的补贴收入如何征收个人所得税问题。据了解，近年来，部分单位因公务用车制度改革，对用车人给予各种形式的补偿：直接以现金形式发放，在限额内据实报销用车支出，单位租用职工个人的车辆支付车辆租赁费（"私车公用"），单位向用车人支付车辆使用过程中的有关费用等。根据《中华人民共和国个人所得税法实施条例》第八条的有关规定，因公务用车制度改革而以现金、报销等形式向职工个人支付的收入，均应视为个人取得公务用车补贴收入，按照"工资、薪金所得"项目计征个人所得税。具体计征方法，按《国家税务总局关于个人所得税有关政策问题的通知》（国税发〔1999〕58号）第二条"关于个人取得公务交通、通讯补贴收入征税问题"的有关规定执行。

也就是说，个人因公务用车和通讯制度改革而取得的公务用车、通讯补贴收入，扣除一定标准的公务费用后，按照"工资、薪金所得"项目计征个人所得税。

现行政策实际上是将个人"私车公用"的所得一律视为工资、薪金所得。这种一刀切做法并不十分的妥当。从税法的规定看，如果个人与企事业单位之间存在着财产租赁合同，那么无论从哪一方面考察，都应该按照"财产租赁所得"项目计算个人所得税，而不能按照"工资、薪金所得"项目征税。

5.3.34 离退休人员从单位取得离退休工资以外的奖金补贴作工资、薪金纳税吗？

按照《国家税务总局关于离退休人员取得单位发放离退休工资以外奖金补贴征收个人所得税的批复》（国税函〔2008〕723号）的规定，离退休人员除按规定领取离退休工资或养老金外，另从原任职单位取得的各类补贴、奖金、实物，不属于《中华人民共和国个人所得税法》第四条规定可以免税的退休工资、离休工资、离休生活补助费。根据《中华人民共和国个人所得税法》及其实施条例的有关规定,离退休人员从原任职单位取得的各类补贴、奖金、实物,应在减除费用扣除标准后,按"工资、薪金所得"应税项目缴纳个人所得税。

5.4 劳务报酬所得如何准确归类并适用政策?

5.4.1 什么是劳务报酬?有一般的判定原则或标准吗?

5.4.1.1 个人所得税法对劳务报酬所得是如何界定的?

《个人所得税法实施条例》第六条规定:"劳务报酬所得,是指个人从事劳务取得的所得,包括从事设计、装潢、安装、制图、化验、测试、医疗、法律、会计、咨询、讲学、翻译、审稿、书画、雕刻、影视、录音、录像、演出、表演、广告、展览、技术服务、介绍服务、经纪服务、代办服务以及其他劳务取得的所得。"

实际上,税法对劳务报酬进行界定时选择了概括加列举的方式:

(1) 对劳务报酬所得进行了概括式界定,强调劳务报酬是个人从事劳务取得的所得。

(2) 对主要的劳务报酬形式进行了列举。主要列举了26种劳务报酬形式。但鉴于劳务报酬的形式具有多样性,是不可穷尽列举的,因而用"包括"来进行列举(或者说是非穷尽式列举),并用"其他劳务"作兜底,以表明未能穷尽所有的劳务报酬形式。

需要注意的是,劳务报酬并不限于《个人所得税法实施条例》第六条所列举的26种形式。

5.4.1.2 国家税务总局的规范性文件如何对劳务报酬所得进行补充界定?

虽然《个人所得税法实施条例》选择了概括加列举的方式对劳务报酬所得的概念进行界定,但由于未全面、真实地界定出劳务报酬的一般特征,包括形式特征与法律特征,因而在实践中,如何适用劳务报酬所得税目与税率,如何区分劳务报酬与工资、薪金所得,经营所得,一直存在争议。为平息争议,财政部和国家税务总局等先后作了一些补充规定,以进一步明确劳务报酬所得的内涵、与外延。

《国家税务总局关于印发〈征收个人所得税若干问题的规定〉的通知》(国税发〔1994〕89号)第十九条规定:"劳务报酬所得则是个人独立从事各种技艺、提供各项劳务取得的报酬。"并明确劳务报酬所得与工资、薪金所得的主要区别在于:工资、薪金所得存在雇佣与被雇佣关系,而劳务报酬则不存在这种关系。

其后,国家税务总局又出台了《国家税务总局关于个人兼职和退休人员再任职取得收入如何计算征收个人所得税问题的批复》(国税函〔2005〕382号)、《国家税务总局关于离退休人员再任职界定问题的批复》(国税函〔2006〕526号)及《国家税务总局关于个人所得税有关问题的公告》(国家税务总局公告2011年第27号)等文件,梳理界定了工资、薪金所得项目的一般判定标准:

(1) 受雇人员与用人单位签订1年以上(含1年)劳动合同(协议),存在长期或连续的雇用与被雇用关系。

（2）受雇人员因事假、病假、休假等原因不能正常出勤时，仍享受固定或基本工资收入。

（3）受雇人员与单位其他正式职工享受同等福利、社保、培训及其他待遇，但返聘的离退休人员不需要享受社保待遇。

（4）受雇人员的职务晋升、职称评定等工作由用人单位负责组织。

如果不符合上述工资、薪金一般标准的，则按照劳务报酬所得征收个人所得税。

但是有一个很奇怪的现象，即国家税务总局一直在区分工资、薪金所得与劳务报酬所得，却未对经营所得与劳务报酬所得进行区分。而且在个人所得税法上，这两者的区分远比工资、薪金所得与劳务报酬的区分意义更大，特别是 2018 年《个人所得税法》修正之后。但是很遗憾，到目前为止，笔者在总局的文件中找不到任何有关劳务报酬所得与经营所得的区分。

5.4.1.3 从哪些维度可以判定个人收入可以适用劳务报酬所得项目？

综合考虑现行的个人所得税政策规范，要适用劳务报酬所得项目征税，需要从以下多个维度共同分析和研判。

一、如何从工作或劳务所需的条件判定劳务报酬税目的适用与否？

自然人个人对外提供劳务的，那么为完成劳务或者相关工作所需要的条件特别是起决定性作用的条件，均由自然人自己提供。某些情况下，劳务的接受者虽然也会为劳务的完成提供一些条件，但这些提供大多是协助性的、配合性的、辅助性的、次要性的。而工资、薪金所得则明显不同，为完成工作所需要的条件，几乎均由任职单位提供。

二、如何从工作或劳务的形式特征判定劳务报酬税目的适用与否？

通常而言，自然人对外提供劳务时，其服务的对象、地点、时间、报酬等都是不固定的，不断变化的，具有极强的偶然性、随机性特征。而工资、薪金则相对固定、持续。工作单位、工作时间、工作待遇、工资报酬、工作方式等等都是相对固定和连续的。经营所得也具有固定性与连续性特征，包括服务地点、服务方式、服务范围等，并且通常会在营业执照或者许可证照上注明。

【案例 5-14】　　　　　　　　劳务报务与工资、薪金所得差异的比较

居民个人姚某于 2019 年 2 月与甲公司签订劳动合同约定：姚某担任甲公司财务，合同暂定两年，除特殊情况外，每月 10 号发工资，每月工资额 10 000 元，地点为江苏南通，并约定，甲单位为姚某缴纳"五险一金"。

居民个人郝某 2019 年 2 月与 A 公司约定：为 A 公司提供财税培训，讲解 2018 年度的企业所得税汇算清缴，地点为 A 公司所在地南京，培训时间为两天，报酬为每天税前 6 000 元；4 月又与 B 单位约定：为 B 单位提供员工讲解发票涉税风险管控，地点为 B 公司所在地安徽合肥，培训时间为 1 天，报酬为税前 8 000 元；6 月，又与 C 单位约定：为 C 单位提供员工讲解税务稽查风险防范，地点为 C 公司所在地浙江台州，培训时间为 2 天，报酬为税前 7 000 元……

【解析】　居民个人姚某取得的就是典型的工资、薪金所得，因为其具有典型的连续性、固定性特征，即时间持续两年；工作地点固定在江苏南通；工资发放时间固定在每月

10号;工资、薪金金额固定为每月10 000元;另外姚某享受必要的福利待遇,如缴纳"五险一金"等。

居民个人郝某的收入则是典型的劳务报酬所得,因为其具有偶然性、非连续性、个人独立性等特征:三次收入,三个对象、三个时间、三个地点、三种报酬。可以说,对象、时间、地点、报酬都不固定,虽然都是培训讲座,但服务的内容也不完全相同。

三、如何从法律责任的承担主体判定劳务报酬税目的适用与否?

在劳务报酬所得模式下,自然人个人是以个人的名义对外的,法律上的责任主体是自然人个人,也就是说所有的法律责任都须由劳务提供者个人承担。而在工资、薪金所得模式下,自然人个人都是以任职单位的名义对外,只要没有超越合同约定的范围,只要是因为履行职务而发生的,那么相关的法律责任皆归属任职单位,个人并不承担法律责任。而在经营所得模式下,虽然最终的法律责任归于自然个人,但形式上看,仍然是首先由经营实体承担法律责任的,只有在相关经济实体不足以承担责任时,才会由自然人承担连带责任。

四、如何从福利待遇的享受与否判定劳务报酬税目的适用与否?

在劳务报酬所得模式下,自然人个人是不存在所谓福利待遇的,或者说所有的福利待遇都是由自己买单的,比如说社保,只能由自己负责缴纳。而在工资、薪金所得模式下,任职单位都必须按照劳动合同法的规定,为员工提供最起码的福利待遇,特别是必须按照《社会保险法》的规定为员工缴纳最基本的社会保险。在经营所得模式下,经营者的福利待遇则是由自己提供的,当然,在很多时候,从形式上看负担主体可能是相关的经济实体,但由于相关经济实体负责业主的工资等福利是不能税前扣除的,因而最终负责的其实还是自然人个人。

五、如何从劳务提供过程中的身份与地位角度判定劳务报酬税目的适用与否?

在劳务报酬所得模式下,个人是独立的身份,与劳务的接受者之间是一种独立的合同法律关系,除了按合同履行义务之外,并不接受对方的管理,劳务的提供者与接受者之间没有任何的管理与被管理关系。而在工资、薪金所得模式下,雇主与个人之间存在着管理与被管理关系,个人在相当程度上丧失了其独立性,必须服从单位的安排。而在经营所得模式下,个人与服务者之间也是一种独立的合同关系,不存在管理与被管理关系,但在经济主体内部,个人往往有着管理者身份,对其雇佣的员工实施必要的管理。

六、如何从直接经营风险的承担角度判定劳务报酬税目的适用与否?

个人取得劳务报酬时,只要按照合同的约定完成了规定劳务,那么就可以取得约定的报酬,并且个人在与对方签订合同时,对自己的收益都会有一个事先的预判,往往会通过报价抵销亏损,所以劳务报酬通常不会发生亏损的问题。工资、薪金所得则完全是劳动力价格(价值)的表现,对劳动者来说,不存在盈亏问题,只有个人价值能否实现以及实现多少的问题。经营所得则完全不同了,自然人必须承担经营过程中的所有风险,发生亏损也是极正常的事情。

七、如何从劳务提供中与生产资料的结合情况判定劳务报酬税目的适用与否?

工资、薪金所得,劳务报酬所得与经营所得的差异还表现在个人与生产资料或者生产工具的结合程度上。一般而言,在工资、薪金所得模式下,个人并不需要拥有任何的生产资料与生产工具,为完成工作所需要的所有的生产资料与生产工具都是由雇主,也就是任职单位所提供的。在劳务报酬模式下,虽然劳动者对外提供的主要是劳务,但由于完成劳务也需要有一定的生产工具与生产资料,所以,此时个人也是拥有一定的生产资料与生产工具的,但在大多数情况下,劳务报酬所需要的生产资料与生产工具都相对简单。事实上,对照《个人所得税法实施条例》所列举的26种劳务报酬所得,也能发现相当一部分劳务都是不需要生产资料或者工具的,或者即便需要,相关的生产资料与生活资料都是相互混用的。例如,讲学可能需要电脑,而电脑既可以作为生产资料,也可以作为生活用具;再如,影视,可能需要摄影、摄像器材,而摄影、摄像器材既可以作生产资料也可以作为生活用品。经营所得则大不相同,绝大多数经营所得都是需要拥有生产资料与生产工具的,即便不拥有生产工具或者生产资料,也需要拥有必要的生产经营条件。领取营业执照要求有固定的经营场所其实就是对生产条件的限制和要求。

当然,判断劳务报酬所得的税目适用,特别是劳务报酬所得与工资、薪金所得以及与经营所得的区别需要从多种维度综合分析。由于本书在其他章节已经介绍过相关的知识,在此就不再赘述。

【案例 5-15】　　　　　　　不同情况下不同人员取得收入的税目选择与适用

　　孙某与 A 公司约定:孙某利用 A 公司提供的车辆为 A 公司运输材料一批,按照规定每完成 100 吨的运输任务即可获得 300 元报酬,报酬按日结算。车辆用油以及交通费等均由 A 公司负责。A 公司为孙某提供休息室。

　　龚某与 B 公司约定:龚某利用自己的车辆为 B 公司运输材料一批,不管时间与工作量,只要完成运输任务后,运输完成后,龚某即可获得报酬 10 万元,运输车辆用油及过路费等全部由龚某负责。

　　宋某与 C 公司约定:宋某为 C 公司运输司机,负责公司购销业务的运输任务。每完成 100 吨的运输任务即可获得 300 元报酬。合同期两年,C 公司为宋某缴纳社保,并提供办公室。车辆用油以及交通费等均由 C 公司负责。

　　【解析】　孙某为 A 公司运输材料是典型的劳务报酬:(1)孙某没有专门的职责,只负责运输一批材料,业务具有临时性;(2)报酬是事先确定的,每 100 吨运输量取得报酬 300 元;(3)孙某并不承担经营风险,特别是不管运输业务的盈亏;(4)车辆都是 A 公司提供的,孙某自身没有任何生产资料;(5)孙某没有必须的工作条件与福利待遇。

　　龚某从 B 公司取得的所得应当归属为经营所得:(1)拥有生产资料及运输车辆,并且通常而言,从事运输往往需要交通运输许可证等证照;(2)报酬是以完成特定性工作项目确定,而非工作时间与工作数量;(3)龚某承担必要的经营风险,车辆用油及交通费均由自己负责;(4)B 公司不为龚某提供任何的工作条件与福利待遇。

　　宋某从 C 公司取得的所得属于工资、薪金所得:(1)双方签订有 1 年期的劳动合同,报酬具有长期性与固定性;(2)宋某有专门的职责,是公司专职司机;(3)公司为宋某提供了必要的工作条件,宋某享有充分的福利待遇;(4)为完成工作任务所发生的费用均由公司承担,包括车辆用油等。

5.4.2 个人兼职取得的收入适用工资、薪金所得还是劳务报酬所得？

《国家税务总局关于个人兼职和退休人员再任职取得收入如何计算征收个人所得税问题的批复》(国税函〔2005〕382号)规定:"个人兼职取得的收入应按照'劳务报酬所得'应税项目缴纳个人所得税。"

5.4.3 兼职律师从律所取得的报酬适用劳务报酬所得纳税吗？

虽然《国家税务总局关于个人兼职和退休人员再任职取得收入如何计算征收个人所得税问题的批复》(国税函〔2005〕382号)规定:"个人兼职取得的收入应按照'劳务报酬所得'应税项目缴纳个人所得税。"

但《国家税务总局关于律师事务所从业人员取得收入征收个人所得税有关业务问题的通知》(国税发〔2000〕149号)第六条却作出了特别规定,即兼职律师从律师事务所取得工资、薪金性质的所得,律师事务所在代扣代缴其个人所得税时,不再减除个人所得税法规定的费用扣除标准,以收入全额(取得分成收入的为扣除办理案件支出费用后的余额)直接确定适用税率,计算扣缴个人所得税。兼职律师应于次月7日内自行向主管税务机关申报两处或两处以上取得的工资、薪金所得,合并计算缴纳个人所得税。兼职律师是指取得律师资格和律师执业证书,不脱离本职工作从事律师职业的人员。

5.4.4 个人接受律师聘用取得的报酬适用何种税目纳税？

按照《国家税务总局关于律师事务所从业人员取得收入征收个人所得税有关业务问题的通知》(国税发〔2000〕149号)第七条的规定:"律师以个人名义再聘请其他人员为其工作而支付的报酬,应由该律师按'劳务报酬所得'应税项目负责代扣代缴个人所得税。"

5.4.5 离退休人员再任职的,应按照工资、薪金所得还是按照劳务报酬所得纳税？

《国家税务总局关于个人兼职和退休人员再任职取得收入如何计算征收个人所得税问题的批复》(国税函〔2005〕382号)规定:"退休人员再任职取得的收入,在减除按个人所得税法规定的费用扣除标准后,按'工资、薪金所得'应税项目缴纳个人所得税。"

《国家税务总局关于离退休人员再任职界定问题的批复》(国税函〔2006〕526号)规定"退休人员再任职",适用工资、薪金所得项目征收税的,应同时符合下列条件:

(1)受雇人员与用人单位签订1年以上(含1年)劳动合同(协议),存在长期或连续的雇用与被雇用关系。

(2)受雇人员因事假、病假、休假等原因不能正常出勤时,仍享受固定或基本工资收入。

(3)受雇人员与单位其他正式职工享受同等福利、社保、培训及其他待遇。

(4)受雇人员的职务晋升、职称评定等工作由用人单位负责组织。

《国家税务总局关于个人所得税有关问题的公告》(国家税务总局公告2011年第27号)补充规定,自2011年5月1日起,单位是否为离退休人员缴纳社会保险费,不再作为离退休人员再任职适用工资、薪金所得征税的界定条件。

5.4.6 董事费、监事费适用劳务报酬所得还是工资、薪金所得征税？

《国家税务总局关于印发〈征收个人所得税若干问题的规定〉的通知》(国税发〔1994〕89号，以下简称为国税发〔1994〕89号文件)第八条规定："个人由于担任董事职务所取得的董事费收入，属于劳务报酬所得性质，按照劳务报酬所得项目征收个人所得税。"

《国家税务总局关于明确个人所得税若干政策执行问题的通知》(国税发〔2009〕121号)总结税收征管实践进行了调整，对关于董事费征税问题规定如下：

(1) 国税发〔1994〕89号文件第八条规定的董事费按劳务报酬所得项目征税方法，仅适用于个人担任公司董事、监事，且不在公司任职、受雇的情形。

(2) 个人在公司(包括关联公司)任职、受雇，同时兼任董事、监事的，应将董事费、监事费与个人工资收入合并，统一按工资、薪金所得项目缴纳个人所得税。

5.4.7 非雇员获得的免费旅游奖励如何计缴个人所得税？雇员呢？

《财政部 国家税务总局关于企业以免费旅游方式提供对营销人员个人奖励有关个人所得税政策的通知》(财税〔2004〕11号)规定，按照现行个人所得税法律法规有关规定，对商品营销活动中，企业和单位对营销业绩突出人员以培训班、研讨会、工作考察等名义组织旅游活动，通过免收差旅费、旅游费对个人实行的营销业绩奖励(包括实物、有价证券等)，应根据所发生费用全额计入营销人员应税所得，依法征收个人所得税，并由提供上述费用的企业和单位代扣代缴。其中，对企业雇员享受的此类奖励，应与当期的工资、薪金合并，按照"工资、薪金所得"项目征收个人所得税；对其他人员享受的此类奖励，应作为当期的劳务收入，按照"劳务报酬所得"项目征收个人所得税。

5.4.8 个人举办学习班取得的收入适用劳务报酬所得纳税吗？

《国家税务总局关于个人举办各类学习班取得的收入征收个人所得税问题的批复》(国税函〔1996〕658号)规定如下：

(1) 个人经政府有关部门批准并取得执照举办学习班、培训班的，其取得的办班收入属于"个体工商户的生产、经营所得"应税项目，应按《中华人民共和国个人所得税法》(以下简称税法)规定计征个人所得税。

(2) 个人无须经政府有关部门批准并取得执照举办学习班、培训班的，其取得的办班收入属于"劳务报酬所得"应税项目，应按税法规定计征个人所得税。其中，办班者每次收入按以下方法确定：一次收取学费的，以一期取得的收入为一次；分次收取学费的，以每月取得的收入为一次。

5.4.9 个人提供非有形商品推销取得的佣金收入属于劳务报酬所得吗？

目前，有不少的保险、旅游等非有形商品经营的企业，通过其雇员或非雇员个人的推销、代理等服务活动开展业务。雇员或非雇员个人根据其推销、代理等服务活动的业绩从企业或其服务对象取得佣金、奖励和劳务费等名目的收入。对雇员或非雇员个人为企业提供非有形商品推销、代理等服务活动取得收入如何征收个人所得税问题,《财政部 国家税务总局关于个人提供非有形商品推销代理等服务活动取得收入征收营业税和个人所得税有关问题的通知》(财税〔1997〕103号)规定如下:

(1) 对雇员的税务处理。雇员为本企业提供非有形商品推销、代理等服务活动取得佣金、奖励和劳务费等名目的收入,无论该收入采用何种计取方法和支付方式,均应计入该雇员的当期工资、薪金所得,按照规定计算征收个人所得税。

(2) 对非雇员的税务处理。非本企业雇员为企业提供非有形商品推销、代理等服务活动取得的佣金、奖励和劳务费等名目的收入,无论该收入采用何种计取方法和支付方式,均应作为劳务报酬所得,按照有关规定计算征收个人所得税。

5.4.10 个人推销公司有形产品取得的报酬是劳务报酬所得还是工资、薪金所得?

个人推销公司产品取得的报酬究竟是按劳务报酬所得还是适用工资、薪金所得缴纳个人所得税,需要区分几种情况加以讨论:

(1) 如果个人是公司的销售人员,即个人与相关单位签订有劳动合同,且从事销售业务,那么个人推销公司商品所取得的收入,完全符合税法对工资、薪金所得所作的"因任职或者受雇取得的工资、薪金、奖金、年终加薪、劳动分红、津贴、补贴以及与任职或者受雇有关的其他所得"的概念界定,自然应当确认为工资、薪金所得。

(2) 个人并非公司的员工,而只是与公司存在合作关系,为公司推介商品并取得报酬,那么此时,个人所取得的这种所得完全满足税法对劳务报酬所得所作的界定,即"个人从事劳务取得的所得,包括从事设计……介绍服务、经纪服务、代办服务以及其他劳务取得的所得。"应当适用劳务报酬所得项目征收个人所得税。

(3) 个人属于公司的员工,但非销售人员,只是利用业务时间为公司推销商品,为个人争取更多的收入与报酬。此时是适用工资、薪金所得纳税还是适用劳务报酬所得纳税呢?工资、薪金所得强调的是与任职有关,个人的义务是由合同规定的,必须无条件完成,并且工资、薪金所得具有固定性、连续性特征,为完成任务所发生的费用由任职单位承担。但是个人利用业务时间推销公司商品完全没有合同的约定,个人可做也可不做;相关的服务具有偶然性、随机性,费用也非公司承担……总之,并不满足税法对工资、薪金所得的概念界定,也不符合工资、薪金所得的一系列特征。相反,由于这种服务是个人独立开展的,偶发的,更符合劳务报酬所得的特征,将其作为劳务报酬所得纳税,似乎更加的合理、合法。但是由于《财政部 国家税务总局关于个人提供非有形商品推销代理等服务活动取得收入征收营业税和个人所得税有关问题的通知》(财税〔1997〕103号)的规定,即雇员为本企业提供非有形商品推销、代理等服务活动取得佣金、奖励和劳务费等名目的收入,无论该收入采用何种计取方法和支付方式,均应计入该雇员的当期工资、薪金所得,按照规定计算征收个人所得税。虽然其中规定的是非有形商品而不是有形商品,但推销有形商品与推销非有形商品本质上并无明显差异,因而在现实中,绝大多数税务机关对于非销售人员利用业务时间推销本公司的产品而取得的报酬,多适用工资、薪金所得征税,即并入工资、薪金所得征税。

5.4.11 个人包销商品房取得的包销补偿款如何计缴个人所得税?

《国家税务总局关于个人取得包销补偿款征收个人所得税问题的批复》(国税函〔2007〕243号)规定:"个人因包销商品房取得的差价收入及因此而产生的包销补偿款,属于其个人履行商品介绍服务或与商品介绍服务相关的劳务所得,应按照'劳务报酬所得'项目计算缴纳个人所得税。"

5.4.12 个人从房地产公司取得的"老带新"客户奖励款按何种税目征税?

目前一些房地产公司为促进房地产销售,采取"老带新"的方式销售,即原先购买过公司房产的老客户如果给房地产公司介绍新客户购房了,那么房地产公司就给予老客户一定金额的奖励。那么对这种奖励是按照工资、薪金所得项目计缴个人所得税呢,还是适用劳务报酬所得项目计缴个人所得税?

老客户给房地产公司介绍新客户,只要新客户购买公司房产了,房地产公司即给老客户一定金额的奖励。这种奖励虽然名义上叫奖励,但其实质是给房地产公司推销商品房,为朋友即所谓的新客户介绍房源,所起的作用就是介绍服务。而按照《个人所得税法实施条例》对劳务报酬所得概念的解释,商品等的介绍服务、经纪服务、代办服务等都属于劳务报酬所得的范围,因而个人给房地产公司介绍新客户后从房地产公司取得的奖励应当适用"劳务报酬所得"项目计缴个人所得税。

5.4.13 个人受医疗机构临时聘请坐堂门诊及售药取得收入如何纳税?

《国家税务总局关于个人从事医疗服务活动征收个人所得税问题的通知》(国税发〔1997〕178号,以下简称为国税发〔1997〕178号文件)第三条规定:"受医疗机构临时聘请坐堂门诊及售药,由该医疗机构支付报酬,或收入与该医疗机构按比例分成的人员,其取得的所得,按照'劳务报酬所得'税项目缴纳个人所得税,以一个月内取得的所得为一次,税款由该医疗机构代扣代缴。"

国税发〔1997〕178号文件和其他相关文件另外还规定:

(1)个人经政府有关部门批准,取得执照,以门诊部、诊所、卫生所(室)、卫生院、医院等医疗机构形式从事疾病诊断、治疗及售药等服务活动,应当以该医疗机构取得的所得,作为个人的应纳税所得,按照"经营所得"应税项目缴纳个人所得税。

个人未经政府有关部门批准,自行连续从事医疗服务活动,不管是否有经营场所,其取得与医疗服务活动相关的所得,按照"经营所得"应税项目缴纳个人所得税。

(2)对于由集体、合伙或个人出资的乡村卫生室(站),由医生承包经营,经营成果归医生个人所有,承包人取得的所得,比照"对企事业单位的承包经营、承租经营所得"应税项目缴纳个人所得税。

(3)乡村卫生室(站)的医务人员取得的所得,按照"工资、薪金所得"应税项目缴纳个人所得税。

5.4.14 任职单位受约组织人员撰稿，完成后再向个人支付报酬，个人取得收入按稿酬所得还是工资、薪金所得纳税？

任职单位受约组织人员撰稿，完成后再向个人支付报酬，个人取得收入不是按稿酬所得纳税，也不是工资、薪金所得纳税。

《财政部 税务总局关于对稿费征收个人所得税问题的批复》（财税外字〔1980〕50号，以下简称为财税外字〔1980〕50号文件）规定，由单位接受约稿，然后组织个人从事著译书籍、书画，完成约稿后，由接受约稿的单位收取稿费，将其中部分稿费发给著译书籍、书画的个人，同意只就个人实得的稿费收入，按劳务报酬所得征收个人所得税。

5.4.15 个人取得出版社的退稿费如何计算缴纳个人所得税？

《财政部 税务总局关于对稿费征收个人所得税问题的批复》（财税外字〔1980〕50号）规定："个人接受出版单位约稿，完成约稿后由于各种原因，仍付给作者'退稿费'（一般比原稿费低50%左右）。我们认为此项'退稿费'仍属劳务报酬性质，应按规定征收个人所得税。"

按照财税外字〔1980〕50号文件的规定，对个人取得的退稿费收入是作为劳务报酬所得课税的，这是因为当时我国的个人所得税法并没有单独的稿酬所得应税项目，当时的稿酬所得是作为劳务报酬的一个项目征收个人所得税的。但是在1993年修订个人所得税法时，稿酬所得从劳务报酬所得中独立出来，成为独立的个人所得税的应税项目之一。因此，笔者认为，1994年1月1日之后，对个人取得的退稿费收入应作为稿酬所得征税，而不应再按照劳务报酬项目征税。建议总局尽快出台文件明确、完善。

5.4.16 在校生勤工俭学取得的收入如何计算缴纳个人所得税？

按照《国家税务总局关于个人所得税若干业务问题的批复》（国税函〔2002〕146号）的规定，对在校学生因参与勤工俭学活动（包括参与学校组织的勤工俭学活动）而取得属于个人所得税法规定的应税所得项目的所得，应依法缴纳个人所得税。

但具体适用何种税目计算缴纳个人所得税呢？总局并未明确。由于在校学生勤工俭学基本是以个人名义进行，与服务单位之间，通常不存在雇佣与被雇佣的关系，特别是没有必要的福利待遇，服务具有偶然性、非固定性等特征，因而在实际税收征管中，各地税务机关均将学生勤工俭学收入归为劳务报酬所得。

5.4.17 为广告设计制作发布提供形象适用何种税目计算缴纳个人所得税？

《国家税务总局关于印发〈广告市场个人所得税征收管理暂行办法〉的通知》（国税发〔1996〕148号，以下简称为国税发〔1996〕148号文件）第五条规定："纳税人在广告设计、制作、发布过程中提供名义、形象而取得的所得，应按劳务报酬所得项目计算纳税。"

此外，国税发〔1996〕148号文件还对相关业务的税目适用问题进行了规定，即纳税人在广告设计、制作、发布过程中提供其他劳务取得的所得，视其情况分别按照税法规定的劳务报酬所得、稿酬所得、特许权使用费所得等应税项目计算纳税。扣缴人的本单位人员在广告设计、制作、发布过程中取得的由本单位支付的所得,按工资、薪金所得项目计算纳税。

5.4.18 境外个人在我国从事文体演出适用何种税目计缴个人所得税?

按照《国家税务总局关于境外团体或个人在我国从事文艺及体育演出有关税收问题的通知》(国税发〔1994〕106号)的规定,外国或港、澳、台地区演员、运动员以团体名义在我国(大陆)从事文艺、体育演出,对演员或运动员个人取得的收入,应按照以下规定征税:演出团体支付给演员、运动员个人的报酬,凡是演员、运动员属于临时聘请,不是该演出团体雇员的,应依照个人所得税法的规定,按劳务报酬所得,减除规定费用后,征收个人所得税;凡是演员、运动员属该演出团体雇员的,应依照个人所得税法的规定,按工资、薪金所得,减除规定费用后,征收个人所得税。

5.4.19 国内演职员参加非任职单位的演出如何适用税目纳税?

按照《国家税务总局 文化部关于印发〈演出市场个人所得税征收管理暂行办法〉的通知》(国税发〔1995〕171号)的规定,国内演职员参加非任职单位组织的演出,其个人所得税计征按以下规定进行,即国内演职员参加非任职单位组织的演出取得的报酬为劳务报酬所得,按次缴纳个人所得税。演职员参加任职单位组织的演出取得的报酬为工资、薪金所得,按月缴纳个人所得税。其中所述报酬包括现金、实物和有价证券。

《国税总局关于影视演职人员个人所得税问题的批复》(国税函〔1997〕385号)规定如下:

(1)凡与单位存在工资、人事方面关系的人员,其为本单位工作所取得的报酬,属于"工资、薪金所得"应税项目征税范围;而其因某一特定事项临时为外单位工作所取得的报酬,不属于税法中所说的"受雇",应是"劳务报酬所得"应税项目征税范围。因此,对电影制片厂导演、演职人员参加本单位的影视拍摄所取得的报酬,应按"工资、薪金所得"应税项目计征个人所得税。对电影制片厂为了拍摄影视片而临时聘请非本厂导演、演职人员,其所取得的报酬,应按"劳务报酬所得"应税项目计征个人所得税。

(2)创作的影视分镜头剧本,用于拍摄影视片取得的所得,不能按稿酬所得计征个人所得税,应比照上述有关原则确定应税项目计征个人所得税;但作为文学创作而在书刊杂志上出版、发表取得的所得,应按"稿酬所得"应税项目计征个人所得税。

5.4.20 书画家现场撰写或绘画取得的报酬是稿酬所得吗?

在一些庆典活动中,庆典的组织者往往会邀请一些知名的书画家,现场表演书写书法或者绘画,并给予书画家报酬,而且报酬都不低,几十万元,甚至几百万元。那么对于书画家取得的这种报酬所得该如何计算缴纳个人所得税呢?

书画家获得的这种报酬显然不是因为其作品以图书、报刊等形式出版、发表,因而并不满足稿酬所得的概念界定。

实际上,书画家取得的这种报酬更多的是一种表演,即在现场通过其表演,展示其书写或者绘画技能,此行为完全满足《个人所得税法实施条例》第六条对劳务报酬所得作的"是指个人从事劳务取得的所得,包括从事设计……书画……演出、表演……以及其他劳务取得的所得。"因此,应当按照劳务报酬所得项目计算缴纳个人所得税。

5.4.21 保险营销员、证券经纪人佣金收入如何适用劳务报酬所得征税?

《财政部 国家税务总局关于个人所得税法修改后有关优惠政策衔接问题的通知》(财税〔2018〕164号)第三条规定,保险营销员、证券经纪人取得的佣金收入,属于劳务报酬所得,以不含增值税的收入减除20%的费用后的余额为收入额,收入额减去展业成本以及附加税费后,并入当年综合所得,计算缴纳个人所得税。保险营销员、证券经纪人展业成本按照收入额的25%计算。扣缴义务人向保险营销员、证券经纪人支付佣金收入时,应按照《个人所得税扣缴申报管理办法(试行)》(国家税务总局公告2018年第61号印发)规定的累计预扣法计算预扣税款。

《个人所得税扣缴申报管理办法(试行)》(国家税务总局公告2018年第61号印发)规定,累计预扣法是指扣缴义务人在一个纳税年度内预扣预缴税款时,以纳税人在本单位截至当前月份工资、薪金所得累计收入减除累计免税收入、累计减除费用、累计专项扣除、累计专项附加扣除和累计依法确定的其他扣除后的余额为累计预扣预缴应纳税所得额,适用个人所得税预扣率表一,计算累计应预扣预缴税额,再减除累计减免税额和累计已预扣预缴税额,其余额为本期应预扣预缴税额。余额为负值时,暂不退税。纳税年度终了后余额仍为负值时,由纳税人通过办理综合所得年度汇算清缴,税款多退少补。具体计算公式如下:

$$\text{本期应预扣预缴税额} = (\text{累计预扣预缴应纳税所得额} \times \text{预扣率} - \text{速算扣除数}) - \text{累计减免税额} - \text{累计已预扣预缴税额}$$

$$\text{累计预扣预缴应纳税所得额} = \text{累计收入} - \text{累计免税收入} - \text{累计减除费用} - \text{累计专项扣除} - \text{累计专项附加扣除} - \text{累计依法确定的其他扣除}$$

其中,累计减除费用,按照5 000元/月乘以纳税人当年截至本月在本单位的任职受雇月份数计算。

5.5 稿酬所得如何准确进行归类并适用税收政策?

5.5.1 什么是稿酬所得?判定的一般原则或标准是什么?

5.5.1.1 税法对稿酬所得概念是如何界定的?

《个人所得税法实施条例》第六条第一款第(三)项规定:"稿酬所得,是指个人因其作品以图书、报刊等形式出版、发表而取得的所得。"

5.5.1.2 新税法对稿酬所得作了哪些调整与修改?

2011年版的《个人所得税法实施条例》第八条规定:"稿酬所得,是指个人因其作品以图书、报刊形式出版、发表而取得的所得。"

比较新旧税法对稿酬所得概念的界定可以发现，在稿酬所得的概念界定上，新税法比旧税法多了一个"等"字，但这个"等"是什么含义呢？税法并未给予进一步的解释和说明。

5.5.1.3 稿酬所得税目适用的判定原则有哪些？

什么是图书、报刊呢？"等形式"又包括哪些形式呢？税法及其实施条例未进一步明确，财政部和国家税务总局也未下文进行明确，因而在税收征管实践中也就产生了一系列的争议。那么对于这些争议，如何加以协调和解决呢？不妨从以下几个维度进行判断。

（1）个人与相关单位的关系。

除特殊情况外，如果个人是在其任职单位的报刊、图书上发表作品的，那么相关的所得与其任职或者受雇密切相关，此时，这些所得应被认定为工资、薪金所得，须与工资、薪金所得合并纳税。事实上，这种原则也体现在总局的相关文件中，如《国家税务总局关于个人所得税若干业务问题的批复》（国税函〔2002〕146号）规定："任职、受雇于报刊、杂志等单位的记者、编辑等专业人员，因在本单位的报刊、杂志上发表作品取得的所得，属于因任职、受雇而取得的所得，应与其当月工资收入合并，按'工资、薪金所得'项目征收个人所得税。"

（2）必须出版或者发表。

按照税法的要求，稿酬所得必须以图书或者报刊等形式出版、发表。虽然税法并未对出版、发表的内涵进行界定，但根据绝大多数人的理解，同时结合《著作权法》以及《书籍稿酬试行规定》等的规定，出版和发表均是指向世人公开。一旦某个人的作品出版或发表后，其他个人就可以通过购买图书、订阅杂志等方式了解作品的相关内容。也就是说，如果某个人的作品只是在特定范围内为特定对象知晓，那么就不能归为稿酬所得，而应当视为其他所得如特许权使用费所得。

（3）必须因作品取得报酬。

个人取得稿酬所得的前提条件是拥有相关的作品，并将作品出版或发表。作品包括小说、诗歌等文字作品，也包括摄影、书画等图片作品。如果不属于作品的范围，则应当归属于其他所得范畴，如演员将自己的形象用于广告，即属于特许权使用费。画家在报刊上发表作品取得报酬就是稿酬所得，但转让自己的绘画作品则属于财产转让所得，在现场作画并取得报酬则可以归属为劳务报酬所得。

（4）注意税法的特别规定。

出于多方面的原因，包括由于个人所得税法及其实施条例的某些不足以及出于反避税的需要，国家税务总局可能会出台一些补充性的政策，那么相关的政策应当得到贯彻与执行，即便政策可能不很合理，甚至与其他法律、法规不相协调，在相关法律、政策修改、调整之前仍然应当得到充分的尊重。

当然，最好的办法应当是在税法层面上进行明确。所以很期待立法机构在今后个人所得税法修改过程中予以完善。就目前而言，财政部或国家税务总局也应当以补充性的规范性文件进行明确。

5.5.2 在网络上发表作品取得的报酬适用稿酬所得纳税吗？

《个人所得税法实施条例》第六条第一款第(三)项规定："稿酬所得，是指个人因其作品以图书、报刊等形式出版、发表而取得的所得。"税法强调了两点：一是个人须拥有作品；二是必须以图书、报刊等形式发表。

在网络上发表作品，显然满足了稿酬所得的第一个条件，即个人拥有作品，并且也发表了作品。现在的问题是网络属于"图书、报刊等形式"的范围吗？

如果是电子图书、电子杂志，并且相关出版单位或者杂志社只以网络电子版的图书或者电子杂志对外发行，那个人取得的所得完全符合个人所得税法对稿酬所得的概念界定，适用稿酬所得应当没有任何问题。

但如果相关网站只在网络上展示个人作品应当适用何种税目呢？计敏、伍岳、肖亮华、雷炜炜等编著的《一本书看透个人所得税》认为，在网络上发表文学作品应当按照劳务报酬所得纳税。①

什么是劳务报酬？按照《个人所得税法实施条例》的解释，劳务报酬所得是指个人从事劳务取得的所得，包括从事设计、装潢、安装、制图、化验、测试、医疗、法律、会计、咨询、讲学、翻译、审稿、书画、雕刻、影视、录音、录像、演出、表演、广告、展览、技术服务、介绍服务、经纪服务、代办服务以及其他劳务取得的所得。其中有发表作品一说吗？有撰稿一说吗？没有。

实际上适用稿酬所得纳税更加合理：

(1) 在网络上发表作品并取得报酬，首先已经满足税法对稿酬所得的第一个要求，即作品。

(2) 在网络上发表作品，符合上文所分析的稿酬所得的一般判定原则，即符合《著作权法》以及《书籍稿酬试行规定》等所要求的对世人公开的原则。

(3) 将其界定为稿酬所得也未违背税法所要求的以图书、报刊等形式出版、发表的要求。虽然税法对"等"进行界定，但按照绝大多数人的理解，等形式是可以包括网络的。

(4) 在税法解释上有一个重要原则，即当税法存在争议或者不明确的时候，应当作有利于纳税人的解释，而解释为稿酬所得恰恰是对纳税人最有利的。因为按照《个人所得税法》第六条的规定，稿酬所得是在稿酬收入减除20%的费用后，再减按70%计算确认的，对个人来说税收负担是最低的。

因此，综合上述四项分析，在网络上发表作品取得的所得适用"稿酬所得"计算缴纳个人所得税更加合理。当然，国家相关部门出台政策明确规定更好。

5.5.3 报刊、杂志、出版等单位员工在本单位刊物上发表作品、出版图书取得所得如何纳税？

《国家税务总局关于个人所得税若干业务问题的批复》(国税函〔2002〕146号)规定如下：

---

① 计敏、伍岳、肖亮华、雷炜炜编著《一本书看透个人所得税》，机械工业出版社，2019年6月版，第130页。

（1）任职、受雇于报刊、杂志等单位的记者、编辑等专业人员，因在本单位的报刊、杂志上发表作品取得的所得，属于因任职、受雇而取得的所得，应与其当月工资收入合并，按"工资、薪金所得"项目征收个人所得税。

除上述专业人员以外，其他人员在本单位的报刊、杂志上发表作品取得的所得，应按"稿酬所得"项目征收个人所得税。

（2）出版社的专业作者撰写、编写或翻译的作品，由本社以图书形式出版而取得的稿费收入，应按"稿酬所得"项目计算缴纳个人所得税。

5.5.4 影视演职人员的剧本报酬所得适用稿酬所得项目征税吗？

《国家税务总局关于影视演职人员个人所得税问题的批复》（国税函〔1997〕385号）规定如下：

（1）凡与单位存在工资、人事方面关系的人员，其为本单位工作所取得的报酬，属于"工资、薪金所得"应税项目征税范围；而其因某一特定事项临时为外单位工作所取得报酬，不属于税法中所说的"受雇"，应是"劳务报酬所得"应税项目征税范围。因此，对电影制片厂导演、演职人员参加本单位的影视拍摄所取得的报酬，应按"工资、薪金所得"应税项目计征个人所得税。对电影制片厂为了拍摄影视片而临时聘请非本厂导演、演职人员，其所取得的报酬，应按"劳务报酬所得"应税项目计征个人所得税。

（2）创作的影视分镜头剧本，用于拍摄影视片取得的所得，不能按稿酬所得计征个人所得税，应比照上述的有关原则确定应税项目计征个人所得税；但作为文学创作而在书报杂志上出版、发表取得的所得，应按"稿酬所得"应税项目计征个人所得税。

不过，2002年5月，国家税务总局下发的《关于剧本使用费征收个人所得税问题的通知》（国税发〔2002〕52号，以下简称为国税发〔2002〕52号文件）对上述政策进行了较大的调整：自2002年5月1日起，对剧本作者从电影、电视剧的制作单位取得的剧本使用费，不再区分剧本的使用方是否为其任职单位，统一按特许权使用费所得项目计征个人所得税。并明确《国家税务总局关于影视演职人员个人所得税问题的批复》中与国税发〔2002〕52号文件精神不符的规定，同时废止。

5.5.5 摄影作品被广告公司用于广告后取得的报酬适用何种税目纳税？

《国家税务总局关于印发〈广告市场个人所得税征收管理暂行办法〉的通知》（国税发〔1996〕148号）规定，纳税人在广告设计、制作、发布过程中提供名义、形象而取得的所得，应按劳务报酬所得项目计算纳税。纳税人在广告设计、制作、发布过程中提供其他劳务取得的所得，视其情况分别按照税法法规的劳务报酬所得、稿酬所得、特许权使用费所得等应税项目计算纳税。扣缴人的本单位人员在广告设计、制作、发布过程中取得的由本单位支付的所得，按工资、薪金所得项目计算纳税。

从其规定，并结合《个人所得税法实施条例》第六条对工资、薪金所得，稿酬所得，劳务报酬所得等的概念界定，大致可以认定：

（1）如果个人任职于广告公司，并主要从事摄影、摄像工作，那么相关的摄影作品用于公司的广告作品中,其取得的报酬应当按工资、薪金所得纳税。

(2)如果个人并非广告公司职员,只是一名摄影人员,拍摄了大量的摄影作品,其中一些作品被广告公司用于广告作品中了,其取得的报酬相当于某一个摄影作品授权他人使用,应当按照特许权使用费所得纳税。

(3)如果个人作为摄影人员,拍摄了大量的摄影作品,并选择一些摄影作品投递给出版社、杂志社,最终通过图书或者报刊的形式发表、出版,那么个人取得的报酬就应当适用稿酬所得项目征收个人所得税。

(4)如果个人并非广告公司的职员,只是与广告公司约定,为广告公司拍摄摄影作品,然后某些作品被广告公司用于广告中,那么该个人取得的报酬就应当视同劳务报酬所得项目征税。

5.6 特许权使用费所得如何准确进行归类并适用政策?

5.6.1 什么是特许权使用费所得?怎样才能准确进行判定?

《个人所得税法实施条例》第六条第一款第(四)项规定:"特许权使用费所得,是指个人提供专利权、商标权、著作权、非专利技术以及其他特许权的使用权取得的所得;提供著作权的使用权取得的所得,不包括稿酬所得。"

从其界定可以看出,特许权使用费所得是因个人允许他人使用自己拥有所有权的无形资产而获得的所得。在他人使用过程中,个人并不丧失对无形资产的所有权。因此,在判断是否适用特许权使用费所得时只要注意以下几个标准即可:

(1)允许他人使用的是否是无形资产,只有无形资产才可能是特许权使用费所得,如果是有形资产,则属于财产租赁所得。

(2)授权他人使用过程中是否改变无形资产的所有权,如果改变了所有权则属于财产转让所得,只有不改变所有权的,才可以适用特许权使用费所得项目征税。

(3)对无形资产应当作广义的理解,特别是无形资产并非知识产权法上的无形资产,个人形象等也属于特许权使用费所得的范围。

5.6.2 个人取得专利赔偿款适用特许权使用费所得征税吗?

按照《国家税务总局关于个人取得专利赔偿所得征收个人所得税问题的批复》(国税函〔2000〕257号)的规定,拥有专利所有权的个人,因相关专利权被其他单位或个人使用而取得的经济赔偿收入,应按照个人所得税法及其实施条例的规定,按"特许权使用费所得"应税项目缴纳个人所得税,税款由支付赔款的单位或个人代扣代缴。

5.6.3 个人取得的剧本使用费按工资、薪金所得还是适用特许权使用费所得纳税?

《国家税务总局关于剧本使用费征收个人所得税问题的通知》(国税发〔2002〕52号)规定,自2002年5月1日起,对于剧本作者从电影、电视剧的制作单位取得的剧本使用费,不再区分剧本的使用方是否为其任职单位,统一按特许权使用费所得项目计征个人所得税。

5.6.4 个人拍卖文稿所得适用特许权使用费所得纳税吗?

按照《征收个人所得税若干问题的规定》(国税发〔1994〕89号)的规定,作者将自己的文字作品手稿原件或复印件公开拍卖(竞价)取得的所得,应按特许权使用费所得项目征收个人所得税。

《国家税务总局关于加强和规范个人取得拍卖收入征收个人所得税有关问题的通知》(国税发〔2007〕38号)进一步规定,作者将自己的文字作品手稿原件或复印件拍卖取得的所得,应按照"特许权使用费所得"项目适用20%税率缴纳个人所得税。

5.6.5 书画家作品被印刷在景区门票上取得的报酬适用何种税目纳税?

《个人所得税法实施条例》第六条规定:"特许权使用费所得,是指个人提供专利权、商标权、著作权、非专利技术以及其他特许权的使用权取得的所得;提供著作权的使用权取得的所得,不包括稿酬所得。"

书画家允许相关景区将其作品印刷在景区门票上,其实就是将自己拥有著作权的书画作品授权他人使用并取得报酬的行为,因而应当按照特许权使用费所得计算缴纳个人所得税。

5.6.6 个人从电影制片厂取得买断已出版作品或征稿报酬所得如何计缴个人所得税?

《国家税务总局关于剧本使用费征收个人所得税问题的通知》(国税发〔2002〕52号)则对原有的政策进行了调整,规定自2002年5月1日起,对于剧本作者从电影、电视剧的制作单位取得的剧本使用费,不再区分剧本的使用方是否为其任职单位,统一按特许权使用费所得项目计征个人所得税。

5.6.7 企业员工向本企业提供非专利技术取得收入按特许权使用费所得纳税吗?

按照《国家税务总局关于企业员工向本企业提供非专利技术取得收入征收个人所得税问题的批复》(国税函〔2004〕952号)的规定,企业员工向本企业提供非专利技术取得收益由于其收益与其任职、受雇无关,而与其提供有关技术直接相关,属于非专利技术所得,应按"特许权使用费所得"项目缴纳个人所得税。

5.6.8 个人提供艺术照片所得适用特许权使用费所得纳税吗?

按照《国家税务总局关于陆小军提供艺术照片取得的所得征收个人所得税问题的批复》(国税函〔1998〕482号)的规定,个人将其所拍摄的艺术照片提供给有关单位使用而取得的所得,应按照"特许权使用费所得"应税项目计算缴纳个人所得税。

5.6.9 个人转让采矿权取得的所得适用何种税目计缴个人所得税?

按照《国家税务总局关于文峪金矿矿区内从事经营的申报缴纳个人所交税问题》(国

税函〔1998〕111号)的规定,矿区内个人在转让采矿权时一并有偿转让金矿矿井等财产,或者只转让采矿权,不转让金矿矿井等财产,对上述两种转让行为的转让方为个人时,应按财产转让所得项目(前者行为)或者特许权使用费所得项目(后者行为)计征个人所得税。

换言之,如果个人在转让采矿权时一并有偿转让金矿矿井等财产的,应当按照财产转让所得项目征收个人所得税;如果只转让采矿权,不转让金矿矿井等财产的,则适用特许权使用费所得计缴个人所得税。

5.6.10 以专利技术入股及通过转让专利技术所有权取得股权应适用何种税目纳税?

《国家税务总局关于个人以专利技术入股及通过转让专利技术所有权取得股权有关个人所得税问题的批复》(国税函〔1998〕621号)规定:"依据《中华人民共和国个人所得税法》及其实施条例的有关规定,对于熊建明以其专利技术使用权向深圳方大建材有限公司投资取得的股权所得338万元(3 380×10%)和向该公司转让专利技术所有权取得的股权所得1 172万元(8 000×18.875%－338),均应按'特许权使用费所得'应税项目计征个人所得税。"

虽然总局并未明确宣布该文件无效,但该文件其实明显有违个人所得税法的规定。

《个人所得税法实施条例》第六条规定:"特许权使用费所得,是指个人提供专利权、商标权、著作权、非专利技术以及其他特许权的使用权取得的所得;提供著作权的使用权取得的所得,不包括稿酬所得……财产转让所得,是指个人转让有价证券、股权、合伙企业中的财产份额、不动产、机器设备、车船以及其他财产取得的所得。"

显然,从税法对特许权使用费所得与财产转让所得概念的界定可以看出两者之间的差异,即特许权使用费所得通常是指个人转让无形资产的使用权所发出通知所取得的收入,而财产转让所得则是指个人转让财产,包括有形资产与无形资产所有权而取得的收入。因此,上述文件中称"转让专利技术所有权取得的股权所得"也按"特许权使用费所得"应税项目计征个人所得税是值得商榷的。

事实上,按照《财政部 国家税务总局关于个人非货币性资产投资有关个人所得税政策的通知》(财税〔2015〕41号)、《国家税务总局关于个人非货币性资产投资有关个人所得税征管问题的公告》(国家税务总局公告2015年第20号)等的规定,个人以股权、不动产、技术发明成果以及其他形式的非货币性资产对外投资的,应按照"财产转让所得"项目,依法计算缴纳个人所得税。这两个文件或许可以看作是国家税务总局对原先错误思路与观点的一种否定。

5.7 员工的股权激励如何精准进行个人所得税处理?

5.7.1 员工股权激励有哪些形式类型?都属于个人所得税的规范范畴吗?

股权激励,也叫期权激励,它是企业通过授予员工一定数量公司股权的形式,使其享有一定的经济权利,特别是能够以股东身份参与企业决策、利润分享,并承担公司风险,从而使员工更加尽心尽力地为公司的长期发展而提供服务的一种激励方法。通过该方法,可以有效地激励并留住关键、核心人才,从而提升企业的人才竞争优势,维持企业强劲的竞争力。

员工股权激励形式往往根据企业的组织架构以及管理需要确定,形式类型具有多样性,包括股票期权、股权期权、股票增值权、限制性股权奖励、股权奖励、员工持股、管理者或员工收购、收益共享、虚拟股权等。

但不论是何种形式的股权激励,其本质是相同的,即都是对职工的激励、奖励或补偿,是一种以股权作为对价支付的职工薪酬。因此,不论是在会计上还是在税收上,股权激励通常都确认为企业的职工薪酬。

事实上,对照《个人所得税法实施条例》第六条第一款第(一)项的规定,即"工资、薪金所得,是指个人因任职或者受雇取得的工资、薪金、奖金、年终加薪、劳动分红、津贴、补贴以及与任职或者受雇有关的其他所得"的界定,可以看出,除特殊情况外,在个人所得税上,员工取得的股权激励(注意,仅指员工股权激励本身,并不包括股权激励导致了股权、股票转让收入)应当归属于工资、薪金所得的范围。从这个维度分析,员工股权激励都已经纳入个人所得税制的规范范围。进一步讲,除了税收优惠政策,员工取得的股权激励均应当按照个人所得税法的规定履行个人所得税纳税义务。并且,除特殊情况外,均应当按照工资、薪金所得纳税,并在年度终了后,按照规定,办理汇算清缴。

5.7.2 员工取得的股权激励都应确认为工资、薪金所得吗?

员工取得的股权激励有可能是工资、薪金所得,但有时候也有可能是财产转让所得。

如上文所说,股权激励实质上是对职工的激励、奖励或补偿,是一种以股权作为对价支付的职工薪酬。而且按照《个人所得税法实施条例》第六条第一款第(一)项有关工资、薪金所得的界定,员工取得的股权激励也应作为工资、薪金所得征税。当然,这只是一般的规定,由于存在税收优惠,在某些情况下,员工取得的股权激励也可以作为财产转让项目。如《财政部 国家税务总局关于完善股权激励和技术入股有关所得税政策的通知》(财税〔2016〕101号)第一条规定:"非上市公司授予本公司员工的股票期权、股权期权、限制性股票和股权奖励,符合规定条件的,经向主管税务机关备案,可实行递延纳税政策,即员工在取得股权激励时可暂不纳税,递延至转让该股权时纳税;股权转让时,按照股权转让收入减除股权取得成本以及合理税费后的差额,适用'财产转让所得'项目,按照20%的税率计算缴纳个人所得税。"

另外,员工因股权激励还会取得股权、股票等财产,进而涉及股权转让、股票转让等财产转让所得,在股票、股权持有期间还可能取得股息、红利所得等。这些所有内容都属于个人所得税法的规范范围。

因此,就一般而言,员工取得的股权激励应当确认为工资、薪金所得计算缴纳个人所得税,并按照规定办理综合所得的汇算清缴。但如果符合税收政策规定的递延纳税条件,则可以适用"财产转让所得"项目计算缴纳个人所得税。

5.7.3 股权激励及其延伸环节涉及哪些个人所得税征税项目?

要搞清楚这个问题,必须从梳理股权激励的一般流程开始。

以股票期权为例,一个完整的股权激励流程通常包括授权与行权。如果考虑到行权后股票持有环节与转让环节,那么还应当包括分配、转让等。具体流程如图5-2所示。

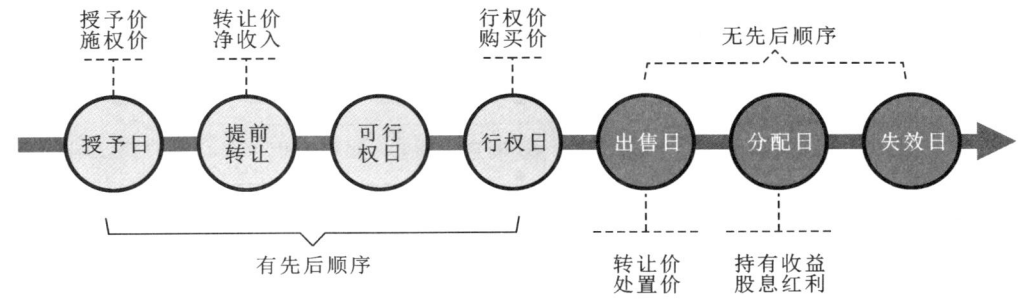

图5-2 一般股权激励流程图

(1) 授予日。也称授权日,是指公司授予员工股票期权等权利的日期。这一时间也是员工股权激励计划的开始时间。

(2) 行权日。也称购买日,是享有股权激励权的员工按照股票激励计划,在股权激励计划规定期限届满或条件具备后,选择行使股票期权并实际购买股票的日期。从经济生活实际情况看,行权日往往是在规定期限届满或者具备购买条件日之后。当然,时间有长有短,短的三五天,长的也可能半年,一年等。

(3) 提前转让日。是享有股权激励权的员工因特定需要,在股权激励计划约定的行权日到来之前,将拥有的股票激励权转让他人的日期。必须注意的是,并非所有的股权激励计划都是能够提前转让的,只在授权公司允许转让时,相关的股权激励计划才可以提前转让。

(4) 可行权日。是指享有股权激励计划的员工具备条件至实际行使购买权之间的任何一个日期。在此时间内,员工虽然已经满足条件了,但由于多方面的条件,包括股票价格过高,资金紧张等问题,暂不行权,而等待对自己更有利的日期行权。

(5) 失效日。由于某些方面的主客观原因,包括未完成股权激励计划规定的业绩,或者行权不能给享有股权激励计划的员工带来效益,员工不能享受或者放弃享受股权激励的日期。

(6) 分配日。指员工按照规定行权,进而持有公司股权或者股票,在持有公司股权或股票期间,公司又进行了股息、红利的分配。公司作出分配方案并实际分配股息、红利的日期即为分配日。

(7) 转让日。也称处置日,指员工行权并取得公司股权或股票后,根据自身的需要将持有的股权或股票对外转让的日期。

需要注意几个问题:一是授予日、提前转让日、可行权日、执行日是有先后顺序的;二是失效日、分配日、转让日之间未必有先后顺序的限制;三是分配日、转让日,不属于股权激励范畴,而是其延伸范畴。

在搞清楚其流程之后,确定不同环节所涉及的个人所得税税目也就相对简单。具体适用税目如图 5-3 所示。

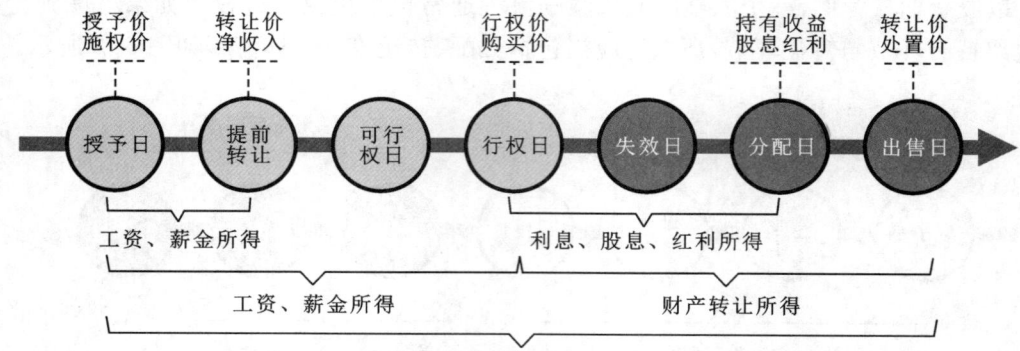

图 5-3　一般股权激励可能涉及的个人所得税税目

（1）工资、薪金所得。行权日的实际行权价（购买价）与授予日确定的授权价（授予价）之间的差额,确认为员工因股权激励而取得的工资、薪金所得。其所得金额按照行权价（购买价）与授予价之间的差额确认。提前转让的,提前转让收入也应当视为个人的工资、薪金所得。

（2）利息、股息、红利所得。员工实际行权后取得股票或股权,在持有期间,公司进行股息、红利分配的,对行权员工取得的股息、红利所得应当按照利息、股息、红利所得项目征收个人所得税。

（3）财产转让所得。员工实际行权后取得股票或股权,持有一定期限后,根据自己的需求及判断将所持有的股权或者股票转让,此时,行权员工应将转让价与行权价（购买价）之间的差额,确认为财产转让所得计缴个人所得税。

另外,在特殊情况下,即满足递延纳税时,行权员工在实际行权时不缴纳工资、薪金所得项目的个人所得税,而是在实际转让行权后取得股权或股票时,将股权、股票转让收入与授予价之间的差额全部确认为财产转让所得计缴个人所得税。

5.7.4　上市公司员工股权激励应当如何进行个人所得税处理？

5.7.4.1　如何理解股权激励政策中的上市公司范围？包括新三板公司吗？

按照《财政部　国家税务总局关于完善股权激励和技术入股有关所得税政策的通知》（财税〔2016〕101 号）第四条的规定,适用股权激励个人所得税政策的上市公司是指其股票在上海证券交易所、深圳证券交易所上市交易的股份有限公司。全国中小企业股份转让系统挂牌公司按照非上市公司的规定执行。

5.7.4.2　上市公司的股权激励包括哪些形式？各自的内涵是什么？

根据《财政部　国家税务总局关于个人股票期权所得征收个人所得税问题的通知》（财税〔2005〕35 号）、《国家税务总局关于个人股票期权所得缴纳个人所得税有关问题的补充通知》(国税函〔2006〕902号)、《财政部 国家税务总局关于股票增值权所得和限制性股票所得征收个人所得税有关问题的通知》(财税〔2009〕5号)及《财政部 国家税务总局关于完善股权激励和技术入股有关所得税政策的通知》(财税〔2016〕101号)等规范性文件的规定,目前,个人所得税政策上规范的上市公司股权激励形式主要有四种:股票期权、限制性股票、股权奖励以及股票增值权。

(1)股票期权。股票期权是指公司给予激励对象在一定期限内以事先约定的价格购买本公司股票的权利。

(2)限制性股票。限制性股票是指公司按照预先确定的条件授予激励对象一定数量的本公司股权,激励对象只有工作年限或业绩目标符合股权激励计划规定条件的才可以处置该股权。

(3)股权奖励。股权奖励是指企业无偿授予激励对象一定份额的股权或一定数量的股份。

(4)股票增值权。股票增值权是指上市公司授予公司员工在未来一定时期和约定条件下,获得规定数量的股票价格上升所带来收益的权利。被授权人在约定条件下行权,上市公司按照行权日与授权日二级市场股票差价乘以授权股票数量,发放给被授权人现金。

5.7.4.3 上市公司股票期权激励如何进行个人所得税处理?

一、取得不可公开交易股票期权如何计算缴纳个人所得税?

公司在制定股权激励计划时,通常授予员工的股票都是约定有一定条件的,只有在满足规定条件时,员工才能行权,即股票期权。可以说,大多数情况下用于股权激励授权的股票均为期权。对这种约定有条件的股票期权在公司授权时,对被授权员工来说,通常是不能自由转让的,因而也被称为不可公开交易股票期权。

综合现行个人所得税政策规定,对于不可公开交易股票期权,除特殊规定外(如满足条件的可以递延纳税,对此将在下文进行分析),实行下列个人所得税政策。

(1)除另有规定外,授权时一般不予征税。

如果公司授予员工的是不可公开交易股票期权,那么在授权时,员工其实并没有取得任何的收入或者所得,特别是这种股票期权往往规定有一系列的条件,未来还有很多的不确定性,对员工来说,很有可能根本获取不了任何收益。基于这一原因,《财政部 国家税务总局关于个人股票期权所得征收个人所得税问题的通知》(财税〔2005〕35号)及《财政部 国家税务总局关于股票增值权所得和限制性股票所得征收个人所得税有关问题的通知》(财税〔2009〕5号)等规范性文件均明确规定:"员工接受实施股票期权计划企业授予的股票期权时,除另有规定外,一般不作为应税所得征税。"

(2)行权前转让的,按转让净收入确认工资、薪金所得。

《财政部 国家税务总局关于个人股票期权所得征收个人所得税问题的通知》(财税〔2005〕35号)规定:"对因特殊情况,员工在行权日之前将股票期权转让的,以股票期权的转让净收入,作为工资、薪金所得征收个人所得税。"

按照《国家税务总局关于个人股票期权所得缴纳个人所得税有关问题的补充通知》

(国税函〔2006〕902号)的规定,所谓"股票期权的转让净收入"一般是指股票期权转让收入。如果员工以折价购入方式取得股票期权的,可以股票期权转让收入扣除折价购入股票期权时实际支付的价款后的余额,作为股票期权的转让净收入。

(3) 实际行权时按行权价与施权价差额确认工资、薪金所得。

《财政部 国家税务总局关于个人股票期权所得征收个人所得税问题的通知》(财税〔2005〕35号)规定,员工行权时,其从企业取得股票的实际购买价(施权价)低于购买日公平市场价(指该股票当日的收盘价,下同)的差额,是因员工在企业的表现和业绩情况而取得的与任职、受雇有关的所得,应按"工资、薪金所得"适用的规定计算缴纳个人所得税。

(4) 员工实际行权时,股权激励业务应纳税所得额的计算。

《财政部 国家税务总局关于个人股票期权所得征收个人所得税问题的通知》(财税〔2005〕35号)规定,员工行权日所在期间的工资、薪金所得,应按下列公式计算工资、薪金应纳税所得额:

$$\text{股票期权形式的工资薪金应纳税所得额} = \left(\text{行权股票的每股市场价} - \text{员工取得该股票期权支付的每股施权价}\right) \times \text{股票数量}$$

按照《国家税务总局关于个人股票期权所得缴纳个人所得税有关问题的补充通知》(国税函〔2006〕902号)规定,上述公式中的"员工取得该股票期权支付的每股施权价"一般是指员工行使股票期权购买股票实际支付的每股价格。如果员工以折价购入方式取得股票期权的,上述施权价可包括员工折价购入股票期权时实际支付的价格。同时还明确:"凡取得股票期权的员工在行权日不实际买卖股票,而按行权日股票期权所指定股票的市场价与施权价之间的差额,直接从授权企业取得价差收益的,该项价差收益应作为员工取得的股票期权形式的工资、薪金所得。"

(5) 员工行权取得股权时,2021年前只能全额单独计缴个人所得税。

《财政部 国家税务总局关于个人所得税法修改后有关优惠政策衔接问题的通知》(财税〔2018〕164号)又根据新个人所得税法修正的情况,针对上市公司员工的股权激励个人所得税政策进行了调整,明确规定,对于上市公司的股权激励,包括居民个人取得股票期权、股票增值权、限制性股票、股权奖励等股权激励,只要符合《财政部 国家税务总局关于个人股票期权所得征收个人所得税问题的通知》(财税〔2005〕35号)、《财政部 国家税务总局关于股票增值权所得和限制性股票所得征收个人所得税有关问题的通知》(财税〔2009〕5号)、《财政部 国家税务总局关于将国家自主创新示范区有关税收试点政策推广到全国范围实施的通知》(财税〔2015〕116号)第四条、《财政部 国家税务总局关于完善股权激励和技术入股有关所得税政策的通知》(财税〔2016〕101号)第四条第(一)项规定的相关条件的,在2021年12月31日前,不并入当年综合所得,全额单独适用综合所得税率表,计算纳税。计算公式为:

$$\text{应纳税额} = \text{股权激励收入} \times \text{适用税率} - \text{速算扣除数}$$

需要注意的是,政策规定的是"不并入当年综合所得,全额单独适用综合所得税率表",这就意味着纳税人是不能将股权激励所得选择并入综合所得并进行汇算清缴的。

这与全年一次性奖金既可选择合并纳税,也可以选择单独纳税是绝对不同的。

【案例5-16】 上市公司股权激励个人所得税应纳税额的计算

2016年6月10日,甲公司(上海证券交易所上市公司)董事层与总经理袁弘宇签订了股票期权激励计划,约定:自2019年7月1日至2019年9月30日,袁弘宇可按照每股4元的价格购买公司股票20万股。2019年7月1日,该上市公司股票市场价格(收盘价)是每股20元。但袁弘宇预计未来股票价格会走低,故并未行权,直到8月28日,袁弘宇才实际行权。当日,股票市场价格(收盘价)是每股15元。请问:袁弘宇取得的股权激励应当缴纳多少个人所得税?

【解析】 (1)袁弘宇取得的上市公司的股票期权,是根据其在公司工作表现和业绩情况而取得的与任职、受雇有关的所得,应按"工资、薪金所得"适用的规定计算缴纳个人所得税。

(2)纳税义务发生时间为袁弘宇实际行权时间,即2019年8月28日实际购买公司股票时间。

(3)袁弘宇实际行权日是2019年8月28日,当日,股票的收盘价是每股15元。而袁弘宇的实际购买价,也就是授权价是每股4元。那么行权当日的收盘价与授权价之间的差额即是袁弘宇的应纳税所得额:

纳税所得额=(行权股票的每股市场价-员工取得该股票期权支付的每股施权价)×股票数量=(15-4)×200 000=2 200 000(元)。

(4)按照政策规定,袁弘宇的股票期权所得在2021年12月31日前,不并入当年综合所得,全额单独适用综合所得税率表,单独计算纳税。查税率表知:220万元的应纳税所得额的适用税率为45%,速算扣除数181 920。

应纳税额=2 200 000×45%-181 920=808 080(元)。

(6)行权后转让股票以及持有期间取得收益的按照规定纳税。

按照《财政部 国家税务总局关于个人股票期权所得征收个人所得税问题的通知》(财税〔2005〕35号)的规定,员工将行权后的股票再转让时获得的高于购买日公平市场价的差额,是因个人在证券二级市场上转让股票等有价证券而获得的所得,应按照"财产转让所得"适用的征免规定计算缴纳个人所得税,即个人将行权后的境内上市公司股票再行转让而取得的所得,暂不征收个人所得税;个人转让境外上市公司的股票而取得的所得,应按税法的规定计算应纳税所得额和应纳税额,依法缴纳税款。

员工因拥有股权而参与企业税后利润分配取得的所得,应按照"利息、股息、红利所得"适用的规定计算缴纳个人所得税。具体而言,个人从公开发行和转让市场取得的上市公司股票,持股期限超过1年的,股息、红利所得暂免征收个人所得税。个人从公开发行和转让市场取得的上市公司股票,持股期限在1个月以内(含1个月)的,其股息、红利所得全额计入应纳税所得额;持股期限在1个月以上至1年(含1年)的,暂减按50%计入应纳税所得额。

二、取得可公开交易股票期权如何计算缴纳个人所得税呢?

部分股票期权在授权时即约定可以转让,且在境内或境外存在公开市场及挂牌价格,即为可公开交易的股票期权。

根据《国家税务总局关于个人股票期权所得缴纳个人所得税有关问题的补充通知》(国税函〔2006〕902号)等文件的规定,对于可公开交易的股票期权,应当按照下列规则进行个人所得税处理:

(1) 取得股票期权时即应按照规定计算缴纳个人所得税。

员工取得可公开交易的股票期权,属于员工已实际取得有确定价值的财产,应按授权日股票期权的市场价格,作为员工授权日所在月份的工资薪金所得,即应当按照规定计算缴纳个人所得税(应纳税额=股权激励收入×适用税率-速算扣除数)。如果员工以折价购入方式取得股票期权的,可以授权日股票期权的市场价格扣除折价购入股票期权时实际支付的价款后的余额,作为授权日所在月份的工资、薪金所得。

(2) 取得股票期权后转让股票期权的按财产转让所得纳税。

员工取得上述可公开交易的股票期权后,转让该股票期权所取得的所得,属于财产转让所得,按规定计算缴纳个人所得税。

(3) 已缴纳个税后再行权的,行权时不再缴纳个人所得税。

员工取得可公开交易的股票期权后,实际行使该股票期权购买股票时,不再计算缴纳个人所得税。

但必须强调的是,如果在实际取得可公开交易的股票期权时并未如实申报缴纳个人所得税,那么相关的纳税义务不能免除。仍须补缴个人所得税,并承担不利的法律后果,如加收税收滞纳金等。

三、一个年度内多次取得股票期权激励时该如何计算缴纳个人所得税?

按照《财政部 国家税务总局关于个人所得税法修改后有关优惠政策衔接问题的通知》(财税〔2018〕164号)的规定,居民个人一个纳税年度内取得两次以上(含两次)股权激励的,应先进行合并,并且在2021年12月31日前,不并入当年综合所得,而是全额单独适用综合所得税率表,计算纳税。计算公式为:

$$应纳税额 = 股权激励收入 \times 适用税率 - 速算扣除数$$

四、股票期权独立纳税需要在征管上注意哪些细节?

按照《财政部 国家税务总局关于个人股票期权所得征收个人所得税问题的通知》(财税〔2005〕35号)的规定,上市公司及其员工需适用股票期权激励单独纳税政策的,需要注意四个方面的细节:

(1) 扣缴义务人。实施股票期权计划的境内企业为个人所得税的扣缴义务人,应按税法规定履行代扣代缴个人所得税的义务。

(2) 自行申报纳税。员工从两处或两处以上取得股票期权形式的工资、薪金所得和没有扣缴义务人的,该个人应在个人所得税法规定的纳税申报期限内自行申报缴纳税款。

(3) 报送有关资料。实施股票期权计划的境内企业,应在股票期权计划实施之前,将企业的股票期权计划或实施方案、股票期权协议书、授权通知书等资料报送主管税务机关;应在员工行权之前,将股票期权行权通知书和行权调整通知书等资料报送主管税务机关。

扣缴义务人和自行申报纳税的个人在申报纳税或代扣代缴税款时，应在税法规定的纳税申报期限内，将个人接受或转让的股票期权以及认购的股票情况（包括种类、数量、施权价格、行权价格、市场价格、转让价格等）报送主管税务机关。

（4）处罚。实施股票期权计划的企业和因股票期权计划而取得应税所得的自行申报员工，未按规定报送上述有关报表和资料，未履行申报纳税义务或者扣缴税款义务的，按《中华人民共和国税收征收管理法》及其实施细则的有关规定进行处理。

五、股权激励单独纳税政策有没有适用公司及员工范围限制？

按照《国家税务总局关于股权激励有关个人所得税问题的通知》（国税函〔2009〕461号）第七条、《国家税务总局关于个人所得税有关问题的公告》（国家税务总局公告2011年第27号）第一条的规定，可以适用上市公司股权激励所得单独纳税政策的对象和范围限于上市公司（含所属分支机构）和上市公司控股企业的员工，其中上市公司占控股企业股份比例最低为30%。间接持股比例，按各层持股比例相乘计算，上市公司对一级子公司持股比例超过50%的，按100%计算。

六、不在规定对象范围内的公司及员工股票期权激励如何计缴个人所得税？

按照《国家税务总局关于股权激励有关个人所得税问题的通知》（国税函〔2009〕461号）第七条的规定，如果股票期权激励的员工与公司不符合上述独立计算缴纳个人所得税优惠政策，那么相关的股票期权所得应当直接计入个人的工资、薪金所得计算缴纳个人所得税。具体而言，主要包括下列几种情况：

（1）除上市公司（含所属分支机构）和上市公司控股企业的员工之外的集团公司、非上市公司员工取得的股权激励所得。

（2）公司上市之前设立股权激励计划，待公司上市后取得的股权激励所得。

（3）上市公司未按照规定向其主管税务机关报备有关资料的。

七、什么情况下，员工取得的股票期权激励可以适用递延纳税？

《财政部 国家税务总局关于完善股权激励和技术入股有关所得税政策的通知》（财税〔2016〕101号）第二条规定："上市公司授予个人的股票期权、限制性股票和股权奖励，经向主管税务机关备案，个人可自股票期权行权、限制性股票解禁或取得股权奖励之日起，在不超过12个月的期限内缴纳个人所得税。"

需要注意的是，该文件只是强调在不超过12个月内缴纳税款。也就是说对个人来说，应缴纳的个人所得税税款还是按照上文介绍的方法计算，即应纳税额＝股权激励收入×适用税率－速算扣除数。只是未按照规定备案的，是一次性缴纳税款；备案且符合要求的，则可以在12个月内缴纳税款。

那么，该如何备案呢？《国家税务总局关于股权激励和技术入股所得税征管问题的公告》（国家税务总局公告2016年第62号）规定，上市公司实施股权激励，个人选择在不超过12个月期限内缴税的，上市公司应自股票期权行权、限制性股票解禁、股权奖励获得之次月15日内，向主管税务机关报送《上市公司股权激励个人所得税延期纳税备案表》。上市公司初次办理股权激励备案时，还应一并向主管税务机关报送股权激励计划、董事会或股东大会决议。

5.7.4.4　上市公司员工限制性股票激励收入如何进行个人所得税处理？

所谓限制性股票股权激励，指上市公司按照预先确定的条件授予激励对象一定数量的本公司的特殊股票，激励对象只有在工作年限或业绩目标符合股权激励计划规定条件的，才可出售股票并从中获益的一种股权激励方式。其特殊性主要表现为公司实施股权激励的标的不是一般的股权或者股票，而是限制性股票。

上市公司员工取得的限制性股票股权激励与股票期权激励的个人所得税处理，在大多数情况下都是相同的。但由于激励标的是限制性股票，因而在个人所得税处理上，仍具有一定的特殊性。本节只介绍其特殊性以及重点内容，其他方面请参考上文有关上市公司员工股票期权激励的个人所得税处理。

一、员工取得限制性股票激励时如何计算确认应纳税所得额？

按照《国家税务总局关于股权激励有关个人所得税问题的通知》（国税函〔2009〕461号）的规定，按照个人所得税法及其实施条例等有关规定，原则上应在限制性股票所有权归属于被激励对象时确认其限制性股票所得的应纳税所得额。即上市公司实施限制性股票计划时，应以被激励对象限制性股票在中国证券登记结算公司（境外为证券登记托管机构）进行股票登记日期的股票市价（指当日收盘价，下同）和本批次解禁股票当日市价（指当日收盘价，下同）的平均价格乘以本批次解禁股票份数，减去被激励对象本批次解禁股份数所对应的为获取限制性股票实际支付资金数额，其差额为应纳税所得额。被激励对象限制性股票应纳税所得额计算公式为：

$$应纳税所得额=\left(\frac{股票登记日股票市价+本批次解禁股票当日市价}{}\right)\div 2\times 本批次解禁股票份数-被激励对象实际支付的资金总额\times\left(\frac{本批次解禁股票份数}{被激励对象获取的限制性股票总份数}\right)$$

二、员工取得限制性股票激励时在何时确认应纳税所得额？

《国家税务总局关于股权激励有关个人所得税问题的通知》（国税函〔2009〕461号）第五条第（二）项规定："限制性股票个人所得税纳税义务发生时间为每一批次限制性股票解禁的日期。"

三、员工取得限制性股票激励应当如何计算缴纳个人所得税？

按照《财政部　国家税务总局关于个人所得税法修改后有关优惠政策衔接问题的通知》（财税〔2018〕164号）的规定，上市公司员工取得限制性股票激励，只要符合《财政部　国家税务总局关于个人股票期权所得征收个人所得税问题的通知》（财税〔2005〕35号）、《财政部　国家税务总局关于股票增值权所得和限制性股票所得征收个人所得税有关问题的通知》（财税〔2009〕5号）、《财政部　国家税务总局关于将国家自主创新示范区有关税收试点政策推广到全国范围实施的通知》（财税〔2015〕116号）第四条、《财政部　国家税务总局关于完善股权激励和技术入股有关所得税政策的通知》（财税〔2016〕101号）第四条第（一）项规定的相关条件的，在2021年12月31日前，不并入当年综合所得，全额单独适用综合所得税率表，计算纳税。计算公式为：

$$应纳税额＝股权激励收入×适用税率－速算扣除数$$

另外,居民个人一个纳税年度内取得两次以上(含两次)限制性股票激励的,应合并所得并按照规定计算纳税。

2022年1月1日之后,有关限制性股票激励的个人所得税政策另行明确。

【案例5-17】　员工取得限制性股票激励如何计算应缴纳的个人所得税

2016年7月1日,江苏甲上市公司启动股权激励计划,采用定向增发方式授予激励对象限制性股票,其中授予公司税务总监缪恒健10万股。已知股票登记日股票市价每股为13元,定向增发价为每股10元。2019年7月2日,一部分限制性股票解禁,其中包含税务总监缪恒健的4万股。解禁当日股票市价(收盘价)为每股27元。试问:税务总监缪恒健因上述业务应当缴纳多少个人所得税?

【解析】（1）适用税目。根据现行个人所得税政策规定,税务总监缪恒健获得甲上市公司的限制性股票激励取得的收益,属于其在甲公司任职受雇而取得的工资、薪金所得,应当按照规定计算缴纳个人所得税。

（2）纳税义务时间:应为税务总监缪恒健每一批次限制性股票解禁的日期,本案中为2019年7月2日。

（3）应纳税所得额。按照规定,其应纳税所得额按下列公式计算确认:

应纳税所得额＝(股票登记日股票市价＋本批次解禁股票当日市价)÷2×本批次解禁股票份数－被激励对象实际支付的资金总额×(本批次解禁股票份数÷被激励对象获取的限制性股票总份数)＝(13＋27)÷2×40 000－100 000×10×(40 000÷100 000)＝400 000(元)。

（4）应纳税额。按照规定,员工取得的限制性股票激励所得,在2021年12月31日前,不并入当年综合所得,全额单独适用综合所得税率表,单独计算纳税。

应缴个人所得税＝400 000×25％－31 920＝68 080(元)。

四、上市公司授予员工限制性股票激励时,在税收征管上需要注意什么?

关于该问题,《国家税务总局关于股权激励有关个人所得税问题的通知》(国税函〔2009〕461号)规定如下:

(1)实施限制性股票计划的境内上市公司,应在中国证券登记结算公司(境外为证券登记托管机构)进行股票登记、并经上市公司公示后15日内,将本公司限制性股票计划或实施方案、协议书、授权通知书、股票登记日期及当日收盘价、禁售期限和股权激励人员名单等资料报送主管税务机关备案。

境外上市公司的境内机构,应向其主管税务机关报送境外上市公司实施股权激励计划的中(外)文资料备案。

(2)扣缴义务人和自行申报纳税的个人在代扣代缴税款或申报纳税时,应在税法规定的纳税申报期限内,将个人接受或转让的股权以及认购的股票情况(包括种类、数量、施权价格、行权价格、市场价格、转让价格等)、股权激励人员名单、应纳税所得额、应纳税额等资料报送主管税务机关。

5.7.4.5　上市公司员工获得股票增值权应如何作个人所得税处理?

所谓股票增值权,是指上市公司授予公司员工在未来一定时期和约定条件下,获得规定数量的股票价格上升所带来收益的权利。被授权人在约定条件下行权,上市公司按照行权日与授权日二级市场股票差价乘以授权股票数量,发放给被授权人现金。

上市公司员工取得的股票增值权激励与股票期权激励的个人所得税处理,基本上是一致的。但由于股票增值税是一种现金权,因而仍具有一定的特殊性。本节也只介绍其特殊性以及某些重要内容,其他方面请参考上文有关上市公司员工股票期权激励的个人所得税处理。

一、股票增值权激励会涉及、延伸到股票持有与股息分配的个人所得税吗?

股票增值权激励不会涉及、延伸到股票持有与股息分配的个人所得税。股票增值权激励与股票期权激励的流程不同,就一般情况而言,只会涉及授权与行权等流程。具体流程如图5-4所示。

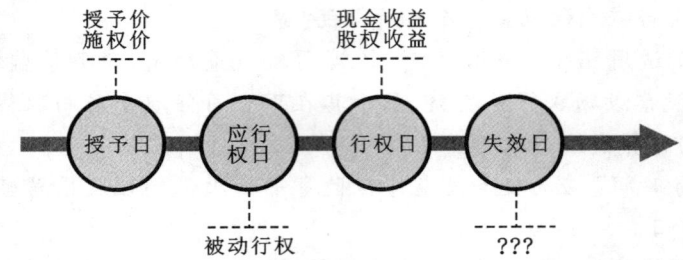

图 5-4 股票增值权激励的一般流程示意图

更重要的是,股票增值权本质上是一种现金权,只要被激励对象符合约定条件,就可以获得按行权日与授权日之间的股票差价计算确定的现金。也就是说,对被激励对象而言,根本不需要实际出资购买股票,自然不涉及股票持有与股息、红利的分配,也不涉及转让或出售相关股票的税收。

因此,对于上市公司的激励,只涉及工资、薪金所得项目的个人所得税。

二、员工取得股票增值权激励时如何计算确认应纳税所得额?

《国家税务总局关于股权激励有关个人所得税问题的通知》(国税函〔2009〕461号)规定,股票增值权被授权人获取的收益是由上市公司根据授权日与行权日股票差价乘以被授权股数,直接向被授权人支付的现金。上市公司应于向股票增值权被授权人兑现时依法扣缴其个人所得税。被授权人股票增值权应纳税所得额计算公式为:

$$\text{股票增值权某次行权应纳税所得额} = (\text{行权日股票价格} - \text{授权日股票价格}) \times \text{行权股票份数}$$

三、员工取得股票增值权激励时如何计算个人所得税应纳税额?

按照《财政部 国家税务总局关于个人所得税法修改后有关优惠政策衔接问题的通知》(财税〔2018〕164号)的规定,上市公司员工取得股票增值权激励,只要符合《财政部 国家税务总局关于个人股票期权所得征收个人所得税问题的通知》(财税〔2005〕35号)、《财政部 国家税务总局关于股票增值权所得和限制性股票所得征收个人所得税有关问题的通知》(财税〔2009〕5号)、《财政部 国家税务总局关于将国家自主创新示范区有关税收试点政策推广到全国范围实施的通知》(财税〔2015〕116号)第四条、《财政部国家税务总局关于完善股权激励和技术入股有关所得税政策的通知》(财税〔2016〕101号)第四条第(一)项规定的相关条件的,在2021年12月31日前,不并入当年综合所得,全额单独适用综合所得税率表,计算纳税。计算公式为：

$$应纳税额＝股权激励收入×适用税率－速算扣除数$$

需要注意的是,居民个人一个纳税年度内取得两次以上(含两次)股票增值权激励的,应合并所得并按照规定计算纳税。

2022年1月1日之后有关股票增值权激励的个人所得税政策另行规定。

四、员工取得股票增值权激励应在何时缴纳个人所得税？

按照《财政部 国家税务总局关于个人所得税法修改后有关优惠政策衔接问题的通知》(财税〔2018〕164号)的规定,股票增值权个人所得税纳税义务发生时间为上市公司向被授权人兑现股票增值权所得的日期。

五、员工取得股票增值权激励是否可以选择递延缴纳个人所得税？

员工取得股票增值权激励不可以选择递延缴纳个人所得税。

《财政部 国家税务总局关于完善股权激励和技术入股有关所得税政策的通知》(财税〔2016〕101号)规定:"上市公司授予个人的股票期权、限制性股票和股权奖励,经向主管税务机关备案,个人可自股票期权行权、限制性股票解禁或取得股权奖励之日起,在不超过12个月的期限内缴纳个人所得税。"

对上市公司来说,能够享受递延缴纳个人所得税的股权激励政策只包括了三项,即股票期权、限制性股票和股权奖励,并不包括股票增值权。为什么呢？道理很简单,因为纳税人获得的股票增值权在本质上就是一种现金收益,既然纳税人取得的是现金,那就意味着纳税人有足够的资金缴纳税款。而股票期权、限制性股票和股权奖励则不同,纳税人获得的并不是现金,而是一种非货币性的资金,在缴纳税款上可能没有必要的资金保障,所以才给予递延纳税优惠。

六、上市公司员工取得的股权奖励如何进行个人所得税处理？

所谓股权奖励,是指企业无偿授予激励对象一定份额的股权或一定数量的股份。

与股票期权、限制性股票以及股票增值权激励内容较为丰富不同,上市公司员工取得的股权奖励的个人所得税政策非常简单。

按照《财政部 国家税务总局关于个人所得税法修改后有关优惠政策衔接问题的通知》(财税〔2018〕164号)的规定,上市公司员工取得股权奖励,只要符合《财政部 国家税务总局关于个人股票期权所得征收个人所得税问题的通知》(财税〔2005〕35号)、《财政部 国家税务总局关于股票增值权所得和限制性股票所得征收个人所得税有关问题的通知》(财税〔2009〕5号)、《财政部 国家税务总局关于将国家自主创新示范区有关税收试点政策推广到全国范围实施的通知》(财税〔2015〕116号)第四条、《财政部 国家税务总局关于完善股权激励和技术入股有关所得税政策的通知》(财税〔2016〕101号)第四条第(一)项规定的相关条件的,在2021年12月31日前,不并入当年综合所得,全额单独适用综合所得税率表,计算纳税。计算公式为:

$$应纳税额=股权激励收入×适用税率-速算扣除数$$

居民个人一个纳税年度内取得两次以上(含两次)股票增值权激励的,应合并所得并按照规定计算纳税。

2022年1月1日之后,有关股权奖励的个人所得税政策另行规定。

另外,按照《财政部 国家税务总局关于完善股权激励和技术入股有关所得税政策的通知》(财税〔2016〕101号)的规定,上市公司授予个人的股票期权、限制性股票和股权奖励,经向主管税务机关备案,个人可自股票期权行权、限制性股票解禁或取得股权奖励之日起,在不超过12个月的期限内缴纳个人所得税。

5.7.5 非上市公司的股权激励如何进行个人所得税处理?

5.7.5.1 非上市公司的范围是什么?其股权激励形式与上市公司的股权激励有何差异?

按照《财政部 国家税务总局关于完善股权激励和技术入股有关所得税政策的通知》(财税〔2016〕101号)第四条的规定,个人所得税股权激励政策上所指的非上市公司是指股票在上海证券交易所、深圳证券交易所上市交易的股份有限公司之外的其他公司,包括全国中小企业股份转让系统挂牌公司。

目前,个人所得税制上予以规范的上市公司的股权激励形式主要有四种:股票期权、限制性股票、股权奖励以及股票增值权。而按照《财政部 国家税务总局关于完善股权激励和技术入股有关所得税政策的通知》(财税〔2016〕101号)等文件的规定,个人所得税制上规范的非上市公司的股权激励形式也是四种:股票期权、股权期权、限制性股票和股权奖励。对比两者可以发现,上市公司的股权激励形式包括了股票增值权,而非上市公司中没有;非上市公司中包括了股权期权,而上市公司中又没有。因此,上市公司与非上市公司在股权激励方式上的差异就是两点:股票增值权与股权期权。

5.7.5.2 员工取得非上市公司的股权激励如何缴纳个人所得税?

一、非上市公司员工取得股权激励一般情况下应并入当月工资、薪金所得纳税吗?

按照《国家税务总局关于股权激励有关个人所得税问题的通知》(国税函〔2009〕461号,以下简称为国税函〔2009〕461号文件)的规定,除国税函〔2009〕461号文件第七条第(一)项规定之外的集团公司、非上市公司员工取得的股权激励所得,如果没有特殊规定,则直接计入个人当期所得征收个人所得税。考虑到2018年个人所得税法修改,工资、薪金所得由按月征收调整为按年征收,这就意味着非上市公司员工取得的股权激励所得应当并入综合所得计算个人所得税,年度终了后还须按照规定办理综合所得的汇算清缴。

二、非上市公司员工取得股权激励可以递延纳税吗?如何递延纳税?

《财政部 国家税务总局关于完善股权激励和技术入股有关所得税政策的通知》(财税〔2016〕101号)第一条第(一)项规定:"非上市公司授予本公司员工的股票期权、股权期权、限制性股票和股权奖励,符合规定条件的,经向主管税务机关备案,可实行递延纳税政策,即员工在取得股权激励时可暂不纳税,递延至转让该股权时纳税;股权转让时,按照股权转让收入减除股权取得成本以及合理税费后的差额,适用'财产转让所得'项目,按照20%的税率计算缴纳个人所得税。"

分析其规定，可以看出，这种递延纳税实际上是对政策做了两项重大调整：

(1) 适用税目与税率的调整。将原本适用3%~45%的超级累进税率征税的"工资、薪金所得"项目转换调整为了适用20%单一比例税率征税的"财产转让所得"项目。考虑到绝大多数情况下，股权激励的金额都比较大，作为工资、薪金所得适用的税率都会较高，因而税率的调整意味着在相当程度上降低了员工的个人所得税税负。

(2) 纳税义务时间上的调整。将本应在员工取得股权激励时缴纳的税款延迟到未来转让该股权时纳税。纳税时间的递延，意味着员工可以获取更多的资金时间价值（相当于本来应当缴税的钱可以存在银行里面获取更多的利息）。

三、非上市公司员工取得股权激励递延纳税需要什么条件？

《财政部 国家税务总局关于完善股权激励和技术入股有关所得税政策的通知》（财税〔2016〕101号）规定，享受递延纳税政策的非上市公司股权激励（包括股票期权、股权期权、限制性股票和股权奖励，下同）须同时满足以下条件：

(1) 属于境内居民企业的股权激励计划。

(2) 股权激励计划经公司董事会、股东（大）会审议通过。未设股东（大）会的国有单位，经上级主管部门审核批准。股权激励计划应列明激励目的、对象、标的、有效期、各类价格的确定方法、激励对象获取权益的条件、程序等。

(3) 激励标的应为境内居民企业的本公司股权。股权奖励的标的可以是技术成果投资入股到其他境内居民企业所取得的股权。激励标的股票（权）包括通过增发、大股东直接让渡以及法律法规允许的其他合理方式授予激励对象的股票（权）。

(4) 激励对象应为公司董事会或股东（大）会决定的技术骨干和高级管理人员，激励对象人数累计不得超过本公司最近6个月在职职工平均人数的30%。按照《国家税务总局关于股权激励和技术入股所得税征管问题的公告》（国家税务总局公告2016年第62号）的规定，本公司最近6个月在职职工平均人数，按照股票（权）期权行权、限制性股票解禁、股权奖励获得之上月起前6个月"工资、薪金所得"项目全员全额扣缴明细申报的平均人数确定。

(5) 股票（权）期权自授予日起应持有满3年，且自行权日起持有满1年；限制性股票自授予日起应持有满3年，且解禁后持有满1年；股权奖励自获得奖励之日起应持有满3年。上述时间条件须在股权激励计划中列明。

(6) 股票（权）期权自授予日至行权日的时间不得超过10年。

(7) 实施股权奖励的公司及其奖励股权标的公司所属行业均不属于《股权奖励税收优惠政策限制性行业目录》范围。公司所属行业按公司上一纳税年度主营业务收入占比最高的行业确定。

需要注意的是，股权激励计划所列内容不同时满足上述规定的全部条件，或者递延纳税期间，非上市公司情况发生变化，不再同时符合第(4)至(6)项条件的，应于情况发生变化之次月15日内，直接并入工资、薪金所得计算缴纳个人所得税。

四、如何准确理解非上市公司股权激励递延纳税的条件？

按照《财政部 国家税务总局关于完善股权激励和技术入股有关所得税政策的通知》（财税〔2016〕101号）的规定，非上市公司的股权激励只有同时满足7项条件时，才可以享受递延纳税,即在取得股权激励时可暂不按"工资、薪金所得"项目纳税,递延至转让该股权时纳税按"财产转让所得"项目纳税。

但非上市公司的股权激励形式包括了股票期权、股权期权、限制性股票和股权奖励等四种形式,那是不是四种股权激励形式递延纳税时都需要同时满足七项条件呢?

仔细研读之后可以发现,其实不是。在七个条件中,有三个为共性条件,另四个为个性条件。

(1)四类激励形式递延纳税的共同条件:三个。

非上市公司的股权激励,要满足递延纳税的,不论何种股权激励形式,都必须首先满足三个条件:

① 属于境内居民企业的股权激励计划。这是对股权激励计划的实施主体的限制性要求,只有境内居民企业实施的股权激励计划才可能适用递延纳税优惠,非居民企业实施的股权激励计划员工不可适用递延纳税政策。

② 股权激励计划经公司董事会、股东(大)会审议通过。未设股东(大)会的国有单位,经上级主管部门审核批准。股权激励计划应列明激励目的、对象、标的、有效期、各类价格的确定方法、激励对象获取权益的条件、程序等。

③ 激励对象应为公司董事会或股东(大)会决定的技术骨干和高级管理人员,激励对象人数累计不得超过本公司最近6个月在职职工平均人数的30%。本公司最近6个月在职职工平均人数中,"最近6个月",对应于四个不同的激励形式,分按以"股票(权)期权行权"日、"限制性股票解禁"日、"股权奖励获得"日的上月起前6个月"工资、薪金所得"项目全员全额扣缴明细申报的平均人数确定(6个月人数之和除以6)。激励对象限制为两类,技术骨干和高级管理人员。需要注意的是,原文没有"等"字,这意味着除了这两类人员之外的其他人原则上不能作为激励对象。这里主要有五个方面的内涵:

一是"高级管理人员"范围。按照《公司法》第二百一十六条的规定,高级管理人员是指公司的经理、副经理、财务负责人,上市公司董事会秘书和公司章程规定的其他人员。这个名单一般会在股权激励计划中给予明确,并且会对激励对象的情况做详细的介绍,在现在的新三板企业股权激励中基本大部分都是可以满足的,属于企业自然形成的证据资料。

二是没有居民个人限制。政策中对于激励对象的税收居民身份上并没有限制,只是对实施主体规定为我国的居民企业,而激励对象没有限制,自2019年1月1日后,既可以是中国个人所得税居民个人纳税人,也可以是非居民个人纳税人。

三是除高级管理人员或技术骨干外不得递延。激励对象为董事或者股东的,若不在实施主体担任高级管理人员或者技术骨干则不能满足递延纳税的要求;激励对象为独立董事和监事的,由于其并不属于《公司法》中列举的高级管理人员的范围,并且其在公司也不从事具体的管理工作,因此,在税收处理上也不能享受递延纳税的规定。

四是人数比例限制是动态总量标准。公司可以多次进行股权激励,但累计激励对象人数不得超过本公司最近6个月在职职工平均人数的30%,人数比例的判定是一个总量的动态标准而不是单次激励人数标准。

五是计算人数的数据来源有限制。只能是股票(权)期权行权、限制性股票解禁、股权奖励获得之上月起向前6个月"工资、薪金所得"项目全员全额扣缴申报的平均人数。如某公司实施一批股票期权并于2019年1月行权,则按照该公司2018年7月、8月、9月、10月、11月、12月"工资、薪金所得"项目全员全额扣缴明细申报的平均人数计算,计算结果按四舍五入取整。

(2) 四类激励形式递延纳税的个性条件:四个。

① 激励标的差异。

激励标的应为境内居民企业的本公司股权。激励标的股票(权)包括通过增发、大股东直接让渡以及法律法规允许的其他合理方式授予激励对象的股票(权)。但是,对于股权奖励,其标的还可以是技术成果投资入股到其他境内居民企业所取得的股权。

股权激励标的取得方式不同,其涉及各方也各有差异。

对于增发,涉及各方包括实施股权激励的境内居民企业本身和被激励个人。

对于大股东直接让渡涉及各方包括实施股权激励的境内居民企业本身、被激励个人,以及让渡股权的大股东(可以是个人,也可以是企业或其他组织)。

对于奖励技术入股的其他境内居民企业股权其涉及各方包括实施股权激励的境内居民企业本身和被激励个人。

涉及各方在其税收征管过程中,也承担着不同的税收义务。

② 股票、股权的持有期间各不相同。

股票(权)期权自授予日起应持有满3年,且自行权日起持有满1年。

限制性股票自授予日起应持有满3年,且解禁后持有满1年;股权奖励自获得奖励之日起应持有满3年。上述时间条件须在股权激励计划中列明。

③ 股票(权)期权行权时限有限定。

股票(权)期权自授予日至行权日的时间不得超过10年。

④ 股权奖励有行业限制。

这是股权奖励特有的限制条件。包括两个方面的内涵:一是实施股权奖励的公司及其奖励股权标的公司所属行业均不属于《股权奖励税收优惠政策限制性行业目录》范围。二是公司所属行业按公司上一纳税年度主营业务收入占比最高的行业确定。

表5-8 股权奖励税收优惠政策限制性行业目录

门类代码	类别名称
a(农、林、牧、渔业)	(1) 03 畜牧业(科学研究、籽种繁育性质项目除外) (2) 04 渔业(科学研究、籽种繁育性质项目除外)
b(采矿业)	(3) 采矿业(除第11类开采辅助活动)
c(制造业)	(4) 16 烟草制品业 (5) 17 纺织业(除第178类非家用纺织制成品制造) (6) 19 皮革、毛皮、羽毛及其制品和制鞋业 (7) 20 木材加工和木、竹、藤、棕、草制品业 (8) 22 造纸和纸制品业(除第223类纸制品制造) (9) 31 黑色金属冶炼和压延加工业(除第314类钢压延加工)

（续表）

门类代码	类别名称
f(批发和零售业)	(10) 批发和零售业
g(交通运输、仓储和邮政业)	(11) 交通运输、仓储和邮政业
h(住宿和餐饮业)	(12) 住宿和餐饮业
j(金融业)	(13) 66 货币金融服务 (14) 68 保险业
k(房地产业)	(15) 房地产业
l(租赁和商务服务业)	(16) 租赁和商务服务业
o(居民服务、修理和其他服务业)	(17) 79 居民服务业
q(卫生和社会工作)	(18) 84 社会工作
r(文化、体育和娱乐业)	(19) 88 体育 (20) 89 娱乐业
s(公共管理、社会保障和社会组织)	(21) 公共管理、社会保障和社会组织（除第 9421 类专业性团体和 9422 类行业性团体）
t(国际组织)	(22) 国际组织

五、非上市公司股权激励递延纳税该如何办理备案手续？

按照《国家税务总局关于股权激励和技术入股所得税征管问题的公告》（国家税务总局公告 2016 年第 62 号）的规定，非上市公司实施符合条件的股权激励，个人选择递延纳税的，非上市公司应于股票（权）期权行权、限制性股票解禁、股权奖励获得之次月 15 日内，向主管税务机关报送《非上市公司股权激励个人所得税递延纳税备案表》、股权激励计划、董事会或股东大会决议、激励对象任职或从事技术工作情况说明等。实施股权奖励的企业同时报送本企业及其奖励股权标的企业上一纳税年度主营业务收入构成情况说明。

个人因非上市公司实施股权激励取得的股票（权），实行递延纳税期间，扣缴义务人应于每个纳税年度终了后 30 日内，向主管税务机关报送《个人所得税递延纳税情况年度报告表》。

递延纳税股票（权）转让、办理纳税申报时，扣缴义务人、个人应向主管税务机关一并报送能够证明股票（权）转让价格、递延纳税股票（权）原值、合理税费的有关资料，具体包括转让协议、评估报告和相关票据等。资料不全或无法充分证明有关情况，造成计税依据偏低，又无正当理由的，主管税务机关可依据税收征管法有关规定进行核定。

六、未来转让股权时如何确认股权激励股权的取得成本与合理税费？

《财政部 国家税务总局关于完善股权激励和技术入股有关所得税政策的通知》（财税〔2016〕101 号）规定："股权转让时，按照股权转让收入减除股权取得成本以及合理税费后的差额，适用'财产转让所得'项目，按照 20% 的税率计算缴纳个人所得税。股权转让时，股票（权）期权取得成本按行权价确定，限制性股票取得成本按实际出资额确定，股权奖励取得成本为零。"

《个人所得税法实施条例》第八条规定:"个人所得的形式,包括现金、实物、有价证券和其他形式的经济利益;所得为实物的,应当按照取得的凭证上所注明的价格计算应纳税所得额,无凭证的实物或者凭证上所注明的价格明显偏低的,参照市场价格核定应纳税所得额;所得为有价证券的,根据票面价格和市场价格核定应纳税所得额;所得为其他形式的经济利益的,参照市场价格核定应纳税所得额。"

七、股权激励享受递延纳税后未来转让股权的需要注意什么?

按照《财政部 国家税务总局关于完善股权激励和技术入股有关所得税政策的通知》(财税〔2016〕101号)的规定,如果自然人在取得非上市公司股权激励时享受了递延纳税优惠待遇,那么未来转让股权适用财产所得项目计算缴纳个人所得税时应当注意下列几点:

(1) 个人因股权激励取得股权后,非上市公司在境内上市的,处置递延纳税的股权时,按照现行限售股有关征税规定执行。

(2) 个人转让股权时,视同享受递延纳税优惠政策的股权优先转让。递延纳税的股权成本按照加权平均法计算,不与其他方式取得的股权成本合并计算。

(3) 持有递延纳税的股权期间,因该股权产生的转增股本收入,以及以该递延纳税的股权再进行非货币性资产投资的,应在当期缴纳税款。

第 6 章

税收减免：综合所得优惠须应享尽享

6.1 税法规定的免税项目与内容有哪些?

6.1.1 个人所得税税法规定的免税优惠有哪些?

《个人所得税法》第四条规定，下列各项个人所得，免征个人所得税：

(1) 省级人民政府、国务院部委和中国人民解放军军以上单位，以及外国组织、国际组织颁发的科学、教育、技术、文化、卫生、体育、环境保护等方面的奖金。

(2) 国债和国家发行的金融债券利息。

(3) 按照国家统一规定发给的补贴、津贴。

(4) 福利费、抚恤金、救济金。

(5) 保险赔款。

(6) 军人的转业费、复员费、退役金。

(7) 按照国家统一规定发给干部、职工的安家费、退职费、基本养老金或者退休费、离休费、离休生活补助费。

(8) 依照有关法律规定应予免税的各国驻华使馆、领事馆的外交代表、领事官员和其他人员的所得。

(9) 中国政府参加的国际公约、签订的协议中规定免税的所得。

(10) 国务院规定的其他免税所得。

同时明确规定，国务院规定的其他免税所得，由国务院报全国人民代表大会常务委员会备案。

6.1.2 免征个人所得税的奖金有什么条件限制?

《个人所得税法》第四条第一款第一项规定，省级人民政府、国务院部委和中国人民解放军军以上单位，以及外国组织、国际组织颁发的科学、教育、技术、文化、卫生、体育、环境保护等方面的奖金免征个人所得税。

从其规定可以看出，享受免税待遇的奖金有两个方面的限制：

(1) 级别限制，即限于省级人民政府、国务院部委和中国人民解放军军以上单位，以及外国组织、国际组织。

省级人民政府、国务院部委和中国人民解放军军以上单位，包括省级以上人民政府以及国务院组成部门、国务院直属特设机构、国务院直属机构、国务院办事机构、国务院直属事业单位和中国人民解放军军以上单位。

（2）业务范围限制，即限于科学、教育、技术、文化、卫生、体育、环境保护等方面。

不符合上述两个条件限制的奖金，不能享受免征个人所得税的待遇。

6.1.3　国债或国家金融债券利息都可以免税吗？

《个人所得税法》第四条第一款第二项规定，国债和国家发行的金融债券利息免征个人所得税。但这并不意味着，个人取得的所有国债和国家发行的金融债券利息都能够享受免征个人所得税的待遇。对此，《个人所得税法实施条例》第六条补充规定："个人所得税法第四条第一款第二项所称国债利息，是指个人持有中华人民共和国财政部发行的债券而取得的利息；所称国家发行的金融债券利息，是指个人持有经国务院批准发行的金融债券而取得的利息。"

6.1.4　税法对免税的津贴与补贴是如何界定的？

《个人所得税法》第四条第三项规定，按照国家统一规定发给的补贴、津贴免征个人所得税。

6.1.4.1　免税津贴、补贴有范围限制吗？

何谓"按照国家统一规定发给的补贴、津贴"？《个人所得税法实施条例》第十条作了进一步的细化补充："按照国家统一规定发给的补贴、津贴，是指按照国务院规定发给的政府特殊津贴、院士津贴，以及国务院规定免予缴纳个人所得税的其他补贴、津贴。"

这实际上是对免税的津贴、补贴的范围做出了限制，即仅限于按照国务院规定发给的政府特殊津贴、院士津贴，以及国务院规定免予缴纳个人所得税的其他补贴、津贴。

6.1.4.2　免税津贴、补贴有金额限制吗？

那么，除了范围限制之外，免税的津贴、补贴是否还有金额标准的限制呢？对此，财政部和国家税务总局也先后下文进行了补充。

《财政部　国家税务总局关于对中国科学院、中国工程院资深院士津贴免征个人所得税的通知》（财税字〔1998〕118号）规定，为尊重知识、尊重人才，体现党和政府对老年院士的关心和爱护，对依据《国务院关于在中国科学院、中国工程院院士中实行资深院士制度的通知》（国发〔1998〕8号）的规定，发给中国科学院资深院士和中国工程院资深院士每人每年1万元的资深院士津贴免予征收个人所得税。

6.1.4.3　不享受免税优惠但也不用征税的津贴、补贴有哪些？

用正列举的方式明确免征个人所得税的津贴、补贴显然是不够的，基于此，财政部和国家税务总局又从反面作了排除性规定，即某些津贴、补贴虽然不符合免税的条件，但考虑多方面的原因，应当从应税收入中予以排除，即不用征税。

《国家税务总局关于印发〈征收个人所得税若干问题的规定〉的通知》（国税发〔1994〕89号）规定，下列不属于工资、薪金性质的补贴、津贴或者不属于纳税人本人工资、薪金所得项目的收入，不征税：

(1) 独生子女补贴。

(2) 执行公务员工资制度未纳入基本工资总额的补贴、津贴差额和家属成员的副食品补贴。

(3) 托儿补助费。

(4) 差旅费津贴、误餐补助。

6.1.4.4　出于反避税需要，国家有什么限制性规定？

应当说，将一些津贴、补贴从应税收入中排除是很有必要的，但如果纳税人采取措施，如转换名目进行避税，那该如何是好？基于此，总局出台政策对上述的政策予以完善。

《财政部　国家税务总局关于误餐补助范围确定问题的通知》（财税字〔1995〕82号）规定，国税发〔1994〕89号文件规定不征税的误餐补助，是指按财政部门规定，个人因公在城区、郊区工作，不能在工作单位或返回就餐，确实需要在外就餐的，根据实际误餐顿数，按规定的标准领取的误餐费。一些单位以误餐补助名义发给职工的补贴、津贴，应当并入当月工资、薪金所得计征个人所得税。

6.1.5　个人取得的福利费、抚恤金、救济金可以免税吗？

《个人所得税法》第四条第一款第四项规定，个人取得的福利费、抚恤金、救济金免征个人所得税。

6.1.5.1　免税的范围有什么限制性规定？

是否个人取得的福利费、抚恤金、救济金都可以享受免征个人所得税的优惠呢？对此，《个人所得税实施条例》第十一条规定："个人所得税法第四条第一款第四项所称福利费，是指根据国家有关规定，从企业、事业单位、国家机关、社会组织提留的福利费或者工会经费中支付给个人的生活补助费；所称救济金，是指各级人民政府民政部门支付给个人的生活困难补助费。"

6.1.5.2　出于反避税的需要国家有什么补充与完善？

上述文件中所说的从福利费或者工会经费中支付给个人的生活补助费，由于缺乏明确的范围，在实际执行中难以具体界定，各地掌握尺度不一。基于此，《国家税务总局关于生活补助费范围确定问题的通知》（国税发〔1998〕155号）作了进一步的补充规定：

(1) 上述所称生活补助费，是指由于某些特定事件或原因而给纳税人本人或其家庭的正常生活造成一定困难，其任职单位按国家规定从提留的福利费或者工会经费中向其支付的临时性生活困难补助。

(2) 下列收入不属于免税的福利费范围，应当并入纳税人的工资、薪金收入计征个人所得税：

① 从超出国家规定的比例或基数计提的福利费、工会经费中支付给个人的各种补贴、补助。

② 从福利费和工会经费中支付给本单位职工的人人有份的补贴、补助。

③ 单位为个人购买汽车、住房、电子计算机等不属于临时性生活困难补助性质的

支出。

6.1.6 个人取得的安家费能否享受免税优惠？

6.1.6.1 税法对免税的安家费是如何界定的？

《个人所得税法》第四条第七项规定，按照国家统一规定发给干部、职工的安家费免征个人所得税。

那么何谓安家费呢？标准又是如何规定的呢？对此，《国务院关于工人退休、退职的暂行办法》（国发〔1978〕104号印发）第六条规定："退休工人异地安家的，一般由原工作单位一次发给一百五十元的安家补助费，从大中城市到农村安家的，发给三百元。退职工人异地安家的，可以发给相当于本人两个月标准工资的安家补助费。"

《国务院关于安置老弱病残干部的暂行办法》（国发〔1978〕104号印发）第九条作了类似的规定："离休、退休干部易地安家的，一般由原工作单位一次发给一百五十元的安家补助费，由大中城市到农村安家的，发给三百元。退职干部易地安家的，可以发给本人两个月的标准工资，作为安家补助费。"

6.1.6.2 引进高层次人才的安家费是否免个人所得税？

为引进高学历等各类高层次人才，各地政府和企事业单位采取了许多优惠措施和手段，其中一项重头戏就是发放安家费（包括一次性或分年发放等情况）。那么对于个人取得的这笔数额不菲的收入是否可以免交个人所得税呢？

一、个人所得税法对引进高层次人才的安家费是如何规定的？

《个人所得税法》第四条第七项规定，按照国家统一规定发给干部、职工的安家费免征个人所得税。

《国务院关于工人退休、退职的暂行办法》（国发〔1978〕104号印发）第六条、《国务院关于安置老弱病残干部的暂行办法》（国发〔1978〕104号印发）第九条等对安家费做了明确规定，退休工人以及离休、退休干部异地安家的，一般由原工作单位一次发给150元的安家补助费，从大中城市到农村安家的，发给300元。退职工人异地安家的，可以发给相当于本人两个月标准工资的安家补助费。

二、国家税务总局有什么解答或补充解释吗？

2011年2月28日，有人向国家税务总局咨询："引进高学历人才的安家费是否免个人所得税？"国家税务总局纳税服务司给出解答："根据《个人所得税法》第四条规定，按照国家统一规定发给干部、职工的安家费免缴个人所得税。对于以'安家费'为名自定标准发放的各项补贴，应按规定缴纳个人所得税。"[①]应当说，此时国家税务总局的解答还是与税法的规定保持一致的。

但其后，国家税务总局的解答就出现了一定的偏差。2012年6月4日，国家税务总局纳税服务司针对"某单位引进研究生人才发放一次性安家费3万元，是否需要缴纳个

---

① 国家税务总局纳税服务司解答，转引自税屋，http://www.shui5.cn/article/f1/48187.html，最后访问日期：2019年12月25日。

税?"的问题,再次强调,按照国家统一规定发给干部、职工的安家费、退职费、退休工资、离休工资、离休生活补助费,暂免征收个税。单位向引进的研究生人才发放一次性安家费,如符合规定,可以免纳个税。如不符合上述规定或以"安家费"名义向员工发放收入,应作为"工资、薪金所得"项目由发放单位负责代扣代缴个税。① 其中,总局认为:"单位向引进的研究生人才发放一次性安家费,如符合规定,可以免纳个税。"但事实上,根据国发〔1978〕104 号文的规定,只有退休工人以及离休、退休干部异地安家的,才能享受到安家费免征个税的政策。进一步讲,"引进的研究生人才"根本不可能适用免税规定,更不可能享受到免税的政策。

三、各地的补充政策有没有什么突破?

(1) 广州的补充政策与废止。

《广州市地方税务局关于个人所得税若干业务问题的通知》(穗地税发〔2004〕64 号)、《广州市地方税务局关于印发〈个人所得税征税业务指引(二)〉的通知》(穗地税发〔2006〕84 号)等都曾规定,对高等院校为引进高层次人才(包括院士、博士后、博士和副教授以上的专家)而发放的一次性安家费,凡不超过 5 万元的,暂不予征收个人所得税;超过 5 万元的,其超出部分可按签约期限(不满 10 年的按实际年限计算,超过 10 年的按 10 年计算)进行平均分摊计算。各级政府部门和企事业单位为引进高层次人才而发放的一次性安家费,在国家税务总局未有明确规定之前,暂参照上述规定执行。上述高层次人才是指具有高级以上专业技术职称或者具备博士研究生以上学位的人才。

不过,按照《广州市地方税务局关于公布 2015 年全文废止或失效、部分条款废止或失效、部分内容修订的税收规范性文件目录的公告》(广州市地方税务局公告 2015 年第 19 号)的规定,上述规定作废。为什么作废,可能的原因是因为上述"优惠"明显与税法及其精神不符。

(2) 宁波市税务局的解答。

2019 年 8 月,有网友向宁波网上民生服务平台咨询关于"高层次人才的安家费和购房补贴,需不需要扣税?"的问题,宁波市税务局给出下列解答:"网友您好,近年来宁波市委和市人民政府为促进高校毕业生来甬就业创业和引进各类高级人才,陆续出台了一系列的优惠政策,其中包括给予一定的安家费和购房补贴等财政补助,根据国家税务总局《关于个人取得的奖金收入征收个人所得税问题的批复》(国税函〔1998〕293 号)的规定,上述各类财政补助均不属于税法所规定的免税范畴,应按'偶然所得'项目,适用 20%的税率缴纳个人所得税。感谢您对税收工作的支持。"②

(3) 甘肃省的政策补充。

《甘肃省引进急需紧缺高层次人才创新创业财税金融扶持办法(试行)》第十七条规定,经评审认定的高层次人才,省政府颁发的奖金、经省政府同意给予的奖励以及取得的

---

① 国家税务总局纳税服务司解答,转引自人民网,http://finance.people.com.cn/GB/70846/18081152.html,最后访问日期:2019 年 12 月 25 日。

② 宁波网上民生服务平台,http://nb8185.cnnb.com.cn/tiezi/minsheng_view.php?aid=981777,最后访问日期:2019 年 12 月 25 日。

安家费，免征个人所得税。

6.1.7 什么是退职费？能否免征个人所得税？

6.1.7.1 国务院对退职费是如何规定的？

《国务院关于工人退休、退职的暂行办法》（国发〔1978〕104号印发）第五条规定："不具备退休条件，由医院证明，并经劳动鉴定委员会确认，完全丧失劳动能力的工人，应该退职。退职后，按月发给相当于本人标准工资百分之四十的生活费，低于二十元的，按二十元发给。"

6.1.7.2 税法对适用免税优惠的条件是如何规定的？

《个人所得税法》第四条规定，按照国家统一规定发给干部、职工的安家费、退职费等免征个人所得税。

《国家税务总局关于个人取得退职费收入征免个人所得税问题的通知》（国税发〔1996〕203号）又进一步补充规定，税法规定享受免税待遇的"退职费"是指个人符合《国务院关于工人退休、退职的暂行办法》（国发〔1978〕104号印发，以下简称办法）规定的退职条件并按该办法规定的退职费标准所领取的退职费。

不过，按照《国家税务总局关于发布已失效或废止的税收规范性文件目录的通知》（国税发〔2006〕62号）的规定，国税发〔1996〕203号文件已全文失效或废止。

但国发〔1978〕104号文以及《个人所得税法》并未失效或废止。这也就意味着，如果居民个人按照国发〔1978〕104号文件的规定获得了退职费，仍然适用《个人所得税法》的规定，享受免税待遇。

必须强调的是，在现实生活中，必须将退职费与解除劳务合同或者内部退养取得的一次性补偿金加以区别。个人因解除劳务合同或者内部退养而取得的一次性补偿金应当按照对应的政策缴纳个人所得税。具体分析政策将在下文分析。

6.1.8 离退休费以及离休生活补助费免税吗？

6.1.8.1 税法对离退休费及离休生活补助是如何规定的？

《个人所得税法》第四条第一款第七项规定，按照国家统一规定发给干部、职工的安家费、退职费、基本养老金或者退休费、离休费、离休生活补助费免征个人所得税。

6.1.8.2 现行政策对退休与离休是如何界定的？

《国务院关于工人退休、退职的暂行办法》（国发〔1978〕104号印发）第一条明确对退休的条件进行了规定，第二条对退休工资等待遇标准进行了规定。

《国务院关于老干部离职休养制度的几项规定》（国发〔1982〕62号）、《劳动人事部关于发布〈贯彻国务院关于老干部离职休养规定中具体问题的处理意见〉的通知》（劳人老〔1982〕10号）等则对离休的条件与工资待遇标准进行了规定。

6.1.8.3 现行政策对离休补助费的标准是如何规定的？

《国务院关于老干部离职休养制度的几项规定的通知》（国发〔1982〕62号，以下简称为国发〔1982〕62号文件）第三条规定，老干部离休后基本政治待遇不变，生活待遇略为从优。

(1) 1921年7月1日到1949年9月30日各个革命时期参加革命工作的老干部,离休后原工资照发。

(2) 1937年7月6日以前参加革命工作的老干部,按本人离休前标准工资,每年增发两个月的工资,作为生活补贴。

(3) 1937年7月7日到1942年12月31日参加革命工作的老干部,按本人离休前标准工资,每年增发一个半月的工资,作为生活补贴。

(4) 1943年1月1日到1945年9月2日参加革命工作的老干部,按本人离休前标准工资,每年增发一个月的工资,作为生活补贴。

(5) 1945年9月3日到1949年9月30日参加革命工作的老干部,不增发生活补贴。

(6) 行政八级和相当于八级以上(含八级)的老干部离休后,不增发生活补贴。

(7) 享受上述待遇的离休老干部,一律不再发给任何形式的奖金。

(8) 老干部离休后的生活补贴,自批准离休之日起按年发给。

(9) 已经离休的老干部(包括退休改离休的干部),从本规定下达之日起按年发给生活补贴。

《劳动人事部关于发布〈贯彻国务院关于老干部离职休养规定中具体问题的处理意见〉的通知》(劳人老〔1982〕10号)规定,离休老干部按国发〔1982〕62号文件享受的"生活补贴",当年1至12月不论哪个月批准离休的,都在批准离休之月按一年一次全额发给(离休前领取的奖金不再扣回)。由退休改为离休的老干部,其生活补贴应从1982年4月开始发给。从第二年开始,在每年一月份发给。

《国务院关于发给离休退休人员生活补贴费的通知》(国发〔1985〕6号)又作了进一步的补充规定:

(1) 国家机关、事业单位的离休、退休人员,除按国发〔1982〕62号文件和国发〔1978〕104号文件规定享受的待遇和副食品价格补贴外,从1985年5月1日起,每人每月发给17元生活补贴费。

(2) 企业单位根据自己的负担能力,对离休、退休人员每人每月发给12～17元的生活补贴费,发放时间由各省、自治区、直辖市确定。国务院各部门在各地的企业,除铁路系统以外,一律按当地规定的发放时间执行。

6.1.9 延长离退休期间的工资、薪金是否可以免税?

6.1.9.1 按照税法的规定,离退休费及离休生活补助费可以免税吗?

《个人所得税法》第四条规定,按照国家统一规定发给干部、职工的安家费、退职费、基本养老金或者退休费、离休费、离休生活补助费免征个人所得税。

6.1.9.2 高级专家延长离退休期间的工资视同离退休费免税吗?

《财政部 国家税务总局关于个人所得税若干政策问题的通知》(财税字〔1994〕20号,以下简称为财税字〔1994〕20号文件)第二条第(七)项规定,对按《国务院关于高级专家离休退休若干问题的暂行规定》(国发〔1983〕141号)和《国务院办公厅关于杰出高级专家暂缓离退休审批问题的通知》(国办发〔1991〕40号)等文件精神,达到离休、退休年龄,但确因工作需要,适当延长离休退休年龄的高级专家(指享受国家发放的政府特殊津贴的专家、学者),其在延长离休退休期间的工资、薪金所得,视同退休工资、离休工资免征个人所得税。

6.1.9.3　高级专家的范围是什么？有什么政策适用口径？

《财政部　国家税务总局关于高级专家延长离休退休期间取得工资、薪金所得有关个人所得税问题的通知》(财税〔2008〕7号)规定如下：

(1) 财税字〔1994〕20号文件所称延长离休退休年龄的高级专家是指：

① 享受国家发放的政府特殊津贴的专家、学者。

② 中国科学院、中国工程院院士。

(2) 高级专家延长离休退休期间取得的工资、薪金所得,其免征个人所得税政策口径按下列标准执行：

① 对高级专家从其劳动人事关系所在单位取得的,单位按国家有关规定向职工统一发放的工资、薪金、奖金、津贴、补贴等收入,视同离休、退休工资,免征个人所得税。

② 除上述第①项所述收入以外各种名目的津补贴收入等,以及高级专家从其劳动人事关系所在单位之外的其他地方取得的培训费、讲课费、顾问费、稿酬等各种收入,依法计征个人所得税。

6.1.10　个人获得的保险赔款可以免税吗？

所谓保险赔款,是指投保人按照规定或合同约定向保险公司支付保险费,但因遭受各种灾害、事故而发生规定或合同约定的损失,保险公司给予的相应赔偿或补偿。

从本质上讲,保险赔款并不是个人的收入或者所得,而是个人的一种补偿或者赔偿,本不应征税,所以《个人所得税法》第四条第一款第五项规定,保险赔款免征个人所得税。

6.1.11　军人的转业费、复员费、退役金免税吗？

即便是在和平时期,军人也为国家安全与和平做出重大牺牲。也正是因为如此,世界各国几乎都将军人的转业费、复员费、退役金等纳入免税范围。我国《个人所得税法》第四条第一款第六项也明确规定,军人的转业费、复员费、退役金免征个人所得税。

6.1.12　各国驻华使馆、领事馆的外交代表、领事官员和其他人员的所得有何免税优惠？

6.1.12.1　驻华使馆、领事馆的外交代表、领事官员等可以免征个人所得税吗？

《个人所得税法》第四条第一款第八项规定,依照有关法律规定应予免税的各国驻华使馆、领事馆的外交代表、领事官员和其他人员的所得免征个人所得税。

那么,"依照有关法律"是指什么法律呢？对此,《个人所得税法实施条例》第十二条做了进一步的界定,即个人所得税法第四条第一款第八项所称依照有关法律规定应予免税的各国驻华使馆、领事馆的外交代表、领事官员和其他人员的所得,是指按照《中华人民共和国外交特权与豁免条例》和《中华人民共和国领事特权与豁免条例》的规定免税的所得。

6.1.12.2 外交代表享有的免税优惠的范围有限制吗?

按照《外交特权与豁免条例》第十六条的规定,外交代表免纳捐税,但下列各项除外:

(1) 通常计入商品价格或者劳务价格内的捐税。

(2) 有关遗产的各种捐税,但外交代表亡故,其在中国境内的动产不在此限。

(3) 对来源于中国境内的私人收入所征的捐税。

(4) 为其提供特定服务所收的费用。

按照《外交特权与豁免条例》第二十条的规定,与外交代表共同生活的配偶及未成年子女,如果不是中国公民,也享受《外交特权与豁免条例》第十六条规定的免纳捐税待遇。

外交代表是指使馆馆长或者使馆外交人员。

6.1.12.3 领事官员或领馆行政技术人员可以享受免税优惠吗?

按照《领事特权与豁免条例》第十七条的规定,领事官员或领馆行政技术人员免纳捐税,但下列各项除外:

(1) 通常计入商品价格或者服务价格内的捐税。

(2) 对在中国境内私有不动产所征的捐税,但用作领馆馆舍的不在此限。

(3) 有关遗产的各种捐税。但领事官员亡故,其在中国境内的动产的有关遗产的各种捐税免纳。

(4) 对来源于中国境内的私人收入所征的捐税。

(5) 为其提供特定服务所收的费用。

另外,《领事特权与豁免条例》第二十一条规定,与领事官员、领馆行政技术人员、领馆业务人员共同生活的配偶及未成年子女,分别享有领事官员、领馆行政技术人员根据《领事特权与豁免条例》第十七条规定所享有的免税待遇。但身为中国公民或者在中国永久居留的外国人除外。领事官员是指总领事、副总领事、领事、副领事、领事随员或领事代理人。

领馆行政技术人员是指从事领馆行政或技术工作的人员。

6.1.12.4 驻华机构雇员可以享受免税优惠还是须按规定纳税?

《国家税务总局关于国际组织驻华机构外国政府驻华使领馆和驻华新闻机构雇员个人所得税征收方式的通知》(国税函〔2004〕808号)规定,根据《维也纳外交关系公约》和国际组织有关章程规定,对于在国际组织驻华机构、外国政府驻华使领馆中工作的中方雇员和在外国驻华新闻机构的中外籍雇员,均应按照个人所得税法规定缴纳个人所得税。

根据国际惯例,在国际组织驻华机构、外国政府驻华使领馆中工作的非外交官身份的外籍雇员,如是"永久居留"者,亦应在驻在国缴纳个人所得税,但由于我国税法对"永久居留"者尚未做出明确的法律定义和解释,因此,对于仅在国际组织驻华机构和外国政府驻华使领馆中工作的外籍雇员,暂不征收个人所得税。在中国境内,若国际驻华机构和外国政府驻华使领馆中工作的外交人员、外籍雇员在该机构或使领馆之外,从事非公务活动所取得的收入,应缴纳个人所得税。

6.1.13 取得中国政府参加的国际公约、签订的协议中规定免税的所得可以免税吗？

《个人所得税法》第四条第一款第九项规定，中国政府参加的国际公约、签订的协议中规定免税的所得，免征个人所得税。

中国政府参加的国际公约、签订的协定中规定免税的所得，是指我国政府参加的国际公约、签订的国际税收协定中明确规定免征个人所得税的所得，此项免税主要涉及工资、薪金所得。公约和协定中没有明确规定的，应严格按照个人所得税法及其实施条例以及相关的规范性文件的规定执行。

《财政部 国家税务总局关于〈建立亚洲开发银行协定〉有关个人所得税问题的补充通知》（财税〔2007〕93号）规定，《建立亚洲开发银行协定》（以下简称《协定》）第五十六条第二款规定："对亚行付给董事、副董事、官员和雇员（包括为亚行执行任务的专家）的薪金和津贴不得征税。除非成员在递交批准书或接受书时，声明对亚行向其本国公民或国民支付的薪金和津贴该成员及其行政部门保留征税的权力。"鉴于我国在加入亚洲开发银行时，未作相关声明，因此，对由亚洲开发银行支付给我国公民或国民（包括为亚行执行任务的专家）的薪金和津贴，凡经亚洲开发银行确认这些人员为亚洲开发银行雇员或执行项目专家的，其取得的符合我国税法规定的有关薪金和津贴等报酬，应依《协定》的约定，免征个人所得税。

6.1.14 目前国务院规定的其他免税所得有哪些？

《个人所得税法》第四条第一款第十项规定，国务院规定的其他免税所得，免征个人所得税。并特别强调："国务院规定的其他免税所得，由国务院报全国人民代表大会常务委员会备案。"

就目前而言，国务院规定的其他免税所得主要包括以下几项：

（1）居住满183天、6年以下无住所居民个人境外所得境外支付的免税。

《个人所得税法实施条例》第四条规定，在中国境内无住所的个人，在中国境内居住累计满183天的年度连续不满6年的，经向主管税务机关备案，其来源于中国境外且由境外单位或者个人支付的所得，免予缴纳个人所得税；在中国境内居住累计满183天的任一年度中有一次离境超过30天的，其在中国境内居住累计满183天的年度的连续年限重新起算。

（2）居住不超过90日非居民个人境内所得境外雇主支付工资免税。

《个人所得税法实施条例》第五条规定，在中国境内无住所的个人，在一个纳税年度内在中国境内居住累计不超过90天的，其来源于中国境内的所得，由境外雇主支付并且不由该雇主在中国境内的机构、场所负担的部分，免予缴纳个人所得税。

6.2 税法规定的减税项目与内容有哪些?

6.2.1 个人所得税法规定的减税项目有哪些?

《个人所得税法》第五条规定,有下列情形之一的,可以减征个人所得税,具体幅度和期限,由省、自治区、直辖市人民政府规定,并报同级人民代表大会常务委员会备案:

(1) 残疾、孤老人员和烈属的所得。

(2) 因自然灾害遭受重大损失的。

国务院可以规定其他减税情形,报全国人民代表大会常务委员会备案。

6.2.2 残疾、孤老人员和烈属减征所得有何限制?

《国家税务总局关于明确残疾人所得征免个人所得税范围的批复》(国税函〔1999〕329号)规定,经省级人民政府批准可减征个人所得税的残疾、孤老人员和烈属的所得仅限于劳动所得,具体所得项目为工资、薪金所得;个体工商户的生产经营所得;对企事业单位的承包经营、承租经营所得;劳务报酬所得;稿酬所得;特许权使用费所得。

另外,按照《国家税务总局关于〈关于个人独资企业和合伙企业投资者征收个人所得税的规定〉执行口径的通知》(国税函〔2001〕84号)第四条的规定,残疾人员投资兴办或参与投资兴办个人独资企业和合伙企业的,残疾人员取得的生产经营所得,符合各省、自治区、直辖市人民政府规定的减征个人所得税条件的,经本人申请、主管税务机关审核批准,可按省、自治区、直辖市人民政府规定减征的范围和幅度,减征个人所得税。

6.2.3 全国各省市对个人所得税减征优惠有哪些补充规定?

新税法施行后,全国各省、市、自治区均按照税法的规定,从本地实际情况出发,制定出台了本省范围内残疾、孤老人员和烈属等个人所得税的减征幅度。

由于新旧税收制度存在较大差异,因而本书重点汇总新《个人所得税法》修订后出台的地方性政策。

6.2.3.1 内蒙古自治区对个人所得税减征优惠有哪些补充规定?

2019年1月7日,内蒙古自治区人民政府印发《关于明确我区残疾孤老人员和烈属所得等个人所得税政策的通知》(内政发〔2019〕3号)对残疾、孤老人员和烈属所得等个人所得税政策作了规定:

(1) 残疾人员、烈属所得,减征50%的个人所得税;孤老人员所得,减征100%的个人所得税。

上述政策无截止期限。所称所得包括工资、薪金所得,劳务报酬所得,稿酬所得,特许权使用费所得,经营所得,不包括利息、股息、红利所得,财产租赁所得,财产转让所得和偶然所得。

纳税人同时符合残疾、孤老人员和烈属两种以上身份的,适用最优惠政策,不再叠加。

（2）纳税人因自然灾害遭受重大损失的，3年内减征100%的个人所得税。

6.2.3.2　安徽省对个人所得税减征优惠有哪些补充规定？

2019年1月31日，安徽省人民政府办公厅印发的《关于残疾、孤老人员和烈属所得减征个人所得税有关政策的通知》（皖政办〔2019〕2号）对安徽省残疾、孤老人员和烈属所得减征个人所得税有关政策进行了规定，对安徽省残疾、孤老人员和烈属本人取得的综合所得（工资、薪金所得，劳务报酬所得，稿酬所得，特许权使用费所得）和经营所得，其应减免的个人所得税，在每人每年8 000元税额的范围内实行限额减免。纳税人取得的上述综合所得和经营所得，应合并计算其减免税额。

2019年2月20日，安徽省财政厅、国家税务总局安徽省税务局发布的《关于残疾、孤老人员和烈属所得减征个人所得税有关政策的通知》（皖财税法〔2019〕157号）规定，对安徽省残疾、孤老人员和烈属本人取得的综合所得（工资、薪金所得，劳务报酬所得，稿酬所得，特许权使用费所得）和经营所得，其应减免的个人所得税，在每人每年8 000元税额的范围内实行限额减免。纳税人取得的上述综合所得和经营所得，应合并计算其减免税额。

6.2.3.3　黑龙江省对个人所得税减征优惠有哪些补充规定？

2019年1月26日，黑龙江省人民政府印发的《关于调整残疾、孤老人员和烈属个人所得税减征幅度和期限的通知》（黑政规〔2019〕1号，以下简称黑政规〔2019〕1号文件）就调整残疾、孤老人员和烈属个人所得税有关事项通知如下：

（1）对残疾、孤老人员和烈属取得的综合所得和经营所得，一个纳税年度内减征个人所得税的幅度以6 000元为限；不足6 000元的，据实减征。

（2）对残疾、孤老人员和烈属取得的上述所得，不设置个人所得税减征的执行期限。

（3）黑政规〔2019〕1号文件自2019年1月1日起执行，此前规定与黑政规〔2019〕1号文件不一致的，按黑政规〔2019〕1号文件规定执行。

6.2.3.4　湖南省对个人所得税减征优惠有哪些补充规定？

2019年4月19日，湖南省人民政府发布的《关于明确残疾、孤老人员和烈属所得减征个人所得税政策的通知》（湘政发〔2019〕7号）就湖南省减征残疾、孤老人员和烈属个人所得税有关政策进行规定：

（1）对残疾、孤老人员和烈属所得，减征80%个人所得税。

上述所称所得，包括综合所得（工资、薪金所得，劳务报酬所得，稿酬所得，特许权使用费所得）和经营所得。

（2）纳税人同时符合残疾、孤老人员和烈属中两种或两种以上身份的，只能以一种身份享受上述个人所得税减征政策，不得叠加享受。

6.2.3.5　云南省对个人所得税减征优惠有哪些补充规定？

2019年5月21日，云南省财政厅、国家税务总局云南省税务局发布的《关于印发〈云南省残疾人等减征个人所得税政策〉的通知》（云财税〔2019〕31号，以下简称为云财税〔2019〕31号文件）规定如下：

(1) 减税优惠的幅度。

① 残疾人员、孤老人员、烈属的所得,在每年应纳税额7 000元的限额内减征100%的个人所得税,超过限额部分不予减征。

上述所称所得包括工资、薪金所得,劳务报酬所得,稿酬所得,特许权使用费所得,经营所得;不包括利息、股息、红利所得,财产租赁所得,财产转让所得和偶然所得。

减征期限为该纳税人残疾、孤老等情况发生改变,不再有以上情形为止。

纳税人同时符合残疾人、孤老人员、烈属两种以上身份的,优惠政策不能累加执行。

② 因自然灾害遭受重大损失的,在遭受自然灾害当年和次年,对其个人所得税予以减征。具体减征幅度由县级税务机关根据纳税人扣除保险赔款后的实际损失情况确定,最高不超过其年应纳个人所得税额的90%。

(2) 享受减征个人所得税纳税人的认定标准。

① 残疾人是指在心理、生理、人体结构上,某种组织、功能丧失或者不正常,全部或者部分丧失以正常方式从事某种活动能力的人。包括视力残疾、听力残疾、言语残疾、肢体残疾、智力残疾、精神残疾、多重残疾和其他残疾的人员。

以上人员需持有民政、残联、退役军人事务等主管部门颁发的下列证件之一,即《中华人民共和国残疾人证》《中华人民共和国残疾军人证》《中华人民共和国伤残人民警察证》《中华人民共和国伤残公务员证》《中华人民共和国因战因公伤残人员证》《中华人民共和国伤残国家机关工作人员证》或《中华人民共和国伤残民兵民工证》。

② 孤老人员是指男年满60周岁、女年满55周岁,没有配偶或丧偶的、且无法定赡养和抚养义务人,或者其赡养人和抚养人确无赡养能力或抚养能力的个人。

③ 烈属是指烈士的父母(抚养人)、配偶、子女。以上人员需持有民政或退役军人事务部门颁发的《烈士证明书》。

④ 自然灾害造成重大损失是指因风、火、水、地震等自然灾害造成的重大损失。遭受损失的个人应当向主管税务机关提供遭受损失的原因、损失程度等材料(包括职能部门、保险公司等出具的相关材料)。

(3) 征收管理。

税收的征收管理由税务部门会同公安、民政、财政、退役军人事务、应急管理、残疾人联合会等部门根据《中华人民共和国税收征管法》及其相关规定办理。具体征收管理办法由省税务局制定,并抄送省财政厅。

其后,也就是2019年10月10日,国家税务总局云南省税务局印发的《关于残疾、孤老人员、烈属和因自然灾害遭受重大损失的个人等减征个人所得税有关征管事项的公告》(国家税务总局云南省税务局公告2019年第7号)在上述基础上又作了更进一步的细化规定:

(1) 残疾、孤老人员、烈属减征个人所得税有关征管事项。

① 纳税人取得云财税〔2019〕31号文件第一条列举的不同应税项目所得,按纳税年度合并计算其减征税额。

② 减征环节。

纳税人取得综合所得可在预扣预缴环节减征个人所得税，纳税人取得经营所得可在预缴环节减征个人所得税。对符合税法规定汇算清缴情形的，在次年通过汇算清缴，补缴多减征的税款或申请退还少减征的税款。

③ 办理程序。

A. 纳税人应按云财税〔2019〕31号文件及《关于残疾、孤老人员、烈属和因自然灾害遭受重大损失的个人等减征个人所得税有关征管事项的公告》规定向主管税务机关申请办理减征个人所得税备案手续，从备案当年开始减征个人所得税。

B. 纳税人申请办理减征个人所得税，按国家税务总局有关纳税服务规范的要求提交所需资料。

C. 受理减征申请的主管税务机关按以下规则确定：

a. 对取得综合所得的纳税人，由纳税人向任职、受雇单位所在地主管税务机关申请减征个人所得税；纳税人有两处以上任职、受雇单位的，选择向其中一处任职、受雇单位所在地主管税务机关提出申请；纳税人没有任职、受雇单位的，向户籍所在地或经常居住地主管税务机关提出申请。

b. 对取得经营所得的纳税人，由纳税人到经营管理所在地主管税务机关申请减征个人所得税。从两处以上取得经营所得的，选择向其中一处经营管理所在地主管税务机关提出申请。

D. 纳税人取得两处及两处以上综合所得或经营所得，以一处主管税务机关出具的《纳税人减免税备案登记表》即可作为其他主管税务机关减征个人所得税依据。

E. 取得综合所得的纳税人可委托扣缴单位办理减征手续。

（2）因自然灾害遭受重大损失的个人减征个人所得税有关征管事项。

① 减征环节。

纳税人取得应税所得在预扣预缴、预缴或代扣代缴环节暂不减征个人所得税，分别在遭受自然灾害当年及次年终了后根据主管税务机关核准的减征比例办理退税。

② 办理程序。

A. 纳税人应分别在遭受自然灾害次年以及第三年每年3月31日前，向主管税务机关申请减征个人所得税。主管税务机关根据纳税人扣除保险赔款后的实际损失情况与遭受自然灾害当年和次年应纳个人所得税额情况分别确定纳税人遭受自然灾害当年和次年的减征比例。

B. 取得综合所得或经营所得的纳税人，根据核准的减征比例对综合所得或经营所得进行汇算清缴并减征上年个人所得税。取得利息、股息、红利所得、财产租赁所得、财产转让所得、偶然所得（以下简称"其他应税所得"）的纳税人根据核准的减征比例在遭受自然灾害次年以及第三年每年6月30日前向原征收税款的主管税务机关申请退税。

C. 受理纳税人申请减征个人所得税的税务机关为自然灾害发生地的主管税务机关。

D. 纳税人申请办理减征个人所得税，按国家税务总局有关纳税服务规范的要求提交所需资料。为确保税务机关准确核准减征比例，减免税申请报告应包括纳税人遭受自然灾害当年或次年全年应纳个人所得税额情况，相关证明材料由纳税人留存备查。

E. 纳税人在自然灾害发生地以外取得其他应税所得,申请退还个人所得税时,凭《纳税人减免税申请核准表》即可向原征收税款的主管税务机关申请办理退税。

(3) 执行时间。

《关于残疾、孤老人员、烈属和因自然灾害遭受重大损失的个人等减征个人所得税有关征管事项的公告》(国家税务总局云南省税务局公告2019年第7号)自2019年1月1日起执行。

6.2.3.6 福建省对个人所得税减征优惠有哪些补充规定?

2019年8月1日,福建省财政厅国家税务总局福建省税务局印发的《关于减征个人所得税政策的通知》(闽财税〔2019〕23号,以下简称为闽财税〔2019〕23号文件)对残疾、孤老人员、烈属以及因自然灾害遭受重大损失的纳税人减征个人所得税进行了细化规定:

(1) 对残疾、孤老人员和烈属的所得,按每人每年12 000元的限额减免年应纳个人所得税税额。

上述所得包括综合所得(工资、薪金所得,劳务报酬所得,稿酬所得,特许权使用费所得)和经营所得,纳税人取得的上述综合所得和经营所得,应合并计算其减免税额。

纳税人同时符合残疾、孤老人员和烈属两种或两种以上身份的,可选择一种身份享受税收优惠,不重复叠加。

(2) 对因自然灾害遭受重大损失的纳税人,按规定缴纳个人所得税确有困难的,经纳税人申报,由国家税务总局各县(市区)税务局根据其实际损失程度予以计算,自遭受自然灾害当年起,在3年内按每人每年12 000元的限额减免年应纳个人所得税税额。

(3) 上述第(1)条和第(2)条规定的税收优惠政策可以叠加享受。

(4) 闽财税〔2019〕23号文件自2019年1月1日起执行。自文件印发前已实际享受个人所得税减征额高于闽财税〔2019〕23号文件规定限额的,对纳税人不再追缴税款。

6.2.3.7 四川省对个人所得税减征优惠有哪些补充规定?

2019年10月11日,四川省人民政府发布的《关于明确残疾、孤老人员和烈属所得减征个人所得税等有关政策的通知》(川府发〔2019〕26号)结合四川省实际,对残疾、孤老人员和烈属所得减征个人所得税等有关政策作了如下规定:

(1) 对残疾、孤老人员和烈属个人取得的综合所得和经营所得予以减征个人所得税。其中,残疾人限额减征年应纳个人所得税税额6 000元;孤老人员、烈属限额减征年应纳个人所得税税额10 000元。

(2) 对因自然灾害遭受重大损失的个人,其来源于受灾地区的所得在受灾后3年内(含受灾当年)可减征个人所得税。具体标准:第一年减征年应纳个人所得税税额的90%,第二年减征年应纳个人所得税税额的70%,第三年减征年应纳个人所得税税额的50%。

发生重大自然灾害,国务院及相关部委另有规定的从其规定。

(3) 残疾、孤老人员和烈属所得减征个人所得税等有关政策具体实施办法,由四川省税务局会同财政厅制定。

6.2.3.8 山东省对个人所得税减征优惠有哪些补充规定？

2019年7月2日，山东省人民政府发布的《关于明确残疾、孤老人员和烈属及因自然灾害遭受重大损失等个人所得税减征政策的通知》（鲁政字〔2019〕129号）对山东省残疾、孤老人员和烈属及因自然灾害遭受重大损失的纳税人减征个人所得税优惠政策进行了细化规定：

（1）纳税人取得综合所得，年应纳个人所得税减征额不超过6 000元。

（2）纳税人取得经营所得，年应纳个人所得税减征额不超过6 000元。

（3）纳税人同时取得综合所得和经营所得的，由纳税人选择其中一个所得项目享受减征政策，不重复享受。纳税人同时有残疾、孤老人员和烈属两种以上身份的，由纳税人选择其中一种身份享受减征政策，不重复享受。

（4）因自然灾害遭受重大损失的，由省政府根据受灾情况，在不超过扣除保险赔款等后的实际损失额内确定减征税额、减征对象、减征所得项目和减征期限。

（5）国家税务总局山东省税务局可根据《关于明确残疾、孤老人员和烈属及因自然灾害遭受重大损失等个人所得税减征政策的通知》（鲁政字〔2019〕129号）制定具体征管规范。

6.2.3.9 浙江省对个人所得税减征优惠有哪些补充规定？

2019年3月5日，浙江省财政厅、国家税务总局浙江省税务局印发的《关于浙江省残疾、孤老人员和烈属减征个人所得税有关优惠政策的通知》（浙财税政〔2019〕9号）对浙江省残疾、孤老人员和烈属减征个人所得税有关优惠政策进行如下规定：

（1）综合所得项目，年应纳个人所得税税额在6 000元（含）以下的，减征100%；6 000元以上的，定额减征6 000元。

（2）经营所得项目，年应纳个人所得税税额在6 000元（含）以下的，减征100%；6 000元以上的，定额减征6 000元。

（3）纳税人年度内存在综合所得和经营所得的，由纳税人选择一个所得类别享受减征税收优惠，两类所得不重复享受；纳税人同时符合残疾、孤老人员和烈属两种以上身份的，选择一种身份享受减征税收优惠，多重身份不重复享受。

（4）上述政策自2019年1月1日起执行。《浙江省财政厅　浙江省地方税务局关于残疾、孤老人员和烈属减征个人所得税有关政策的通知》（浙财税政〔2017〕36号）同时废止。

2019年5月6日，国家税务总局浙江省税务局印发的《关于残疾、孤老人员和烈属减征个人所得税有关事项的公告》（国家税务总局浙江省税务局公告2019年第6号）对相关征管事项进行了如下规定：

（1）减征办理。

① 纳税人取得工资、薪金所得，选择在预扣预缴环节办理减征的，应向扣缴义务人提供残疾、孤老、烈属证明复印件，扣缴义务人不得拒绝，扣缴义务人应按规定的减征标准计算减征税款，并填报《个人所得税减免税事项报告表》。纳税人同时从两处以上取得工资、薪金所得的，选择一处扣缴义务人办理减征。

纳税人按规定需要办理汇算清缴或选择在汇算清缴环节办理减征的,由纳税人自行按规定的减征标准计算减征税款,并填报《个人所得税减免税事项报告表》。

② 纳税人取得劳务报酬所得、稿酬所得、特许权使用费所得的,应在汇算清缴环节办理减征,并填报《个人所得税减免税事项报告表》。

③ 纳税人取得经营所得,实行自行申报和代为申报纳税的,应按规定的减征标准计算减征税款,并填报《个人所得税减免税事项报告表》。实行定期定额征收方式的,在定额核定环节由纳税人填报《个人所得税减免税备案登记表》,主管税务机关按规定程序相应调减其应纳税额。

(2) 扣缴义务人和纳税人留存备查资料。

① 扣缴义务人在首次代扣代缴时应当将残疾、孤老、烈属证明复印件留存备查。

② 纳税人应当将以下资料留存备查:

A. 纳税人的个人身份证明。

B. 残疾、孤老、烈属证明。

(3) 退税办理。

对按规定可享受实际未享受减征优惠的残疾、孤老人员和烈属,可自行向主管税务机关申请办理退税,申请退税期限按照《中华人民共和国税收征收管理法》规定执行。

(4) 后续管理及法律责任。

主管税务机关要利用残联、民政等部门提供的信息,对残疾、孤老人员和烈属享受减征个人所得税情况进行后续管理。对违反规定享受减免税优惠的,税务机关依照《中华人民共和国税收征收管理法》有关规定予以处理。

(5) 施行时间。

上述政策自2019年1月1日起施行。

6.2.3.10 广西壮族自治区对个人所得税减征优惠有哪些补充规定?

2019年5月5日,广西壮族自治区人民政府发布的《关于减征个人所得税有关问题的通知》(桂政发〔2019〕21号)对残疾、孤老人员、烈属所得和因自然灾害遭受重大损失个人所得税政策作了补充规定:

(1) 残疾(不含重度残疾)人员、孤老人员和烈属所得,减征50%的个人所得税;重度残疾人员所得,减征100%的个人所得税。

① 上述所称的"所得"包括工资、薪金所得,劳务报酬所得,稿酬所得,特许权使用费所得,经营所得;不包括利息、股息、红利所得,财产租赁所得,财产转让所得和偶然所得。

② 上述所称的"残疾(不含重度残疾)人员"是指持有《中华人民共和国残疾人证》(三至四级)或《中华人民共和国残疾军人证》(五至十级)的自然人。"重度残疾人员"是指持有《中华人民共和国残疾人证》(一至二级)或者《中华人民共和国残疾军人证》(一至四级)的自然人。

③ 上述所称的"孤老人员"是指年满60周岁且无法定赡养义务人或法定赡养义务人无赡养能力的个人。

④ 上述所称的"烈属"是指烈士的父母(抚养人)、配偶、子女和兄弟姐妹。

⑤ 纳税人同时符合残疾人员、孤老人员和烈属两种或两种以上身份的,只能选择一种身份享受减征政策,多重身份不叠加享受。

(2) 纳税人因自然灾害遭受重大损失的,以扣除保险赔款后的实际损失额为限,给予扣减当年应纳税所得额。

上述所称"自然灾害"的种类包括干旱、洪涝灾害,台风、风雹、低温冷冻、雪等气象灾害,火山、地震灾害,山体崩塌、滑坡、泥石流等地质灾害,风暴潮、海啸等海洋灾害,森林草原火灾和生物灾害等。

(3) 上述政策自 2019 年 1 月 1 日起执行。《广西壮族自治区人民政府关于减征个人所得税有关问题的通知》(桂政发〔2011〕9 号)同时废止。

6.2.3.11　江苏省对个人所得税减征优惠有哪些补充规定?

江苏省有关残疾人等的个人所得税减税政策虽然出台时间较早,也未根据新《个人所得税法》进行修订,但其规定非常完整。

《江苏省地税局关于残疾人等个人所得税减征管理有关规定的公告》(苏地税规〔2015〕7 号)从 10 个方面对残疾人等个人所得税减征管理进行了规定:

(1) 减征原则。

残疾人等个人所得税减征实行"先征后退"原则。即纳税人或者扣缴义务人必须按照税法的规定申报缴纳个人所得税,年度终了后再按本办法规定办理退税。

(2) 减征对象。

《江苏省地税局关于残疾人等个人所得税减征管理有关规定的公告》规定的个人所得税减征对象仅限于《中华人民共和国个人所得税法》第五条规定列举的个人。具体包括:

① 残疾、孤老人员和烈属。

享受税收优惠的残疾人是指持有第二代《中华人民共和国残疾人证》并注明属于视力残疾、听力残疾、言语残疾、肢体残疾、智力残疾、精神残疾和多重残疾的人员,以及持有《中华人民共和国残疾军人证(一至八级)》的人员;孤老是指男年满 60 周岁、女年满 55 周岁,无法定扶养义务人的个人;烈属是指烈士的父母、配偶及子女。

② 因严重自然灾害造成重大损失的个人。

(3) 减征范围。

减征范围限于劳动所得,具体所得项目为工资、薪金所得;个体工商户的生产、经营所得;对企事业单位的承包、承租经营所得;劳务报酬所得;稿酬所得;特许权使用费所得。

可申请退还的个人所得税以纳税人或者其扣缴义务人在本省范围内自行申报或者扣缴申报缴纳的个人所得税为限。

(4) 减征幅度。

① 孤老和烈属的所得,其个人所得税减征幅度按下列比例计算。

② 残疾人的所得,其个人所得税减征幅度根据残疾程度分别确定。残疾程度为中度以上,即残疾等级为一、二、三级(视力、听力、言语、肢体、智力、精神、多重)的残疾人,一

级至六级（含六级）的转业、复员、退伍的革命伤残军人，其个人所得税减征幅度与孤老、烈属相同；残疾程度为轻度，即残疾等级为四级（视力、听力、言语、肢体、智力、精神、多重）的残疾人，七级至八级的转业、复员、退伍革命伤残军人，其个人所得税减征幅度按孤老、烈属的50%计算。

③ 因严重自然灾害造成重大损失的，其个人所得税应视扣除保险赔款后的实际损失酌情减征，最高不超过全年应纳个人所得税款的80%。

（5）减征期限。

残疾、孤老人员和烈属的所得，每年均可减征。

因严重自然灾害造成重大损失的，减征遭受灾害当年的个人所得税。对于个别损失很大的，可以减征至次年。

（6）减征申请。

① 减征申请。

符合规定享受减征个人所得税优惠的纳税人，应在《江苏省地税局关于残疾人等个人所得税减征管理有关规定的公告》第七条规定的时间内向主管税务机关提出书面申请，同时按规定提交减免税申请表及相关资料。

② 资料提供。

A. 残疾、孤老以及烈属类减免纳税人在首次办理减免税时，需提供下列资料：

a. 《纳税人减免税备案登记表》。

b. 申请人的有效个人身份证件（复印件）。

c. 残疾证明（残疾人减免税）。

d. 男年满60周岁、女年满55周岁，无法定抚养义务人的个人的证明（孤老减免税）。

e. 烈属资格证明（烈属减免税）。

f. 申请减免年度个人完税证明。

残疾证明是指第二代《中华人民共和国残疾人证》或《中华人民共和国残疾军人证（一至八级）》，残疾证应在有效期内。

孤老证明由乡镇以上的民政部门或当地政府开具。

烈属资格证明是指中华人民共和国民政部出具的《烈士证明书》（2013年8月1日以前未换新证的烈属持有《革命烈士证明书》）；能证明烈属身份的户口簿、结婚证等有效证件原件（现场审核后交还）及复印件，如无有效证件证明，可提供由当地乡镇以上公安机关或政府民政部门出具的身份证明原件。

以后年度办理减免税时，除残疾程度发生变化需按上述要求提供新的材料外，不需要再办理减免税申请，可凭以前年度减免税批复直接填写《纳税人减免税申请表》申请办理退税。

B. 重大自然灾害减免应提供下列资料：

a. 《纳税人减免税申请核准表》。

b. 申请人的有效个人身份证件（复印件）。

c. 申请减免年度个人完税证明。

d. 重大自然灾害证明。

重大自然灾害证明资料包括相关部门或地方政府（乡镇以上）出具的自然灾害证明，或者保险公司理赔时出具的保险理赔文件原件（现场审核后交还）及复印件。

（7）申请时间。

符合规定享受减征个人所得税优惠的纳税人，应于纳税年度终了后及时办理上一年度的减免税申请；申请时间超过3年的，按照《中华人民共和国税收征收管理法》规定处理。

（8）管理权限。

《江苏省地税局关于残疾人等个人所得税减征管理有关规定的公告》规定的个人所得税减征由主管税务机关一次性核实确认。

纳税人应在主要收入来源地主管税务机关申请办理个人所得税减征。

（9）法律责任。

纳税人采取欺骗等手段骗取个人所得税减免税优惠的，按《中华人民共和国税收征收管理法》的规定处理，构成犯罪的，依法移送司法机关处理。

（10）施行时间。

《江苏省地税局关于残疾人等个人所得税减征管理有关规定的公告》自2016年1月1日起施行，纳税人办理2015年度及以后年度减免税申请的，按《江苏省地税局关于残疾人等个人所得税减征管理有关规定的公告》规定减征幅度办理；办理以往年度减免税申请的，仍然按照原减征幅度办理。

6.2.3.12 江西省对个人所得税减征优惠有哪些补充规定？

《江西省财政厅江西省地方税务局关于调整我省对残疾、孤老人员和烈属个人所得税优惠政策的通知》（赣财法〔2015〕74号）规定如下：

（1）符合条件的残疾、孤老人员和烈属的个人所得经主管地税机关批准可以减征。符合条件是指本人持有民政、残联等部门核发的残疾、孤老人员和烈属的有效证件。

（2）可以减征个人所得税的残疾、孤老人员和烈属的所得仅限于劳动所得，具体所得项目为工资、薪金所得；个体工商户的生产经营所得；对企事业单位的承包经营、承租经营所得；劳务报酬所得；稿酬所得；特许权使用费所得。对财产租赁所得、财产转让所得、利息、股息、红利所得和其他所得等项目的应税所得应依法征收个人所得税。

（3）残疾、孤老人员和烈属个人取得的工资、薪金所得，劳务报酬所得，稿酬所得，特许权使用费所得，按应纳个人所得税额减征50%。

（4）个体工商户生产经营所得、对企业单位的承包承租经营所得、个人独资企业和合伙企业生产经营所得应纳个人所得税按以下规定予以减免：年应纳个人所得税额在2万元（含）以下的免征个人所得税；年应纳个人所得税额2～5万元之间的部分减征50%；年应纳个人所得税额超过5万元的部分，不再给予减征。

（5）个人所得税纳税人因严重自然灾害造成重大损失的，经主管地方税务机关批准，可在一年内减征个人所得税，减征幅度为80%。

6.2.3.13 海南省对个人所得税减征优惠有哪些补充规定？

《海南省地方税务局关于个人所得税减免税问题的通知》（琼地税函〔2007〕270号）规

定,海南省残疾人个人取得的劳动所得,均减半征收个人所得税。具体项目为工资、薪金所得,个体工商户的生产经营所得,对企事业单位的承包承租经营所得,劳务报酬所得,稿酬所得,特许权使用费所得。上述政策自2007年7月1日起执行。

6.2.3.14　贵州省对个人所得税减征优惠有哪些补充规定?

《贵州省地方税务局关于残疾、孤老、烈属及因灾受损减征个人所得税的通知》(黔地税一字〔1995〕第22号,1995年4月17日发布,2018年6月15日修订)规定如下:

(1)残疾、孤老人员和烈属凭有关证件、证明,经县(市、区)税务局核实批准,可减半征收个人所得税。

(2)因严重自然灾害造成重大损失的纳税人提出申请,出具有关证明,经县(市、区)税务局核实批准,可在1年内减半征收个人所得税。

6.2.3.15　广东省对个人所得税减征优惠有哪些补充规定?

《广东省地方税务局关于广东省残疾人等个人所得税减征规定的公告》(广东省地方税务局公告2016年第8号)规定如下:

(1)个人所得税的减征对象和减征幅度。

① 残疾人、孤老、烈属的个人所得,按以下规定减征个人所得税:

A. 个人取得的工资、薪金所得、劳务报酬所得、稿酬所得、特许权使用费所得,按应纳税额减征80%的个人所得税,税收法律法规对上述所得另有减征规定的,按减征规定计算应纳税额后,再按本规定计算减征个人所得税。

B. 个人取得的个体工商户生产、经营所得,对企事业单位的承包经营、承租经营所得,个人独资企业投资者、合伙企业合伙人取得的生产、经营所得,区别以下情况分别予以减征:

年应纳税所得额10万元(含10万元)以下的,按应纳税额减征100%的个人所得税;年应纳税所得额超过10万元的部分,按应纳税额减征60%的个人所得税。

实行核定征收个人所得税的个体工商户、个人独资企业投资者、合伙企业合伙人以及企事业单位的承包经营、承租经营者可享受个人所得税减征优惠。

个人减免税额在一个纳税年度内不超过9万元。

② 因风、火、水、地震等严重自然灾害造成重大损失的个人,以扣除保险赔款后的实际损失额为限,给予减征应纳税所得额,减免税额最高不超过受灾当年度全年应纳个人所得税款的80%。

(2)享受减征个人所得税纳税人的认定标准。

① 残疾人是指按照国家有关规定标准界定为残疾,并取得民政部门、残联核发的残疾人有效证件的个人。

② 孤老是指男年满60周岁,女年满55周岁且无法定赡养义务人的个人。

③ 烈属是指烈士的父母(抚养人)、配偶、子女、兄弟姐妹。

(3)个人所得税减征程序。

① 对残疾人、孤老、烈属个人所得税的减征,由纳税人报主管税务机关备案,因严重自然灾害造成重大损失的个人办理减征报主管税务机关核准,其中工资、薪金所得属于

减征个人所得税范围的个人,可由其所在单位统一办理。

② 办理减税时,纳税人应提供以下资料:

A. 残疾人提供民政部门、残联核发的残疾人有效证明及本人身份证。

B. 孤老提供本人身份证及户口本。

C. 烈属提供与烈士的亲属关系证明及民政部门提供的《中华人民共和国烈士证明书》。

由就职单位申请的,就职单位应提供上述证件。

因严重自然灾害造成重大损失的个人,提供减免税申请报告(列明减免税理由、损失范围、损失发生期间、损失财物数量、受损金额等个人身份证件及自然灾害报失证明材料)。

③ 税务机关管理要求。主管税务机关受理申请后,在15个工作日内对申请减征个人所得税的纳税人资格进行确认,并将确认结果通知申请人,对资料不全的应一次性告知申请人补齐资料。税务机关对残疾人、孤老、烈属身份有疑义的可函请其户籍所在地县级人民政府民政、残联等部门出具其身份证明材料,函复所需时间不计算在办理期限内。

④ 残疾人、孤老、烈属纳税人身份发生变化,不再符合减征个人所得税条件的,应及时向主管税务机关报告。

(4)对纳税人以欺骗等手段骗取减税的,按《中华人民共和国税收征收管理法》及有关规定处理。

(5)信息交换。

残联部门应将我省核发的残疾人有效证明名单信息定期交换给地税部门,以加强对残疾人等有效证件的管理。由省地税局会省残联明确信息交换方式。

(6)各地级市地方税务局应根据本公告制定具体的实施管理办法。

(7)《广东省地方税务局关于广东省残疾人等个人所得税减征规定的公告》未尽事宜,按有关法律、法规的规定执行。

(8)《广东省地方税务局关于广东省残疾人等个人所得税减征规定的公告》自制发之日起施行,有效期5年,届时根据施行情况修订。对个人取得的所属期为2016年7月1日之后的工资、薪金所得,劳务报酬所得,稿酬所得,特许权使用费所得的减征参照本公告执行;对个人取得的所属期为2016年1月1日之后的个体工商户生产、经营所得,对企事业单位的承包经营、承租经营所得,个人独资企业投资者、合伙企业合伙人取得的所得的减征参照《广东省地方税务局关于广东省残疾人等个人所得税减征规定的公告》执行。纳税人多缴税款的,可在以后年度抵减或申请退税。

6.3 个人取得的津贴、补贴可否免征个人所得税?

6.3.1 个人取得的津贴、补贴必须并入工资、薪金所得纳税吗?

《个人所得税法》第六条第(一)项规定:"工资、薪金所得,是指个人因任职或者受雇取得的工资、薪金、奖金、年终加薪、劳动分红、津贴、补贴以及与任职或者受雇有关的其他所得。"其中非常明确地将津贴、补贴纳入到了工资、薪金所得的项目范围。

6.3.2 现行政策有没有对津贴、补贴的免税政策及补充规定？

个人取得的所有津贴、补贴是否都必须并入到工资、薪金所得项目计算缴纳个人所得税？未必。因为《个人所得税法》第四条第三项规定，按照国家统一规定发给的补贴、津贴免征个人所得税。

但何谓"按照国家统一规定发给的补贴、津贴"？《个人所得税法实施条例》第十条作了进一步的细化补充："所称按照国家统一规定发给的补贴、津贴，是指按照国务院规定发给的政府特殊津贴、院士津贴，以及国务院规定免予缴纳个人所得税的其他补贴、津贴。"

《国家税务总局关于印发〈征收个人所得税若干问题的规定〉的通知》（国税发〔1994〕89号）对补贴、津贴等一些具体收入项目应否计入工资、薪金所得项目征税问题做出了进一步的明确规定："对按照国务院规定发给的政府特殊津贴和国务院规定免纳个人所得税的补贴、津贴，免予征收个人所得税。其他各种补贴、津贴均应计入工资、薪金所得项目征税。"同时明确下列不属于工资、薪金性质的补贴、津贴或者不属于纳税人本人工资、薪金所得项目的收入，不征税：

（1）独生子女补贴。

（2）执行公务员工资制度未纳入基本工资总额的补贴、津贴差额和家属成员的副食品补贴。

（3）托儿补助费。

（4）差旅费津贴、误餐补助。

需要注意的是，按照《财政部 国家税务总局关于误餐补助范围确定问题的通知》（财税字〔1995〕82号）的规定，不征税的误餐补助，是指按财政部门规定，个人因公在城区、郊区工作，不能在工作单位或返回就餐，确实需要在外就餐的，根据实际误餐顿数，按规定的标准领取的误餐费。一些单位以误餐补助名义发给职工的补贴、津贴，应当并入当月工资、薪金所得计征个人所得税。

其后，《财政部 国家税务总局关于军队干部工资薪金收入征收个人所得税的通知》（财税字〔1996〕14号）又根据税收征管实践中遇到问题，作了更加明确和具体的补充，明确补贴、津贴按下列情况，分别处理：

（1）按照政策规定，属于免税项目或者不属于本人所得的补贴、津贴有八项，不计入工资、薪金所得项目征税。即：

① 政府特殊津贴。

② 福利补助。

③ 夫妻分居补助费。

④ 随军家属无工作生活困难补助。

⑤ 独生子女保健费。

⑥ 子女保教补助费。
⑦ 机关在职军以上干部公勤费(保姆费)。
⑧ 军粮差价补贴。
(2) 对以下五项补贴、津贴,暂不征税:
① 军人职业津贴。
② 军队设立的艰苦地区补助。
③ 专业性补助。
④ 基层军官岗位津贴(营连排长岗位津贴)。
⑤ 伙食补贴。

6.3.3　引进海外高层次人才取得的一次性补助可以免征个税吗?

《关于印发〈关于海外高层次引进人才享受特定生活待遇的若干规定〉的通知》(组通字〔2008〕58号)第七条规定,引进人才回国(来华)时取得的一次性补助,视同国家奖金,免征个人所得税。另外,该文件还规定:"5年内境内工资收入中的住房补贴、伙食补贴、搬迁费、探亲费、子女教育费等,按照国家税收法律法规的有关规定,予以税前扣除。进境少量科研、教学物品,免征进口税收;进境合理数量的生活自用物品,按现行政策规定执行。"

6.4　个人取得的奖金需要什么条件才可以免税?

6.4.1　获得的省部级和国际组织奖金都可以免税吗?

《个人所得税法》第四条第一款第一项规定,省级人民政府、国务院部委和中国人民解放军军以上单位,以及外国组织、国际组织颁发的科学、教育、技术、文化、卫生、体育、环境保护等方面的奖金,免征个人所得税。

分析其规定,可以看出,个人获得的奖金免征个人所得税是有条件的:

一是授予者的身份条件,必须是省级人民政府、国务院部委和中国人民解放军军以上单位,以及外国组织、国际组织。

二是业务范围的限制条件,必须因为在科学、教育、技术、文化、卫生、体育、环境保护等方面获得相当成就。

只有同时满足上述两个条件的,其获得的奖金才可以享受免税优惠。

6.4.2　目前明确享受免税优惠的科技方面的奖金有哪些?

6.4.2.1　曾宪梓载人航天基金奖金可以免征个人所得税吗?

《国家税务总局关于曾宪梓载人航天基金奖获奖者取得的奖金收入免征个人所得税的通知》(国税函〔2005〕116号)规定,为进一步鼓励和发展高科技人才队伍,支持和促进我国载人航天事业的持续发展,增强综合国力,按照《个人所得税法》第四条的规定,对曾宪梓载人航天基金奖获奖者取得的奖金收入,视为外国组织颁发的科学、技术方面的奖金,免予征收个人所得税。

6.4.2.2 "明天小小科学家"奖金可以免征个人所得税吗?

《关于2007年度明天小小科学家奖金免征个人所得税问题的通知》(国税函〔2008〕389号)、《国家税务总局关于明天小小科学家奖金免征个人所得税问题的通知》(国税函〔2010〕538号)以及《国家税务总局关于明天小小科学家奖金免征个人所得税问题的公告》(国家税务总局公告2012年第28号)等均规定,按照《中华人民共和国个人所得税法》第四条第一项关于国务院部委颁发的教育等方面的奖金免征个人所得税的规定,对学生个人参与"明天小小科学家"活动获得的奖金,免予征收个人所得税。

6.4.2.3 促进科技成果转化获得股权奖励可以免征个人所得税吗?

《财政部 国家税务总局关于促进科技成果转化有关税收政策的通知》(财税字〔1999〕45号)规定,科研机构、高等学校转化职务科技成果以股份或出资比例等股权形式给予个人奖励,获奖人在取得股份、出资比例时,暂不缴纳个人所得税;取得按股份、出资比例分红或转让股权、出资比例所得时,应依法缴纳个人所得税。

《国家税务总局关于促进科技成果转化有关个人所得税问题的通知》(国税发〔1999〕125号)进一步补充规定,享受上述优惠政策的科技人员必须是科研机构和高等学校的在编正式职工。

6.4.2.4 "长江小小科学家"奖金可以免征个人所得税吗?

《国家税务总局关于"长江小小科学家"奖金免征个人所得税的通知》(国税函〔2000〕688号)规定,教育部和李嘉诚基金会主办、中国科协承办"长江小小科学家"活动,奖励全国(包括香港、澳门特别行政区)初中、高中、中等师范学校、中等专业学校、职业中学、技工学校的在校学生。每次活动评出一等奖1名,奖金为25万元人民币(其中奖励学生个人5万元人民币,奖励学生所在学校20万元人民币);二等奖25名,奖金为6万元人民币(其中奖励学生个人1万元人民币,奖励学生所在学校5万元人民币);三等奖50名,奖金为3.5万元人民币(其中奖励学生个人5 000元人民币,奖励学生所在学校3万元人民币);提名奖100名,奖金为9 000元人民币(其中奖励学生个人1 500元人民币,奖励学生所在学校7 500元人民币)。

按照《个人所得税法》第四条第一款关于国务院部委颁发的科学等方面的奖金免税的规定,对学生个人参与"长江小小科学家"活动并获得的奖金,免予征收个人所得税。

6.4.2.5 陈嘉庚科学奖奖金可以免征个人所得税吗?

《国家税务总局关于陈嘉庚科学奖获奖个人取得的奖金收入免征个人所得税的通知》(国税函〔2006〕561号)规定,陈嘉庚基金会由中国科学院为业务主管部门,实行理事会负责制,由科技部、财政部、教育部、中国科学院、中国工程院、国家自然科学基金委员会、中国科学技术协会、中国银行等部门及中国科学院各学部主任和院士组成理事会,下设评选委员会。该基金会的主要职责是设立陈嘉庚科学奖,以奖励取得杰出科技成果的我国优秀科学家,促进中国科学技术事业的发展。该奖共设6个奖项,每个奖项奖金30万元人民币。目前,该奖已评选出2006年度陈嘉庚数理、生命、地球和信息技术科学4

个奖项,共 4 人。

按照《中华人民共和国个人所得税法》第四条第一款的规定,对陈嘉庚科学奖 2006 年度获奖者个人取得的奖金收入,免予征收个人所得税。

6.4.2.6　全国职工职业技能大赛奖金可以免征个人所得税吗?

《国家税务总局关于全国职工职业技能大赛奖金免征个人所得税的通知》(国税函〔2010〕78 号)规定,为进一步激发广大职工学技术、练技能的热情,提高职工技术水平,中华全国总工会、科学技术部、人力资源和社会保障部联合举办了第三届全国职工职业技能大赛,分设钳工、焊工、维修电工、数控机床装调维修工、数控铣工、数控车工、加工中心操作工、速录师等 8 个工种的比赛;对第三届全国职工职业技能大赛每个工种决赛前 20 名选手分别给予不同数额的奖金,总计 52.8 万元(名单及奖金数额附后),全部由全国总工会承担。

按照《中华人民共和国个人所得税法》第四条有关国务院部委颁发的技术方面奖金免征个人所得税的规定,对第三届全国职工职业技能大赛获奖者取得的奖金免征个人所得税。

6.4.2.7　李四光地质科学奖奖金可以免征个人所得税吗?

《国家税务总局关于 2011 年度李四光地质科学奖奖金免征个人所得税的公告》(国家税务总局公告 2011 年第 68 号)规定,为奖励长期奋战在工作环境恶劣、生活条件艰苦的地质工作第一线并做出突出贡献的地质科技工作者,国土资源部根据《李四光地质科学奖章程》,经过专家初评、评奖委员会终评和社会公示,2011 年共评出 15 位获奖者,每人奖金 10 万元人民币。按照《中华人民共和国个人所得税法》第四条第一项关于国务院部委颁发的科学、教育、技术等方面的奖金免征个人所得税的规定,对 2011 年度李四光地质科学奖获奖者个人所获奖金,免予征收个人所得税。

6.4.2.8　黄汲清青年地质科学技术奖奖金可以免征个人所得税吗?

《国家税务总局关于第五届黄汲清青年地质科学技术奖奖金免征个人所得税问题的公告》(国家税务总局公告 2012 年第 4 号)规定,为奖励在我国地质学领域做出重要贡献的杰出青年地质工作者,由国土资源部主管的黄汲清青年地质科学技术奖基金管理委员会根据《黄汲清青年地质科学技术奖基金章程》《黄汲清青年地质科学技术奖奖励条例》的规定,经过专家初评、社会公示和评奖委员会终评,第五届黄汲清青年地质科学技术奖共评出 15 位获奖者,每人奖金 1 万元人民币。按照《中华人民共和国个人所得税法》第四条第一项关于国务院部委颁发的科学、教育、技术等方面的奖金免征个人所得税的规定,对第五届黄汲清青年地质科学技术奖获奖者所获奖金,免予征收个人所得税。

6.4.2.9　全国职工优秀技术创新成果奖奖金可以免征个人所得税吗?

《国家税务总局关于全国职工优秀技术创新成果奖奖金免征个人所得税的通知》(国税函〔2011〕10 号)规定,为激发广大职工参与建设创新型企业和创新型国家的积极性,推动经济发展方式转变,中华全国总工会、科学技术部、工业和信息化部、人力资源和社会保障部联合开展了第三届全国职工优秀技术创新成果评选表彰活动,奖金由全国总工会支付。按照《中华人民共和国个人所得税法》第四条第一项有关省、部级科学技术奖金免税的规定,对全国职工优秀技术创新成果奖获奖项目完成人的奖金,免予征收个人所得税。

6.4.3 目前明确享受免税优惠的教育方面的奖金有哪些？

6.4.3.1 曾宪梓教育基金会教师奖可以免征个人所得税吗？

《国家税务总局关于曾宪梓教育基金会教师奖免征个人所得税的函》（国税函发〔1994〕376号）规定,对个人获得曾宪梓教育基金会教师奖的奖金,可视为国务院部委颁发的教育方面的奖金,免予征收个人所得税。

6.4.3.2 "长江学者成就奖"奖金可以免征个人所得税吗？

为配合"211工程"建设,吸引和培养杰出人才,加速高校中青年学科带头人队伍建设,教育部和中国香港实业家李嘉诚先生共同筹资建立了"长江学者奖励计划"。该计划包括实行特聘教授岗位制度和设立"长江学者成就奖"两项内容。即是经过一定审核程序,在全国高等学校国家重点学科中,面向国内、外公开招聘学术造诣深、发展潜力大、具有领导本学科在其前沿领域赶超或保持国际先进水平能力的中青年杰出人才,作为特聘教授,在聘期内享受每年10万元人民币的特聘教授岗位津贴,同时享受学校按照国家有关规定提供的工资、保险、福利等待遇；特聘教授任职期间取得重大成就、做出重大贡献,将获得由教育部会同李嘉诚先生审定并公布的每年一次的"长江学者成就奖",每次一等奖1名,奖金为100万元人民币,二等奖30名,每人奖金50万元人民币。教育部提出对特聘教授岗位津贴和"长江学者是成就奖"的奖金给予免征个人所得税照顾。

基于此,《国家税务总局关于"长江学者奖励计划"有关个人收入免征个人所得税的通知》（国税函〔1998〕632号）规定,特聘教授取得的岗位津贴应并入其当月的工资、薪金所得计征个人所得税,税款由所在学校代扣代缴。但是对特聘教授获得"长江学者成就奖"的奖金,可视为国务院部委颁发的教育方面的奖金,免予征收个人所得税。教育部在颁发"长江学者成就奖"之前,将获奖人员名单及有关情况报国家税务总局一份,由总局通知有关地区免予征税。

6.4.3.3 "特聘教授奖金"可以免征个人所得税吗？

《国家税务总局关于"特聘教授奖金"免征个人所得税的通知》（国税函〔1999〕525号）规定,对教育部颁发的"特聘教授奖金"免予征收个人所得税。

6.4.3.4 赴西部地区任课教师奖金可以免征个人所得税吗？

中国香港李嘉诚基金会和教育部合作设立并组织实施"西部地区十四所重点建设高校重点课程教师岗位计划",该计划由北京大学等十四所支援高校派遣副教授以上的优秀教师,到西部地区十四所重点建设高校,从事重点基础课和专业课教学。

为了支持和促进西部地区教育事业的发展,国家税务总局下发的《关于"西部地区十四所重点建设高校重点课程教师岗位计划"任课教师奖金免征个人所得税的通知》（国税函〔2002〕737号）规定,对十四所支援高校派往西部地区高校教学的任课教师取得的上述奖金,免予征收个人所得税。

6.4.4 目前明确享受免税优惠的体育方面的奖金有哪些？

《财政部 国家税务总局关于个人取得体育彩票中奖所得征免个人所得税问题的通

知》(财税字〔1998〕12号)规定,为了有利于动员全社会力量资助和发展我国的体育事业,经研究决定,对个人购买体育彩票中奖收入的所得税政策作如下调整:凡一次中奖收入不超过1万元的,暂免征收个人所得税;超过1万元的,应按税法规定全额征收个人所得税。

6.4.5 目前明确享受免税优惠的环保方面的奖金有哪些?

6.4.5.1 "母亲河(波司登)奖"奖金可以免征个人所得税吗?

《国家税务总局关于个人取得"母亲河(波司登)奖"奖金所得免征个人所得税问题的批复》(国税函〔2003〕961号)规定,中国青年乡镇企业家协会是共青团中央直属的社会团体,其组织评选的"母亲河(波司登)奖"是经共青团中央、全国人大环资委、国家环保总局等九部门联合批准设立的环境保护方面的奖项。按照《中华人民共和国个人所得税法》第四条第一款规定,该奖项可以认定为国务院部委颁发的环境保护方面的奖金。个人取得的上述奖金收入,免予征收个人所得税。

6.4.5.2 "中华环境奖"奖金可以免征个人所得税吗?

《国家税务总局关于中华宝钢环境优秀奖奖金免征个人所得税问题的通知》(国税函〔2010〕130号)规定,为表彰和奖励为我国环境保护事业做出重大贡献者,促进环境保护事业的发展,经环境保护部批准,中华环境保护基金会设立了中华环境奖(现冠名为中华宝钢环境奖)。由全国人大环境与资源保护委员会、全国政协人口资源环境委员会、教育部、民政部、环境保护部、文化部、国家广播电影电视总局、中华全国总工会、共青团中央、全国妇联等13家单位组成组织委员会,对其评选工作进行指导。该奖评选办公室设在中华环境保护基金会。目前第六届中华宝钢环境奖评选工作已经结束,评选出中华宝钢环境优秀奖获奖者个人7名,每人奖金5万元。

按照《个人所得税法》第四条第一项有关规定,对第六届中华宝钢环境优秀奖获奖者个人所获奖金,免予征收个人所得税。

为贯彻行政审批制度改革精神,对中华环境保护基金会严格按照中华环境奖评奖办法,在以后年度评选出的上述奖项奖金收入,一律按照个人所得税法的有关规定直接免予征收个人所得税,无须报送审批。主办单位和评奖办法以后年度发生变化的,主办单位应重新报国家税务总局审核确认。

6.4.6 其他方面的奖金能否享受免税优惠待遇?

6.4.6.1 购买福利彩票获得的奖金能否享受免税优惠?

《国家税务总局关于社会福利有奖募捐发行收入税收问题的通知》(国税发〔1994〕127号)规定,对个人购买社会福利有奖募捐奖券一次中奖收入不超过10 000元的暂免征收个人所得税,对一次中奖收入超过10 000元的,应按税法规定全额征税。

6.4.6.2 见义勇为者的奖金可以免征个人所得税吗?

《财政部 国家税务总局关于发给见义勇为者的奖金免征个人所得税问题的通知》(财税字〔1995〕25号)规定,为了鼓励广大人民群众见义勇为,维护社会治安,对乡、镇(含乡、镇)以上人民政府或经县(含县)以上人民政府主管部门批准成立的有机构、有章程的见义勇为基金或者类似组织,奖励见义勇为者的奖金或奖品,经主管税务机关核准,免予征收个人所得税。

6.4.6.3 国际青少年消除贫困奖可以免征个人所得税吗?

《财政部 国家税务总局关于国际青少年消除贫困奖免征个人所得税的通知》(财税字〔1997〕51号)规定,考虑到"国际青少年消除贫困奖"是由联合国开发计划署和中国青少年发展基金会共同设立,旨在表彰奖励在与贫困作斗争中取得突出成绩的青少年,按照《个人所得税法》第四条第一款的规定,对个人取得的"国际青少年消除贫困奖",视同从国际组织取得的教育、文化方面的奖金,免予征收个人所得税。

6.4.6.4 孙平化日本学学术奖励基金奖金可以免征个人所得税吗?

《国家税务总局关于第四届孙平化日本学学术奖励基金获奖奖金收入免征个人所得税的通知》(国税函〔2004〕917号)规定,为了促进中日友好关系发展,加深两国人民之间的交流和理解,宋庆龄基金会遵照已故中日友好协会会长孙平化先生遗愿,专项设立了"孙平化日本学学术奖励基金"。个人获得"孙平化日本学学术奖励基金"的奖金,属于国务院部委颁发的文化方面的奖金,按照《中华人民共和国个人所得税法》第四条第一款规定,对于个人获得该基金的奖金收入,免予征收个人所得税。

6.5 远洋运输公司的船员有没有个人所得税减免优惠?

《财政部 税务总局关于远洋船员个人所得税政策的公告》(财政部 税务总局公告2019年第97号)规定如下:

(1)一个纳税年度内在船航行时间累计满183天的远洋船员,其取得的工资、薪金收入减按50%计入应纳税所得额,依法缴纳个人所得税。

(2)上述所称的远洋船员是指在海事管理部门依法登记注册的国际航行船舶船员和在渔业管理部门依法登记注册的远洋渔业船员。

(3)在船航行时间是指远洋船员在国际航行或作业船舶和远洋渔业船舶上的工作天数。一个纳税年度内的在船航行时间为一个纳税年度内在船航行时间的累计天数。

(4)远洋船员可选择在当年预扣预缴税款或者次年个人所得税汇算清缴时享受上述优惠政策。

(5)海事管理部门、渔业管理部门同税务部门建立信息共享机制,定期交换远洋船员身份认定、在船航行时间等有关涉税信息。

(6)上述政策自2019年1月1日起至2023年12月31日止执行。

6.6 外籍及港澳台个人在综合所得方面享有哪些税收优惠?

6.6.1 外籍专家取得的工资、薪金所得可以免税吗?

按照《财政部 国家税务总局关于个人所得税若干政策问题的通知》(财税字〔1994〕

20号)第二条第(九)项的规定,凡符合下列条件之一的外籍专家取得的工资、薪金所得可免征个人所得税:

(1) 根据世界银行专项贷款协议由世界银行直接派往我国工作的外国专家。

(2) 联合国组织直接派往我国工作的专家。

(3) 为联合国援助项目来华工作的专家。

(4) 援助国派往我国专为该国无偿援助项目工作的专家。

(5) 根据两国政府签订文化交流项目来华工作两年以内的文教专家,其工资、薪金所得由该国负担的。

(6) 根据我国大专院校国际交流项目来华工作两年以内的文教专家,其工资、薪金所得由该国负担的。

(7) 通过民间科研协定来华工作的专家,其工资、薪金所得由该国政府机构负担的。

6.6.2 外籍人员的住房补贴、伙食补贴、搬迁费、洗衣费、探亲费、语言训练费、子女教育费等可以免税?

6.6.2.1 外籍人员相关费用免税的一般性规定

《财政部 国家税务总局关于个人所得税若干政策问题的通知》(财税字〔1994〕20号)第二条规定,下列所得,暂免征收个人所得税

(1) 外籍个人以非现金形式或实报实销形式取得的住房补贴、伙食补贴、搬迁费、洗衣费。

(2) 外籍个人按合理标准取得的境内、外出差补贴。

(3) 外籍个人取得的探亲费、语言训练费、子女教育费等,经当地税务机关审核批准为合理的部分。

6.6.2.2 相关免税费用的标准是如何规定的?如何判定其合理性?

(1) 非现金形式或实报实销形式取得住房、伙食补贴和洗衣费免税标准与合理性判定。

按照《国家税务总局关于外籍个人取得有关补贴征免个人所得税执行问题的通知》(国税发〔1997〕54号)的规定,对外籍个人以非现金形式或实报实销形式取得的合理的住房补贴、伙食补贴和洗衣费免征个人所得税,应由纳税人在初次取得上述补贴或上述补贴数额、支付方式发生变化的月份的次月进行工资、薪金所得纳税申报时,向主管税务机关提供上述补贴的有效凭证,由主管税务机关核准确认免税。

(2) 外籍个人以实报实销形式取得搬迁收入的免税标准与合理性判定。

按照《国家税务总局关于外籍个人取得有关补贴征免个人所得税执行问题的通知》(国税发〔1997〕54号)的规定,对外籍个人因到中国任职或离职,以实报实销形式取得的搬迁收入免征个人所得税,应由纳税人提供有效凭证,由主管税务机关审核认定,就其合理的部分免税。外商投资企业和外国企业在中国境内的机构、场所,以搬迁费名义每月或定期向其外籍雇员支付的费用,应计入工资、薪金所得征收个人所得税。

(3) 外籍个人按合理标准取得境内、外出差补贴的免税标准与合理性判定。

按照《国家税务总局关于外籍个人取得有关补贴征免个人所得税执行问题的通知》

(国税发〔1997〕54号)的规定,对外籍个人按合理标准取得的境内、外出差补贴免征个人所得税,应由纳税人提供出差的交通费、住宿费凭证(复印件)或企业安排出差的有关计划,由主管税务机关确认免税。

(4) 外籍个人取得探亲费的免税标准与合理性判定。

按照《国家税务总局关于外籍个人取得有关补贴征免个人所得税执行问题的通知》(国税发〔1997〕54号)的规定,对外籍个人取得的探亲费免征个人所得税,应由纳税人提供探亲的交通支出凭证(复印件),由主管税务机关审核,对其实际用于本人探亲,且每年探亲的次数和支付的标准合理的部分给予免税。

需要注意的是,《国家税务总局关于外籍个人取得的探亲费免征个人所得税有关执行标准问题的通知》(国税函〔2001〕336号)对上述探亲费进行了补充规定,即可以享受免征个人所得税优惠待遇的探亲费,仅限于外籍个人在我国的受雇地与其家庭所在地(包括配偶或父母居住地)之间搭乘交通工具且每年不超过2次的费用。

(5) 外籍个人取得的语言培训费和子女教育费补贴的免税标准与合理性判定。

按照《国家税务总局关于外籍个人取得有关补贴征免个人所得税执行问题的通知》(国税发〔1997〕54号)的规定,对外籍个人取得的语言培训费和子女教育费补贴免征个人所得税,应由纳税人提供在中国境内接受上述教育的支出凭证和期限证明材料,由主管税务机关审核,对其在中国境内接受语言培训以及子女在中国境内接受教育取得的语言培训费和子女教育费补贴,且在合理数额内的部分免予纳税。

6.6.2.3　外籍个人住房、伙食等补贴免税的审批与后续管理有什么要求?

《国家税务总局关于取消及下放外商投资企业和外国企业以及外籍个人若干税务行政审批项目的后续管理问题的通知》(国税发〔2004〕80号)规定,按照《财政部　国家税务总局关于个人所得税若干政策问题的通知》(财税字〔1994〕20号)第二条、《国家税务总局关于外籍个人取得有关补贴征免个人所得税执行问题的批复》(国税发〔1997〕54号,以下简称为国税发〔1997〕54号文件)的规定,外籍个人以非现金或实报实销形式取得的住房补贴、伙食补贴、洗衣费、搬迁费、出差补贴、探亲费、语言训练费、子女教育费等补贴,由纳税人提供有关凭证,主管税务机关核准后给予免征个人所得税。取消上述核准后,外籍个人取得上述补贴收入,在申报缴纳或代扣代缴个人所得税时,应按国税发〔1997〕54号文件的规定提供有关有效凭证及证明资料。主管税务机关应按照国税发〔1997〕54号文件的要求,就纳税人或代扣代缴义务人申报的有关补贴收入逐项审核。对其中有关凭证及证明资料,不能证明其上述免税补贴的合理性的,主管税务机关应要求纳税人或代扣代缴义务人在限定的时间内,重新提供证明材料。凡未能提供有效凭证及证明资料的补贴收入,主管税务机关有权给予纳税调整。

6.6.3　外籍个人取得港澳地区住房等补贴能否免税?

中国香港、澳门地区与内地地理位置毗邻,交通便利,在内地企业工作的部分外籍人员选择居住在港、澳地区,每个工作日往返于内地与港澳之间。对此类外籍个人在港澳专区居住时公司给予住房、伙食、洗衣等非现金形式或实报实销形式的补贴,能否按照有关规定免予征收个人所得税呢？对此问题，《财政部 国家税务总局关于外籍个人取得港澳地区住房等补贴征免个人所得税的通知》（财税〔2004〕29号）进行了如下规定：

（1）受雇于我国境内企业的外籍个人（不包括香港、澳门居民个人），因家庭等原因居住在香港、澳门，每个工作日往返于内地与香港、澳门等地区，由此境内企业（包括其关联企业）给予在香港或澳门住房、伙食、洗衣、搬迁等非现金形式或实报实销形式的补贴，凡能提供有效凭证的，经主管税务机关审核确认后，可以按照《财政部 国家税务总局关于个人所得税若干政策问题的通知》（财税字〔1994〕20号）以及《国家税务总局关于外籍个人取得有关补贴征免个人所得税执行问题的通知》（国税发〔1997〕54号）的规定，免予征收个人所得税。

（2）上述外籍个人就其在香港或澳门进行语言培训、子女教育而取得的费用补贴，凡能提供有效支出凭证等材料的，经主管税务机关审核确认为合理的部分，可以依照上述财税字〔1994〕20号文件以及国税发〔1997〕54号文件的规定，免予征收个人所得税。

6.6.4　对参与2022年冬奥会相关工作的外籍人员可否免征个人所得税？

《财政部 国家税务总局 海关总署关于北京2022年冬奥会和冬残奥会税收政策的通知》（财税〔2017〕60号）规定："对受北京冬奥组委邀请的，在北京2022年冬奥会、冬残奥会、测试赛期间临时来华，从事奥运相关工作的外籍顾问以及裁判员等外籍技术官员取得的由北京冬奥组委、测试赛赛事组委会支付的劳务报酬免征增值税和个人所得税。"

6.6.5　专为无偿援助我国的建设项目服务的工作人员工资、薪金免税吗？

按照《财政部关于外国来华工作人员缴纳个人所得税问题的通知》（财税字〔1980〕189号）的规定，对援助国派往我国专为该国无偿援助我国的建设项目服务的工作人员，取得的工资、生活津贴，不论我方支付或外国支付，均可免征个人所得税。

6.6.6　为外国来华文教专家提供住房、使用汽车、医疗等可享受免税待遇吗？

按照《财政部关于外国来华工作人员缴纳个人所得税问题的通知》（财税字〔1980〕189号）的规定，外国来华文教专家，在我国服务期间，由我方发工资、薪金，并对其住房、使用汽车、医疗实行免费"三包"，可只就工资、薪金所得按照税法规定征收个人所得税；对我方免费提供的住房、使用汽车、医疗，可免予计算纳税。

6.6.7　外国来华留学生领取的生活津贴费、奖学金征税吗？

按照《财政部关于外国来华工作人员缴纳个人所得税问题的通知》（财税字〔1980〕189号）的规定，外国来华留学生，领取的生活津贴费、奖学金，不属于工资、薪金范畴，不征个人所得税。

6.6.8　外国来华人员取得的外国派出单位的包干款项如何纳税？

按照《财政部关于外国来华工作人员缴纳个人所得税问题的通知》（财税字〔1980〕

189号)的规定,外国来华工作人员由外国派出单位发给包干款项,其中包括个人工资、公用经费(邮电费、办公费、广告费、业务上往来必要的交际费)、生活津贴费(住房费、差旅费),凡对上述所得能够划分清楚的,可只就工资、薪金所得部分按照规定征收个人所得税。即对于公用经费(邮电费、办公费、广告费、业务上往来必要的交际费)、生活津贴费(住房费、差旅费)等不予征收个人所得税。

6.6.9 平潭与粤港澳大湾区工作的港澳台高端及紧缺人才有什么税收优惠?

6.6.9.1 福建平潭工作的台湾居民有何减免税优惠?

《财政部 国家税务总局关于福建平潭综合实验区个人所得税优惠政策的通知》(财税〔2014〕24号)根据国务院有关批复精神,就福建平潭综合实验区有关个人所得税政策规定如下:

(1) 在平潭综合实验区工作的台湾居民,应按照《中华人民共和国个人所得税法》的有关规定,缴纳个人所得税。

(2) 福建省人民政府根据《国务院关于平潭综合实验区总体发展规划的批复》(国函〔2011〕142号)以及《平潭综合实验区总体发展规划》的有关规定,按不超过内地与台湾地区个人所得税负差额,给予在平潭综合实验区工作的台湾居民的补贴,免征个人所得税。

(3) 上述所称台湾居民,是指持有《台湾居民来往大陆通行证》的个人。

(4) 上述所称平潭综合实验区是指国务院2011年11月批复的《平潭综合实验区总体发展规划》规划的平潭综合实验区范围。

(5) 上述规定自2013年1月1日起至2020年12月31日止执行。

6.6.9.2 粤港澳大湾区工作的港、澳居民有何减免税优惠?

《财政部 国家税务总局关于广东横琴新区个人所得税优惠政策的通知》(财税〔2014〕23号)、《财政部 国家税务总局关于深圳前海深港现代服务业合作区个人所得税优惠政策的通知》(财税〔2014〕25号)等文件对在广东横琴、深圳前海工作的中国香港、澳门居民实行特定税收优惠,即当地政府按不超过内地与港、澳地区个人所得税负差额,给予在广东横琴、深圳前海工作的中国香港、澳门居民的补贴,免征个人所得税。

当然,上述两个文件均已经作废,因为有新的文件作出规范。《财政部 税务总局关于粤港澳大湾区个人所得税优惠政策的通知》(财税〔2019〕31号)规定如下:

(1) 广东省、深圳市按内地与香港个人所得税税负差额,对在大湾区工作的境外(含港澳台,下同)高端人才和紧缺人才给予补贴,该补贴免征个人所得税。

(2) 在大湾区工作的境外高端人才和紧缺人才的认定和补贴办法,按照广东省、深圳市的有关规定执行。

(3) 适用范围包括广东省广州市、深圳市、珠海市、佛山市、惠州市、东莞市、中山市、江门市和肇庆市等大湾区珠三角九市。

(4) 上述规定自2019年1月1日起至2023年12月31日止执行。

6.6.10 对亚洲开发银行雇员或执行项目专家薪金与津贴免税吗？

《财政部 国家税务总局关于〈建立亚洲开发银行协定〉有关个人所得税问题的补充通知》(财税〔2007〕93号)规定，《建立亚洲开发银行协定》(以下简称《协定》)第五十六条第二款规定："对亚行付给董事、副董事、官员和雇员（包括为亚行执行任务的专家）的薪金和津贴不得征税。除非成员在递交批准书或接受书时，声明对亚行向其本国公民或国民支付的薪金和津贴该成员及其行政部门保留征税的权力。"鉴于我国在加入亚洲开发银行时，未作相关声明，因此，对由亚洲开发银行支付给我国公民或国民（包括为亚行执行任务的专家）的薪金和津贴，凡经亚洲开发银行确认这些人员为亚洲开发银行雇员或执行项目专家的，其取得的符合我国税法规定的有关薪金和津贴等报酬，应依《协定》的约定，免征个人所得税。

6.7 有关方面补充的其他个人所得税优惠还有哪些？

6.7.1 参加2022年冬奥测试取得的奖金及奖励收入有税收优惠吗？

按照《财政部 国家税务总局 海关总署关于北京2022年冬奥会和冬残奥会税收政策的通知》(财税〔2017〕60号)的规定，对于参赛运动员因北京2022年冬奥会、冬残奥会、测试赛比赛获得的奖金和其他奖赏收入，按现行税收法律法规的有关规定征免应缴纳的个人所得税。

6.7.2 工伤职工取得的工伤保险待遇是否可以免税？

《个人所得税法》第四条第一款第四项规定，个人取得的福利费、抚恤金、救济金免征个人所得税。

《财政部 国家税务总局关于工伤职工取得的工伤保险待遇有关个人所得税政策的通知》(财税〔2012〕40号)进一步规定：

(1) 对工伤职工及其近亲属按照《工伤保险条例》(国务院令第586号)规定取得的工伤保险待遇，免征个人所得税。

(2) 上述所称的工伤保险待遇，包括工伤职工按照《工伤保险条例》(国务院令第586号)规定取得的一次性伤残补助金、伤残津贴、一次性工伤医疗补助金、一次性伤残就业补助金、工伤医疗待遇、住院伙食补助费、外地就医交通食宿费用、工伤康复费用、辅助器具费用、生活护理费等，以及职工因工死亡，其近亲属按照《工伤保险条例》(国务院令第586号)规定取得的丧葬补助金、供养亲属抚恤金和一次性工亡补助金等。

6.7.3 生育妇女取得的生育津贴等可以享受免税待遇吗？

《财政部 国家税务总局关于生育津贴和生育医疗费有关个人所得税政策的通知》(财税〔2008〕8号)规定，生育妇女按照县级以上人民政府根据国家有关规定制定的生育保险办法,取得的生育津贴、生育医疗费或其他属于生育保险性质的津贴、补贴,免征个人所得税。

6.7.4 个人获得的扣缴个人所得税手续费奖励是否可以免征个人所得税?

《个人所得税法》第十七条规定:"对扣缴义务人按照所扣缴的税款,付给百分之二的手续费。"

《个人所得税扣缴申报管理办法(试行)》(国家税务总局公告2018年第61号印发)第十七条规定:"对扣缴义务人按照规定扣缴的税款,按年付给百分之二的手续费。不包括税务机关、司法机关等查补或者责令补扣的税款。扣缴义务人领取的扣缴手续费可用于提升办税能力、奖励办税人员。"

分析上述两项规定,可以发现其中至少包含了两件业务:

(1) 扣缴义务人是可以按规定扣缴的个人所得税税款获得2%的手续费的。

(2) 扣缴义务人可以将所获得的个人所得税手续费用于奖励办税人员。

需要注意的是,政策的调整是巨大的,即只能对办税人员进行奖励。而原规定则是相关工作人员,如《财政部 国家税务总局中国人民银行关于进一步加强代扣代收代征税款手续费管理的通知》(财行〔2005〕365号)第六条规定:"对扣缴义务人按照所扣缴的税款,付给2%的手续费。扣缴义务人可将其用于代扣代缴费用开支和奖励代扣代缴工作做得较好的办税人员。"因此,新个人所得税法施行后,企事业单位取得的个人所得税手续费只能对办税人员进行奖励,对其他人员不得进行奖励。

应当说这个问题并不难,难点在于办税人员获得的个人所得税手续费奖励要不要缴纳个人所得税呢?显然,上述政策是没有明确界定的。那么是否有其他政策予以明确呢?

《财政部 国家税务总局关于个人所得税若干政策问题的通知》(财税字〔1994〕20号)规定,个人办理代扣代缴税款手续,按规定取得的扣缴手续费免征个人所得税。

上述政策强调的是"个人",如果扣缴义务人是个人,毫无疑问是可以享受免税规定,但如果扣缴义务人不是个人,而是企事业单位呢?企事业单位不是个人所得税纳税人,能享受个人所得税免税吗?应当不能。

既然企事业单位本身是不能的,那么企事业单位奖获得的个人所得税手续费用于奖励办税人员,相关办税人员能不能免征个人所得税呢?

《国家税务总局关于代扣代缴储蓄存款利息所得个人所得税手续费收入征免税问题的通知》(国税发〔2001〕31号)第二条规定:"储蓄机构内从事代扣代缴工作的办税人员取得的扣缴利息税手续费所得免征个人所得税。"

但问题是适用上述政策也是有条件的:一是适用对象必须是储蓄机构内从事代扣代缴工作的办税人员;二是手续费的范围仅限于扣缴储蓄存款利息个人所得税的手续费。一般企事业单位的办税人员显然不能满足上述的两个条件,而且按照《财政部 国家税务总局关于储蓄存款利息所得有关个人所得税政策的通知》(财税〔2008〕132号)的规定,储蓄存款在2008年10月9日后(含10月9日)孳生的利息所得,暂免征收个人所得税。也就是说,即便是储蓄存款机构,其扣缴的利息个人所得税也已经极少了(在暂停征收个人所得税前的存款利息,仍然按照原规定征税)。

也许正是由于上述的多方面的原因,2018年10月,国家税务总局北京市税务局在接受纳税人关于"扣缴单位收到主管税务机关返还的手续费(指的是个人所得税手续费),将部分手续费奖励给财务人员或申报人员,是否合并被奖励人员当月工资、薪金所得?"的咨询时,作出下列解答:"根据《中华人民共和国个人所得税法实施条例》第八条的规定,工资、薪金所得是指个人因任职或者受雇而取得的工资、薪金、奖金、年终加薪、劳动分红、津贴、补贴以及与任职或者受雇有关的其他所得。财务人员获得来自任职单位的手续费奖励属于取得与任职受雇有关的收入,应合并当月工资、薪金所得申报缴纳个人所得税。"①

6.7.5 参加新型冠状病毒感染的肺炎疫情防治工作取得的补助和奖金是否免征个人所得税?

《财政部 税务总局关于支持新型冠状病毒感染的肺炎疫情防控有关个人所得税政策的公告》(财政部 税务总局公告2020年第10号)第一条规定,对参加疫情防治工作的医务人员和防疫工作者按照政府规定标准取得的临时性工作补助和奖金,免征个人所得税。政府规定标准包括各级政府规定的补助和奖金标准。对省级及省级以上人民政府规定的对参与疫情防控人员的临时性工作补助和奖金,比照执行。

6.7.6 员工取得单位发放的预防新型冠状病毒感染的肺炎的物品是否征收个人所得税?

《财政部 税务总局关于支持新型冠状病毒感染的肺炎疫情防控有关个人所得税政策的公告》(财政部 国家税务总局公告2020年第10号)第二条规定,单位发给个人用于预防新型冠状病毒感染的肺炎的药品、医疗用品和防护用品等实物(不包括现金),不计入工资、薪金收入,免征个人所得税。

---

① 《北京税务:个人所得税热点问题(2018年10月)》,http://www.dlsstax.com/index.php?m=Index&c=Content&a=index&cid=630&aid=12914;最后访问日期:2020年2月8日。

第7章
税款清算：准确计算全年应补退税款

7.1 汇算清缴的目标是什么？需要哪些步骤？

7.1.1 综合所得汇算清缴的最基本目标是什么？

居民个人办理综合所得的年度汇算清缴的最基本目标是什么？其实很简单，就是准确地计算全年应当缴纳的税款，减除平时已预扣预缴的税款（包括自己申报缴纳的以及任职单位或服务单位代扣代缴的税款），计算确定全年需要补缴或者申请退还的税款，做到既不多缴税，也不少缴税。

事实上，没有人愿意多缴税，因为多缴税款，会直接减少个人的财富。不过，虽然大多数人都愿意少缴税，但少缴税款也是很难的，且在很多时候，少缴税款可能也会产生经济与财富的损失，甚至比多缴税更加惨重。出于防范税收流失的需要，国家制定严格的税收法律，对偷税逃税者均会予以严惩。因此，个人偷税逃税时，表面上看，确实可以暂时取得一定的经济效益，但最终被税务机关后查处后，不仅需要补缴税款，而且还面临加收税收滞纳金，被课处税务行政处罚的风险，有时候甚至还会面临着刑事制裁。

7.1.2 综合所得的税款清算一般需要经过哪些步骤？

《国家税务总局关于办理2019年度个人所得税综合所得汇算清缴事项的公告》（国家税务总局公告2019年第44号）第一条规定，按照税法规定，2019年度终了后，居民个人（以下称"纳税人"）需要汇总2019年1月1日至12月31日取得的工资、薪金，劳务报酬，稿酬，特许权使用费等四项所得（以下称"综合所得"）的收入额，减除费用6万元以及专项扣除、专项附加扣除、依法确定的其他扣除和符合条件的公益慈善事业捐赠（以下简称"捐赠"）后，适用综合所得个人所得税税率并减去速算扣除数，计算本年度最终应纳税额，再减去2019年度已预缴税额，得出本年度应退或应补税额，向税务机关申报并办理退税或补税。具体计算公式如下：

$$2019年度汇算应退或应补税额 = [(综合所得收入额 - 60\,000元 - "三险一金"等专项扣除 - 子女教育等专项附加扣除 - 依法确定的其他扣除 - 捐赠) \times 适用税率 - 速算扣除数] - 2019年已预缴税额$$

根据上述的规定,并结合《个人所得税法》及其实施条例,以及《个人所得税年度自行纳税申报表》及其填报说明,可以发现,居民个人要准确地办理个人所得税综合所得项目的汇算清缴时,一般情况下,需要按顺序处理好所得项目的归类、收入与收入额汇总、扣除费用汇总、应纳税所得额计算、已预缴税款归集、应补或应退税款确认等几个环节。

7.1.3 汇算清缴时为什么要首先对所得项目进行归类?

居民个人在办理综合所得汇算清缴时,第一个注意事项就是必须首先对其收入进行正确的所得项目归类。为什么要放在第一顺序呢?原因是多方面的:

(1)正确贯彻个人所得税法的需要。

《个人所得税法》第二条规定个人所得税的课税范围:工资、薪金所得,劳务报酬所得,稿酬所得,特许权使用费所得,经营所得,利息、股息、红利所得,财产租赁所得,财产转让所得,偶然所得。同时规定,居民个人取得的工资、薪金所得,劳务报酬所得,稿酬所得,特许权使用费所得为综合所得,按纳税年度合并计算个人所得税。《个人所得税法》第十条则强调:"取得综合所得需要办理汇算清缴"。

(2)降低个人所得税税收负担的需要。

这其中包括两个方面的因素:

一是正确适用税率的需要。《个人所得税法》第三条规定,综合所得,适用3%～45%的超额累进税率;经营所得,适用5%～35%的超额累进税率;利息、股息、红利所得,财产租赁所得,财产转让所得和偶然所得,适用比例税率,税率为20%。不同的所得项目适用不同的税率,最终的税收负担自然不同。

二是正确计算确定应纳税额。即便全都是综合所得也需要正确的分类,因为不同项目,其应纳税所得额以及应纳税额的计算过程与结果也是不同的。《个人所得税法》第六条规定:"居民个人的综合所得,以每一纳税年度的收入额减除费用六万元以及专项扣除、专项附加扣除和依法确定的其他扣除后的余额,为应纳税所得额。""劳务报酬所得、稿酬所得、特许权使用费所得以收入减除百分之二十的费用后的余额为收入额。稿酬所得的收入额减按百分之七十计算。"

那么如何对不同的收入或者所得项目进行正确的分类呢?关于该问题,本书已在第五章作了详细的介绍。

【案例7-1】 　　　　　　　　　　　　**汇算清缴中个人收入项目的正确归类**

居民个人尹某,2019年取得下列收入项目,试确定哪些项目需要进行综合所得的汇算清缴:

(1)从任职单位取得工资薪金收入22万元。

(2)将资金借给某公司取得利息收入5万元。

(3)将闲置的房产出租,全年取得租金12万元。

(4)在某杂志上发表中篇小说一篇,取得稿费3万元。

(5)50岁生日,收到亲朋好友的礼金等8万元。

(6)从任职单位取得各类补贴、津贴等2万元。

【解析】 （1）工资、薪金所得属于综合所得的范围，因此，从任职单位取得工资、薪金收入22万元应当参与综合所得的汇算清缴。

（2）将资金借与他人取得的利息，应当适用利息、股息、红利所得税目，不属于综合所得的范围，因此，将资金借与他人取得利息收入5万元不参与综合所得的汇算清缴。

（3）出租房产取得的收入属于财产租赁所得，不属于综合所得的范围，自然不需要参与综合所得项目的汇算清缴。

（4）在杂志上发表小说取得稿酬所得属于综合所得的范围，应当参与综合所得项目的汇算清缴。

（5）50岁生日时收到亲朋好友的礼金等不属于个人所得税的征税范围，不仅不需要参与综合所得项目的汇算清缴，而且根本就不用缴纳个人所得税。

（6）从任职单位取得各类补贴、津贴等属于工资薪金所得的范围，必须并入到综合所得并办理汇算清缴。

因此，尹某2019年取得第（1）项、第（4）项以及第（6）项属于综合所得项目，应当办理汇算清缴。

7.2 如何汇总综合所得项目的收入与收入额？

其实，关于这个问题，本书已经在第三章作了非常详细的介绍。但对于收入与收入额汇总中的难点与重点事项，仍然有必要再次强调。

7.2.1 综合所得的收入范围有哪些？如何把握收入期间？

7.2.1.1 综合所得的收入范围只有四项吗？

按照《个人所得税法》第六条的规定，居民个人在汇总收入时，必须且只须汇总归集四类综合所得项目的收入，即工资、薪金所得，劳务报酬所得，稿酬所得，特许权使用费所得，对经营所得以及财产转让所得财产租赁所得利息、股息、红利所得以及偶然所得等其他分类所得等则不须合并、汇总。当然，该项工作是建立在对所得项目进行正确分类的基础上的。

7.2.1.2 如何准确理解综合所得的收入期间？

按照《个人所得税法》第一条的规定，对纳税人来说，必须且只须汇总一个纳税年度内的实际取得的四项所得项目的收入及收入额。所谓一个纳税年度是指公历1月1日至12月31日。实际取得收入或收入额的时间应当是税收上规定的时间，而非个人实际取得款项的时间。通俗地讲，应当是个人任职单位或者服务单位在账面上已经支付且已经向税务机关申报扣缴个人所得税税款的收入或者收入额。

7.2.2 在汇总收入额时，在收入口径上需要注意哪些问题？

汇总收入的口径应当是全口径，即只要是一个纳税年度内取得的四项综合所得，就必须全部进行汇总，其间不得扣除任何费用，即便是基本养老保险、基本医疗保险等也不得扣除。但其间必须注意以下几个方面的问题。

7.2.2.1 收入中是否包含增值税？增值税减免呢？

除特殊情况外，纳税人的收入及收入额中应当不含增值税税额。所谓的特殊情况是指纳税人享受免征增值税优惠。在享受增值税减免优惠时，收入或收入额中是包含有增值税税额的。

7.2.2.2 收入额与收入内涵是否相同？有何区别？

按照《个人所得税法》第六条、《个人所得税年度自行纳税申报表》及其填报说明的规定，收入额与收入存在较大差异。纳税人取得的是工资、薪金所得的，应将收入全额确认为收入额；但如果取得的劳务报酬所得、稿酬所得、特许权使用费所得的，应以收入减除20%的费用后的余额确认收入额，并且对于稿酬所得，在减除20%的费用后再减按70%计入收入额。

7.2.2.3 免税收入与不征税收入是否也需要进行汇总？

综合所得包括了工资、薪金所得，劳务报酬所得，稿酬所得以及特许权使用费所得，出于鼓励、扶持等特殊税收调节的需要，国家先后出台一系列的减免税优惠。这就意味着个人取得某些收入时，由于某些方面的原因，可能不得不计入收入总额，但在最终汇总时则必须从收入总额中扣除。比如说符合条件的福利费、抚恤金、救济金等，虽然它们本身属于工资、薪金所得的范围，但由于政策规定可以免税，因而年终汇算清缴时就需要将其从收入总额中剔除。相似地，个人取得的出于工作需要的必要的误餐补贴等，这些虽然也是个人的收入，但更多的是对个人的一种补偿，并不属于征税的范围，因而在汇总收入时，也应当将其从收入总额中剔除。

7.2.2.4 全年一次性奖金等特殊收入是否需要汇总？

按照《财政部 国家税务总局关于个人所得税法修改后有关优惠政策衔接问题的通知》（财税〔2018〕164号）的规定，个人取得的全年一次性奖金、解除劳动合同取得的一次性补偿金等，本身属于综合所得的范畴，但由于其特殊性，相关政策规定，全年一次性奖金可以选择不并入综合所得汇缴，解除劳务合同的一次性补偿金也单独纳税。自然，纳税人在汇总收入时，也应当将特殊性项目收入从收入总额中剔除。需要注意的是，剔除并不是说不用纳税，而是说不需要与综合所得合并纳税。

7.2.2.5 保险营销员等特殊人群中需要注意哪些特别事项？

（1）保险营销员、证券经纪人汇总收入时需特别规定。

按照《财政部 国家税务总局关于个人所得税法修改后有关优惠政策衔接问题的通知》（财税〔2018〕164号）的规定，保险营销员、证券经纪人取得的佣金收入，属于劳务报酬所得，应以不含增值税的收入减除20%的费用后的余额为收入额，收入额减去展业成本以及附加税费后，并入当年综合所得，计算缴纳个人所得税。保险营销员、证券经纪人展业成本按照收入额的25%计算。

（2）雇员律师需注意将办案费用从分成收入中扣除。

按照《国家税务总局关于律师事务所从业人员取得收入征收个人所得税有关业务问题的通知》（国税发〔2000〕149号）等的规定，作为律师事务所雇员的律师与律师事务所按规定的比例对收入分成,律师事务所不负担律师办理案件支出的费用(如交通费、资料费、通讯费及聘请人员等费用),律师当月的分成收入按相关的规定扣除办理案件支出的费用后,余额与律师事务所发给的工资合并,按"工资、薪金所得"应税项目计征个人所得税。

律师从其分成收入中扣除办理案件支出费用的标准,由各省税务局根据当地律师办理案件费用支出的一般情况,律师与律师事务所之间的收入分成比例及其他相关参考因素,在律师当月分成收入的30%比例内确定。

7.2.3 纳税人如何准确获得个人的收入或收入额数据呢?

就目前而言,个人获得收入的渠道与路径主要有以下几种:

(1) 从任职或服务单位获取是最基本的路径。

《国家税务总局关于发布〈个人所得税扣缴申报管理办法(试行)〉的公告》(国家税务总局公告2018年第61号)第十三条规定:"支付工资、薪金所得的扣缴义务人应当于年度终了后两个月内,向纳税人提供其个人所得和已扣缴税款等信息。纳税人年度中间需要提供上述信息的,扣缴义务人应当提供。纳税人取得除工资、薪金所得以外的其他所得,扣缴义务人应当在扣缴税款后,及时向纳税人提供其个人所得和已扣缴税款等信息。"

因此,向任职或者服务的单位索要个人收入或收入额信息是最基本的路径,不仅拥有政策依据,而且所获得的数据也是最原始的、最真实的数据。

(2) 通过税务机关获得部分数据。

除了从扣缴单位获得收入或收入额数据外,还可以从税务机关的自然人税收征管系统中获得个人的收入或收入额数据。但必须强调的是,从税务机关获得的数据是以扣缴义务人的申报数据为基础的,如果任职单位或者服务单位未按照税法的规定扣缴申报税款(甚至可能是扣了税但未申报缴纳入库),对个人来说,相关的收入数据就是不完整的。

目前,有三种方式可以获得个人的收入或收入额数据:

第一,上门查询。个人可以携带本人身份证等到主管税务机关申报服务大厅,查询打印个人的收入与纳税数据。

第二,个人所得税APP查询。个人可以在国家税务总局开发上线的自然人电子税务局(https://etax.chinatax.gov.cn/)扫码下载或者应用市场下载最新版的个人所得税APP,根据提示进行安装,然后登录个人所得税APP,即可查询个人收入与纳税数据。具体操作步骤如下:我要查询——收入纳税明细查询——选择纳税记录年度——选择须查询的所得项目——查询,即可查询到相关收入项目的收入及纳税记录。

第三,通过网络进行查询。可以直接登录国家税务总局开发上线的自然人电子税务局(https://etax.chinatax.gov.cn/),点击"我要查询"模块进行相关收入与纳税数据查询。

该系统已经于3月1日正式上线,个人登录各省主管税务机关的网站,根据网站提示进行个人收入与纳税申报数据的查询。

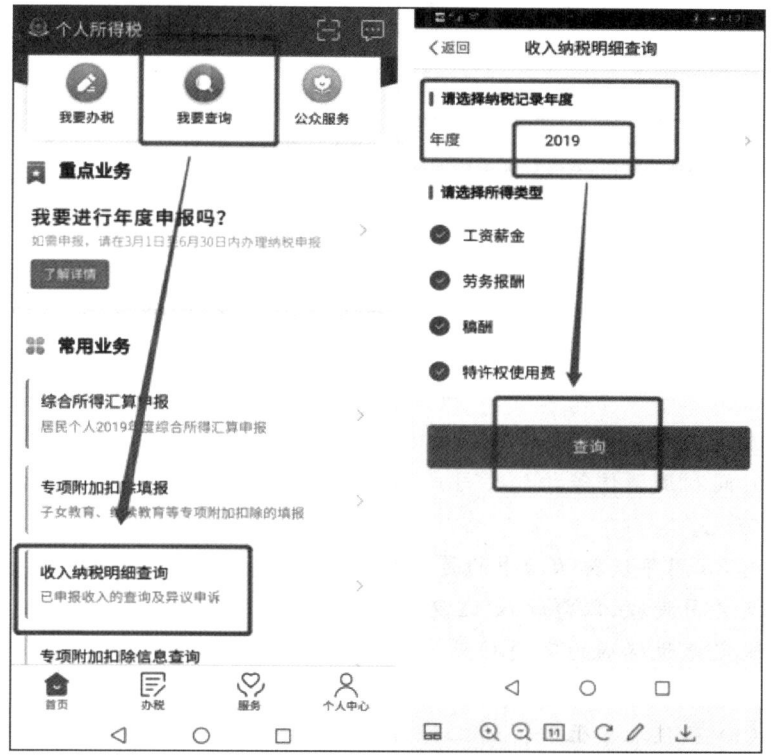

图 7-1 利用个人所得税 APP 查询个人收入与纳税情况

图 7-2 登录自然人税收管理系统网页进行查询

【案例7-2】 全年综合所得项目收入额的汇总与计算

2019年,居民个人覃某取得下列收入,试对其2019年度的综合所得项目的收入额进行汇总:

(1) 从任职单位取得正常的工资、薪金所得19万元。

(2) 取得各类津贴、补贴8万元,其中包括误餐补贴0.5万元(每天100元);差旅费补贴0.75万元(每天150元);交通费补贴0.8万元(当地规定免税标准为每年0.5万元);通讯费补贴1万元(当地规定免税标准为每年0.8万元)。

(3) 利用业务时间为一些公司翻译英文技术资料,取得劳务报酬12万元(不含增值税)。

(4) 经过授权翻译一部英文作品,并在某出版社出版,取得10万元稿酬。但同时向版权方支付授权费用4万元。

(5) 业务时间利用微信等推销公司产品,给公司带来20万元的销售合同,从公司取得销售报酬3万元。

(6) 在公司30周年庆典活动中的员工抽奖活动中抽得特等奖,获得奖金2万元。

(7) 转让某公司股权,取得收入12万元,对应成本5万元。

(8) 当地规定免税标准的交通补贴为每年0.5万元,免税的通讯费补贴为每年0.8万元。

【解析】(1) 从任职单位取得的工薪、薪金19万元属于综合所得范围,属于应汇总的收入。

(2) 从任职单位取得的津贴、补贴属于工资、薪金所得,应当进行汇总,但是按照《个人所得税法》第四条、《国家税务总局关于印发〈征收个人所得税若干问题的规定〉的通知》(国税发〔1994〕89号)等的规定,合理的、必要的误餐补贴、差旅费补贴不计入工资、薪金所得。另外,按照《国家税务总局关于个人所得税有关政策问题的通知》(国税发〔1999〕58号)等的规定,当地政府规定免税标准内的交通费补贴、通讯费补贴也可以免征个人所得税。因此,对补贴、津贴的处理是先将8万元计入收入总额,但同时要扣除不征税与免税的0.5万元误餐补贴、0.75万元差旅费补贴、0.5万元交通费补贴以及0.8万元通讯费补贴。

(3) 翻译收入属于劳务报酬所得,应当并入综合所得,但按照个人所得税法的规定,劳务报酬所得可以扣除20%的费用后计入全年收入额。

(4) 翻译英文作品并出版取得的收入属于稿酬所得,应并入综合所得。但按照规定,稿酬所得以收入减除20%的费用后的余额为收入额,且减按70%计算。需要注意的是,其向版权人支付的授权费用不得再行扣除。

(5) 按照《财政部 国家税务总局关于个人提供非有形商品推销代理等服务活动取得收入征收营业税和个人所得税有关问题的通知》(财税字〔1997〕103号)的规定,业余时间推销本公司产品取得的报酬,属于工资、薪金所得,应当合并到综合所得的收入总额中去。

(6) 按照《财政部 税务总局关于个人取得有关收入适用个人所得税应税所得项目

的公告》(财政部 税务总局公告2019年第74号)的规定,员工参加本公司庆典活动取得的收入仍然属于工资、薪金所得,全额确认为综合所得。

(7)转让股权属于财产转让所得,不属于综合所得,不需要合并,也不需要汇算清缴。

综合上述分析,2019年度,覃某的综合所得项目的收入额为:

190 000＋80 000－(5 000＋7 500＋5 000＋8 000)＋120 000×(1－20%)＋100 000×(1－20%)×70%＋20 000＋30 000＝446 500(元)。

7.3 如何对个人综合所得项目的扣除费用进行汇总?

有关综合所得项目的费用扣除,本书在第四章已经作了详细的、系统的介绍。在此,只强调有关费用扣除的重点与难点内容。

7.3.1 综合所得项目的费用扣除范围有哪些?

按照《个人所得税法》第六条以及《个人所得税法实施条例》第十三条、第十九条等的规定,综合所得项目的费用扣除实际上包括了五个方面的内容:

(1)基本减除费用:只要取得综合所得的,每个纳税年度均按6万元扣除。

(2)专项扣除包括居民个人按照国家规定的范围和标准缴纳的基本养老保险、基本医疗保险、失业保险等社会保险费和住房公积金等。

(3)专项附加扣除包括子女教育、继续教育、大病医疗、住房贷款利息或者住房租金、赡养老人等支出。具体范围、标准和实施步骤由国务院确定,并报全国人民代表大会常务委员会备案。

(4)依法确定的其他扣除包括个人缴付符合国家规定的企业年金、职业年金,个人购买符合国家规定的商业健康保险、税收递延型商业养老保险的支出,以及国务院规定可以扣除的其他项目。

(5)公益慈善事业捐赠。个人将其所得通过中国境内的公益性社会组织、国家机关向教育、扶贫、济困等公益慈善事业的捐赠。

7.3.2 综合所得不同扣除费用项目可以归纳为哪几个层级?

通俗地说,综合所得项目的费用扣除包括了基本减除费用、专项扣除、专项附加扣除、依法确定的其他扣除以及公益慈善事业捐赠。《国家税务总局关于办理2019年度个人所得税综合所得汇算清缴事项的公告》(国家税务总局公告2019年第44号)规定:"居民个人(以下称'纳税人')需要汇总……收入额,减除费用6万元以及专项扣除、专项附加扣除、依法确定的其他扣除和符合条件的公益慈善事业捐赠(以下简称'捐赠')后……计算本年度最终应纳税额……"也是将公益慈善事业捐赠与另外四项费用扣除项目并列。但其实从严格意义上,公益慈善事业捐赠与另外四项费用扣除项目是两种完全不同性质的扣除项目。即基本减除费用、专项扣除、专项附加扣除、依法确定的其他扣除等四项扣除项目是真正的费用扣除费用,可以直接抵减收入或收入额;公益慈善事业捐赠则并非费用扣除项目,而是应纳税所得额的抵减项目,要根据应纳税所得额计算,且所抵减的是应纳税所得额。

关于扣除项目的两类层次,《个人所得税法》第六条的规定是非常明确。即《个人所得税法》第六条第一款第(一)项界定了四项费用扣除项目,然后再用第三款单独规定公益慈善性捐赠的扣除:"个人将其所得对教育、扶贫、济困等公益慈善事业进行捐赠,捐赠额未超过纳税人申报的应纳税所得额百分之三十的部分,可以从其应纳税所得额中扣除;国务院规定对公益慈善事业捐赠实行全额税前扣除的,从其规定。"《个人所得税法实施条例》第十九条还进一步强调:"个人所得税法第六条第三款……所称应纳税所得额,是指计算扣除捐赠额之前的应纳税所得额。"

基于上述的分析,用另一种表述或许更能说明两类扣除项目的差异:基本减除费用、专项扣除、专项附加扣除、依法确定的其他扣除等四项扣除项目属于费用扣除项目,可以直接扣除;公益慈善事业捐赠是应纳税所得额抵减项目,需要通过计算后间接扣除。

7.3.3 准确进行扣除项目扣除,需要注意哪些原则?

在有关费用扣除项目的扣除原则上,应着重把握以下几个重要原则。

7.3.3.1 什么是真实扣除原则?

所谓真实扣除原则包括两个子原则,一是真实性原则,二是实际发生原则。

真实性原则是指纳税人在税前扣除的五项费用,不论是专项扣除,还是专项附加扣除,亦或是公益慈善性捐赠,都必须是真实的,不能是虚假的。如果是虚假的费用,一旦纳税人扣除了少缴纳了税款,则按偷税论处。

实际发生原则是指纳税人扣除的费用必须是已经发生的费用,该原则并不适用于全部费用扣除项目,只适用于专项扣除与公益慈善性捐赠。

真实性原则与实际发生原则,要求纳税人拥有必要的证明性材料并能够证明存有相关的扣除事项,或者证明相关费用实际发生。当然,拥有证明材料并不意味着必须将相关材料提供给税务机关。为简化流程和方便纳税人,除明确规定外,现行政策允许纳税人在汇算清缴时不提供相关的材料,但必须留存相关材料,税务机关怀疑纳税人时,纳税人应当出示相关证明材料。

7.3.3.2 什么是合法扣除原则?

不论是何种费用,其扣除范围、扣除标准、扣除主体、扣除期间等等,都必须符合税法规定的。比如专项扣除,按照《个人所得税法》第六条的规定,必须是居民个人按照国家规定的范围和标准缴纳的基本养老保险、基本医疗保险、失业保险等社会保险费和住房公积金等。再比如公益慈善性捐赠,《个人所得税法实施条例》第十九条就要求必须是个人将其所得通过中国境内的公益性社会组织、国家机关向教育、扶贫、济困等公益慈善事业的捐赠。

7.3.3.3 什么是一次扣除原则?

所谓一次扣除原则也就是常说的不得重复扣除原则,是指纳税人在税前扣除的费用,只能扣除一次,不得重复多次进行扣除。此处的重复扣除,既包括了同一费用在不同的纳税人之间进行扣除,也包括了同一费用在同一纳税人的不同纳税期间、纳税项目中进行扣除。如《个人所得税法实施条例》第十五条规定:"取得经营所得的个人,没有综合所得的,计算其每一纳税年度的应纳税所得额时,应当减除费用6万元、专项扣除、专项附加扣除以及依法确定的其他扣除。专项附加扣除在办理汇算清缴时减除。"期间体现的就是相关费用不得在不同所得项目中重复扣除的原则。

7.3.3.4 什么是当年扣除原则?

所谓当年扣除原则,也可以归纳为"不得结转到以后年度扣除原则",其含义是指允许纳税人扣除的相关费用,只能在当年进行扣除,不得结转到以后年度扣除。《个人所得税法实施条例》第十三条规定的:"专项扣除、专项附加扣除和依法确定的其他扣除,以居民个人一个纳税年度的应纳税所得额为限额;一个纳税年度扣除不完的,不结转以后年度扣除。"就是该原则的最好体现。

7.3.3.5 什么是综合所得优先扣除原则?

所谓综合所得优先扣除原则是指个人既有综合所得又有经营所得时,相关的扣除项目应当在综合所得项目中进行扣除。这一原则集中体现在上述的《个人所得税法实施条例》第十五条的规定中。

必须强调的是,综合所得优先扣除原则有两个注意事项:

(1)纳税人没有选择权。如果纳税人既有综合所得又有经营所得,那么只能在综合所得中扣除。

(2)余额不能继续扣除。如果纳税人既有综合所得又有经营所得,但相关的费用在综合所得中未能扣除完毕,还有一定的余额,那么该余额就不再扣除,特别是不能在经营所得中继续扣除。

【案例7-3】　　　　　全年综合所得项目扣除费用的计算

接[案例7-2],2019年,居民个人覃某存在下列业务,试计算汇总其2019年度的综合所得项目的扣除项目金额:

(1)按照当地规定标准实际缴纳"三险一金"4万元。

(2)有三个子女,全部处于义务教育阶段,且与妻子约定全部由覃某扣除子女教育支出。

(3)2018年11月以首套贷款利率购买房产,产权证姓名为其妻子且未署名覃某,覃某每月须还贷款利息800元。

(4)因所购房尚未交付,且自有住房离工作单位较远,故在附近租房居住,每月房租2 500元。其工作城市人口超过200万,住房租金的扣除标准为每月1 100元。

(5)父亲于2017年满60周岁,母亲于2019年9月满60周岁。但父亲于2019年5月过世。覃某为独子。试计算确认覃某2019年可以扣除的费用总额。

【解析】(1)按照《个人所得税法》第六条的规定,取得综合所得的个人,每年都可以扣除基本的减除费用6万元。

(2)按照《个人所得税法》第六条的规定,个人按当地规定标准实际缴纳"三险一金"允许扣除。

（3）按照《专项附加扣除暂行办法》的规定，子女教育支出按每个子女每月1 000元的标准定额扣除，且可由父母其中一方按100%扣除。故覃某每月可扣除子女教育支出3 000元。

（4）按照《专项附加扣除暂行办法》的规定，纳税人本人或者配偶单独或者共同使用商业银行或者住房公积金个人住房贷款为本人或者其配偶购买中国境内住房，发生的首套住房贷款利息支出，在实际发生贷款利息的年度，按照每月1 000元的标准定额扣除。

（5）按照《专项附加扣除暂行办法》的规定，纳税人及其配偶在主要工作城市有房的，其住房租金不得扣除。同时还规定，纳税人及其配偶在一个纳税年度内不能同时分别享受住房贷款利息和住房租金专项附加扣除。因此，覃其不能扣除房租支出。

（6）按照《专项附加扣除暂行办法》的规定，作为独生子女的纳税人赡养一位及以上被赡养人的赡养支出，统一按照每月2 000元的标准定额扣除。另外，按照《专项附加扣除操作办法》的规定，赡养老人支出扣除的结束时间为赡养义务终止的年末。因此，对于覃某来说2019年可以扣除每月2 000元的赡养老人支出。

综上所述，覃某2019年可以扣除的费用总额＝基本减除费用＋"三险一金"＋子女教育支出＋房贷利息支出＋赡养老人支出＝60 000＋40 000＋3 000×12＋1 000×12＋2 000×12＝172 000（元）。

7.4 如何正确地计算年度综合所得的应纳税所得额？

7.4.1 国家税务总局给的应纳税所得额计算公式是否需要完善？

如何正确地计算全年综合所得项目的应纳税所得额？《国家税务总局关于办理2019年度个人所得税综合所得汇算清缴事项的公告》（国家税务总局公告2019年第44号）规定的计算公式如下：

$$\text{全年应纳税所得额} = \text{综合所得收入额} - 60\,000\text{元} - \text{"三险一金"等专项扣除} - \text{子女教育等专项附加扣除} - \text{依法确定的其他扣除} - \text{捐赠}$$

但事实上，上述的公式仍然是需要完善和补充的，比如未体现收入到收入额的变化过程，未体现免税收入与不征税收入的剔除过程。因此，在不考虑公益慈善性捐赠时，更为完整的应纳税所得额的计算公式应当是：

$$\text{应纳税所得额} = \text{全部工资、薪金收入} + \text{全年劳务报酬收入} \times (1-20\%) + \text{全年特许权使用费收入} \times (1-20\%) + \text{全年稿酬收入} \times (1-20\%) \times 70\% - \text{免税收入} - \text{不征税收入} - 60\,000\text{元} - \text{专项扣除} - \text{专项附加扣除} - \text{依法确定的其他扣除}$$

理由有以下几个：

（1）对个人来说，无论是从哪个渠道获取数据，都不可能直接获得收入额数据，而只能获得收入数据。因此，必须按照税法的规定将收入计算调整为收入额。

（2）平时预扣预缴税款时，将收入计算为收入额时，可能有遗漏、有误差，只有年度终了后对全部收入进行合并"一次性"计算，才有可能消除其中的误差与遗漏。

（3）免税收入和不征税收入平时可能已经计入相关综合所得项目的，并且相关的扣缴义务人由于对政策以及纳税人的实际情况不了解，在预扣预缴税款时并未扣除，只能由纳税人在汇算清缴时进行扣除。

7.4.2 存在公益捐赠时如何计算年度应纳税所得额？

《个人所得税法》第六条规定："个人将其所得对教育、扶贫、济困等公益慈善事业进行捐赠，捐赠额未超过纳税人申报的应纳税所得额百分之三十的部分，可以从其应纳税所得额中扣除；国务院规定对公益慈善事业捐赠实行全额税前扣除的，从其规定。"

《个人所得税法实施条例》第十九条进一步补充规定："个人所得税法第六条第三款所称个人将其所得对教育、扶贫、济困等公益慈善事业进行捐赠，是指个人将其所得通过中国境内的公益性社会组织、国家机关向教育、扶贫、济困等公益慈善事业的捐赠；所称应纳税所得额，是指计算扣除捐赠额之前的应纳税所得额。"

因此，考虑到公益慈善性捐赠后，全年综合所得项目的应纳税所得额应当按照下列顺序进行计算：

（1）首先计算全年可税前扣除的公益慈善性捐赠限额：

$$可税前扣除的公益慈善性捐赠限额 = 可以全额扣除的公益慈善性捐赠 + 扣除捐赠前的应纳税所得额 \times 30\% \quad 公式①$$

如果计算得到的结果大于实际捐赠额，那么相关的捐赠额可以全额扣除；如果计算的限额小于实际捐赠额，则只能按限额进行扣除。

（2）再计算全年应纳税所得额

如果公式①＜扣除捐赠前的应纳税所得额，则：

全年应纳税所得额＝扣除捐赠前的应纳税所得额－可税前扣除的公益慈善性捐赠限额

如果公式①≥扣除捐赠前的应纳税所得额，则意味着纳税人全年不需要缴纳个人所得税。

【案例7-4】　　　　　　　　全年综合所得项目应纳税所得额的计算

以［案例7-2］及［案例7-3］的收入与扣除项目数据为依据，试计算覃某2019年度的综合所得的应纳税所得额。

【解析】（1）根据［案例7-2］的计算可知，覃某的收入额为446 500元。

（2）根据［案例7-3］的计算可知，覃某的扣除费用总额为172 000元。

（3）覃某2019年度综合所得项目的应纳税所得额为：

全年应纳税所得额＝446 500－172 000＝274 500（元）。

【案例 7-5】　　　　　　有公益性捐赠时应纳税所得额的计算

接[案例 7-4]，并假设覃某 2019 年对外捐赠：通过民政局向某洪水灾区捐赠 5 万元。

【解析】（1）按照正常的程序，应当首先计算捐赠前的应纳税所得额。根据[案例 7-4]可知，捐赠前的应纳税所得额 274 500 元。

（2）其次计算可税前扣除的公益慈善性捐赠。按照规定，个人通过公益性社会组织、国家机关等进行的公益慈善性捐赠，在一般情况下可以扣除，但最高不超过应纳税所得额的 30%，超过部分则不得扣除。因此，允许税前扣除的公益慈善性捐赠限额为：

可税前扣除的公益捐赠限额=274 500×30%=82 350（元）。

由于 82 350 元大于实际捐赠额 50 000 元，因而，覃某实际捐赠额 50 000 元可以全额税前扣除。故：

全年应纳税所得额=274 500-50 000=224 500（元）。

7.5　全年综合所得应补或应退税额该如何计算？

事实上，得到全年的应纳税所得额之后，要计算应纳税额以及应补税额或应退税款就非常容易了。不论有没有公益慈善性捐赠，均按照上一条计算确认的全年应纳税所得额，适用综合所得个人所得税税率并减去速算扣除数（见表 7-1），计算本年度最终应纳税额，再减去对应年度内已预缴税额后，即可得到本年度应退或应补的税额。

应退或应补税额=应纳税所得额×适用税率-速算扣除数-对应年度已预缴税额

必须强调的是，上述公式中的收入与收入额都是综合所得的，那么可以扣除的已预缴税款也只能是综合所得项目部分已经预缴的税额。纳税人在计算时，千万不要将财产转让所得，财产租赁所得，利息、股息、红利所得以及偶然所得项目的扣缴税款并入其中。

如果上述公式计算的结果大于 0，则表示须补缴税款；如果计算结果小于 0，则表示可以申请退税。

表 7-1　综合所得适用的个人所得税税率表

级数	全年应纳税所得额	税率（%）	速算扣除数
1	不超过 36 000 元的	3	0
2	超过 36 000 元至 144 000 元的部分	10	2 520
3	超过 144 000 元至 300 000 元的部分	20	16 920
4	超过 300 000 元至 420 000 元的部分	25	31 920
5	超过 420 000 元至 660 000 元的部分	30	52 920
6	超过 660 000 元至 960 000 元的部分	35	85 920
7	超过 960 000 元的部分	45	181 920

如何才能知晓个人全年已经预缴了多少个人所得税税款呢？其实获取已预缴税款的路径不难，与获取全年收入或收入额的路径基本相同。

【案例 7-6】　　　　　　　全年应退税额或应补税额的计算

接[案例 7-5]，并假设覃某 2019 年度的综合所得项目已经被支付单位(扣缴义务人)预扣预缴税款 57 732.01 元。其中英文技术资料翻译部分适用了 40% 的税率，另外任职单位未扣除专项附加扣除。试计算覃某 2019 年度应补缴的税款或应申请退还的税款。

【解析】（1）已知覃某应纳税所得额为 224 500 元，查税率表知，对应的适用税率为 20%，速算扣除数为 16 920，故：

应纳税额 = 224 500 × 20% − 16 920 = 27 980(元)。

因实际已经预缴税款 57 732.01 元，故应当申请退税：

应退税额 = 57 732.01 − 27 980 = 29 752.01(元)。

7.6　取得境外所得时如何计算全年应补或应退税款？

7.6.1　如何判定个人的所得来源于境内还是境外？

7.6.1.1　税法对境内所得的是如何判定的？

按照《个人所得税法实施条例》第三条的规定，除国务院财政、税务主管部门另有规定外，下列所得，不论支付地点是否在中国境内，均为来源于中国境内的所得：

（1）因任职、受雇、履约等在中国境内提供劳务取得的所得。
（2）将财产出租给承租人在中国境内使用而取得的所得。
（3）许可各种特许权在中国境内使用而取得的所得。
（4）转让中国境内的不动产等财产或者在中国境内转让其他财产取得的所得。
（5）从中国境内企业、事业单位、其他组织以及居民个人取得的利息、股息、红利所得。

7.6.1.2　规范性文件对境外所得的判定标准是如何界定的？

《财政部　税务总局关于境外所得有关个人所得税政策的公告》(财政部　税务总局公告 2020 年第 3 号)则从另外一个角度，对来源于境外所得的判定标准进行了规定。按照其规定，下列所得，为来源于中国境外的所得：

（1）因任职、受雇、履约等在中国境外提供劳务取得的所得。
（2）中国境外企业以及其他组织支付且负担的稿酬所得。
（3）许可各种特许权在中国境外使用而取得的所得。
（4）在中国境外从事生产、经营活动而取得的与生产、经营活动相关的所得。
（5）从中国境外企业、其他组织以及非居民个人取得的利息、股息、红利所得。
（6）将财产出租给承租人在中国境外使用而取得的所得。
（7）转让中国境外的不动产、转让对中国境外企业以及其他组织投资形成的股票、股权以及其他权益性资产(以下称权益性资产)或者在中国境外转让其他财产取得的所得。

但转让对中国境外企业以及其他组织投资形成的权益性资产,该权益性资产被转让前三年(连续36个公历月份)内的任一时间,被投资企业或其他组织的资产公允价值50%以上直接或间接来自位于中国境内的不动产的,取得的所得为来源于中国境内的所得。

(8) 中国境外企业、其他组织以及非居民个人支付且负担的偶然所得。

(9) 财政部、税务总局另有规定的,按照相关规定执行。

7.6.1.3 如何理解和把握境内与境外所得的判定标准?

《个人所得税法实施条例》界定了境内所得的判定标准,规范性文件则给出了境外所得的判定标准,将两者结合,基本上能够准确地判定境内与境外的所得了。因此,境内与境外所得的判定标准可以作如下的梳理与解读。

(1) 工资、薪金所得与劳务报酬所得适用劳务提供地标准判定。

提供劳务取得的所得,可以是工资、薪金,也可以是劳务报酬。因此,对于工资、薪金所得或者劳务报酬所得,不论支付者是谁,也不管支付者在境内还是在境外,一律以劳务发生地作为判定标准:如果劳务提供地在境内,就属于来源于中国境内的所得。相反,如果劳务提供地在境外,则属于来源于中国境外的所得。

(2) 稿酬所得适用支付人标准进行判定。

中国境内企业以及其他组织支付且负担的稿酬所得为境内所得,否则应认定为境外所得。进一步讲,来源于中国境内的稿酬所得,必须是由境内企业以及其他组织支付且负担的,境内企业以及其他组织代境外企业以及其他组织支付的不属于境内所得。相反,则归属为境外稿酬所得。

(3) 特许权使用费所得适用使用人标准进行判定。

中国居民纳税人将拥有的各类无形资产特许他人在中国境内使用的,所取得的特许权使用费所得属于在境内所得;将特许权授予给他人在中国境外使用的,取得的特许权使用费属于从中国境外取得所得。需要注意的是,判断所得来源于境内还是境外与支付地没有任何关系,只与使用地有关。

(4) 经营所得按照生产经营活动地标准进行判断。

纳税人进行生产经营活动的,如果其生产经营活动地在中国境内,无论支付者是谁,也不管支付者在中国境内还是在中国境外,均属于从中国境内取得经营所得;相反,如果纳税人的生产、经营活动发生在中国境外,则不管支付者为谁,也不管支付者在哪,均属于来源于在境外的所得。

(5) 利息、股息、红利所得按支付人进行判断。

对于利息、股息、红利所得以支付人为标准进行境内与境外所得的判断,即从中国境内企业、事业单位、其他组织以及居民个人取得的利息、股息、红利所得,是来源于中国境内的所得;相反,如果利息、股息、红利的支付人是中国境外的企业、其他组织以及非居民个人支付的,则归属为来源于境外的所得。

(6) 财产租赁所得按出租财产的使用地标准判断。

纳税人将其拥有所有权或者控制权的财产出租给其他单位或者个人,只要承租者在中国境内使用的,纳税人即从中国境内取得财产出租所得;相反,如果承租人在中国境外使用,则纳税人取得的所得属于从中国境外取得财产租赁所得。

(7) 财产转让所得视财产类型适用不同标准判定。

① 不动产转让所得适用不动产所在地标准判定。纳税人转让的是中国境内的房产、土地使用权等不动产的,其转让所得为境内财产转让所得;但如果转让境外不动产的,其转让所得属于境外财产转让所得。当然,税法有特别规定的除外。

② 动产转让所得适用转让地标准进行判定。纳税人在中国境内转让机器、设备、存货等动产,属于在境内取得财产转让所得;但如果在中国境外转让动产,则属于在境外取得财产转让所得。

③ 权益性资产转让所得原则上适用被投资企业所在地标准判断。

纳税人转让股票、股权、债权以及其他权益性资产的所得,原则上应按照被投资企业所在地标准进行判定:凡转让对中国境内企业以及其他组织投资形成的权益性资产所取得的所得的,均为境内财产转让所得;但如果转让对中国境外企业以及其他组织投资形成的权益性资产所取得的所得的,则未必就是来源于境外的财产转让所得——如相关权益性资产被转让前三年(连续 36 个公历月份)内的任一时间,被投资企业或其他组织的资产公允价值 50% 以上直接或间接来自位于中国境内的,则其所得仍属于来源于中国境内的所得。

(8) 偶然所得以支付与负担为标准进行判断。

纳税人取得的偶然所得,如果是中国境内的企业、其他组织以及非居民个人支付且负担的,则属于来源于境内的所得。相反,中国境外企业、其他组织以及非居民个人支付且负担的,则属于从境外取得偶然所得。

(9) 有特殊情况的,按照财政部、税务总局的规定执行。

7.6.2 居民个人从境外取得所得也须向中国税务机关申报纳税吗?

《个人所得税法》第一条规定:"在中国境内有住所,或者无住所而一个纳税年度内在中国境内居住累计满一百八十三天的个人,为居民个人。居民个人从中国境内和境外取得的所得,依照本法规定缴纳个人所得税。"

很显然,居民个人承担的无限纳税义务,须就来源于全球范围内的所得履行个人所得税纳税义务。这就意味,居民个人从境外取得所得时,仍然须向中国的税务机关申报缴纳个人所得税。

7.6.3 居民个人从境外取得所得如何消除重复纳税?

7.6.3.1 什么是抵免法? 有哪几种不同的类型?

居民个人须就其取得的境内外全部所得向本国政府申报缴纳个人所得税。但问题是,居民个人在境外取得所得时,外国(包括地区,下同)政府也是征税的,这就意味着本国政府与外国政府对一笔所得同时征税,对纳税人而言,必然构成重复征税。针对这一问题,世界各国都采取措施,以避免重复征税。国际上消除重复征税的方法有很多,包括免税法、扣除法、减免法和抵免法,但大多数国家均选择抵免法。

抵免法是指一国政府在优先承认其他国家的地域税收管辖权的前提下,在对本国纳税人来源于国外的所得征税时,以本国纳税人在国外缴纳税款冲抵本国税收的方法。抵免法具有其他方法所不具有的优势:一方面能较为彻底地消除国际重复征税,使投资者向国外投资与向国内投资的税收负担相等,有利于促进国际投资和各国对外经济关系的发展;另一方面既避免了对同一笔所得的双重征税,又在一定程度上防止国际逃税和避税,保证对一笔所得必征一次税。此外,抵免法可以保持资本输出的中性和税收公平。因此,它是一种相对较好的方法。目前,世界各国普遍采用此种方法来消除国际重复征税。

抵免法按计算方式不同,可以分为全额抵免与限额抵免。全额抵免是指居住国政府对跨国纳税人在国外直接缴纳的所得税税款予以全部抵免。限额抵免也称普通抵免,是指居住国政府对跨国纳税人在国外直接缴纳的和符合规定的间接负担的所得税税款给予抵免,但可抵免的数额不得超过外国所得按本国税法计算的应纳税额。限额抵免规定了一个抵免限额,当应抵税额等于或小于抵免限额时,一般可获全部抵免,超过限额部分,不能抵免。

7.6.3.2 我国个人所得税法选择什么方法消除重复征税?

我国个人所得税法在遵循国际惯例的基础上,权衡利弊,既要维护国家的税收主权,保留对居民纳税人境外所得的征税权,同时又要尽可能地消除重复征税问题,因而首先选择采用了税额抵免法。但考虑到全额抵免法有可能侵蚀到我国的税基,所以,又选择采用了限额抵免。

《个人所得税法》第七条规定:"居民个人从中国境外取得的所得,可以从其应纳税额中抵免已在境外缴纳的个人所得税税额,但抵免额不得超过该纳税人境外所得依照本法规定计算的应纳税额。"

7.6.3.3 如何理解在境外已经缴纳的个人所得税税额?

按照个人所得税法的规定,居民个人从中国境外取得的所得,可以从其应纳税额中抵免已在境外缴纳的个人所得税税额。很显然,对居民纳税人来说,能够抵扣的只是境外所得在境外已经缴纳的个人所得税税款。那么如何理解"在境外已经缴纳的个人所得税税额"呢?

对此,《个人所得税法实施条例》第二十一条作了较细致的规定:"已在境外缴纳的个人所得税税额,是指居民个人来源于中国境外的所得,依照该所得来源国家(地区)的法律应当缴纳并且实际已经缴纳的所得税税额。"

《财政部 税务总局关于境外所得有关个人所得税政策的公告》(财政部 税务总局公告2020年第3号)第四条规定,可抵免的境外所得税税额是指居民个人取得境外所得,依照该所得来源国(地区)税收法律应当缴纳且实际已经缴纳的所得税性质的税额。可抵免的境外所得税额不包括以下情形:

(1)按照境外所得税法律属于错缴或错征的境外所得税税额。

(2)按照我国政府签订的避免双重征税协定以及内地与香港、澳门签订的避免双重征税安排(以下统称税收协定)规定不应征收的境外所得税税额。

（3）因少缴或迟缴境外所得税而追加的利息、滞纳金或罚款。

（4）境外所得税纳税人或者其利害关系人从境外征税主体得到实际返还或补偿的境外所得税税款。

（5）按照我国个人所得税法及其实施条例规定，已经免税的境外所得负担的境外所得税税款。

《财政部 税务总局关于境外所得有关个人所得税政策的公告》（财政部 税务总局公告2020年第3号）第五条规定："居民个人从与我国签订税收协定的国家（地区）取得的所得，按照该国（地区）税收法律享受免税或减税待遇，且该免税或减税的数额按照税收协定饶让条款规定应视同已缴税额在中国的应纳税额中抵免的，该免税或减税数额可作为居民个人实际缴纳的境外所得税税额按规定申报税收抵免。"

分析其规定，"在境外已经缴纳的个人所得税税额"至少包括了下面几个方面的内容：

（1）必须是所得税或所得税性质的税额。

增值税、消费税等流转税并不存在重复征税问题，因为这些税都是间接税，其负担是可以通过价格机制转嫁的。只有所得税，包括个人所得税与企业所得税才会形成真正意义上的重复征税，并且不能转嫁，国际间要消除的重复征税也均是指所得税或所得税性质的税费。因此，个人所得税允许抵免所谓在境外实际已经缴纳的个人所得税税额，必须是纳税人在境外缴纳的个人所得税或个人所得税性质的税额。

（2）必须是在境外实际缴纳的税额。

纳税人已经在境外缴纳的税款必须是已经向所得来源国实际缴纳了的税款，如果没有实际缴纳，那么是不予认可的，自然也不能抵免。

当然有一种情况例外，即上文提及的按照相关国家（地区）税收法律享受免税或减税待遇，且该免税或减税的数额按照税收协定饶让条款规定应视同已缴税额在中国的应纳税额中抵免的，则相关减免的税款虽未实际缴纳，仍然按实际缴纳的税款对待。

（3）必须是按外国税法应当缴纳的税款。

税款的计算与征收都必须有明确的法律依据。当然，这个法律依据不是中国的税法，而应当是所得来源国的税法。如果没有法律依据被所得来源国征收的税款是不予承认的，更不可能进行抵免。

（4）错征、免征、减征税额均不包括在其中。

① 已在境外缴纳的税额，不包括所得来源国家或者地区税务机关错征以及由纳税人原因错缴的税额。

② 已在境外缴纳的税额，不包括依照所得来源国家或者地区的法律应缴但给予减征或者免征待遇而未实际缴纳的税额。但同样必须强调的是，如果按照相关国家（地区）税收法律享受免税或减税待遇，且该免税或减税的数额按照税收协定饶让条款规定应视同已缴税额在中国的应纳税额中抵免的，则相关减免的税款按实际缴纳的税款对待。

③ 已在境外缴纳的税额，不包括按照我国政府签订的避免双重征税协定以及内地与香港、澳门签订的避免双重征税安排（以下统称税收协定）规定不应征收的境外所得税

税额。

④ 已在境外缴纳的税额,不包括境外所得税纳税人或者其利害关系人从境外征税主体得到实际返还或补偿的境外所得税税款。

⑤ 已在境外缴纳的税额,不包括纳税人因少缴或迟缴境外所得税而追加的利息、滞纳金或罚款。

必须强调的是,能够抵免境外所得的对象只能是居民纳税人,因为只有居民纳税人才须就境外的所得向中国政府履行申报纳税义务。在实务中,需要注意非居民个人纳税人身份的转变,即当非居民个人转为居民个人时,可以适用税收抵免相关政策规定。

7.6.3.4　如何理解抵免额不超过境外所得依照本法规定计算的应纳税额?

按照《个人所得税法》第七条的规定,允许抵免额不得超过该纳税人境外所得依照本法规定计算的应纳税额。那如何理解上述的规定呢?

《个人所得税法实施条例》第二十一条第二款规定:"所称纳税人境外所得依照本法规定计算的应纳税额,是居民个人抵免已在境外缴纳的综合所得、经营所得以及其他所得的所得税税额的限额(以下简称抵免限额)。除国务院财政、税务主管部门另有规定外,来源于中国境外一个国家(地区)的综合所得抵免限额、经营所得抵免限额以及其他所得抵免限额之和,为来源于该国家(地区)所得的抵免限额。"

《个人所得税法实施条例》第二十一条第三款进一步规定:"居民个人在中国境外一个国家(地区)实际已经缴纳的个人所得税税额,低于依照前款规定计算出的来源于该国家(地区)所得的抵免限额的,应当在中国缴纳差额部分的税款;超过来源于该国家(地区)所得的抵免限额的,其超过部分不得在本纳税年度的应纳税额中抵免,但是可以在以后纳税年度来源于该国家(地区)所得的抵免限额的余额中补扣。补扣期限最长不得超过五年。"

因此,从上述规定出发,可以从以下几个理解"抵免额不得超过该纳税人境外所得依照本法规定计算的应纳税额":

(1) 境外所得的税收抵免实行分国不分项原则。

我国个人所得税法对境外所得的税收抵免采取分国不分项原则,即允许纳税人抵免的境外所得的税款,须按照不同国家或地区进行计算和归集,但不需要对来源于同一国家或地区的不同所得项目进行区分。

需要注意的是,该原则只是抵免税款时的适用原则,而非抵免限额计算确定的适用原则。计算抵免限额时则采用的是分国分项原则。对此,将在下文进行阐述。

(2) 抵免限额只是可抵免的限度并非实际抵免额。

抵免限额只是对纳税人境外所得依据中国税法计算的应纳税额,是纳税人境外实际缴纳的所得税在境内申报缴纳个人所得税时,可以抵免的最大额度,而不是实际能够抵免的税额,实际抵免的税额须根据纳税人实际缴纳的税款和抵免限额进行比对后确定:

① 纳税人在境外实际缴纳的个人所得税税额小于抵免限额时,纳税人在境外实际缴纳的税额允许全额抵免,但纳税人实际缴纳的税额与抵免限额间的差额,须由纳税人向中国的税务机关申报补缴。

② 纳税人在境外实际缴纳的个人所得税税额等于抵免限额时,纳税人在境外实际缴纳的税款允许全额抵免,同时也无需向中国的税务机关补缴纳个人所得税。

③ 纳税人在境外实际缴纳的个人所得税税额大于抵免限额时,纳税人在境外实际缴纳的税额不能实现全额抵免,只能按照抵免限额进行抵免。当然,境外实际缴纳的个人所得税税额超出抵免限额的部分虽然不允许在本纳税年度的应纳税额中抵免,但可以在以后纳税年度来源于该国家(地区)所得的抵免限额的余额中补扣。不过,补扣期限最长不得超过 5 年。

(3) 抵免限额必须按照我国税法规定计算确定。

允许纳税人抵免的个人所得税税额,如果是按照纳税人取得所得的国家或地区的税法计算确认,那么除少数情况外,两者的数额应当是相等的。如此就不是限额抵免,而是全额抵免,就有可能侵蚀到我国的税权与税基,所以实际限额抵免时,允许扣除的抵免限额只能按照我国的个人所得税法的规定计算确认。需要注意的是,此时不仅适用中国个人所得税法的税率,而且应纳税所得额的计算等也必须适用中国的个人所得税法。

(4) 抵免限额必须分国分项进行计算。

纳税人有可能从中国境外多个国家或地区取得应税所得,而且还可能会同时取得不同项目的应税所得,包括综合所得、经营所得以及其他分类所得等。按照税法的规定,其抵免限额的计算,必须区别不同的国家或地区,并按照中国的个人所得税法规定,区别不同的应税所得项目分别进行计算,而且在实际抵免时不得跨国家或地区抵免税额。

(5) 抵免限额为分国合计的金额。

按照个人所得税法等的规定,居民个人的境外所得是分国分项计算出来的抵免限额,但我国个人所得税法对境外已缴纳税款采取的分国不分项抵免,因而在上述分国分项基础上还须进行一次汇总,即按照所得来源国家或地区进行合计,将同一国家或地区不同应税所得项目的抵免限额合计,分国确定抵免限额。

7.6.3.5 如何计算个人所得税境外所得的可抵免限额?

关于该问题,《财政部 税务总局关于境外所得有关个人所得税政策的公告》(财政部 税务总局公告 2020 年第 3 号)第三条规定,居民个人来源于一国(地区)的综合所得、经营所得以及其他分类所得项目的应纳税额为其抵免限额,按照下列公式计算:

(1) 计算综合所得的抵免限额。

居民个人从境外取得综合所得,包括工资、薪金所得,劳务报酬所得,稿酬所得及特许权使用费所得时,可以直接按照下列公式计算其抵免限额:

$$\text{来源于一国(地区)综合所得的抵免限额} = \text{中国境内和境外综合所得依照规定计算的综合所得应纳税额} \times \frac{\text{来源于该国(地区)的综合所得收入额}}{\text{中国境内和境外综合所得收入额合计}}$$

【案例 7-7】 从境外取得综合所得时抵免限额的计算

居民个人武某,任职于江苏南通某公司,2019 年从任职单位取得工资、薪金 22 万元,按规定,个人缴纳"三险一金"4 万元。同时从日本取得设计劳务 12 万元。设计劳务在日本缴纳个人所得税1万元。假设没有其他事项,试计算武某从日本取得设计劳务的个人所得税抵免限额。

【解析】(1)首先计算武某境内外的收入额:

① 武某从任职单位取得的工资、薪金,按全额确认收入即为220 000元。

② 武某从日本取得的设计劳务,按照规定应当扣除20%的费用后确认为收入额:

120 000×(1-20%)=96 000(元)。

③ 汇总武某境内外的全部收入额:

220 000+96 000=316 000(元)。

(2)计算武某全年的应纳税额:

按规定,居民个人取得综合所得时,允许扣除每年60 000元的基本减除费用,同时按规定缴纳的"三险一金"等专项扣除也允许扣除,因而武某应当缴纳的个人所得税为:

应纳税额=[220 000+120 000×(1-20%)-60 000-40 000]×20%-16 920=26 280(元)。

(3)计算武某从日本取得设计劳务的抵免限额:

直接套用公式进行计算,即来源于日本的综合所得的抵免限额=中国境内和境外综合所得依照规定计算的综合所得应纳税额×来源于日本的综合所得收入额÷中国境内和境外综合所得收入额合计=26 280×96 000÷316 000=7 983.80(元)。

武某的设计劳务在日本实际缴纳个人所得税额1万元,但按规定2019年只能抵免7 983.80元,这就意味着尚有2 016.20元的税款留待以后年度在武某从日本取得的所得中继续抵免,但最长不超过5年。

(2)计算经营所得的抵免限额。

居民个人从境外取得经营所得,其抵免限额按下列公式进行计算:

$$\text{来源于一国(地区)经营所得的抵免限额} = \text{中国境内和境外经营所得依照规定计算的经营所得应纳税额} \times \frac{\text{来源于该国(地区)的经营所得应纳税所得额}}{\text{中国境内和境外经营所得应纳税所得额合计}}$$

(3)计算其他分类所得的抵免限额。

居民个人从境外取得的其他分类所得,其抵免限额按下列公式进行计算:

$$\text{来源于一国(地区)其他分类所得的抵免限额} = \text{该国(地区)的其他分类所得按税法分别单独计算的应纳税额}$$

(4)计算某国(地区)的抵免限额。

居民个人从境外取得所得时,其可抵免的限额总额按下列公式进行计算:

$$\text{来源于一国(地区)所得的抵免限额} = \text{来源于该国(地区)综合所得抵免限额} + \text{来源于该国(地区)经营所得抵免限额} + \text{来源于该国(地区)其他分类所得抵免限额}$$

7.6.4　有境外所得时如何计算全年的应补（退）税款？

《财政部　税务总局关于境外所得有关个人所得税政策的公告》（财政部　税务总局公告 2020 年第 3 号）第二条规定，居民个人应当依照个人所得税法及其实施条例规定，按照以下方法计算当期境内和境外所得应纳税额：

（1）居民个人来源于中国境外的综合所得，应当与境内综合所得合并计算应纳税额。

（2）居民个人来源于中国境外的经营所得，应当与境内经营所得合并计算应纳税额。居民个人来源于境外的经营所得，按照个人所得税法及其实施条例的有关规定计算的亏损，不得抵减其境内或他国（地区）的应纳税所得额，但可以用来源于同一国家（地区）以后年度的经营所得按中国税法规定弥补。

（3）居民个人来源于中国境外的利息、股息、红利所得，财产租赁所得，财产转让所得和偶然所得（以下称其他分类所得），不与境内所得合并，应当分别单独计算应纳税额。

可以看出，当居民个人从境外取得所得时，应当区分综合所得、经营所得以及其他分类所得，分别计算应纳税额。

如果再考虑收入额的汇总，境外已缴税款的抵免等，居民个人同时从境内和境外取得综合所得时，应当按照下列步骤计算全年的应补（退）税款：

（1）汇总境内外的收入额。

再次强调一下，汇总的是来自于境内与境外全部收入额，而不是收入。具体地讲，工资、薪金所得按收入全额确认收入额。劳务报酬所得、稿酬所得、特许权使用费所得以收入减除 20% 的费用后的余额为收入额。稿酬所得的收入额减按 70% 计算。

按照规定，纳税人计算当期境内和境外所得应纳税额时必须区分综合所得、经营所得以及其他分类所得，因而在汇总境内外收入额以及应纳税所得额时，也均需区分不同的应税项目。

（2）计算境内外的应纳税所得额。

在汇总计算境内外收入额的基础上，按照税法的规定，减除基本减除费用 6 万元、"三险一金"等专项扣除、子女教育支出、继续教育支出等专项附加扣除、依法确定的其他扣除以及公益性捐赠，计算得到全年的应纳税所得额。

由于有境外的收入因素，综合所得项目的应纳税所得额的计算与汇总公式也应当作相应的调整：

$$\text{应纳税所得额} = \text{全年境内外工资、薪金收入} + \text{全年境内外劳务报酬收入} \times (1-20\%) + \text{全年境内外特许权使用费收入} \times (1-20\%) + \text{全年境内外稿酬收入} \times (1-20\%) \times 70\% - \text{免税收入} - \text{不征税收入} - 60\,000 - \text{专项扣除} - \text{专项附加扣除} - \text{依法确定的其他扣除}$$

（3）计算境内外全部所得的应纳税额。

$$\text{应纳税额} = \text{应纳税所得额} \times \text{适用税率} - \text{速算扣除数}$$

（4）计算境外所得可抵免限额。

按照上文介绍的分国分项的原则计算境外已缴纳个人所得税税额的境内可抵免限额。

（5）计算全年的应补（退）税款。

$$应补（退）税款＝应纳税额－已预缴（扣）税款－可抵免税额$$

需要注意的是，上述公式中是可抵免税额，不是抵免限额。

当然，如果按照《国家税务总局关于办理 2019 年度个人所得税综合所得汇算清缴事项的公告》（国家税务总局公告 2019 年第 44 号）的规定，用一个完整的公式表示综合所得项目的应补（退）税款的计算：

$$\begin{aligned}\text{综合所得年度汇算应退或应补税额}=&\left\{\left[\left(\text{全年境内外工资、薪金收入}+\text{全年境内外劳务报酬收入}\times(1-20\%)\right.\right.\right.\\&+\text{全年境内外特许权使用费收入}\times(1-20\%)+\text{全年境内外稿酬收入}\times(1-20\%)\\&\times 70\%-\text{免税收入}-\text{不征税收入}-60\,000-\text{专项扣除}-\text{专项附加扣除}-\text{依法确定的其他扣除}\\&\left.\left.-\text{捐赠}\right]\times\text{适用税率}-\text{速算扣除数}\right\}-\text{境内已预缴税额}-\text{可抵免税额}\end{aligned}$$

【案例 7-8】　　　　　　　　　有境外所得时全年应补（退）税款的计算

居民个人郭某为江苏南通甲公司中层管理人员，2019 年发生下列业务与事项：

（1）从任职的甲公司取得工资、薪金 36 万元，其中包括按照规定扣缴的"三险一金"7 万元。因郭某选择汇缴时扣缴各项专项附加扣除，因而公司每月扣除"三险一金"及基本减除费用后按规定预扣预缴个人所得税，全年预扣预缴税款 31 080 元。

（2）6 月，经朋友介绍，为德国某公司提供一项工业设计，经过两个月左右的时间完成设计，由德国公司支付设计费（人民币计价，下同）20 万元。德国公司按照约定扣缴个人所得税税款 1.6 万元，其他税收 0.4 万元，实际向郭某支付 18 万元。

（3）8 月，一本有关机床设计的论著被美国一家出版社翻译出版，取得稿酬所得收入（人民币计价，下同）10 万元。美国出版社按照规定扣缴个人所得税税款 1 万元，其他税款 0.2 万元。

（4）12 月底，甲公司发放 2019 年全年一次性奖金，郭某取得奖金 30 万元。甲公司选择单独纳税，扣缴个人所得税税款 58 590 元。

（5）郭某有两名子女，大女儿刚刚读初中，小儿子 6 岁，在幼儿园大班，夫妻商定由郭某一人负担子女教育支出；同时，父母均超过 65 周岁，郭某与其姐共同均摊赡养老人支出。除此之外，郭某没有其他专项附加扣除项目。另外，郭某选择将全年一次性奖金单独纳税。

【解析】　（1）首先计算郭某全部收入额：

① 因任职从甲公司取得的工资、薪金按全额作为收入额，即 360 000 元全额确认为收入额。

② 为德国公司提供设计取得的劳务报酬应当扣除 20% 的费用后确认为收入额，即：

$200\,000 \times (1-20\%) = 160\,000$（元）。

③ 论著在美国翻译出版取得的稿酬所得应当首先扣除 20% 的费用，并再按 70% 计入收入额，即：

$100\,000 \times (1-20\%) \times 70\% = 56\,000$（元）。

④ 汇总郭某 2019 年全球的收入额：

$360\,000 + 160\,000 + 56\,000 = 576\,000$（元）。

(2) 计算境内外全部综合所得的应纳税额：

$(576\,000 - 60\,000 - 70\,000 - 1\,000 \times 12 \times 2 - 1\,000 \times 12) \times 25\% - 31\,920 = 70\,580$（元）。

(3) 计算郭某从德国和美国取得境外所得已缴税款的抵免限额：

① 计算确定德国劳务报酬所得的抵免限额：

来源于德国的综合所得的抵免限额＝中国境内和境外综合所得依照规定计算的综合所得应纳税额×来源于德国的综合所得收入额÷中国境内和境外综合所得收入额合计

$= 70\,580 \times 160\,000 \div 576\,000 = 19\,605.56$（元）。

已知郭某的设计劳务在德国已经缴纳个人所得税 1.6 万元，其他税收 0.4 万元，由于其他税收不在抵免范围，而实际缴纳的个人所得税为 1.6 万元，小于可抵免限额，因而郭某在德国缴纳的个人所得税可以在国内全额抵免。

② 计算确定美国稿酬所得的抵免限额：

来源于美国的综合所得的抵免限额＝中国境内和境外综合所得依照规定计算的综合所得应纳税额×来源于美国的综合所得收入额÷中国境内和境外综合所得收入额合计

$= 70\,580 \times 56\,000 \div 576\,000 = 6\,861.94$（元）。

已知郭某的稿酬所得在美国已经缴纳个人所得税 1 万元，其他税收 0.2 万元，由于其他税收不在抵免范围，而实际缴纳的个人所得税为 1 万元，大于可抵免限额，因而郭某在美国缴纳的个人所得税只能按照限额抵免，即抵免 6 861.94 元。不过，按照规定，未抵扣完的税款可以在其后 5 年内用来源于美国的所得抵免限额的余额进行抵免。

(4) 计算 2019 年郭某应当退（补）的税额：

① 计算全年一次性奖金之外的其他综合所得应当退（补）的税额：

应退（补）税额＝应纳税额－德国的抵免税额－美国的抵免税额－已预扣预缴税额

$= 70\,580 - 16\,000 - 6\,861.94 - 31\,080 = 16\,638.06$（元）。

② 计算全年一次性奖金应当退（补）的税额：

应退（补）税额＝应纳税额－已预扣预缴税额＝$300\,000 \times 20\% - 1\,410 - 58\,590 = 0$（元）。

因此，2019 年郭某汇缴时应当补缴税款 16 638.06 元。

第 8 章

汇缴申报：如何办理汇算清缴申报

8.1 什么时间办理综合所得年度汇算清缴申报？

8.1.1 一般情况下纳税人应在何时办理汇算清缴？

《个人所得税法》第十一条规定："居民个人取得综合所得，按年计算个人所得税……需要办理汇算清缴的，应当在取得所得的次年三月一日至六月三十日内办理汇算清缴。"

《国家税务总局关于办理2019年度个人所得税综合所得汇算清缴事项的公告》（国家税务总局公告2019年第44号）第五条规定重申了上述规定："纳税人办理2019年度汇算的时间为2020年3月1日至6月30日。"

因此，根据上述规定，在一般情况下，居民纳税人（包括成为居民纳税人的外籍个人）应在取得综合所得年度次年的3月1日至6月30日之间办理汇算清缴。

8.1.2 特殊情况下应在何时办理汇算清缴？

8.1.2.1 居民纳税人注销中国户籍的应在何时办理汇算清缴？

《国家税务总局关于个人所得税自行纳税申报有关问题的公告》（国家税务总局公告2018年第62号）规定："纳税人在注销户籍年度取得综合所得的，应当在注销户籍前，办理当年综合所得的汇算清缴……尚未办理上一年度综合所得汇算清缴的，应当在办理注销户籍纳税申报时一并办理。"

因此，注销中国户籍的居民纳税人，如注销户籍当年取得综合所得，应在注销户籍前办理当年综合所得的汇算清缴；如果注销时未办理上一纳税年度综合所得的汇算清缴，则在办理注销户籍时一并办理上年度综合所得的汇算清缴。

8.1.2.2 汇算清缴适用简易申报时应在何时办理汇算清缴？

《个人所得税法》及其实施条例本身并未规定所谓的简易申报，但《国家税务总局关于修订部分个人所得税申报表的公告》（国家税务总局公告2019年第46号）所附的《个人所得税年度自行纳税申报表（简易版）》填表说明却规定，如果纳税人年综合所得收入额不超过6万元且在纳税年度内未取得境外所得的，可以在纳税年度的次年3月1日至5月31日使用本表办理汇算清缴申报，并在该期限内申请退税。

这就意味着，年收入额（注意是收入额，而不是收入）不超过6万元且无境外所得的居民纳税人,如果选择简易汇缴申报的,应在次年的3月1日至5月31日办理汇算清缴申报。

8.1.2.3 在中国境内无住所的居民个人离境的,何时办理汇算清缴?

《国家税务总局关于办理2019年度个人所得税综合所得汇算清缴事项的公告》(国家税务总局公告2019年第44号)第五条规定:"在中国境内无住所的纳税人在2020年3月1日前离境的,可以在离境前办理年度汇算。"

因此,取得综合所得的但在中国境内无住所的居民纳税人,应在离境前,办理汇算清缴,无须等到次年3月1日至6月30日。

8.1.3 委托任职单位办理汇缴申报有什么时间的特别规定?

按照《国家税务总局关于办理2019年度个人所得税综合所得汇算清缴事项的公告》(国家税务总局公告2019年第44号)的规定,如果纳税人委托扣缴义务人代为办理综合所得的汇算清缴的,纳税人应在2020年4月30日前与扣缴义务人进行书面确认,补充提供其2019年度在本单位以外取得的综合所得收入、相关扣除、享受税收优惠等信息资料,并对所提交信息的真实性、准确性、完整性负责。

也就是说,委托任职或受雇单位办理汇算清缴申报的,必须在4月30日前进行书面确认,但汇缴申报的开始时间与截止时间并不发生变化,仍然是3月1日至6月30日。

8.2 在什么地方办理综合所得年度汇算清缴申报?

8.2.1 一般情况下纳税人应在何地办理汇算清缴申报?

《国家税务总局关于个人所得税自行纳税申报有关问题的公告》(国家税务总局公告2018年第62号)第一条规定:"需要办理汇算清缴的纳税人,应当在取得所得的次年3月1日至6月30日内,向任职、受雇单位所在地主管税务机关办理纳税申报,并报送《个人所得税年度自行纳税申报表》。纳税人有两处以上任职、受雇单位的,选择向其中一处任职、受雇单位所在地主管税务机关办理纳税申报;纳税人没有任职、受雇单位的,向户籍所在地或经常居住地主管税务机关办理纳税申报。"

《国家税务总局关于办理2019年度个人所得税综合所得汇算清缴事项的公告》(国家税务总局公告2019年第44号)第九条重申了上述规定。

因此,就一般情况而言,纳税人的汇算清缴申报地点如下:

(1)有且只有一个任职、受雇单位的,向任职、受雇单位所在地主管税务机关办理汇算清缴申报。

(2)有两处以上任职、受雇单位的,选择向其中一处任职、受雇单位所在地主管税务机关办理汇算清缴申报。

(3)没有任职、受雇单位的,向户籍所在地或经常居住地主管税务机关办理纳税申报。

8.2.2 如何确定特殊情况下汇算清缴申报的地点？

8.2.2.1 纳税人注销中国户籍时在何地办理汇算清缴？

《国家税务总局关于个人所得税自行纳税申报有关问题的公告》（国家税务总局公告2018年第62号）规定，纳税人因移居境外注销中国户籍的，应当在申请注销中国户籍前，向户籍所在地主管税务机关办理纳税申报，进行税款清算。特别是要在注销户籍前，办理当年综合所得的汇算清缴。尚未办理上一年度综合所得汇算清缴的，应当在办理注销户籍纳税申报时一并办理。

因此，纳税人如果要注销中国户籍，那么其汇算清缴的地点就只能是其户籍所在地。

8.2.2.2 扣缴义务人代为办理时在何地办理汇算清缴？

《国家税务总局关于办理2019年度个人所得税综合所得汇算清缴事项的公告》（国家税务总局公告2019年第44号）第九条规定："扣缴义务人在年度汇算期内为纳税人办理年度汇算的，向扣缴义务人的主管税务机关申报。"

8.2.2.3 非扣缴义务人代为办理时在何地办理汇算清缴？

按照规定，扣缴义务人之外的其他受托人，为纳税人代为办理综合所得汇算的，向纳税人任职受雇单位所在地的主管税务机关申报；有两处及以上任职受雇单位的，可自主选择向其中一处单位所在地的主管税务机关申报。纳税人没有任职受雇单位的，向其户籍所在地或者经常居住地的主管税务机关申报。

实际上，扣缴义务人之外的其他人代为办理汇算清缴的，遵循自然人个人自主汇缴申报的地点。

8.2.2.4 未在规定期间内申报应在何地办理汇缴的补缴补报？

如果纳税人在规定期限内，即取得综合所得年度的次年3月1日至6月30日之间未办理汇算清缴，那么未来被税务机关发现并要求补报补缴的，又在何地办理呢？对此问题，相关政策并未做出明确的规定。但综合现行的税收法律、法规的规定，应当适用指定管辖原则，即由有权实施税务稽查、税务检查、税务评估等执法的税务机关，依据税收法律、法规的规定确定的纳税机关所在地办理汇算清缴的补报与补缴（包括退税）。

8.3 综合所得年度汇算清缴纳税申报方式有哪些？

8.3.1 税法对综合所得年度申报方式是如何规定的？

《中华人民共和国税收征收管理法》第八十九条规定："纳税人、扣缴义务人可以委托税务代理人代为办理税务事宜。"对个人所得税综合所得项目的汇算清缴而言，也应当遵循这样的法律规定。基于此，《国家税务总局关于办理2019年度个人所得税综合所得汇算清缴事项的公告》（国家税务总局公告2019年第44号）也明确了两种汇算清缴申报方式：

（1）自行纳税申报。即居民纳税人自己亲力亲为，自行办理综合收所得的汇算清缴。

（2）委托申报。居民纳税人委托其他单位或个人，包括委托涉税专业服务机构代为办理综合所得的汇算清缴。其间，因受托人及相关时间要求不同又分为两种：一是委托扣缴义务人办理汇缴申报；二是委托扣缴义务人之外的其他单位与个人办理汇缴申报。

8.3.2 扣缴义务人代为办理汇缴申报时应注意哪些事项？

从现有的规定出发，纳税人委托扣缴义务人代为办理综合所得的汇缴申报的，应当注意以下几个事项：

（1）委托扣缴义务人办理汇缴的适用对象。

取得工资、薪金或连续性取得劳务报酬所得的扣缴义务人可以委托扣缴义务人代为办理汇缴申报。

（2）扣缴义务人应当接受，如不接受须对纳税人进行培训或辅导直至完成汇缴。

《国家税务总局关于办理2019年度个人所得税综合所得汇算清缴事项的公告》（国家税务总局公告2019年第44号）规定："纳税人向扣缴义务人提出代办要求的，扣缴义务人应当代为办理，或者培训、辅导纳税人通过网上税务局（包括手机个人所得税APP）完成年度汇算申报和退（补）税。"

需要注意的是，这其中有一个重要的前提条件，即纳税人必须向扣缴义务人明确提出，要求扣缴义务人代为办理汇缴申报。对于扣缴义务人来说，此时也有两种选择：一是应当代为办理；二是如果不接受纳税人的要求，则须给予必要的协助，包括对纳税人培训和辅导，直至完成汇缴申报与退（补）税。

（3）扣缴义务人代为办理汇缴申报的时间限制及形式要求。

纳税人要求扣缴义务人代为办理综合所得汇算清缴申报的，纳税人必须在4月30日前与扣缴义务人进行书面确认，补充提供其2019年度在本单位以外取得的综合所得收入、相关扣除、享受税收优惠等信息资料，并对所提交信息的真实性、准确性、完整性负责。委托涉税专业服务机构或其他单位及个人（以下称"受托人"）办理，受托人需与纳税人签订授权书。

8.3.3 扣缴义务人代为申报时仍可委托涉税代理机构申报吗？

《中华人民共和国税收征收管理法》第八十九条规定："纳税人、扣缴义务人可以委托税务代理人代为办理税务事宜。"从这一规定看，扣缴义务人在接受纳税人的委托后，仍然可以委托税务代理人代为办理汇缴申报事宜。

8.4 综合所得项目年度汇算清缴申报渠道有哪些？

8.4.1 税收征管法对纳税申报路径是如何规定的？

按照《中华人民共和国税收征收管理法》第二十六条、《中华人民共和国税收征收管理法实施细则》第三十条的规定，纳税人、扣缴义务人办理综合所得汇算清缴申报的路径或渠道主要包括四种：

（1）直接申报。直接申报也叫上门申报、服务大厅申报，是指纳税人或扣缴义务人在规定的申报期限内，自行到税务机关指定的办税服务场所办理纳税申报手续，包括提交纳税申报表及相关资料。

（2）数据电文申报。数据电文申报，也称电子申报，是指纳税人或扣缴义务人在规定的申报期限内，通过网络与税务机关的征管系统对接，按照规定和系统发出的指示输入申报内容，将涉税信息数据、资料等以电子数据传递给税务机关，进而完成纳税申报的一种申报方式。数据电文方式，包括电话语音、电子数据交换和网络传输等电子方式。

（3）邮寄申报。邮寄申报是指纳税人、扣缴义务人使用统一的纳税申报专用信封，通过邮政部门办理交寄手续，并以邮政部门收据作为申报凭据的一种申报方式。邮寄申报以寄出的邮戳日期为实际申报日期。

（4）简易申报。简易申报是指对特定的纳税人，通过以缴纳税款凭证代替申报或简并征期的一种申报方式。

必须强调的是，纳税人采取电子方式办理纳税申报的，应当按照税务机关规定的期限和要求保存有关资料，并定期书面报送主管税务机关。

8.4.2 个人所得税汇缴申报方式作了哪些创新？

《国家税务总局关于办理2019年度个人所得税综合所得汇算清缴事项的公告》（国家税务总局公告2019年第44号）规定："纳税人可优先通过网上税务局（包括手机个人所得税APP）办理年度汇算，税务机关将按规定为纳税人提供申报表预填服务；不方便通过上述方式办理的，也可以通过邮寄方式或到办税服务厅办理。"

从其规定可以看出，现行个人所得税政策在遵循税收征收管理法及其实施细则的基础上，结合个人所得税征管工作的特点，对个人所得税的汇缴申报不仅作了细化规定，而且还创新了个人所得税汇算清缴的申报方式，即在网络申报（数据电文申报）方式中新增了手机个人所得税APP申报。

所谓手机个人所得税APP申报，是个人所得税综合所得汇算清缴中，针对个人所得税纳税人是自然人个人等的特点，由自然人个人在手机上下载安装个人所得税APP端，然后通过手机及其网络，即可以与税务机关的申报征收系统对接，进而按照税法规定以及系统发出的指示输入申报内容，将涉税信息、数据、资料等以电子、图文的方式传递给税务机关，从而完成综合所得汇缴申报的一种网络申报方式。

8.4.3 汇算清缴时该如何选择适合的纳税申报渠道？

纳税人应当根据自身的情况选择并确定汇算清缴申报的路径：

（1）上门申报。上门申报最大的好处是可以直接与税务人员进行交流和沟通，可以对政策、流程等作进一步咨询,有利于了解和学习政策,并及时处理和解决一些问题。但其最大的弊端是没有隐私,在与税务人员进行交流和沟通时,个人收入情况、家庭情况等等全部都会被税务人员了解。另外,上门申报还必须面对纳税服务大厅人员多、等候时间长等一系列问题,特别是需要纳税人直面当前新型冠状病毒感染的肺炎疫情等问题。因此,就一般情况下,不建议纳税人选择这种申报方式,除非年纪较大,自己不熟悉网络应用且没有亲朋好友协助。

(2)邮寄申报。邮寄申报下,纳税人在一定程度上避免了与税务人员直接接触,也规避了纳税服务大厅人满为患及时间成本等风险,但也引发新的问题,比如说需要购买使用统一的纳税申报专用信封;需要支付邮资;需要将申报表打印;邮寄的速度相对较慢,需要付出较多的时间等待;申报资料邮寄的过程中也可能会丢失……因此,邮寄申报其实也并不是一个好的选择。

(3)网上申报。网上申报有一系列的优点:不与税务官员直接发生接触,有利于个人隐私及其保护;只要有网络就能办理申报,不仅没有时间限制,可以随时随地办理,而且速度非常迅速;没有交通费,没有打印费,不用付邮资,只要有网络就能完成申报,可谓成本极低;根据税务机关的相关系统提示进行操作,并且还可以直接利用甚至是直接导入税务系统的数据,特别是在简易申报时极容易填报。而且,从节约征收成本的角度分析,税务机关也一定会鼓励这种申报方式,甚至有可能从审核、退税等方面给予一定的措施,鼓励纳税人选择这种申报方式。

当然,即便是网上申报也还有不同的类型,包括纳税人自己网上申报、委托扣缴义务人进行网上申报、委托专业的涉税服务机构进行网上申报。在这几种网上申报中,纳税人自己网上申报更有利于个人隐私的保护,但需要纳税人拥有相对较高的网络知识,并拥有一定的税收业务知识。

纳税人自己网上申报方式,包括通过网页端申报与通过手机个人所得税 APP 申报。这两者的差异就不那么显著了,主要取决于个人的爱好与习惯。

8.4.4 选择邮寄申报时需要注意什么问题?

邮寄申报并非最佳选择,但如果纳税人仍然坚持选择邮寄纳税申报,那么就必须注意以下几个问题:

(1)注意格式要求。按照《中华人民共和国税收征收管理法》第三十一条的规定,纳税人采取邮寄方式办理纳税申报的,应当使用统一的纳税申报专用信封。《国家税务总局 邮电部关于印发〈邮寄纳税申报办法〉的通知》(国税发〔1997〕147号)进一步规定:"使用统一规定的纳税申报特快专递专用信封"。

(2)注意办理流程。按照相关规定,纳税人在法定的纳税申报期内,按税务机关规定的要求填写各类申报表和纳税资料后,使用统一规定的纳税申报特快专递专用信封,可以根据约定时间由邮政人员上门收寄,也可到指定的邮政部门办理交寄手续。

(3)注意邮政资费。按照相关规定,纳税申报特快专递邮件实行按件收费,各省、自治区、直辖市邮政管理局可根据各地实际情况,以中准价为基础上下浮动30%。

(4) 注意申报日期确认。按照相关规定,邮寄纳税申报的具体日期以邮政部门收寄日戳日期为准。

(5) 注意收件税务机关。《国家税务总局关于办理 2019 年度个人所得税综合所得汇算清缴事项的公告》(国家税务总局公告 2019 年第 44 号)的规定,选择邮寄申报的,纳税人需将申报表寄送至任职受雇单位(没有任职受雇单位的,为户籍或者经常居住地)所在省、自治区、直辖市、计划单列市税务局公告指定的税务机关。总局在上述公告解读稿中进一步强调,纳税人如选择邮寄申报的,需根据自己实际情况,将申报表寄送至相应地址:有任职受雇单位的,需将申报表寄送至任职受雇单位所在省(区、市)税务局公告指定的税务机关;没有任职受雇单位的,寄送至户籍或者经常居住地所在省(区、市)税务局公告指定的税务机关。

(6) 留存个人信息要求。选择邮寄申报时,为避免因信息填报有误或寄送地址不清而带来不必要的麻烦,纳税人应清晰、真实、准确填写本人的相关信息,尤其是姓名、纳税人识别号、有效联系方式等关键信息。为提高辨识度,寄送的申报表,建议使用电脑填报并打印、签字。

8.5 年度汇缴申报时,需要填报哪些申报资料?

8.5.1 年度汇缴申报时需要提交哪些申报表?

《国家税务总局关于办理 2019 年度个人所得税综合所得汇算清缴事项的公告》(国家税务总局公告 2019 年第 44 号)第八条规定:"纳税人办理年度汇算时,除向税务机关报送年度汇算申报表外,如需修改本人相关基础信息,新增享受扣除或者税收优惠的,还应按规定一并填报相关信息。填报的信息,纳税人需仔细核对,确保真实、准确、完整。"

因此,根据上述规定并结合其他相关的政策,可以判定,居民个人办理个人所得税综合所得汇算清缴的需要向税务机关提交的资料主要有以下几种:

(1) 年度汇缴纳税申报表。主要包括《个人所得税年度自行纳税申报表》A 表、B 表等,另外还包括简易版与问答版的申报表。

(2) 个人基础信息表。并非所有的人都需要填报,只有涉及个人基础信息修改的纳税人才需要填报。需要注意的是,年度汇缴申报时,个人填报的是《个人所得税基础信息表》B 表,而非 A 表。

(3) 专项附加扣除项目信息表。并非所有的人都需要填报此类报表,只有涉及个人专项附加扣除信息修改的纳税人才需要填报《个人所得税专项附加扣除信息表》。

(4) 相关减免税事项报告表。如果纳税人有涉及享受相关的税收优惠,则应当填报《个人所得税减免税事项报告表》。

(5) 其他相关申报表。如从境外取得所得的纳税人可能需要视情况填报《境外所得个人所得税抵免明细表》。

8.5.2 年度汇缴申报表有不同类型吗？纳税人可以选择吗？

按照《国家税务总局关于修订部分个人所得税申报表的公告》（国家税务总局公告2019年第46号）的规定，个人所得税综合所得的年度纳税申报表确实存在不同的类型体系：

（1）仅取得境内综合所得适用的年度纳税申报表，包括《个人所得税年度自行纳税申报表》（A表）、《个人所得税年度自行纳税申报表》（简易版）以及《个人所得税年度自行纳税申报表》（问答版）。

（2）同时从境内和境外取得综合所得适用的年度纳税申报表，包括《个人所得税年度自行纳税申报表》（B表）和《境外所得个人所得税抵免明细表》。

（3）有减免税事项时适用的减免税事项报告表，主要是《个人所得税减免税事项报告表》。

对于同时从境内外取得综合所得的纳税人，只能适用《个人所得税年度自行纳税申报表》（B表）；对存有减免税事项的纳税人，则必须填报《个人所得税减免税事项报告表》；而对仅从境内取得综合所得且年综合所得收入额不超过6万元，则可以选择适用《个人所得税年度自行纳税申报表》（简易版）。从总体上说，纳税人并不是可以随便选择的，而是需要根据其收入情况等进行判断并作出正确选择的。

8.6 仅取得境内综合所得时如何填报年度纳税申报表？

8.6.1 仅取得境内综合所得时可以选择哪几种申报表？

《国家税务总局关于修订部分个人所得税申报表的公告》（国家税务总局公告2019年第46号）附列的个人所得税纳税申报表，如果个人仅取得境内综合所得的，那么有三种年度汇缴纳税申报表可供选择，分别是：

（1）《个人所得税年度自行纳税申报表》（A表）（仅取得境内综合所得年度汇算适用）。

本表主要用于仅从中国境内取得综合所得且在纳税年度内未取得境外所得，按照税法规定进行个人所得税综合所得汇算清缴的一般居民纳税人。

（2）《个人所得税年度自行纳税申报表》（简易版）。

本表主要适用于仅从中国境内取得综合所得且在纳税年度内未取得境外所得，按照税法规定进行个人所得税综合所得汇算清缴的特定居民纳税人。其特定性主要表现为年综合所得收入额不超过6万元。

（3）《个人所得税年度自行纳税申报表》（问答版）。

该表适用于仅从中国境内取得综合所得且在纳税年度内未取得境外所得，按照税法规定进行个人所得税综合所得汇算清缴的一般居民纳税人。

8.6.2 如何准确填报《个人所得税年度自行纳税申报表》(A表)(仅取得境内综合所得年度汇算适用)？

表 8-1　个人所得税年度自行纳税申报表(A表)

(仅取得境内综合所得年度汇算适用)

税款所属期：　　　年　　月　　日至　　　年　　月　　日

纳税人姓名：

纳税人识别号：□□□□□□□□□□□□□□□□□□-□□　　　　金额单位：人民币元(列至角分)

基本情况			
手机号码		电子邮箱	邮政编码 □□□□□□
联系地址	_____省(区、市)_____市_____区(县)_____街道(乡、镇)_____		
纳税地点(单选)			
1. 有任职受雇单位的，需选本项并填写"任职受雇单位信息"：		□任职受雇单位所在地	
任职受雇单位信息	名称		
	纳税人识别号	□□□□□□□□□□□□□□□□□□	
2. 没有任职受雇单位的，可以从本栏次选择一地：		□户籍所在地　　　□经常居住地	
户籍所在地/经常居住地	_____省(区、市)_____市_____区(县)_____街道(乡、镇)_____		
申报类型(单选)			
□首次申报　　　□更正申报			

综合所得个人所得税计算		
项目	行次	金额
一、收入合计(第1行＝第2行＋第3行＋第4行＋第5行)	1	
(一)工资、薪金	2	
(二)劳务报酬	3	
(三)稿酬	4	
(四)特许权使用费	5	
二、费用合计[第6行＝(第3行＋第4行＋第5行)×20％]	6	
三、免税收入合计(第7行＝第8行＋第9行)	7	
(一)稿酬所得免税部分[第8行＝第4行×(1－20％)×30％]	8	
(二)其他免税收入(附报《个人所得税减免税事项报告表》)	9	
四、减除费用	10	
五、专项扣除合计(第11行＝第12行＋第13行＋第14行＋第15行)	11	
(一)基本养老保险费	12	
(二)基本医疗保险费	13	

(续表)

项　　目	行次	金额
（三）失业保险费	14	
（四）住房公积金	15	
六、专项附加扣除合计（附报《个人所得税专项附加扣除信息表》）（第16行＝第17行＋第18行＋第19行＋第20行＋第21行＋第22行）	16	
（一）子女教育	17	
（二）继续教育	18	
（三）大病医疗	19	
（四）住房贷款利息	20	
（五）住房租金	21	
（六）赡养老人	22	
七、其他扣除合计（第23行＝第24行＋第25行＋第26行＋第27行＋第28行）	23	
（一）年金	24	
（二）商业健康保险（附报《商业健康保险税前扣除情况明细表》）	25	
（三）税延养老保险（附报《个人税收递延型商业养老保险税前扣除情况明细表》）	26	
（四）允许扣除的税费	27	
（五）其他	28	
八、准予扣除的捐赠额（附报《个人所得税公益慈善事业捐赠扣除明细表》）	29	
九、应纳税所得额（第30行＝第1行－第6行－第7行－第10行－第11行－第16行－第23行－第29行）	30	
十、税率(%)	31	
十一、速算扣除数	32	
十二、应纳税额（第33行＝第30行×第31行－第32行）	33	
全年一次性奖金个人所得税计算（无住所居民个人预判为非居民个人取得的数月奖金，选择按全年一次性奖金计税的填写本部分）		
一、全年一次性奖金收入	34	
二、准予扣除的捐赠额（附报《个人所得税公益慈善事业捐赠扣除明细表》）	35	
三、税率(%)	36	
四、速算扣除数	37	
五、应纳税额[第38行＝（第34行－第35行）×第36行－第37行]	38	
税　额　调　整		
一、综合所得收入调整额（需在"备注"栏说明调整具体原因、计算方式等）	39	

(续表)

项　目	行次	金额
二、应纳税额调整额	40	
应补/退个人所得税计算		
一、应纳税额合计(第41行＝第33行＋第38行＋第40行)	41	
二、减免税额(附报《个人所得税减免税事项报告表》)	42	
三、已缴税额	43	
四、应补/退税额(第44行＝第41行－第42行－第43行)	44	
无住所个人附报信息		
纳税年度内在中国境内居住天数	已在中国境内居住年数	
退 税 申 请 (应补/退税额小于0的填写本部分)		
□申请退税(需填写"开户银行名称""开户银行省份""银行账号")	□放弃退税	
开户银行名称	开户银行省份	
银行账号		
备注		
谨声明：本表是根据国家税收法律法规及相关规定填报的,本人对填报内容(附带资料)的真实性、可靠性、完整性负责。　　　　　　　　　　　　纳税人签字：　　　　　　　　年　月　日		
经办人签字： 经办人身份证件类型： 经办人身份证件号码： 代理机构签章： 代理机构统一社会信用代码：	受理人： 受理税务机关(章)： 受理日期：　　年　月　日	

国家税务总局监制

《个人所得税年度自行纳税申报表》(A表)填表说明
(仅取得境内综合所得年度汇算适用)

一、适用范围

本表适用于居民个人纳税年度内仅从中国境内取得工资、薪金所得,劳务报酬所得,稿酬所得,特许权使用费所得(以下称"综合所得"),按照税法规定进行个人所得税综合所得汇算清缴。居民个人纳税年度内取得境外所得的,不适用本表。

二、报送期限

居民个人取得综合所得需要办理汇算清缴的,应当在取得所得的次年3月1日至6月30日内,向主管税务机关办理个人所得税综合所得汇算清缴申报,并报送本表。

三、本表各栏填写

(一)表头项目

1. 税款所属期:填写居民个人取得综合所得当年的第1日至最后1日。如:2019年1月1日至2019年12月31日。

2. 纳税人姓名:填写居民个人姓名。

3. 纳税人识别号:有中国公民身份号码的,填写中华人民共和国居民身份证上载明的"公民身份号码";没有中国公民身份号码的,填写税务机关赋予的纳税人识别号。

(二)基本情况

1. 手机号码:填写居民个人中国境内的有效手机号码。

2. 电子邮箱:填写居民个人有效电子邮箱地址。

3. 联系地址:填写居民个人能够接收信件的有效地址。

4. 邮政编码:填写居民个人"联系地址"对应的邮政编码。

(三)纳税地点

居民个人根据任职受雇情况,在选项1和选项2之间选择其一,并填写相应信息。若居民个人逾期办理汇算清缴申报被指定主管税务机关的,无需填写本部分。

1. 任职受雇单位信息:勾选"任职受雇单位所在地"并填写相关信息。

(1)名称:填写任职受雇单位的法定名称全称。

(2)纳税人识别号:填写任职受雇单位的纳税人识别号或者统一社会信用代码。

2. 户籍所在地/经常居住地:勾选"户籍所在地"的,填写居民户口簿中登记的住址。勾选"经常居住地"的,填写居民个人申领居住证上登载的居住地址;没有申领居住证的,填写居民个人实际居住地;实际居住地不在中国境内的,填写支付或者实际负担综合所得的境内单位或个人所在地。

(四)申报类型

未曾办理过年度汇算申报,勾选"首次申报";已办理过年度汇算申报,但有误需要更正的,勾选"更正申报"。

(五)综合所得个人所得税计算

1. 第1行"收入合计":填写居民个人取得的综合所得收入合计金额。

第1行=第2行+第3行+第4行+第5行。

2. 第2~5行"工资、薪金""劳务报酬""稿酬""特许权使用费":填写居民个人取得的需要并入综合所得计税的"工资、薪金""劳务报酬""稿酬""特许权使用费"所得收入金额。

3. 第6行"费用合计":根据相关行次计算填报。

第6行=(第3行+第4行+第5行)×20%。

4. 第7行"免税收入合计":填写居民个人取得的符合税法规定的免税收入合计金额。

第7行=第8行+第9行。

5. 第8行"稿酬所得免税部分":根据相关行次计算填报。

第8行=第4行×(1-20%)×30%。

6. 第9行"其他免税收入":填写居民个人取得的除第8行以外的符合税法规定的免税收入合计,并按规定附报《个人所得税减免税事项报告表》。

7. 第10行"减除费用":填写税法规定的减除费用。

8. 第11行"专项扣除合计":根据相关行次计算填报。

第11行=第12行+第13行+第14行+第15行。

9. 第12~15行"基本养老保险费""基本医疗保险费""失业保险费""住房公积金":填写居民个人按规定可以在税前扣除的基本养老保险费、基本医疗保险费、失业保险费、住房公积金金额。

10. 第16行"专项附加扣除合计":根据相关行次计算填报,并按规定附报《个人所得税专项附加扣除信息表》。

第 16 行＝第 17 行＋第 18 行＋第 19 行＋第 20 行＋第 21 行＋第 22 行。

11. 第 17～22 行"子女教育""继续教育""大病医疗""住房贷款利息""住房租金""赡养老人"：填写居民个人按规定可以在税前扣除的子女教育、继续教育、大病医疗、住房贷款利息、住房租金、赡养老人等专项附加扣除的金额。

12. 第 23 行"其他扣除合计"：根据相关行次计算填报。
第 23 行＝第 24 行＋第 25 行＋第 26 行＋第 27 行＋第 28 行。

13. 第 24～28 行"年金""商业健康保险""税延养老保险""允许扣除的税费""其他"：填写居民个人按规定可在税前扣除的年金、商业健康保险、税延养老保险、允许扣除的税费和其他扣除项目的金额。其中，填写商业健康保险的，应当按规定附报《商业健康保险税前扣除情况明细表》；填写税延养老保险的，应当按规定附报《个人税收递延型商业养老保险税前扣除情况明细表》。

14. 第 29 行"准予扣除的捐赠额"：填写居民个人按规定准予在税前扣除的公益慈善事业捐赠金额，并按规定附报《个人所得税公益慈善事业捐赠扣除明细表》。

15. 第 30 行"应纳税所得额"：根据相关行次计算填报。
第 30 行＝第 1 行－第 6 行－第 7 行－第 10 行－第 11 行－第 16 行－第 23 行－第 29 行。

16. 第 31、32 行"税率""速算扣除数"：填写按规定适用的税率和速算扣除数。

17. 第 33 行"应纳税额"：按照相关行次计算填报。
第 33 行＝第 30 行×第 31 行－第 32 行。

（六）全年一次性奖金个人所得税计算

无住所居民个人预缴时因预判为非居民个人而按取得数月奖金计算缴税的，汇缴时可以根据自身情况，将一笔数月奖金按照全年一次性奖金单独计算。

1. 第 34 行"全年一次性奖金收入"：填写无住所的居民个人纳税年度内预判为非居民个人时取得的一笔数月奖金收入金额。

2. 第 35 行"准予扣除的捐赠额"：填写无住所的居民个人按规定准予在税前扣除的公益慈善事业捐赠金额，并按规定附报《个人所得税公益慈善事业捐赠扣除明细表》。

3. 第 36、37 行"税率""速算扣除数"：填写按照全年一次性奖金政策规定适用的税率和速算扣除数。

4. 第 38 行"应纳税额"：按照相关行次计算填报。
第 38 行＝(第 34 行－第 35 行)×第 36 行－第 37 行。

（七）税额调整

1. 第 39 行"综合所得收入调整额"：填写居民个人按照税法规定可以办理的除第 39 行之前所填报内容之外的其他可以进行调整的综合所得收入的调整金额，并在"备注"栏说明调整的具体原因、计算方式等信息。

2. 第 40 行"应纳税额调整额"：填写居民个人按照税法规定调整综合所得收入后所应调整的应纳税额。

（八）应补/退个人所得税计算

1. 第 41 行"应纳税额合计"：根据相关行次计算填报。
第 41 行＝第 33 行＋第 38 行＋第 40 行。

2. 第 42 行"减免税额"：填写符合税法规定的可以减免的税额，并按规定附报《个人所得税减免税事项报告表》。

3. 第 43 行"已缴税额"：填写居民个人取得在本表中已填报的收入对应的已经缴纳或者被扣缴的个人所得税。

4. 第 44 行"应补/退税额"：根据相关行次计算填报。
第 44 行＝第 41 行－第 42 行－第 43 行。

（九）无住所个人附报信息

本部分由无住所居民个人填写。不是，则不填。

1. 纳税年度内在中国境内居住天数：填写纳税年度内，无住所居民个人在中国境内居住的天数。

2. 已在中国境内居住年数：填写无住所居民个人已在中国境内连续居住的年份数。其中，年份数自2019年(含)开始计算且不包含本纳税年度。

（十）退税申请

本部分由应补/退税额小于0且勾选"申请退税"的居民个人填写。

1."开户银行名称"：填写居民个人在中国境内开立银行账户的银行名称。

2."开户银行省份"：填写居民个人在中国境内开立的银行账户的开户银行所在省、自治区、直辖市或者计划单列市。

3."银行账号"：填写居民个人在中国境内开立的银行账户的银行账号。

（十一）备注

填写居民个人认为需要特别说明的或者按照有关规定需要说明的事项。

四、其他事项说明

以纸质方式报送本表的，建议通过计算机填写打印，一式两份，纳税人、税务机关各留存一份。

8.6.3 如何准确填报《个人所得税年度自行纳税申报表》(简易版)？

简易版的个人所得税年度自行纳税申报表的填报非常简单，只要根据其提示进行选择、填报就可以完成。

表8-2 个人所得税年度自行纳税申报表(简易版)

（纳税年度：20_____）

一、填表须知

填写本表前，请仔细阅读以下内容：
1. 如果您年综合所得收入额不超过6万元且在纳税年度内未取得境外所得的，可以填写本表。
2. 您可以在纳税年度的次年3月1日至5月31日使用本表办理汇算清缴申报，并在该期限内申请退税。
3. 建议您下载并登录个人所得税APP，或者直接登录税务机关官方网站在线办理汇算清缴申报，体验更加便捷的申报方式。
4. 如果您对于申报填写的内容有疑问，您可以参考相关办税指引，咨询您的扣缴单位、专业人士，或者拨打12366纳税服务热线。
5. 以纸质方式报送本表的，建议通过计算机填写打印，一式两份，纳税人、税务机关各留存一份。

二、个人基本情况

1. 姓名	
2. 公民身份号码/纳税人识别号	□□□□□□□□□□□□□□□□□-□□ (无校验码不填后两位)
说明：有中国公民身份号码的，填写中华人民共和国居民身份证上载明的"公民身份号码"；没有中国公民身份号码的，填写税务机关赋予的纳税人识别号。	
3. 手机号码	□□□□□□□□□□□
提示：中国境内有效手机号码，请准确填写，以方便与您联系。	
4. 电子邮箱	
5. 联系地址	_____省(区、市)_____市_____区(县)_____街道(乡、镇)_____
提示：能够接收信件的有效通讯地址。	
6. 邮政编码	□□□□□□

（续表）

三、纳税地点（单选）

1. 有任职受雇单位的，需选本项并填写"任职受雇单位信息"：	☐任职受雇单位所在地	
任职受雇单位信息	名　称	
	纳税人识别号	☐☐☐☐☐☐☐☐☐☐☐☐☐☐☐
2. 没有任职受雇单位的，可以从本栏次选择一地：	☐户籍所在地	☐经常居住地
户籍所在地/经常居住地	_____省（区、市）_____市_____区（县）_____街道（乡、镇）_____	

四、申报类型

请您选择本次申报类型，未曾办理过年度汇算申报，勾选"首次申报"；已办理过年度汇算申报，但有误需要更正的，勾选"更正申报"：

☐首次申报　　　　☐更正申报

五、纳税情况

已缴税额	☐☐,☐☐☐.☐☐（元）

纳税年度内取得综合所得时，扣缴义务人预扣预缴以及个人自行申报缴纳的个人所得税。

六、退税申请

1. 是否申请退税？	☐申请退税【选择此项的，填写个人账户信息】　　☐放弃退税
2. 个人账户信息	开户银行名称：_____　　开户银行省份：_____ 银行账号：_____
说明：开户银行名称填写居民个人在中国境内开立银行账户的银行名称。	

七、备注

如果您有需要特别说明或者税务机关要求说明的事项，请在本栏填写：

八、承诺及申报受理

谨声明：
1. 本人纳税年度内取得的综合所得收入额合计不超过6万元。
2. 本表是根据国家税收法律法规及相关规定填报的，本人对填报内容（附带资料）的真实性、可靠性、完整性负责。

纳税人签名：　　　　　年　月　日

(续表)

经办人签字： 经办人身份证件类型： 经办人身份证件号码： 代理机构签章： 代理机构统一社会信用代码：	受理人： 受理税务机关（章）： 受理日期：　　　年　　　月　　　日

国家税务总局监制

8.6.4　如何填报《个人所得税年度自行纳税申报表》（问答版）

表8-3　个人所得税年度自行纳税申报表（问答版）

（纳税年度：20____）

一、填表须知

填写本表前，请仔细阅读以下内容：
1. 如果您需要办理个人所得税综合所得汇算清缴，并且未在纳税年度内取得境外所得的，可以填写本表；
2. 您需要在纳税年度的次年3月1日至6月30日办理汇算清缴申报，并在该期限内补缴税款或者申请退税；
3. 建议您下载并登录个人所得税 APP，或者直接登录税务机关官方网站在线办理汇算清缴申报，体验更加便捷的申报方式；
4. 如果您对于申报填写的内容有疑问，您可以参考相关办税指引，咨询您的扣缴单位、专业人士，或者拨打12366纳税服务热线。
5. 以纸质方式报送本表的，建议通过计算机填写打印，一式两份，纳税人、税务机关各留存一份。

二、基本情况

1. 姓　　名	
2. 公民身份号码/纳税人识别号	□□□□□□□□□□□□□□□□□□（无校验码不填后两位）

说明：有中国公民身份号码的，填写中华人民共和国居民身份证上载明的"公民身份号码"；没有中国公民身份号码的，填写税务机关赋予的纳税人识别号。

3. 手机号码	□□□□□□□□□□□

提示：中国境内有效手机号码，请准确填写，以方便与您联系。

4. 电子邮箱	
5. 联系地址	_____省（区、市）_____市_____区（县）_____街道（乡、镇）_____

提示：能够接收信件的有效通讯地址。

6. 邮政编码	□□□□□□

三、纳税地点

7. 您是否有任职受雇单位，并取得工资薪金？（单选）
□有任职受雇单位（需要回答问题8）　　　　□没有任职受雇单位（需要回答问题9）

(续表)

8. 如果您有任职受雇单位,您可以选择一处任职受雇单位所在地办理汇算清缴,请提供该任职受雇单位的具体情况:
任职受雇单位名称(全称):＿＿＿＿＿＿＿＿＿＿＿＿＿＿＿＿＿＿＿＿＿＿＿＿＿
任职受雇单位纳税人识别号:□□□□□□□□□□□□□□□□□□

9. 如果您没有任职受雇单位,您可以选择在以下地点办理汇算清缴:(单选)
□户籍所在地　　　　　　□经常居住地
具体地址:＿＿＿省(区、市)＿＿＿市＿＿＿区(县)＿＿＿街道(乡、镇)
说明:1. 户籍所在地是指居民户口簿中登记的地址。
　　　2. 经常居住地是指居民个人申领居住证上登载的居住地址,若没有申领居住证,指居民个人当前实际居住的地址;若居民个人不在中国境内的,指支付或者实际负担综合所得的境内单位或个人所在地。

四、申报类型

10. 未曾办理过年度汇算申报,勾选"首次申报";已办理过年度汇算申报,但有误需要更正的,勾选"更正申报":
□首次申报　　　　　□更正申报

五、收入-A(工资薪金)

11. 您在纳税年度内取得的工资薪金收入有多少?
　　(A1)工资薪金收入(包括并入综合所得计算的全年一次性奖金):
　　　　□□,□□□,□□□,□□□.□□(元)　　　　　　□无此类收入
说明:
(1) 工资薪金是指,个人因任职或者受雇,取得的工资薪金收入。包括工资、薪金、奖金、年终加薪、劳动分红、津贴、补贴以及与任职或者受雇有关的其他收入。全年一次性奖金是指,行政机关、企事业单位等扣缴义务人根据其全年经济效益和对雇员全年工作业绩的综合考核情况,向雇员发放的一次性奖金。包括年终加薪、实行年薪制和绩效工资办法的单位根据考核情况兑现的年薪和绩效工资。
(2) 全年一次性奖金可以单独计税,也可以并入综合所得计税。具体方法请查阅财税〔2018〕164号文件规定。选择何种方式计税对您更为有利,可以咨询专业人士。
(3) 工资薪金收入不包括单独计税的全年一次性奖金。

六、收入-A(劳务报酬)

12. 您在纳税年度内取得的劳务报酬收入有多少?
　　(A2)劳务报酬收入:□□,□□□,□□□,□□□.□□(元)　　□无此类收入
说明:劳务报酬收入是指,个人从事设计、装潢、安装、制图、化验、测试、医疗、法律、会计、咨询、讲学、翻译、审稿、书画、雕刻、影视、录音、录像、演出、表演、广告、展览、技术服务、介绍服务、经纪服务、代办服务以及其他劳务取得的收入。

七、收入-A(稿酬)

13. 您在纳税年度内取得的稿酬收入有多少?
　　(A3)稿酬收入:□□,□□□,□□□,□□□.□□(元)　　　　□无此类收入
说明:稿酬收入是指,个人作品以图书、报刊等形式出版、发表而取得的收入。

(续表)

八、收入-A(特许权使用费)

14. 您在纳税年度内取得的特许权使用费收入有多少?
（A4）特许权使用费收入：□□,□□□,□□□,□□□.□□（元）　　□无此类收入
说明：特许权使用费收入是指，个人提供专利权、商标权、著作权、非专利技术以及其他特许权的使用权取得的收入。

九、免税收入-B

15. 您在纳税年度内取得的综合所得收入中，免税收入有多少?（需附报《个人所得税减免税事项报告表》）
（B1）免税收入：□□,□□□,□□□,□□□.□□（元）　　□无此类收入
提示：免税收入是指按照税法规定免征个人所得税的收入。其中，税法规定"稿酬所得的收入额减按70%计算"，对稿酬所得的收入额减计30%的部分无需填入本项，将在后续计算中扣减该部分。

十、专项扣除-C

16. 您在纳税年度内个人负担的，按规定可以在税前扣除的基本养老保险费、基本医疗保险费、失业保险费、住房公积金是多少?
（C1）基本养老保险费：□□□,□□□.□□（元）　　□无此类扣除
（C2）基本医疗保险费：□□□,□□□.□□（元）　　□无此类扣除
（C3）失业保险费：□□□,□□□.□□（元）　　□无此类扣除
（C4）住房公积金：□□□,□□□.□□（元）　　□无此类扣除
说明：个人实际负担的三险一金可以扣除。

十一、专项附加扣除-D

17. 您在纳税年度内可以扣除的子女教育支出是多少?（需附报《个人所得税专项附加扣除信息表》）
（D1）子女教育：□□□,□□□.□□（元）　　□无此类扣除
说明：
子女教育支出可扣除金额（D1）=每一子女可扣除金额合计；
每一子女可扣除金额=纳税年度内符合条件的扣除月份数×1 000元×扣除比例。
纳税年度内符合条件的扣除月份数包括子女年满3周岁当月起至受教育前一月、实际受教育月份以及寒暑假休假月份等。
扣除比例：由夫妻双方协商确定，每一子女可以在本人或配偶处按照100%扣除，也可由双方分别按照50%扣除。

18. 您在纳税年度内可以扣除的继续教育支出是多少?（需附报《个人所得税专项附加扣除信息表》）
（D2）继续教育：□□□,□□□.□□（元）　　□无此类扣除
说明：
继续教育支出可扣除金额（D2）=学历（学位）继续教育可扣除金额+职业资格继续教育可扣除金额；
学历（学位）继续教育可扣除金额=纳税年度内符合条件的扣除月份数×400元；
纳税年度内符合条件的扣除月份数包括受教育月份、寒暑假休假月份等，但同一学历（学位）教育扣除期限不能超过48个月。
纳税年度内，个人取得符合条件的技能人员、专业技术人员相关职业资格证书的，职业资格继续教育可扣除金额=3 600元。

(续表)

19. 您在纳税年度内可以扣除的大病医疗支出是多少？（需附报《个人所得税专项附加扣除信息表》）
    (D3) 大病医疗：☐,☐☐☐,☐☐☐.☐☐（元） ☐无此类扣除

说明：
大病医疗支出可扣除金额(D3)＝选择由您扣除的每一家庭成员的大病医疗可扣除金额合计；
某一家庭成员的大病医疗可扣除金额（不超过80 000元）＝纳税年度内医保目录范围内的自付部分－15 000元；
家庭成员包括个人本人、配偶、未成年子女。

20. 您在纳税年度内可以扣除的住房贷款利息支出是多少？（需附报《个人所得税专项附加扣除信息表》）
    (D4) 住房贷款利息：☐☐,☐☐☐.☐☐（元） ☐无此类扣除

说明：
住房贷款利息支出可扣除金额(D4)＝符合条件的扣除月份数×扣除定额。
符合条件的扣除月份数为纳税年度内实际贷款月份数。
扣除定额：正常情况下，由夫妻双方协商确定，由其中1人扣除1 000元/月；婚前各自购房，均符合扣除条件的，婚后可选择由其中1人扣除1 000元/月，也可以选择各自扣除500元/月。

21. 您在纳税年度内可以扣除的住房租金支出是多少？（需附报《个人所得税专项附加扣除信息表》）
    (D5) 住房租金：☐☐,☐☐☐.☐☐（元） ☐无此类扣除

说明：
住房租金支出可扣除金额(D5)＝纳税年度内租房月份的月扣除定额之和
月扣除定额：直辖市、省会（首府）城市、计划单列市以及国务院确定的其他城市，扣除标准为1 500元/月；市辖区户籍人口超过100万的城市，扣除标准为1 100元/月；市辖区户籍人口不超过100万的城市，扣除标准为800元/月。

22. 您在纳税年度内可以扣除的赡养老人支出是多少？（需附报《个人所得税专项附加扣除信息表》）
    (D6) 赡养老人：☐☐,☐☐☐.☐☐（元） ☐无此类扣除

说明：
赡养老人支出可扣除金额(D6)＝纳税年度内符合条件的月份数×月扣除定额
符合条件的月份数：纳税年度内满60岁的老人，自满60岁当月起至12月份计算；纳税年度前满60岁的老人，按照12个月计算。
月扣除定额：独生子女，月扣除定额2 000元/月；非独生子女，月扣除定额由被赡养人指定分摊，也可由赡养人均摊或约定分摊，但每月不超过1 000元/月。

十二、其他扣除-E

23. 您在纳税年度内可以扣除的企业年金、职业年金是多少？
    (E1) 年金：☐☐☐,☐☐☐.☐☐（元） ☐无此类扣除

24. 您在纳税年度内可以扣除的商业健康保险是多少？（需附报《商业健康保险税前扣除情况明细表》）
    (E2) 商业健康保险：☐,☐☐☐.☐☐（元） ☐无此类扣除

25. 您在纳税年度内可以扣除的税收递延型商业养老保险是多少？（需附报《个人税收递延型商业养老保险税前扣除情况明细表》）
    (E3) 税延养老保险：☐☐,☐☐☐.☐☐（元） ☐无此类扣除

(续表)

26. 您在纳税年度内可以扣除的税费是多少?
    (E4) 允许扣除的税费: □□,□□□,□□□,□□□.□□(元)　　□无此类扣除
    说明:允许扣除的税费是指,个人取得劳务报酬、稿酬、特许权使用费收入时,发生的合理税费支出。

27. 您在纳税年度内发生的除上述扣除以外的其他扣除是多少?
    (E5) 其他扣除: □□,□□□,□□□,□□□.□□(元)　　□无此类扣除
    提示:其他扣除(其他)包括保险营销员、证券经纪人佣金收入的展业成本。

十三、捐赠-F

28. 您在纳税年度内可以扣除的捐赠支出是多少?(需附报《个人所得税公益慈善事业捐赠扣除明细表》)
    (F1) 准予扣除的捐赠额: □□,□□□,□□□,□□□.□□(元)　　□无此类扣除

十四、全年一次性奖金-G

29. 您在纳税年度内取得的一笔要转换为全年一次性奖金的数月奖金是多少?
    (G1) 全年一次性奖金: □□,□□□,□□□,□□□.□□(元)　　□无此类情况
    (G2) 全年一次性奖金应纳个人所得税=G1×适用税率-速算扣除数
    　　　　　　　　　　　　　　　　=□□,□□□,□□□,□□□.□□(元)
    说明:仅适用于无住所居民个人预缴时因预判为非居民个人而按取得数月奖金计算缴税,汇缴时可以根据自身情况,将一笔数月奖金按照全年一次性奖金单独计算。

十五、税额计算-H(使用纸质申报的居民个人需要自行计算填写本项)

30. 综合所得应纳个人所得税计算
    (H1) 综合所得应纳个人所得税=[(A1+A2×80%+A3×80%×70%+A4×80%)-B1-(C1+C2+C3+C4)-(D1+D2+D3+D4+D5+D6)-(E1+E2+E3+E4+E5)-F1]×适用税率-速算扣除数=□□,□□□,□□□,□□□.□□(元)
    说明:适用税率和速算扣除数如下

级数	全年应纳税所得额	税率(%)	速算扣除数
1	不超过36 000元的	3	0
2	超过36 000元至144 000元的	10	2 520
3	超过144 000元至300 000元的	20	16 920
4	超过300 000元至420 000元的	25	31 920
5	超过420 000元至660 000元的	30	52 920
6	超过660 000元至960 000元的	35	85 920
7	超过960 000元的	45	181 920

十六、减免税额-J

31. 您可以享受的减免税类型有哪些?
    □残疾　□孤老　□烈属　□其他(需附报《个人所得税减免税事项报告表》)　□无此类情况

（续表）

| 32. 您可以享受的减免税金额是多少？
（J1）减免税额：□□,□□□,□□□,□□□.□□（元） | □无此类情况 |

十七、已缴税额-K

| 33. 您在纳税年度内取得本表填报的各项收入时,已经缴纳的个人所得税是多少？
（K1）已纳税额：□□,□□□,□□□,□□□.□□（元） | □无此类情况 |

十八、应补/退税额-L（使用纸质申报的居民个人需要自行计算填写本项）

| 34. 您本次汇算清缴应补/退的个人所得税税额是：
（L1）应补/退税额＝G2＋H1－J1－K1＝□□,□□□,□□□,□□□.□□（元） |

十九、无住所个人附报信息（有住所个人无需填写本项）

| 35. 您在纳税年度内,在中国境内的居住天数是多少？
纳税年度内在中国境内居住天数：＿＿＿＿天。 |

| 36. 您在中国境内的居住年数是多少？
中国境内居住年数：＿＿＿＿年。
说明：境内居住年数自 2019 年（含）以后年度开始计算。境内居住天数和年数的具体计算方法参见财政部、税务总局公告 2019 年第 34 号。 |

二十、退税申请（应补/退税额小于 0 的填写本项）

| 37. 您是否申请退税？
□申请退税　　　　　□放弃退税 |

| 38. 如果您申请退税,请提供您的有效银行账户。
开户银行名称：＿＿＿＿＿＿＿＿＿＿　开户银行省份：＿＿＿＿＿＿＿＿＿＿
银行账号：＿＿＿＿＿＿＿＿＿＿
说明：开户银行名称填写居民个人在中国境内开立银行账户的银行名称。 |

二十一、备注

| 如果您有需要特别说明或者税务机关要求说明的事项,请在本栏填写： |
| |

二十二、申报受理

| 谨声明：本表是根据国家税收法律法规及相关规定填报的,本人对填报内容（附带资料）的真实性、可靠性、完整性负责。
个人签名：＿＿＿＿＿＿＿＿＿＿　　　　　　　　　　　　　　　　＿＿＿＿年＿＿＿月＿＿＿日 |

(续表)

经办人签字： 经办人身份证件类型： 经办人身份证件号码： 代理机构签章： 代理机构统一社会信用代码：	受理人： 受理税务机关（章）： 受理日期： 年 月 日

国家税务总局监制

8.7 同时取得境内外综合所得时如何填报年度纳税申报表？

8.7.1 同时取得境内外综合所得时必须填报的申报表种类有哪些？

按照《国家税务总局关于修订部分个人所得税申报表的公告》（国家税务总局公告2019年第46号）所附列的个人所得税纳税申报表，如果个人既取得境内综合所得又取得境外综合所得，那么必须填报两个纳税申报表：

（1）《个人所得税年度自行纳税申报表》（B表）（居民个人取得境外所得适用）。

主要填报居民个人纳税年度内取得境外所得，按照税法规定计算确认的应补退税情况。凡填报该申报表者，必须同时填报《境外所得个人所得税抵免明细表》。

（2）《境外所得个人所得税抵免明细表》。

主要填报居民个人纳税年度内取得的境外所得，并按税法规定计算抵免额的情况。

8.7.2 如何准确填报《个人所得税年度自行纳税申报表》（B表）（居民个人取得境外所得适用）？

表 8-4 个人所得税年度自行纳税申报表（B表）
（居民个人取得境外所得适用）

税款所属期： 年 月 日至 年 月 日
纳税人姓名：
纳税人识别号：□□□□□□□□□□□□□□□□□□□-□□□ 金额单位：人民币元（列至角分）

基本情况					
手机号码		电子邮箱		邮政编码	□□□□□□
联系地址	____省（区、市）____市____区（县）____街道（乡、镇）____				
纳税地点（单选）					
1. 有任职受雇单位的，需选本项并填写"任职受雇单位信息"：			□任职受雇单位所在地		
任职受雇单位信息	名 称				
	纳税人识别号				

(续表)

2. 没有任职受雇单位的,可以从本栏次选择一地:	□户籍所在地	□经常居住地		
户籍所在地/经常居住地 _____省(区、市)_____市_____区(县)_____街道(乡、镇)_____				
申报类型(单选)				
□首次申报 □更正申报				
综合所得个人所得税计算				
项　目			行次	金额
一、境内收入合计(第1行=第2行+第3行+第4行+第5行)			1	
（一）工资、薪金			2	
（二）劳务报酬			3	
（三）稿酬			4	
（四）特许权使用费			5	
二、境外收入合计(附报《境外所得个人所得税抵免明细表》) (第6行=第7行+第8行+第9行+第10行)			6	
（一）工资、薪金			7	
（二）劳务报酬			8	
（三）稿酬			9	
（四）特许权使用费			10	
三、费用合计[第11行=(第3行+第4行+第5行+第8行+第9行+第10行)×20%]			11	
四、免税收入合计(第12行=第13行+第14行)			12	
（一）稿酬所得免税部分[第13行=(第4行+第9行)×(1−20%)×30%]			13	
（二）其他免税收入(附报《个人所得税减免税事项报告表》)			14	
五、减除费用			15	
六、专项扣除合计(第16行=第17行+第18行+第19行+第20行)			16	
（一）基本养老保险费			17	
（二）基本医疗保险费			18	
（三）失业保险费			19	
（四）住房公积金			20	
七、专项附加扣除合计(附报《个人所得税专项附加扣除信息表》) (第21行=第22行+第23行+第24行+第25行+第26行+第27行)			21	
（一）子女教育			22	

(续表)

项　目	行次	金额
（二）继续教育	23	
（三）大病医疗	24	
（四）住房贷款利息	25	
（五）住房租金	26	
（六）赡养老人	27	
八、其他扣除合计（第28行＝第29行＋第30行＋第31行＋第32行＋第33行）	28	
（一）年金	29	
（二）商业健康保险（附报《商业健康保险税前扣除情况明细表》）	30	
（三）税延养老保险（附报《个人税收递延型商业养老保险税前扣除情况明细表》）	31	
（四）允许扣除的税费	32	
（五）其他	33	
九、准予扣除的捐赠额（附报《个人所得税公益慈善事业捐赠扣除明细表》）	34	
十、应纳税所得额 （第35行＝第1行＋第6行－第11行－第12行－第15行－第16行－第21行－第28行－第34行）	35	
十一、税率(%)	36	
十二、速算扣除数	37	
十三、应纳税额（第38行＝第35行×第36行－第37行）	38	
除综合所得外其他境外所得个人所得税计算 （无相应所得不填本部分，有相应所得另需附报《境外所得个人所得税抵免明细表》）		
一、经营所得	（一）经营所得应纳税所得额（第39行＝第40行＋第41行）	39	
	其中：境内经营所得应纳税所得额	40	
	境外经营所得应纳税所得额	41	
	（二）税率(%)	42	
	（三）速算扣除数	43	
	（四）应纳税额（第44行＝第39行×第42行－第43行）	44	
二、利息、股息、红利所得	（一）境外利息、股息、红利所得应纳税所得额	45	
	（二）税率(%)	46	
	（三）应纳税额（第47行＝第45行×第46行）	47	
三、财产租赁所得	（一）境外财产租赁所得应纳税所得额	48	
	（二）税率(%)	49	
	（三）应纳税额（第50行＝第48行×第49行）	50	

(续表)

项 目		行次	金额
四、财产转让所得	(一) 境外财产转让所得应纳税所得额	51	
	(二) 税率(%)	52	
	(三) 应纳税额(第53行＝第51行×第52行)	53	
五、偶然所得	(一) 境外偶然所得应纳税所得额	54	
	(二) 税率(%)	55	
	(三) 应纳税额(第56行＝第54行×第55行)	56	
六、其他所得	(一) 其他境内、境外所得应纳税所得额合计(需在"备注"栏说明具体项目)	57	
	(二) 应纳税额	58	
股权激励个人所得税计算 (无境外股权激励所得不填本部分,有相应所得另需附报《境外所得个人所得税抵免明细表》)			
一、境内、境外单独计税的股权激励收入合计		59	
二、税率(%)		60	
三、速算扣除数		61	
四、应纳税额(第62行＝第59行×第60行－第61行)		62	
全年一次性奖金个人所得税计算 (无住所个人预判为非居民个人取得的数月奖金,选择按全年一次性奖金计税的填写本部分)			
一、全年一次性奖金收入		63	
二、准予扣除的捐赠额(附报《个人所得税公益慈善事业捐赠扣除明细表》)		64	
三、税率(%)		65	
四、速算扣除数		66	
五、应纳税额[第67行＝(第63行－第64行)×第65行－第66行]		67	
税 额 调 整			
一、综合所得收入调整额(需在"备注"栏说明调整具体原因、计算方法等)		68	
二、应纳税额调整额		69	
应补/退个人所得税计算			
一、应纳税额合计 (第70行＝第38行＋第44行＋第47行＋第50行＋第53行＋第56行＋第58行＋第62行＋第67行＋第69行)		70	
二、减免税额(附报《个人所得税减免税事项报告表》)		71	
三、已缴税额(境内)		72	
其中:境外所得境内支付部分已缴税额		73	
境外所得境外支付部分预缴税额		74	
四、境外所得已纳所得税抵免额(附报《境外所得个人所得税抵免明细表》)		75	

(续表)

项　　目	行次	金额
五、应补/退税额(第76行=第70行-第71行-第72行-第75行)	76	
无住所个人附报信息		

纳税年度内在中国境内居住天数		已在中国境内居住年数	

退 税 申 请
(应补/退税额小于0的填写本部分)

□申请退税(需填写"开户银行名称""开户银行省份""银行账号")　　□放弃退税

开户银行名称		开户银行省份	
银行账号			

备　　注

谨声明：本表是根据国家税收法律法规及相关规定填报的，本人对填报内容(附带资料)的真实性、可靠性、完整性负责。

纳税人签字：　　　　　年　　月　　日

经办人签字： 经办人身份证件类型： 经办人身份证件号码： 代理机构签章： 代理机构统一社会信用代码：	受理人： 受理税务机关(章)： 受理日期：　　　年　　月　　日

国家税务总局监制

《个人所得税年度自行纳税申报表》(B表)填表说明
(居民个人取得境外所得适用)

一、适用范围

本表适用于居民个人纳税年度内取得境外所得，按照税法规定办理取得境外所得个人所得税自行申报。申报本表时应当一并附报《境外所得个人所得税抵免明细表》。

二、报送期限

居民个人取得境外所得需要办理自行申报的，应当在取得所得的次年3月1日至6月30日内，向主管税务机关办理纳税申报，并报送本表。

三、本表各栏填写

(一)表头项目

1. 税款所属期：填写居民个人取得所得当年的第1日至最后1日。如2019年1月1日至2019年12月31日。

2. 纳税人姓名：填写居民个人姓名。

3. 纳税人识别号：有中国公民身份号码的,填写中华人民共和国居民身份证上载明的"公民身份号码"；没有中国公民身份号码的,填写税务机关赋予的纳税人识别号。

（二）基本情况

1. 手机号码：填写居民个人中国境内的有效手机号码。
2. 电子邮箱：填写居民个人有效电子邮箱地址。
3. 联系地址：填写居民个人能够接收信件的有效地址。
4. 邮政编码：填写居民个人"联系地址"所对应的邮政编码。

（三）纳税地点

居民个人根据任职受雇情况,在选项1和选项2之间选择其一,并填写相应信息。若居民个人逾期办理汇算清缴申报被指定主管税务机关的,无需填写本部分。

1. 任职受雇单位信息：勾选"任职受雇单位所在地"并填写相关信息。
（1）名称：填写任职受雇单位的法定名称全称。
（2）纳税人识别号：填写任职受雇单位的纳税人识别号或者统一社会信用代码。
2. 户籍所在地/经常居住地：勾选"户籍所在地"的,填写居民户口簿中登记的住址。勾选"经常居住地"的,填写居民个人申领居住证上登载的居住地址；没有申领居住证的,填写居民个人实际居住地；实际居住地不在中国境内的,填写支付或者实际负担综合所得的境内单位或个人所在地。

（四）申报类型

未曾办理过年度汇算申报,勾选"首次申报"；已办理过年度汇算申报,但有误需要更正的,勾选"更正申报"。

（五）综合所得个人所得税计算

1. 第1行"境内收入合计"：填写居民个人取得的境内综合所得收入合计金额。

第1行＝第2行＋第3行＋第4行＋第5行。

2. 第2～5行"工资、薪金""劳务报酬""稿酬""特许权使用费"：填写居民个人取得的需要并入境内综合所得计税的"工资、薪金""劳务报酬""稿酬""特许权使用费"所得收入金额。

3. 第6行"境外收入合计"：填写居民个人取得的境外综合所得收入合计金额,并按规定附报《境外所得个人所得税抵免明细表》。

第6行＝第7行＋第8行＋第9行＋第10行。

4. 第7～10行"工资、薪金""劳务报酬""稿酬""特许权使用费"：填写居民个人取得的需要并入境外综合所得计税的"工资、薪金""劳务报酬""稿酬""特许权使用费"所得收入金额。

5. 第11行"费用合计"：根据相关行次计算填报。

第11行＝（第3行＋第4行＋第5行＋第8行＋第9行＋第10行）×20％

6. 第12行"免税收入合计"：填写居民个人取得的符合税法规定的免税收入合计金额。

第12行＝第13行＋第14行。

7. 第13行"稿酬所得免税部分"：根据相关行次计算填报。

第13行＝（第4行＋第9行）×（1－20％）×30％。

8. 第14行"其他免税收入"：填写居民个人取得的除第13行以外的符合税法规定的免税收入合计,并按规定附报《个人所得税减免税事项报告表》。

9. 第15行"减除费用"：填写税法规定的减除费用。

10. 第16行"专项扣除合计"：根据相关行次计算填报。

第16行＝第17行＋第18行＋第19行＋第20行。

11. 第17～20行"基本养老保险费""基本医疗保险费""失业保险费""住房公积金"：填写居民个人按规定可以在税前扣除的基本养老保险费、基本医疗保险费、失业保险费、住房公积金金额。

12. 第21行"专项附加扣除合计"：根据相关行次计算填报,并按规定附报《个人所得税专项附加扣除信息表》。

第21行＝第22行＋第23行＋第24行＋第25行＋第26行＋第27行。

13. 第 22～27 行"子女教育""继续教育""大病医疗""住房贷款利息""住房租金""赡养老人"：填写居民个人按规定可以在税前扣除的子女教育、继续教育、大病医疗、住房贷款利息、住房租金、赡养老人等专项附加扣除的金额。

14. 第 28 行"其他扣除合计"：根据相关行次计算填报。

第 28 行＝第 29 行＋第 30 行＋第 31 行＋第 32 行＋第 33 行。

15. 第 29～33 行"年金""商业健康保险""税延养老保险""允许扣除的税费""其他"：填写居民个人按规定可在税前扣除的年金、商业健康保险、税延养老保险、允许扣除的税费和其他扣除项目的金额。其中，填写商业健康保险的，应当按规定附报《商业健康保险税前扣除情况明细表》；填写税延养老保险的，应当按规定附报《个人税收递延型商业养老保险税前扣除情况明细表》。

16. 第 34 行"准予扣除的捐赠额"：填写居民个人按规定准予在税前扣除的公益慈善事业捐赠金额，并按规定附报《个人所得税公益慈善事业捐赠扣除明细表》。

17. 第 35 行"应纳税所得额"：根据相应行次计算填报。

第 35 行＝第 1 行＋第 6 行－第 11 行－第 12 行－第 15 行－第 16 行－第 21 行－第 28 行－第 34 行。

18. 第 36、37 行"税率""速算扣除数"：填写按规定适用的税率和速算扣除数。

19. 第 38 行"应纳税额"：按照相关行次计算填报。

第 38 行＝第 35 行×第 36 行－第 37 行。

（六）除综合所得外其他境外所得个人所得税计算

居民个人取得除综合所得外其他境外所得的，填写本部分，并按规定附报《境外所得个人所得税抵免明细表》。

1. 第 39 行"经营所得应纳税所得额"：根据相应行次计算填报。

第 39 行＝第 40 行＋第 41 行。

2. 第 40 行"境内经营所得应纳税所得额"：填写居民个人取得的境内经营所得应纳税所得额合计金额。

3. 第 41 行"境外经营所得应纳税所得额"：填写居民个人取得的境外经营所得应纳税所得额合计金额。

4. 第 42、43 行"税率""速算扣除数"：填写按规定适用的税率和速算扣除数。

5. 第 44 行"应纳税额"：按照相关行次计算填报。

第 44 行＝第 39 行×第 42 行－第 43 行。

6. 第 45 行"境外利息、股息、红利所得应纳税所得额"：填写居民个人取得的境外利息、股息、红利所得应纳税所得额合计金额。

7. 第 46 行"税率"：填写按规定适用的税率。

8. 第 47 行"应纳税额"：按照相关行次计算填报。

第 47 行＝第 45 行×第 46 行。

9. 第 48 行"境外财产租赁所得应纳税所得额"：填写居民个人取得的境外财产租赁所得应纳税所得额合计金额。

10. 第 49 行"税率"：填写按规定适用的税率。

11. 第 50 行"应纳税额"：按照相关行次计算填报。

第 50 行＝第 48 行×第 49 行。

12. 第 51 行"境外财产转让所得应纳税所得额"：填写居民个人取得的境外财产转让所得应纳税所得额合计金额。

13. 第 52 行"税率"：填写按规定适用的税率。

14. 第 53 行"应纳税额"：按照相关行次计算填报。

第 53 行＝第 51 行×第 52 行。

15. 第 54 行"境外偶然所得应纳税所得额"：填写居民个人取得的境外偶然所得应纳税所得额合计金额。

16. 第55行"税率"：填写按规定适用的税率。

17. 第56行"应纳税额"：按照相关行次计算填报。

第56行＝第54行×第55行。

18. 第57行"其他境内、境外所得应纳税所得额"：填写居民个人取得的其他境内、境外所得应纳税所得额合计金额，并在"备注"栏说明具体项目、计算方法等信息。

19. 第58行"应纳税额"：根据适用的税率计算填报。

（七）境外股权激励个人所得税计算

居民个人取得境外股权激励，填写本部分，并按规定附报《境外所得个人所得税抵免明细表》。

1. 第59行"境内、境外单独计税的股权激励收入合计"：填写居民个人取得的境内、境外单独计税的股权激励收入合计金额。

2. 第60、61行"税率""速算扣除数"：根据单独计税的股权激励政策规定适用的税率和速算扣除数。

3. 第62行"应纳税额"：按照相关行次计算填报。

第62行＝第59行×第60行－第61行。

（八）全年一次性奖金个人所得税计算

无住所居民个人预缴时因预判为非居民个人而按取得数月奖金计算缴税的，汇缴时可以根据自身情况，将一笔数月奖金按照全年一次性奖金单独计算。

1. 第63行"全年一次性奖金收入"：填写无住所的居民个人纳税年度内预判为非居民个人时取得的一笔数月奖金收入金额。

2. 第64行"准予扣除的捐赠额"：填写无住所的居民个人按规定准予在税前扣除的公益慈善事业捐赠金额，并按规定附报《个人所得税公益慈善事业捐赠扣除明细表》。

3. 第65、66行"税率""速算扣除数"：填写按照全年一次性奖金政策规定适用的税率和速算扣除数。

4. 第67行"应纳税额"：按照相关行次计算填报。

第67行＝（第63行－第64行）×第65行－第66行。

（九）税额调整

1. 第68行"综合所得收入调整额"：填写居民个人按照税法规定可以办理的除第68行之前所填报内容之外的其他可以进行调整的综合所得收入的调整金额，并在"备注"栏说明调整的具体原因、计算方式等信息。

2. 第69行"应纳税额调整额"：填写居民个人按照税法规定调整综合所得收入后所应调整的应纳税额。

（十）应补/退个人所得税计算

1. 第70行"应纳税额合计"：根据相关行次计算填报。

第70行＝第38行＋第44行＋第47行＋第50行＋第53行＋第56行＋第58行＋第62行＋第67行＋第69行。

2. 第71行"减免税额"：填写符合税法规定的可以减免的税额，并按规定附报《个人所得税减免税事项报告表》。

3. 第72行"已缴税额（境内）"：填写居民个人取得在本表中已填报的收入对应的在境内已经缴纳或者被扣缴的个人所得税。

4. 第75行"境外所得已纳所得税抵免额"：根据《境外所得个人所得税抵免明细表》计算填写居民个人符合税法规定的个人所得税本年抵免额。

5. 第76行"应补/退税额"：根据相关行次计算填报。

第76行＝第70行－第71行－第72行－第75行。

（十一）无住所个人附报信息

本部分由无住所个人填写。不是，则不填。

1. 纳税年度内在中国境内居住天数：填写本纳税年度内，无住所居民个人在中国境内居住的天数。

2. 已在中国境内居住年数：填写无住所个人已在中国境内连续居住的年份数。其中，年份数自

2019年(含)开始计算且不包含本纳税年度。

（十二）退税申请

本部分由应补/退税额小于0且勾选"申请退税"的居民个人填写。

1."开户银行名称"：填写居民个人在中国境内开立银行账户的银行名称。

2."开户银行省份"：填写居民个人在中国境内开立的银行账户的开户银行所在省、自治区、直辖市或者计划单列市。

3."银行账号"：填写居民个人在中国境内开立的银行账户的银行账号。

（十三）备注

填写居民个人认为需要特别说明的或者按照有关规定需要说明的事项。

四、其他事项说明

以纸质方式报送本表的，建议通过计算机填写打印，一式两份，纳税人、税务机关各留存一份。

8.7.3　如何准确填报《境外所得个人所得税抵免明细表》？

表 8-5　境外所得个人所得税抵免明细表

税款所属期：　　年　　月　　日至　　年　　月　　日

纳税人姓名：

纳税人识别号：□□□□□□□□□□□□□□□□□□

金额单位：人民币元(列至角分)

本期境外所得抵免限额计算							
列次			A	B	C	D	E
项　目		行次	金　额				
			境内	境外			合计
国家(地区)		1					
一、综合所得	（一）收入	2					
	其中：工资、薪金	3					
	劳务报酬	4					
	稿酬	5					
	特许权使用费	6					
	（二）费用	7					
	（三）收入额	8					
	（四）应纳税额	9	—	—	—	—	
	（五）减免税额	10	—	—	—	—	
	（六）抵免限额	11					
二、经营所得	（一）收入总额	12	—				
	（二）成本费用	13	—				
	（三）应纳税所得额	14					
	（四）应纳税额	15					
	（五）减免税额	16					
	（六）抵免限额	17					

（续表）

列次				A	B	C	D	E
三、利息、股息、红利所得	（一）应纳税所得额		18	—				
	（二）应纳税额		19	—				
	（三）减免税额		20	—				
	（四）抵免限额		21	—				
四、财产租赁所得	（一）应纳税所得额		22	—				
	（二）应纳税额		23	—				
	（三）减免税额		24	—				
	（四）抵免限额		25	—				
五、财产转让所得	（一）收入		26	—				
	（二）财产原值		27	—				
	（三）合理税费		28	—				
	（四）应纳税所得额		29	—				
	（五）应纳税额		30	—				
	（六）减免税额		31	—				
	（七）抵免限额		32	—				
六、偶然所得	（一）应纳税所得额		33	—				
	（二）应纳税额		34	—				
	（三）减免税额		35	—				
	（四）抵免限额		36	—				
七、股权激励	（一）应纳税所得额		37					
	（二）应纳税额		38	—	—	—	—	
	（三）减免税额		39	—	—	—	—	
	（四）抵免限额		40	—				
八、其他境内、境外所得	（一）应纳税所得额		41					
	（二）应纳税额		42					
	（三）减免税额		43					
	（四）抵免限额		44	—				
九、本年可抵免限额合计（第45行=第11行+第17行+第21行+第25行+第32行+第36行+第40行+第44行）			45	—				

(续表)

本期实际可抵免额计算						
列次		A	B	C	D	E
一、以前年度结转抵免额 （第46行＝第47行＋第48行＋第49行 ＋第50行＋第51行）	46	—				
其中：前5年	47	—				
前4年	48	—				
前3年	49	—				
前2年	50	—				
前1年	51	—				
二、本年境外已纳税额	52	—				
其中：享受税收饶让抵免税额（视同境外已纳）	53	—				
三、本年抵免额（境外所得已纳所得税抵免额）	54	—				
四、可结转以后年度抵免额 （第55行＝第56行＋第57行＋第58行 ＋第59行＋第60行）	55	—				—
其中：前4年	56	—				—
前3年	57					
前2年	58					
前1年	59					
本年	60	—				
备注						

谨声明：本表是根据国家税收法律法规及相关规定填报的，本人对填报内容（附带资料）的真实性、可靠性、完整性负责。

纳税人签字：　　　　　　年　月　日

经办人签字： 经办人身份证件类型： 经办人身份证件号码： 代理机构签章： 代理机构统一社会信用代码：	受理人： 受理税务机关（章）： 受理日期：　　年　月　日

国家税务总局监制

《境外所得个人所得税抵免明细表》填表说明

一、适用范围

本表适用于居民个人纳税年度内取得境外所得,并按税法规定进行年度自行纳税申报时,应填报本表,计算其本年抵免额。

二、报送期限

本表随《个人所得税年度自行纳税申报表》(B表)一并报送。

三、本表各栏填写

(一)表头项目

1. 税款所属期:填写居民个人取得境外所得当年的第1日至最后1日。如2019年1月1日至2019年12月31日。

2. 纳税人姓名:填写居民个人姓名。

3. 纳税人识别号:有中国公民身份号码的,填写中华人民共和国居民身份证上载明的"公民身份号码";没有中国公民身份号码的,填写税务机关赋予的纳税人识别号。

(二)第A、B、C、D、E列次

1. 第A列"境内":填写个人取得境内所得相关内容。

2. 第B~D列"境外":填写个人取得境外所得相关内容。

3. 第E列"合计":按照相关列次计算填报。

第E列=第A列+第B列+第C列+第D列

(三)本期境外所得抵免限额计算

1. 第1行"国家(地区)":按"境外"列分别填写居民个人取得的境外收入来源国家(地区)名称。

2. 第2行"收入":按列分别填写居民个人取得的综合所得收入合计金额。

3. 第3~6行"工资、薪金""劳务报酬""稿酬""特许权使用费":按列分别填写居民个人取得的需要并入综合所得计税的"工资、薪金""劳务报酬""稿酬""特许权使用费"所得收入金额。

4. 第7行"费用":根据相关行次计算填报。

第7行=(第4行+第5行+第6行)×20%。

5. 第8行"收入额":根据相关行次计算填报。

第8行=第2行-第7行-第5行×80%×30%。

6. 第9行"应纳税额":按我国法律法规计算应纳税额,并填报本行"合计"列。

7. 第10行"减免税额":填写符合税法规定的可以减免的税额,并按规定附报《个人所得税减免税事项报告表》。

8. 第11行"抵免限额":根据相应行次按列分别计算填报。

第11行"境外"列=(第9行"合计"列-第10行"合计"列)×第8行"境外"列÷第8行"合计"列。

第11行"合计列"=∑第11行"境外"列。

9. 第12、13、14行"收入总额""成本费用""应纳税所得额":按列分别填写居民个人取得的经营所得收入、成本费用及应纳税所得额合计金额。

10. 第15行"应纳税额":根据相关行次计算填报"合计"列。

第15行=第14行×适用税率-速算扣除数。

11. 第16行"减免税额":填写符合税法规定的可以减免的税额,并按规定附报《个人所得税减免税事项报告表》。

12. 第17行"抵免限额":根据相应行次按列分别计算填报。

第17行"境外"列=(第15行"合计"列-第16行"合计"列)×第14行"境外"列÷第14行"合计"列。

第17行"合计列"=∑第17行"境外"列。

13. 第18、22、33、41行"应纳税所得额":按列分别填写居民个人取得的利息、股息、红利所得,财产租赁所得,偶然所得,其他境内、境外所得应纳税所得额合计金额。

14. 第19、23、34、42行"应纳税额":按列分别计算填报。

第19行＝第18行×适用税率;

第23行＝第22行×适用税率;

第34行＝第33行×适用税率;

第42行＝第41行×适用税率。

15. 第20、24、35、43行"减免税额":填写符合税法规定的可以减免的税额,并附报《个人所得税减免税事项报告表》。

16. 第21、25、36、44行"抵免限额":根据相应行次按列分别计算填报。

第21行＝第19行－第20行;

第25行＝第23行－第24行;

第36行＝第34行－第35行;

第44行＝第42行－第43行。

17. 第26行"收入":按列分别填写居民个人取得的财产转让所得收入合计金额。

18. 第27行"财产原值":按列分别填写居民个人取得的财产转让所得对应的财产原值合计金额。

19. 第28行"合理税费":按列分别填写居民个人取得财产转让所得对应的合理税费合计金额。

20. 第29行"应纳税所得额":按列分别填写居民个人取得的财产转让所得应纳税所得额合计金额。

第29行＝第26行－第27行－第28行。

21. 第30行"应纳税额":根据相应行按列分别计算填报。

第30行＝第29行×适用税率。

22. 第31行"减免税额":填写符合税法规定的可以减免的税额,并按规定附报《个人所得税减免税事项报告表》。

23. 第32行"抵免限额":根据相应行次按列分别计算填报。

第32行＝第30行－第31行。

24. 第37行"应纳税所得额":按列分别填写居民个人取得的股权激励应纳税所得额合计金额。

25. 第38行"应纳税额":按我国法律法规计算应纳税额填报本行"合计"列。

第38行＝第37行×适用税率－速算扣除数

26. 第39行"减免税额":填写符合税法规定的可以减免的税额,并附报《个人所得税减免税事项报告表》。

27. 第40行"抵免限额":根据相应行次按列分别计算填报。

第40行"境外"列＝(第38行"合计"列－第39行"合计"列)×第37行"境外"列÷第37行"合计"列。

28. 第45行"本年可抵免限额合计":根据相应行次按列分别计算填报。

第45行＝第11行＋第17行＋第21行＋第25行＋第32行＋第36行＋第40行＋第44行。

（四）本期实际可抵免额计算

1. 第46行"以前年度结转抵免额":根据相应行次按列分别计算填报。

第46行＝第47列＋第48列＋第49列＋第50列＋第51列。

2. 第52行"本年境外已纳税额":按列分别填写居民个人在境外已经缴纳或者被扣缴的税款合计金额,包括第53行"享受税收饶让抵免税额"。

3. 第53行"享受税收饶让抵免税额":按列分别填写居民个人享受税收饶让政策而视同境外已缴纳而实际未缴纳的税款合计金额。

4. 第54行"本年抵免额":按"境外"列分别计算填写可抵免税额。

第54行"合计"列＝∑第54行"境外"列。

5. 第55行"可结转以后年度抵免额":根据相应行次按列分别计算填报。

第55行＝第56列＋第57列＋第58列＋第59列＋第60列。

（五）备注

填写居民个人认为需要特别说明的或者税务机关要求说明的事项。

四、其他事项说明

以纸质方式报送本表的，建议通过计算机填写打印，一式两份，纳税人、税务机关各留存一份。

8.8 特定人员如何填报《个人所得税减免税事项报告表》？

《个人所得税法》第四条规定了一系列的免税项目，其第五条又规定了一些减税项目。那么如果纳税人符合税法规定的减免税条件，在年度终了后进行综合所得项目申报时，又如何正确填报和反映相关的减免税优惠及其享受情况呢？对此，《国家税务总局关于修订部分个人所得税申报表的公告》（国家税务总局公告2019年第46号）专门设计发布了《个人所得税减免税事项报告表》，作为《个人所得税年度自行纳税申报表》（包括A表与B表）的附表。

8.8.1 哪些人员需要填报《个人所得税减免税事项报告表》？

凡按照税法规定可以享受个人所得税减免税事项的，在年度汇算清缴时，如果需要在纳税申报时享受的，则应按照要求填报《个人所得税减免税事项报告表》。

就目前而言，需要填报该表的大多是适用经营所得税目征收个人所得税的纳税人。涉及综合所得的，主要有下列三大类：

(1) 残疾、孤老、烈属减征个人所得税。

(2) 外籍个人出差补贴、探亲费、语言训练费、子女教育费等津补贴免税。

(3) 科技人员取得职务科技成果转化现金奖励减半计入工资、薪金所得优惠。

具体的优惠内容在相关章节均已作介绍，在此不再赘述。

8.8.2 如何填报《个人所得税减免税事项报告表》？

表8-6 个人所得税减免税事项报告表

税款所属期：　年　月　日至　年　月　日

纳税人姓名：

纳税人识别号：□□□□□□□□□□□□□□□□□□

扣缴义务人名称：

扣缴义务人纳税人识别号：□□□□□□□□□□□□□□□□□□　金额单位：人民币元（列至角分）

编号	勾选	减免税事项	减免税情况			备注
			减免人数	免税收入	减免税额	
1	□	残疾、孤老、烈属减征个人所得税				
2	□	个人转让5年以上唯一住房免征个人所得税		—		
3	□	随军家属从事个体经营免征个人所得税				
4	□	军转干部从事个体经营免征个人所得税		—		
5	□	退役士兵从事个体经营免征个人所得税		—		

(续表)

编号	勾选	减免税事项		减免人数	免税收入	减免税额	备注
6	☐	建档立卡贫困人口从事个体经营扣减个人所得税			—		
7	☐	登记失业半年以上人员,零就业家庭、享受城市低保登记失业人员,毕业年度内高校毕业生从事个体经营扣减个人所得税			—		
8	☐	取消农业税从事"四业"所得暂免征收个人所得税			—		
9	☐	符合条件的房屋赠与免征个人所得税					
10	☐	科技人员取得职务科技成果转化现金奖励				—	
11	☐	外籍个人出差补贴、探亲费、语言训练费、子女教育费等津补贴			—		
12	☐	税收协定	股息　税收协定名称及条款：			—	
13	☐		利息　税收协定名称及条款：			—	
14	☐		特许权使用费　税收协定名称及条款：			—	
15	☐		财产收益　税收协定名称及条款：			—	
16	☐		受雇所得　税收协定名称及条款：			—	
17	☐		其他　税收协定名称及条款：			—	
18		其他	减免税事项名称及减免性质代码：				
19	☐		减免税事项名称及减免性质代码：				
20			减免税事项名称及减免性质代码：				
合　　计							

减免税人员名单							
序号	姓名	纳税人识别号	减免税事项(编号或减免性质代码)	所得项目	免税收入	减免税额	备注

(续表)

谨声明：本表是根据国家税收法律法规及相关规定填报的，本人（单位）对填报内容（附带资料）的真实性、可靠性、完整性负责。	
纳税人或扣缴单位负责人签字： 年 月 日	
经办人签字： 经办人身份证件类型： 经办人身份证件号码： 代理机构签章： 代理机构统一社会信用代码：	受理人： 受理税务机关（章）： 受理日期： 年 月 日

《个人所得税减免税事项报告表》填表说明

一、适用范围

本表适用于个人纳税年度内发生减免税事项，需要在纳税申报时享受的，向税务机关报送。

二、报送期限

1. 个人需要享受减免税事项的，应当及时向扣缴义务人提交本表做信息采集。

2. 扣缴义务人扣缴申报时，个人需要享受减免税事项的，扣缴义务人应当一并报送本表。

3. 个人需要享受减免税事项并采取自行纳税申报方式的，应按照税法规定的自行纳税申报时间，在自行纳税申报时一并报送本表。

三、本表各栏填写

（一）表头项目

1. 税款所属期：填写个人发生减免税事项的所属期间，应填写具体的起止年月日。

2. 纳税人姓名：个人自行申报并报送本表或向扣缴义务人提交本表做信息采集的，由个人填写纳税人姓名。

3. 纳税人识别号：个人自行申报并报送本表或向扣缴义务人提交本表做信息采集的，由个人填写纳税人识别号。纳税人识别号为个人有中国公民身份号码的，填写中华人民共和国居民身份证上载明的"公民身份号码"；没有中国公民身份号码的，填写税务机关赋予的纳税人识别号。

4. 扣缴义务人名称：扣缴义务人扣缴申报并报送本表的，由扣缴义务人填写扣缴义务人名称。

5. 扣缴义务人纳税人识别号：扣缴义务人扣缴申报并报送本表的，由扣缴义务人填写扣缴义务人统一社会信用代码。

（二）减免税情况

1. "减免税事项"：个人或扣缴义务人勾选享受的减免税事项。

个人享受税收协定待遇的，应勾选"税收协定"项目，并填写具体税收协定名称及条款。

个人享受列示项目以外的减免税事项的，应勾选"其他"项目，并填写减免税事项名称及减免性质代码。

2. "减免人数"：填写享受该行次减免税政策的人数。

3. "免税收入"：填写享受该行次减免税政策的免税收入合计金额。

4. "减免税额"：填写享受该行次减免税政策的减免税额合计金额。

5. "备注"：填写个人或扣缴义务人需要特别说明的或者税务机关要求说明的事项。

（三）减免税人员名单栏

1. "姓名"：填写个人姓名。

2. "纳税人识别号"：填写个人的纳税人识别号。

3. "减免税事项（编号或减免性质代码）"：填写"减免税情况栏"列示的减免税事项对应的编号或税务机关要求填报的其他信息。

4. "所得项目"：填写适用减免税事项的所得项目名称。例如：工资、薪金所得。

5. "免税收入"：填写个人享受减免税政策的免税收入金额。

6."减免税额":填写个人享受减免税政策的减免税额金额。
7."备注":填写个人或扣缴义务人需要特别说明的或者税务机关要求说明的事项。

四、其他事项说明

以纸质方式报送本表的,建议通过计算机填写打印,一式两份,纳税人(扣缴义务人)、税务机关各留存一份。

8.9 汇缴时年度申报表填报错误后是否可以重新申报?

按照《中华人民共和国税收征收管理法》及其实施细则的规定,纳税人应当如实、及时、全面的办理纳税申报。因此,如果纳税人填报的纳税申报表存在错误,明显与如实申报的要求不相符合,自然应当进行更正。

事实上,《国家税务总局关于修订部分个人所得税申报表的公告》(国家税务总局公告 2019 年第 46 号)所附列的个人所得税年度纳税申报表及其填报说明中,也遵循了这一原则,如果纳税人填报的年度纳税申报表存在差错的,应当及时更正,并重新填报正确的申报表。

8.10 如何填报《个人所得税专项附加扣除信息表》?

8.10.1 年终汇缴时需要填报《个人所得税专项附加扣除信息表》吗?

《国家税务总局关于办理 2019 年度个人所得税综合所得汇算清缴事项的公告》(国家税务总局公告 2019 年第 44 号)第八条规定:"纳税人办理年度汇算时,除向税务机关报送年度汇算申报表外,如需修改本人相关基础信息,新增享受扣除或者税收优惠的,还应按规定一并填报相关信息。"因此,在年终汇算清缴时,纳税人并不必须填报《个人所得税专项附加扣除信息表》,但如果存有专项附加扣除信息的增加、变化时才需要填报该表。

8.10.2 如何准确填报《个人所得税专项附加扣除信息表》?

表 8-7 个人所得税专项附加扣除信息表

填报日期: 年 月 日 扣除年度:
纳税人姓名: 纳税人识别号:

纳税人信息	手机号码		电子邮箱		
	联系地址		配偶情况	有配偶□	无配偶□
纳税人配偶信息	姓名		身份证类型	身份证件号码	□□□□□□□□□□□□□□□□□□
一、子 女 教 育					
较上次报送信息是否发生变化:□首次报送(请填写全部信息)　　□无变化(不需重新填写) □有变化(请填写发生变化项目的信息)					

(续表)

子女一	姓名		身份证类型		身份证件号码	□□□□□□□□□□□□□□□□□□
	出生日期		当前受教育阶段		□学前教育阶段　□义务教育　□高中阶段教育 □高等教育	
	当前受教育阶段起始时间	年　月	当前受教育阶段结束时间	年　月	子女教育终止时间 *不再受教育是填写	年　月
	就读国家（或地区）		就读学校		本人扣除比例	□100%（全额扣除） □50%（平均扣除）
子女二	姓名		身份证类型		身份证件号码	□□□□□□□□□□□□□□□□□□
	出生日期		当前受教育阶段		□学前教育阶段　□义务教育　□高中阶段教育 □高等教育	
	当前受教育阶段起始时间	年　月	当前受教育阶段结束时间	年　月	子女教育终止时间 *不再受教育是填写	年　月
	就读国家（或地区）		就读学校		本人扣除比例	□100%（全额扣除） □50%（平均扣除）

二、继续教育

较上次报送信息是否发生变化：□首次报送（请填写全部信息）　　□无变化（不需重新填写）
　　　　　　　　　　　　　　　□有变化（请填写发生变化项目的信息）

学历（学位）继续教育	当前继续教育起始时间	年　月	当前继续教育结束时间	年　月	学历（学位）继续教育阶段	□专科　□本科　□硕士研究生 □博士研究生　□其他
职业资格继续教育	职业资格继续教育类型	□技能人员　□专业技术人员			证书名称	
	证书编号		发证机关		发证（批准）日期	

三、住房贷款利息

较上次报送信息是否发生变化：□首次报送（请填写全部信息）　　□无变化（不需重新填写）
　　　　　　　　　　　　　　　□有变化（请填写发生变化项目的信息）

房屋信息	房屋坐落地址	省（区、市）	市	县（区）	街道（乡镇）
	产权证号/不动产登记号/商品房买卖合同号/预售合同号				

(续表)

房贷信息	本人是否借款人	□是 □否	是否婚前各自首套贷款，且婚后分别扣除50%		□是 □否
	公积金贷款/贷款合同编号				
	贷款期限（月）		首次还款日期		
	商业贷款/贷款合同编号		贷款银行		
	贷款期限（月）		首次还款日期		

四、住 房 租 金

较上次报送信息是否发生变化：□首次报送(请填写全部信息)　　□无变化(不需重新填写)
　　　　　　　　　　　　　　　□有变化(请填写发生变化项目的信息)

房屋信息	房屋坐落地址	省(区、市)　　　　市　　　　县(区)　　　　街道(乡镇)			
租赁情况	出租方(个人)姓名		身份证类型	身份证件号码	□□□□□□□□□□□□□□□□□□
	出租方(单位)名称		纳税人识别号(统一社会代码)		
	主要工作城市(*填写市一级)		住房租赁合同编号(非必填)		
	租赁期起		租赁期止		

五、赡 养 老 人

较上次报送信息是否发生变化：□首次报送(请填写全部信息)　　□无变化(不需重新填写)
　　　　　　　　　　　　　　　□有变化(请填写发生变化项目的信息)

	纳税人身份	□独生子女		□非独生子女	
被赡养人一	姓名		身份证类型	身份证件号码	□□□□□□□□□□□□□□□□□□
	出生日期		与纳税人关系	□父亲　□母亲　□其他	
被赡养人二	姓名		身份证类型	身份证件号码	□□□□□□□□□□□□□□□□□□
	出生日期		与纳税人关系	□父亲　□母亲　□其他	

（续表）

共同赡养人信息	姓名		身份证类型		身份证件号码	☐☐☐☐☐☐☐☐☐☐☐☐☐☐☐☐☐☐
	姓名		身份证类型		身份证件号码	☐☐☐☐☐☐☐☐☐☐☐☐☐☐☐☐☐☐
	姓名		身份证类型		身份证件号码	☐☐☐☐☐☐☐☐☐☐☐☐☐☐☐☐☐☐
	姓名		身份证类型		身份证件号码	☐☐☐☐☐☐☐☐☐☐☐☐☐☐☐☐☐☐
分摊方式：*独生子女不需填写	☐平均分摊　　☐赡养人约定分摊 ☐被赡养人指定分摊				本年度月扣除金额	

六、大病医疗（仅限综合所得年度汇算清缴申报时填写）

较上次报送信息是否发生变化：☐首次报送（请填写全部信息）　　☐无变化（不需重新填写） ☐有变化（请填写发生变化项目的信息）						
患者一	姓名		身份证类型		身份证件号码	☐☐☐☐☐☐☐☐☐☐☐☐☐☐☐☐☐☐
	医药费用总金额		个人负担金额		与纳税人关系	☐本人　☐配偶　☐未成年子女
患者二	姓名		身份证类型		身份证件号码	☐☐☐☐☐☐☐☐☐☐☐☐☐☐☐☐☐☐
	医药费用总金额		个人负担金额		与纳税人关系	☐本人　☐配偶　☐未成年子女

需要在任职受雇单位预扣预缴工资、薪金所得个人所得税时享受专项附加扣除的，填写本栏

重要提示：当您填写本栏，表示您已同意该任职受雇单位使用本表信息为您办理专项附加扣除。

扣缴义务人名称		扣缴义务人纳税人识别号 （统一社会信用代码）	☐☐☐☐☐☐☐☐☐☐☐☐☐☐☐☐☐☐

本人承诺：我已仔细阅读了填表说明，并根据《中华人民共和国个人所得税法》及其实施条例、《个人所得税专项附加扣除暂行办法》《个人所得税专项附加扣除操作办法（试行）》等相关法律法规规定填写本表。本人已就所填的扣除信息进行了核对，并对所填内容的真实性、准确性、完整性负责。

纳税人签字：　　　　　　年　月　日

扣缴义务人签章： 经办人签字： 接收日期：　　年　月　日	代理机构签章： 代理机构统一社会信用代码： 经办人签字： 经办人身份证件号码：	受理人： 受理税务机关（章）： 受理日期：　　年　月　日

国家税务总局监制

《个人所得税专项附加扣除信息表》的填报说明

一、填表须知

本表根据《中华人民共和国个人所得税法》及其实施条例、《个人所得税专项附加扣除暂行办法》《个人所得税专项附加扣除操作办法(试行)》等法律法规有关规定制定。

(一)纳税人按享受的专项附加扣除情况填报对应栏次;纳税人不享受的项目,无需填报。纳税人未填报的项目,默认为不享受。

(二)较上次报送信息是否发生变化:纳税人填报本表时,对各专项附加扣除,首次报送的,在"首次报送"前的框内划"√"。继续报送本表且无变化的,在"无变化"前的框内划"√";发生变化的,在"有变化"前的框内划"√",并填写发生变化的扣除项目信息。

(三)身份证件号码应从左向右顶格填写,位数不满18位的,需在空白格处划"/"。

(四)如各类扣除项目的表格篇幅不够,可另附多张《个人所得税专项附加扣除信息表》。

二、适用范围

(一)本表适用于享受子女教育、继续教育、大病医疗、住房贷款利息或住房租金、赡养老人六项专项附加扣除的自然人纳税人填写。选择在工资、薪金所得预扣预缴个人所得税时享受的,纳税人填写后报送至扣缴义务人;选择在年度汇算清缴申报时享受专项附加扣除的,纳税人填写后报送至税务机关。

(二)纳税人首次填报专项附加扣除信息时,应将本人所涉及的专项附加扣除信息表内各信息项填写完整。纳税人相关信息发生变化的,应及时更新此表相关信息项,并报送至扣缴义务人或税务机关。

纳税人在以后纳税年度继续申报扣除的,应对扣除事项有无变化进行确认。

三、各栏填写说明

(一)表头项目

填报日期:纳税人填写本表时的日期。

扣除年度:填写纳税人享受专项附加扣除的所属年度。

纳税人姓名:填写自然人纳税人姓名。

纳税人识别号:纳税人有中国居民身份证的,填写公民身份号码;没有公民身份号码的,填写税务机关赋予的纳税人识别号。

(二)表内基础信息栏

纳税人信息:填写纳税人有效的手机号码、电子邮箱、联系地址。其中,手机号码为必填项。

纳税人配偶信息:纳税人有配偶的填写本栏,没有配偶的则不填。具体填写纳税人配偶的姓名、有效身份证件名称及号码。

(三)表内各栏

1. 子女教育

子女姓名、身份证件类型及号码:填写纳税人子女的姓名、有效身份证件名称及号码。

出生日期:填写纳税人子女的出生日期,具体到年月日。

当前受教育阶段:选择纳税人子女当前的受教育阶段。区分"学前教育阶段、义务教育、高中阶段教育、高等教育"四种情形,在对应框内打"√"。

当前受教育阶段起始时间:填写纳税人子女处于当前受教育阶段的起始时间,具体到年月。

当前受教育阶段结束时间:纳税人子女当前受教育阶段的结束时间或预计结束的时间,具体到年月。

子女教育终止时间:填写纳税人子女不再接受符合子女教育扣除条件的学历教育的时间,具体到年月。

就读国家(或地区)、就读学校：填写纳税人子女就读的国家或地区名称、学校名称。

本人扣除比例：选择可扣除额度的分摊比例，由本人全额扣除的，选择"100%"，分摊扣除的，选"50%"，在对应框内打"√"。

2. 继续教育

当前继续教育起始时间：填写接受当前学历(学位)继续教育的起始时间，具体到年月。

当前继续教育结束时间：填写接受当前学历(学位)继续教育的结束时间，或预计结束的时间，具体到年月。

学历(学位)继续教育阶段：区分"专科、本科、硕士研究生、博士研究生、其他"四种情形，在对应框内打"√"。

职业资格继续教育类型：区分"技能人员、专业技术人员"两种类型，在对应框内打"√"。证书名称、证书编号、发证机关、发证(批准)日期：填写纳税人取得的继续教育职业资格证书上注明的证书名称、证书编号、发证机关及发证(批准)日期。

3. 住房贷款利息

住房坐落地址：填写首套贷款房屋的详细地址，具体到楼门号。

产权证号/不动产登记号/商品房买卖合同号/预售合同号：填写首套贷款房屋的产权证、不动产登记证、商品房买卖合同或预售合同中的相应号码。如所购买住房已取得房屋产权证的，填写产权证号或不动产登记号；所购住房尚未取得房屋产权证的，填写商品房买卖合同号或预售合同号。

本人是否借款人：按实际情况选择"是"或"否"，并在对应框内打"√"。本人是借款人的情形，包括本人独立贷款、与配偶共同贷款的情形。如果选择"否"，则表头位置须填写配偶信息。

是否婚前各自首套贷款，且婚后分别扣除50%：按实际情况选择"是"或"否"，并在对应框内打"√"。该情形是指夫妻双方在婚前各有一套首套贷款住房，婚后选择按夫妻双方各50%份额扣除的情况。不填默认为"否"。

公积金贷款|贷款合同编号：填写公积金贷款的贷款合同编号。

商业贷款|贷款合同编号：填写与金融机构签订的住房商业贷款合同编号。

贷款期限(月)：填写住房贷款合同上注明的贷款期限，按月填写。

首次还款日期：填写住房贷款合同上注明的首次还款日期。

贷款银行：填写商业贷款的银行总行名称。

4. 住房租金

住房坐落地址：填写纳税人租赁房屋的详细地址，具体到楼门号。

出租方(个人)姓名、身份证件类型及号码：租赁房屋为个人的，填写本栏。具体填写住房租赁合同中的出租方姓名、有效身份证件名称及号码。

出租方(单位)名称、纳税人识别号(统一社会信用代码)：租赁房屋为单位所有的，填写单位法定名称全称及纳税人识别号(统一社会信用代码)。

主要工作城市：填写纳税人任职受雇的直辖市、计划单列市、副省级城市、地级市(地区、州、盟)。无任职受雇单位的，填写其办理汇算清缴地所在城市。

住房租赁合同编号(非必填)：填写签订的住房租赁合同编号。

租赁期起、租赁期止：填写纳税人住房租赁合同上注明的租赁起、止日期，具体到年月。提前终止合同(协议)的，以实际租赁期限为准。

5. 赡养老人

纳税人身份：区分"独生子女、非独生子女"两种情形，并在对应框内打"√"。

被赡养人姓名、身份证件类型及号码：填写被赡养人的姓名、有效证件名称及号码。

被赡养人出生日期：填写被赡养人的出生日期，具体到年月。

与纳税人关系：按被赡养人与纳税人的关系填报，区分"父亲、母亲、其他"三种情形，在对应框内打"√"。

共同赡养人：纳税人为非独生子女时填写本栏，独生子女无须填写。填写与纳税人实际承担共同赡养义务的人员信息，包括姓名、身份证件类型及号码。

分摊方式：纳税人为非独生子女时填写本栏，独生子女无须填写。区分"平均分摊、赡养人约定分摊、被赡养人指定分摊"三种情形，并在对应框内打"√"。

本年度月扣除金额：填写扣除年度内，按政策规定计算的纳税人每月可以享受的赡养老人专项附加扣除的金额。

6. 大病医疗

患者姓名、身份证件类型及号码：填写享受大病医疗专项附加扣除的患者姓名、有效证件名称及号码。

医药费用总金额：填写社会医疗保险管理信息系统记录的与基本医保相关的医药费用总金额。

个人负担金额：填写社会医疗保险管理信息系统记录的基本医保目录范围内扣除医保报销后的个人自付部分。

与纳税人关系：按患者与纳税人的关系填报，区分"本人、配偶或未成年子女"三种情形，在对应框内打"√"。

7. 扣缴义务人信息

纳税人选择由任职受雇单位办理专项附加扣除的填写本栏。

扣缴义务人名称、纳税人识别号（统一社会信用代码）：纳税人由扣缴义务人在工资、薪金所得预扣预缴个人所得税时办理专项附加扣除的，填写扣缴义务人名称全称及纳税人识别号或统一社会信用代码。

（四）签字（章）栏次

"声明"栏：需由纳税人签字。

"扣缴义务人签章"栏：扣缴单位向税务机关申报的，应由扣缴单位签章，办理申报的经办人签字，并填写接收专项附加扣除信息的日期。

"代理机构签章"栏：代理机构代为办理纳税申报的，应填写代理机构统一社会信用代码，加盖代理机构印章，代理申报的经办人签字，并填写经办人身份证件号码。

纳税人或扣缴义务人委托专业机构代为办理专项附加扣除的，需代理机构签章。

"受理机关"栏：由受理机关填写。

8.11 如何填报《个人所得税基础信息表》？

8.11.1 年终汇缴时需要填报《个人所得税基础信息表》吗？

《国家税务总局关于办理 2019 年度个人所得税综合所得汇算清缴事项的公告》（国家税务总局公告 2019 年第 44 号）第八条规定："纳税人办理年度汇算时，除向税务机关报送年度汇算申报表外，如需修改本人相关基础信息，新增享受扣除或者税收优惠的，还应按规定一并填报相关信息。"因此，并非所有的纳税人都必须在年终汇算清缴时填报

《个人所得税基础信息表》,只有存在个人基础信息修改时,才需要填报该表。

8.11.2 如何准确填报《个人所得税基础信息表(B表)》?

《国家税务总局关于修订个人所得税申报表的公告》(国家税务总局公告 2019 年第 7 号)提供了两种《个人所得税基础信息表》,即《个人所得税基础信息表(A 表)》与《个人所得税基础信息表(B 表)》。其中,《个人所得税基础信息表(A 表)》适用于适用于扣缴义务人填报;《个人所得税基础信息表(B 表)》适用于适用于自然人填报。居民个人年终办理综合所得汇算清缴时,只能填报《个人所得税基础信息表(B 表)》

表 8-8　个人所得税基础信息表(B 表)

(适用于自然人填报)

纳税人识别号:□□□□□□□□□□□□□□□□□□

基本信息(带 * 必填)				
基本信息	*纳税人姓名	中文名	英文名	
	*身份证件	证件类型一	证件号码	
		证件类型二	证件号码	
	*国籍/地区		*出生日期	年　月　日
联系方式	户籍所在地	省(区、市)　　市　　区(县)　　街道(乡、镇)_____		
	经常居住地	省(区、市)　　市　　区(县)　　街道(乡、镇)_____		
	联系地址	省(区、市)　　市　　区(县)　　街道(乡、镇)_____		
	*手机号码		电子邮箱	
其他信息	开户银行		银行账号	
	学历	□研究生　　□大学本科　　□大学本科以下		
	特殊情形	□残疾　残疾证号_____　□烈属　烈属证号_____　□孤老		
任职、受雇、从业信息				
任职受雇从业单位一	名称		国家/地区	
	纳税人识别号(统一社会信用代码)		任职受雇从业日期　年　月	离职日期　年　月
	类型	□雇员　□保险营销员　□证券经纪人　□其他	职务　□高层　□其他	
任职受雇从业单位二	名称		国家/地区	
	纳税人识别号(统一社会信用代码)		任职受雇从业日期　年　月	离职日期　年　月
	类型	□雇员　□保险营销员　□证券经纪人　□其他	职务　□高层　□其他	

(续表)

该栏仅由投资者纳税人填写					
被投资单位一	名　称		国家/地区		
	纳税人识别号（统一社会信用代码）		投资额（元）		投资比例
被投资单位二	名　称		国家/地区		
	纳税人识别号（统一社会信用代码）		投资额（元）		投资比例
该栏仅由华侨、港澳台、外籍个人填写（带＊必填）					
＊出生地			＊首次入境时间		年　月　日
＊性别			＊预计离境时间		年　月　日
＊涉税事由	□任职受雇　　□提供临时劳务　　□转让财产　　□从事投资和经营活动 □其他				
谨声明：本表是根据国家税收法律法规及相关规定填报的，是真实的、可靠的、完整的。 　　　　　　　　　　　　　　　　　　　　　　纳税人（签字）：　　　　　　年　月　日					
经办人签字： 经办人身份证件号码： 代理机构签章： 代理机构统一社会信用代码：	受理人： 受理税务机关（章）： 受理日期：　　　年　月　日				

《个人所得税基础信息表(B表)》填报说明

一、适用范围

本表适用于自然人纳税人基础信息的填报。

二、报送期限

自然人纳税人初次向税务机关办理相关涉税事宜时填报本表；初次申报后，以后仅需在信息发生变化时填报。

三、本表各栏填写

本表带"＊"的项目为必填或者条件必填，其余项目为选填。

（一）表头项目

纳税人识别号：有中国公民身份号码的，填写中华人民共和国居民身份证上载明的"公民身份号码"；没有中国公民身份号码的，填写税务机关赋予的纳税人识别号。

（二）表内各栏

1. 基本信息：

（1）纳税人姓名：填写纳税人姓名。外籍个人英文姓名按照"先姓（surname）后名（given name）"的顺序填写，确实无法区分姓和名的，按照证件上的姓名顺序填写。

(2) 身份证件：填写纳税人有效的身份证件类型及号码。

"证件类型一"按以下原则填写：

① 有中国公民身份号码的，应当填写《中华人民共和国居民身份证》（简称"居民身份证"）。

② 华侨应当填写《中华人民共和国护照》（简称"中国护照"）。

③ 中国港澳居民可选择填写《中国港澳居民来往内地通行证》（简称"中国港澳居民通行证"）或者《中华人民共和国港澳居民居住证》（简称"中国港澳居民居住证"）；中国台湾居民可选择填写《中国台湾居民来往大陆通行证》（简称"中国台湾居民通行证"）或者《中华人民共和国台湾居民居住证》（简称"中国台湾居民居住证"）。

④ 外籍个人可选择填写《中华人民共和国外国人永久居留身份证》（简称"外国人永久居留证"）、《中华人民共和国外国人工作许可证》（简称"外国人工作许可证"）或者"外国护照"。

⑤ 其他符合规定的情形填写"其他证件"。

"证件类型二"按以下原则填写：证件类型一选择"中国港澳居民居住证"的，证件类型二应当填写"中国港澳居民通行证"；证件类型一选择"中国台湾居民居住证"的，证件类型二应当填写"中国台湾居民通行证"；证件类型一选择"外国人永久居留证"或者"外国人工作许可证"的，证件类型二应当填写"外国护照"。证件类型一已选择"居民身份证""中国护照""中国港澳居民通行证""中国台湾居民通行证"或"外国护照"，证件类型二可不填。

(3) 国籍/地区：填写纳税人所属的国籍或地区。

(4) 出生日期：根据纳税人身份证件上的信息填写。

(5) 户籍所在地、经常居住地、联系地址：填写境内地址信息，至少填写一项。有居民身份证的，"户籍所在地""经常居住地"必须填写其中之一。

(6) 手机号码、电子邮箱：填写境内有效手机号码，港澳台、外籍个人可以选择境内有效手机号码或电子邮箱中的一项填写。

(7) 开户银行、银行账号：填写有效的个人银行账户信息，开户银行填写到银行总行。

(8) 特殊情形：纳税人为残疾、烈属、孤老的，填写本栏。残疾、烈属人员还需填写残疾/烈属证件号码。

2. 任职、受雇、从业信息：填写纳税人任职受雇从业的有关信息。其中，中国境内无住所个人有境外派遣单位的，应在本栏除填写境内任职受雇从业单位、境内受聘签约单位情况外，还应一并填写境外派遣单位相关信息。填写境外派遣单位时，其纳税人识别号（社会统一信用代码）可不填。

3. 投资者纳税人填写栏：由自然人股东、投资者填写。没有，则不填。

(1) 名称：填写被投资单位名称全称。

(2) 纳税人识别号（统一社会信用代码）：填写被投资单位纳税人识别号或者统一社会信用代码。

(3) 投资额：填写自然人股东、投资者在被投资单位投资的投资额（股本）。

(4) 投资比例：填写自然人股东、投资者的投资额占被投资单位投资（股本）的比例。

4. 华侨、中国港澳台、外籍个人信息：华侨、中国港澳台居民、外籍个人填写本栏。

(1) 出生地：填写华侨、中国港澳台居民、外籍个人的出生地，具体到国家或者地区。

(2) 首次入境时间、预计离境时间：填写华侨、中国港澳台居民、外籍个人首次入境和预计离境的时间，具体到年月日。预计离境时间发生变化的，应及时进行变更。

(3) 涉税事由：填写华侨、中国港澳台居民、外籍个人在境内涉税的具体事由，在相应事由处划"√"。如有多项事由的，同时勾选。

四、其他事项说明

以纸质方式报送本表的，应当一式两份，纳税人、税务机关各留存一份。

8.12 如不能按规定期限办理汇缴申报，是否可以延期办理？

《中华人民共和国税收征收管理法》第二十七条规定："纳税人、扣缴义务人不能按期办理纳税申报或者报送代扣代缴、代收代缴税款报告表的,经税务机关核准,可以延期申报。经核准延期办理前款规定的申报、报送事项的,应当在纳税期内按照上期实际缴纳的税额或者税务机关核定的税额预缴税款,并在核准的延期内办理税款结算。"

《中华人民共和国税收征收管理法实施细则》第三十七条进一步补充规定:"纳税人、扣缴义务人按照规定的期限办理纳税申报或者报送代扣代缴、代收代缴税款报告表确有困难,需要延期的,应当在规定的期限内向税务机关提出书面延期申请,经税务机关核准,在核准的期限内办理。纳税人、扣缴义务人因不可抗力,不能按期办理纳税申报或者报送代扣代缴、代收代缴税款报告表的,可以延期办理;但是,应当在不可抗力情形消除后立即向税务机关报告。税务机关应当查明事实,予以核准。"

8.13 汇缴申报时能隐瞒部分收入或者虚增部分扣除费用吗?

可能很多人都有这种想法,但这种想法其实是行不通的。

8.13.1 税法对纳税申报有哪些原则性要求?

《中华人民共和国税收征收管理法》第二十五条规定:"纳税人必须依照法律、行政法规规定或者税务机关依照法律、行政法规的规定确定的申报期限、申报内容如实办理纳税申报,报送纳税申报表、财务会计报表以及税务机关根据实际需要要求纳税人报送的其他纳税资料。"

很显然,税法规定了一系列的纳税申报要求:

（1）如实申报。必须按照经济业务的真实情况,如实向税务机关申报收入、费用和所得。

（2）全面申报。纳税申报中必须就其全部收入、全部所得向税务机关申报,不得有遗漏,更不得有隐瞒。

（3）及时申报。必须在法律和政策规定的期限内办理纳税申报。

8.13.2 不如实申报会承担怎样的不利法律后果呢?

《中华人民共和国税收征收管理法》第六十三条规定:"纳税人……经税务机关通知申报而拒不申报或者进行虚假的纳税申报,不缴或者少缴应纳税款的,是偷税。对纳税人偷税的,由税务机关追缴其不缴或者少缴的税款、滞纳金,并处不缴或者少缴的税款百分之五十以上五倍以下的罚款;构成犯罪的,依法追究刑事责任。"

纳税不如实申报,属于虚假申报范围,按照上述规定,按偷税论处。

8.13.3 税务机关能发现纳税人的不实申报吗?

有人错误地认为,对于收入,只要扣缴义务人未申报,税务机关就无从掌握,纳税人可以不用填报;而对于扣除项目,纳税人也可以编造或虚报,因为税务机关也不知道。其实不然。

(1) 税务机关可以从多方获取信息。

《个人所得税法》第十五条规定："公安、人民银行、金融监督管理等相关部门应当协助税务机关确认纳税人的身份、金融账户信息。教育、卫生、医疗保障、民政、人力资源社会保障、住房城乡建设、公安、人民银行、金融监督管理等相关部门应当向税务机关提供纳税人子女教育、继续教育、大病医疗、住房贷款利息、住房租金、赡养老人等专项附加扣除信息。"仔细一分析，纳税人的收入信息、支出信息、房产信息、贷款信息、教育信息……税务机关均能掌握。

(2) 不同的数据信息会形成逻辑比对。

【案例8-1】　　　　　　　汇缴时应如实申报个人的收入信息

居民纳税人张某、李某，同在一个单位工作，两人工龄相同，级别相同，工资、薪金收入相同，取得的补贴、津贴相同。任职单位只对工资、薪金所得部分按照规定扣缴个人所得税，对两人津贴、补贴部分未并入工资、薪金所得扣缴个人所得税。汇算清缴时，比较老实的张某在扣缴单位已经申报扣缴税款的基础上，又如实申报补充了津贴、补贴部分的收入，并补缴纳了个人所得税。但李某只按照单位申报的收入数据填报了年度汇缴申报表。因没有收入增加，故不用补税。

然后，税务机关进行了比较，发现两个自然人基本信息相同的：在同一家单位任职；工资、薪金收入金额相同；都没有其他收入；任职单位预扣预缴个人所得税税款相同……但汇缴申报的信息却不同：张某申报增加了一些收入，且收入来自任职单位；李某的申报数据却没有任何的收入增加。为什么呢？此时，税务机关可以到相关单位进行税务核查，一旦核查很难不发现问题，一旦发现问题了，李某可能就面临着不如实申报、偷税逃税的问题。当然，税务机关也可以先向张某了解情况，然后也会发现问题，李某同样面临着不如实申报、偷税逃税的问题。

所以，纳税人千万不要存在侥幸心理，随便隐瞒个人收入。

第9章

税款清缴：如何办理补税或退税

9.1 纳税人如何确定汇缴后是补税还是退税？

纳税人怎样才能知道某个纳税年度，自己取得的综合所得是补税还是退税呢？这个问题其实并不复杂，简单地讲，按照《国家税务总局关于办理2019年度个人所得税综合所得汇算清缴事项的公告》（国家税务总局公告2019年第44号）规定的公式进行计算：

$$\begin{aligned}2019\text{年度汇算} \\ \text{应退或应补税额}\end{aligned} = \left[\left(\begin{aligned}\text{综合所得} \\ \text{收入额}\end{aligned} - 60\,000\text{元} - \begin{aligned}\text{"三险一金"} \\ \text{等专项扣除}\end{aligned} - \begin{aligned}\text{子女教育等} \\ \text{专项附加扣除}\end{aligned}\right.\right.\\\left.\left. - \begin{aligned}\text{依法确定的} \\ \text{其他扣除}\end{aligned} - \text{捐赠}\right) \times \begin{aligned}\text{适用} \\ \text{税率}\end{aligned} - \begin{aligned}\text{速算} \\ \text{扣除数}\end{aligned}\right] - \begin{aligned}2019\text{年已} \\ \text{预缴税额}\end{aligned}$$

至于如何进行收入额汇总、费用扣除项目的汇总等，本书在第七章税款清算部分已经作了详细的介绍。

不过，直接根据上述的公式进行计算是非常少的，主要原因是存在年终一次性奖金等单独纳税的情况。并且如果考虑到捐赠，那么直接根据上述公式计算则更少。在实践中，更多时候是分步进行计算，即先汇总收入额，再汇总扣除项目金额，再计算应纳税所得额，再计算应纳税额，最终再计算应补退税额。

当然，不知道上述的计算公式或者不懂所谓的分步计算，也并不影响纳税人确定最终的应补或应退税款，只要纳税人按照个人所得税自行申报年度纳税申报表的顺序及其填报说明，或者网上申报端（包括手机个人所得税APP）的提示，如实、认真地进行申报表填报，最终也可以准确地计算确定纳税人某个纳税年度应当补缴的税款或者应当申请退还的税款。

【案例9-1】 年度中间退休人员如何计算确定应补退税款

居民纳税人吴某，近年一直任职于江苏苏州通鑫公司，2019存在下列事项：

（1）1～9月，每月均取得工资、薪金所得12 000元，同时，每月还按规定标准扣缴"三险一金"4 200元。

（2）9月30日，正式办理退休手续，10月起，每月可领取工资7 800元。

（3）12月，取得全年一次性奖金87 000元，任职单位按照规定单独计算纳税。

（4）11月，为某个房地产公司介绍客户，按照房产成交金额取得5%的佣金计60 000元。

（5）吴某没有其他任何的专项附加扣除与扣除费用。另外，已知吴某的任职单位已经按照规定扣缴个人所得税12 990元,其中工资、薪金部分的个人所得税为4 500元,全年一次性奖金的个人所得税为8 490元。房产公司对佣金未扣缴个人所得税。

【解析】(1)汇总2019年的全部收入额:因为是全部收入额,自然必须包括退休工资。但由于退休工资、薪金免税,在增加收入额的同时又要从收入总额中减除掉。另外,从房产公司取得的佣金属于劳务报酬,须扣除20%的费用后再确认收入额。

收入总额=12 000×9+7 800×3-7 800×3+60 000×(1-20%)=156 000(元)。

(2)汇总2019年费用扣除总额:吴某只有"三险一金"专项扣除,没有其他扣除项目。但是基本的生活费用60 000元仍要扣除。

扣除总额=4 200×9+60 000=97 800(元)。

(3)计算不包括年终一次性奖金的应税所得:

应税所得=156 000-97 800=58 200(元)。

(4)确定年终一次性奖金合并与否:由于不包括年终一次性奖金时,全年应纳税所得额为58 200元,适用10%的税率,而一旦合并,则应纳税所得额为145 200元(58 200+87 000),税率将变为20%。因此,对纳税人来说,最佳选择是年终一次性奖金仍然单独纳税。

(5)计算确定全年应纳税额:查税率表知,全年应税所得为58 200元时,适用税率为10%,速算扣除数为2 520元,故:

应纳税额=58 200×10%-2 520=3 300(元)。

(6)确定全年一次性奖金单独纳税时的应单独纳税:按照规定,居民个人取得全年一次性奖金,单独纳税时,应以全年一次性奖金收入除以12个月得到的数额,按照按月换算后的综合所得税率表(简称月度税率表),确定适用税率和速算扣除数,单独计算纳税。

应纳税额=全年一次性奖金收入×适用税率-速算扣除数=87 000×10%-210=8 490(元)。

(7)计算确定应补退税款:

应补退税额=应纳税额-已纳税额=3 300+8 490-4 500-8 490=-1 200(元)。

即纳税人应申请退税1 200元。

9.2 纳税人如何办理综合所得的汇缴补税?

9.2.1 汇清需要补税的,应在何时补缴?

《个人所得税法》第十二条规定:"纳税人取得经营所得,按年计算个人所得税,由纳税人在月度或者季度终了后十五日内向税务机关报送纳税申报表,并预缴税款;在取得所得的次年三月三十一日前办理汇算清缴。"

《国家税务总局关于办理2019年度个人所得税综合所得汇算清缴事项的公告》(国家税务总局公告2019年第44号)规定:"纳税人办理2019年度汇算的时间为2020年3

月 1 日至 6 月 30 日。"

这就意味着,纳税人如果需要补税的,必须在 6 月 30 日前完成。

9.2.2 在规定的期限内未按照补税会有什么不利法律后果?

《中华人民共和国税收征收管理法》第三十二条规定:"纳税人未按照规定期限缴纳税款的,扣缴义务人未按照规定期限解缴税款的,税务机关除责令限期缴纳外,从滞纳税款之日起,按日加收滞纳税款万分之五的滞纳金。"

《中华人民共和国税收征收管理法》第六十三条规定:"纳税人伪造、变造、隐匿、擅自销毁账簿、记账凭证,或者在账簿上多列支出或者不列、少列收入,或者经税务机关通知申报而拒不申报或者进行虚假的纳税申报,不缴或者少缴应纳税款的,是偷税。对纳税人偷税的,由税务机关追缴其不缴或者少缴的税款、滞纳金,并处不缴或者少缴的税款百分之五十以上五倍以下的罚款;构成犯罪的,依法追究刑事责任。"

《中华人民共和国税收征收管理法》第六十四条第二款规定:"纳税人不进行纳税申报,不缴或者少缴应纳税款的,由税务机关追缴其不缴或者少缴的税款、滞纳金,并处不缴或者少缴的税款百分之五十以上五倍以下的罚款。"

《中华人民共和国税收征收管理法》第六十五条规定:"纳税人欠缴应纳税款,采取转移或者隐匿财产的手段,妨碍税务机关追缴欠缴的税款的,由税务机关追缴欠缴的税款、滞纳金,并处欠缴税款百分之五十以上五倍以下的罚款;构成犯罪的,依法追究刑事责任。"

因此,如果纳税人应当补缴税款却不按照规定补缴税款,那么视具体情况,可以认定为逾期纳税、偷税、逃避缴纳欠税等,同时将承担加收税收滞纳金、被课处税务行政处罚,甚至会被追究刑事责任等一系列的不利法律后果。

9.2.3 不能在规定期限内补缴,能否延期缴纳?

《中华人民共和国税收征收管理法》第三十一条规定:"纳税人、扣缴义务人按照法律、行政法规规定或者税务机关依照法律、行政法规的规定确定的期限,缴纳或者解缴税款。纳税人因有特殊困难,不能按期缴纳税款的,经省、自治区、直辖市国家税务局、地方税务局批准,可以延期缴纳税款,但是最长不得超过三个月。"

《中华人民共和国税收征收管理法实施细则》又作了更为细化的规定。其第四十一条、四十二条规定:

(1) 发生不可抗力导致纳税人发生较大损失,正常生产经营活动受到较大影响的属于税收征收管理法上述条款所称的特殊困难。

(2) 计划单列市国家税务局、地方税务局可以参照上述规定的批准权限,审批纳税人延期缴纳税款。

(3) 纳税人需要延期缴纳税款的,应当在缴纳税款期限届满前提出申请,并报送相关材料,包括申请延期缴纳税款报告,当期货币资金余额情况及所有银行存款账户的对账单等。

（4）税务机关应当自收到申请延期缴纳税款报告之日起20日内作出批准或者不予批准的决定；不予批准的，从缴纳税款期限届满之日起加收滞纳金。

因此，从总体上讲，税法是允许纳税人在特殊情况下申请延期缴纳或补缴税款的，但程序要求与资料要求相对麻烦。

9.2.4　如果纳税人少（补）缴了税款须承担什么法律责任？

《中华人民共和国税收征收管理法》第五十二条规定，因税务机关的责任，致使纳税人、扣缴义务人未缴或者少缴税款的，税务机关在3年内可以要求纳税人、扣缴义务人补缴税款，但是不得加收滞纳金。因纳税人、扣缴义务人计算错误等失误，未缴或者少缴税款的，税务机关在3年内可以追征税款、滞纳金；有特殊情况的，追征期可以延长到5年。对偷税、抗税、骗税的，税务机关追征其未缴或者少缴的税款、滞纳金或者所骗取的税款，不受上述规定期限的限制。

因此，纳税人如果少缴纳了个人所得税，包括汇算清缴的时候少补缴了个人所得税，那么须根据上述规定承担不利的法律后果。

9.2.5　应补缴税额少于400元未补缴时是否承担法律责任？

《财政部　税务总局关于个人所得税综合所得汇算清缴涉及有关政策问题的公告》（财政部　税务总局公告2019年第94号）第一条规定："2019年1月1日至2020年12月31日居民个人取得的综合所得，年度综合所得收入不超过12万元且需要汇算清缴补税的，或者年度汇算清缴补税金额不超过400元的，居民个人可免于办理个人所得税综合所得汇算清缴。居民个人取得综合所得时存在扣缴义务人未依法预扣预缴税款的情形除外。"

《国家税务总局关于办理2019年度个人所得税综合所得汇算清缴事项的公告》（国家税务总局公告2019年第44号）第二条在上述基础上作了进一步的补充规定，纳税人在2019年度已依法预缴个人所得税且符合下列情形之一的，无需办理年度汇算：

（1）纳税人年度汇算需补税但年度综合所得收入不超过12万元的。

（2）纳税人年度汇算需补税金额不超过400元的。

（3）纳税人已预缴税额与年度应纳税额一致或者不申请年度汇算退税的。

因此，综合上述规定，补税金额不超过400元的可以不用补缴税款，也不需要承担不利的法律后果。但是必须注意两点：

一是不用补缴税款是有前提条件的，即必须是扣缴义务人已经按照规定全面、及时、充分履行了个人所得税代扣代缴或预扣预缴义务，并且纳税人年度汇算清缴补税金额又不超过400元的，才可以不办理汇算清缴，不用补缴税款。

二是纳税人不能办理汇缴申报，如果纳税人按照规定办理的汇算清缴的申报，即填报了年度综合所得的纳税申报表，就意味着纳税人放弃了上述的免除汇缴与补税义务，就必须按规定缴纳税款，包括补缴税款，即便所需补缴税款的金额不超过400元。对此，纳税人在填报申报表时会有提示，纳税人必须予以注意。

9.2.6 汇清需要补税的，通过什么方式补税呢？

《国家税务总局关于办理 2019 年度个人所得税综合所得汇算清缴事项的公告》（国家税务总局公告 2019 年第 44 号）第十条规定："纳税人办理年度汇算补税的，可以通过网上银行、办税服务厅 POS 机刷卡、银行柜台、非银行支付机构等方式缴纳。"可以说，税务机关为纳税人补税提供了多种便捷渠道，纳税人可以通过网上银行、办税服务厅 POS 机刷卡、银行柜台、非银行支付机构（即第三方支付）等方式缴纳应补税款。

9.3 纳税人如何办理综合所得的汇缴退税？

9.3.1 纳税人需要单独申请才能退税吗？

《中华人民共和国税收征收管理法》第五十一条规定："纳税人超过应纳税额缴纳的税款，税务机关发现后应当立即退还；纳税人自结算缴纳税款之日起三年内发现的，可以向税务机关要求退还多缴的税款并加算银行同期存款利息，税务机关及时查实后应当立即退还；涉及从国库中退库的，依照法律、行政法规有关国库管理的规定退还。"

因此，就法律规定而言，纳税人多缴纳税款的退税有两种：一是税务机关发现后的主动退税；二是纳税人发现的申请退税。

但不管哪一种退税，都有一个基本前提条件，即纳税人已经全面履行的申报与纳税义务。具体到个人所得税上是个人完全履行了个人所得税汇算清缴义务，并全面、如实、完整地将个人信息，特别是银行信息提供给了税务机关，使税务机关能够根据掌握的信息与数据核对，作出纳税人是否存在多缴纳税款应当退税的正确判定。

目前，个人所得税还主要依赖于扣缴义务人代扣代缴，税务机关还不能全面、准确地掌握个人的信息，特别是不拥有纳税人本人的银行卡信息。所以，为了能够准确进行退税，《国家税务总局关于办理 2019 年度个人所得税综合所得汇算清缴事项的公告》（国家税务总局公告 2019 年第 44 号）第十条规定："纳税人申请年度汇算退税，应当提供其在中国境内开设的符合条件的银行账户。"这其中包括了多个条件：一是纳税人要求退税的，必须提出申请；二是纳税人申请退税的，必须提供本人的银行账户；三是纳税人必须提供中国境内银行开设符合条件（特别是合法）的银行账户。

因此，纳税人申请退税的，应当提出申请。

其实，退税申请非常简单，只需纳税人年度汇缴申报表有关"申请退税"选项前打勾即可。当然，选择了申请退税，就应当准确地提供纳税人在中国境内开设的符合条件的银行账户。

9.3.2 税款都退到哪儿了？退到本人的银行账号上吗？可以退到第三人账户上吗？

《国家税务总局关于办理 2019 年度个人所得税综合所得汇算清缴事项的公告》（国家税务总局公告 2019 年第 44 号）第十条规定："纳税人申请年度汇算退税，应当提供其在中国境内开设的符合条件的银行账户。税务机关按规定审核后,按照国库管理有关规定,在本公告第九条确定的接受年度汇算申报的税务机关所在地(即汇算清缴地)就地办理税款退库。纳税人未提供本人有效银行账户,或者提供的信息资料有误的,税务机关将通知纳税人更正,纳税人按要求更正后依法办理退税。"

9.3.3 纳税人可否放弃汇缴退税?需要明示吗?

按照《国家税务总局关于办理2019年度个人所得税综合所得汇算清缴事项的公告》(国家税务总局公告2019年第44号)第二条第(三)项的规定,纳税人已预缴税额与年度应纳税额一致或者不申请年度汇算退税的无需办理年度汇算。

另外,《国家税务总局关于修订部分个人所得税申报表的公告》(国家税务总局公告2019年第46号)发布的个人所得税综合所得年度纳税申报表,不论是《个人所得税年度自行纳税申报表(A表)》还是《个人所得税年度自行纳税申报表》(B表),也不管简易版的还是问答版的,其中都提供了"放弃退税"的选项,供纳税人勾选。

因此,综合上述的规定与分析,可以看出,纳税人完全可以放弃退税。但是否需要明示有两种:

(1)纳税人虽然多缴纳税款了,但按照规定可以不作汇缴申报且纳税人也未作汇缴申报,那么不需要纳税人明示,纳税人不申报即意味着放弃退税。

(2)如果纳税人进行了汇缴申报,则要求纳税人在年度汇缴申报表上通过勾选"放弃退税"选项,予以明示。

9.3.4 纳税人放弃退税后还可以再次申请退税吗?

目前对该问题并没有明确的政策依据,但不妨对现有的法律政策进行梳理和分析:

(1)《中华人民共和国税收征收管理法》第五十一条规定,纳税人自结算缴纳税款之日起,3年内发现的,可以向税务机关要求退还多缴的税款并加算银行同期存款利息。按照该规定,纳税人发现多缴纳税款的,可以自结算缴纳税款之日起3年内申请的,其间并没有申请次数的限制。不过,一旦超过3年了,则不能再行申请退税。

(2)《国家税务总局关于办理2019年度个人所得税综合所得汇算清缴事项的公告》(国家税务总局公告2019年第44号)第十条规定:"纳税人申请年度汇算退税,应当提供其在中国境内开设的符合条件的银行账户。"该规定对纳税人退税作出明确的规定:一是要有主动申请行为,二是为退税提供条件。

(3)《国家税务总局关于办理2019年度个人所得税综合所得汇算清缴事项的公告》(国家税务总局公告2019年第44号)第二条第(三)项规定,纳税人已预缴税额与年度应纳税额一致或者不申请年度汇算退税的无需办理年度汇算。如果符合条件的且多缴纳税款的纳税人未提交汇缴申报表,则表明纳税人选择了放弃退税。

(4)《国家税务总局关于修订部分个人所得税申报表的公告》(国家税务总局公告2019年第46号)发布的个人所得税综合所得年度纳税申报表,明确要求纳税人在填报相关年度汇缴申报表时,对多缴纳的税款是否申请退税作出明确的选择。如勾选"放弃退税"即表明纳税人放弃退税申请。

（5）综合现行的税收征管法律制度，以及个人所得税法及其实施条例的规定，如果纳税人发现汇缴纳税申报表填报的信息与数据错误的，可以进行更正申报。需要注意的是，申报表数据与信息错误时都可以进行更正申报，这其中必然包括了"申请退税"与"放弃退税"的选择。

综上所述，如果存在多缴纳税款的自然人个人已经选择放弃退税了，那么只有在3年内通过更正申报的方式是可以重新申请退税的。

需要说明的是，这只是本书笔者的分析，如果财政部及国家税务总局出台了明确的政策，则按照政策的规定执行。

9.3.5 什么情况下，税务机关可能会不予退税？

就目前而言，下列几种情况下，纳税人多缴纳税款了，税务机关将不予退税：

（1）多缴纳税款但按规定不需要办理汇算清缴且实际未办理汇算清缴的。

《国家税务总局关于办理2019年度个人所得税综合所得汇算清缴事项的公告》（国家税务总局公告2019年第44号）第二条规定，纳税人已预缴税额与年度应纳税额一致或者虽然不一致但不申请年度汇算退税的。

（2）多缴纳税款但在办理汇算清缴申报时明确勾选"放弃退税"的。

《国家税务总局关于修订部分个人所得税申报表的公告》（国家税务总局公告2019年第46号）发布的个人所得税综合所得年度纳税申报表，明确要求纳税人在填报相关年度汇缴申报表时，对多缴纳的税款是否申请退税作出明确的选择。如勾选"放弃退税"即表明纳税人放弃退税申请。

（3）汇缴时未提符合条件的银行账号，包括他人银行账号以及信息错误信息资料的。

《国家税务总局关于办理2019年度个人所得税综合所得汇算清缴事项的公告》（国家税务总局公告2019年第44号）第十条规定："纳税人申请年度汇算退税，应当提供其在中国境内开设的符合条件的银行账户。税务机关按规定审核后，按照国库管理有关规定，在本公告第九条确定的接受年度汇算申报的税务机关所在地（即汇算清缴地）就地办理税款退库。纳税人未提供本人有效银行账户，或者提供的信息资料有误的，税务机关将通知纳税人更正，纳税人按要求更正后依法办理退税。"因此，但凡未提供符合条件的银行账号，如第三方银行账号，或者提供的相关信息资料有误又不改正的，那么税务机关将无法办理退税。

9.3.6 不想申请退税，多缴税款可否顶抵下一年度税款？

关于该问题，目前并没有明确的政策进行规定。

可能有人想比照企业所得税，如果纳税人多缴纳了税款，既可以申请退税，也可以抵顶以后年度的税款。对此观点，笔者表示怀疑。理由特别的简单：《国家税务总局关于修订部分个人所得税申报表的公告》（国家税务总局公告2019年第46号）发布的个人所得税综合所得年度纳税申报表，明确要求纳税人在填报相关年度汇缴申报表时，对多缴纳的税款是否申请退税作出明确的选择,并且其中的选择只有两个:一个是"申请退税"选项,一个是"放弃退税选项"(见表9-1、表9-2)。

表9-1 个人所得税年度自行纳税申报表(A表、B表)(退税申请部分)

退税申请 (应补/退税额小于0的填写本部分)		
□申请退税(需填写"开户银行名称""开户银行省份""银行账号")		□放弃退税
开户银行名称		开户银行省份
银行账号		

表9-2 个人所得税年度自行纳税申报表(简易征收)(退税申请部分)

1. 是否申请退税?	□申请退税[选择此项的,填写个人账户信息] □放弃退税
2. 个人账户信息	开户银行名称:_____ 开户银行省份:_____ 银行账号:_____
说明:开户银行名称填写居民个人在中国境内开立银行账户的银行名称。	

换句话说,申报表并没有给纳税人第三种选择,即并没有让纳税人选择抵顶以后年度(包括下一年度)的应纳税额。

还是申明一下,本结论只是本书笔者的分析,如果财政部及国家税务总局出台了明确的政策,则按照政策的规定执行。

9.3.7 纳税人可以委托单位、他人、涉税中介服务机构申请退税吗?

《中华人民共和国税收征收管理法》第八十九条规定:"纳税人、扣缴义务人可以委托税务代理人代为办理税务事宜。"

《国家税务总局关于办理2019年度个人所得税综合所得汇算清缴事项的公告》(国家税务总局公告2019年第44号)第六条规定,纳税人可以自己办理汇缴,也可以委托任职或受雇单位代为办理汇缴,还可以委托涉税专业服务机构或其他单位及个人办理汇缴。

因此,从上述规定看,纳税人是可以委托单位、他人、涉税中介服务机构申请退税的,只是要注意以下几点:

(1)受托人需与纳税人签订授权书。
(2)提供纳税人本人在中国境内开设的符合条件的银行账户。

第 10 章

汇缴资料：需要准备并留存哪些资料

10.1 年度汇算清缴时纳税人需准备并留存哪些资料？

《国家税务总局关于办理 2019 年度个人所得税综合所得汇算清缴事项的公告》（国家税务总局公告 2019 年第 44 号）第八条规定："纳税人以及代办年度汇算的扣缴义务人，需将年度汇算申报表以及与纳税人综合所得收入、扣除、已缴税额或税收优惠等相关资料，自年度汇算期结束之日起留存 5 年。"

因此，根据上述规定并结合其他相关的政策，可以判定，居民个人办理个人所得税综合所得汇算清缴中需要准备并留存一系列的资料，这些资料包括：

（1）年度汇缴申报表资料。主要包括《个人所得税年度自行纳税申报表》（A 表或 B 表）、《个人所得税减免税事项报告表》，如果涉及个人基础信息修改、扣除项目增加的，还须填报《个人所得税基础信息表（B 表）》《个人所得税专项附加扣除信息表》等。对此问题，本书在第八章已经作过介绍和分析。

（2）收入证明资料。主要包括工资表、工资条，银行流水凭据，劳务报酬合同，申请税务机关代开的发票等能够证明纳税人收入的相关资料。

（3）扣除项目凭证。主要包括"三险一金"的缴费凭据，子女境外学校录取通知书、留学签证；接受继续教育的证书；医药服务收费及医保报销相关票据原件（或者复印件）等能够证明个人存在专项附加扣除项目的一切证明凭证与材料。

（4）已扣缴税款证明。包括载有扣缴税款信息的工资单、工资条，个人申请税务机关代开发票时的税票、完税凭证，到税务机关相关网站或者查询打印的个人纳税记录证明等。

（5）税收优惠证明。包括残疾人证书，遭受重大自然灾害的证明等。

（6）其他证明材料。能够证明纳税人与收入、费用扣除相关的材料。

需要注意的是，纳税人在办理年度汇缴申报时，必须填报提交申报表资料，其他资料除有明文规定要求提交外，均是作为相关的信息在申报表上进行填报，并不需要提交，但纳税人必须按照规定保存这些资料，以备税务机关核实、检查。

10.2 综合所得汇算清缴申报资料需要留存多少年？

《国家税务总局关于办理 2019 年度个人所得税综合所得汇算清缴事项的公告》（国

家税务总局公告 2019 年第 44 号)第八条规定:"纳税人以及代办年度汇算的扣缴义务人,需将年度汇算申报表以及与纳税人综合所得收入、扣除、已缴税额或税收优惠等相关资料,自年度汇算期结束之日起留存 5 年。"

《个人所得税专项附加扣除操作办法(试行)》(国家税务总局公告 2018 年第 60 号印发)第二十三条也有类似规定:"纳税人应当将《扣除信息表》及相关留存备查资料,自法定汇算清缴期结束后保存五年。纳税人报送给扣缴义务人的《扣除信息表》,扣缴义务人应当自预扣预缴年度的次年起留存五年。"

10.3 汇算清缴时,纳税人需要提交并留存哪些申报表?

纳税人只要按照规定办理个人所得税综合所得的汇算清缴,就必须向税务机关填报综合所得年度汇算清缴纳税申报表。不过,年度汇算清缴纳税申报表并不是一份表,而是一系列的申报表体系,其中包括:

(1)仅取得境内综合所得时的申报表体系。所谓仅取得境内综合所得是指纳税人仅在中国境内取得综合所得(包括工资、薪金所得,劳务报酬所得,稿酬所得,特许权使用费所得)时所适用的年度纳税申报表及其体系,具体包括《个人所得税年度自行纳税申报表》(A 表)、《个人所得税年度自行纳税申报表》(简易版)以及《个人所得税年度自行纳税申报表》(问答版)。其中,《个人所得税年度自行纳税申报表》(简易版)只适用于年综合所得收入额不超过 6 万元的纳税人。

(2)从境内外取得综合所得时的申报表体系。是指纳税人不仅从中国境内取得综合所得,而且还同时从中国境外取得综合所得的年度纳税申报表及其体系,主要包括《个人所得税年度自行纳税申报表》(B 表)和《境外所得个人所得税抵免明细表》。

(3)减免税事项报告表。如果纳税人存在个人所得税减免税事项时,则需要根据情况,在填报上述两种年度纳税申报的基础上增加填报《个人所得税减免税事项报告表》。

10.4 网络申报时,需要将申报表导出并打印留存吗?

很多人不是财税人员,不仅没有办理过个人所得税综合所得的汇算清缴,甚至也未办理过企业所得税的汇算清缴,可能会简单地认为把申报表填报给税务机关就完事了,自己不需要留存相关的申报表。其实不然,即便是选择的网上申报(包括通过手机个人所得税 APP 申报),也建议纳税人导出并打印留存申报表或者截图并打印留存申报表。为什么要这样做呢?主要基于以下几个考虑:

(1)对汇缴申报义务履行的证明。申报纳税虽然常常被当作一个词汇,但却是两种税收法律义务:申报义务与纳税义务。其中申报义务的履行是通过相关的申报资料如申报表予以证明的;纳税义务的履行则由纳税完税凭证、税票来证明的。对纳税人来说,如果依法履行了这两种纳税义务,自然应当提供并保存相关的证明材料。

(2)申报资料的全面性与完整性。按照相关规定,纳税人的申报资料需要留存备查,并且留存备查时间不短于5年。那么从申报资料的完整性来说,纳税人所留存的资料应当是全面的、完整的、成体系的。进一步讲,不仅包括了收入与费用扣除凭证,还应当包括相关的证明材料,其中应当包括申报表等申报资料。但问题是,收入、费用扣除等凭证资料往往是纸质的,而申报表却是电子版的,而且如果不将电子版的申报表资料打印出来,那么两者就是分离的,申报表以电子数据形式存放于税务机关的征管系统中,而收入、扣除费用等资料却以纸质的资料由纳税人自己保存。但如果将申报资料打印出来,却从根本上解决了形式不统一、保存不协调的问题,进而实现了综合所得申报纳税资料的全面性、完整性、一致性、协调性、体系性。

(3) 方便未来的信息核验与纳税检查。按照相关规定,税务机关会对纳税人申报要的相关信息,特别是专项附加扣除信息进行核验,还会对纳税情况开展检查。在税务核验与检查时,纳税人必然会被要求提供相关的纳税申报资料与凭证、证明材料等。那么纳税人如何才能做到申报数据与凭证、证明材料协调,并向税务机关及其工作人员解释呢?自然必须要有申报表。此时,纳税人可以登录税务机关网站查询,但却会面临一系列的问题:一是申报表修改,找不到原先填报的数据,或者虽然能找到相关的数据,但数据口径却发生变化,纳税人解释不清楚;二是网络不畅通,根本不能正常登录税务机关的网站,或者根本无法查询相关的申报资料;三是由于税务机关的系统升级,数据丢失了,无法查找原先的申报数据,纳税人自然无法解释……但是如果打印出来了,则可以从根本上化解上述的一系列的弊端与风险。

(4) 政策本身也要求纳税人留存申报表。《国家税务总局关于办理2019年度个人所得税综合所得汇算清缴事项的公告》(国家税务总局公告2019年第44号)第八条规定:"纳税人以及代办年度汇算的扣缴义务人,需将年度汇算申报表以及与纳税人综合所得收入、扣除、已缴税额或税收优惠等相关资料,自年度汇算期结束之日起留存5年。"

10.5 收入项目也需准备并留存证明材料吗?有哪些资料可以作为证明材料?

按照《中华人民共和国税收征收管理法》及其实施细则、《国家税务总局关于办理2019年度个人所得税综合所得汇算清缴事项的公告》(国家税务总局公告2019年第44号)以及《国家税务总局关于修订部分个人所得税申报表的公告》(国家税务总局公告2019年第46号)的规定,纳税人必须向税务机关如实、全面、及时地提供收入信息,同时留存收入资料备查。

那么,个人需要留存哪些收入资料呢?目前并没有明确的政策予以列举或概括。从税收征管以及法律证明的效力情况看,但凡能证明个人取得收入的有关凭证、证明材料等都应当全面收集并保存。这些凭证、资料包括从任职单位取得的工资条、工资单等凭据,各种津贴、补贴收据、领据等凭据,提供劳务报酬时与接受劳务的单位签订的劳务合同、到税务机关申请开具的发票、税票以及银行收款凭证、银行流水等;与出版社签订的出版合同、取得稿酬的收款凭证、银行流水等;将无形资产等授予他人使用时的合同、收取特许权使用费的银行收款凭证、流水等。

为确保纳税人能够取得相关的证明与证据材料,《个人所得税扣缴申报管理办法(试行)》(国家税务总局公告 2018 年第 61 号印发)第十三条也对扣缴义务人进行的义务设定,即支付工资、薪金所得的扣缴义务人应当于年度终了后两个月内,向纳税人提供其个人所得和已扣缴税款等信息。纳税人年度中间需要提供上述信息的,扣缴义务人应当提供。纳税人取得除工资、薪金所得以外的其他所得,扣缴义务人应当在扣缴税款后,及时向纳税人提供其个人所得和已扣缴税款等信息。

【案例 10-1】   收入凭证资料提供与保存意义重大

2019 年 3 月,某大学三名教授肖某、韩某及姚某等三人合作撰写一本教材,合计取得所得 27 万元。肖某与其他两人约定后,自留 20 万元,韩某和姚某各分得 4 万元和 3 万元。但出版社按照每人 9 万元预扣预缴个人所得税。

此时,税务机关拥有的收入信息肯定是肖某、韩某及姚某三人各取得稿酬收入 9 万元,已由出版社预扣预缴个人所得税均为 10 080 元[90 000×(1-20%)×70%×20%]。但事实上,肖某、韩某及姚某三人对稿酬所得并非平均分配,而是按劳取酬:肖某 20 万元,韩某 4 万元,姚某 3 万元。

出版社的数据,即税务机关掌握的数据与实际情况是不一致的,特别是韩某及姚某的收入数据明显小于税务机关掌握的信息,此时,相关人员就必须证明其收入的真实性,自然,拿出有效的证明材料就显得尤为重要。那么什么材料能有效证明各自的稿酬收入呢?稿酬支付凭证,如银行收款凭证(银行对账单),作者之间的分配协议等都是有效证明。

应当说,但凡能够证明收入的凭证、证明材料都应当留存。只是必须强调所有的凭证与证明材料均应当真实、合法、有效。

10.6 基本减除费用 6 万元也需要提供证明材料吗?

纳税人扣除基本减除费用 6 万元时,不需要提供任何的凭证与证明材料。其法律依据就是税法未要求提供凭证与证明材料。

10.7 扣除"专项扣除"项目时需要提供哪些证明材料?

按照《个人所得税法》第六条的规定,在计缴个人所得税时允许扣除的专项扣除,包括居民个人按照国家规定的范围和标准缴纳的基本养老保险、基本医疗保险、失业保险等社会保险费和住房公积金等。因此,目前"专项扣除"所需要准备与留存的凭证,简而言之,就是个人缴纳"三险一金"的相关凭证与证明材料。

《中华人民共和国社会保险法》第六十条规定:"用人单位应当自行申报、按时足额缴纳社会保险费,非因不可抗力等法定事由不得缓缴、减免。职工应当缴纳的社会保险费由用人单位代扣代缴,用人单位应当按月将缴纳社会保险费的明细情况告知本人。无雇工的个体工商户、未在用人单位参加社会保险的非全日制从业人员以及其他灵活就业人员,可以直接向社会保险费征收机构缴纳社会保险费。"

因此,个人缴纳"三险一金"的相关凭证与证明材料主要包括:

(1) 如果个人有任职单位,那么所需准备的"专项扣除"的凭证与证明材料主要就是工资单、工资条等扣缴"三险一金"的证明材料。工资单或者工资条很重要,不仅能够证明收入,也能够证明扣除费用。

(2) 如果个人没有任职单位,即所谓的自由职业者,"专项扣除"所需要准备与留存的凭证主要就是个人向社会保险费征收机构的缴费凭证。按照《国税地税征管体制改革方案》等的规定,自 2019 年 1 月 1 日起,社保费逐渐转由税务机关负责征收。相关的凭证就应当是税务机关的社保费征缴凭证了。

另外,必须强调一下,如果个人自己缴纳"三险一金"的,那么尽量使用转账支付,并留存好转账凭证,因为转账凭证也是"三险一金"实际缴纳的证明材料。

10.8 扣除"专项附加扣除"项目时是否需要提供证明材料?

纳税人扣除各类"专项附加扣除"项目时,是否需要提供凭证以及提供什么凭证?《国务院关于印发个人所得税专项附加扣除暂行办法的通知》(国发〔2018〕41 号)及《国家税务总局关于发布〈个人所得税专项附加扣除操作办法(试行)〉的公告》(国家税务总局公告 2018 年第 60 号)等规范进行了全面规定。本书第四章也作了详细的介绍。在此不再赘述。这里只用表格概括一下"专项附加扣除"项目所需要的资料与凭证。

表 10-1 专项附加扣除留存备查资料明细表

项目	子项目	留存备查资料
子女教育	子女在境内接受教育	不需要留存任何备查资料
	子女在境外接受教育	子女在境外接受教育的,应当留存境外学校录取通知书、留学签证等境外教育佐证资料
继续教育	接受学历(学位)继续教育	暂不需要留存备查任何资料
	职业资格继续教育	纳税人接受技能人员职业资格继续教育、专业技术人员职业资格继续教育的,应当留存职业资格相关证书等资料
住房贷款利息	首套住房贷款	住房贷款合同、贷款还款支出凭证等资料
住房租金	无住房而发生的住房租金	住房租赁合同或协议等资料
赡养老人	独生子女	暂不需要留存备查资料
	非独生子女	约定或指定分摊的书面分摊协议等资料
大病医疗		大病患者医药服务收费及医保报销相关票据原件或复印件,或者医疗保障部门出具的纳税年度医药费用清单等资料

10.9　提交或留存不实的专项附加扣除信息资料有何法律风险？

《个人所得税法实施条例》第三十条第三款规定，纳税人、扣缴义务人应当按照规定保存与专项附加扣除相关的资料。税务机关可以对纳税人提供的专项附加扣除信息进行抽查。税务机关发现纳税人提供虚假信息的，应当责令改正并通知扣缴义务人；情节严重的，有关部门应当依法予以处理，纳入信用信息系统并实施联合惩戒。

《国家税务总局关于发布〈个人所得税专项附加扣除操作办法（试行）〉的公告》（国家税务总局公告2018年第60号）规定："税务机关定期对纳税人提供的专项附加扣除信息开展抽查。""税务机关核查时，纳税人无法提供留存备查资料，或者留存备查资料不能支持相关情况的，税务机关可以要求纳税人提供其他佐证；不能提供其他佐证材料，或者佐证材料仍不足以支持的，不得享受相关专项附加扣除。"其第二十九条规定，纳税人有下列情形之一的，主管税务机关应当责令其改正；情形严重的，应当纳入有关信用信息系统，并按照国家有关规定实施联合惩戒；涉及违反税收征管法等法律法规的，税务机关依法进行处理：

（1）报送虚假专项附加扣除信息。
（2）重复享受专项附加扣除。
（3）超范围或标准享受专项附加扣除。
（4）拒不提供留存备查资料。
（5）税务总局规定的其他情形。

《财政部　税务总局关于个人所得税综合所得汇算清缴涉及有关政策问题的公告》（财政部　税务总局公告2019年第94号）第三条规定："居民个人填报专项附加扣除信息存在明显错误，经税务机关通知，居民个人拒不更正或者不说明情况的，税务机关可暂停纳税人享受专项附加扣除。居民个人按规定更正相关信息或者说明情况后，经税务机关确认，居民个人可继续享受专项附加扣除，以前月份未享受扣除的，可按规定追补扣除。"

10.10　扣除年金需要提交或者留存哪些资料？

按照《财政部　人力资源社会保障部　国家税务总局关于企业年金　职业年金个人所得税有关问题的通知》（财税〔2013〕103号）的规定，单位和个人根据规定的办法和标准等实际缴纳的年金暂不缴纳个人所得税或者暂从个人当期的应纳税所得额中扣除。对此，本书在第六章已作过介绍。

那么纳税人要从收入中扣除实际缴纳的未超过标准的年金，需要提供或者留存哪些资料呢？对此问题，《财政部　人力资源社会保障部　国家税务总局关于企业年金、职业年金个人所得税有关问题的通知》（财税〔2013〕103号）作了比较原则性的规定。准确地讲，也不是由纳税人自己提供，而是由建立年金计划的单位（即纳税人的任职单位）提供。具体规定为："建立年金计划的单位应于建立年金计划的次月15日内，向其所在地主管税务机关报送年金方案、人力资源社会保障部门出具的方案备案函、计划确认函以及主管税务机关要求报送的其他相关资料。年金方案、受托人、托管人发生变化的,应于发生变化的次月15日内重新向其主管税务机关报送上述资料。"

10.11　扣除商业健康保险需要留存的资料有哪些?

《财政部　国家税务总局　保监会关于将商业健康保险个人所得税试点政策推广到全国范围实施的通知》(财税〔2017〕39号)规定:"保险公司在销售商业健康保险产品时,要为购买健康保险的个人开具发票和保单凭证,载明产品名称及缴费金额等信息,作为个人税前扣除的凭据。保险公司要与商业健康保险信息平台保持实时对接,保证信息真实准确。"这就意味着,纳税人如果需要在计算缴纳个人所得税时扣除商业健康保险,除了相关的商业健康保险产品符合规定的扣除条件之外,还需要向税务机关提交并留存载明产品名称及缴费金额等信息的发票和保单凭证。

10.12　试点地区纳税人扣除税收递延型商业养老保险时应当提供哪些凭证?

按照《财政部　税务总局　人力资源社会保障部　中国银行保险监督管理委员会　证监会关于开展个人税收递延型商业养老保险试点的通知》(财税〔2018〕22号)等的规定,试点地区纳税人购买符合规定的商业养老保险产品、享受递延纳税优惠时,以中保信平台出具的税延养老扣除凭证为扣税凭证。取得工资、薪金所得和连续性劳务报酬所得的个人,应及时将相关凭证提供给扣缴单位。扣缴单位应按照本通知有关要求,认真落实个人税收递延型商业养老保险试点政策,为纳税人办理税前扣除有关事项。

10.13　扣除公益慈善事业捐赠时需要提供并留存哪些凭证资料?

《财政部　国家税务总局　民政部关于公益性捐赠税前扣除有关问题的补充通知》(财税〔2010〕45号)第五条规定,对于通过公益性社会团体发生的公益性捐赠支出,企业或个人应提供省级以上(含省级)财政部门印制并加盖接受捐赠单位印章的公益性捐赠票据,或加盖接受捐赠单位印章的《非税收入一般缴款书》收据联,方可按规定进行税前扣除。

《财政部关于印发〈公益事业捐赠票据使用管理暂行办法〉的通知》(财综〔2010〕112号)第二条、第三条规定,公益事业捐赠票据(以下简称捐赠票据),是指各级人民政府及其部门、公益性事业单位、公益性社会团体及其他公益性组织(以下简称公益性单位)按照自愿、无偿原则,依法接受并用于公益事业的捐赠财物时,向提供捐赠的自然人、法人和其他组织开具的凭证。捐赠票据是会计核算的原始凭证,是财政、税务、审计、监察等部门进行监督检查的依据。捐赠票据是捐赠人对外捐赠并根据国家有关规定申请捐赠款项税前扣除的有效凭证。

因此,就一般情况而言,纳税人公益事业捐赠票据或加盖接受捐赠单位印章的《非税收入一般缴款书》收据联,方可按规定进行税前扣除。

不过,按照最新的文件,即《财政部 税务总局关于支持新型冠状病毒感染的肺炎疫情防控有关捐赠税收政策的公告》(财政部 国家税务总局公告2020年第9号)的规定,企业和个人直接向承担疫情防治任务的医院捐赠用于应对新型冠状病毒感染的肺炎疫情的物品,允许在计算应纳税所得额时全额扣除。捐赠人凭承担疫情防治任务的医院开具的捐赠接收函办理税前扣除事宜。

第 11 章

筹划运作：合法前提下利益如何最大

11.1 全年一次性奖金如何才能实现个人利益最大？

11.1.1 全年一次性奖金该如何计算缴纳个人所得税？

所谓全年一次性奖金是指行政机关、企事业单位等，根据其全年经济效益和对雇员全年工作业绩的综合考核情况，向雇员发放的一次性奖金。年终加薪、实行年薪制和绩效工资办法的单位根据考核情况兑现的年薪和绩效工资等也属于全年一次性奖金。

按照《国家税务总局关于调整个人取得全年一次性奖金等计算征收个人所得税方法问题的通知》(国税发〔2005〕9号)以及《财政部 国家税务总局关于个人所得税法修改后有关优惠政策衔接问题的通知》(财税〔2018〕164号)的规定，居民个人取得的上述范围内的全年一次性奖金，在 2021 年 12 月 31 日前，不并入当年综合所得，以全年一次性奖金收入除以 12 个月得到的数额，按照按月换算后的综合所得税率表(以下称为"月度税率表"，见表 11-1；综合所得税率表，见表 11-2)，确定适用税率和速算扣除数，单独计算纳税。计算公式为：

应纳税额＝全年一次性奖金收入×适用税率－速算扣除数

表 11-1 按月换算后的综合所得税率表

(全年一次性奖金单独计算时适用，本章简称"月度税率表")

级数	全月应纳税所得额	税率(%)	速算扣除数
1	不超过 3 000 元的	3	0
2	超过 3 000 元至 12 000 元的部分	10	210
3	超过 12 000 元至 25 000 元的部分	20	1 410
4	超过 25 000 元至 35 000 元的部分	25	2 660
5	超过 35 000 元至 55 000 元的部分	30	4 410
6	超过 55 000 元至 80 000 元的部分	35	7 160
7	超过 80 000 元的部分	45	15 160

表 11-2　综合所得税率表

（居民综合所得汇缴时适用，本章简称"综合所得税率表"）

级数	全年应纳税所得额	税率（%）	速算扣除数
1	不超过 36 000 元的	3	0
2	超过 360 00 元至 144 000 元的部分	10	2 520
3	超过 144 000 元至 300 000 元的部分	20	16 920
4	超过 300 000 元至 420 000 元的部分	25	31 920
5	超过 420 000 元至 660 000 元的部分	30	52 920
6	超过 660 000 元至 960 000 元的部分	35	85 920
7	超过 960 000 元的部分	45	181 920

在全年一次性奖金个人所得税政策上须注意几点：

（1）居民个人取得全年一次性奖金，既可以选择按照上述方法单独计算纳税（以下简称单独纳税），也可以选择并入当年综合所得计算纳税（以下简称合并纳税）。

（2）在一个纳税年度内，每一个纳税人，全年一次性奖金按照上述方法单独纳税的，只允许采用一次。

（3）如果纳税人将全年一次性奖金按照上述方法单独纳税时，除可以扣除公益慈善性捐赠外，不得扣除任何费用，包括专项扣除、专项附加扣除以及其他扣除等。

（4）自 2022 年 1 月 1 日起，居民个人取得全年一次性奖金，应并入当年综合所得计算缴纳个人所得税。

11.1.2　全年一次性奖金是单独纳税还是合并纳税？

11.1.2.1　合并纳税与单独纳税，税负差异有多大？

很显然，在 2021 年 12 月 31 日之前，居民个人取得的全年一次性奖金，有两种个人所得税政策可供选择：要么选择单独纳税，要么选择合并纳税。当然，选择单独纳税的，有一系列的限制性要求。那么，对纳税人来说该如何选择呢？案例可能是最具说服力。

【案例 11-1】　　　　全年一次性奖金单独纳税与合并纳税的选择

居民个人朱某，2019 年 1～12 月，从任职单位取得工资、薪金累计 180 000 元，12月份还从单位取得全年一次性奖金 200 000 元。单位按照规定扣缴"三险一金"48 000 元。另外朱某承担两个义务教育阶段子女教育支出扣除计 24 000 元，作为独子承担满 65 岁父亲的赡养老人支出计 24 000 元。2019 年本人生病住院，扣除医保报销后个人负担额为 120 000 元。试计算朱某应当缴纳的个人所得税。

【解析】　按照《个人所得税法》第六条的规定，居民个人的综合所得，以每一纳税年度的收入额减除费用 6 万元以及专项扣除、专项附加扣除和依法确定的其他扣除后的余额，为应纳税所得额。

按照《国务院关于印发个人所得税专项附加扣除暂行办法的通知》（国发〔2018〕41

号)的规定,朱某任职单位按照规定扣缴的 48 000 元"三险一金"是允许全部扣除的,24 000 元的子女教育支出及 24 000 元的赡养老人支出也可以全额扣除,大病医疗支出个人负担的部分为 12 万元,但按照规定,只就其超过 15 000 元的部分在 80 000 元限额内据实扣除,故只能扣除 80 000 元。

同时结合上文的介绍,朱某 2019 年的个人所得税应纳税额有两种可能:一是合并纳税;二是单独纳税。

(1) 合并纳税方案下应税所得的计算。

应纳税额＝(工资、薪金收入＋全年一次性奖金－基本减除费用－专项扣除－专项附加扣除)×适用税率－速算扣除数＝(180 000＋200 000－60 000－48 000－24 000－24 000－80 000)×10%－2 520＝11 880(元)。

(2) 单独纳税方案下应税所得的计算。

① 综合所得部分应纳税额。

应纳税所得额＝工资、薪金收入－基本减除费用－专项扣除－专项附加扣除＝180 000－60 000－48 000－24 000－24 000－80 000＝－5 600(元)。

由于应纳税所得额为负数,故朱某的工资、薪金所得部分不用缴纳个人所得税。如果单位已经预扣预缴了个人所得税,则可以在汇缴时申请退税。

② 全年一次性奖金部分的应纳税额。

应纳税额＝全年一次性奖金×适用税率－速算扣除数＝200 000×20%－1 410＝38 590(元)。

(3) 两种方案下的税负比较。

合并纳税时,纳税人只需缴纳 11 880 元的个人所得税,而单独纳税时则需缴纳 38 590 元的个人所得税,单独纳税方案比合并纳税方案多负担税款 26 710 元,两者间的税负差异可谓巨大,选择合并纳税对纳税人更加有利。

11.1.2.2 影响两种纳税方案税负差异的因素是什么?

是什么原因导致全年一次性奖金合并纳税与单独纳税间税负的重大差异呢?对此,可以进行原理性的分析与探讨。

(1) 合并纳税方案下应纳税额的计算。

选择合并纳税时,其应纳税额为:

$$\text{应纳税额} = (\text{综合所得收入额} - 60\,000 - \text{专项扣除} - \text{专项附加扣除} + \text{全年一次性奖金}) \times \text{适用税率①} - \text{速算扣除数①}$$

其中,综合所得的收入额是包括不含全年一次性奖金的综合所得收入额,并且"不含全年一次性奖金的综合所得收入额－60 000－专项扣除－专项附加扣除"就是不含全年一次性奖金的应纳税所得额(以下简称综合所得应纳税所得额),因而上述公式可以进一步简化为:

$$\text{应纳税额} = (\text{综合所得应纳税所得额} + \text{全年一次性奖金}) \times \text{适用税率①} - \text{速算扣除数①} \quad \cdots\cdots \text{公式 A}$$

公式 A 中适用税率①与速算扣除数①是综合所得税率表中的适用税率与速算扣除数。

(2) 单独纳税方案下应纳税额的计算。

如果纳税人选择将全年一次性奖金单独纳税,那么其应纳税额为:

$$\text{应纳税额} = \text{不含全年一次性奖金的综合所得应纳税额} + \text{全年一次性奖金的应纳税额}$$

$$= \text{综合所得的应纳税所得额} \times \text{适用税率②} - \text{速算扣除数②} + \text{全年一次性奖金} \times \text{适用税率③} - \text{速算扣除数③} \quad \cdots\cdots \text{公式 B}$$

公式 B 中的适用税率②和速算扣除数②为综合所得税率表的适用税率与速算扣除数;适用税率③和速算扣除数③则是月度税率表中的税率与速算扣除数,两者是完全不同的。

(3) 令公式 A 与公式 B 相等,则:

$$\left(\text{综合所得的应纳税所得额} + \text{全年一次性奖金}\right) \times \text{适用税率①} - \text{速算扣除数①}$$

$$= \text{不含年终奖的应纳税所得额} \times \text{适用税率②} - \text{速算扣除数②} + \text{全年一次性奖金} \times \text{适用税率③} - \text{速算扣除数③}$$

上述公式可以进一步转换调整为:

$$\text{综合所得的应纳税所得额} \times \left(\text{适用税率①} - \text{适用税率②}\right) + \text{全年一次性奖金} \times \left(\text{适用税率①} - \text{适用税率③}\right)$$

$$- \left(\text{速算扣除数①} + \text{速算扣除数②} + \text{速算扣除数③}\right) = 0 \quad \cdots\cdots \text{公式 C}$$

公式 C 所反映的就是全年一次性次奖金不同纳税方案下税收负担差异的三个影响因素:

(1) 适用税率。

(2) 速算扣除数。

(3) 综合所得应纳税所得额和全年一次性奖金及两者间的关系。

速算扣除数是由税率决定的,而税率又是由综合所得应纳税所得额和全年一次性奖金及两者间的关系决定的,所以税率与速算扣除数都是间接影响因素,只有综合所得应纳税所得额和全年一次性奖金及两者间的关系才是真正的直接影响因素,而且是根本的影响因素。

三种因素到底如何影响个人所得税税收负担水平呢?不妨通过案例来进行分析。

【案例 11-2】　　　　　　　　　费用扣除因素影响下的纳税方案选择

(综合所得应纳税所得额和全年一次性奖金及两者间关系的影响)

有居民纳税人曹某、吴某、赵某、张某,2019 年发生下列业务和事项,试计算比较全年一次性奖金单独纳税或与其他综合所得合并纳税两种方案的个人所得税税负。

表 11-3　纳税人收入、费用及全年一次性奖金情况表

项目	工资、薪金	专项扣除	专项附加扣除	全年一次性奖金
曹某	110 000	30 000	48 000	60 000
吴某	130 000	40 000	48 000	146 000
赵某	120 000	40 000	48 000	320 000
张某	210 000	40 000	128 000	560 000

【解析】（1）全年一次性奖金与综合所得合并纳税。

将四人实际业务事项的数据代入到上文的公式 A，可计算得到各自应当缴纳的个人所得税：

表 11-4　全年一次性奖金合并纳税情况表

项目	应税所得	税率	速算扣除数	应纳税额
曹某	32 000	3%	0	960
吴某	128 000	10%	2 520	10 280
赵某	292 000	20%	16 920	41 480
张某	542 000	30%	52 920	109 680

（2）全年一次性奖金选择单独纳税。

将四人实际业务事项的数据代入到上文的公式 B，可计算得到各自应当缴纳的个人所得税：

表 11-5　全年一次性奖金单独纳税情况表

项目	综合所得				全年一次性奖金				应纳税额合计
	收入额	税率	速算扣除数	应纳税额	收入额	税率	速算扣除数	应纳税额	
曹某	0	0	0	0	60 000	10%	210	5 790	5 790
吴某	0	0	0	0	146 000	20%	1 410	27 790	27 790
赵某	0	0	0	0	320 000	25%	2 660	77 340	77 340
张某	0	0	0	0	560 000	30%	4 410	163 590	163 590

在单独纳税模式下，由于综合所得项目的应纳税所得额为 0，根本不产生应纳税额，因而合计的应纳税额就是全年一次性奖金的应纳税额。

（3）两种不同纳税方案下的税负比较。

简单对比即可发现四个居民纳税人在两种不同纳税方案下的税收负担差异。

表11-6　单独纳税与合并纳税税负情况比较

项目	合并纳税时的应纳税额	单独纳税时的应纳税额	税额差异
曹某	960	5 790	−4 830
吴某	10 280	27 790	−17 510
赵某	41 480	77 340	−35 860
张某	109 680	163 590	−53 910

(4) 案例分析结论。

只要纳税人取得的不含全年一次性奖金的综合所得收入额不足以将税法上允许扣除的基本减除费用、专项扣除、专项附加扣除、法律规定的其他扣除以及公益慈善性捐赠等各项扣除项目扣除完毕，那么不论全年一次性奖金高低，适用税率如何，均应当将全年一次性奖金与其他综合所得合并纳税。

用一句话概括：各项扣除扣不完，合并纳税最合算。

【案例11-3】　　　　　税率及其变化因素影响下的纳税方案选择

有居民纳税人宋某、孙某、杨某、李某及陈某五人，2019年发生下列业务和事项，试计算比较全年一次性奖金单独纳税或与其他综合所得合并纳税两种方案下的个人所得税税负。

表11-7　纳税人收入、费用及全年一次性奖金情况表

项目	工资、薪金	专项扣除	专项附加扣除	全年一次性奖金
宋某	110 000	30 000	12 000	60 000
孙某	260 000	40 000	48 000	220 000
杨某	400 000	40 000	48 000	400 000
李某	700 000	40 000	128 000	560 000
陈某	700 000	40 000	128 000	960 120

【解析】(1) 全年一次性奖金与综合所得合并纳税。

将五人实际业务事项的数据代入到上文公式A，可计算得到各自应当缴纳的个人所得税：

表11-8　全年一次性奖金合并纳税情况表

项目	应税所得	税率	速算扣除数	应纳税额
宋某	68 000	10%	2 520	4 280
孙某	332 000	25%	31 920	51 080
杨某	652 000	30%	52 920	142 680
李某	1 032 000	45%	181 920	282 480
陈某	1 432 120	45%	181 920	462 534

(2) 全年一次性奖金选择单独纳税。

将五人实际业务事项的数据代入到上文公式 B,可计算得到各自应当缴纳的个人所得税:

表 11-9 全年一次性奖金单独纳税情况表

项目	综合所得				全年一次性奖金				应纳税额合计
	收入额	税率	速算扣除数	应纳税额	收入额	税率	速算扣除数	应纳税额	
宋某	8 000	3%	0	240	60 000	10%	210	5 790	6 030
孙某	112 000	10%	2 520	8 680	220 000	20%	1 410	42 590	51 270
杨某	252 000	20%	16 920	33 480	400 000	25%	2 660	97 340	130 820
李某	472 000	30%	52 920	88 680	560 000	30%	4 410	163 590	252 270
陈某	472 000	30%	52 920	88 680	960 120	45%	15 160	416 894	505 574

(3) 两种不同纳税方案下的税负比较。

简单对比即可发现五个居民纳税人在两种不同纳税方案下的税收负担差异:宋某与孙某合并纳税时的税收负担均大于单独纳税,而杨某、李某及陈某则相反,并且单独纳税下,税负是大幅度下降。

表 11-10 单独纳税与合并纳税税负比较表

项目	合并纳税时的应纳税额	单独纳税时的应纳税额	税额差异
宋某	4 280	6 030	−1 750
孙某	51 080	51 270	−190
杨某	142 680	130 820	11 860
李某	282 480	252 270	30 210
陈某	462 534	505 574	−43 040

(4) 分析比较税率的变化情况。

全年一次性奖金的不同纳税方案下,五人的税率变化及税收负担差异情况如表 11-11 所示。

表 11-11 单独纳税与合并纳税下税率比较分析表

项目人员	税率			税额差异
	合并纳税	单独纳税		
		不含全年一次性奖金的其他综合所得	全年一次性奖金	
宋某	10%	3%	10%	−1 750
孙某	25%	10%	20%	−190
杨某	30%	20%	25%	11 860
李某	45%	30%	30%	30 210
陈某	45%	30%	45%	−43 040

根据上面的分析可以发现：

第一，选择合并纳税或单独纳税而引发的税率及其变化非常明显，并且因之对个人所得税负担的影响也非常明显。

第二，合并纳税通常会导致适用税率的提高，并且主要表现为两种形式：一是单纯导致综合所得适用税率的提高，但并不导致全年一次性奖金适用税率的提高；二是同时引发综合所得与全年一次性奖金适用税率的提高。

第三，税率的提高理当增加纳税人的税负，但在全年一次性奖金合并纳税与单独纳税上，却出现了令人意想不到的结果，即在很多情况下合并纳税方案下税率虽然会提高，但纳税人的税负却不增反降。

第四，无论是低收入者还是高收入群体，合并纳税下的税负未必就比单独纳税高。因此，某些财税人士所谓"如果合并纳税导致税率提升就应当放弃合并纳税"的观点是值得商榷的。

用一句话概括：合并纳税税率高，税款未必会多缴；单独纳税税率低，可能税多还生气。

11.1.2.3 两种纳税方案存在税负差异的原因是什么？

众所周知，个人所得税实行的超额累进税率，超额累进税率的最大特征就是能够充分体现量能负担的原则，纳税人收入或者所得越多，那么负担的税款就越多。

但现在却出现了明显的矛盾：在全年一次性奖金方面，特别在合并纳税上，却出现了所谓合并纳税后收入或者所得大幅增加，适用税率也提高，但整体税收负担却大幅下降的问题。难道超额累进税率的原理出错了？不是的。引发矛盾的根本不在于累进税率，而在于全年一次性奖金单独纳税的个人所得税政策。

按照规定，全年一次性奖金单独纳税时，是用奖金全额除以12后找对应税率和速算扣除数，然后再用奖金全额乘以税率减速算扣除数计算缴纳个人所得税。用公式表示即为：

$$应纳税额 = 全年一次性奖金收入 \times 适用税率 - 速算扣除数$$

用奖金全额除以12后找对应税率，意味着在一定程度上降低税率。但在实际计算时，只允许扣除一次速算扣除数，这意味着将因适用税率变低而少缴纳的税款又给补上了。不妨看案例。

【案例11-4】 **全年一次性奖金计算方法直接增加纳税人税负**

假设（现实中很少存在）有居民纳税人韩某，与任职单位约定：每月支付5 000元，年底一次性支付剩余的96万元。但96万元薪酬的支付形式有两种：一是作为工资、薪金支付，二是作为全年一次性奖金一次性支付。假设没有其他的任何扣除，并且全年一次性奖金选择单独纳税，那么两种不同的支付方式下，韩某应当如何缴纳个人所得税呢？

【解析】 （1）作为工资、薪金支付，则：

应纳税额 = (5 000×12 + 960 000 − 60 000) × 45% − 181 920 = 960 000 × 45% −

181 920＝250 080(元)。

(2) 作为全年一次性奖金支付,且选择单独纳税,则:

① 每月取得 5 000 元工资,全年 60 000 元,扣除基本减除费用 60 000 元后,应纳税所得额为 0,不用缴纳个人所得税。

② 全年一次性奖金单独纳税,则

先用 960 000 元除以 12 得到 80 000 元,在月度税率表中找到对应税率为 45％,速算扣除数为 15 160,因而应纳税额为:

应纳税额＝960 000×45％－15 160＝416 840(元)。

(3) 税负比较及其原因分析。

本案例中的 96 万元就相当于全年一次性奖金的两种纳税形态:一种是与工资、薪金所得合并纳税,一种是单独纳税。两者的税负差异恰恰是速算扣除数的差异:416 840－250 080＝181 920－15 160＝166 760(元)。

因此,从表象看,适用税率、速算扣除数以及综合所得收入额、扣除项目和全年一次性奖金及其间的关系,是引发全年一次性奖金合并纳税与单独纳税两种纳税方案间税负差异的重要因素,但真正决定因素却是全年一次性奖金的个人所得税政策,如果不是只扣除一次速算扣除数,那就不会产生所谓的税率提高、税收负担反而下降的问题。当然,个人所得税的累进效应也不会失效。

实际上,广受财税人士关注的全年一次性奖金的临界点问题,也是由其计算方法即只允许扣除一次速算扣除数引发的。对此,本书将在下文进行讨论。

11.1.2.4 合并纳税还是单独纳税有无规律可循?

一、当前一些筹划思路是否值得学习和借鉴?

目前,有很多财税人士从自身对税收政策以及纳税筹划的理解,提出了全年一次性奖金单独纳税或合并纳税的筹划选择,其间不乏真知灼见,但也有不少"伪劣产品",对纳税人产生了重大误导,在此必须加以提醒澄清。

(1) 有一种观点认为,综合所得应纳税所得额与全年一次性奖金金额的大小是决定采用哪种计税方法的关键。即年度综合所得应纳税所得额小于年终奖金额时,选择合并纳税对纳税人有利;年度综合所得应纳税所得额大于年终奖时,选择单独纳税对纳税人更有利。[①] 这种观点显然是站不住脚的。事实上,[案例 11-3]有力地说明了这一点,案例中的五个居民纳税人的全年一次性奖金金额全部大于综合所得项目的应纳税所得额,其中三人独立纳税时的税收负担明显高于合并纳税,而另外两人则相反,合并纳税时的税负大于单独纳税。

(2) 不少财税人士认为,可以根据税率变化情况确定全年一次性奖金的纳税方案。如果全年一次性奖金与综合所得合并后导致适用税率的大幅度提升,则应当选择单独纳税。事实上,这种观点也是不正确的。[案例 11-3]足以反驳这种观点,孙某和陈某在合并纳税时,税率都比单独纳税时综合所得的适用税率与全年一次性奖金的适用税率高,

---

① 梁瑞智:梁瑞智《个人所得税法修订后全年一次性奖金的计税方法探析》,载《商业会计》2019 年第 15 期,第 105 页。

甚至还高出好几个档次,但合并纳税的税负都远低于单独纳税。

(3) 还有一些财税人士认为,可以根据个人收入总额的高低进行判断和选择。即"将全年一次性奖金并入综合所得计税对低收入人群更有利,而选择使用过渡期全年一次性奖金计税办法对高收入人群更有利。"①事实上,这种观点也很值得商榷。[案例11-3]中陈某的年应税所得超过了140万元,应当可以归入到高收入者范围,但合并纳税却比单独纳税少缴纳税款4万多元。相反,应纳税所得额超过103万元完全可以归入到高收入者行列的李某选择合并纳税却又比单独纳税多缴纳税款超过3万元。

二、合并纳税与单独纳税到底该如何选择和筹划?

全年一次性奖金到底是选择合并纳税还是单独纳税,必须具体情况具体分析,这也是纳税筹划的基本要求。

(1) 如果纳税人取得的综合所得的收入额不高,并且不足以扣除专项扣除、专项附加扣除等各类扣除项目,那么不论全年一次性奖金是多是少,适用税率是高是低,均应当将全年一次性奖金与综合所得合并纳税。

(2) 如果纳税人取得的综合所得收入额足够扣除专项扣除、专项附加扣除等各类扣除项目,那么到底是合并纳税还是单独纳税,就需要根据具体情况进行测试和判断,具体的判定思路如下:

假设纳税人取得的综合所得的应纳税所得额为 X,对应的税率为 T_1,速算扣除数为 D_1;全年一次性奖金为 Y,单独纳税时,对应的税率为 T_2,速算扣除数为 D_2(注意,此时的税率与速算扣除数均为月度税率表税率与速算扣除数),合并纳税时的应纳税所得额为 $X+Y$,对应的税率为 T_3,速算扣除数为 D_3;则:

① 合并纳税时,应纳税额为:

$$T_{合并} = (X+Y) \times T_3 - D_3$$

② 单独纳税时,应纳税额为:

$$T_{单独} = X \times T_1 - D_1 + Y \times T_2 - D_2$$

然后对两者进行比较,如果 $T_{合并} > T_{单独}$,则单独纳税对纳税人有利;反之,如果 $T_{合并} < T_{单独}$,则合并纳税对纳税人更有利。

当然,这个计算与比较的过程非常复杂,因为无论是 T_1 与 D_1 还是 T_3 与 D_3 都有7种可能(税率表的七档税率与速算扣除数,下同),而 T_2 与 D_2 也有7种可能。当然,由于三者之间存在着特殊的关系,特别是 T_3 一定大于或等于 T_1、T_2,D_3 也一定大于 D_1、D_2,最终的结果肯定不会像代数上排列组合题的计算结果那么多,但至少也有几十种之多。所以,如果读者有兴趣,不妨自己进行推算。

当然,如果知道全年综合所得的应纳税所得额,也知道全年一次性奖金,那么您就不需要进行推算,只需要进行计算。

---

① 梁瑞智:梁瑞智《个人所得税法修订后全年一次性奖金的计税方法探析》,载《商业会计》2019年第15期,第105页。

11.1.3 如何规避全年一次性奖金的临界点与临界区间?

11.1.3.1 为什么多拿一块钱却多缴几千元甚至几万元税?

自从全年一次性奖金"单独纳税"政策出台之日起,就有了所谓全年一次性金多拿一块钱却要多缴几千元甚至几万元的问题。还是看案例。

【案例 11-5】　　　　多拿一元年终奖,税款多缴上千元或上万元

有居民纳税人雷某、施某、乔某、胡某,2019 年 12 月从任职单位取得全年一次性奖金,分别为 144 000 元、144 001 元、660 000 元和 660 001 元。四人考虑到按月发放的工资、薪金金额较大,故选择对全年一次性奖金进行单独纳税。试计算四人全年一次性奖金应缴纳的个人所得税(计算结果保留整数)。

【解析】（1）寻找对应税率与速算扣除数。

将四人取得的全年一次性奖金除以12后,对照月度税率表率,找到适用税率与速算扣除数:

表 11-12　全年一次性奖金单独纳税计算分析表

项目	一次性奖金总额	奖金总额/12	对应税率	对应速算扣除数
雷某	144 000	12 000	10%	210
施某	144 001	12 000.08	20%	1 410
乔某	660 000	55 000	30%	4 410
胡某	660 001	55 000.08	35%	7 160

（2）计算应纳税额

用全年一次性奖金总额乘以对应税率减速算扣除,即可以得到四人各自的应纳税额:

雷某：144 000×10%－210＝14 190(元)。

施某：144 001×20%－1 410＝27 390(元)。

乔某：660 000×30%－4 410＝19 3590(元)。

胡某：660 001×35%－7 160＝223 840(元)。

（3）分析对比。

施某比雷某多拿全年一次性奖金1元,但最终负担的税款却多出 13 200 元;同样,乔某也比胡某多拿1元的全年一次性奖金,也要多缴纳 30 250 元税款。看来"多拿一元、两元年终奖,税款多缴上千元、上万元"的说法并不是假的。

11.1.3.2 多拿一元、两元为何却要多缴税款上千元、上万元呢?

多拿一元全年一次性奖金,为何会多缴纳税款几千元甚至几万元呢?罪魁祸首还是全年一次性奖金单独纳税的计算方法,找税率时是用全年一次性奖金总额除以12的,但在税款计算时却只扣除了一次速算扣除数。

【案例 11-6】　　　　全年一次性奖金临界点原因分析

接[案例 11-5],所有情况均假设不变。

【解析】 如果造成"多拿一元全年一次性奖金,多缴税款几千元甚至几万元"的原因是速算扣除数决定的,那么案例中施某与雷某个人所得税应纳税额计算公式中的速算扣除差额乘以11就应当是两人缴纳税款的差额;同样,乔某与胡某计算公式中的速算扣除差额乘以11就应当是两人缴纳税款的差额。那么是不是呢?看计算:

(1 410－210)×11－(27 390－14 190)＝0(元)。

(7 160－4 410)×11－(223 840－193 590)＝0(元)。

11.1.3.3 如何规避全年一次性奖金的临界点雷区?

实际上,全年一次性奖金计算方法所引发的并非几个临界点问题,而是几片临界区间。在某几个区间内,纳税人多领取了几百元、几千元、甚至几万元奖金都是无效的,都会导致个人所得税税负的增加。具体临界区间如表11-13所示。

表11-13 全年一次性奖金的所得雷区表(临界区间表)

全年一次性奖金	临界区间(奖金雷区)	临界区间值	多缴税款最高值
36 000	36 000～38 566.67	2 566.67	2 310
144 000	144 000～160 500	16 500	13 200
300 000	300 000～318 333.33	18 333.33	13 750
420 000	420 000～447 500	27 500	19 250
660 000	660 000～706 538.46	46 538.46	30 250
960 000	960 000～1 120 000	160 000	88 000

那么这些临界区间是如何计算的呢?其实很简单。

假设个人取得的临界区间下限的全年一次性奖金为X,按照规定除以12后找到的月度税率表的适用税率为T_1,速算扣除数D_1,此时应缴纳的个人所得税为:

$$应纳税额 = X \times T_1 - D_1$$

再假设个人取得的临界区间上限的全年一次性奖金为$X+Y$,Y就是临界区间值。按照规定除以12后找到的月度税率表的适用税率为T_2,速算扣除数D_2,并且T_2和D_2都是T_1和D_1的上一档值。此时,应缴纳的个人所得税为:

$$应纳税额 = (X+Y) \times T_2 - D_2$$

两者的税后收益应当是相等的,因而有下列等式成立:

$$X - (X \times T_1 - D_1) = (X+Y) - (X+Y) \times T_2 - D_2$$

最终经过整并之后可以得到X与Y之的关系,即:

$$Y = [X \times (T_2 - T_1) - (D_2 - D_1)] \div (1 - T_2)$$

将月度税率表相关的税率与速算扣除数代入到公式,首先假设X为36 000元,则:

$$Y = [36\,000 \times (10\% - 3\%) - (210 - 0)] \div (1 - 10\%) = 2\,566.67$$

其次再假设 X 为 144 000 元,则

$$Y = [144\,000 \times (20\% - 10\%) - (1410 - 210)] \div (1 - 20\%) = 16\,500$$

……

依此类推,即可以计算得到表 11-13 中的相关数据。

11.1.3.4 全年一次性奖金恰好处于雷区该如何筹划?

任何一家单位都不是随便发放员工奖金的,都是有相对规范的制度与办法的,员工取得的全年一次性奖金很难不落入"雷区"之中,此时,就需要企业与员工密切配合,共同进行筹划运作了。具体的运作思路有两种:一是消极的纳税筹划,二是积极的纳税筹划。

所谓消极的纳税筹划,是指按照公司考核和奖励办法计算确定的员工全年一次性奖金正好处于"临界区间"的下限(即表 11-3 中"临界区间"数据偏小一端附近),员工与公司协商,将"临界区间"内的奖金从全年一次性奖金中"砍掉",转变到日常工资、薪金中发放或者留待下一年度发放,其他则按正常的全年一次性奖金发放的纳税筹划思路。

所谓积极的纳税筹划思路,是指按照公司考核和奖励办法计算确定的员工全年一次性奖金正好处于"临界区间"的上限(即表 11-1 中"临界区间"数据偏大一端附近),员工与公司协商,将部分日常性工资、薪金转变为全年一次性奖金,使员工的全年一次性奖金增大,进而有效规避"临界区间"个人所得税的纳税筹划思路。

【案例 11-7】 　　　　　　　　**全年一次性奖金"临界区间"的有效规避**

2019 年 12 月,鸿鑫公司按照公司的考核管理办法确定员工的全年一次性奖金,其中员工丛某、许某、肖某分别为 302 000 元、437 500 元及 438 000 元。试问:三位员工的全年一次性奖金如果选择单独纳税,该缴纳多少个人所得税? 有没有什么好办法让三位员工缴纳更少的个人所得税? 已知三位员工其他项目的应纳税所得额分别为 320 000 元、670 500 元及 432 000 元。

【解析】 (1) 不进行任何筹划时的税收负担分析。

① 全年一次性奖金的应纳税额。

表 11-14　筹划前全年一次性奖金单独纳税情况表

项目	一次性奖金	除以 12 后商数	适用税率	速算扣除数	应纳税额
丛某	302 000	25 166.67	25%	2 660	72 840
许某	437 500	36 458.33	30%	4 410	126 840
肖某	438 000	36 500.00	30%	4 410	126 990

② 综合所得的应纳税额。

表 11-15　筹划前综合所得纳税情况表

项目	应税所得	适用税率	速算扣除数	应纳税额
丛某	320 000	25%	31 920	48 080
许某	670 500	35%	85 920	148 755
肖某	432 000	30%	52 920	76 680

③ 计算确认全部应纳税额。

表 11-16　筹划前总体税收负担情况表

项目	综合所得应纳税额	全年一次性奖金应纳税额	应纳税额合计
丛某	48 080	72 840	120 920
许某	148 755	126 840	275 595
肖某	76 680	126 990	203 670

（2）选择消极纳税筹划方法筹划。

① 分析全年一次性奖金与临界区间的关系。

简单分析即可发现三人的全年一次性奖金均处于临界区间内：

表 11-17　全年一次性奖金与临界区间值对比分析表

项目	一次性奖金	对应的临界区间值	高于区间下限的值	低于区间上限的值
丛某	302 000	300 000~318 333.33	2 000	−16 333.33
许某	437 500	420 000~447 500	17 500	−10 000
肖某	438 000	420 000~447 500	18 000	−9 500

② 对全年一次性奖金调减并计算应纳税额。

将全年一次性奖金超出临界区间下限的金额全部"砍掉"，并转移到综合所得中去，则全年一次性奖金的应纳税额发生极大的变化：

表 11-18　筹划后全年一次性奖金单独纳税情况表

项目	调整后奖金	转移出金额	除以12后商数	适用税率	速算扣除数	应纳税额
丛某	300 000	2 000	25 000	20%	1 410	58 590
许某	420 000	17 500	35 000	25%	2 660	102 340
肖某	420 000	18 000	35 000	25%	2 660	102 340

③ 对综合所得进行调整并计算应纳税额。

相应的，由于有一部分全年一次性奖金转移变成了综合所得，因而综合所得的应纳税额也发生了很大的变化：

表 11-19　筹划后综合所得纳税情况表

项目	调整后综合所得	转入增加金额	适用税率	速算扣除数	应纳税额
丛某	322 000	2 000	25%	31 920	48 580
许某	688 000	17 500	35%	85 920	154 880
肖某	450 000	18 000	30%	52 920	82 080

④ 计算整体税收负担的变化情况。

全年一次性奖金与综合所得的应纳税额都发生了变化,那么应纳税额合计数即三人的最终税收负担水平也将大幅度发生变化:

表 11-20　筹划后总体税收负担情况表

项目	综合所得应纳税额	全年一次性奖金应纳税额	应纳税额合计
丛某	48 580	58 590	107 170
许某	154 880	102 340	257 220
肖某	82 080	102 340	184 420

(3) 比较纳税筹划前后的税收负担变化。

表 11-21　筹划前后税收负担情况比较表

项目	筹划前	筹划后	税负减少情况
丛某	120 920	107 170	13 750
许某	275 595	257 220	18 375
肖某	203 670	184 420	19 250

可以说,纳税筹划在相当程度上降低了三个纳税人的税收负担水平。

11.1.4　日常薪资与年终奖金需注意协调分布比重吗?

11.1.4.1　全年一次性奖金能大幅度降低纳税人税收负担吗?

如上文所说,全年一次性奖金可以与综合所得合并,也可以选择单独纳税。虽然在单独纳税时存在着所谓的"临界区间"问题,但不管怎么说,它将个人应纳税所得一分为二,在大多数情况下,意味着将适用税率大幅度下调了。比如说某个纳税人年应纳税所得额达到 96 万元,如果没有全年一次性奖金,没有单独纳税的特殊照顾性政策,那么该纳税人只能按照 45% 计算纳税,但如果他将其中的一半作为全年一次性奖金,并且选择独立纳税,那么 96 万元就会被分割为两个 48 万元,适用 30% 的税率计算纳税了。名义税负率直接下降 15%,实际税负也少缴接近 2 万元。因此,对任何一个企业来说,都应当考虑是否将员工的部分工资、薪金转变为年终一次性奖金,或者相反。

11.1.4.2　日常薪资与年终奖金的比重会影响税负吗?

就目前而言,大多数企事业单位都已经意识到并且或多或少地开始利用全年一次性奖金为员工谋取利益。但问题是,相当一部分企业对如何调整确定日常按月支付的工资、薪金与全年一次性奖金的比例,并实现员工利益的最大化仍然不很清楚,是"四六开"?"五五开"?还是"六四开"?亦或是"七三开"?

就理论而言,综合所得所合并的是全年 12 个月的工资、薪金,因此,年度应纳税所得额与对应税率和速算扣除计算得到的应纳税额,与每月应纳税所得与对应月度税率表和速算扣除数计算得到的月度应纳税额的合计数应当是相等的。而全年一次性奖金单独计算时,又是用全年一次性奖金除以 12 找到月度税率表和速算扣除数计算应纳税额的。两者相结合,意味着全年的应纳税所得额在两个 12 之间平均了,所以没有其他意外,日常薪资的应纳税所得额与全年一次性奖金采取"五五开"应当就是最佳的组合布局了。事实是否如此呢?看案例。

【案例 11-8】 日常薪资与年终奖配比对税负的影响

假设某单位有职工 12 人,预计 2019—2021 年的某一纳税年度内,年度应纳税总额(扣除各项扣除项目后的余额)分别如表 11-22 所示。

表 11-22 全年一次性奖金发放情况表

人员	全年应纳税所得额(包括全年一次性奖金)
A	50 000
B	100 000
C	200 000
D	400 000
E	600 000
F	800 000
G	1 000 000
H	1 200 000
I	1 400 000
J	1 600 000
K	1 800 000
L	2 000 000

为了职工个人利益最大化,拟将全年应税所得在日常薪资与全年一次性奖金之间进行分摊,现准备有四种方案,即日常薪资所得与全年一次性奖金实行"四六开(平时 40%,全年一次性奖金 60%,以下类似)""五五开""六四开"以及"七三开"。试从个人所得税的角度,分析确定三种方案中对员工个人所得税利益最大的方案。

【解析】 (1)测算方案一即"四六开"方案下各人的税负。

表 11-23 "四六开"方案下税收负担情况表

人员	全年应纳税所得额	综合所得(日常薪资所得)	全年一次性奖金	综合所得应纳税额	全年一次性奖金应纳税额	应税所得合计
A	50 000	20 000	30 000	20 000×3%	30 000×3%	1 500
B	100 000	40 000	60 000	40 000×10%−2 520	60 000×10%−210	7 270
C	200 000	80 000	120 000	80 000×10%−2 520	120 000×10%−210	17 270
D	400 000	160 000	240 000	160 000×20%−16 920	240 000×20%−1 410	61 670
E	600 000	240 000	360 000	240 000×20%−16 920	360 000×25%−2 660	118 420
F	800 000	320 000	480 000	320 000×25%−31 920	480 000×30%−4 410	187 670
G	1 000 000	400 000	600 000	400 000×25%−31 920	600 000×30%−4 410	243 670

(续表)

人员	全年应纳税所得额	综合所得（日常薪资所得）	全年一次性奖金	综合所得应纳税额	全年一次性奖金应纳税额	应税所得合计
H	1 200 000	480 000	720 000	480 000×30%－52 920	720 000×35%－7 160	335 920
I	1 400 000	560 000	840 000	560 000×30%－52 920	840 000×35%－7 160	401 920
J	1 600 000	640 000	960 000	640 000×30%－52 920	960 000×35%－7 160	467 920
K	1 800 000	720 000	1 080 000	720 000×35%－85 920	1 080 000×45%－15 160	636 920
L	2 000 000	800 000	1 200 000	800 000×35%－85 920	1 200 000×45%－15 160	718 920

（2）测算方案二即"五五开"方案下各人的税负：

表 11-24 "五五开"方案下税收负担情况表

人员	全年应纳税所得额	综合所得（日常薪资所得）	全年一次性奖金	综合所得应纳税额	全年一次性奖金应纳税额	应税所得合计
A	50 000	25 000	25 000	25 000×3%	25 000×3%	1 500
B	100 000	50 000	50 000	50 000×10%－2 520	50 000×10%－210	7 270
C	200 000	100 000	100 000	100 000×10%－2 520	100 000×10%－210	17 270
D	400 000	200 000	200 000	200 000×20%－16 920	200 000×20%－1 410	61 670
E	600 000	300 000	300 000	300 000×20%－16 920	300 000×20%－1 410	101 670
F	800 000	400 000	400 000	400 000×25%－31 920	400 000×25%－2 660	165 420
G	1 000 000	500 000	500 000	500 000×30%－52 920	500 000×30%－4 410	242 670
H	1 200 000	600 000	600 000	600 000×30%－52 920	600 000×30%－4 410	302 670
I	1 400 000	700 000	700 000	700 000×35%－85 920	700 000×35%－7 160	396 920
J	1 600 000	800 000	800 000	800 000×35%－85 920	800 000×35%－7 160	466 920
K	1 800 000	900 000	900 000	900 000×35%－85 920	900 000×35%－7 160	536 920
L	2 000 000	1 000 000	1 000 000	1 000 000×45%－181 920	1 000 000×45%－15 160	702 920

（3）测算方案二即"六四开"方案下各人的税负：

表 11-25 "六四开"方案下税收负担情况表

人员	全年应纳税所得额	综合所得（日常薪资所得）	全年一次性奖金	综合所得应纳税额	全年一次性奖金应纳税额	应税所得合计
A	50 000	30 000	20 000	30 000×3%	20 000×3%	1 500
B	100 000	60 000	40 000	60 000×10%－2 520	40 000×10%－210	7 270
C	200 000	120 000	80 000	120 000×10%－2 520	80 000×10%－210	17 270

(续表)

人员	全年应纳税所得额	综合所得（日常薪资所得）	全年一次性奖金	综合所得应纳税额	全年一次性奖金应纳税额	应税所得合计
D	400 000	240 000	160 000	240 000×20%−16 920	160 000×20%−1 410	61 670
E	600 000	360 000	240 000	360 000×25%−31 920	240 000×20%−1 410	104 670
F	800 000	480 000	320 000	480 000×30%−52 920	320 000×25%−2 660	168 420
G	1 000 000	600 000	400 000	600 000×30%−52 920	400 000×25%−2 660	224 420
H	1 200 000	720 000	480 000	720 000×35%−85 920	480 000×30%−4 410	305 670
I	1 400 000	840 000	560 000	840 000×35%−85 920	560 000×30%−4 410	371 670
J	1 600 000	960 000	640 000	960 000×35%−85 920	640 000×30%−4 410	437 670
K	1 800 000	1 080 000	720 000	1 080 000×45%−181 920	720 000×35%−7 160	548 920
L	2 000 000	1 200 000	800 000	1 200 000×45%−181 920	800 000×35%−7 160	630 920

（4）测算方案三即"七三开"方案下各人的税负：

表 11-26　"七三开"方案下税收负担情况表

人员	全年应纳税所得额	综合所得（日常薪资所得）	全年一次性奖金	综合所得应纳税额	全年一次性奖金应纳税额	应税所得合计
A	50 000	35 000	15 000	35 000×3%	15 000×3%	1 500
B	100 000	70 000	30 000	70 000×10%−2 520	30 000×3%	5 380
C	200 000	140 000	60 000	140 000×10%−2 520	60 000×10%−210	17 270
D	400 000	280 000	120 000	280 000×20%−16 920	120 000×10%−210	50 870
E	600 000	420 000	180 000	420 000×25%−31 920	180 000×20%−1 410	107 670
F	800 000	560 000	240 000	560 000×30%−52 920	240 000×20%−1 410	161 670
G	1 000 000	700 000	300 000	700 000×35%−85 920	300 000×20%−1 410	217 670
H	1 200 000	840 000	360 000	840 000×35%−85 920	360 000×25%−2 660	295 420
I	1 400 000	980 000	420 000	980 000×45%−181 920	420 000×25%−2 660	361 420
J	1 600 000	1 120 000	480 000	1 120 000×45%−181 920	480 000×30%−4 410	461 670
K	1 800 000	1 260 000	540 000	1 260 000×45%−181 920	540 000×30%−4 410	542 670
L	2 000 000	1 400 000	600 000	1 400 000×45%−181 920	600 000×30%−4 410	623 670

（5）不同方案下的税负对比与分析：

表 11-27　四种情况下税收负担情况比较表

人员	"四六开"下的税负	"五五开"下的税负	"六四开"下的税负	"七三开"下的税负
A	1 500	1 500	1 500	1 500
B	7 270	7 270	7 270	5 380　最低
C	17 270	17 270	17 270	17 270
D	61 670	61 670	61 670	50 870　最低
E	118 420　最高	101 670　最低	104 670	107 670
F	187 670　最高	165 420	168 420	161 670　最低
G	243 670　最高	242 670	224 420	217 670　最低
H	335 920　最高	302 670	305 670	295 420　最低
I	401 920　最高	396 920	371 670	361 420　最低
J	467 920　最高	466 920	437 670　最低	461 670
K	636 920　最高	536 920　最低	548 920	542 670
L	718 920　最高	702 920	630 920	623 670　最低

测算的人数足够多,囊括了中低高收入层次,并且不论是综合所得还是全年一次性奖金,都涵盖了所有的适用税率,但最终的结果却与理论分析相差甚远,税负最低的纳税方案极少出现在拥有理论基础支撑的"五五开"方案中,也很少出现在与之相近的"六四开"中,而是大量出现在"七三开"方案中。而税负最高的方案几乎全被"四六开"所垄断。为什么会出现这样的结果呢?原因有以下几个:

第一,全年一次性奖金单独计算时,速算扣除数只扣除了一次,并不是真正意义上的月度应纳税额的合计。

第二,综合所得税率表的所得级距区间以及税率并非等差设置。如表 11-27 所示,税率表七级级距分别为 36 000、108 000、156 000、120 000、240 000、300 000。而税率表更是随意跳档,特别是没有 15% 与 40% 的税率。

表 11-28　《综合所得税率表》应纳税所得级距分析表

级数	全年应纳税所得额	应纳税所得级距	税率(%)
1	不超过 36 000 元的	36 000	3
2	超过 360 00 元至 144 000 元的部分	108 000	10
3	超过 144 000 元至 300 000 元的部分	156 000	20
4	超过 300 000 元至 420 000 元的部分	120 000	25
5	超过 420 000 元至 660 000 元的部分	240 000	30
6	超过 660 000 元至 960 000 元的部分	300 000	35
7	超过 960 000 元的部分	—	45

当然，可能还有其他原因，但基于上述的两个原因，足够使理论上应当成立的"五五开"方案失效。

但是根据上述案例的分析，我们也可以找到一些规律，这些规律为实施纳税筹划提供了思路与方案：

（1）"四六开"方案中，但凡全年一次性奖金税率高于综合所得适用税率的，其税负均是最高的。而全年一次性奖金与综合所得适用税率持平的，则税负不一定最高。因此，可以确定，全年一次性奖金的适用税率绝对不能高于综合所得的适用税率，否则，税收负担将是最高的。

（2）"七三开"方案中，税负最低的方案基本上都有一个共同的特点，即综合所得的适用税率普通比全年一次性奖金的高：如果高一个档次，那么综合所得普遍位于对应税率所得级距区间的中间偏上限的位置，而全年一次性奖金则位于对应税率所得级距区间的偏下限位置；而如果高两个档次，则综合所得普遍位于对应税率所得级距区间的中间偏下限的位置，而全年一次性奖金则位于对应税率对应所得级距的偏上限位置。

（3）偶然出现的"五五开"中的两个税负最低方案税率相同（必须相同）有一个明显的特点，即全年一次性奖金与综合所得都位于适用税率对应级距应纳税所得额的上限。

（4）只出现在"六四开"中的最低税负方案税率特点与"七三开"相似，即综合所得的适用税率须高出全年一次性奖金一个档次，但综合所得与全年一次性奖金在数额上均位于对应税率对应所得区间的上限附近。

根据上述的分析，如何做好综合所得与全年一次性奖金的合理布局，就可以"五五开"为基础，按照下列步骤开展了：

（1）首先用全年应纳税所得额（综合所得与全年一次性奖金之和）除以2，然后再用这个结果（以下简称对应值）对照税率表开展分析。

（2）看上述对应值是否在对应所得级距数值较大的一段，特别是临近上限。如果临近上限值，则分析对应值是否在全年一次性奖金的临界区间内：如果不是，则基本可以判定"五五开"是最好的方案，但需要作进一步测算；如果对应值在全年一次性奖金的临界区间内，则进行下一步。

（3）根据对应值以及税率表的所得级距等情况，对应值进行调整，使综合所得的税率比全年一次性奖金高一个档次，同时保证全年一次性奖金不在临界区间内，然后进行测算，看税负是否最低。如果税负不是最低，继续调整，使得综合所得的税率比全年一次性奖金高两个档次，但必须确保综合所得在对应税率对应所得区间的中间偏下限位置，而全年一次性奖金则须处于对应税率对应所得区间偏上限位置，然后再进行税负测算。

（4）在进行测算时，必须充分考虑各项扣除，包括专项扣除、专项附加扣除等相关因素。

【案例11-9】　　　　　发现日常薪资与年终奖金的最佳比重

居民纳税人蔡某、钱某与甲公司签订为期3年的劳动合同，约定：实行年薪制，年薪分别为40万元和100万元，根据政策预测两人可扣除的各项扣除项目总额分别为11.4万元和15.6万元。试确定两人综合所得与全年一次性奖金的布局方案。

【解析】 （1）预测两人的年应纳税所得额总额：

蔡某：$400\,000-114\,000=286\,000$（元）。

钱某：$1\,000\,000-156\,000=844\,000$（元）。

（2）对综合所得与全年一次性奖金实行"五五开"并对照税率表分析：

① 蔡某全年所得为 28.6 万元，其一半即 14.3 万元，对应税率为 10%。就综合所得而言，处于对应所得级距的上限附近；就全年一次性奖金而言，不在临界区间。因此，如果不出意外，"五五开"下的税负可能是最低的。

② 钱某全年所得为 84.4 万元，其一半为 42.2 万元，对应税率为 30%。此时，就综合所得而言，处于对应所得级距的下限附近，就全年一次性奖金而言，处于 420 000～447 500 元间的临界区间内，因而，可以肯定，对于钱某"五五开"显然不是税负最低的方案。因此，不妨把综合所得调整到 66 万元，其余的 18.4 万元则作为全年一次性奖金，如此基本上确保综合所得的税率比全年一次性奖金高，并且，全年一次性奖金也不再在奖金临界区间。

（3）进行税负测算。

① 蔡某：应纳税额 $=143\,000\times10\%-2\,520+143\,000\times10\%-210=25\,870$（元）。

② 钱某：应纳税额 $=660\,000\times30\%-52\,920+184\,000\times20\%-1\,410=180\,470$（元）。

（4）进行税负最低与否核验。

① 把蔡某的综合所得调整为 145 000 元，全年一次性奖金变为 141 000 元，则：

应纳税额 $=145\,000\times20\%-16\,920+141\,000\times10\%-210=25\,970$（元）。

比前一方案的税负多出 100 元，因此，"五五开"应当是最佳方案。

② 把钱某的综合所得调整为 600 000 元，全年一次性奖金调整为 244 000 元（不在全年一次性奖金临界区间），则：

应纳税额 $=600\,000\times30\%-52\,920+284\,000\times20\%-1\,410=182\,470$（元）。

与刚才相比，这一调整显然导致税负上升。

当然，纳税人也可以采用下列方法进行操作：

假设纳税人全年的应纳税所得额为 X，年终奖金为 Y，则综合所得的应纳税额为：

$$T_{综合}=(X-Y)\times T_1-D_1$$

而全年一次性奖金的应纳税额为：

$$T_{奖金}=Y\times T_2-D_2$$

需要注意的是，两公式中的 T_1、D_1 与 T_2、D_2 来自两个不同的税率表。根据上述案例分析，要使纳税人的整体税负最优，T_1 与 T_2 之间一定有着某种关系：

（1）T_1 绝对不能小于 T_2，如果 T_1 小于 T_2，税负一定是最大的。

（2）少数情况下 T_1 和 T_2 是相同的，而 D_1 除以 12 后恰好等于 D_2。

（3）大多数情况下，T_1 应是 T_2 的下一档税率或者下下档税率，但不能是下下下档税率。如 T_2 是 20%，那么 T_1 可能是 25% 或 30%，但不能是 35%。

(4) T_1 应当从 X 除以 2 后的商值对应的税率开始做测试。

有了这样的规律，就可以令两者相等：

$$(X-Y) \times T_1 - D_1 = Y \times T_2 - D_2$$

然后再将可能的 T_1、D_1、T_2 及 D_2 代入，大致可以确定 X 与 Y 之间的关系了。同样，在测试过程中也应当考虑各项扣除项目。

11.2 公益慈善捐赠，在让他人获利时能否让自己减负？

11.2.1 公益慈善性捐赠能否在个人所得税前扣除？

按照《个人所得税法》第六条的规定，个人对教育、扶贫、济困等公益慈善事业进行捐赠的，其扣除比例有两种：

(1) 按应纳税所得额 30% 的比例扣除。即捐赠额未超过纳税人申报的应纳税所得额 30% 的部分，允许从其应纳税所得额中扣除，超过部分不得税前扣除。

(2) 全额扣除。国务院规定对公益慈善事业捐赠实行全额税前扣除的，以应纳税所得额为限全额进行税前扣除。

当然，税法本身对捐赠的渠道路径、捐赠范围、票据规范以及捐赠限额的计算与确认等都有明确而具体的限制。对此问题，本书已在第四章进行了详细介绍，在此不再赘述。

11.2.2 公益慈善性捐赠能大幅度减轻个人税负吗？

如果个人能够利用好公益慈善性捐赠，那么可以大幅度降低个人所得税税负。甚至有所谓一两百块钱捐赠，降税一两万元的可能性。

【案例 11-10】　　　　　　　　捐出两百元，少缴个税超万元

居民纳税人徐某 2019 年在某公司任职，每月从公司取得月薪均为 22 000 元，徐某全年可扣除的各项扣除额总计为 10.9 万元，单位已经按照规定预扣预缴个人所得税累计 14 080 元。12 月，徐某从任职单位取得全年一次性奖金 144 197 元，单位按规定将全年一次性奖金单独纳税，并扣缴了个人所得税 27 429.4 元。当天，徐某朋友圈有人发文章号召向某灾区捐款，下班时，徐某恰好从民政局门前路过，又看到民政局门前的一些向灾区捐款的宣传，于是就通过民政局向灾区捐赠 200 元，民政局给徐某开具了捐赠收据。2020 年 3 月，综合所得汇缴期间，徐某朋友与徐某聊天，知道徐某捐款的事情，便建议徐某在办理个人所得税汇缴时将捐赠在全年一次性奖金中扣除。试分析，徐某的捐赠能否在税前扣除？如能扣除可以少缴纳多少个人所得税？

【解析】　综合个人所得税法的规定，特别是《财政部　税务总局关于公益慈善事业捐赠个人所得税政策的公告》(财政部　税务总局公告 2019 年第 99 号)的规定，徐某对灾区的捐赠可以在全年一次性奖金中扣除，但相关捐赠并不属于全额扣除的公益慈善性捐赠，只能扣除应纳税所得额的 30%。同时，按照《财政部　国家税务总局关于个人所得税

法修改后有关优惠政策衔接问题的通知》(财税〔2018〕164 号)的规定,个人取得的全年一次性奖金可以选择单独纳税,也可以选择与综合所得合并纳税。

(1) 徐某全年一次性奖金单独纳税承担的税款:

全年一次性奖金 144 197 元除以 12 后为 12 016.42 元,查月度税率表知,对应的税率为 20%,速算扣除数为 1 410,故:

应纳税额=144 197×20%－1 410=27 429.4(元)。

该笔税款已经由任职单位代扣代缴了。

(2) 年度汇算清缴时,徐某对全年一次性奖金仍选择单独纳税。同时在全年一次性奖金中扣除捐赠。

① 计算可税前扣除的捐赠限额:

允许扣除限额＝未扣除捐赠的应纳税所得额×30%＝144 197×30%＝43 259.1(元)。

徐某实际捐赠 200 元,远远小于可扣除限额,故可以全额扣除。

② 计算全年一次性奖金扣除捐赠后的应纳税额:

全年一次性奖金 144 197 元扣除 200 元捐赠后,再除以 12 得到的数据为 11 999.75 元。对应的税率为 10%,速算扣除数为 210,则:

应纳税额＝(144 197－200)×10%－210＝14 189.7(元)。

(3) 捐赠扣除前后税负的比较。

少缴纳税款＝27 429.4－14 189.7＝13 239.7(元)。

显然,徐某捐赠 200 元,做了一回好事,但却给自己带来了巨大收益——少缴纳税款 13 239.7 元,真可谓捐赠两百元,少缴纳税款超万元。

由于任职单位已经按照规定扣缴了税款,按照规定,徐某可以申请退税。

这个案例也告诉广大纳税人,不要吝啬,在很多时候对他人好,对社会好,其实也是对自己好。

11.3 专项附加扣除的主体与时机不同,税收负担不同吗?

11.3.1 可以利用专项附加扣除的主体进行筹划吗?

按照《国务院关于印发个人所得税专项附加扣除暂行办法的通知》(国发〔2018〕41 号)的规定,不同的专项附加扣除项目,其享受扣除的主体都是明确的,即大多是由纳税人本人扣除,但在某些情况下,一些专项附加扣除也可以由纳税人与其父母、配偶等特定关系人,协商选择扣除。具体包括:

(1) 子女教育支出,可以由其父母选择由其中一方按扣除标准的 100% 扣除,也可以选择由双方分别按扣除标准的 50% 扣除。

(2) 个人接受本科及以下学历(学位)继续教育,符合《专项附加扣除暂行办法》规定扣除条件的,可以选择由其父母扣除,也可以选择由本人扣除。

（3）纳税人发生的医药费用支出可以选择由本人或者其配偶扣除；未成年子女发生的医药费用支出可以选择由其父母一方扣除。纳税人及其配偶、未成年子女发生的医药费用支出，按规定分别计算扣除额。

（4）纳税人本人或者配偶单独或者共同使用商业银行或者住房公积金个人住房贷款为本人或者其配偶购买中国境内住房，发生的首套住房贷款利息支出，经夫妻双方约定，可以选择由其中一方扣除。

赡养老人支出也可以进行约定，但选择主体的空间非常有限。

税收政策允许纳税人对专项附加扣除主体进行选择，这就意味着纳税人有了纳税筹划的空间。由不同的纳税主体扣除，税收负担存在不同，甚至是具有很大的差异。

【案例11-11】　　　　　　　　不同的扣除主体税收负担不同

居民纳税人石某与严某为夫妻，育有一对双胞胎，2019年两男孩均读初中；2018年，夫妻俩共同贷款购买一房产，系首套贷利率。2019年底，夫妻俩根据2019年的收入情况，对2020年的收入进行预测：丈夫石某预计可取得收入42万元，妻子预计可取得收入12万元。已知石某预计扣缴"三险一金"5万元；严某预计扣缴"三险一金"2.42万元。

【解析】　按照政策的规定，子女教育支出与房屋贷款利息支出都可以由石某与严某选择扣除。那么该选择由谁扣除呢？显然选择由石某扣除更为有利，因为石某的收入更多，所得更高，适用的税率也更高。

（1）全部由石某扣除时，夫妻双方的税收负担：

应纳税额合计＝石某的应纳税额＋严某的应纳税额＝（420 000－60 000－50 000－2 000×12－1 000×12）×20％－16 920＋（120 000－60 000－24 200）×3％＝38 954（元）。

（2）全部由严某扣除时，夫妻双方的税收负担：

应纳税额合计＝（420 000－60 000－50 000）×25％－31 920＋0＝45 580（元）。

（3）比较两种方案下的税收负担。

选择全部由丈夫扣除时，总税负为38 954元；而选择由妻子扣除时，虽然妻子不用纳税，但总体税收却是最高的，达到了45 580元。后者的税负比前者高出6 626元。因此，选择全部由丈夫扣除是最为有利的。

11.3.2　专项附加扣除选择在何时扣除更为有利？

对于取得工资、薪金所得的纳税人来说，除了大病医疗专项附加扣除项目只能由纳税人汇算清缴的时候扣除之外，其他专项附加扣除都有两种扣除方式：一是由任职单位在预扣预缴税款时扣除，二是由纳税人在汇算清缴时扣除。两种不同的方式，其实也是两种扣除的时间。那么对纳税人来说，选择哪一种更为有利呢？

通常而言，资金都是具有时间价值的。什么是时间价值？通俗地讲，如果先拿到钱，就可以先把钱借给他人或者存到银行里收取利息，如果拿到更多的钱，就可以取得更多的利息。因此，就专项附加扣除的两种方式而言，显然选择由任职单位预扣预缴时扣除更为有利，因为平时如果少缴税，那就意味着个人可以获得更多的资金，获得更多的资金时间价值。但事实上,这种选择可能并不是最佳选择。

【案例 11-12】　　　　　专项附加扣除选择在平时扣除还是汇缴时扣除

接[案例 11-11]。假设石某与严某在 2019 年年底就做出决定,2020 年的各项专项附加扣除均由丈夫石某扣除。但天有不测风云,2020 年由于新型冠状病毒感染的肺炎疫情,石某所在公司的老板感染上新型冠状病毒过世了,公司交由老板娘勉强维持到年底。石某当年只取得收入 18 万元。相反,妻子所在的公司由于换了人,强化的管理与销售,效益突飞猛进,负责销售的严某全年取得收入 50 万元。严某扣缴的社保为 6.1 万元,其他事项均不变。

【解析】　因为在上一案例中,夫妻双方都已经作出选择,全部专项附加扣除都由丈夫石某扣除。而按照政策规定,纳税人一旦选择,在一个纳税年度内不得变更。所以即便石某因收入较少而适用较低的税率,严某因收入较多而适用更高的税率,也不能做调整的。当年夫妻双方的税收负担为:

应纳税额=(180 000-60 000-50 000-2 000×12-1 000×12)×3%+(500 000-60 000-61 000)×25%-31 920=63 850(元)。

但是如果夫妻双方在年度不作任何的决定,而是在汇算清缴时进行选择并扣除专项附加扣除,则完全不同了:

应纳税额=(180 000-60 000-50 000)×10%-2 520+(500 000-60 000-61 000-2 000×12-1 000×12)×25%-31 920=58 310(元)。

与一开始就选择在预扣预缴时扣除的方案相比,选择在汇算清缴时扣除显然更为有利,至少少缴纳了个人所得税 5 540 元。即便石某一年能拿 40 万元,每月预扣税款时因扣除专项附加扣除少缴纳的税款按年利 10%计算,其收益恐怕绝对不会超过 3 000 元。

因此,选择在预扣预缴时扣除还是选择在汇算清缴时扣除,对纳税人来说,收益不同,承担的风险更不同。本书建议纳税人选择在汇算清缴时扣除,因为在这种方案下,纳税人可以根据全年的实际收入情况进行自由选择和调节,筹划的空间更大。

11.4　把工资、薪金所得转换成劳务报酬所得能减轻税收负担吗?

11.4.1　将工资、薪金所得转换为劳务报酬所得筹划能给纳税人带来效益吗?

《个人所得税法》修订之后,很多财税的人士,包括一些所谓的财税专家即发现,劳务报酬所得与工资、薪金所得均属于综合所得,都是按年纳税,且都需要在次年 3 月 1 日到 6 月 30 日前办理汇算清缴,都适用 3%至 45%的七级超额累进税率,但劳务报酬所得是在收入的基础上扣除 20%的费用后再确认为收入额的,而工资、薪金所得则没有任何的费用扣除,直接按全额确认为收入额。这就意味着,劳务报酬所得比工资、薪金所得多出 20%的费用扣除。因此,同样金额的劳务报酬与工资、薪金,劳务报酬所得的个人所得税税负明显低于工资、薪金所得,因此,纳税人只要有可能就应当千方百计地将工资、薪金转换为劳务报酬进行纳税筹划。

但事实上,无论从哪一个角度分析和考虑,这种观点都是错误的。

11.4.2 将工资、薪金所得转换为劳务报酬所得在法律政策上允许吗?

将工资、薪金所得转换为劳务报酬所得虽然有可能降低个人所得税税负,但与此同时也会改变个人的其他税收负担,使个人的其他利益遭受重大损失,并且也有可能会使企业和社会利益遭到重大损失。

(1) 两者间的诸多差异决定两者间不可以随便转换。

工资、薪金所得与劳务报酬所得具有明显的差异,其中主要包括工资、薪金所得呈现出长期性、连续性、固定性特征,而劳务报酬所得则呈现出偶然性、随机性、间断性特征。工资、薪金所得模式下,个人与用人单位签订的是劳动合同,任职单位须为员工提供必要的工作条件,保障最起码的福利待遇,特别是按照规定为员工缴纳社会保险,为完成工作所需要的费用全部由任职单位承担;而在劳务报酬所得模式下,个人与服务的接受者之间签订的是劳务合同,提供劳务所得需要的工作条件由个人自己提供和保障,福利待遇也由自己负责提供和创造,"三险一金"等相关的社会保险以及完成工作而发生的费用等也全部由自己承担……,这些都说明两者之间具有较大的差异(关于两者间更多的差异及其比较,请将阅读第五章的相关内容),根本不能随意进行转换。

(2) 两者的转换也面临着一系列的法律政策限制。

即便不考虑上述劳务报酬所得与工资、薪金所得间的诸多差异,两者间试图转换也面临着一系列的法律和政策的限制。比如说,对于企业,特别是某些特殊行业的企业而言,要从事生产经营活动,必须拥有一定数量的正式员工。比如按照《中华人民共和国建筑法》第十二条、第十四条等的规定,建筑施工企业必须拥有与其从事的建筑活动相适应的具有法定执业资格的专业技术人员。《劳务派遣暂行规定》(中华人民共和国人力资源和社会保障部令第 22 号)第三条、第四条对企业劳务用工的人员数量与时间也作出了限制,其中,第三条规定:"用工单位只能在临时性、辅助性或者替代性的工作岗位上使用被派遣劳动者。前款规定的临时性工作岗位是指存续时间不超过 6 个月的岗位;辅助性工作岗位是指为主营业务岗位提供服务的非主营业务岗位;替代性工作岗位是指用工单位的劳动者因脱产学习、休假等原因无法工作的一定期间内,可以由其他劳动者替代工作的岗位。"第四条规定:"用工单位应当严格控制劳务派遣用工数量,使用的被派遣劳动者数量不得超过其用工总量的 10%。前款所称用工总量是指用工单位订立劳动合同人数与使用的被派遣劳动者人数之和。"

11.4.3 将工资、薪金所得转换为劳务报酬所得筹划让纳税人损失多少?

纳税筹划从来都不拘泥于某一个税种的得与失,甚至根本不应拘泥于税收负担,而从全局出发,从个人的整体收益进行考量,只要能够实现个人利益的最大化,即便多缴纳税款也是最优的纳税筹划方案。相反,如果只是某一个税种的负担下降了,总体利益却减少的,则应当选择放弃筹划。而将工资、薪金所得转换为劳务报酬所得,确实可以在一定程度上降低个人的所得税负担,但对个人的整体利益而言却是得不偿失的,个人利益会因之遭受重大损失。

(1) 工资、薪金所得转变为劳务报酬所得直接增加个人增值税负担。

按照现行《增值税暂行条例》及其实施细则以及《财政部 国家税务总局关于全面推开营业税改征增值税试点的通知》(财税〔2016〕36号)的规定,如果个人为其任职、受雇单位提供工资性劳务,亦即个人从任职单位取得的工资是不用缴纳增值税的,但如果个人为非任职单位提供非工资性劳务,在起征点以下的不征增值税,起征点以上的则全额征收增值税。因以自然人身份出现的个人为增值税的小规模纳税人,将意味着个人将直接增加3%左右的增值税负担。

还须说明的是,按照《增值税暂行条例实施细则》第三十七条的规定,适用于个人劳务的增值税起征点包括两种:销售应税劳务的,为月销售额5 000～20 000元;按次纳税的,为每次(日)销售额300～500元。《财政部 税务总局关于实施小微企业普惠性税收减免政策的通知》(财税〔2019〕13号)及《国家税务总局关于小规模纳税人免征增值税政策有关征管问题的公告》(国家税务总局公告2019年第4号)规定的是"月销售额超过10万元"才可享受免征增值税待遇。而除了特殊情况外,劳务是按次征收的,也就意味着在大多数情况下,个人提供劳务是不能享受免征增值税的。

(2) 工资、薪金所得转变为劳务报酬所得将直接增加个人非税负担。

个人在单位任职取得工资、薪金所得时,单位必须按照规定为个人缴纳"三险一金",个人退休后可以领取退休工资,生活是有充分保障的。而如果转变为劳务报酬所得,则单位不会再为个人缴纳"三险一金",个人除直接损失公积金之外,也没有退休工资。个人为保障未来的生活,通常会以自由职业者的身份办理社保,这意味着原来由企业缴费的部分也将由个人买单了,即个人须承担更高的社保费缴费比例。个人的损失将超过收入的10%。

即便不考虑其他因素(因为很多企业是不给员工缴纳公积金的),就考虑增加的3%的增值税与个人负担的10%以上的基本的养老保险支出,个人就直接损失了收入的13%以上。须强调的是,是损失了收入的13%以上,而不是所得额的13%以上。

当然,这也不利于企业。从表面上看,企业可能不缴纳社保费了,但不缴纳社保费将会多缴纳企业所得税,因为企业缺少了一块可以税前扣除的社保费。关于此问题,因不属于本书的讨论范围,故不予分析。

【案例11-13】 工资、薪金所得转为劳务报酬所得,个人利益损失惨重

居民个人陶某,拟与某公司签订合同,现在有两种方案:

方案一:签订3年左右的劳动合同,每月工资、薪金20 000元,单位为其缴纳"三险一金":基本养老保险为16%,基本医疗保险为8%,失业保险为2%,其他保险合计4%,住房公积金6%;同时单位扣缴个人缴费,基本养老保险为8%,基本医疗保险为2%,失业保险为1%,住房公积金6%。

方案二:签订3年左右的劳务合同,每月结算一次,一次报酬为22 000元,无其他事项,但个人需向单位提供劳务发票。个人到社保局缴纳20%的基本养老保险,10%的医疗保险。

已知陶某每年可扣除的专项附加扣除费用为 48 000 元。试从个人利益最大化的角度为陶某作出选择。

【解析】（1）签订劳动合同，领取工资、薪金。

① 计算应纳个人所得税及税后收益：

个人按照规定缴纳的"三险一金"是可以扣除的，同时允许扣除每年 6 万元的基本减除费用，按规定缴纳的"三险一金"也允许扣除，故：

应纳税额=[20 000×12−60 000−20 000×12×(8%+2%+1%+6%)−48 000]×10%−2 520=6 600(元)。

个人获得的税后收益为：

20 000×12−20 000×12×(8%+2%+1%+6%)−6 600=192 600(元)。

② 其他方面的收益。

在直接收益上，个人还获得单位缴纳的公积金。按照规定，单位和个人缴纳的公积金在个人死亡后是可以由其继承人继承的，因此，这也是个人的直接收益：

20 000×12×6%×2=28 800(元)。

在间接收益上，个人未来还可以获得退休工资待遇。但由于未来的不确定性，暂不考虑计入个人收益。

③ 计算个人最后的直接收益

192 600+28 800=221 400(元)。

（2）签订劳动合同，领取劳务报酬。

① 取得报酬应当缴纳增值税。按照规定，个人取得劳务报酬是含税的，应当换算成不含税收入再计算缴纳增值税。故：

应纳税增值税=22 000×12÷(1+3%)×3%=7 689.32(元)。

② 计算应纳个人所得税及税后收益。

应纳税额=[22 000×12÷(1+3%)×(1−20%)−60 000−22 000×12×(20%+10%)−48 000]×3%=535.46(元)。

劳务报酬所得下的税后收益：

22 000×12÷(1+3%)−22 000×12×(20%+10%)−7 689.32−535.46=168 885.90(元)。

（3）比较两种方案下个人最后收益。

如果选择签订劳动合同领取工资、薪金，那么个人虽然要缴纳个人所得税 6 600 元，但其总收益却会高达 221 400。但如果转变为劳务合同领取劳务报酬所得，需要缴纳的个人所得税只有 535.46 元，少缴纳个人所得税超过 6 000 元，但由于需要缴纳社保等，因而最终的收益只有 168 885.90 元，比工资、薪金所得模式下的收益减少了 52 514.1 元，即使在免征增值税的情况下仍然不比工资、薪金所得模式下的收益高。

需要注意的是，这种计算比较是建立在劳务报酬所得比工资、薪金所得每月增加 2 000 元报酬基础上的。在现实中，一些所谓的转换纳税筹划案例根本没有增加劳务报酬收入，如果那样，个人的实际损失更加惨重。所以，将工资、薪金所得转换为劳务报酬所得的所谓纳税筹划思路其实是完全错误的。

11.5 津贴、补贴可否从个人收入向企业费用转变？

11.5.1 津贴、补贴是否需要缴纳个人所得税？

按照《个人所得税法》及其实施条例的规定，如果没有特别规定，包括减免税规定，个人从任职单位取得的津贴、补贴应当并入工资、薪金所得征收个人所得税。

能够享受免征个人所得税的津贴、补贴仅指"按照国家统一规定发给的补贴、津贴"。更具体地讲是"指按照国务院规定发给的政府特殊津贴、院士津贴，以及国务院规定免予缴纳个人所得税的其他补贴、津贴"。

按照《国家税务总局关于印发〈征收个人所得税若干问题的规定〉的通知》（国税发〔1994〕89号）以及《财政部 税务总局关于支持新型冠状病毒感染的肺炎疫情防控有关个人所得税政策的公告》（财政部 国家税务总局公告2020年第10号）的规定，个人取得的下列津贴、补贴不属于工资、薪金所得，不计入工资、薪金所得：

（1）独生子女补贴。

（2）托儿补助费。

（3）执行公务员工资制度未纳入基本工资总额的补贴、津贴差额和家属成员的副食品补贴。

（4）差旅费津贴、误餐补助。

（5）单位发给个人用于预防新型冠状病毒感染的肺炎的药品、医疗用品和防护用品等实物（不包括现金）。

当然，有关更多津贴、补贴到底该不该征个人所得税以及如何计算征收个人所得税，本书在第四章和第六章都有介绍，在此不再赘述。

11.5.2 如何既能享受津贴、补贴之实，又不用纳税？

长期以来，企业与个人一直都在考虑如何有效规避津贴、补贴的个人所得税问题，方法自然非常的丰富多样。简单而言，就是将津贴、补贴由个人收入调整转变为企业费用，让个人获得津贴、补贴的实惠，但又不减少企业成本费用的扣除，在实现企业利益最大化的同时实现个人财富的增值。

【案例11-14】　　　　　　　交通补贴不再搞，个人收益却没少

居民纳税人居某拟与某公司签订5年期的劳动合同，任公司销售总监，双方约定：年薪为200万元，其中包括交通补贴、住房补贴20万元。双方还商定年薪中的80万元在年底作全年一次性奖金支付。预计居某可在税前扣除的基本减除费用、专项扣除以及专项附加扣除等合计16万元。已知当地没有出台交通补贴免税政策。居某任职后第一年即购买一辆价值100万元的宝马。

【解析】　　如果不进行任何的纳税筹划，此时，居某应当缴纳的个人所得税相对较多。

(1) 全年一次性奖金合并纳税。

应纳税额=(2 000 000－160 000)×45%－181 920=646 080(元)。

(2) 全年一次性奖金单独纳税。

① 综合所得的应纳税额：

应纳税额=(2 000 000－800 000－160 000)×45%－181 920=286 080(元)。

② 全年一次性奖金的应纳税额：

800 000除以12后查月度税率表知其对应税率为35%，速算扣除数为7 160，故：

应纳税额=800 000×35%－7 160=272 840(元)。

③ 应纳税额合计：

286 080+272 840=558 920(元)。

对比单独纳税与合并纳税方案，显然选择单独纳税方案更合算，可以少缴纳税款87 160元。

但不管怎样，对于居某来说，取得2 000 000元的收入，合并纳税时要缴纳646 080元税款，税负率高达32.30%；单独纳税时要缴纳558 920元，税负率高达27.95%。那么，能否进行纳税筹划进一步降低个人税负呢？

考虑到居民本人在任职后一年内就购买了一辆价值100万元的汽车，因而不妨与企业进行协商：不向居某发放交通、住房补贴，而改由企业购买工作用车——单位购买并入单位固定资产账，只是合同期内，汽车全部交由居某使用，则情况发生根本性变化，居某的年薪不再是200万元，而是180万元：108万元在平时按月发放，72万元作全年一次性奖金。

(1) 全年一次性奖金合并纳税：

应纳税额=(1 800 000－160 000)×45%－181 920=556 080(元)。

(2) 全年一次性奖金单独纳税。

① 综合所得的应纳税额：

应纳税额=(1 080 000－160 000)×35%－85 920=236 080(元)。

② 全年一次性奖金的应纳税额：

720 000除以12后查月度税率表，知其对应税率为35%，速算扣除数为7 160，故：

应纳税额=720 000×35%－7 160=244 840(元)。

③ 应纳税额合计

236 080+244 840=480 920(元)。

对比单独纳税与合并纳税方案，还是应当选择单独纳税方案，因为该方案少缴纳税款75 160元。

筹划之后，居某的生活其实并没有发生多大的变化，虽然全年收入从200万元下降为180万元，但原来自己出资购买的100万元的汽车变成公司购买的汽车。在个人所得税税收负担上发生了重大的变化：合并纳税时缴纳税款556 080元，比筹划前少缴纳90 000元；单独纳税时缴纳税款480 920元，比筹划前也少缴纳78 000元。

在这种筹划思路下公司会不会有什么损失呢？公司并不因之多缴纳企业所得税，相反,由于购置的汽车单位价值在 100 万元以下,按照《财政部 税务总局关于设备、器具扣除有关企业所得税政策的通知》(财税〔2018〕54 号)的规定,可以在购置时一次性扣除,这就意味着公司在一定程度上享受到了滞后缴纳企业所得税的优惠。

11.6 增加作者人数能降低稿酬所得的个人所得税吗?

在个人所得税制改革之前,稿酬所得是单独纳税的。

此轮个人所得税改革,虽然保留了独立的稿酬所得税目,但该税目只在相关杂志社、出版社向作者支付稿酬并按规定预扣预缴税款时适用。对于取得稿酬所得的个人来说,应在取得稿酬所得次年 3 月 1 日至 6 月 30 日之间,将稿酬所得与工资、薪金所得,劳务报酬所得以及特许权使用费所得等合并办理综合所得的汇算清缴。这种政策的改变在客观上要求原有的纳税筹划思路相应地做调整和改变。但是,很多的财税人士却根本看不到这一点,仍然固守原有的筹划思路,其中最典型的就是仍然错误的以为增加作者人数可以稀释作者的稿酬所得,并进而降低稿酬所得的个人所得税。

【案例 11-15】　　　　　　一个虚假的涉嫌偷税的纳税筹划案例

2020 年第 1 期的《纳税》杂志即刊登了宋清伟的文章《新个税改革体制下居民个人综合所得纳税筹划》①,分享了下列有关稿酬所得个人所得税纳税筹划的案例:

西安财经大学周教授准备写一本税务学教材,出版社初步同意该书出版之后支付稿酬 30 000 元。

方案一:周教授单独著作,则可能的纳税情况为:

应纳税额=30 000×(1-20%)×70%×20%=3 360(元)。

方案二:如果周教授采取著作组筹划法,并假定该著作组共 10 人,则纳税情况为:

应纳税额=(3 000-800)×70%×20%×10=3 080(元)。

【解析】　上述案例无论从哪一个维度分析,都没有任何的合理性:

(1) 如果案例中的税务学教材实际上就是周教授领导下的著作组撰写的,著作组又有 10 个人,10 个人付出的代价是相同的,那么平摊 30 000 元的稿酬,属于据实分配,按照规定计算缴纳 3 080 元的税款当属依法纳税,不存在所谓的纳税筹划。

(2) 如果案例中的税务学教材只是周教授一个人撰写,那么周教授在取得了 30 000 元的稿酬所得后,理当按照税法的规定缴纳个人所得税。如何缴纳个人所得税呢?应当扣除 20%的费用确认收入额,并按照收入额的 70%确认为所得额,同时还须与劳务报酬所得、工资、薪金所得、特许权使用费所得合并为综合所得,再减除 60 000 元的基本减除费用、专项扣除、专项附加扣除以及其他扣除后的余额确认为应纳税所得额,然后根据对应税率与速算扣除数计算应当缴纳的个人所得税。进一步讲,如果周教授只取得 30 000 元的稿酬所得,那么当年根本就不用缴纳个人所得税,因为 30 000 元根本不够扣除

---

① 宋清伟:《新个税改革体制下居民个人综合所得纳税筹划》,载 2020 年第 1 期《纳税》,第 42—43 页。

60 000元的基本减除费用。但是如果周教授除了稿酬所得还有其他工资、薪金所得,那么其实际税收负担也不会是3 360元。也就是说案例中的整个计算都是错的。

(3) 如果案例中的税务学教材只是周教授一个人撰写,只是为了规避个人所得税税收负担,因而谎称是他领导下的10人著作组撰写的,那么结果就更糟糕了,周教授在偷税。因为周教授的行为完全符合《中华人民共和国税收征收管理法》第六十三条所作的"纳税人伪造、变造、隐匿、擅自销毁账簿、记账凭证,或者在账簿上多列支出或者不列、少列收入,或者经税务机关通知申报而拒不申报或者进行虚假的纳税申报,不缴或者少缴应纳税款的,是偷税"的规定。其杜撰出一个著作组,提供了虚假的著作组名单,故意隐瞒个人的稿酬所得,实施了虚假的纳税申报,实际造成了税款的少缴,构成偷税行为。

因此,本书想提醒纳税人,增加作者人数确实可能降低个人所得税税负,但其行为在本质上却是偷税,因而切不可使用。